Die Bindungswirkung von Urteilen im Vertragsverletzungsverfahren

Kölner Schriften zu Recht und Staat

Herausgegeben von
Prof. Dr. Hartmut Schiedermair und
Prof. Dr. Bernhard Kempen

Band 56

PL ACADEMIC RESEARCH

ANNA LAGEDER

Die Bindungswirkung von Urteilen im Vertragsverletzungsverfahren

Das Beispiel der vergaberechtlichen Praxis in Deutschland, Österreich und Italien

PL ACADEMIC RESEARCH

Bibliografische Information der Deutschen Nationalbibliothek
Die Deutsche Nationalbibliothek verzeichnet diese Publikation in der Deutschen Nationalbibliografie; detaillierte bibliografische Daten sind im Internet über http://dnb.d-nb.de abrufbar.

Zugl.: Köln, Univ., Diss., 2014

Abbildung auf dem Umschlag:
Historisches Universitätssiegel
der Universität zu Köln.

D 38
ISSN 1433-0253
ISBN 978-3-631-66560-2 (Print)
E-ISBN 978-3-653-05916-8 (E-Book)
DOI 10.3726/978-3-653-05916-8

PL Academic Research ist ein Imprint der Peter Lang GmbH.

Peter Lang – Frankfurt am Main · Bern · Bruxelles · New York · Oxford · Warszawa · Wien

Diese Publikation wurde begutachtet.

www.peterlang.com

Vorwort

Die vorliegende Arbeit wurde im Wintersemester 2014/15 von der Rechtswissenschaftlichen Fakultät der Universität zu Köln als Dissertation angenommen. Sie berücksichtigt die jüngste Modernisierung des europäischen Vergaberechts durch die Richtlinie über die öffentliche Auftragsvergabe (RL 2014/24/EU) sowie die Richtlinie über die Konzessionsvergabe (RL 2014/23/EU).

Mein aufrichtiger und herzlicher Dank gilt meinem Doktorvater Herrn Prof. Dr. Bernhard Kempen für das Vertrauen, welches er mir durch die Annahme als Promotionsstudentin entgegenbrachte und die wissenschaftliche Freiheit, welche er mir bei der Erstellung dieser Arbeit gewährte. Gleichzeitig leistete er durch konstruktive Anregungen einen wichtigen Beitrag zum Gelingen meiner Arbeit. Herzlich bedanken möchte ich mich auch bei Herrn Prof. Dr. Ulrich Ehricke für die Erstellung des Zweitgutachtens. Es ist mir eine besondere Ehre, dass sich beide Professoren in den Gutachten und im Rahmen meiner Disputation eingehend mit meiner Arbeit auseinandersetzten und dieselbe in die Schriftenreihe meines Doktorvaters aufgenommen wird.

Ein besonderer Dank gilt auch all jenen, die mich während der Erstellung dieser Arbeit beruflich wie privat begleiteten. Besonders bedanken möchte ich mich bei meiner Schwester und ihrer Familie für den unermüdlichen Beistand in allen Bereichen sowie bei meinen Eltern.

Von ganzem Herzen danke ich schließlich meinem Wegbegleiter Ulrich Doll und meiner Tochter Paula, die mir die Freude, den Mut und die Ausdauer schenkten, diese Arbeit zu vollenden.

Köln, im Mai 2015 *Anna Lageder*

Inhaltsverzeichnis

Abkürzungsverzeichnis

a.A.	anderer Ansicht
a.a.O.	am angegebenen Ort
ABGB	Allgemeines bürgerliches Gesetzbuch (Österreich)
AblEG	Amtsblatt der Europäischen Gemeinschaften
AblEU	Amtsblatt der Europäischen Union
Abs.	Absatz
AEUV	Vertrag über die Arbeitsweise der Europäischen Union
a.F.	alte Fassung
AöR	Archiv für öffentliches Recht
Art.	Artikel
Aufl.	Auflage
AVG	Allgemeines Verwaltungsverfahrensgesetz (Österreich)
BAnz	Bundesanzeiger
BeckRS	Beck-Rechtsprechung
Beschl.	Beschluss
BGB	Bürgerliches Gesetzbuch
BGBl.	Bundesgesetzblatt
BGH	Bundesgerichtshof
BGHZ	Entscheidungen des Bundesgerichtshofs in Zivilsachen (Amtliche Sammlung)
BlgNR	Beilage/n zu den stenographischen Protokollen des Nationalrates (Österreich)
BT-Drs.	Bundestags-Drucksache
BVA	Bundesvergabeamt
BVerfG	Bundesverfassungsgericht
BVerfGE	Entscheidungen des Bundesverfassungsgerichts (Amtliche Sammlung)
BVergG	Bundesvergabegesetz (Österreich)
BVerwG	Bundesverwaltungsgericht
BVerwGE	Entscheidungen des Bundesverwaltungsgerichts (Amtliche Sammlung)
B-VG	Bundes-Verfassungsgesetz (Österreich)
C.C.	Codice Civile (Zivilgesetzbuch/Italien)
C.p.a.	Codice del processo amministrativo (Verwaltungsprozessordnung/Italien)

C.p.c.	Codice di procedura civile (Zivilprozessordnung/Italien)
DB	Der Betrieb
ders.	derselbe
dies.	dieselbe
D.L.	Decreto-Legge (Gesetzesdekret/Italien)
D.lgs.	Decreto legislativo (gesetzesvertretendes Dekret/Italien)
DVBl	Deutsches Verwaltungsblatt
EB	Erläuternde Bemerkungen des Gesetzgebers
ebda	ebenda
EGV	Vertrag zur Gründung der Europäischen Gemeinschaft
EGVÜ	Übereinkommen über die gerichtliche Zuständigkeit und die Vollstreckung gerichtlicher Entscheidungen in Zivil- und Handelssachen
EGVVO	Verordnung über die gerichtliche Zuständigkeit und die Anerkennung und Vollstreckung von Entscheidungen in Zivil- und Handelssachen
Einl.	Einleitung
endg.	endgültig
EuR	Europarecht (Zeitschrift)
EU	Europäische Union
EuConst	European Constitutional Law Review
EuG	Europäisches Gericht
EuGH	Europäischer Gerichtshof
EuGöD	Gericht für den öffentlichen Dienst der Europäischen Union
EuGRZ	Europäische Grundrechte-Zeitschrift
EUV	Vertrag über die Europäische Union
EuZW	Europäische Zeitschrift für Wirtschaftsrecht
EWG	Europäische Wirtschaftsgemeinschaft
EWS	Europäisches Wirtschafts- und Steuerrecht
f.	folgende (Singular)
ff.	folgende (Plural)
Fn.	Fußnote
FS	Festschrift
GA	Generalanwalt/anwältin am Gerichtshof der Europäischen Union
GP	Gesetzgebungsperiode
GRUR	Gewerblicher Rechtsschutz und Urheberrecht

G.U.R.I.	Gazzetta Ufficiale della Repubblica Italiana (Amtsblatt der Italienischen Republik)
GWB	Gesetz gegen Wettbewerbsbeschränkungen
h.M.	herrschende Meinung
Hrsg.	Herausgeber
hrsg. v.	herausgegeben von
IBRRS	Immobilien- & Baurecht-Rechtsprechung
ICLQ	International & Comparative Law Quarterly
i.d.F.	in der Fassung
i.V.m.	in Verbindung mit
JBl	Juristische Blätter (Österreich)
JRP	Journal für Rechtspolitik (Österreich)
JORF	Journal officiel de la République française (Amtsblatt der Französischen Republik)
JuS	Juristische Schulung
KG	Kammergericht
KOM	Kommission der Europäischen Union
KommJur	Kommunaljurist
LG	Landgericht
LGBl.	Landesgesetzblatt
lit.	litera (Buchstabe)
LKV	Landes- und Kommunalverwaltung
MDR	Monatsschrift für Deutsches Recht
NJW	Neue Juristische Wochenschrift
Nr.	Nummer
NVwZ	Neue Zeitschrift für Verwaltungsrecht
NZBau	Neue Zeitschrift für Baurecht und Vergaberecht
ÖBA	BankArchiv, Zeitschrift für das gesamte Bank- und Börsenwesen (Österreich)
OGH	Oberster Gerichtshof (Österreich)
ÖJZ	Österreichische Juristen-Zeitung
OLG	Oberlandesgericht
ÖZW	Österreichische Zeitschrift für Wirtschaftsrecht
P.P.L.R.	Public Procurement Law Review
RdW	Österreichisches Recht der Wirtschaft
RIW	Recht der Internationalen Wirtschaft
RL	Richtlinie
Rn.	Randnummer

RPA	Recht und Praxis der öffentlichen Auftragsvergabe (Österreich)
Rs.	Rechtssache
Rspr.	Rechtsprechung
S.	Seite
SächsVBl	Sächsische Verwaltungsblätter
Sez.	Sezione (Sektion/Italien)
Slg.	Sammlung der Rechtsprechung des Gerichtshofs und des Gerichts
s.o.	siehe oben
s.u.	siehe unten
SWD	Staff Working Document (Arbeitsdokument)
SZ	Sammlung Zivilrecht (Amtliche Sammlung für das österreichische Zivilrecht)
TAR	Tribunale Amministrativo Regionale (Regionales Verwaltungsgericht)
u.a.	unter anderem, und andere
UAbs.	Unterabsatz
Urt.	Urteil
v.	von, vom
v.a.	vor allem
v.d.	von der
verb.	verbundene
VerfO	Verfahrensordnung
VergabeR	Zeitschrift für das gesamte Vergaberecht
vgl.	vergleiche
VgRÄG	Vergaberechtsänderungsgesetz
VgV	Vergabeverordnung
VK	Vergabekammer
VOB/A	Vergabe- und Vertragsordnung für Bauleistungen Teil A
VOF	Vergabeordnung für freiberufliche Leistungen
VOL/A	Vergabe- und Vertragsordnung für Leistungen Teil A
VwGO	Verwaltungsgerichtsordnung
VwGVG	Verwaltungsgerichtsverfahrensgesetz
VwVfG	Verwaltungsverfahrensgesetz
wbl	wirtschaftsrechtliche blätter (Österreich)
WuW	Wirtschaft und Wettbewerb
YEL	Yearbook of European Law

ZaöRV	Zeitschrift für ausländisches öffentliches Recht und Völkerrecht
z.B.	zum Beispiel
ZfBR	Zeitschrift für deutsches und internationales Baurecht
ZHR	Zeitschrift für das gesamte Handelsrecht und Wirtschaftsrecht
Ziff.	Ziffer
ZPO	Zivilprozessordnung
ZVB	Zeitschrift für Vergaberecht und Bauvertragsrecht, vormals Zeitschrift für Vergaberecht und Beschaffungspraxis (Österreich)
ZWeR	Zeitschrift für Wettbewerbsrecht
ZZP	Zeitschrift für Zivilprozess

Einleitung

A. Hinführung zum Thema

I. Die Bedeutung der Bindungswirkung von Urteilen des EuGH im Unionsrecht

Die zentrale Rolle von Urteilen des EuGH für das Unionsrecht beschreibt *Hallstein* mit folgendem Zitat prägnant: „*In den Entscheidungen des Hohen Gerichts lebt das Gemeinschaftsrecht.*“[1] Was *Kierullf* seinerzeit allgemein als die Aufgabe der Gerichte beschrieben hat,[2] lässt sich mit gewissen Einschränkungen auf den EuGH übertragen: Diesem obliegt die Anwendung des Unionsrechts auf den Einzelfall und damit die Konkretisierung des „*objective[n] Wille[ns]*“[3] der Mitgliedstaaten, der allen voran in den primärrechtlichen Verträgen des Unionsrechts seine „*abstracte Wirklichkeit*“[4] gefunden hat.[5] Die Jurisdiktionsgewalt des EuGH ist dabei begrenzt:[6] Der EuGH kann mit Ausnahme der Amtshaftungsklage weder die Mitgliedstaaten noch andere Unionsorgane zu einem bestimmten Tun oder Unterlassen verurteilen.[7] Der Grad der zu erreichenden Konkretisierung ist folglich beschränkt und den Urteilen wohnt trotz aller Einzelfallbezogenheit ein abstraktes Element inne.[8] Dennoch zielen die Urteile des EuGH darauf ab, Wirkungen zu zeitigen, die sich entweder unmittelbar in der

---

1 *Hallstein*, Die Europäische Gemeinschaft, S. 110.

2 *Kierulff*, Theorie des Gemeinen Civilrechts, S. 18: „*Das Gesetz ist als solches der objective Wille, welcher nur noch abstracte Wirklichkeit hat. Die concrete Wirklichkeit ihm zu geben, ist die Aufgabe des Gerichts, als des Organs der Realisation des Willens des Staats.*“

3 Ebda.

4 Ebda.

5 Ähnlich umfasst nach *Mayer F.C.*, in: *Grabitz/Hilf/Nettesheim*, Das Recht der EU, Art. 19 EUV, Rn. 30 f. [Stand: 7/2010], die Aufgabe des EuGH zur Wahrung des Rechts die Konkretisierung und Fortbildung des Unionsrechts innerhalb bestimmter Grenzen.

6 Zu Umfang und Grenzen eingehend *Hillgruber*, in: *Behrens/Eger/Schäfer* (Hrsg.), Ökonomische Analyse des Europarechts, S. 1 ff.

7 *Everling*, in: *Kruse* (Hrsg.), Zölle, Verbrauchsteuern, europäisches Marktordnungsrecht, S. 69. Zum insoweit eingeschränkten Spielraum des EuGH bei Untätigkeitsklagen, Vertragsverletzungsklagen und Nichtigkeitsklagen: *Laut*, in: *Rengeling/Middeke/Gellermann*, Handbuch des Rechtsschutzes in der EU, § 27, Rn. 29.

8 *Everling*, in: *Kruse* (Hrsg.), Zölle, Verbrauchsteuern, europäisches Marktordnungsrecht, S. 51 ff. (69).

Wirksamkeit von Unionsrechtsakten niederschlagen[9] oder in sonstiger Weise das Handeln der Unionsorgane oder der Mitgliedstaaten betreffen.[10] Wie die unionsrechtlichen Rechtsnormen sind nämlich auch Urteile des EuGH darauf angelegt, die Wirklichkeit zu beeinflussen,[11] um nicht reiner Selbstzweck zu bleiben. Zur Entfaltung dieser Wirkungen bedürfen die Urteile, soweit ihnen nicht unmittelbar rechtsgestaltende Wirkung zukommt, allerdings des Vollzugs.[12] Die Urteile des EuGH müssen also zumindest die verfahrensbeteiligten Unionsorgane und Mitgliedstaaten bzw. im Vorabentscheidungsverfahren das vorlegende nationale Gericht in der Weise binden, dass diese die gerichtliche Entscheidung als existent akzeptieren und aus ihr Folgerungen ziehen, welche sie ihrem weiteren Handeln zugrunde legen.[13] Darüber hinaus stellt sich die Frage, ob tragende Grundprinzipien des Unionsrechts – allen voran das Bestreben nach der Einheitlichkeit der Rechtsanwendung in der „*Rechtsunion*"[14] – nach einer Erstreckung

---

9 So die Gestaltungsurteile, die im Rahmen von Nichtigkeitsklagen ergehen (zur Gestaltungswirkung: *Dörr*, in: *Grabitz/Hilf/Nettesheim*, Das Recht der EU, Art. 263 AEUV, Rn. 197 ff. [Stand: 11/2012]; *Kirschner/Klüpfel*, Das Gericht erster Instanz, § 16, Rn. 134; *Laut*, in: *Rengeling/Middeke/Gellermann*, Handbuch des Rechtsschutzes in der EU, § 27, Rn. 24 ff.).

10 In Anlehnung an die Aussage von *Everling*, in: *Kruse* (Hrsg.), Zölle, Verbrauchsteuern, europäisches Marktordnungsrecht, S. 51 ff. (69), wonach je nach Verfahrensart entweder die Unionsorgane oder die Mitgliedstaaten und die nationalen Gerichte die entsprechenden Schlüsse aus den Urteilen ziehen müssen.

11 Ohne auf Urteile einzugehen stellt *Classen*, in: *Grabitz/Hilf/Nettesheim*, Das Recht der EU, Art. 197 AEUV, Rn. 2 [Stand: 3/2011], fest: „*Alles Recht soll die Wirklichkeit beeinflussen.*"

12 Ähnlich *Classen* (ebda), der allgemein feststellt, dass das Recht die Beeinflussung der Wirklichkeit erst durch seinen Vollzug erreicht. Ähnlich auch *v. Borries*, in: FS Rengeling, 2008, S. 485 ff. (485): „*Ohne Vollzug verfehlt das Recht seinen Zweck.*" Für Urteile des EuGH siehe ferner *Everling*, in: *Kruse* (Hrsg.), Zölle, Verbrauchsteuern, europäisches Marktordnungsrecht, S. 51 ff. (70 f.).

13 In Anlehnung an die Definition der Bindungswirkung bei *Schroeder*, Bindungswirkungen von Entscheidungen nach Art. 249 EG, S. 19 f. Diese versteht die Bindungswirkung von Rechtsakten für Entscheidungsträger zum einen „*existenzbezogen*" als Aufhebungsverbot, zum anderen „*inhaltsbezogen*" als Pflicht, den Inhalt des Rechtsaktes als gegeben zu akzeptieren und dem weiteren Handeln zugrundezulegen. Ähnliches folgt aber auch aus *Everling*, in: *Kruse* (Hrsg.), Zölle, Verbrauchsteuern, europäisches Marktordnungsrecht, S. 51 ff. (69 ff.).

14 Der Begriff der „*Rechtsunion*" findet sich etwa bei *Nowak*, in: *Terhechte*, Verwaltungsrecht der EU, § 13, Rn. 5; *Wegener*, in: *Calliess/Ruffert*, EUV/AEUV, Art. 19 EUV, Rn. 4. Er geht zurück auf *Hallstein*, Europäische Reden, S. 108 f., 341 ff. (so auch *Calliess*,

der Wirkungen von Urteilen des EuGH über den Kreis der Verfahrensbeteiligten hinaus verlangen.[15] Die Bindungswirkung eines Urteils des EuGH erfasst im hier verwandten Sinne daher alle Wirkungen eines Urteils, die zu einer Bindung der Organe der Europäischen Union oder der Mitgliedstaaten an ein Urteil führen, sodass sie es als existent anerkennen und ihr späteres Handeln an ihm orientieren müssen.[16]

II. Das Vertragsverletzungsverfahren als zentrales Instrument zur Durchsetzung des Unionsrechts

Im Einzelnen variieren die Wirkungen von Urteilen des EuGH mit der Verfahrensart, in welcher sie erlassen wurden.[17] Dies hängt mit den unterschiedlichen Zielsetzungen der Verfahrensarten zusammen, aber auch mit dem Verfahrensgegenstand und den Adressaten, an welche sich die Urteile in erster Linie richten. Die vorliegende Untersuchung beschränkt sich auf Urteile des EuGH im Vertragsverletzungsverfahren, deren Wirkungen im Gegensatz zu den vieldiskutierten Vorabentscheidungen[18] in der wissenschaftlichen Literatur bisher vergleichsweise

---

in: *Calliess/Ruffert*, EUV/AEUV, Art. 2 EUV, Rn. 25), der allerdings angepasst an die damalige Terminologie noch von der „*Rechtsgemeinschaft*" spricht. Zu der Entwicklung des Begriffs (u.a. in der Rspr. des EuGH) s.u. 1. Abschnitt E.II.1, S. 72. Zum Erfordernis der einheitlichen Anwendung des Unionsrechts: EuGH, Urt. v. 13.12.1979 - C-44/79, Slg. 1979, 3727 ff. (3744, Rn. 14) - Hauer; *Wegener*, in: *Calliess/Ruffert*, EUV/AEUV, Art. 19 EUV, Rn. 33.

15 Ähnliche Argumente zieht für die Bindung nichtverfahrensbeteiligter Mitgliedstaaten an Urteile des EuGH in Vertragsverletzungsverfahren auch heran: *Tsikrikas*, Die Wirkungen der Urteile des EUGH im Vertragsverletzungsverfahren, S. 149. Ferner misst auch *Schoch*, DVBl 2004, 69 ff. (74 f.), dem Grundsatz der Einheitlichkeit der Unionsrechtsordnung bei der Beurteilung der Bindungswirkungen der Urteile des EuGH in Vertragsverletzungsverfahren eine besondere Bedeutung bei.

16 In Anlehnung an die Definition der Bindungswirkung bei *Gutsche*, Die Bindungswirkung der Urteile des EuGH, S. 1 und *Schroeder*, Bindungswirkungen von Entscheidungen nach Art. 249 EG, S. 19 f.

17 *Lasok*, The European Court of Justice, S. 493; *Laut*, in: *Rengeling/Middeke/Gellermann*, Handbuch des Rechtsschutzes in der EU, § 27, Rn. 20.

18 Ebenso stellt *Germelmann*, Die Rechtskraft von Gerichtsentscheidungen in der EU, S. 2 und 324, fest, dass diese Thematik bereits Gegenstand vieler Untersuchungen war und verweist auf seine zahlreichen Fundstellen in späteren Abschnitten und zwar auf den S. 404 ff. und 439 ff. desselben Buches. Ähnlich wie Ersterer: *Ehricke*, Die Bindungswirkung von Urteilen des EuGH im Vorabentscheidungsverfahren, S. 5 f.

wenig Beachtung fanden.[19] Dies widerspricht der zentralen Bedeutung, die der Verfahrensart bei der Durchsetzung des Unionsrechts zukommt.[20] Das Unionsrecht verfügt über keine Machtmittel, um die Mitgliedstaaten gewaltsam zur Rechtsbefolgung anzuhalten.[21] Das Vertragsverletzungsverfahren ist in diesem, weitgehend auf freiwillige Mitwirkung angelegten System,[22] regelmäßig das letzte Mittel, um die Mitgliedstaaten zu einem unionsrechtskonformen Verhalten und zum Vollzug der Urteile des EuGH zu bewegen.[23] Dennoch werden gerade bei dieser Verfahrensart die Grenzen deutlich, auf die der EuGH bei der Ausübung seiner richterlichen Tätigkeit gegenüber den Mitgliedstaaten stößt. Seine Befugnis beschränkt sich auf die Kontrolle der Rechtmäßigkeit mitgliedstaatlichen Handelns.[24] Im Vertragsverletzungsverfahren stellt der EuGH daher lediglich eine Vertragsverletzung durch einen Mitgliedstaat fest, ohne ihn zu einem bestimmten Tun oder Unterlassen zu verurteilen.[25] Allerdings geht die Feststellung

---

19 Eingehend untersuchen die Wirkungen von Entscheidungen des EuGH in Vertragsverletzungsverfahren: *Gutsche*, Die Bindungswirkung der Urteile des EuGH, S. 32 ff.; *Tsikrikas*, Die Wirkungen der Urteile des EuGH im Vertragsverletzungsverfahren. Letzterer stellt fest, dass sich die bisherigen Untersuchungen der Problematik „*klarer prozessdogmatischer Fragestellungen weniger unterzogen*" hätten (*Tsikrikas* a.a.O., S. 22).

20 Diese Bedeutung des Vertragsverletzungsverfahrens betonen *Karpenstein*, in: *Grabitz/Hilf/Nettesheim*, Das Recht der EU, Art. 258 AEUV, Rn. 10 [Stand: 5/2013]; *Wollenschläger P.*, Die Gemeinschaftsaufsicht über die Rspr. der Mitgliedstaaten, S. 19 und 75 f.

21 *Everling*, in: FS Kutscher, 1981, S. 155 ff. (183); *Mayer F.C.*, in: *Schuppert/Pernice/Haltern* (Hrsg.), Europawissenschaft, S. 429 ff. (479). Ähnlich *Everling*, in: FS Mosler, 1983, S. 173 ff. (181 f.); *ders.*, in: *Kruse* (Hrsg.), Zölle, Verbrauchsteuern, europäisches Marktordnungsrecht, S. 51 ff. (71); *Ortlepp*, Das Vertragsverletzungsverfahren, S. 130: Die Letzteren jeweils in Bezug auf Urteile des EuGH.

22 *Mayer F.C.*, in: *Schuppert/Pernice/Haltern* (Hrsg.), Europawissenschaft, S. 429 ff. (479). Ähnlich *Dobler*, in: *Roth/Hilpold* (Hrsg.), Der EuGH und die Souveränität der Mitgliedstaaten, S. 509 ff. (550); *Everling*, in: *Kruse* (Hrsg.), Zölle, Verbrauchersteuern, europäisches Marktordnungsrecht, S. 51 ff. (71).

23 Ebenso macht *Karpenstein*, in: *Grabitz/Hilf/Nettesheim*, Das Recht der EU, Art. 258 AEUV, Rn. 10 [Stand: 5/2013], das Vertragsverletzungsverfahren als letztes Mittel zur Erwirkung unionsrechtskonformen Verhaltens der Mitgliedstaaten aus. Ähnlich *Dobler*, in: *Roth/Hilpold* (Hrsg.), Der EuGH und die Souveränität der Mitgliedstaaten, S. 509 ff. (550 f.); *Everling*, in: *Kruse* (Hrsg.), Zölle, Verbrauchsteuern, europäisches Marktordnungsrecht, S. 51 ff. (71).

24 *Nettesheim*, in: Vierzehnte Badenweiler Gespräche, S. 205 ff. (205).

25 *Calliess/Ruffert*, EUV/AEUV, Art. 260 AEUV, Rn. 2; *Heidig*, Die Verhängung von Zwangsgeldern und Pauschalbeträgen, S. 36 f.; *Karpenstein*, in: *Grabitz/Hilf/Nettesheim*,

der Vertragsverletzung jedenfalls für den verfahrensbeteiligten Mitgliedstaat mit der Pflicht einher, den von ihm verübten Vertragsverstoß zu beseitigen.[26]

III. Der Einfluss der Bindungswirkung auf die Rechtsanwendung

Die Bindungswirkung ist Ausdruck der Jurisdiktionsgewalt des EuGH und bestimmt sich in erster Linie nach dem Umfang der ihm in den Gründungsverträgen übertragenen Kompetenzen.[27] Auch die Bindungswirkung von Urteilen des EuGH im Vertragsverletzungsverfahren muss ihre theoretischen Grundlagen daher im unionsrechtlichen Primärrecht finden.[28] Die praktischen Konsequenzen der Wirkungen, die von solchen Urteilen ausgehen, werden demgegenüber vor allem im innerstaatlichen Bereich bei der Rechtsanwendung durch die nationalen Einrichtungen sichtbar.[29] Die Urteile richten sich nämlich ausweislich des Art. 260 Abs. 1 AEUV an die Mitgliedstaaten, sodass eine Bindungswirkung in erster Linie als Verpflichtung zur Beachtung der Urteile bei der künftigen Rechtsanwendung durch die nationalen Einrichtungen denkbar ist.[30] Um die Wirkungen der Urteile des EuGH in Vertragsverletzungsverfahren zu erfassen und zu begreifen, genügt daher nicht der Blick auf die unionsrechtlichen Rechtsgrundlagen. Vielmehr muss als weiterer Aspekt auch die Rechtsanwendung durch die Mitgliedstaaten im Einzelfall betrachtet werden. Die Untersuchung der Rechtspraxis erfordert allerdings eine Einschränkung der untersuchten Materie in zweifacher Hinsicht.

Das Recht der EU, Art. 260 AEUV, Rn. 4 [Stand: 5/2013]; *Ortlepp*, Das Vertragsverletzungsverfahren, S. 107.

26 *Cremer*, in: *Calliess/Ruffert*, EUV/AEUV, Art. 260 AEUV, Rn. 2 und 4; *Heidig*, Die Verhängung von Zwangsgeldern und Pauschalbeträgen, S. 39 ff.; *Karpenstein*, in: *Grabitz/Hilf/Nettesheim*, Das Recht der EU, Art. 260 AEUV, Rn. 9 ff. [Stand: 5/2013]; *Ortlepp*, Das Vertragsverletzungsverfahren, S. 113. Des Weiteren verdeutlicht *Nettesheim*, in: Vierzehnte Badenweiler Gespräche, S. 205 ff. (207), dass es sich je nach *„Art und Natur des Fehlverhaltens"* auch um eine Pflicht zur Unterlassung weiterer Vertragsverstöße handeln kann.

27 Ähnlich *Toth*, YEL 1984, 2 ff. (5), der allerdings zwei Arten von Wirkungen der Urteile des EuGH unterscheidet: die *„binding force"* im Sinne der Gesetzeskraft von Urteilen und sonstige *„legal effects"*.

28 *Toth* (ebda), allerdings für die *„binding force"*.

29 Dies wird deutlich durch den Beitrag von *Schoch*, DVBl 2004, 69 ff.

30 Dem liegt das Verständnis der Bindungswirkung von Rechtsakten bei *Schroeder*, Bindungswirkungen von Entscheidungen nach Art. 249 EG, S. 19 f., zugrunde (s.o. S. 2, Fn. 13).

1. Beschränkung der Untersuchung auf das Vergaberecht

Der EuGH hat jährlich über eine Vielzahl von Vertragsverletzungsklagen zu befinden,[31] die unterschiedliche Politikfelder und Rechtsmaterien betreffen.[32] Mit den politischen und rechtlichen Inhalten divergieren auch die Probleme, die sich bei der Umsetzung der Urteile stellen. Ergibt sich für einen Bereich staatlichen Handelns, dass die Mitgliedstaaten geneigt sind, ihr Verhalten an der Rechtsprechung des EuGH zu orientieren, muss dies für andere Lebensbereiche nicht ebenso gelten.[33] Daher beschränkt sich die Untersuchung insoweit auf eine begrenzte Rechtsmaterie, das Vergaberecht, für welches die Nachvollziehung der Reichweite der Urteilswirkungen aus zweierlei Gründen besonders interessant ist:

Die Einflussmöglichkeiten der Rechtsprechung des EuGH auf die Rechtsanwendung variieren mit den Rechtsgebieten. Je stärker ein Rechtsgebiet unionsrechtlich geprägt ist, umso weitreichender können auch die Folgen der Urteile des EuGH in Vertragsverletzungsverfahren für die Rechtsanwendung ausfallen.[34] Zum einen steigt mit der Anzahl der unionsrechtlichen Vorgaben in einem Rechtsgebiet die Anzahl der möglichen Unionsrechtsverstöße. Zum anderen ist der Rechtsprechungsauftrag des EuGH auf die Anwendung und Auslegung geltenden Rechts beschränkt.[35] Die Befugnisse des EuGH enden also jedenfalls mit den unionsrechtlichen Kompetenzen, deren Reichweite sich im Umfang der unionsrechtlichen Prägung eines Rechtsgebiets widerspiegelt. Das nationale Vergaberecht ist sehr stark durch unionsrechtliche Vorgaben geprägt und seine Entwicklung von einer

---

31 So sind im Zeitraum von 2008 bis 2012 beim EuGH allein gegenüber Deutschland und Österreich jeweils 29 Vertragsverletzungsklagen neu eingegangen, gegenüber Italien sogar 51. Die Zahlen folgen aus EuGH, Jahresbericht 2012, Statistik S. 99, <http://curia.europa.eu/jcms/upload/docs/application/pdf/2013-04/192685_2012_6020_cdj_ra_2012_de_proof_01.pdf> (Stand: 10.04.2015).

32 Einen Überblick über die Politikfelder und Rechtsmaterien, die Gegenstand der Rechtsprechung des EuGH sein können, gibt EuGH, Jahresbericht 2012, S. 97 (Internetfundstelle s.o. Fn. 31).

33 Dies folgt aus *Seiler*, Der souveräne Verfassungsstaat, S. 265, der allgemein feststellt, dass sich die Mitgliedstaaten die wichtigsten Fragen (z.B. Einsatz der Streitkräfte) vorbehalten.

34 Dies folgt aus *Schoch*, DVBl 2004, 69 ff. (69), der die herausragende Bedeutung der Rechtsprechung des EuGH für das Abfallrecht als vom Unionsrecht durchdrungenen Bereich betont.

35 *Hillgruber*, in: *Behrens/Eger/Schäfer* (Hrsg.), Ökonomische Analyse des Europarechts, S. 1 ff. (2 ff.); *Mayer F.C.*, in: *Grabitz/Hilf/Nettesheim*, Das Recht der EU, Art. 19 EUV, Rn. 31 [Stand: 7/2010].

besonderen Dynamik gekennzeichnet.[36] Entsprechend weitreichend können auch die Folgen sein, welche sich für die Mitgliedstaaten aus den Urteilen des EuGH in diesem Rechtsgebiet ergeben.

Aus unionsrechtlicher Sicht ist die Untersuchung der Wirkungen von Urteilen des EuGH in Vertragsverletzungsverfahren anhand des Vergaberechts auch deshalb interessant, weil diesem Rechtsgebiet von Anfang an für die Verwirklichung des Binnenmarktes eine bedeutende Rolle zukam.[37] Dies ist nicht zuletzt auf die herausragende wirtschaftliche Bedeutung der öffentlichen Auftragsvergabe innerhalb der Europäischen Union[38] zurückzuführen und auf die damit einhergehende besondere Gefahr der Bevorzugung der eigenen nationalen Unternehmen.[39]

2. *Beschränkung der Untersuchung auf Deutschland, Österreich und Italien*

Die Pflicht zur Beseitigung des Unionsrechtsverstoßes, welche mit dem Feststellungsurteil im Vertragsverletzungsverfahren einhergeht,[40] ist unter Berücksichtigung der betroffenen unionsrechtlichen Bestimmungen zu ermitteln.[41] Die Beseitigung des Unionsrechtsverstoßes bedeutet also zugleich die mitgliedstaatliche Durchführung der unionsrechtlichen Bestimmungen, deren Verletzung der EuGH festgestellt hat. Wegen des in Art. 5 Abs. 1 Satz 1 und Abs. 2 Satz 1 EUV normierten Prinzips der begrenzten Einzelermächtigung und in Ermangelung entsprechender Kompetenzen der Europäischen Union kommt den Mitgliedstaaten insoweit eine weitgehende Verfahrensautonomie zu.[42] Auch die Umsetzung der mit den Urteilen des EuGH in Vertragsverletzungsverfahren einhergehenden

---

36 *Leinemann*, Die Vergabe öffentlicher Aufträge, Kapitel 1, Rn. 1. Ähnlich auch *Burgi*, NZBau 2009, 609 ff. (612), welcher das Europarecht als „*Motor der Vergaberechtsentwicklung*" bezeichnet.

37 Ebenso zur Bedeutung des Vergaberechts für den europäischen Binnenmarkt: *Burgi*, NZBau 2009, 609 ff. (612).

38 Hierzu *Frenz*, Handbuch Europarecht, Band 3, Kapitel 9, Rn. 1696; *Weyand*, Vergaberecht, GWB Teil 1, S. 31, Rn. 1 ff.; aber auch KOM, Annual Public Procurement Implementation Review 2012, SWD 2012 (342) final, <ec.europa.eu/internal_market/publicprocurement/docs/implementation/20121011-staff-working-document_en.pdf>, S. 6 ff. (Stand: 10.04.2015).

39 Ebenso führt *Burgi*, NZBau 2009, 609 ff. (612), die zentrale Rolle des Vergaberechts für das Unionsrecht u.a. auf die Gefahr der Bevorzugung eigener Unternehmen zurück.

40 S.o. Einleitung A.II, S. 3, Fn. 26.

41 *Nettesheim*, in: Vierzehnte Badenweiler Gespräche, S. 205 ff. (207 f.).

42 Ähnlich *v. Danwitz*, Europäisches Verwaltungsrecht, S. 302, 304 f. und 306 ff. Siehe allerdings den Beitrag von *Bobek*, in: *Micklitz/De Witte* (Hrsg.), The European Court of

Verpflichtungen erfolgt daher vorbehaltlich anderweitiger unionsrechtlicher Regelungen auf der Grundlage der formellen und materiellen Bestimmungen des nationalen Rechts,[43] begrenzt durch die unionsrechtlichen Grundprinzipien der Äquivalenz und Effektivität des Unionsrechts.[44] Dies bedeutet gleichzeitig, dass die Rechtsgrundlagen, welche den Mitgliedstaaten im Einzelfall zur Umsetzung ihrer unionsrechtlichen Verpflichtungen zur Verfügung stehen, je nach Rechtsordnung variieren.

Das nationale Vergaberecht beruht in den Mitgliedstaaten weitgehend auf den Vorgaben des europäischen Sekundärrechts, wobei die Vereinheitlichung des Vergaberechts innerhalb der Europäischen Union vorrangig durch den Erlass von Richtlinien vorangetrieben wurde.[45] Diese sind nach Art. 288 Abs. 3 AEUV nur hinsichtlich der Ziele verbindlich, während die Wahl der Formen und Mittel den Mitgliedstaaten überlassen bleibt.[46] Die Umsetzung der unionsrechtlichen

---

Justice and the Autonomy oft he Member States, S. 305 ff., mit dem aussagekräftigen Titel „*Why there is no principle of ‚procedural autonomy' of the member States*".

43 Dies folgt aus *GA Alber*, Schlussanträge v. 19.01.1999 – C-328/96, Slg. 1999, I-7482 ff. (I-7500, Rn. 80) – St. Pölten (Rückabwicklung eines Bauauftrags und Folgen rechtlicher Unmöglichkeit). Ähnlich zur Pflicht zur Beendigung öffentlicher Aufträge im Anschluss an ein stattgebendes Urteil des EuGH im Vertragsverletzungsverfahren: *Bitterich*, EWS 2005, 162 ff. (167); *Pache*, in: *Pünder/Schellenberg*, Vergaberecht, § 55 BHO, Rn. 131; *Ruthig*, in: Tagungsband, 8. Düsseldorfer Vergaberechtstag, S. 69 ff. (73 f.); *Scharen*, in: *Willenbruch/Wieddekind*, Vergaberecht, 20. Los, Art. 258, Rn. 65. Ähnlich zur Aufhebung unionsrechtswidriger Verwaltungsmaßnahmen allgemein: *Glaser*, Die Entwicklung des Europäischen Verwaltungsrechts, S. 493.

44 Die Bedeutung der Grundsätze bei der Durchführung des Unionsrechts auf der Grundlage des nationalen Rechts betont in der Rechtsprechung insbesondere EuGH, Urt. v. 21.09.1983 – Rs. 205/82 bis 215/82, Slg. 1983, 2633 ff. (2666 ff., Rn. 22 ff.) – Deutsche Milchkontor. In der Literatur z.B. *Classen*, in: *Grabitz/Hilf/Nettesheim*, Das Recht der EU, Art. 197, Rn. 23 [Stand: 3/2011]; *Glaser*, Die Entwicklung des Europäischen Verwaltungsrechts, S. 45 f.; *Kahl*, in: *Calliess/Ruffert*, EUV/AEUV, Art. 4 EUV, Rn. 62. Siehe zur Begrenzung der mitgliedstaatlichen Verfahrensautonomie durch das Äquivalenz- und Effektivitätsprinzip nach der EuGH-Rspr. auch *v. Danwitz*, Europäisches Verwaltungsrecht, S. 310 f. und 476 ff.; *Bobek*, in: *Micklitz/De Witte* (Hrsg.), The European Court of Justice and the Autonomy oft the Member States, S. 305 ff.

45 Zu den Richtlinien als insoweit zentrales Instrument: *Frank*, Die Koordinierung der Vergabe öffentlicher Aufträge in der EU, S. 281 und S. 58 f.; *Prieß*, Handbuch des europäischen Vergaberechts, S. 45.

46 Dieselbe Argumentation für die verschiedenen nationalen Lösungsansätze bei der Umsetzung der Vergaberichtlinien wählt *Frank*, Die Koordinierung der Vergabe öffentlicher Aufträge in der EU, S. 59 und 281.

Vorgaben in den Mitgliedstaaten ist in der Folge unterschiedlich ausgefallen.[47] Soweit vergaberechtliche Sachverhalte Gegenstand von Vertragsverletzungsverfahren sind, werden sich die nationalen Rechtsgrundlagen, die zur Beseitigung der Unionsrechtsverstöße zur Verfügung stehen, daher regelmäßig je nach betroffenem Mitgliedstaat unterscheiden. Der Europäischen Union gehören heute 28 Mitgliedstaaten an,[48] sodass die Nachvollziehung der Urteilswirkungen in der vergaberechtlichen Praxis die Beschränkung auf einzelne Mitgliedstaaten erfordert.

Aus vergaberechtlicher Sicht ist die Nachvollziehung der Urteilswirkungen anhand der vergaberechtlichen Praxis in Deutschland, Österreich und Italien sowohl aus tatsächlichen als auch aus rechtlichen Gründen besonders interessant. So pflegen die drei Mitgliedstaaten rege wirtschaftliche Beziehungen zueinander. Deutschland ist Italiens wichtigster Handelspartner[49] und zugleich auch wichtigster Handelspartner Österreichs, in weitem Abstand gefolgt von Italien.[50] Auch bei der öffentlichen Auftragsvergabe zeitigt die geographische Nähe zwischen den drei Mitgliedstaaten Wirkungen: So ergab eine Studie der Europäischen Kommission aus dem Jahre 2011, dass in Österreich rund 84 % der öffentlichen Aufträge, die direkt grenzüberschreitend an Unternehmen aus anderen Migliedstaaten vergeben werden, deutschen Unternehmen erteilt werden.[51] Weit abgeschlagen, aber dennoch an zweiter Stelle liegen italienische Unternehmen, mit einem Anteil von rund 5 %.[52] Umgekehrt vergibt auch Deutschland die meisten öffentlichen Aufträge, die direkt grenzüberschreitend an Unternehmen aus anderen Mitgliedstaaten vergeben werden, nämlich rund 51 % an österreichische Unternehmen.[53] Dasselbe gilt für Italien, wo rund 44 % der direkt grenzüberschreitend vergebenen Aufträge an

---

47 *Frank* a.a.O., S. 281 ff.

48 Die Mitgliedstaaten mit Beitrittsdatum sind auf der Internetseite der Europäischen Union aufgeführt, <europa.eu/about-eu/countries/member-countries/index_de.htm> (Stand: 10.04.2015).

49 Auswärtiges Amt, Länderinformation, <auswaertiges-amt.de/DE/Aussenpolitik/Laender/Laenderinfos/Italien/Bilateral_node.html#doc358722bodyText2> (Stand: 10.04.2015).

50 So für das Jahr 2012: Statistik Austria (Bundesanstalt Statistik Österreich), Pressemitteilung 10.479-055/13 v. 08.03.2013, <statistik.at/web_de/presse/070249> (Stand: 10.04.2015).

51 KOM, Final Report Cross Border Procurement Above EU-Thresholds, S. 46 f., <ec.europa.eu/internal_market/publicprocurement/docs/modernising_rules/cross-border-procurement_en.pdf> (Stand: 10.04.2015).

52 KOM a.a.O., S. 47.

53 Ebda.

österreichische Unternehmen vergeben werden, während deutsche Unternehmen noch hinter spanischen und britischen Unternehmen mit einem Anteil von rund 12 % an vierter Stelle stehen.[54] Neben der geograpischen Lage als Nachbarstaaten machte die Europäische Kommission in erster Linie die gemeinsame Sprache, aber auch geschichtliche Hintergründe als Faktoren aus, welche die grenzüberschreitende Auftragsvergabe fördern.[55]

Aus rechtlicher Sicht erweist sich das teilweise völlig andere Verständnis des Vergabegeschehens in Deutschland und Österreich einerseits und in Italien andererseits[56] als besonders interessant. Während die Auftragsvergabe in Deutschland und Österreich traditionell als fiskalisches Hilfsgeschäft der öffentlichen Hand und damit als privatrechtliches Handeln begriffen wird,[57] wird die Auftragsvergabe in Italien dem hoheitlichen Handeln zugerechnet.[58] Daraus resultieren interessante Gemeinsamkeiten bzw. Unterschiede zwischen dem deutschen und österreichischen Vergaberechtssystem einerseits und dem italienischen Vergaberechtssystem andererseits.

B. Fragestellung und Zielsetzung

Durch die Untersuchung soll die Frage geklärt werden, „*inwieweit*" die Mitgliedstaaten der Europäischen Union an Urteile des EuGH in Vertragsverletzungsverfahren gebunden sind und was diese Bindung für die vergaberechtliche Praxis der Mitgliedstaaten bedeutet. Die Dimension der Reichweite ist dabei eine dreifache

54 Ebda.

55 KOM a.a.O., S. 46 und 14.

56 *Frank*, Die Koordinierung der Vergabe öffentlicher Aufträge in der EU, S. 57.

57 Zum deutschen Recht: *Dreher*, in: *Immenga/Mestmäcker*, Wettbewerbsrecht, Band 2, Vor §§ 97 ff. GWB, Rn. 76 f.; *Schwarz*, in: *Fehling/Kastner/Störmer*, Verwaltungsrecht, Einl. VwVfG, Rn. 47; kritisch *Fehling*, in: *Pünder/Schellenberg*, Vergaberecht, § 97 GWB, Rn. 37. Zum österreichischen Recht: *Fuchs*, JRP 2012, 288 ff. (289 f.); *Korinek/Holoubek*, Grundlagen staatlicher Privatwirtschaftsverwaltung, S. 42 f.; *Kraus*, Der vergaberechtliche Rechtsschutz, S. 1. Im österreichischen Sprachgebrauch wird dabei der Bereich staatlichen Handelns, in dem sich der Staat der Rechtsformen Privater bedient, regelmäßig mit dem Begriff „*Privatwirtschaftsverwaltung*" umschrieben (zu dieser Terminologie: *Franz*, Gewinnerzielung durch kommunale Daseinsvorsorge, S. 123, Fn. 413; *Grabenwarter/Holoubek*, Verfassungsrecht – Allgemeines Verwaltungsrecht, S. 294). Zu beiden Rechtsordnungen: *Frank*, Die Koordinierung der Vergabe öffentlicher Aufträge in der EU, S. 57.

58 *Frank*, Die Koordinierung der Vergabe öffentlicher Aufträge in der EU, S. 57.

und impliziert folgende Fragestellungen: Welchen Inhalt hat die Bindungswirkung? Welche Teile eines Urteils sind bindend? Wen binden die Urteile?

Ziel der Untersuchung ist es folglich, die unionsrechtlichen Grundlagen, auf denen die Bindungswirkung von Urteilen des EuGH in Vertragsverletzungsverfahren fusst, sowie die möglichen Auswirkungen solcher Urteile auf die vergaberechtliche Praxis der Mitgliedstaaten nachzuvollziehen.

C. Gang der Untersuchung

Die Bindungswirkung von Urteilen des EuGH in Vertragsverletzungsverfahren muss ihre theoretischen Grundlagen im Unionsrecht finden.[59] Andererseits zeitigen die Urteile ihre praktischen Konsequenzen in der Rechtsanwendung durch die Mitgliedstaaten.[60] Entsprechend ist die Untersuchung in zwei Abschnitte gegliedert:

I. Im ersten Abschnitt der Arbeit werden die unionsrechtlichen Grundlagen der Bindungswirkung von Urteilen des EuGH in Vertragsverletzungsverfahren untersucht. Das unionsrechtliche Primärrecht wird dahingehend analysiert, ob es Bestimmungen und Grundprinzipien bereithält, die als Rechtsgrundlage für eine Bindungswirkung der Urteile fungieren könnten und denen sich Aussagen über die objektiven und subjektiven Grenzen einer Bindungswirkung entnehmen lassen. Die Auslegung erfolgt ausgerichtet am Wortlaut, am Sinn und Zweck sowie der Systematik der primärrechtlichen Bestimmungen und unter Berücksichtigung der Rechtsprechung des EuGH.

Im Rahmen der Untersuchung der Urteilswirkungen auf der Grundlage der primärrechtlichen Verträge wird zunächst die Einordnung der Urteile des EuGH in die Rechtsquellen des Unionsrechts versucht (1. Abschnitt A.). Dahinter steht die Überlegung, dass Urteile des EuGH, sollte es sich um Rechtsquellen des Unionsrechts handeln, automatisch am Vorrang desselben vor dem nationalen Recht teilnehmen könnten und sich folglich die Nachvollziehung der Urteilswirkungen in der Erörterung dieses tragenden Grundsatzes des Unionsrechts erschöpfen würde. Sodann wird ausgehend vom deutschen Prozessrecht die Definition von Begriffen unternommen, die es ermöglichen sollen, bestimmte Urteilswirkungen abstrahiert vom Einzelfall zu erfassen. Eine zentrale Rolle bei der Analyse des Primärrechts spielt die Entwicklung einer Terminologie, die es ermöglicht bestimmte Urteilswirkungen zu erfassen. Dabei wird differenziert zwischen der Rechtskraft

59 Ähnlich *Toth*, YEL 1984, 2 ff. (5), allerdings für die „*binding force*" in Abgrenzung zu den „*legal effects*".

60 Dies wird deutlich im Beitrag von *Schoch*, DVBl 2004, 69 ff.

der Urteile (1. Abschnitt C.), der innerprozessualen Bindungswirkung (1. Abschnitt D.) und der außerprozessualen Bindungswirkung (1. Abschnitt E.).[61] An die Begriffsdefinition schließt jeweils die Analyse des unionsrechtlichen Primärrechts dahingehend an, ob es die Existenz entsprechender Rechtsinstitute für Urteile des EuGH in Vertragsverletzungsverfahren rechtfertigen kann. Schließlich wird das Verhältnis dieser Bindungswirkungen der Urteile im engen Sinne zu der Pflicht der Mitgliedstaaten zur Beseitigung des Unionsrechtsverstoßes untersucht.

Eine entscheidende Rolle bei der Auslegung der primärrechtlichen Bestimmungen kommt der Rechtsprechung des EuGH zu. Die Mitgliedstaaten haben ausweislich des Art. 19 Abs. 1 UAbs. 1 Satz 2 EUV dem EuGH die verbindliche Auslegung des Unionsrechts anvertraut.[62] Daher bestimmt sich die Reichtweite der Urteilswirkungen nicht zuletzt nach den Inhalten, die er den unionsrechtlichen Bestimmungen beimisst.[63] Die Gefahr einer unverhältnismäßigen Inanspruchnahme der Mitgliedstaaten besteht nicht, soweit der EuGH seiner verfahrensrechtlichen *„Mittlerposition zwischen der Union und ihren Mitgliedstaaten"*[64] Rechnung trägt und bei der Auslegung des Rechts neben der Sicherung der unionsrechtlichen Rechtsordnung auch den begrenzten Zuständigkeitsbereich der Europäischen Union beachtet.[65]

II. Der zweite Abschnitt der Untersuchung beschäftigt sich mit den Konsequenzen von Urteilen des EuGH in Vertragsverletzungsverfahren für die vergaberechtliche Praxis Deutschlands, Österreichs und Italiens. Der Abschnitt steht in engem Zusammenhang mit dem vorhergehenden, da die Bindungswirkung von

61 Dieser grobe Aufbau sowie die Terminologie entsprechen weitestgehend denjenigen bei *Tsikrikas*, Die Wirkungen der Urteile des EuGH im Vertragsverletzungsverfahren, S. 44 ff.

62 Ebenso, ohne allerdings auf die Aufgabenbeschreibung in den Gründungsverträgen einzugehen, *Bernhardt R.*, in: FS Kutscher, 1981, S. 17 ff. (23). Ähnlich BVerfG, Urt. v. 30.06.2009 – 2 BvE 2/08, BVerfGE 123, 267 ff. (S. 397) – Lissabon. Zu den in Art. 19 EUV beschriebenen *„zwei Aufgabenbereichen"* des EuGH (Kontrolle der Anwendung des Unionsrechts und Auslegung des Unionsrechts): *Schwarze*, in: *Schwarze/Becker/Hatje/Schoo*, EU-Kommentar, Art. 19 EUV, Rn. 30.

63 Davon geht wohl auch *Germelmann*, Die Rechtskraft von Gerichtsentscheidungen in der EU, S. 326 ff., inzident aus, der im Rahmen der Untersuchung der Rechtskraft von Urteilen des EuGH u.a. die Rspr. des EuGH eingehend analysiert.

64 *Hillgruber*, in: *Behrens/Eger/Schäfer* (Hrsg.), Ökonomische Analyse des Europarechts, S. 1 ff. (2).

65 Ähnlich beschreibt *Hillgruber* (ebda) die *„Mittlerposition"* des EuGH als Aufgabe zur *„Wahrung des Rechts nach beiden Seiten hin"*.

Urteilen ihre eigentliche Bedeutung erst durch die Beeinflussung der Wirklichkeit gewinnt.[66] Andererseits müssen sich die praktischen Konsequenzen der Urteile des EuGH in den Grenzen der unionsrechtlichen Rechtsgrundlagen halten.[67] Anhand eines konkreten Urteils des EuGH im Vertragsverletzungsverfahren, nämlich des Urteils in den Rechtssachen *„Bockhorn und Braunschweig I"*,[68] soll daher nachvollzogen werden, wie Urteile des EuGH im Einzelfall die Rechtsanwendung beeinflussen können. Die Systematik der Urteilsbesprechung baut weitgehend auf den im ersten Abschnitt gefundenen Erkenntnissen auf und wird daher erst an späterer Stelle erörtert (2. Abschnitt A.III.).

---

66 In Anlehnung an *Classen*, in: *Grabitz/Hilf/Nettesheim*, Das Recht der EU, Art. 197 AEUV, Rn. 2 [Stand: 3/2011], dort in anderem Zusammenhang zu dem Grundsatz, wonach alles Recht auf die Beeinflussung der Wirklichkeit angelegt ist.

67 Dies folgt letztlich auch aus den Ausführungen von *Toth*, YEL 1984, 2 ff. (5), zur *„binding force"* im Sinne der Gesetzeskraft von Urteilen.

68 EuGH, Urt. v. 10.04.2003 – C-20/01 und C-28/01, Slg. 2003, I-3630 ff. – Bockhorn und Braunschweig I.

1. Abschnitt: Die Wirkungen von Urteilen des EuGH in Vertragsverletzungsverfahren im Kontext des unionsrechtlichen Primärrechts

A. Die Rechtsprechung des EuGH in der europäischen Normenhierarchie

Die Europäische Union basiert seit dem Reformvertrag von Lissabon auf einer dualen konstitutionellen Grundlage: dem EUV und dem AEUV, ergänzt durch die Grundrechte-Charta.[69] In der Literatur wird diese Dyade teilweise zu einer „*konstitutionellen Trias*"[70] erweitert, mit der Grundrechte-Charta als dritter vertraglicher Grundlage.[71] Allen Rechtsakten ist gemeinsam, dass sie unmittelbar von den Mitgliedstaaten geschaffen wurden[72] und einander gleichrangig und gleichwertig sind.[73] Die Mitgliedstaaten sind die „*Herren der Verträge*".[74]

---

69 *Obwexer*, in: *Mayer H./Stöger*, EUV/AEUV, Art. 1 EUV, Rn. 90 und 92 [Stand: 7/2011]. Ähnlich auch *Nettesheim*, in: *Grabitz/Hilf/Nettesheim*, Das Recht der EU, Art. 1 EUV, Rn. 43 ff. [8/2012].

70 *Kotzur*, in: *Geiger/Khan/Kotzur*, EUV/AEUV, Art. 1 AEUV, Rn. 6.

71 Ebda; a.A. *Nettesheim*, in: *Grabitz/Hilf/Nettesheim*, Das Recht der EU, Art. 1 EUV, Rn. 44 [Stand: 8/2012]; *Obwexer*, in: *Mayer H./Stöger*, EUV/AEUV, Art. 1 EUV, Rn. 92 [Stand: 7/2011].

72 *Borchardt*, Die rechtlichen Grundlagen der EU, § 3, Rn. 82.

73 *Kotzur*, in: *Geiger/Khan/Kotzur*, EUV/AEUV, Art. 1 AEUV, Rn. 6; *Obwexer*, in: *Mayer H./Stöger*, EUV/AEUV, Art. 1 EUV, Rn. 90 und 92 [Stand: 7/2011]. Zur Gleichrangigkeit von EUV und AEUV siehe auch *Nettesheim*, in: *Grabitz/Hilf/Nettesheim*, Das Recht der EU, Art. 1 EUV, Rn. 46 ff. [Stand: 8/2012].

74 Der Ausdruck geht zurück auf *Everling*, in: FS Mosler, 1983, S. 173 ff. (so auch *Borchardt*, Die rechtlichen Grundlagen der EU, § 2 Rn. 77 Fn. 53). *Everling* (ebda) unternimmt eine Untersuchung des Verhältnisses zwischen Unionsrecht und Völkerrecht mit dem aussagekräftigen Titel „*Sind die Mitgliedstaaten der Europäischen Gemeinschaft noch Herren der Verträge?*". Der Ausdruck findet sich wieder in BVerfG, Beschl. v. 06.07.2010 – 2 BvR 2661/06, BVerfGE 126, 286 ff. (303) – Honeywell; BVerfG, Urt. v. 30.06.2009 – 2 BvE 2/08, BVerfGE 123, 267 ff. (349) – Lissabon; BVerfG, Beschl. v. 08.04.1987 – 2 BvR 687/85, BVerfGE 75, 223 ff. (242) – Kloppenburg-Beschluss. Die möglichen Inhalte der „*Chiffre*" beschreibt *Jaestadt*, in: *Calliess* (Hrsg.), Verfassungswandel im europäischen

Daneben kennt das Unionsrecht eine weitere große Gruppe von Rechtsakten, zu welchen u.a. Gesetzgebungsakte, delegierte Rechtsakte und Durchführungsrechtsakte zählen.[75] Diese Gruppe von Rechtsakten wird von den Organen der Europäischen Union erlassen.[76] Die Mitgliedstaaten sind nur mittelbar an der Schöpfung dieser Rechtsakte beteiligt, vermittelt über die durch sie in den Verträgen konstituierten Organe.[77]

Während die Verträge das europäische Primärrecht bilden, gehören die Rechtsakte, die von den Organen der Europäischen Union erlassen werden, zum europäischen Sekundärrecht.[78] Für die Rechtsakte beider Hierarchieebenen gelten klare Grundsätze hinsichtlich des Verhältnisses zum nationalen Recht. Beiden Hierarchieebenen ist gemeinsam, dass sie im Verhältnis zu kollidierendem nationalen Recht Vorrang genießen.[79] Dies beinhaltet nach der h.M. zum einen einen Anwendungsvorrang des Unionsrechts gegenüber entgegenstehendem nationalem Recht,[80] zum anderen die Verpflichtung zur unionsrechtskonformen Auslegung des nationalen Rechts.[81]

Staaten- und Verfassungsverbund, S. 93 ff. (125), wie folgt: Zum einen könne sie die Befugnis der Mitgliedstaaten zur Erzeugung von unionalen Primärrecht bezeichnen, zum anderen eine lediglich *„formell"*, nicht aber *„materiell gebundene Rechtsetzungsmacht"* der Mitgliedstaaten. Zur begrenzten inhaltlichen Gültigkeit des Grundsatzes: *Seiler*, Der souveräne Verfassungsstaat, S. 258 ff.

75 *Borchardt*, Die rechtlichen Grundlagen der EU, § 3, Rn. 86; *Craig/de Búrca*, EU law, S. 112 ff.

76 Statt aller *Borchardt*, ebda; *Ehlers*, DVBl 1991, 605 ff. (606).

77 Ähnlich *Borchardt* a.a.O., Rn. 82 und 86 sowie *Bleckmann/Pieper*, in: *Dauses* (Hrsg.), Handbuch des EU-Wirtschaftsrechts, Band 1, B.I., Rn. 4 [Stand: 2/2014].

78 Statt aller *Bleckmann*, in: *ders.*, Europarecht, S. 198, Rn. 526 f.; *Borchardt*, Die rechtlichen Grundlagen der EU, § 3, Rn. 82 und 86; *Härtel*, Handbuch europäische Rechtsetzung, § 15, Rn. 6 ff.

79 So etwa *Jarass/Beljin*, NVwZ 2004, 1 ff. (2); *Obwexer*, in: *Mayer H./Stöger*, EUV/AEUV, Art. 1 EUV, Rn. 104 [Stand: 7/2011]; *Ruffert*, in: *Calliess/Ruffert*, EUV/AEUV, Art. 1 AEUV, Rn. 20. Zum Verhältnis des Unionsrechts zum nationalem Recht eingehend *Baumann*, Die Rspr. des EuGH zum Vorrang von Gemeinschaftsrecht, S. 5 ff.

80 Grundlegend EuGH, Urt. v. 15.07.1964 – C-6/64, Slg. 1964, 1259 ff. (1269 ff.) – Costa/ENEL. Dazu BVerfG, Beschl. v. 06.07.2010 – 2 BvR 2661/06, BVerfGE 126, 286 ff. (301 f.) – Honeywell; *Ehlers*, DVBl 1991, 605 ff. (608); *Jarass/Beljin*, NVwZ 2004, 1 ff. (4 f.); *Obwexer*, in: *Mayer H./Stöger*, EUV/AEUV, Art. 1 EUV, Rn. 104 f. [Stand: 7/2011]; *Ruffert*, in: *Calliess/Ruffert*, EUV/AEUV, Art. 1 AEUV, Rn. 16 ff. Zur Entwicklung des Anwendungsvorrangs: *Kruis*, Der Anwendungsvorrang des EU-Rechts in Theorie und Praxis, S. 44 ff.

81 *Jarass/Beljin*, NVwZ 2004, 1 ff. (2); *Obwexer*, in: *Mayer H./Stöger*, EUV/AEUV, Art. 1 EUV, Rn. 104 f. [Stand: 7/2011]. Zum Verhältnis von Anwendungsvorrang

Innerhalb dieser Rangordnung nehmen die allgemeinen Rechtsgrundsätze eine Sonderstellung ein. Der EuGH hat in beinahe allen Bereichen des Unionsrechts unter Heranziehung der Methoden des Völkerrechts durch einen Vergleich des nationalen Rechts der Mitgliedstaaten allgemeine Rechtsgrundsätze des Unionsrechts entwickelt.[82] Prominentes Beispiel für einen richterlich entwickelten allgemeinen Rechtsgrundsatz ist der Grundsatz des *„effet utile"*, der das Verhältnis zwischen Europäischer Union und Mitgliedstaaten besonders prägt und strukturiert.[83]

In der Literatur werden die allgemeinen Rechtsgrundsätze teilweise dem Primärrecht zugeordnet,[84] teilweise wird ihnen eine Stellung zwischen dem Primärrecht und dem Sekundärrecht zugesprochen.[85] Der EuGH hat bisher die Frage nach dem Rang der allgemeinen Rechtsgrundsätze offen gelassen.[86] Nach der Rechtsprechung des EuGH ist das europäische Sekundärrecht jedoch auf seine Übereinstimmung mit den allgemeinen Rechtsgrundsätzen zu überprüfen.[87] Das Primärrecht legt der EuGH zwar mitunter rechtsgrundsatzkonform aus, überprüft es jedoch nicht auf die Übereinstimmung mit den Rechtsgrundsätzen.[88] Die Frage nach der Rangordnung der allgemeinen Rechtsgrundsätze ist angesichts

---

und unionsrechtskonformer Auslegung als Ausdruck des Vorrangs des Unionsrechts im weiten Sinne: *Beljin*, EuR 2002, 351 ff. (358 ff.).

82 *Bleckmann*, NVwZ 1993, S. 824 ff. (825); *Bleckmann/Pieper*, in: *Dauses*, Handbuch des EU-Wirtschaftsrechts, Band 1, B.I., Rn. 61 [Stand: 2/2014].

83 *V. Bogdandy*, in: *v. Bogdandy/Bast*, Europäisches Verfassungsrecht, S. 38. So spielte auch in der Entwicklung des Grundsatzes vom Vorrang des Unionsrechts der Gedanke des *„effet utile"* eine bedeutende Rolle (*Seyr*, Der *effet utile* in der Rspr. des EuGH, S. 120 f.).

84 *Borchardt*, Die rechtlichen Grundlagen der EU, § 3, Rn. 104; *Obwexer*, in: *Mayer H./Stöger*, EUV/AEUV, Art. 1 EUV, Rn. 93 [Stand: 7/2011]; *Oppermann*, Europarecht, § 6, Rn. 25; *Ruffert*, in: *Calliess/Ruffert*, EUV/AEUV, Art. 1 AEUV, Rn. 10. Differenzierend *Herdegen*, Europarecht, § 8, Rn. 16.

85 *Craig/de Búrca*, EU law, S. 109; *Bleckmann*, NVwZ 1993, S. 824 ff. (S. 826); *Szczekalla*, in: *Rengeling*, Handbuch zum europäischen und deutschen Umweltrecht, Band 1, § 11, Rn. 31. Die beiden Letzteren sprechen den allgemeinen Rechtsgrundsätzen, jedenfalls formell, einen Zwischenrang zu.

86 Dies stellen ebenso fest: *Szczekalla*, in: *Rengeling*, Handbuch zum europäischen und deutschen Umweltrecht, Band 1, § 11, Rn. 31; *Wegener*, in: *Calliess/Ruffert*, EUV/AEUV, Art. 19 EUV, Fn. 149.

87 EuGH, Urt. v. 05.10.1994 – C-280/93, Slg. 1994, I-4973 ff. (I-5061 ff, Rn. 63 ff.) – Deutschland/Rat; EuGH, Urt. v. 12.10.1978, Rs. 10/78, Slg. 1978, 1915 ff. (1924, Rn. 7) – Belbouab. Zur Rspr. des EuGH ebenso *Bleckmann*, NVwZ 1993, S. 824 ff. (S. 826).

88 *Bleckmann*, NVwZ 1993, S. 824 ff. (S. 826); *Szczekalla*, in: *Rengeling*, Handbuch zum europäischen und deutschen Umweltrecht, Band 1, § 11, Rn. 31.

dieser Rechtsprechungspraxis theoretischer Natur. Festzuhalten bleibt, dass die allgemeinen Rechtsgrundsätze nach der h.M. Teil des europäischen Normengefüges sind und am Vorrang des Gemeinschaftsrechts vor dem nationalen Recht teilhaben.[89]

Die Urteile des EuGH können demgegenüber nicht ohne weiteres als Teil des europäischen Normengefüges betrachtet werden. Sämtlichen Rechtsakten, die Teil der aufgezeigten Rangordnung sind, ist gemeinsam, dass sie sich unter den Begriff der Rechtsquelle subsumieren lassen.[90] Die Rechtsquellen des Unionsrechts sind der Geltungsgrund des europäischen Rechts, dessen Inhalt durch Auslegung zu ermitteln ist.[91] Sie binden ihre Adressaten normativ[92] und bilden in ihrer Gesamtheit die Unionsrechtsordnung.[93]

In der Literatur gibt es Stimmen, welche die Urteile des EuGH zu den Rechtsquellen des Unionsrechts zählen.[94] Die Urteile des EuGH würden dann als Teil der Unionsrechtsordnung automatisch am Vorrang des Unionsrechts vor dem nationalen Recht teilnehmen. Für die Mitgliedstaaten der Europäischen Union würde daraus eine Bindung an die Urteile des EuGH resultieren, die auch gegenüber entgegenstehendem nationalem Recht beachtet werden müsste.

Die h.M. lehnt eine Zuordnung der Urteile des EuGH zu den Rechtsquellen jedoch zu Recht ab.[95] Der EuGH wendet in seinen Urteilen die Europäische

---

89 Siehe nur *Ruffert*, in: *Calliess/Ruffert*, EUV/AEUV, Art. 1 AEUV, Rn. 20 i.V.m. Rn. 10.

90 Dies wird deutlich bei *Borchardt*, Die rechtlichen Grundlagen der EU, § 3, Rn. 81 ff.

91 *Kingreen*, in: *Calliess/Ruffert*, EUV/AEUV, Art. 6 EUV, Rn. 7. Allgemein zu den Rechtsquellen als *„Entstehungsgründe des allgemeinen Rechts"*: *Savigny*, System des heutigen Römischen Rechts, Band 1, S. 11 ff.

92 *Henninger*, Europäisches Privatrecht und Methode, S. 302; *Kingreen*, in: *Calliess/Ruffert*, EUV/AEUV, Art. 6 EUV, Rn. 7.

93 *Borchardt*, Die rechtlichen Grundlagen der EU, § 3, Rn. 81.

94 *Isaac/Blanquet*, Droit communautaire général, S. 171 f.; *Kennedy*, Learning European law, S. 129 ff.; *Mann*, The Function of Judicial Decision in European Economic Integration, S. 359 ff; *Rüber*, Der Gerichtshof der Europäischen Gemeinschaft und die Konkretisierung allgemeiner Rechtsgrundsätze, S. 51 f.; *Simon*, Le système juridique communautaire, S. 374 f. So grundsätzlich auch *Barceló*, in: *MacCormick/Summers* (Hrsg.), Interpreting Precedents, S. 407 ff. (424); *Bleckmann*, NVwZ 1993, S. 824 ff. (S. 828); *Mackenzie Stuart/Warner*, in: FS Kutscher, 1981, S. 273 ff. (insbesondere S. 281); *Schermers/Waelbroeck*, Judicial protection in the EU, S. 133 f., § 260 f. Ohne eingehende Begründung ebenso *Reichelt*, Europarecht, S. 46; *Steiner/Woods*, EU law, S. 75; *Wiedemann*, Handbuch des Kartellrechts, § 1, Rn. 34.

95 Zur h.M., selbst dahin tendierend und mit weiteren Nachweisen: *Henninger*, Europäisches Privatrecht und Methode, S. 303 ff. Einschränkend *Toth*, YEL 1984, 2 ff. (2 und 69 ff.), der zwar ausdrücklich eine Einordnung der Rspr. des EuGH in die Reihe der

Rechtsordnung hauptsächlich an, er interpretiert und konkretisiert sie.[96] Der EuGH wird mithin in erster Linie norminterpretierend tätig und *„reproduziert präfabrizierte gesetzgeberische Wertentscheidungen in einem logisch determinierten Erkenntnisakt."*[97] Einzig die Formulierung allgemeiner Rechtsgrundsätze durch den EuGH führt als rechtsfortbildender und schöpferischer Akt[98] zur Konkretisierung von Grundsätzen, die Normcharakter aufweisen und verbindliche Leitlinien darstellen.[99] Lediglich die allgemeinen Rechtsgrundsätze erfüllen damit die Begriffsmerkmale der Rechtsquelle und nehmen durch die Qualifizierung als Primärrecht am Anwendungsvorrang des Unionsrechts teil.[100]

B. Die primärrechtlichen Regelungen in EUV und AEUV als Ausgangspunkt

Die Normenhierarchie, für welche der Grundsatz *„Lex superior derogat legi inferiori"* gilt,[101] spiegelt die Empfindsamkeit wieder, mit welcher die Mitgliedstaaten auf Einschränkungen ihrer nationalen Souveränität reagieren und die Vorsicht, mit welcher sie über die staatlichen Hoheitsrechte walten.[102] Lediglich die Verträge, die

---

Rechtsquellen des Unionsrechts im streng formalen Sinne ablehnt, sie aber als *„quasi-source"* (*Toth* a.a.O., S. 2) bezeichnet. Weitere Autoren sprechen die Urteile des EuGH nicht innerhalb der Rechtsquellenlehre an, verneinen also zumindest stillschweigend ihre Zuordnung zu den Rechtsquellen (so etwa *Borchardt*, Die rechtlichen Grundlagen der EU, § 3; *Herdegen*, Europarecht, § 8).

96 Ähnlich argumentiert *Toth*, YEL 1984, 2 ff. (70). Zur grundlegenden Aufgabe jedes Richters *„das bestehende Recht auszusprechen"*: *Arzt*, Einführung in die Rechtswissenschaft, S. 29.

97 So wörtlich und generell zur normauslegenden judiziellen Tätigkeit: *Säcker*, in: MünchKomm BGB, Band 1, Einleitung, Rn. 84.

98 Ähnlich *v. Arnauld*, in: *Terhechte*, Verwaltungsrecht der EU, § 2, Rn. 44. Im Übrigen liegt mit *Kirchhof*, NJW 1986, 2275 ff. (2277), der *„schöpferische Akt"* der Rspr. im Allgemeinen lediglich in der *„Ausprägung eines Rechtssatzes zu einer Einzelfallentscheidung"*.

99 *Henninger*, Europäisches Privatrecht und Methode, S. 276.

100 So im Ergebnis auch *Henninger* a.a.O., S. 275 ff. und 302 ff.

101 Wörtlich benennt das Prinzip zur Beschreibung des Verhältnisses von Primärrecht und Sekundärrecht *Härtel*, Handbuch europäische Rechtsetzung, § 15, Rn. 2 ff. Inhaltlich folgt dasselbe aus *Nettesheim*, EuR 2006, 737 ff. (746); *Schroeder*, in: *Streinz*, EUV/AEUV, Art. 288 AEUV, Rn. 20.

102 In Anlehnung an *Nettesheim*, EuR 2006, 737 ff. (746 und 770), welcher die Unterscheidung zwischen Primär- und Sekundärrecht für unabdingbar hält, um *„die Stellung der Mitgliedstaaten als Herren der Verträge abzusichern und eine (legitimatorisch problematische) Verselbständigung der EWG zu verhindern."*

unmittelbar auf die Mitgliedstaaten zurückzuführen sind, gehören unstreitig zum europäischen Primärrecht und sind damit Messlatte für alle weiteren Rechtsakte.[103]

Die weitreichende Anerkennung der allgemeinen Rechtsgrundsätze durch die Mitgliedstaaten mag vor diesem Hintergrund überraschen. Die breite Akzeptanz lässt sich jedoch u.a. darauf zurückführen, dass der Geltungsgrund der allgemeinen Rechtsgrundsätze nicht die Rechtsprechung des EuGH ist; vielmehr handelt es sich um Grundprinzipien, die den Rechtsordnungen der Mitgliedstaaten innewohnen und nicht von der Kontingenz eines Urteils abhängen.[104] Der schöpferische Akt des EuGH liegt mithin in der Ausformulierung und Konkretisierung von Grundsätzen, die dem geltenden Recht innewohnen, sowie in ihrer systemgerechten Übertragung auf die Europäische Union.[105] Die allgemeinen Rechtsgrundsätze sind auf diese Weise durch zwei Bindeglieder mit den Mitgliedstaaten verknüpft: zum einen durch die Verfassungen der Mitgliedstaaten, als Rechtserkenntnisquellen für die Formulierung der allgemeinen Rechtsgrundsätze, zum anderen durch den EuGH, als von den Mitgliedstaaten in den Verträgen konstituiertes Organ der Europäischen Union.[106] Letzteres Bindeglied besteht jedoch nur, soweit der EuGH sich innerhalb der Kompetenzordnung der Europäischen Union bewegt und seine Aufgabe als Wahrer des Unionsrechts aus Art. 19 Abs. 1 EUV nicht überstrapaziert.[107]

Die Urteile des EuGH stehen demgegenüber nicht in einem derart engen Zusammenhang mit den Verfassungen der Mitgliedstaaten. Mangels Rechtsnormqualität lassen sie sich zudem nicht den Rechtsquellen des Unionsrechts zuordnen.[108] Die aus europäischer Perspektive gewollten und geforderten Wirkungen der Urteile

---

103 Statt aller *Bleckmann*, NVwZ 1993, 824 ff.

104 Den Geltungsgrund der allgemeinen Rechtsgrundsätze beschreiben ebenso *Szczekalla*, in: *Rengeling*, Handbuch zum europäischen und deutschen Umweltrecht, Band 1, § 11, Rn. 22; *Toth*, YEL 1984, 2 ff. (76).

105 Ähnlich *Schwarze*, in: *Schwarze/Becker/Hatje/Schoo*, EU-Kommentar, Art. 19 EUV, Rn. 25.

106 Zu ersterem Bindeglied im Zusammenhang mit der Entwicklung des Grundrechtsschutzes durch den EuGH: *Kühling*, in: *v. Bogdandy/Bast*, Europäisches Verfassungsrecht, S. 589. Der zweite Aspekt ist den Rechtsgrundsätzen mit dem Sekundärrecht gemeinsam (dazu s.o. 1. Abschnitt A, S. 15 f.).

107 Vom EuGH als „*Wahrer des Gemeinschaftsrechts*" spricht *Calliess*, NJW 2005, 929 ff. (930). Die vom Autor verwandte Terminologie wurde an die Rechtslage seit dem Reformvertrag von Lissabon angepasst. Zu den Spielräumen und Grenzen des EuGH: *Hillgruber*, in: *Behrens/Eger/Schäfer* (Hrsg.), Ökonomische Analyse des Europarechts, S. 1 ff.

108 S.o. 1. Abschnitt A, S. 15 ff.

des EuGH in den Mitgliedstaaten können daher nur durch Auslegung des europäischen Rechts, insbesondere des Primärrechts, ermittelt werden.[109]

Eine zentrale Rolle bei der Analyse des unionsrechtlichen Primärrechts spielt dabei die Entwicklung einer Terminologie, die es ermöglicht, bestimmte Urteilswirkungen zu erfassen. Ausgangspunkt sollen die im deutschen juristischen Sprachgebrauch zur Beschreibung von Urteilswirkungen allgemein gebräuchlichen Begriffe der Rechtskraft, der innerprozessualen Bindungswirkung und der außerprozessualen Bindungswirkung sein.[110] Der Inhalt der Rechtsinstitute im deutschen Recht soll dabei nur einen ersten Anhaltspunkt dafür bieten, welche Wirkungen den Urteilen zukommen könnten, ohne das Ergebnis der Untersuchung vorwegzunehmen.

---

109 Ähnlich weist *Toth*, YEL 1984, 2 ff. (5), darauf hin, dass wegen des Prinzips der begrenzten Einzelermächtigung die „*binding force*" von Entscheidungen des EuGH ihre Grundlage in den europäischen Verträgen finden muss.

110 Dieselben Begriffe verwenden bei der Untersuchung der Wirkungen von Urteilen des EuGH *Thewes*, Bindung und Durchsetzung der gerichtlichen Entscheidungen in der EU, S. 116 ff.; *Tsikrikas*, Die Wirkungen der Urteile des EuGH im Vertragsverletzungsverfahren, S. 44 ff. und 122 ff. (Rechtskraft, mit Abgrenzung zwischen materieller und formeller Rechtskraft), S. 128 ff. (innerprozessuale Bindungswirkung), S. 133 ff. (außerprozessuale Bindungswirkung); *Steinhauer*, Die Auslegung, Kontrolle und Durchsetzung mitgliedstaatlicher Pflichten, S. 173 ff. Auch *Germelmann*, Die Rechtskraft von Gerichtsentscheidungen in der EU, S. 433 f., grenzt die Rechtskraft von der innerprozessualen Bindungswirkung der Entscheidungen des EuGH ab. Den Begriff der außerprozessualen Bindungswirkung verwendet er hingegen nicht, bespricht allerdings neben der Rechtskraftwirkung auch die Bindungswirkung gegenüber den übrigen Unionsorganen und Mitgliedstaaten (*Germelmann* a.a.O., S. 434 ff.). Demgegenüber unterscheidet *Schoch*, DVBl 2004, 69 ff. (75), die „*Bindungswirkung durch Rechtskraft*" von der „*Bindungswirkung kraft Funktionsauftrag*" und der „*faktischen Bindungswirkung*". Die Bindungswirkung kraft Funktionsauftrag entspricht seiner Ansicht nach allerdings derjenigen im deutschen Recht nach § 31 Abs. 1 BVerfGG (ebda). Die Urteilswirkungen, die § 31 Abs. 1 BVerfGG normiert, werden in der deutschen Literatur wiederum u.a. mit den Begriffen der Rechtskraft, der innerprozessualen Bindungswirkung und der außerprozessualen Bindungswirkung umschrieben (so etwa *Bethge*, in: *Maunz/Schmidt-Bleibtreu/Klein/Bethge*, BVerfGG, Vor § 17, Rn. 30 ff. [Stand: 2/2012]). Demgegenüber stellt *Ehricke*, Die Bindungswirkung von Urteilen des EuGH im Vorabentscheidungsverfahren, S. 44, fest, dass sich bei der Diskussion um die Bindungswirkung von Vorabentscheidungen über den vorgelegten Fall hinaus der Begriff der Bindungswirkung „*erga omnes*" durchgesetzt habe, welchen er kritisch sieht, aber dennoch beibehält.

C. Die Rechtskraft von Urteilen

I. Begriffsdefinition – Die Rechtskraft von Urteilen im deutschen Recht als Ausgangspunkt

Der Begriff der Rechtskraft umfasst im deutschen Prozessrecht zwei Aspekte: die formelle (äußere) Rechtskraft und die materielle (innere) Rechtskraft.[111] Beide Aspekte ergänzen sich gegenseitig und stellen sicher, dass in der entschiedenen Angelegenheit die aus rechtsstaatlichen Gründen gebotene dauerhafte Rechtssicherheit sowie Rechtsfrieden einkehren.[112]

Eine Entscheidung erlangt formelle (äußere) Rechtskraft, wenn der richterliche Spruch durch Unanfechtbarkeit gesichert ist, da keine ordentlichen Rechtsbehelfe, hauptsächlich also Rechtsmittel,[113] mehr eingelegt werden können.[114] Hingegen hemmt die Möglichkeit zur Einlegung außerordentlicher Rechtsbehelfe (z.B. Wiederaufnahme des Verfahrens) den Eintritt der Rechtskraft nicht.[115] Die formelle Rechtskraft von Urteilen soll in erster Linie Rechtssicherheit sowie die Funktionsfähigkeit der Justiz gewährleisten, indem sie einer unbegrenzten Aufhebbarkeit der gerichtlichen Entscheidung entgegenwirkt.[116] Diese Zielsetzung schließt nicht jede Abänderung oder Aufhebung des Urteils aus.[117] Vielmehr muss es den Verfahrensbeteiligten auch nach Verfahrensbeendigung unter bestimmten Voraussetzungen weiterhin möglich sein, ihre Rechte durch prozessuale Mittel – die sogenannten außerordentlichen Rechtsbehelfe – zu verwirklichen, soweit dies aus Gründen der Gerechtigkeit geboten ist.[118]

Die materielle Rechtskraft schützt demgegenüber die inhaltliche Maßgeblichkeit eines Urteils,[119] indem sie der möglichen Gefahr einer widersprechenden

---

111 Statt aller *Rosenberg/Schwab/Gottwald*, Zivilprozessrecht, § 149, Rn. 1 f.

112 *Völzmann-Stickelbrock*, in: *Prütting/Gehrlein*, ZPO, § 322, Rn. 1.

113 Daneben gehört zu den ordentlichen Rechtsbehelfen des deutschen Zivilprozesses der Einspruch (*Lackmann*, in: *Musielak*, ZPO, § 706, Rn. 7).

114 So etwa *Germelmann*, Die Rechtskraft von Gerichtsentscheidungen in der EU, S. 10 f.; *Lackmann*, in: *Musielak*, ZPO, § 706, Rn. 6.

115 Statt aller *Lackmann*, in: *Musielak*, ZPO, § 706, Rn. 6.

116 *Germelmann*, Die Rechtskraft von Gerichtsentscheidungen in der EU, S. 10 f.

117 Ähnlich *Pestalozza*, Verfassungsprozeßrecht, § 20 V, Rn. 52.

118 So dient nach *Musielak*, in: *ders.*, ZPO, § 706, Rn. 578, Rn. 1, die Wiederaufnahme des Verfahrens der Herstellung von Gerechtigkeit.

119 *Gutsche*, Die Bindungswirkung der Urteile des EuGH, S. 18; *Thewes*, Bindung und Durchsetzung der gerichtlichen Entscheidungen in der EU, S. 116; *Pestalozza*, Verfassungsprozeßrecht, § 20 V, Rn. 54.

Entscheidung entgegenwirkt.[120] Nach der im deutschen Prozessrecht vorherrschenden „*ne-bis-in-idem-Lehre*" schließt die materielle Rechtskraft jede erneute Verhandlung und Entscheidung über die rechtskräftig festgestellte Rechtsfolge aus und statuiert folglich ein Wiederholungsverbot.[121] Die materielle Rechtskraft ist negative Prozessvoraussetzung; bei Identität der Streitgegenstände ist die Klage unzulässig.[122] Im Verwaltungsprozess schließt dies für die verfahrensbeteiligte Behörde ein „*Verwaltungsakt-Wiederholungsverbot*"[123] mit ein, welches einer Regelung desselben Sachverhalts durch Anordnung der gleichen Rechtsfolge entgegensteht.[124]

Die formelle wie die materielle Rechtskraft sind zum einen begrenzt hinsichtlich des Gegenstands, auf welchen sie sich beziehen, zum anderen finden sie subjektive Grenzen in dem Personenkreis, auf welchen sie sich erstrecken.[125]

In Anlehnung an das deutsche Recht und in Übereinstimmung mit dem europarechtlichen Schrifttum soll im Folgenden unter dem Aspekt der Bindungswirkung der Urteile des EuGH durch Rechtskraft, die Unanfechtbarkeit der Urteile

---

120 So beschreiben die Aufgabe der materiellen Rechtskraft *Rosenberg/Schwab/Gottwald*, Zivilprozessrecht, § 149, Rn. 2 und § 151, Rn. 1. Die Gewährleistung der Rechtssicherheit durch die Verhinderung von Urteilskollisionen als alleinige Aufgabe der materiellen Rechtskraft betonen *Bötticher*, Kritische Beiträge zur Lehre von der materiellen Rechtskraft im Zivilprozeß, S. 65 f. und S. 72; *Gutsche*, Die Bindungswirkung der Urteile des EuGH, S. 27.

121 *Musielak*, in: *ders.*, ZPO, § 322, Rn. 5 (den Begriff des „*Wiederholungsverbots*" verwendet der Autor ausdrücklich in Rn. 9). Grundlegend dazu *Bötticher*, Kritische Beiträge zur Lehre von der materiellen Rechtskraft im Zivilprozeß, S. 128 ff. Dass die „*ne-bis-in-idem-Lehre*" heute h.M. ist, bestätigen mit Ausführungen zu den im Übrigen vertretenen Theorien *Rosenberg/Schwab/Gottwald*, Zivilprozessrecht, § 151, Rn. Rn. 3 ff. (grundsätzlich ebenfalls der h.M. folgend); *Vollkommer*, in: *Zöller*, ZPO, Vor § 322, Rn. 14 ff. Dazu auch *Germelmann*, Die Rechtskraft von Gerichtsentscheidungen in der EU, S. 16 f.; *Tsikrikas*, Die Wirkungen der Urteile des EuGH im Vertragsverletzungsverfahren, S. 51 ff.

122 *Musielak*, in: *ders.*, ZPO, § 322, Rn. 9; *Rosenberg/Schwab/Gottwald*, Zivilprozessrecht, § 151, Rn. 10 f.

123 *Detterbeck*, Streitgegenstand und Entscheidungswirkungen im Öffentlichen Recht, S. 107.

124 BVerwG, Urt. v. 01.06.2011 – 10 C 25.10, BVerwGE 140, 22 ff. (22, 1. Leitsatz und 26, Rn. 12). Ähnlich *Detterbeck*, Streitgegenstand und Entscheidungswirkungen im Öffentlichen Recht, S. 107 f. (mit weiteren Nachweisen zur h.M. in der Literatur).

125 *Vollkommer*, in: *Zöller*, ZPO, Vor § 322, Rn. 30 (objektive Grenzen) und § 325, Rn. 1 ff. (subjektive Grenzen).

sowie ihre inhaltliche Endgültigkeit, die einer erneuten Verhandlung desselben Streitgegenstands entgegensteht, geprüft werden.[126]

II. Der Geltungsgrund der Rechtskraft im Unionsrecht

Die Rechtskraft wohnt den nationalen Rechtsordnungen der Mitgliedstaaten als gemeinsamer Rechtsgrundsatz inne.[127] Der Grundsatz der Rechtssicherheit erfordert die Beständigkeit der Rechtsverhältnisse.[128] Diese zu gewährleisten ist Zielsetzung der Rechtskraft, welche sie erreicht, indem sie die Endgültigkeit gerichtlicher Entscheidungen sichert und so zur effektiven Streitbeilegung beiträgt.[129] Ein Vergleich der nationalen Rechtsordnungen und das *Telos* des Rechtsinstituts führten

---

126 In der englischsprachigen Literatur zum Europarecht erörtern diese Aspekte der Urteilswirkung in Anlehnung an das englische Recht unter dem Begriff der *„res judicata“ Groussot/Minssen*, EuConst 2007, 385 ff. (387, insbesondere Fn. 5); *Toth*, YEL 1984, 2 ff. (8). In der deutschen europarechtlichen Literatur zu denselben Aspekten als Elemente der Rechtskraft von Urteilen des EuGH: *Germelmann*, Die Rechtskraft von Gerichtsentscheidungen in der EU, S. 351 ff. (*ders.* a.a.O., S. 216 ff. zum *„res-judicata-Prinzip“* des englischen Rechts); *Gutsche*, Die Bindungswirkung der Urteile des EuGH, S. 10 ff.; *Thewes*, Bindung und Durchsetzung der gerichtlichen Entscheidungen in der EU, S. 116 ff.; *Tsikrikas*, Die Wirkungen der Urteile des EuGH im Vertragsverletzungsverfahren, S. 105 ff. und 122.

127 Eine umfassende Untersuchung unternehmen in der Literatur *Germelmann*, Die Rechtskraft von Gerichtsentscheidungen in der EU, S. 334 ff.; *Gutsche*, Die Bindungswirkung der Urteile des EuGH, S. 10 ff. Zu einer ähnlichen Feststellung gelangen *GA Jacobs*, Schlussanträge v. 04.05.1994 – C-312/93, Slg. 1994, I-4601 ff. (I-4606, Rn. 23) – Peterbroeck; *GA Léger*, Schlussanträge v. 08.04.2003 – C-224/01, Slg. 2003, I-10243 (I-10270, Rn. 96) – Köbler; *Groussot/Minssen*, EuConst 2007, 385 ff. (386). Noch weitergehend gelangt *Lock*, Das Verhältnis zwischen dem EuGH und internationalen Gerichten, S. 123, zu dem Schluss, dass die Rechtskraft (*„res judicata“*) eine im Völkerrecht *„als allgemeiner Rechtsgrundsatz universell anerkannte Doktrin“* sei.

128 Dies machen besonders deutlich *GA Léger*, Schlussanträge v. 08.04.2003 – C-224/01, Slg. 2003, I-10243 (I-10270, Rn. 96) – Köbler; *Groussot/Minssen*, EuConst 2007, 385 ff. (388).

129 Ähnlich *GA Léger*, Schlussanträge v. 08.04.2003 – C-224/01, Slg. 2003, I-10243 (I-10270, Rn. 96) – Köbler; *Groussot/Minssen*, EuConst 2007, 385 ff. (388). Aber auch in Anlehnung an *Germelmann*, Die Rechtskraft von Gerichtsentscheidungen in der EU, S. 1, bei welchem sich u.a. der Gedanke wiederfindet, dass die Rechtskraft die effektive Streitbeilegung gewährleistet. Zugleich weist Letzterer (ebda) auch darauf hin, dass trotz der *„gemeinsamen Grundidee“* die Zielsetzungen und Funktionen der Rechtskraft im Einzelnen in den nationalen Rechtsordnungen divergieren.

folglich auch den EuGH dazu, die Rechtskraft als allgemeinen Rechtsgrundsatz des Unionsrechts zu entwickeln.[130] Der EuGH hat in mehreren Entscheidungen die Bedeutung hervorgehoben, die dem Grundsatz der Rechtskraft sowohl in den nationalen Rechtsordnungen als auch im Unionsrecht zukommt.[131] Den Sinn und Zweck der Rechtskraft sieht er dabei ebenfalls vornehmlich in der „*Gewährleistung des Rechtsfriedens und der Beständigkeit rechtlicher Beziehungen sowie einer geordneten Rechtspflege*".[132]

Als Geltungsgrund der Rechtskraft im Unionsrecht sind demnach einerseits die Anerkennung der Rechtskraft als allgemeiner Rechtsgrundsatz im nationalen Recht der Mitgliedstaaten sowie der Sinn und Zweck des Rechtsinstituts auszumachen.

---

130 EuGH, Urt. v. 19.04.2012 – C-221/10 P, EuZW 2012, 545 ff. (547, Rn. 86, noch nicht in Slg. veröffentlicht) – Artegodan/Kommission; EuGH, Urt. 03.09.2009 – C-2/08, Slg. 2009, I-7520 ff. (I-7528, Rn. 22) – Fallimento Olimpiclub; EuGH, Urt. v. 16.03.2006 – C-234/04, Slg. 2006, I-2605 ff. (I-2616 f., Rn. 20) – Kapferer; EuGH, Urt. v. 30.09.2003 – C-224/01, Slg. 2003, I-10290 ff. (I-10307, Rn. 38) – Köbler. Zur Rechtskraft als allgemeinen Rechtsgrundsatz des Unionsrechts eingehend *Germelmann*, Die Rechtskraft von Gerichtsentscheidungen in der EU, S. 334 ff.

131 EuGH, Urt. v. 24.01.2013 – C-529/09, BeckRS 2013, 80147 (Rn. 64, noch nicht in Slg. veröffentlicht) – Kommission/Spanien; EuGH, Urt. v. 19.04.2012 – C-221/10 P, EuZW 2012, 545 ff. (547, Rn. 86, noch nicht in Slg. veröffentlicht) – Artegodan/Kommission; EuGH, Urt. v. 29.03.2011 – C-352/09 P, Slg. 2011, I-2410 ff. (I-2449, Rn. 123) – ThyssenKrupp Nirosta/Kommission; EuGH, Urt. v. 29.06.2010 – C-526/08, Slg. 2010, I-6180 ff. (I-6200, Rn. 26) – Kommission/Luxemburg; EuGH, Urt. 03.09.2009 – C-2/08, Slg. 2009, I-7520 ff. (I-7528, Rn. 22) – Fallimento Olimpiclub; EuGH, Urt. v. 16.03.2006 – C-234/04, Slg. 2006, I-2605 ff. (I-2616 f., Rn. 20) – Kapferer; EuGH, Urt. v. 30.09.2003 – C-224/01, Slg. 2003, I-10290 ff. (I-10307, Rn. 38) – Köbler. Zur Bedeutung der Rechtskraft nach der Rspr. des EuGH auch *Kremer*, EuR 2007, 470 ff. (470).

132 EuGH, Urt. v. 19.04.2012 – C-221/10 P, EuZW 2012, 545 ff. (547, Rn. 86, noch nicht in Slg. veröffentlicht) – Artegodan/Kommission; EuGH, Urt. 03.09.2009 – C-2/08, Slg. 2009, I-7520 ff. (I-7528, Rn. 22) – Fallimento Olimpiclub; EuGH, Urt. v. 16.03.2006 – C-234/04, Slg. 2006, I-2605 ff. (I-2616 f., Rn. 20) – Kapferer; EuGH, Urt. v. 30.09.2003 – C-224/01, Slg. 2003, I-10290 ff. (I-10307, Rn. 38) – Köbler. Inhaltlich ebenso und weitgehend identisch formuliert die Zielsetzungen der Rechtskraft im Unionsrecht nach der Rspr. des EuGH *Germelmann*, Die Rechtskraft von Gerichtsentscheidungen in der EU, S. 337.

III. Die normative Verankerung der Rechtskraft im europäischen Kontext

Für die Urteile des EuGH bestimmt Art. 91 Abs. 1 Verfahrensordnung des EuGH (VerfO EuGH)[133], dass diese mit dem Tag ihrer Verkündung in Rechtskraft erwachsen. In der Literatur wird teilweise vertreten, dass der Regelungsgehalt des Art. 91 Abs. 1 VerfO EuGH (ex Art. 65 VerfO EuGH) nicht die formelle Rechtskraft im Sinne der Unanfechtbarkeit der Entscheidungen umfasse, sondern vornehmlich das Wirksamwerden und die materielle Bindungswirkung des Urteils regele.[134] Als Begründung werden u.a. die französische und die englische Sprachfassung der Vorschrift angeführt, welche nicht in Anlehnung an die nationalen Rechtskraftbegriffe formuliert seien, sondern allein die inhaltliche Bindung betonten.[135] Ebenso wird der terminologische Unterschied zu den Verfahrensordnungen des Gerichts der Europäischen Union (VerfO EuG)[136] und des Gerichts für den öffentlichen Dienst der Europäischen Union (VerfO EuGöD)[137] angeführt, die in Art. 83 VerfO EuG bzw. Art. 83 Abs. 1 VerfO EuGöD vom Wirksamwerden des Urteils sprechen, nicht hingegen von der Rechtskraft desselben.[138]

Die unbestimmte Anordnung einer bindenden Wirkung der Urteile mit dem Tag der Verkündung in der französischen und englischen Fassung kann allerdings genauso als Argument für die Gegenansicht herhalten.[139] So könnte die

---

133 VerfO EuGH v. 25.09.2012, ABlEU Nr. L 265 v. 29.09.2012, zuletzt geändert am 28.06.2013, ABlEU Nr. L 173, v. 26.06.2013, S. 65.

134 So etwa *Germelmann*, Die Rechtskraft von Gerichtsentscheidungen in der EU, S. 333; so wohl auch *Wall*, The Court of Justice oft he European Communities, S. 254. Demgegenüber ist *Reiling*, EuZW 2002, 136 ff. (137 f.), der Ansicht, Art. 91 VerfO EuGH (ex Art. 65 VerfO EuGH) regele nur den Zeitpunkt des Eintritts der formellen Rechtskraft als Voraussetzung der materiellen Rechtskraft.

135 Die französische Fassung des Art. 91 Abs. 1 VerfO EuGH lautet: *„L'arrêt a force obligatoire […].“* Die englische Fassung hat folgenden Wortlaut: *„A judgement shall be binding […].“* So argumentiert *Germelmann*, Die Rechtskraft von Gerichtsentscheidungen in der EU, S. 333 (dort noch zu ex Art. 65 VerfO EuGH).

136 VerfO EuG v. 02.05.1991, ABlEG Nr. L 136 v. 30.05.1991, S. 1, berichtigt durch ABlEG Nr. L 317 v. 19.11.1991, S. 34, zuletzt geändert durch ABlEU Nr. L 173 v. 26.06.2013, S. 66.

137 VerfO EuGöD v. 25.07.2007, ABlEU Nr. L 225 v. 29.08.2007, S. 1, zuletzt geändert durch ABlEU Nr. L 162 v. 22.06.2011, S. 19.

138 *Germelmann*, Die Rechtskraft von Gerichtsentscheidungen in der EU, S. 333 f.

139 Die formelle Rechtskraft leiten aus Art. 91 Abs. 1 VerfO EuGH bzw. ex Art. 65 VerfO EuGH ab: *Plouvier*, Les décisions de la Cour de justice des communautés européennes et leurs effets juridiques, S. 43; *Tsikrikas*, Die Wirkungen der Urteile des

Unbestimmtheit der Regelung auch auf deren Weitläufigkeit schließen lassen und nahelegen, dass Art. 91 Abs. 1 VerfO EuGH die Bindung der Urteile in all ihren Facetten regeln möchte. Für eine Verankerung der materiellen Rechtskraft wie der formellen Rechtskraft in Art. 91 Abs. 1 VerfO EuGH spricht aber insbesondere, dass die Regelung als europäisches Sekundärrecht[140] unter Berücksichtigung der allgemeinen Rechtsgrundsätze des Unionsrechts ausgelegt werden muss.[141] Zu diesen gehört auch die Rechtskraft, mit der Unanfechtbarkeit einer Entscheidung wegen der Erschöpfung des Rechtswegs als wesentlichen und in den nationalen Rechtsordnungen der Mitgliedstaaten anerkannten Aspekt derselben.[142] Zwar findet weder die materielle Rechtskraft noch die formelle Rechtskraft ihren Geltungsgrund in Art. 91 Abs. 1 VerfO EuGH, zumal ein solch weitreichendes Rechtsinstitut wegen der unionsrechtlichen Kompetenzordnung nicht auf eine rein verfahrensprozessuale Vorschrift gestützt werden könnte.[143] Die Rechtskraft

---

EuGH im Vertragsverletzungsverfahren, S. 123; so wohl auch *Laut*, in: *Rengeling/Middeke/Gellermann*, Handbuch des Rechtsschutzes in der EU, § 27, Rn. 21 (insbesondere Fn. 56). Ebenso folgt aus *Gutsche*, Die Bindungswirkung der Urteile des EuGH, hinsichtlich der von *demselben* a.a.O., S. 10, formulierten Fragestellung, dass ex Art. 65 VerfO EuGH aufgrund der übereinstimmenden Rechtsauffassung der Mitgliedstaaten auch die formelle Rechtskraft, als einen in allen Mitgliedstaaten geltenden Rechtsgrundsatz umfasse (*Gutsche* a.a.O., S. 14; ebenso interpretiert *Thewes*, Bindung und Durchsetzung der gerichtlichen Entscheidungen in der EU, S. 136, die Ausführungen von *Gutsche*; demgegenüber führt *Germelmann*, Die Rechtskraft von Gerichtsentscheidungen in der EU, S. 333, Fn. 49, *Gutsche* a.a.O., S. 6 f., als Beleg für die von ihm vertretene Gegenansicht an).

140 Den Charakter der VerfO EuGH als europäisches Sekundärrecht verdeutlicht *Karpenstein*, in: *Grabitz/Hilf/Nettesheim*, Das Recht der EU, Art. 253 AEUV, Rn. 33 [Stand: 5/2013].

141 Davon geht ebenfalls aus: *Gutsche*, Die Bindungswirkung der Urteile des EuGH, S. 10. Die Pflicht zur rechtsgrundsatzkonformen Auslegung des Sekundärrechts bestätigen inzident *Bleckmann*, NVwZ 1993, S. 824 ff. (S. 826); *Szczekalla*, in: *Rengeling*, Handbuch zum europäischen und deutschen Umweltrecht, Band 1, § 11, Rn. 31. Beide Autoren stellen fest, dass mitunter sogar eine Auslegung des Primärrechts anhand der allgemeinen Rechtsgrundsätze vorzunehmen sei.

142 Ebenso zum Inhalt der entsprechenden nationalen Regelungen: *Gutsche*, Die Bindungswirkung der Urteile des EuGH, S. 14. Ähnliches folgt auch aus *Groussot/Minssen*, EuConst 2007, 385 ff. (387, Fn. 5).

143 *Tizzano*, in: *Quadri/Monaco/Trabucchi*, Commentario CEE, Art. 187, S. 1375.

hat allerdings, als allgemeiner Rechtsgrundsatz des Unionsrechts, in Art. 91 Abs. 1 VerfO EuGH ihre positivrechtliche Verankerung gefunden.[144]

Die Auslegung des Art. 91 Abs. 1 VerfO EuGH in der hier favorisierten Weise entspricht damit dem Verständnis der Rechtskraft nach deutschem Recht, welches die formelle Rechtskraft als Grundvoraussetzung für die materielle Bindungswirkung eines Urteils ausmacht.[145] Der Begriff der Bindungswirkung bzw. der Wirksamkeit der Urteile, wie er u.a. in der französischen und englischen Sprachfassung des Art. 91 Abs. 1 VerfO EuGH verwendet wird, schließt unter Zugrundelegung eines solchen Rechtskraftbegriffes die formelle Rechtskraft nicht aus, sondern impliziert sie.

Praktische Unterschiede folgen aus den aufgezeigten Ansichten nicht.[146] Auch die erstgenannte Ansicht spricht dem Institut der formellen Rechtkraft im Unionsrecht das Existenzrecht nicht ab und begründet diese im Ergebnis ebenfalls als allgemeinen Rechtsgrundsatz, der den mitgliedstaatlichen Rechtsordnungen gemeinsam ist.[147]

IV. Anwendbarkeit des Instituts der Rechtskraft im Vertragsverletzungsverfahren

Art. 91 Abs. 1 VerfO EuGH hat folgenden Wortlaut: „*Das Urteil wird mit dem Tag seiner Verkündung rechtskräftig.*" Die Vorschrift differenziert also nicht zwischen den unterschiedlichen Verfahrensarten, sondern ist aufgrund des allgemein gehaltenen Wortlauts auch auf Urteile des EuGH in Vertragsverletzungsverfahren anwendbar.[148] Die Anwendbarkeit des Instituts der Rechtskraft auf Urteile des EuGH im Vertragsverletzungsverfahren folgt aber auch aus der Einordnung der Rechtskraft als allgemeinen Rechtsgrundsatz des Unionsrechts. Dieser Einordnung würde

---

144 Dies wird besonders deutlich durch die Untersuchung von *Gutsche*, Die Bindungswirkung der Urteile des EuGH, S. 10 ff.

145 Dieses Verständnis der Rechtskraft im deutschen Rechts betont *Tsikrikas*, Die Wirkungen der Urteile des EuGH im Vertragsverletzungsverfahren, S. 123. Zur entgegenstehenden Lehre im französischen Recht mit Erörterung der Frage, was nun im Unionsrecht gilt: *Germelmann*, Die Rechtskraft von Gerichtsentscheidungen in der EU, S. 351 ff.

146 Dies stellt auch *Germelmann* a.a.O., S. 333, Fn. 48, fest.

147 Deutlich wird dies bei *Germelmann* a.a.O., S. 333 ff., als Vertreter erstgenannter Ansicht.

148 Davon gehen ebenfalls aus: *Gutsche*, Die Bindungswirkung der Urteile des EuGH, S. 34 f.; *Tsikrikas*, Die Wirkungen der Urteile des EuGH im Vertragsverletzungsverfahren, S. 123 ff.

es widersprechen, würden Urteile des EuGH in Vertragsverletzungsverfahren, denen bei der Durchsetzung des Unionsrechts eine zentrale Rolle zukommt,[149] von dem Anwendungsbereich des Rechtsinstituts ausgenommen.

Der EuGH unterscheidet folgerichtig nicht zwischen den einzelnen Verfahrensarten, sondern entwickelt die Rechtskraft als allgemeinen Rechtsgrundsatz des gesamten Unionsrechts.[150] Insbesondere nimmt er das Vertragsverletzungsverfahren nicht vom Anwendungsbereich der Rechtskraft aus, sondern bestätigt in seinem Urteil vom 24.01.2013 – C-529/09 ausdrücklich: „*Wie der Gerichtshof bereits entschieden hat, gilt dieser Grundsatz auch für Vertragsverletzungsverfahren […].*“[151] Damit führt der EuGH seine bisherige Rechtsprechung fort, nach welcher die entgegenstehende Rechtskraft auch in Vertragsverletzungsverfahren zur Unzulässigkeit der Klage führen kann.[152]

V. Die Inhalte der Rechtskraft im Unionsrecht

Wie bereits angedeutet, wohnen dem Institut der Rechtskraft auch im Unionsrecht ein formeller und ein materieller Aspekt inne.[153] Die konkreten Inhalte,

---

149 Zur Bedeutung des Vertragsverletzungsverfahrens für die Durchsetzung des Unionsrechts s.o. Einleitung A.II, S. 3 f.

150 S.o. 1. Abschnitt C.II, S. 24, Fn. 130.

151 EuGH, Urt. v. 24.01.2013 – C-529/09, BeckRS 2013, 80147 (Rn. 65, noch nicht in Slg. veröffentlicht) – Kommission/Spanien. Zuvor bereits ausdrücklich EuGH, 29.06.2010 – C-526/08, Slg. 2010, I-6180 ff. (I-6199, Rn. 24 und I-6200, Rn. 27) – Kommission/Luxemburg.

152 Als Argument gegen die Zulässigkeit einer Klage wurde die Einrede der entgegenstehenden Rechtskraft auch in folgendem Vertragsverletzungsverfahren erhoben und ohne weiteres als zulässig erachtet: EuGH, Urt. v. 12.06.2008 – C-462/05, Slg. 2008, I-4185 ff. (I-4195 f. Rn. 17 ff. und I-4197 f., Rn. 23 ff.) – Kommission/Portugal. Unklar hingegen EuGH, Urt. v. 02.10.2008 – C-157/06, Slg. 2008, I-7315 (I-7327 f., Rn. 19 f.) – Kommission/Italien; EuGH, Urt. v. 08.04.2008 – C-337/05, Slg. 2008, I-2195 ff. (I-2203 f., Rn. 16 und I-2206, Rn. 25) –Kommission/Italien. Italien beruft sich in den letztgenannten Fällen jeweils auf den Grundsatz „*ne bis in idem*“, macht damit inhaltlich jedoch geltend, was von der Funktion der Rechtskraft umfasst wird, nämlich die Unzulässigkeit der jeweiligen Klage, weil der EuGH bereits in einem anderen Vertragsverletzungsverfahren über die Unionsrechtsverletzung befunden habe (zu den Wirkungen der Rechtskraft im Unionsrecht und zur Abgrenzung vom Grundsatz „*ne bis in idem*“ als selbständigen Rechtsgrundsatz s.u. 1. Abschnitt C.V, S. 29 ff.).

153 Eine ausführliche Untersuchung unternimmt *Gutsche*, Die Bindungswirkung der Urteile des EuGH, S. 10 ff. und S. 18 ff. Im Ergebnis ebenso *Thewes*, Bindung und Durchsetzung der gerichtlichen Entscheidungen in der EU, S. 133 ff.; *Toth*, YEL 1984, 2 ff. (8). So aber wohl auch *Groussot/Minssen*, EuConst 2007, 385 ff. (387, Fn. 5).

die dem Rechtsinstitut im Unionsrecht zukommen, lassen sich entsprechend dem Geltungsgrund der Rechtskraft zum einen durch die Zielsetzung derselben bestimmen,[154] zum anderen durch eine rechtsvergleichende Betrachtung der Rechtskraftwirkungen im nationalen Recht der Mitgliedstaaten.[155] Im Folgenden werden die Wirkungen der Rechtskraft ausgehend vom *Telos* des Rechtsinstituts im Unionsrecht betrachtet, während hinsichtlich des rechtsvergleichenden Aspekts auf die soeben angeführten einschlägigen wissenschaftlichen Untersuchungen verwiesen wird.

1. *Formelle Rechtskraft*

Die Rechtskraft zielt auch im Unionsrecht darauf ab, dass Rechtsfrieden einkehrt und die Beständigkeit rechtlicher Beziehungen sowie die Funktionsfähigkeit der Justiz gewährleistet ist.[156] Voraussetzung hierfür ist die Endgültigkeit gerichtlicher Entscheidungen zu einem bestimmten Zeitpunkt.[157] Dies beinhaltet in formeller Hinsicht die Unanfechtbarkeit eines Urteils, die eintritt, wenn der Rechtsweg ausgeschöpft ist, die Fristen für die Einlegung ordentlicher Rechtsbehelfe abgelaufen sind oder der Berechtigte auf die Einlegung derselben verzichtet hat.[158] Gegen Urteile des EuGH sind ordentliche Rechtsbehelfe grundsätzlich unstatthaft, sodass diese gemäß Art. 91 Abs. 1 VerfO EuGH regelmäßig mit dem Tag ihrer Verkündung in Rechtskraft erwachsen.[159]

Vereinzelt wird problematisiert, ob Art. 91 Abs. 1 VerfO EuGH auch auf Versäumnisurteile Anwendung findet.[160] Der EuGH kann auch im Vertragsverletzungsverfahren auf Grundlage von Art. 41 Satz 1 Satzung des EuGH

---

154 Diesen Weg gehen *Groussot/Minssen*, EuConst 2007, 385 ff. (386 ff.); teilweise auch *Toth*, YEL 1984, 2 ff. (8 f.).

155 Eine ausführliche Untersuchung unternehmen *Germelmann*, Die Rechtskraft von Gerichtsentscheidungen in der EU, S. 9 ff. (Deutschland), S. 107 ff. (Frankreich), S. 216 ff. (England) und schließlich S. 326 ff. (Rechtskraftprinzip im Unionsrecht); *Gutsche*, Die Bindungswirkung der Urteile des EuGH, S. 10 ff.

156 S.o. 1. Abschnitt C.II, S. 24 f. (24, Fn. 132).

157 Ähnlich *Germelmann*, Die Rechtskraft von Gerichtsentscheidungen in der EU, S. 1.

158 Ähnlich definiert *Gutsche*, Die Bindungswirkung der Urteile des EuGH, S. 14, den Zeitpunkt für den Eintritt der formellen Rechtskraft: Dieser stellt neben der Erschöpfung des Rechtswegs auf den Ablauf der *Rechtsmittel*fristen oder einen *Rechtsmittel*verzicht ab.

159 Ähnlich *Toth*, YEL 1984, 2 ff. (8, „*no appeal is possible*"); *Wägenbaur*, EuGH VerfO, Art. 65, Rn. 1 („*keine Rechtsbehelfe statthaft*").

160 Zu der Problematik von Rechtskraft und Versäumnisurteil: *Tsikrikas*, Die Wirkungen der Urteile des EuGH im Vertragsverletzungsverfahren, S. 123 ff.

(EuGH-Satzung)[161] und Art. 152 Abs. 1 bis Abs. 3 VerfO EuGH ein Versäumnisurteil gegen den beklagten Mitgliedstaat erlassen. Gegen Versäumnisurteile kann der Beklagte gemäß Art. 156 Abs. 1 und Abs. 2 VerfO EuGH i.V.m. Art. 41 Satz 2 EuGH-Satzung binnen eines Monats nach Zustellung des Urteils Einspruch einlegen. Stimmen in der Literatur plädieren daher zu Recht für ein restriktives Verständnis des Art. 91 Abs. 1 VerfO EuGH in dem Sinne, dass er lediglich kontradiktorische Urteile des EuGH und zweite Versäumnisurteile, gegen die ein Einspruch nicht mehr möglich ist, erfassen soll.[162] Die Rechtskraft von Versäumnisurteilen soll nach dieser Ansicht demgegenüber erst mit dem erfolglosen Ablauf der Einspruchsfrist oder dem Verzicht auf den Einspruch eintreten.[163] Als Argument wird der Sinn und Zweck der Rechtskraft angeführt, den Rechtsfrieden zu wahren und die Rechtssicherheit zu fördern; dieser werde durch die Neueröffnung des Rechtsstreits wegen des Einspruchs konterkariert.[164] Ein Blick auf Art. 152 Abs. 4 Satz 2 VerfO EuGH bestätigt diese Ansicht: Danach kann ein Einspruch gegen Versäumnisurteile, zumindest nach ausdrücklicher Anordnung des EuGH, eine Aussetzung der Vollstreckung aus dem Urteil zur Folge haben.[165] Die VerfO EuGH trägt damit dem Umstand Rechnung, dass bei Versäumnisurteilen die inhaltliche Beständigkeit wegen der Möglichkeit der Einlegung eines Einspruchs nicht so weit gesichert ist, dass es gerechtfertigt wäre, sie in jedem Falle als Grundlage für eine endgültige Vollstreckung ohne Sicherheitsleistung heranzuziehen.[166]

Zumindest in Vertragsverletzungsverfahren bleibt das Problem um den Eintritt der Rechtskraft bei Versäumnisurteilen allerdings theoretischer Natur. In der Praxis hat der EuGH in einem Vertragsverletzungsverfahren, soweit ersichtlich,

---

161 EuGH-Satzung v. 11.08.2012, ABlEU Nr. L 228 v. 23.08.2012, S. 1, zuletzt geändert durch ABlEU Nr. L 112 v. 24.04.2012, S. 21.

162 Diese Ansicht vertritt *Tsikrikas*, Die Wirkungen der Urteile des EuGH im Vertragsverletzungsverfahren, S. 123 f.

163 *Tsikrikas* a.a.O., S. 124.

164 *Tsikrikas* a.a.O., S. 123 f.

165 Die Vorschrift soll in diesem Kontext nur eine gewisse Systematik der VerfO EuGH verdeutlichen und hat für Urteile des EuGH in Vertragsverletzungsverfahren keine unmittelbare Bedeutung. Diese sind nämlich wegen ihres feststellenden Charakters, aber auch da sie gegenüber den Mitgliedstaaten ergehen, nicht vollstreckbar (*Heidig*, Die Verhängung von Zwangsgeldern und Pauschalbeträgen, S. 53 und 180 ff., dort u.a. mit weiteren Nachweisen zur h.M. hinsichtlich der mangelnden Vollstreckbarkeit von Urteilen des EuGH gegenüber Mitgliedstaaten).

166 Zur Vollstreckbarkeit als wichtige Folge der formellen Rechtskraft: *Stöber*, in: *Zöller*, ZPO, § 705, Rn. 2.

noch kein Versäumnisurteil erlassen und dies ist auch künftig nicht zu erwarten. Bei dieser Verfahrensart treten nämlich lediglich Mitgliedstaaten als Beklagte auf und diese verteidigen sich normalerweise fristgerecht.[167]

2. Materielle Rechtskraft

Die Rechtssicherheit ist auch auf Unionsebene nur dann vollumfänglich gewährleistet, wenn neben dem Bestand eines Urteils auch die Maßgeblichkeit seines Inhalts gesichert ist.[168] Anderenfalls bestünde die Gefahr, dass der EuGH in einer Angelegenheit zwei Urteile mit entgegengesetztem Inhalt erlässt.[169] Die formelle Rechtskraft verhindert nämlich nicht, dass das erkennende Gericht oder ein anderes Gericht in einem neuen Verfahren über den gleichen Streitgegenstand erneut und sogar abweichend entscheidet.[170] Eine Kollision zweier Urteile, die gleichermaßen Geltung beanspruchen, müsste zwingend zu Gunsten bzw. zu Lasten eines der beiden Urteile gelöst werden.[171] Aus Gründen der Rechtssicherheit muss daher eine Urteilskollision verhindert werden.[172] Dies kann am wirksamsten dadurch erreicht werden, dass eine erneute Befassung eines Gerichts mit dem bereits entschiedenen Streitgegenstand von Anfang an ausgeschlossen ist.[173]

Ausgehend von diesen Überlegungen überzeugt die Rechtsprechung des EuGH, nach welcher die Rechtskraft eines Urteils einer erneuten gerichtlichen Verhandlung desselben Streitgegenstandes entgegensteht.[174] Vergleichbar mit

---

167 Dasselbe gilt für die anderen Verfahrensarten, in denen Unionsorgane oder Mitgliedstaaten als Beklagte auftreten (*Hackspiel*, in: *v.d. Groeben/Schwarze*, EUV/EGV, Art. 41 EuGH-Satzung v. 26.02.2001, Rn. 2). Zudem stellt *Wägenbaur*, EuGH VerfO, Art. 42 EuGH-Satzung, Rn. 4 und Art. 94 VerfO EuGH, Rn. 1, fest, dass es zumeist an dem für den Erlass eines Versäumnisurteils erforderlichen Antrag fehle.

168 Dies folgt aus *Gutsche*, Die Bindungswirkung der Urteile des EuGH, S. 23 ff.

169 Dies verdeutlicht *Gutsche* a.a.O., S. 23 und S. 29 f. (zuletzt mit dem Hinweis, dass sich die Gefahr auf Unionsrechtsebene wegen der ausschließlichen Zuständigkeit des EuGH auf den Erlass sich widersprechender Urteile durch diesen selbst beschränkt).

170 *Gutsche*, Die Bindungswirkung der Urteile des EuGH, S. 23.

171 *Gutsche* a.a.O., S. 23 ff.

172 Die Verhinderung von Urteilskollisionen zum Schutz der Rechtssicherheit machen als einzige Funktion der materiellen Rechtskraft aus: *Bötticher*, Kritische Beiträge zur Lehre von der materiellen Rechtskraft im Zivilprozeß, S. 65 f. und S. 72; *Gutsche*, Die Bindungswirkung der Urteile des EuGH, S. 27.

173 Ähnlich *Rosenberg/Schwab/Gottwald*, Zivilprozessrecht, § 151, Rn. 1.

174 Deutlich wird dies z.B. in EuGH, Urt. v. 24.01.2013 – C-529/09, BeckRS 2013, 80147 (Rn. 77 ff., noch nicht in Slg. veröffentlicht) – Kommission/Spanien. Zu diesem Grundsatz in der Rechtsprechung des EuGH auch *Germelmann*, Die Rechtskraft

der prozessualen „*ne-bis-in-idem-Lehre*" im deutschen Prozessrecht[175] versteht nämlich auch der EuGH den materiellen Aspekt der Rechtskraft als Wiederholungsverbot, das die Zulässigkeit einer Klage über denselben Streitgegenstand tangiert.[176] In Verfahren vor dem EuGH kann die entgegenstehende Rechtskraft von den Verfahrensbeteiligten als Einrede der Unzulässigkeit erhoben werden.[177] Die Beachtung des Grundsatzes der Rechtskraft gehört nach der Rechtsprechung des EuGH jedoch auch zur öffentlichen Ordnung und muss daher vom Gericht bereits von Amts wegen beachtet werden.[178]

---

von Gerichtsentscheidungen in der EU, S. 415; *Toth*, YEL 1984, 2 ff. (8 ff.); *Reiling*, EuZW 2002, 136 ff. (139).

175 Denselben Vergleich stellt *Germelmann*, Die Rechtskraft von Gerichtsentscheidungen in der EU, S. 415, an. Ohne auf die deutsche Lehre Bezug zu nehmen stellt *Toth*, YEL 1984, 2 ff. (9), fest: „*In so far as res judicata refers to the finality of judical decisions, it incorporates a concept which is of universal application. It is the very same concept which lies at the basis of the maxime non bis in idem [...].*"

176 Deutlich wird dies in EuGH, Urt. v. 12.06.2008 – C-462/05, Slg. 2008, 4185 ff. (I-4197, Rn. 23 ff.) – Kommission/Portugal. Der EuGH wies die Einrede der Unzulässigkeit wegen entgegenstehender Rechtskraft zurück, da der „*Gegenstand*" des rechtskräftigen Urteils von demjenigen, der ihm nunmehr zur Entscheidung vorlag, abwich (EuGH a.a.O., S. I-4198, Rn. 27 f.). Ebenso EuGH, Urt. v. 24.01.2013 – C-529/09, BeckRS 2013, 80147 (Rn. 77 ff., noch nicht in Slg. veröffentlicht) – Kommission/Spanien. Auch in EuGH, Urt. v. 29.06.2010 – C-526/08, Slg. 2010, I-6180 ff. (I-6198 ff., Rn. 21 ff.) – Kommission/Luxemburg, prüft der Gerichtshof die Zulässigkeit der Klage unter dem Aspekt der entgegenstehenden Rechtskraft und bejaht sie mit Hinweis auf die fehlende „*rechtliche und tatsächliche Identität*" der Rechtssachen (EuGH a.a.O., S. I-6202, Rn. 36). Insgesamt ähnlich wie vorliegend zur Rspr. des EuGH, ohne allerdings auf den Begriff „*Wiederholungsverbot*" zurückzugreifen, *Germelmann*, Die Rechtskraft von Gerichtsentscheidungen in der EU, S. 415.

177 *Lock*, Das Verhältnis zwischen dem EuGH und internationalen Gerichten, S. 123; *Reiling*, EuZW 2002, 136 ff. (140 f.). So z.B. geschehen in EuGH, Urt. v. 24.01.2013 – C-529/09, BeckRS 2013, 80147 (Rn. 51, noch nicht in Slg. veröffentlicht) – Kommission/Spanien; EuGH, Urt. v. 12.06.2008 – C-462/05, Slg. 2008, I-4185, (I-4195, Rn. 17) – Kommission/Portugal.

178 EuGH, Urt. v. 01.06.2006 – C-442/03 P und C-471/03 P, Slg. 2006, I-4883 ff. (I-4905, Rn. 45) – P & O European Ferries u.a./Kommission: Der EuGH spricht in seinem Urteil zwar ausdrücklich nur von der „*absoluten Rechtskraft*", letztlich folgt er mit seinem Urteil jedoch den Ausführungen des *GA Tizzano*, Schlussanträge v. 09.02.2006, C-442/03 P und C-471/03 P, Slg. 2006, I-4849 ff. (I-4862, Rn. 66) – P & O European Ferries u.a./Kommission), der die Bedeutung der Rechtskraft wie folgt darlegt: „*Es kann meines Erachtens auch keinem Zweifel unterliegen, dass die Beachtung des Grundsatzes der Rechtskraft als eine jener Fragen der öffentlichen Ordnung bezeichnet werden*

3. *Abgrenzung der Rechtskraftwirkung von dem selbständigen Rechtsgrundsatz* „ne bis in idem“

Die Rechtskraftwirkung muss von dem Grundsatz „*ne bis in idem*“ als selbständigem Rechtsgrundsatz abgegrenzt werden.[179] Dieser erlangt seine Bedeutung im Unionsrecht insbesondere bei wettbewerbsrechtlichen Verfahren, die auf die Verhängung von Geldbußen gerichtet sind.[180] Der EuGH versteht den Begriff in diesem Zusammenhang als Verbot der Doppelbestrafung,[181] wie er auch im deutschen Strafrecht wiederzufinden ist.[182] Wegen der Sanktionen, die einen Mitgliedstaat treffen können, sofern er nicht die erforderlichen Maßnahmen ergreift, um den festgestellten Vertragsverstoß zu beseitigen,[183] könnte auch im Vertragsverletzungsverfahren eine Anwendbarkeit des Grundsatzes als selbständiger Rechtsgrundsatz neben

---

muss, die der Gerichtshof sicherlich jederzeit von Amts wegen untersuchen kann. Wir haben hier nämlich einen fundamentalen Grundsatz der Gemeinschaftsordnung und nicht nur dieser Ordnung vor uns, dessen Beachtung nicht nur und nicht so sehr im Interesse der Parteien, sondern der Gesamtheit der Rechtsgenossen gewährleistet werden muss.“ Ebenso stellt *GA Bot*, Schlussanträge v. 12.05.2009 – C-89/08 P, Slg. 2009, I-11248 ff. (I-11259, Rn. 63) – Kommission/Irland, fest, dass anerkannt worden sei, dass der EuGH die Rechtskraft von Amts wegen zu berücksichtigen habe. Demgegenüber steht *Reiling*, EuZW 2002, 136 ff. (140 f.), mit der Aussage, dass bisher nicht festgestellt worden sei, dass die entgegenstehende Rechtskraft generell „*ex officio*“ geprüft werde.

179 Die Selbständigkeit des Grundsatzes „*ne bis in idem*“ im Verhältnis zum Rechtskraftprinzip wird deutlich in EuGH, Urt. v. 29.06.2010 – C-526/08, Slg. 2010, I-6180 ff. – Kommission/Luxemburg. Der EuGH prüft in dem Urteil im Rahmen der Zulässigkeit der Vertragsverletzungsklage der Europäischen Kommission zunächst die entgegenstehende Rechtskraft und sodann den Grundsatz „*ne bis in idem*“.

180 Im Zusammenhang mit dem Wettbewerbsrecht erörtert der EuGH den Grundsatz etwa in folgenden Verfahren: EuGH, Urt. v. 14.02.2012 – C-17/10, EuZW 2012, 223 ff. (229, Rn. 94) – Toshiba Corporation; EuGH, Urt. v. 15.10.2002 – C-238/99 P, C-244/99 P, C-245/99 P, C-247/99 P, C-250/99 P, C-251/99 P, C, 252/99 P und C-254/99 P, Slg. I-8375 ff. (I-8380, Leitsatz Nr. 3 und I-8652, Rn. 59 ff.) – Limburgse Vinyl Maatschappij u.a./Kommission. Zur Anwendung des Grundsatzes „*ne bis in idem*“ durch den EuGH eingehend *Schermers*, in: FS Pescatore, 1987, 601 ff. (609 f.).

181 Dies folgt etwa aus EuGH, Urt. v. 15.10.2002 – C-238/99 P, C-244/99 P, C-245/99 P, C-247/99 P, C-250/99 P, C-251/99 P, C, 252/99 P und C-254/99 P, Slg. I-8375 ff. (I-8380, Leitsatz Nr. 3 und I-8652, Rn. 59 ff.) – Limburgse Vinyl Maatschappij u.a./Kommission.

182 So zählt z.B. *Maurer*, Staatsrecht I, § 8, Rn. 37 ff. (insbesondere Rn. 39), den Grundsatz „*ne bis in idem*“ als Verbot der Doppelbestrafung zu den „*rechtsstaatlichen Straf- und Strafprozeßrechtsgrundsätzen*“.

183 Dazu *Cremer*, in: *Calliess/Ruffert*, EUV/AEUV, Art. 260, Rn. 9 ff.; *Heidig*, Die Verhängung von Zwangsgeldern und Pauschalbeträgen, 59 ff.; *Karpenstein*, in: *Grabitz/*

dem Rechtskraftprinzip naheliegen. Für die Anwendbarkeit des Grundsatzes *„ne bis in idem"* als Verbot einer Doppelbestrafung im Falle einer Verurteilung im Vertragsverletzungsverfahren plädierte das Großherzogtum Luxemburg in der Rechtssache C-526/08.[184] Es vertrat die Ansicht, die Europäische Kommission habe wegen der teilweisen Übereinstimmung des Klagegrundes unter Beachtung des Grundsatzes *„ne bis in idem"* kein neues Vertragsverletzungsverfahren, sondern allenfalls ein Verfahren nach Art. 260 Abs. 2 AEUV (ex Art. 228 EGV) einleiten dürfen.[185] Die Europäische Kommission bestritt demgegenüber die Anwendbarkeit des Grundsatzes *„ne bis in idem"* außerhalb von Verwaltungsstrafverfahren oder Strafverfahren.[186] Der EuGH hat in seinem Urteil die Zulässigkeit der Berufung auf den Grundsatz im Vertragsverletzungsverfahren offengelassen.[187] Überzeugendes Argument gegen eine Anwendbarkeit des Grundsatzes in diesem Kontext ist allerdings die Funktion der Sanktionen, die im Vertragsverletzungsverfahren verhängt werden können.[188] Diese dienen der Vollstreckung des Ersturteils und unterscheiden sich damit grundlegend von repressiven Sanktionen.[189] Einer abschließenden Entscheidung bedarf es allerdings auch an dieser Stelle nicht, denn als selbständigem Rechtsgrundsatz kommt dem Grundsatz *„ne bis in idem"* im Vertragsverletzungsverfahren jedenfalls keine praktische Bedeutung zu.[190] Soweit derselbe Streitgegenstand vorliegt, ist das Vertragsverletzungsverfahren ohnehin wegen entgegenstehender Rechtskraft unzulässig.[191]

Hilf/Nettesheim, Das Recht der EU, Art. 260 AEUV, Rn. 23 ff. [Stand: 5/2013]; *Kotzur*, in: *Geiger/Khan/Kotzur*, EUV/AEUV, Art. 260 AEUV, Rn. 13 ff.

184 EuGH, Urt. v. 29.06.2010 – C-526/08, Slg. 2010, I-6180 ff. (I-6198, Rn. 21) – Kommission/Luxemburg.

185 Ebda.

186 EuGH a.a.O., S. I-6199, Rn. 22.

187 EuGH a.a.O., S. I-6202, Rn. 36. Ebenso EuGH, Urt. v. 08.09.2005 – C-416/02, Slg. 2005, I-7530 ff. (I-7554, Rn. 65) – Kommission/Spanien.

188 Dieses Argument führt an: *GA Kokott*, Schlussanträge v. 28.01.2010 – C-526/08, Slg. 2010, I-6154 ff. (I-6162, Rn. 33) – Kommission/Luxemburg.

189 Ebda. Weitere Argumente gegen die Anwendbarkeit des Grundsatzes im Vertragsverletzungsverfahren nennt *Wunderlich*, in: *Schwarze* (Hrsg.), Der Rechtsschutz vor dem Gerichtshof der EU, EuR-Beiheft 1, 2012, 49 ff. (56).

190 Dies bestätigen letztlich EuGH, Urt. v. 29.06.2010 – C-526/08, Slg. 2010, I-6180 ff. (I-6202, Rn. 36) – Kommission/Luxemburg; *Wunderlich*, in: *Schwarze* (Hrsg.), Der Rechtsschutz vor dem Gerichtshof der EU, EuR-Beiheft 1, 2012, 49 ff. (56).

191 Ähnlich *Wunderlich*, in: *Schwarze* (Hrsg.), Der Rechtsschutz vor dem Gerichtshof der EU, EuR-Beiheft 1, 2012, 49 ff. (56).

VI. Die objektiven Grenzen der Rechtskraft

Den materiellen Gehalt erreicht die Rechtskraft erst durch die Festlegung ihrer Objekte.[192] Urteile des EuGH enthalten nach Art. 87 VerfO EuGH folgende Bestandteile, auf die sich die Rechtskraft erstrecken könnte: die Angaben im Rubrum (Art. 87 lit. a bis lit. k), eine Sachverhaltsschilderung (Art. 87 lit. l), die Entscheidungsgründe (Art. 87 lit. m) und die Urteilsformel, einschließlich einer etwaigen Kostenentscheidung (Art. 87 lit. n).

1. Der Streitgegenstand

Die objektiven Grenzen der Rechtskraft werden maßgeblich durch den Streitgegenstand bestimmt.[193] Die Rechtskraft einer gerichtlichen Entscheidung bindet nur dann in einem Folgeprozess, wenn der Streitgegenstand des Erstprozesses und des Zweitprozesses identisch sind.[194] Die Rechtskraft kann daher objektiv nur so weit reichen wie der Streitgegenstand;[195] mit anderen Worten: „*Rechtskräftig wird die vom Gericht tatsächlich getroffene Entscheidung über den Streitgegenstand […]*".[196]

---

192 *Kuschmann*, Die materielle Rechtskraft der Gestaltungsurteile, S. 15.

193 So im europarechtlichen Schrifttum *Gutsche*, Die Bindungswirkung der Urteile des EuGH, S. 21; *Tsikrikas*, Die Wirkungen der Urteile des EuGH im Vertragsverletzungsverfahren, S. 65; *Germelmann*, Die Rechtskraft von Gerichtsentscheidungen in der EU, S. 355; *Lecheler*, Der EuGH und die allgemeinen Rechtsgrundsätze, S. 94; *Reiling*, EuZW 2002, 136 ff. (137). Dasselbe gilt im deutschen Recht: BGH, Urt. v. 24.01.2008 – VII ZR 46/07, NJW-RR 2008, 762 f.; BGH, Urt. v. 28.06.2007 – I ZR 153/04, GRUR 2008, 186 ff. (187, Rn. 15); BGH, Urt. v. 11.11.1994 – V ZR 46/93, NJW 1995, 967 f.; BGH, Urt. v. 19.09.1985 – VII ZR 15/85, NJW 1986, S. 1046 f. (1046); BGH, Urt. v. 24.11.1982 – VIII ZR 263/81, BGHZ 85, S. 367 ff. (374); *Vollkommer*, in: *Zöller*, ZPO, Vor § 322, Rn. 30.

194 Ebenso zum deutschen Recht: *Vollkommer*, in: *Zöller*, ZPO, Vor § 322 Rn. 30. Ähnliches folgt aus BGH, Urt. v. 28.06.2007 – I ZR 153/04, GRUR 2008, 186 ff. (187, Rn. 15 f.). Auf unionsrechtlicher Ebene folgt dasselbe aus EuGH, Urt. v. 08.01.2002 – C-248/99 P, Slg. 2002, I-46 ff. (I-64, Rn. 37); *Germelmann*, Die Rechtskraft von Gerichtsentscheidungen in der EU, S. 415; *Gutsche*, Die Bindungswirkung der Urteile des EuGH, S. 85; *Lock*, Das Verhältnis zwischen dem EuGH und internationalen Gerichten, S. 122 f.

195 Ähnlich *Gutsche*, Die Bindungswirkung der Urteile des EuGH, S. 87.

196 *Gottwald*, in: MünchKommZPO, § 322, Rn. 85. Inhaltlich folgt dasselbe aus der vom EuGH, Urt. v. 24.01.2013 – C-529/09, BeckRS 2013, 80147 (Rn. 66, noch nicht in Slg. veröffentlicht) – Kommission/Spanien, vertretenen Ansicht: „*Nach ständiger Rechtsprechung erstreckt sich die Rechtskraft lediglich auf diejenigen Tatsachen- und*

Im deutschen Prozessrecht wird der Streitgegenstand nach dem herrschenden zweigliedrigen Streitgegenstandsbegriff maßgeblich von dem Klageantrag und dem Lebenssachverhalt geprägt, der dem gerichtlichen Verfahren zugrunde liegt.[197] Die Gerichte der Europäischen Union orientieren sich demgegenüber zur Bestimmung des Streitgegenstandes am französischen Prozessrecht, das von einer *„triple identité"* des Streitgegenstandes aus *„objet"*, *„cause"* und *„parties"* ausgeht.[198] Nach der Rechtsprechung des EuGH führt die Einrede der entgegenstehenden Rechtskraft nur dann zur Unzulässigkeit eines Rechtsbehelfs, wenn der als unzulässig gerügte Rechtsbehelf und derjenige, welcher zur rechtskräftigen Entscheidung geführt hat, zwischen denselben Parteien (*„les mêmes parties"*) eingelegt worden ist, beide denselben Gegenstand (*„le même objet"*) haben und auf den gleichen Gründen (*„la même cause"*) beruhen.[199]

Rechtsfragen, die tatsächlich oder notwendigerweise Gegenstand der betreffenden gerichtlichen Entscheidung waren." Ebenso bereits EuGH, Urt. v. 12.06.2008 - C-462/05, Slg. 2008, I-4185 (I-4197, Rn. 23) - Kommission/Portugal. Ähnlich formuliert EuGH, Urt. v. 19.04.2012 - C-221/10 P, EuZW 2012, 545 ff. (547, Rn. 87, noch nicht in Slg. veröffentlicht) - Artegodan/Kommission; EuGH, Urt. v. 29.03.2011 - C-352/09 P, Slg. 2011, I-2410 ff. (I-2449, Rn. 123) - ThyssenKrupp Nirosta/Kommission). Diese Grundsätze in der Rspr. des EuGH bespricht mit weiteren Nachweisen *Germelmann*, Die Rechtskraft von Gerichtsentscheidungen in der EU, S. 355 (insbesondere Fn. 116); ähnlich auch *Gutsche*, Die Bindungswirkung der Urteile des EuGH, 35.

197 Statt aller *Musielak*, in: *ders.*, ZPO, Einl. Rn. 69.

198 *Germelmann*, Die Rechtskraft von Gerichtsentscheidungen in der EU, S. 356 ff. und 125 ff. Der Autor entnimmt die *„triple identité"* des Streitgegenstands im französischen Recht Art. 1351 des französischen Code Civil (*Germelmann* a.a.O., S. 125). Dieser lautet: *„L'autorité de la chose jugée n'a lieu qu'à l'égard de ce qui a fait l'objet du jugement. Il faut que la chose demandée soit la même; que la demande soit fondée sur la même cause; que la demande soit entre les mêmes parties, et formée par elles et contre elles en la même qualité.*" Das Erfordernis der dreifachen Identität bezeichnet *GA Léger*, Schlussanträge v. 08.04.2003 - C-224/01, Slg. 2003, I-10243 (I-10271, Rn. 101) - Köbler, als *„vorherrschende traditionelle Auffassung"*. Ebenfalls an das französische Recht angelehnt, ist der zweigliedrige Streitgegenstandsbegriff des EuGH im Anwendungsbereich des EuGVÜ und EGVVO (maßgeblich für die *„Rechtshängigkeit"* einer Klage wegen desselben Anspruchs zwischen denselben Parteien im Sinne der Vorschrift ist die Identität von *„cause"* und *„objet"*): *Germelmann*, Die Rechtskraft von Gerichtsentscheidungen in der EU, S. 366; *Rüßmann*, ZZP 1998, 399 ff. (404 ff.); *Walker*, ZZP 1998, 429 ff. (433 f.).

199 EuGH, Urt. v. 08.01.2002 - C-248/99 P, Slg. 2002, I-46 ff. (I-64, Rn. 37) - Monsanto. Weitgehend ebenso EuGH, Beschl. v. 01.04.1987 - verb. Rs. 159/84, 267/84, 12/85 und 264/85, Slg. 1987, 1579 ff. (1581, Rn. 3) - Ainsworth, allerdings mit dem terminologischen Unterschied, dass der EuGH nicht auf denselben Gegenstand (*„le même objet"*),

Derselbe Gegenstand („*objet*“) liegt vor, wenn zwei Rechtsbehelfe dieselbe Zielsetzung verfolgen.[200] Eine entscheidende Rolle spielt das Klagebegehren, das regelmäßig aus dem Klageantrag hervorgeht und durch die im europäischen Primärrecht vorgeschriebenen Verfahrensarten determiniert ist.[201] Die Gründe („*cause*“) umfassen demgegenüber den Sachverhalt und die Rechtslage, welche der Klage zugrunde liegen.[202]

---

sondern auf dieselben Ziele („*le même fins*“) zweier Klagen abstellt. Ausführlich zur Rspr. des EuGH und zur terminologischen Änderung im Laufe der Rspr.: *Germelmann*, Die Rechtskraft von Gerichtsentscheidungen in der EU, S. 359 ff. (der Autor macht im letztgenanntem Beschluss des EuGH die erste ausdrückliche Bezugnahme desselben auf die an das französische Recht angelehnte „*triple identité*“ im Zusammenhang mit der Rechtskraft aus). Mit weiteren Ausführungen zum Streitgegenstandsbegriff auch *Reiling*, EuZW 2002, 136 ff. (137 ff.). Erwähnt auch bei *Lock*, Das Verhältnis zwischen dem EuGH und internationalen Gerichten, S. 122 f.

200 Deutlich wird dies durch die in früheren Entscheidungen verwandte Terminologie des EuGH (z.B. EuGH, Beschl. v. 01.04.1987 – verb. Rs. 159/84, 267/84, 12/85 und 264/85, Slg. 1987, 1579 ff. (1581, Rn. 3) – Ainsworth). Insgesamt ähnlich und ebenso mit Verweis auf die frühere Terminologie: *Germelmann*, Die Rechtskraft von Gerichtsentscheidungen in der EU, S. 373 ff. Für Art. 21 EuGVÜ definiert EuGH, Urt. 06.12.1994 – C-406/92, Slg. 1994, I-5460 ff. (I-5475, Rn. 41) – Tatry, den „*Gegenstand/objet*“ als Element des Streitgegenstandsbegriffs ausdrücklich wie folgt: „*Was den ‚Gegenstand‘ im Sinne des Artikel 21 betrifft, so besteht dieser in dem Zweck der Klage.*“ (Dazu ausführlich *Rüßmann*, ZZP 1998, 399 ff.).

201 *Germelmann*, Die Rechtskraft von Gerichtsentscheidungen in der EU, S. 374. Dies folgt aber auch aus EuGH, Urt. v. 26.04.2007 – C-195/04, Slg. 2007, I-3379 ff. (I-3385 f., Rn. 18) – Kommission/Finnland.

202 EuGH, Urt. v. 24.01.2013 – C-529/09, BeckRS 2013, 80147 (Rn. 78, noch nicht in Slg. veröffentlicht) – Kommission/Spanien. Ähnliches folgt aus EuGH, Urt. v. 12.06.2008 – C-462/05, Slg. 2008, I-4185 (I-4197 f., Rn. 24 ff.) – Kommission/Portugal. Der EuGH verneint in letztgenanntem Urteil die Identität der Gegenstände und damit die entgegenstehende Rechtskraft wegen der unterschiedlichen „*tatsächlichen Ausgangslage*“ (EuGH a.a.O., S. I-4198, Rn. 27). Der EuGH geht insoweit grundsätzlich von einem ähnlichen Verständnis der Gründe aus wie im Rahmen des Streitgegenstandsbegriffs bei Art. 21 EuGVÜ. Dort definiert EuGH, Urt. v. 06.12.1994 – C-406/92, Slg. 1994, I-5460 ff. (I-5475, Rn. 39) – Tatry, wie folgt: „*Im Sinne des Artikel 21 des Übereinkommens umfasst die ‚Grundlage‘ des Anspruchs den Sachverhalt und die Rechtsvorschrift, auf die die Klage gestützt wird.*“ Für den Bereich des EuGVÜ auch ähnlich: EuGH, Urt. v. 14.10.2004 – C-39/02, Slg. 2004, I-9657 ff. (I-9699, Rn. 38) – Maersk Olie & Gas (zur Grundlage als Element des Streitgegenstands im EuGVÜ: *Rüßmann*, ZZP 1998, 399 ff. (405)).

Auf die Urteile des EuGH in Vertragsverletzungsverfahren lässt sich der Streitgegenstandsbegriff wie folgt übertragen: Der Gegenstand des Vertragsverletzungsverfahrens liegt in der Zielsetzung der Europäischen Kommission bzw. eines Mitgliedstaats, wegen eines bestimmten Verhaltens eines anderen Mitgliedstaats eine Vertragsverletzung festzustellen.[203] Grundlage des Vertragsverletzungsverfahrens bildet das tatsächlich angegriffene Verhalten des Mitgliedstaats, das als Verletzungshandlung einer bestimmten unionsrechtlichen Rechtsnorm zugeordnet werden kann.[204]

Demgegenüber umfasst der Streitgegenstand im Vertragsverletzungsverfahren nicht die Pflicht zur Beseitigung der Vertragsverletzung, die ausweislich des Art. 260 Abs. 1 AEUV mit einem stattgebenden Urteil des EuGH im Vertragsverletzungsverfahren einhergeht.[205] Der EuGH besitzt keine Kompetenz einem Mitgliedstaat konkrete Handlungspflichten aufzuerlegen, sondern ist nach Maßgabe der Verträge lediglich zur Feststellung des Vertragsverstoßes berufen.[206] Seine Befugnis beschränkt sich auf eine Rechtmäßigkeitskontrolle mitgliedstaatlichen Handelns.[207] Die Pflicht zur Beseitigung der Vertragsverletzung folgt daher nicht aus der gerichtlichen Entscheidung, sondern aus den primärrechtlichen Verträgen.[208] Dem betroffenen Mitgliedstaat bleibt daher hinsichtlich der Art und

---

203 *Germelmann*, Die Rechtskraft von Gerichtsentscheidungen in der EU, S. 378 f. Dasselbe folgt aus *Gutsche*, Die Bindungswirkung der Urteile des EuGH, S. 36 ff. Letzterer stellt allerdings nicht auf den „*Gegenstand*", sondern auf das „*petitum*" der Vertragsverletzungsklage ab.

204 *Germelmann*, Die Rechtskraft von Gerichtsentscheidungen in der EU, S. 389 f. Ähnliches folgt aus *Gutsche*, Die Bindungswirkung der Urteile des EuGH, S. 40 (dort nicht zu den „*Gründen*" der Klage, sondern zur „*causa petendi*").

205 *Gutsche*, Die Bindungswirkung der Urteile des EuGH, S. 37 ff., der eine Subsumtion der Verpflichtung unter das „*petitum*" (zur vom Autor verwendeten Terminologie s.o. Fn. 203 f.) ablehnt. Dasselbe folgt aus *Ganshof van der Meersch*, Journal des Tribunaux 1971, 460 ff. (470), der feststellt, dass die Maßnahmen, die zur Umsetzung eines Urteils ergriffen werden müssen, nicht Bestandteil desselben sind. Zur mit den Urteilen einhergehenden Pflicht, Vertragsverstöße zu beseitigen, s.o. Einleitung A.II, S. 3, Fn. 26.

206 Ebenso argumentiert *Gutsche*, Die Bindungswirkung der Urteile des EuGH, S. 36 ff. Zum Charakter des stattgebenden Urteils als Feststellungsurteil und den insoweit beschränkten Kompetenzen des EuGH s.o. Einleitung A.II, S. 3, Fn. 25.

207 S.o. Einleitung A.II, S. 3, Fn. 24.

208 *Borchardt*, Der Grundsatz des Vertrauensschutzes im Europäischen Gemeinschaftsrecht, § 6, Rn. 639; *Karpenstein*, in: *Grabitz/Hilf/Nettesheim*, Das Recht der EU, Art. 260 AEUV, Rn. 5 [Stand: 5/2013]; *Nettesheim*, in: Vierzehnte Badenweiler Gespräche, S. 205 ff. (206); *Öhler*, Rechtsschutz bei der Vergabe öffentlicher Aufträge in

Weise der Beseitigung der Vertragsverletzung ein Handlungsspielraum eröffnet: Der EuGH kann zwar im Urteil Wege und Mittel zur Beseitigung des Rechtsverstoßes aufzeigen, diese können jedoch nur als unverbindliche Vorschläge und Hilfestellungen an den betroffenen Staat verstanden werden.[209]

Zusammenfassend bleibt festzuhalten, dass derselbe Streitgegenstand dann vorliegt, wenn die Europäische Kommission oder ein Mitgliedstaat in einem neuen Verfahren gegen denselben Mitgliedstaat des Ausgangsverfahrens die Feststellung der Verletzung derselben unionsrechtlichen Rechtsnorm wegen desselben Verhaltens begehrt.[210] Hier liegen auch die objektiven Grenzen der Rechtskraft: Diese erfasst allein die tatsächlich oder notwendigerweise getroffene Entscheidung über die Feststellung der Verletzung einer unionsrechtlichen Rechtsnorm durch ein bestimmtes Verhalten eines bestimmten Mitgliedstaats.[211]

2. Der Urteilstenor

Wie bereits mehrfach erwähnt, zielt die Rechtskraft auch im Unionsrecht darauf ab, durch die existenzielle sowie inhaltliche Sicherung des Bestandes des richterlichen Spruches dazu beizutragen, dass Rechtsfrieden und Rechtssicherheit einkehren und die Funktionsfähigkeit der Justiz gewährleistet ist.[212] Damit die Rechtskraft ihre Funktion erfüllen kann, muss jedenfalls der Urteilstenor in Rechtskraft erwachsen.[213] Denn der Tenor – *„die Urteilsformel"* – *„enthält den Spruch des Gerichts, durch den der Streit der Parteien [bzw. der Verfahrensbeteiligten] entschieden*

---

der EU, S. 263; *Ortlepp*, Das Vertragsverletzungsverfahren, S. 107 und S. 113; *Toth*, YEL 1984, 2 ff. (56).

209 *Ortlepp*, Das Vertragsverletzungsverfahren, S. 113.

210 Dasselbe folgt aus *Gutsche*, Die Bindungswirkung der Urteile des EuGH, S. 35 ff., insbesondere S. 41; ähnliches aus *Classen*, in: *Schulze/Zuleeg/Kadelbach*, Europarecht, § 4, Rn. 50.

211 Ähnlich definiert *Gutsche*, Die Bindungswirkung der Urteile des EuGH, S. 41, die objektiven Grenzen der Rechtskraft im Vertragsverletzungsverfahren. Teilweise aber auch formuliert in Anlehnung an EuGH, Urt. v. 24.01.2013 – C-529/09, BeckRS 2013, 80147 (Rn. 66, noch nicht in Slg. veröffentlicht) – Kommission/Spanien; EuGH, Urt. v. 12.06.2008 – C-462/05, Slg. 2008, I-4185 (I-4197, Rn. 23) – Kommission/Portugal.

212 S.o. 1. Abschnitt C.II, S. 24 f. (24, Fn. 132).

213 Ähnlich argumentiert *Germelmann*, Die Rechtskraft von Gerichtsentscheidungen in der EU, S. 425 (dort mit zahlreichen Nachweisen zur insoweit herrschenden Rspr. des EuGH). Hier statt aller EuGH, Urt. v. 1.6.2006 – C-442/03 P und C-471/03 P, Slg. 2006, 4883 ff. (I-4905, Rn. 44) – P & O European Ferries u.a./Kommission. Im Ergebnis ebenso *Tsikrikas*, Die Wirkungen der Urteile des EuGH im Vertragsverletzungsverfahren, S. 56.

wird.“[214] Der Inhalt des Tenors ist folglich eng an den Streitgegenstand geknüpft; aus ihm ergibt sich, worüber ein Gericht entschieden hat.[215] Da die Streitgegenstände je nach Verfahrensart grundlegende Unterschiede aufweisen,[216] divergiert auch der Inhalt des Tenors eines stattgebenden Urteils mit der Verfahrensart.[217] Für das Vertragsverletzungsverfahren enthalten die Art. 258 bis Art. 260 AEUV die maßgeblichen Verfahrensvorschriften. Art. 260 Abs. 1 AEUV hat folgenden Wortlaut:

> „Stellt der Gerichtshof der Europäischen Union fest, dass ein Mitgliedstaat gegen eine Verpflichtung aus den Verträgen verstoßen hat, so hat dieser Staat die Maßnahmen zu ergreifen, die sich aus dem Urteil des Gerichtshofs ergeben.“

Aus der Vorschrift folgt, dass der Urteilstenor im Vertragsverletzungsverfahren feststellenden Charakter hat und die Problematik der Unvereinbarkeit des fraglichen Verhaltens des Mitgliedstaats mit einer Bestimmung des Unionsrechts umfasst.[218] Als Beispiel soll der Tenor eines stattgebenden Urteils des EuGH in einem Vertragsverletzungsverfahren gegen Deutschland mit vergaberechtlichem Hintergrund angeführt werden:

> „Die Bundesrepublik Deutschland hat gegen ihre Verpflichtungen aus den Art. 2, 9 und 20 in Verbindung mit den Art. 23 bis 55 der Richtlinie 2004/18/EG des Europäischen Parlaments und des Rates vom 31. März 2004 über die Koordinierung der Verfahren zur Vergabe öffentlicher Bauaufträge, Lieferaufträge und Dienstleistungsaufträge verstoßen, indem die Gemeinde Niedernhausen Architektenleistungen über die Sanierung eines im Gemeindegebiet liegenden, Autalhalle genannten öffentlichen Gebäudes, deren Wert

---

214 *Musielak*, in: *ders.*, ZPO, § 313, Rn. 6.

215 Ähnlich *Gottwald*, in: MünchKommZPO, § 322, Rn. 86.

216 Dies wird deutlich bei *Classen*, in: *Schulze/Zuleeg/Kadelbach*, Europarecht, § 4, Rn. 17, 40, 50, 61 und 70 (dort zum Streitgegenstand bzw. Verfahrensgegenstand der einzelnen Verfahrensarten).

217 So erklärt der EuGH im Tenor von stattgebenden Urteilen bei Nichtigkeitsklagen nach Art. 263 AEUV (ex Art. 230 EGV) einen bestimmten Gesetzgebungsakt oder bestimmte Handlungen eines Unionsorgans für nichtig (z.B. EuGH, Urt. v. 20.05.2008 – C-91/05, Slg. 2008, I-3708 ff. (I-3746, Tenor zu 1.) – Kommission/Rat). In stattgebenden Urteilen bei Untätigkeitsklagen nach Art. 265 AEUV (ex Art. 232 EGV) stellt er fest, dass ein Unionsorgan den Erlass eines bestimmten Rechtsakts unter Verletzung des Vertrages unterlassen hat (*Classen*, in: *Schulze/Zuleeg/Kadelbach*, Europarecht, § 4, Rn. 48; z.B. EuGH, Urt. v. 22.05.1985 – Rs. 13/83, Slg. 1985, 1556 ff. (1603, Tenor zu 1.) – Parlament/Rat).

218 *Heidig*, Die Verhängung von Zwangsgeldern und Pauschalbeträgen, S. 52; *Schoch*, DVBl 2004, 69 ff. (74).

die in Art. 7 Buchst. b dieser Richtlinie festgesetzte Schwelle überstiegen hat, ohne europaweites Vergabeverfahren vergeben hat."[219]

Der Tenor bezeichnet zunächst den verfahrensbeteiligten Mitgliedstaat (im Beispiel: „*die Bundesrepublik Deutschland*"),[220] dem ein unionsrechtswidriges Verhalten vorgeworfen wird. Sodann benennt der EuGH die unionsrechtlichen Vorschriften gegen welche der Mitgliedstaat verstoßen hat (im Beispiel: „*Art. 2, 9 und 20 in Verbindung mit den Art. 23 bis 55 der Richtlinie 2004/18/EG des Europäischen Parlaments und des Rates vom 31. März 2004 über die Koordinierung der Verfahren zur Vergabe öffentlicher Bauaufträge, Lieferaufträge und Dienstleistungsaufträge*").[221] Schließlich bezeichnet er das Verhalten, welches zur Vertragsverletzung geführt hat („*indem die Gemeinde Niedernhausen Architektenleistungen über die Sanierung eines im Gemeindegebiet liegenden, Autalhalle genannten öffentlichen Gebäudes, deren Wert die in Art. 7 Buchst. b dieser Richtlinie festgesetzte Schwelle überstiegen hat, ohne europaweites Vergabeverfahren vergeben hat*").[222] Im Tenor werden also alle Elemente, aus denen sich die Grundlage des Urteils im Vertragsverletzungsverfahren zusammensetzt, zusammengefasst: Das tatsächlich angegriffene Verhalten eines bestimmten Mitgliedstaats, das als Verletzungshandlung einer bestimmten unionsrechtlichen Rechtsnorm zugeordnet werden kann.[223] Gleichzeitig kommt im Tenor auch der Gegenstand des Vertragsverletzungsverfahrens zum Ausdruck. Der EuGH entscheidet nämlich allein über die von der Europäischen Kommission oder einem anderen Mitgliedstaat vorgetragenen Klagegründe, während er zu einer Entscheidung „*ultra petita*" nicht befugt ist.[224]

Das Beispiel verdeutlicht also, dass sich im Tenor sowohl der Grund als auch der Gegenstand der gerichtlichen Entscheidung widerspiegelt, sodass zumindest der Tenor des Urteils Rechtskraft entfalten muss.[225]

---

219 EuGH, Urt. v. 15.03.2012 – C-574/10, NVwZ 2012, 489 ff. (489, noch nicht in Slg. veröffentlicht) – Kommission/Deutschland.

220 Ebda.

221 Ebda.

222 Ebda.

223 Zu dieser Definition der Grundlage des Urteils s.o. 1. Abschnitt C.VI.1, S. 36, Fn. 204.

224 Statt aller EuGH, Urt. v. 26.04.2007 – C-195/04, Slg. 2007, I-3379 ff. (I-3387, Rn. 22) – Kommission/Finnland; *Karpenstein*, in: *Grabitz/Hilf/Nettesheim*, Das Recht der EU, Art. 258 AEUV, Rn. 80.

225 Ähnlich und im Ergebnis ebenso *Germelmann*, Die Rechtskraft von Gerichtsentscheidungen in der EU, S. 425 f.

3. *Die Entscheidungsgründe*

Die Entscheidungsgründe stehen teilweise mit dem Tenor in einem engen und denknotwendigen inneren Zusammenhang, sodass der Tenor ohne die Entscheidungsgründe nicht aufrechterhalten werden kann,[226] da er erst durch die Entscheidungsgründe verständlich wird.[227] Diese Entscheidungsgründe, mit denen *„der Tenor steht und fällt"*,[228] können als notwendiger Bestandteil desselben begriffen werden.[229] Eine solche tragende Funktion kommt im Vertragsverletzungsverfahren Entscheidungsgründen zu, die für die Beurteilung des klägerischen Begehrens auf Feststellung der Unvereinbarkeit eines bestimmten Verhaltens eines Mitgliedstaats mit einer bestimmten Norm des Unionsrechts maßgeblich sind.[230] Denn gerade zu diesem Streitgegenstand verhält sich der Tenor.[231] Ebenso wie in diesem findet sich folglich auch in den tragenden Entscheidungsgründen die Entscheidung über den Streitgegenstand, sodass auch sie Rechtskraft entfalten müssen.[232]

Vereinzelt wird in der europarechtlichen Literatur diskutiert, ob auch jene Entscheidungsgründe rechtskraftfähig sind, in welchen der EuGH Unionsrecht auslegt.[233] Auch diese Entscheidungsgründe können den Urteilstenor tragen, wenn bei einer anderen Auslegung der Rechtsnormen die gerichtliche Entscheidung so nicht ergangen wäre.[234] So führt der EuGH im bereits erwähnten Beispielfall[235] aus:

---

226 *Geiger*, Gesetz über das Bundesverfassungsgericht vom 12. März 1951, S. 114.

227 Ähnlich EuGH, Urt. v. 26.04.1988 – Rs. 97/86, 193/86, 99/86 und 215/86, Slg. 1988, 2200 ff. (2208, Rn. 27) – Asteris/Kommission.

228 *Geiger*, Gesetz über das Bundesverfassungsgericht vom 12. März 1951, S. 115.

229 Ähnlich ebda.

230 Dies folgt auch aus *Gutsche*, Die Bindungswirkung der Urteile des EuGH, S. 41. Der Autor unterscheidet hinsichtlich der objektiven Grenzen der Rechtskraft allerdings nicht zwischen Tenor und Entscheidungsgründen, sondern sieht den Umfang der Rechtskraft ohne weitere Differenzierung auf die Entscheidung über den Streitgegenstand beschränkt.

231 S.o. 1. Abschnitt C.VI.2, S. 40 ff.

232 Ausgangspunkt sind die im 1. Abschnitt C.VI.1, S. 36 f., aufgezeigten Grundsätze von der Maßgeblichkeit des Streitgegenstands für die objektiven Grenzen der Rechtskraft. Ähnlich und im Ergebnis ebenso *Germelmann*, Die Rechtskraft von Gerichtsentscheidungen in der EU, S. 426 ff.

233 Dazu *Tsikrikas*, Die Wirkungen der Urteile des EuGH im Vertragsverletzungsverfahren, S. 64 f.

234 Davon geht wohl auch *Tsikrikas* (ebda) noch aus.

235 S.o. 1. Abschnitt C.VI.2, S. 40 f.

„Die Definition der Dienstleistungsaufträge in Art. 1 II lit. d der Richtlinie 2004/18/EG durch eine negative Abgrenzung zu den Bau- oder Lieferaufträgen bedeutet nicht, dass sie nicht von den Regeln, den allgemeingültigen Grundsätzen und den Zielen des Unionsrechts im Bereich der öffentlichen Aufträge betroffen sind oder dass ihnen dadurch eine besondere Stellung zukommt, durch die sie den Bewertungen und allgemeinen Kriterien entzogen sind, die der Gerichtshof in seiner Rechtsprechung in Rechtssachen, die eine andere Art von öffentlichen Aufträgen betreffen, entwickelt hat.“[236]

U.a. mit dieser Auslegung der sekundärrechtlichen Bestimmung begründete der EuGH die Anwendung der von ihm für Bauaufträge entwickelten funktionalen Betrachtungsweise, mit der Folge, dass er den in Rede stehenden Dienstleistungsauftrag als einheitlichen Auftrag betrachtete, der wegen seines Wertes nach den Vorschriften der Richtlinie 2004/18/EG[237] hätte ausgeschrieben werden müssen.[238] Trotz der Anerkennung der Eigenschaft solcher Entscheidungsgründe als tragende Elemente der Urteilsformel wird eine Erstreckung der Rechtskraft auf sie in der Literatur vereinzelt abgelehnt.[239] Lediglich soweit der EuGH eine sekundärrechtliche Vorschrift als unmittelbar anwendbar oder als Vorschrift, die bestimmten Zwecken diene, qualifiziere, solle der entsprechende Entscheidungsgrund in Rechtskraft erwachsen.[240] Begründet wird dies damit, dass in den letztgenannten Fällen die Bedeutung der rechtlichen Qualifikationen für Schadensersatzfälle und für neue Klagen, die sich auf die Verletzung der primären Vorschrift stütze, deren Zweck die sekundärrechtliche Vorschrift diene, eine Erstreckung der Rechtskraft auf die jeweiligen Entscheidungsgründe erfordere.[241] Im Übrigen sei eine Rechtskrafterstreckung auf die tragenden Entscheidungsgründe, die Unionsrecht auslegen, abzulehnen, da zum einen die Gefahr einer Zementierung des Unionsrechts bestehe und das rechtliche Gehör der am Prozess Nichtbeteiligten verletzt werde.[242] Zum anderen liege die Gewährleistung einheitlicher Auslegung

236 EuGH, Urt. v. 15.03.2012 – C-574/10, NVwZ 2012, 489 ff. (489, Rn. 34) – Kommission/Deutschland.

237 Richtlinie 2004/18/EG des Europäischen Parlaments und des Rates vom 31.03.2004 über die Koordinierung der Verfahren zur Vergabe öffentlicher Bauaufträge, Lieferaufträge und Dienstleistungsaufträge, ABlEU Nr. L 134 v. 30.04.2004, S. 114. Im Folgenden: RL 2004/18/EG.

238 EuGH, Urt. v. 15.03.2012 – C-574/10, NVwZ 2012, 489 ff. (490, Rn. 39 ff. und 491, Rn. 51).

239 So *Tsikrikas*, Die Wirkungen der Urteile des EuGH im Vertragsverletzungsverfahren, S. 64 f.

240 Ebda.

241 Ebda.

242 *Tsikrikas* a.a.O., S. 64.

und Anwendung des Unionsrechts außerhalb der Funktion der Rechtskraft; vielmehr sei ein Institut notwendig, das *„erga omnes"* wirke, dem aber keine *„ne-bis-in-idem-Funktion"* zukomme.[243]

Diese Argumentation ist nicht überzeugend. Sie verkennt die maßgebliche Bedeutung des Streitgegenstandes für den objektiven Umfang der Rechtskraft.[244] Aufgrund dieses engen Zusammenhangs muss der Streitgegenstand in voller Ausprägung an der Rechtskraft der gerichtlichen Entscheidung teilnehmen.[245] Der Streitgegenstand des Vertragsverletzungsverfahrens erfasst in der unionsrechtlichen Ausprägung indes auch die Rechtsvorschriften, auf welche die Entscheidung gestützt wird[246] und folglich auch die Auslegung derselben. Die Angreifbarkeit der rechtlichen Begründung mit der möglichen Folge ihrer Abänderung würde zudem dazu führen, dass der Urteilsspruch nicht mehr logisch nachvollzogen werden könnte, da ihm ein Fundament entrissen würde. Auch die Befürchtungen, wonach durch die Erstreckung der Rechtskraft auf die tragenden Entscheidungsgründe, in welchen der EuGH Unionsrecht auslegt, eine Erstarrung desselben und die Verletzung des rechtlichen Gehörs am Verfahren Nichtbeteiligter drohe,[247] erweisen sich als unbegründet. Die Rechtskraft entfaltet ihre Wirkung nur in Bezug auf den konkreten Streitgegenstand.[248] Daher sind nur die bereits am Ausgangsverfahren Beteiligten von der Rechtskraftwirkung betroffen.[249] Diese hatten dort genügend Gelegenheit zu den wesentlichen Aspekten des Ausgangsverfahrens, die sich in den tragenden Entscheidungsgründen wiederfinden, Stellung zu nehmen. Im Übrigen folgt aus der Rechtskraft der Entscheidung nicht, dass in einem Verfahren mit anderem Streitgegenstand Rechtsfragen nicht erneut aufgeworfen werden

---

243 Ebda.

244 Dazu s.o. 1. Abschnitt C.VI.1, S. 36 f.

245 Ähnliches folgt aus *Germelmann*, Die Rechtskraft von Gerichtsentscheidungen in der EU, S. 431.

246 Ähnlich *Germelmann*, Die Rechtskraft von Gerichtsentscheidungen in der EU, S. 389 und 431. Dasselbe folgt aus *Gutsche*, Die Bindungswirkung der Urteile des EuGH, S. 40. Siehe bereits oben 1. Abschnitt C.VI.1., S. 36 ff. (38).

247 Siehe S. 44, Fn. 242.

248 Dies wird z.B. deutlich bei EuGH, Urt. v. 24.01.2013 – C-529/09, BeckRS 2013, 80147 (Rn. 77 ff., noch nicht in Slg. veröffentlicht) – Kommission/Spanien. Siehe aber auch bereits oben 1. Abschnitt C.V.2., S. 32 ff. und C.VI.1., S. 36 f.

249 Zu den subjektiven Grenzen der Rechtskraft s.u. 1. Abschnitt C.VII, S. 47 ff.

dürften, die bereits in den Entscheidungsgründen einer vorangegangenen Entscheidung erörtert wurden.[250]

Im Ergebnis müssen also auch diejenigen tragenden Entscheidungsgründe, welche Unionsrecht auslegen, in die Rechtskraftwirkung einbezogen werden.[251] Die Reichweite der Rechtskraft wird demnach, vermittelt durch den Streitgegenstand, durch die rechtliche Begründung der Entscheidung mitbestimmt.[252] Auch rechtliche Argumente, die über mehrere logische Ableitungen mit dem Tenor verbunden sind, nehmen folglich an der Rechtskraft von Urteilen des EuGH in Vertragsverletzungsverfahren teil.[253]

Dieses Ergebnis stimmt mit der ständigen Rechtsprechung des EuGH überein, der ebenfalls annimmt, dass sich die Rechtskraft auf die Entscheidungsgründe erstreckt, welche *„den Tenor tragen und daher von diesem nicht zu trennen sind."*[254] Der EuGH versteht den Begriff der tragenden Entscheidungsgründe dabei in einem weiten Sinne und subsumiert darunter alle Gründe, die er zur logischen Begründung seiner Entscheidung anführt.[255]

Demgegenüber erwachsen *„obiter dicta"*, die in keinem logischen Zusammenhang mit dem Urteilsspruch stehen, und die der EuGH lediglich bei Gelegenheit

---

250 Ähnlich *Germelmann*, Die Rechtskraft von Gerichtsentscheidungen in der EU, S. 430.

251 Ohne die gerade besprochene Problematik zu erörtern, gehen von einer Erstreckung der Rechtskraft auf die tragenden Entscheidungsgründe, ohne eine entsprechende Einschränkung vorzunehmen, ebenso aus: *Germelmann*, Die Rechtskraft von Gerichtsentscheidungen in der EU, S. 431 f.; *Laut*, in: *Rengeling/Middeke/Gellermann*, Handbuch des Rechtsschutzes in der EU, § 27 Rn. 21.

252 *Germelmann* a.a.O., S. 431.

253 Allgemein für Urteile des EuGH: *Gremelmann* a.a.O., S. 431 f.

254 EuGH, Urt. v. 19.04.2012 – C-221/10 P, EuZW 2012, 545 ff. (547, Rn. 87, noch nicht in Slg. veröffentlicht) – Artegodan/Kommission; EuGH, Urt. v. 01.06.2006 – C-442/03 P und C-471/03 P, Slg. 2006, 4883 ff. (I-4905, Rn. 44) – P & O European Ferries u.a./Kommission. Dasselbe folgt aber auch bereits aus EuGH, Urt. v. 14.09.1999 – C-310/97 P, Slg. 1999, I-5398 ff. (I-5413, Rn. 54) – Kommission/Assidomän Kraft Products u.a.; EuGH, Urt. v. 26.04.1988 – Rs. 97/86, 193/86, 99/86 und 215/86, Slg. 1988, 2200 ff. (2208, Rn. 27) – Asteris/Kommission (jeweils zur Verbindlichkeit von Nichtigkeitsurteilen). Unter Verweis auf die Rspr. des EuGH ebenso *GA Kokott*, Schlussanträge v. 28.01.2010 – C-526/08, Slg. 2010, I-6154 ff. (I-6163, Rn. 38) – Kommission/Luxemburg; ähnlich formuliert *GA Bot*, Schlussanträge v. 26.10.2010 – C-352/09 P, Slg. 2011, I-2366 ff. (I-2391, Rn. 132) – ThyssenKrupp Nirosta/Kommission.

255 Deutlich macht dies EuGH, Urt. v. 01.06.2006 – C-442/03 P und C-471/03 P, Slg. 2006, 4883 ff. (I-4906, Rn. 46 ff.) – P & O European Ferries u.a./Kommission.

der Entscheidung ausspricht, nicht in Rechtskraft.[256] Diese Entscheidungsgründe stehen in keinem inneren Zusammenhang mit dem Streitgegenstand, sodass ihre Einbeziehung in die Rechtskraftwirkungen der Systematik des Instituts widersprechen würde, das eine sehr starke Bindung zum Streitgegenstand aufweist.[257]

VII. Die subjektiven Grenzen der Rechtskraft

Die subjektiven Grenzen der Rechtskraft beschreiben den Personenkreis für und gegen welchen richterliche Urteile Rechtskraftwirkung entfalten.[258]

1. Die subjektiven Grenzen der Rechtskraft in der europarechtlichen Literatur

In der europarechtlichen Literatur werden die subjektiven Grenzen der Rechtskraft für Urteile des EuGH in Vertragsverletzungsverfahren teilweise sehr weit gezogen und eine Rechtskraftwirkung „*erga omnes*" bejaht.[259] Dies wird zum einen mit der anderenfalls bestehenden Gefahr entgegengesetzter Rechtsprechung begründet,[260] zum anderen mit der Objektivität des Vertragsverletzungsverfahrens, in welchem der EuGH auf die Feststellung der Vertragsverletzung beschränkt sei.[261] Auch die Sonderrolle des EuGH innerhalb der Europäischen Union als Interpret der europäischen Rechtsordnung wird als Argument für eine Rechtskraftwirkung „*erga omnes*" herangezogen.[262]

---

256 *Germelmann* a.a.O., S. 430. Im Ergebnis ebenso EuGH, Urt. v. 29.03.2011 - C-352/09 P, Slg. 2011, I-2410 ff. (I-2451, Rn. 132) - ThyssenKrupp Nirosta/Kommission; *Toth*, YEL 1984, 2 ff. (18, *ders.* relativiert aber gleichzeitig die Relevanz der Unterscheidung von „*obiter dicta*" und übrigen Entscheidungsgründen).

257 Ähnlich *Germelmann*, Die Rechtskraft von Gerichtsentscheidungen in der EU, S. 430 und 431 (zuletzt zur Systematik als Argument für die Rechtskrafterstreckung auf die tragenden Entscheidungsgründe). Zum Verhältnis Rechtskraft und Streitgegenstand s.o. 1. Abschnitt C.VI.1, S. 36 f.

258 Dies folgt etwa aus *Gottwald*, in: MünchKommZPO, § 322, Rn. 134 f.

259 *Bleckmann*, in: *ders./Delannay/Golsong u.a.* (Hrsg.), Les recours des individus, 85 ff. (114 f.); *Ganshof van der Meersch*, Journal des Tribunaux 1971, 460 ff. (470); *Plouvier*, Les décisions de la Cour de justice des communautés européennes et leurs effets juridiques, S. 216 ff.; *Vandersanden/Barav*, Contentieux communautaire, S. 124.

260 *Plouvier*, Les décisions de la Cour de justice des communautés européennes et leurs effets juridiques, S. 216 f.

261 *Bleckmann*, in: *ders./Delannay/Golsong u.a.* (Hrsg.), Les recours des individus, 85 ff. (115); *Vandersanden/Barav*, Contentieux communautaire, S. 124.

262 *Bleckmann*, in: *ders./Delannay/Golsong u.a.* (Hrsg.), Les recours des individus, 85 ff. (114 f.).

Demgegenüber spricht sich die h.M. in der Literatur für eine Begrenzung der Rechtskraftwirkungen auf die am Vertragsverletzungsverfahren Beteiligten aus.[263] Die Rechtskraft von Urteilen in Vertragsverletzungsverfahren soll ihre Wirkungen nach dieser Ansicht allein gegenüber den Parteien und den zugelassenen Streithelfern (Art. 40 EuGH-Satzung i.V.m. Art. 131 VerfO-EuGH) entfalten.[264] Neben der Verletzung des Anspruchs auf rechtliches Gehör derjenigen Mitgliedstaaten, die nicht am Verfahren beteiligt sind,[265] wird die Gefahr der Zementierung der Entwicklung des Unionsrechts als Argument gegen eine Rechtskraftwirkung „*erga omnes*" angeführt.[266] Eine Rechtskraftwirkung „*erga-omnes*" könne nur in Betracht kommen, wenn die Europäische Kommission als Prozessstandschafterin für die übrigen nicht am Verfahren beteiligten Mitgliedstaaten auftrete; dies sei indes nicht der Fall.[267] Die Gefahr entgegengesetzter Rechtsprechung bestünde nicht, da der EuGH an das Unionsrecht gebunden sei und daher nur dann ein abweichendes Urteil erlassen könne, wenn er zu der Überzeugung komme, seine bisherige Rechtsprechung sei falsch.[268] Auch die Möglichkeit zur Einlegung der Drittwiderspruchsklage nach Art. 42 EuGH-Satzung bzw. Art. 97 VerfO EuGH spreche gegen eine Rechtskraftwirkung „*erga omnes*", da durch die Drittwiderspruchsklage die

---

263 *Everling*, in: *Kruse* (Hrsg.), Zölle, Verbrauchsteuern, europäisches Marktordnungsrecht, S. 51 ff. (69 f.); *Germelmann*, Die Rechtskraft von Gerichtsentscheidungen in der EU, S. 396 ff.; *Gutsche*, Die Bindungswirkung der Urteile des EuGH, S. 41 ff.; *Heidig*, Die Verhängung von Zwangsgeldern und Pauschalbeträgen, S. 52; *Steinhauer*, Die Auslegung, Kontrolle und Durchsetzung mitgliedstaatlicher Pflichten, S. 174; *Thewes*, Bindung und Durchsetzung der gerichtlichen Entscheidungen in der EU, S. 215 ff.; *Toth*, YEL 1984, 2 ff. (55 f.); *Tsikrikas*, Die Wirkungen der Urteile des EuGH im Vertragsverletzungsverfahren, S. 82 ff.

264 Zu den Rechtskraftwirkungen gegenüber den Streithelfern ausdrücklich *Germelmann*, Die Rechtskraft von Gerichtsentscheidungen in der EU, S. 396; *Gutsche*, Die Bindungswirkung der Urteile des EuGH, S. 43 ff.; *Steinhauer*, Die Auslegung, Kontrolle und Durchsetzung mitgliedstaatlicher Pflichten, S. 174; *Tsikrikas*, Die Wirkungen der Urteile des EuGH im Vertragsverletzungsverfahren, S. 90 f.

265 *Steinhauer*, Die Auslegung, Kontrolle und Durchsetzung mitgliedstaatlicher Pflichten, S. 174, *Thewes*, Bindung und Durchsetzung der gerichtlichen Entscheidungen in der EU, S. 216 f.; *Tsikrikas*, Die Wirkungen der Urteile des EuGH im Vertragsverletzungsverfahren, S. 83.

266 *Tsikrikas* a.a.O., S. 64.

267 *Gutsche*, Die Bindungswirkung der Urteile des EuGH, S. 41 f., *Thewes*, Bindung und Durchsetzung der gerichtlichen Entscheidungen in der EU, S. 218, f.

268 *Gutsche*, Die Bindungswirkung der Urteile des EuGH, S. 42.

„*ne-bis-in-idem-Funktion*“ der Rechtskraft jederzeit unter einfachen Voraussetzungen durchbrochen werden könne.[269]

2. *Die Rechtsprechung des EuGH zu den subjektiven Grenzen der Rechtskraft*

a) *Die Relativität Rechtskraft*

Nach der Rechtsprechung des EuGH steht die Rechtskraft einer Klage nur entgegen, wenn in einem Gerichtsverfahren zwischen denselben Parteien bereits eine rechtskräftige Entscheidung erging, die denselben Gegenstand betraf und auf den gleichen Gründen beruhte.[270] Die enge Bindung der Rechtskraft an den Streitgegenstand und folglich an die Parteien des Rechtsstreits[271] bedingt das Verständnis des EuGH, der grundsätzlich von der Relativität der Rechtskraft ausgeht:[272] Nach der ausdrücklichen Rechtsprechung des EuGH entfaltet die Rechtskraft ihre Wirkungen regelmäßig nur zwischen den Parteien eines Verfahrens.[273]

---

269 *Tsikrikas*, Die Wirkungen der Urteile des EuGH im Vertragsverletzungsverfahren, S. 84.

270 So etwa EuGH, Urt. v. 08.01.2002 – C-248/99 P, Slg. 2002, I-46 ff. (I-64, Rn. 37) – Monsanto. Ähnlich stellt *GA Bot*, Schlussanträge v. 26.10.2010, C-352/09 P, Slg. 2011, I-2366 ff. (I-2391, Rn. 131) – ThyssenKrupp Nirosta/Kommission, fest, dass der Grundsatz wonach *„die Rechtskraft nur in Bezug auf den Gegenstand der Entscheidung wirkt“*, allgemein anerkannt sei. Mit zahlreichen weiteren Nachweisen *Germelmann*, Die Rechtskraft von Gerichtsentscheidungen in der EU, S. 359 f. Siehe auch bereits oben 1. Abschnitt C.VI.1., S. 36, Fn. 199.

271 Diese Bindung verdeutlichen besonders *Toth*, YEL 1984, 2 ff. (13); aber auch *Lecheler*, Der EuGH und die allgemeinen Rechtsgrundsätze, S. 94 f. (Letzterer zu den objektiven und subjektiven Grenzen der Rechtskraft in der Rspr. des EuGH). Im Übrigen siehe bereits oben 1. Abschnitt C.VI.1., S. 36 ff.

272 Zur grundsätzlichen Relativität der Rechtskraft im Unionsrecht eingehend *GA Lagrange*, Schlussanträge v. 13.03.1963 – Rs. 28/62 bis 30/62, Slg. 1963, 85 ff. (91) – Da Cost & Schaake; *Germelmann*, Die Rechtskraft von Gerichtsentscheidungen in der EU, S. 396 ff. (Letzterer mit zahlreichen weiteren Nachweisen zur Rspr. des EuGH).

273 Z.B. EuGH, Beschl. v. 17.06.1997 – C-151/97 P(I) und C-157/97 P(I), Slg. 1997, I-3492 ff. (I-3515, Rn. 73) – National Power und Powergen. Mit zahlreichen Nachweisen zur Rspr. des EuGH *Germelmann*, Die Rechtskraft von Gerichtsentscheidungen in der EU, S. 396 ff.

b) Die absolute Rechtskraft

Bestimmten Entscheidungen spricht der EuGH jedoch absolute Rechtskraft zu.[274] Die absolute Rechtskraft entfaltet nach der Rechtsprechung des EuGH eine Wirkung, *„die es ausschließt, dass die im Urteil entschiedenen Rechtsfragen erneut dem Gericht vorgelegt und von ihm geprüft werden."*[275] Wie die relative Rechtskraft hat demnach auch die absolute Rechtskraft zur Folge, dass eine erneute gerichtliche Verhandlung desselben Streitgegenstandes unzulässig ist.[276] Gegenüber der relativen Rechtskraft bedeutet sie jedoch eine Erweiterung der Rechtskraftwirkungen über den konkreten Streitgegenstand hinaus.[277] Die Rechtskraftwirkungen einer Entscheidung und folglich auch das Verbot einen Streitgegenstand erneut gerichtlich zu verhandeln, erstrecken sich im Falle der absoluten Rechtskraft demnach ausnahmsweise über den Kreis der Verfahrensbeteiligten hinaus *„erga omnes"*.

Absolute Rechtskraft erkennt der EuGH regelmäßig stattgebenden Nichtigkeitsurteilen nach Art. 264 AEUV (ex Art. 231 EGV) zu; diese wirken nach der Rechtsprechung *„erga omnes"* und *„ex tunc"*.[278] Wird die Klage abgewiesen, die

---

274 So für das Urteil über die Nichtigerklärung einer Handlung der Europäischen Kommission gemäß Art. 263 AEUV ausdrücklich EuGH, Urt. v. 01.06.2006 – C-442/03 P und C-471/03 P, Slg. 2006, I-4883 ff. (I-4905, Rn. 41 ff.) – P & O European Ferries u.a./Kommission; EuG, Urt. v. 21.05.2010 – T-425/04, T-444/04, T-450/04 und T-456/04, Slg. 2010, II-2106 ff. (II-2236, Rn. 328) – Frankreich u.a./Kommission. Dazu sowie zu weiteren Ausnahmefällen, in denen Urteilen des EuGH absolute Rechtskraft zukommt: *Germelmann*, Die Rechtskraft von Gerichtsentscheidungen in der EU, S. 398 ff.; *Toth*, YEL 1984, 2 ff. (13 f.).

275 EuGH, Urt. v. 01.06.2006 – C-442/03 und C-471/03 P, Slg. 2006, I-4883 ff. (I-4905, Rn. 41) – P & O European Ferries u.a./Kommission.

276 Zu diesen Wirkungen der materiellen Rechtskraft s.o. 1. Abschnitt C.V.2, S. 32 ff.

277 Dies wird besonders deutlich bei *Toth*, YEL 1984, 2 ff. (13 f.).

278 EuGH, Urt. v. 01.06.2006 – C-442/03 P und C-471/03 P, Slg. 2006, I-4883 ff. (I-4905, Rn. 43) – P & O European Ferries u.a./Kommission. Mit weiteren Nachweisen zu der Rspr., aber auch zu der insoweit herrschenden Lehre: *Germelmann*, Die Rechtskraft von Gerichtsentscheidungen in der EU, S. 398 ff. Die h.M. vertreten in der europarechtlichen Literatur daneben z.B. *Martinico*, Rivista di diritto costituzionale 2004, 249 ff. (258); *Toth*, YEL 1984, 2 ff. (13 f. und 48 ff.). In der Literatur wird teilweise diskutiert, ob die absolute Rechtskraft von Nichtigkeitsurteilen nur in jenen Fällen zu bejahen ist, in welchen Gegenstand der Klage Rechtsakte mit allgemeiner Wirkung sind, also etwa Verordnungen und Richtlinien nach Art. 288 Abs. 2 und 3 AEUV, oder auch sofern der EuGH Rechtsakte für nichtig erklärt, die nur an bestimmte Adressaten gerichtet sind, insbesondere also Beschlüsse nach Art. 288 Abs. 4 AEUV (zur Problematik, eine absolute Rechtskraftwirkung in letzterem Fall ausschließend:

streitgegenständliche Maßnahme also nicht für nichtig erklärt, so soll es bei der relativen Wirkung der Rechtskraft bleiben.[279]

Für Vorabentscheidungen nach Art. 267 AEUV wird in der Literatur ebenfalls diskutiert, ob den Entscheidungen absolute Rechtskraft zukommt.[280] Nach der Rechtsprechung des EuGH tritt eine wesentliche Rechtsfolge der absoluten Rechtskraft, die Unzulässigkeit der Vorlage derselben Frage durch ein anderes Gericht oder durch dasselbe Gericht in einem anderen Rechtsstreit, im Vorabentscheidungsverfahren jedoch nicht ein.[281] Der EuGH geht davon aus, dass die primärrechtlichen Verträge den nationalen Gerichten jederzeit gestatten, Rechtsfragen erneut vorzulegen, wenn sie dies für angebracht halten.[282] Dies gilt sowohl

---

Ehricke, in: *Streinz*, EUV/AEUV, Art. 264, Rn. 3; *Schwarze*, in: *Schwarze/Becker/Hatje/Schoo*, EU-Kommentar, Art. 264 AEUV, Rn. 4).

279 *Germelmann*, Die Rechtskraft von Gerichtsentscheidungen in der EU, S. 403; *Schwarze*, in: *Schwarze/Becker/Hatje/Schoo*, EU-Kommentar, Art. 264 AEUV, Rn. 5; *Toth*, YEL 1984, 2 ff. (51).

280 Die unterschiedlichen Auffassungen sind angeführt bei *Ehricke*, Die Bindungswirkung von Urteilen des EuGH im Vorabentscheidungsverfahren, S. 44 ff.; *Germelmann*, Die Rechtskraft von Gerichtsentscheidungen in der EU, S. 404 ff.; *Lieber*, Über die Vorlagepflicht des Artikel 177 EWG-Vertrag und deren Missachtung, S. 120 ff.; *Martinico*, Rivista di diritto costituzionale 2004, 249 ff. (250 ff.).

281 Deutlich machen dies EuGH, Urt. v. 06.10.1982 – Rs. 283/81, Slg. 1982, 3415 ff. (3430, Rn. 15) – CILFIT; EuGH, Urt. v. 13.05.1981 – Rs. 66/80, Slg. 1981, 1191 ff. (1215, Rn. 14) – International Chemical Corporation; EuGH, Urt. v. 27.03.1963 – verb. Rs. 28/62 bis 30/62, Slg. 1963, 69 ff. (81) – Da Costa & Schaake. Ähnliche Schlussfolgerungen ziehen in der Literatur (u.a. aus der Rspr. des EuGH) *Ehricke*, Die Bindungswirkung von Urteilen des EuGH im Vorabentscheidungsverfahren, S. 50 f; *Germelmann*, Die Rechtskraft von Gerichtsentscheidungen in der EU, S. 407 ff.; *Thewes*, Bindung und Durchsetzung der gerichtlichen Entscheidungen in der EU, S. 207 (jedenfalls für die Auslegungsvorlage).

282 EuGH, Urt. v. 06.10.1982 – Rs. 283/81, Slg. 1982, 3415 ff., (3430, Rn. 15) – CILFIT; EuGH, Urt. v. 13.05.1981 – Rs. 66/80, Slg. 1981, 1191 ff. (1215, Rn. 14 und 1216, Rn. 17 f.) – International Chemical Corporation; EuGH, Urt. v. 27.03.1963 – verb. Rs. 28 bis 30/62, Slg. 1963, 63 ff. (81) – Da Costa & Schaake. Dazu in der Literatur mit weiteren Nachweisen: *Ehricke*, Die Bindungswirkung von Urteilen des EuGH im Vorabentscheidungsverfahren, S. 49 ff.; *Germelmann*, Die Rechtskraft von Gerichtsentscheidungen in der EU, S. 404 ff.

für Auslegungsvorlagen[283] als auch für Gültigkeitsvorlagen:[284] Stellt der EuGH im Rahmen des Vorabentscheidungsverfahrens nach Art. 267 Abs. 1 lit. b AEUV die Ungültigkeit einer Unionshandlung fest, so geht von der Entscheidung zwar eine „*erga-omnes-Wirkung*"[285] aus, welche die nationalen Gerichte berechtigt, die betroffenen Handlungen als ungültig anzusehen; eine erneute Vorlage bleibt jedoch ebenfalls zulässig.[286] Etwas anderes gilt lediglich, wenn ein nationales Gericht, welches bereits Adressat einer Vorabentscheidung war, den EuGH vor der Entscheidung des Ausgangsrechtsstreits erneut anrufen will.[287] Die Vorlage ist nach der Rechtsprechung des EuGH in dieser Konstellation nur gerechtfertigt, wenn das nationale Gericht bei der Anwendung des Urteils Schwierigkeiten hat, wenn es dem EuGH eine neue Rechtsfrage stellt oder wenn es ihm neue Gesichtspunkte unterbreitet, die zu einer abweichenden Beurteilung der vorgelegten Frage führen könnten.[288] Diese Einschränkung des Vorlagerechts ist jedoch lediglich eine Folge der relativen Rechtskraft der Vorabentscheidungen.[289]

283 Dies folgt etwa aus EuGH, Urt. v. 06.10.1982 – Rs. 283/81, Slg. 1982, 3415 ff. (3430, Rn. 15) – CILFIT. Dazu eingehend *Germelmann*, Die Rechtskraft von Gerichtsentscheidungen in der EU, S. 410 ff.; *Toth*, YEL 1984, 2 ff. (59 ff.).

284 So etwa EuGH, Urt. v. 13.05.1981 – Rs. 66/80, Slg. 1981, 1191 ff. (1215, Rn. 14) – International Chemical Corporation. Dazu eingehend *Germelmann*, Die Rechtskraft von Gerichtsentscheidungen in der EU, S. 410 ff.; *Toth*, YEL 1984, 2 ff. (61 ff.).

285 Zur Terminologie: *Ehricke*, Die Bindungswirkung von Urteilen des EuGH im Vorabentscheidungsverfahren, S. 44, der zu Recht konstatiert, dass die nach der allgemeinen Übung gebräuchlichen Begriffe der „*erga-omnes-Wirkung*" bzw. der „*inter-partes-Wirkung*" zur Beschreibung der Bindungswirkung von Vorabentscheidungen ungenau seien, da mit den Ausdrücken die Wirkung der Entscheidungen in späteren Verfahren beschrieben werden solle, nicht dagegen die Wirkungen auf bestimmte Parteien; er zieht die Bezeichnung „*ad-rem*" und „*ultra-rem*" vor.

286 EuGH, Urt. v. 06.10.1982 – Rs. 283/81, Slg. 1982, 3415 ff., (3430, Rn. 13 ff.) – CILFIT; EuGH, Urt. v. 13.05.1981 – Rs. 66/80, Slg. 1981, 1191 ff. (1215, Rn. 3 ff.) – International Chemical Corporation; EuGH, Urt. v. 27.03.1963 – verb. Rs. 28/62 bis 30/62, Slg. 1963, 63 ff. (81) – Da Costa & Schaake.

287 Hierzu EuGH, Urt. v. 05.03.1986 – Rs. 69/85, Slg. 1986, 947 ff. (953, Rn. 15) – Wünsche; *Germelmann*, Die Rechtskraft von Gerichtsentscheidungen in der EU, S. 411.

288 EuGH, Urt. v. 05.03.1986 – Rs. 69/85, Slg. 1986, 947 ff. (953, Rn. 15) – Wünsche.

289 Dies verdeutlicht EuGH, Urt. v. 05.03.1986 – Rs. 69/85, Slg. 1986, 947 ff. (953, Rn. 15) – Wünsche, indem er betont, dass durch eine solche erneute Vorlage, die Gültigkeit des früheren Urteils nicht in Zweifel gezogen werden könne.

c) *Die subjektive Reichweite der Rechtskraft im Vertragsverletzungsverfahren*

Im Vertragsverletzungsverfahren macht der EuGH den Erfolg der Einrede der entgegenstehenden Rechtskraft stets davon abhängig, ob der Streitgegenstand zweier Rechtssachen identisch ist.[290] Eine Rechtsprechung die vom Grundsatz der Relativität der Rechtskraft abweicht, gibt es in diesem Bereich nicht.

3. *Eigene Stellungnahme*

Mit dem EuGH und der h.M. in der Lehre ist eine Erstreckung der Rechtskraftwirkung von Urteilen des EuGH in Vertragsverletzungsverfahren über den Kreis der Verfahrensbeteiligten hinaus abzulehnen.

Grundsätzlich widerspricht eine Rechtskraftwirkung „*erga omnes*" der Systematik des Instituts der Rechtskraft im Unionsrecht: Die Rechtskraft steht in einem untrennbaren Zusammenhang mit dem Streitgegenstand des gerichtlichen Verfahrens.[291] Der Streitgegenstand wiederum wird nach dem unionsrechtlichen Streitgegenstandsbegriff maßgeblich durch die Identität der Parteien geprägt.[292] Das Spezifikum der Rechtskraft – das Wiederholungsverbot bzw. die „*ne-bis-in-idem-Funktion*" – kann folglich grundsätzlich per definitionem nur in jenen Fällen zum Tragen kommen, in welchen dieselben Parteien an einem Verfahren beteiligt sind. Nur in diesem Verhältnis besteht die Gefahr einer Urteilskollision.

Etwas anderes gilt bei stattgebenden Nichtigkeitsurteilen: Mit der Nichtigkeit spricht der EuGH eine absolute Rechtsfolge aus.[293] Ein Rechtsakt kann nicht in einem Fall nichtig sein und gleichzeitig in einem anderen wirksam.[294] Aber auch „*das Erfordernis der einheitlichen Anwendung des Unionsrechts und die zwingenden*

---

290 Z.B. EuGH, Urt. v. 24.01.2013 – C-529/09, BeckRS 2013, 80147 (Rn. 66 f. noch nicht in Slg. veröffentlicht) – Kommission/Spanien; EuGH, 29.06.2010 – C-526/08, Slg. 2010, I-6180 ff. (Rn. 27 ff.) – Kommission/Luxemburg; EuGH, Urt. v. 12.06.2008 – C-462/05, Slg. 2008, I-4185 (I-4197 f., Rn. 23 ff.) – Kommission/Portugal: Eine ausdrückliche Stellungnahme des EuGH zu den Grenzen der Rechtskraft konnte wegen der Identität der Parteien des Verfahrens, in welchem das rechtskräftige Urteil ergangen war und jenes, dessen Zulässigkeit in Rede stand, unterbleiben.

291 S.o. 1. Abschnitt C.VI.1, S. 36 f.

292 S.o. 1. Abschnitt C.VI.1, S. 36 f.

293 *Toth*, YEL 1984, 2 ff. (13 f.). Ähnlich auch *Thewes*, Bindung und Durchsetzung der gerichtlichen Entscheidungen in der EU, S. 223.

294 *Toth*, YEL 1984, 2 ff., S. 14. Ähnlich auch *Thewes*, Bindung und Durchsetzung der gerichtlichen Entscheidungen in der EU, S. 223.

Erfordernisse der Rechtssicherheit"[295] gebieten, dass die Nichtigkeit des Gesetzgebungsaktes oder der Handlung des beklagten Unionsorgans über den Kreis der Verfahrensbeteiligten hinaus „*erga-omnes*" feststeht und in einem neuen Verfahren nicht mehr in Frage gestellt werden kann.[296] Deutlich wird dies am Beispiel der Nichtigerklärung einer unionsrechtlichen Richtlinienbestimmung durch den EuGH: Würde die Nichtigerklärung nur gegenüber den Verfahrensbeteiligten ihre Wirkung entfalten, könnte die Richtlinienbestimmung für einen Mitgliedstaat bindend sein, für den anderen, der die Nichtigkeitsklage erfolgreich erhoben hat, hingegen nicht.[297] Die Anwendbarkeit bzw. Unanwendbarkeit von unionsrechtlichem Sekundärrecht würde so letztlich von dem weitgehend willkürlichen Moment des Klägers abhängig gemacht.

Im Vertragsverletzungsverfahren hat der EuGH demgegenüber über Handlungen von Mitgliedstaaten zu befinden, die er nicht für nichtig erklären kann, da dies weder in der Systematik des Primärrechts vorgesehen ist, noch mit dem Gedanken der nationalstaatlichen Souveränität vereinbar wäre.[298] Die Rechtssicherheit erfordert in diesen Fällen keine Rechtskrafterstreckung über den Kreis der Verfahrensbeteiligten hinaus; vielmehr sprechen Anhörungsrechte anderer, nicht am Verfahren beteiligter Mitgliedstaaten, gegen den Eintritt einer absoluten Rechtskraft.[299] Insbesondere die Erstreckung des Wiederholungsverbots als Folge der Rechtskraft über den Kreis der Verfahrensbeteiligten hinaus wäre im Vertragsverletzungsverfahren im Hinblick auf die Anhörungsrechte anderer Mitgliedstaaten problematisch.[300] Eine Rechtskraftwirkung „*erga omnes*" würde zur Folge haben, dass ein rechtskräftiges Urteil, welches die Rechtswidrigkeit einer Maßnahme feststellt, zugleich auch gegenüber Mitgliedstaaten wirkt, die eine vergleichbare Maßnahme ergriffen haben, jedoch nicht am Vertragsverletzungsverfahren beteiligt waren und wegen der entgegenstehenden Rechtskraft kaum

---

295 EuGH, Urt. v. 13.05.1981 – Rs. 66/80, Slg. 1981, 1191 ff. (1215, Rn. 12), dort allerdings zur Nichtigerklärung von Handlungen der Unionsorgane nach Art. 267 Abs. 1 lit. b AEUV.

296 *Germelmann*, Die Rechtskraft von Gerichtsentscheidungen in der EU, S. 399.

297 Dies folgt auch aus *Toth*, YEL 1984, 2 ff. (14).

298 *Stark*, Der Abfallbegriff im europäischen und im deutschen Umweltrecht, S. 202.

299 Mit dem Anspruch auf rechtliches Gehör argumentieren zur selben Problematik ebenfalls *Steinhauer*, Die Auslegung, Kontrolle und Durchsetzung mitgliedstaatlicher Pflichten, S. 174, *Thewes*, Bindung und Durchsetzung der gerichtlichen Entscheidungen in der EU, S. 216 f.; *Tsikrikas*, Die Wirkungen der Urteile des EuGH im Vertragsverletzungsverfahren, S. 83.

300 Ähnlich *Tsikrikas*, Die Wirkungen der Urteile des EuGH im Vertragsverletzungsverfahren, S. 83.

die Möglichkeit hätten, rechtliches Gehör zu erlangen.[301] Bei stattgebenden Urteilen im Rahmen von Nichtigkeitsklagen bestehen keine vergleichbaren Bedenken: Klagegegner wäre auch in einem neuen Verfahren, das dieselbe Maßnahme betreffen würde, das Organ, welches die Maßnahme erlassen hat. Dieses konnte sich bereits im vorangegangenen Rechtsstreit äußern. Aber auch auf Klägerseite sind die Äußerungsrechte gewahrt: Wird in einem Verfahren nach Art. 263 f. AEUV ein Gesetzgebungsakt oder eine Handlung eines Organs der Europäischen Union für nichtig erklärt, so hat kein anderer Kläger ein schutzwürdiges Interesse an der Erhebung einer erneuten Klage. Durch die *„erga-omnes-Wirkung"* ist die Maßnahme auch ihm gegenüber nichtig und kann daher nicht Gegenstand eines erneuten Rechtsstreits sein.[302] Ein Urteil, welches die Nichtigkeit einer Maßnahme verneint, mit welchem der EuGH die Klage folglich abweist, entfaltet nach der h.M. hingegen keine *„erga-omnes-Wirkung"*.[303]

Aus der Relativität der Rechtskraft, verstanden als subjektive Grenze derselben, folgt demnach, dass eine Vertragsverletzungsklage auch dann zulässig ist, wenn der EuGH über eine Maßnahme eines Mitgliedstaats bereits rechtskräftig entschieden hat und der Parallelfall eine entsprechende Maßnahme eines anderen Mitgliedstaats betrifft.

VIII. Zusammenfassung

Die Rechtskraft ist als allgemeiner Rechtsgrundsatz des Unionsrechts anerkannt und hat in Art. 91 Abs. 1 VerfO EuGH ihre normative Grundlage gefunden. Sie beinhaltet als formalen Aspekt die Unanfechtbarkeit gerichtlicher Entscheidungen, die bei Urteilen des EuGH regelmäßig mit dem Tag ihrer Verkündung eintritt, und schließt in materieller Hinsicht die erneute Verhandlung desselben Streitgegenstandes (Identität von Gegenstand/Gründen/Parteien) aus.

Die enge Bindung der Rechtskraft an den Streitgegenstand bedingt eine Begrenzung ihrer Wirkungen in zweifacher Hinsicht: Rechtskraft entfalten in objektiver Hinsicht sowohl der Tenor als auch die tragenden Entscheidungsgründe eines Urteils, nicht hingegen bloße *„obiter dicta"*. Ihre subjektiven Grenzen findet die Rechtskraft von Urteilen des EuGH in Vertragsverletzungsverfahren im Kreis der Verfahrensbeteiligten (Parteien/Streithelfer).

Die Rechtskraft von Urteilen des EuGH in Vertragsverletzungsverfahren zeitigt also vorrangig Wirkungen für und gegen die Europäische Kommission, welche

---

301 Ähnlich ebda.

302 S.o. 1. Abschnitt C.VII.2.b), S. 50.

303 S.o. 1. Abschnitt C.VII.2.b), S. 50 f.

bei Vertragsverletzungsverfahren in der Mehrzahl der Fälle als Klägerin auftritt,[304] sowie den beklagten Mitgliedstaat, von welchem ein beanstandetes Verhalten ausgeht. Für letzteren bedeutet sie die Unanfechtbarkeit des Urteils mit dem Tag seiner Verkündung. Gleichzeitig schützt sie ihn aber auch davor, dass dasselbe Verhalten wegen Verstoßes gegen dieselbe rechtliche Bestimmung erneut zu einer Verurteilung in einem Vertragsverletzungsverfahren führt.

D. Die innerprozessuale Bindungswirkung

I. Begriffsdefinition

Die innerprozessuale Bindungswirkung beschreibt die Bindung des Gerichts an seine Entscheidung im selben Verfahren.[305] In diesem Sinne wird der Begriff der innerprozessualen Bindungswirkung im deutschen Zivilprozessrecht, im verwaltungsgerichtlichen Verfahren und im verfassungsgerichtlichen Verfahren verstanden.[306] Die Bindungswirkung schafft in dem so verwandten Kontext für das Gericht, welches ein Urteil erlassen hat, ab Urteilsverkündung ein Aufhebungs- und Änderungsverbot.[307] Als positiven Aspekt beinhaltet die innerprozessuale Bindungswirkung im deutschen nationalen Recht, dass das Gericht seine bisherigen Entscheidungen dem weiteren Verfahren zugrunde legen muss.[308]

Im unionsrechtlichen Kontext kann allein dem negativen Aspekt der innerprozessualen Bindungswirkung, dem Verbot der Abänderung oder Aufhebung einer gerichtlichen Entscheidung ab Urteilsverkündung durch den EuGH, praktische

---

304 Auf Initiative von Mitgliedstaaten eingeleitete Vertragsverletzungsverfahren sind zwar ausdrücklich zulässig (Art. 259 Abs. 1 AEUV), in der Praxis aber selten (*Schwarze*, in: *Schwarze/Becker/Hatje/Schoo*, EU-Kommentar, Art. 259 AEUV, Rn. 3).

305 *Jauernig*, MDR 1982, 286; *Lüke*, JuS 2000, 1042 ff. (1042). Ähnlich formulieren *Thewes*, Bindung und Durchsetzung der gerichtlichen Entscheidungen in der EU, S. 122; *Tsikrikas*, Die Wirkungen der Urteile des EuGH im Vertragsverletzungsverfahren, S. 128: Letztere im Gegensatz zu den erstgenannten Autoren jeweils ohne die Beschränkung *„im selben Verfahren"*.

306 Zur ZPO (insbesondere § 318 ZPO): *Jauernig*, MDR 1982, 286; *Lüke*, JuS 2000, 1042 ff. Zum BVerfGG: *Bethge*, in: *Maunz/Schmidt-Bleibtreu/Klein/Bethge*, BVerfGG, § 31, Rn. 32 [Stand: 2/2014]. Zur VwPO: *Detterbeck*, Streitgegenstand und Entscheidungswirkungen im öffentlichen Recht, S. 152.

307 *Jauernig*, MDR 1982, 286; *Lüke*, JuS 2000, 1042 ff. (1043); *Musielak*, in: *ders.*, ZPO, § 318, Rn. 3; *Rosenberg/Schwab/Gottwald*, Zivilprozessrecht, § 61, Rn. 1 (Letztere ohne den Begriff *„innerprozessuale Bindungswirkung"* zu verwenden).

308 *Jauernig*, MDR 1982, 286; *Lüke*, JuS 2000, 1042 ff. (1043); *Musielak*, in: *ders.*, ZPO, § 318, Rn. 4; *Rosenberg/Schwab/Gottwald*, Zivilprozessrecht, § 61, Rn. 2.

Bedeutung beikommen. Den Erlass von Zwischenurteilen oder Teilurteilen, die für den späteren Ausgang eines Verfahrens von Bedeutung sein könnten, sehen weder die VerfO EuGH noch die EuGH-Satzung vor.[309] In der europarechtlichen Literatur wird unter dem Aspekt der innerprozessualen Bindungswirkung der Urteile des EuGH folgerichtig vorrangig die Unwiderruflichkeit der Urteile durch denselben problematisiert.[310]

II. Begründungsansätze für eine innerprozessuale Bindungswirkung

Der Begriff der innerprozessualen Bindungswirkung findet sich in der Unionsrechtsordnung weder ausdrücklich noch sinngemäß wieder. Der Wortlaut des Art. 91 Abs. 1 VerfO EuGH lässt ebenfalls offen, ob er eine entsprechende Bindung des EuGH an seine eigenen Urteile beinhaltet.[311] Die deutsche Fassung der Vorschrift verwendet den Begriff der Rechtskraft und scheint damit auf den ersten Blick eine innerprozessuale Bindungswirkung auszuschließen, die von den Rechtskraftwirkungen eines Urteils abzugrenzen ist.[312] In der italienischen Fassung hat die Bestimmung hingegen folgenden Wortlaut: „*La sentenza produce effetti vincolanti dal giorno in cui è pronunciata.*“[313] In der italienischen Fassung wird demnach, ebenso wie u.a. in der französischen und niederländischen Fassung,[314]

---

309 Zum im deutschen Zivilprozess bestehenden Abweichungsverbot hinsichtlich Zwischenurteilen, Vorbehaltsurteilen und Teilurteilen (so die h.M.): *Musielak*, in: *ders.*, ZPO, § 318, Rn. 4 ff.

310 Eine innerprozessuale Bindungswirkung bejahend: *Germelmann*, Die Rechtskraft von Gerichtsentscheidungen in der EU, S. 433. Ohne den Begriff der „*innerprozessualen Bindungswirkung*“ zu verwenden, ebenfalls die Unwiderruflichkeit eines bereits verkündeten Urteils durch den EuGH bejahend: *Gutsche*, Die Bindungswirkung der Urteile des EuGH, S. 10 ff.; *Toth*, YEL 1984, 2 ff. (18). Den positiven Aspekt der innerprozessualen Bindungswirkung betont aber ausdrücklich *Tsikrikas*, Die Wirkungen der Urteile des EuGH im Vertragsverletzungsverfahren, S. 128, ohne der Frage nachzugehen, ob dieser Aspekt bei Verfahren vor dem EuGH relevant wird.

311 *Gutsche*, Die Bindungswirkung der Urteile des EuGH, S. 6 ff. und 10; *Tsikrikas*, Die Wirkungen der Urteile des EuGH im Vertragsverletzungsverfahren, S. 129.

312 Zur erforderlichen Abgrenzung der unterschiedlichen Urteilswirkungen: *Germelmann*, Die Rechtskraft von Gerichtsentscheidungen in der EU, S. 434 (für das Unionsrecht); *Jauernig*, MDR 1982, 286 (für die ZPO).

313 Übersetzung durch die Autorin: „*Das Urteil entfaltet ab dem Tag seiner Verkündung bindende Wirkung.*“

314 Diese sprechen von „*force obligatoire*“ und „*verbindende Kraacht*“. Zu den unterschiedlichen Sprachfassungen auch *Gutsche*, Die Bindungswirkung der Urteile des EuGH, S. 6.

allgemeiner festgestellt, dass die Urteile mit dem Tag der Verkündung bindende Wirkung haben.[315] Bindet ein einmal verkündetes Urteil also auch den EuGH in dem Sinne, dass ihm ab Urteilsverkündung eine Abänderung oder Aufhebung desselben untersagt ist?

1. *Die innerprozessuale Bindungswirkung als gemeinsamer Rechtsgrundsatz der Rechtsordnungen der Mitgliedstaaten*

Teilweise wird ein rechtsvergleichender Begründungsansatz für eine innerprozessuale Bindungswirkung der Urteile des EuGH gewählt und angeführt, dass die Unwiderruflichkeit einer Entscheidung durch das sie erlassende Gericht ein allgemeiner Rechtsgrundsatz sei, der den Rechtsordnungen der Mitgliedstaaten gemeinsam sei.[316] So könne nach dem italienischen Recht ein Gericht ein von ihm erlassenes Urteil nur in engen Grenzen berichtigen; eine ähnliche Regelung existiere u.a. im deutschen, im französischen, im belgischen und im niederländischen Prozessrecht.[317] Der in zahlreichen Mitgliedstaaten existente Grundsatz, der dem entscheidenden Gericht eine Abänderung eines verkündeten Urteils unabhängig vom Eintritt der Rechtskraft in der Regel untersagt, wird in der Folge als allgemeiner Rechtsgrundsatz herangezogen, um die untechnische Formulierung des Art. 91 Abs. 1 VerfO EuGH auszulegen.[318]

2. *Die primärrechtliche Kompetenzordnung*

Ein weiteres gewichtiges Argument für die innerprozessuale Bindungswirkung von Urteilen des EuGH findet sich in der primärrechtlichen Kompetenzordnung: Im Verhältnis zu den Mitgliedstaaten ist die Handlungsfreiheit des EuGH durch die beschränkte Verbandskompetenz der Europäischen Union determiniert; diese wiederum wird von dem Grundsatz der begrenzten Einzelermächtigung

---

315 *Gutsche*, Die Bindungswirkung der Urteile des EuGH, S. 6. Des Weiteren führt *Tsikrikas*, Die Wirkungen der Urteile des EuGH im Vertragsverletzungsverfahren, S. 131, die französische Fassung der Vorschrift als Beleg dafür an, dass dieselbe auch die innerprozessuale Bindungswirkung erfassen könne.

316 *Gutsche*, Die Bindungswirkung der Urteile des EuGH, S. 11 ff. (ohne den Begriff der innerprozessualen Bindungswirkung zu verwenden). Ebenso spricht auch *Germelmann*, Die Rechtskraft von Gerichtsentscheidungen in der EU, S. 433, davon, dass es sich um einen allgemeinen Rechtsgrundsatz des Prozessrechts handle, der allerdings im Unionsrecht nicht ausdrücklich normiert sei, wobei der Autor diesbezüglich keine eingehende rechtsvergleichende Untersuchung vornimmt.

317 *Gutsche*, Die Bindungswirkung der Urteile des EuGH, S. 11 ff.

318 *Gutsche* a.a.O., S. 6 ff.

(Art. 5 Abs. 1 S. 1 und Abs. 2 EUV) geprägt.[319] Die Europäische Union darf nur dann tätig werden, wenn sie nach den Verträgen zuständig ist; ihr Handeln bedarf einer vertraglich festgelegten Kompetenzgrundlage.[320] Da die Europäische Union durch ihre Organe handelt, wirkt sich der Grundsatz der begrenzten Einzelermächtigung auf das Organhandeln aus; der Handlungsspielraum der Organe der Europäischen Union kann nicht weiter reichen als jener der Rechtsperson, der das Organhandeln zugerechnet wird.[321]

Für die Organe der Europäischen Union enthält Art. 13 Abs. 2 Satz 1 EUV darüber hinaus eine weitere Regelung: den Grundsatz der begrenzten Organkompetenz.[322] Art. 13 Abs. 2 Satz 1 EUV bestimmt, dass die Organe nur nach Maßgabe der Befugnisse tätig werden dürfen, die ihnen durch die Verträge zugewiesen sind, wobei sie die vertraglich festgelegten Verfahren, Bedingungen und Ziele beachten müssen.[323] Die Vorschrift entspricht damit im Bereich der Organkompetenz dem Grundsatz der begrenzten Einzelermächtigung für die Verbandskompetenz.[324] Die Zuweisung begrenzter Zuständigkeiten an die einzelnen Unionsorgane ist Ausgangspunkt für das Konzept des institutionellen Gleichgewichts innerhalb der Europäischen Union.[325] Dieses zielt einerseits auf die Begrenzung der Hoheitsgewalt der Europäischen Union durch gegenseitige Kontrolle und Hemmung der Unionsorgane ab, andererseits aber auch auf die Gewährleistung der Richtigkeit der von den Unionsorganen getroffenen Entscheidungen.[326]

---

319 *Schima*, in: *Mayer H./Stöger*, EUV/AEUV, Art. 5 EUV, Rn. 11 [Stand: 3/2011].

320 Statt aller *Bast*, in: *Grabitz/Hilf/Nettesheim*, Das Recht der EU, Art. 5 EUV, Rn. 5 [Stand: 9/2013]; *Schima*, in: *Mayer H./Stöger*, EUV/AEUV, Art. 5 EUV, Rn. 11 f. [Stand: 3/2011].

321 Ähnlich *Schima*, in: *Mayer H./Stöger*, EUV/AEUV, Art. 5 EUV, Rn. 11 [Stand: 3/2011]; *Bast*, in: *Grabitz/Hilf/Nettesheim*, Das Recht der EU, Art. 5 EUV, Rn. 5 [Stand: 9/2013]. Teilweise ähnlich aber auch EuG, Urt. v. 17.09.2007 – T-240/04, Slg. 2007, II-4035 ff. (II-4054, Rn. 31) – Frankreich/Kommission. Das EuG führt in dem Urteil zum Grundsatz der begrenzten Einzelermächtigung hinsichtlich des Vertrags zur Europäischen Atomgemeinschaft aus: „*Gemäß Art. 3 EA und in Übereinstimmung mit dem Grundsatz der begrenzten Einzelermächtigung handelt jedes Organ nach Maßgabe der ihm durch den EAG-Vertrag zugewiesenen Befugnisse.*“

322 So ausdrücklich *Geiger*, in: *Geiger/Khan/Kotzur*, EUV/AEUV, Art. 13, Rn. 10.

323 *Calliess*, in: *Calliess/Ruffert*, EUV/AEUV, Art. 13 EUV, Rn. 20.

324 Ebda.

325 *Dederer*, in: *Hofmann/Naumann* (Hrsg.), Europäische Demokratie in guter Verfassung?, S. 89 ff. (99), dort eingehend zu dem Konzept.

326 *Dederer* a.a.O., S. 101.

Aus den Grundsätzen der begrenzten Einzelermächtigung und der begrenzten Organkompetenz folgen demnach Grenzen für die Entscheidungsfindung des EuGH: Dem EuGH obliegt innerhalb der Europäischen Union eine umfassende Rechtskontrolle.[327] Gleichzeitig ist er als Unionsorgan (Art. 13 Abs. 1 UAbs. 2 5. Spiegelstrich EUV) selbst an das Recht gebunden und kann seine Kontrollfunktion daher nicht nach Belieben ausüben, sondern nur in den Grenzen der Verbands- und Organkompetenz.[328] Der EuGH kann ein Tätigwerden daher nicht auf die weitläufige Aufgabenbeschreibung des Art. 19 Abs. 1 UAbs. 1 Satz 2 EUV stützen.[329] Erforderlich sind vielmehr ausdrückliche Ermächtigungsgrundlagen, welche sich in den Vorschriften der primärrechtlichen Verträge über die einzelnen Verfahrensarten finden.[330] In Übereinstimmung mit diesen Grundsätzen geht auch der EuGH davon aus, dass die primärrechtlichen Verträge die zulässigen Rechtsbehelfe und Verfahrensarten abschließend regeln.[331] Anträge, die nicht die Voraussetzungen eines positivrechtlich festgeschriebenen Verfahrens erfüllen, hält der EuGH für unzulässig.[332] Wichtige Regelungen für den Verfahrensablauf finden sich in der VerfO EuGH und in der EuGH–Satzung.

Weder die primärrechtlichen Verträge, noch die VerfO EuGH oder die EuGH-Satzung berechtigen den EuGH indes zur Abänderung oder Aufhebung eines Urteils, welches er bereits verkündet hat.[333] Zwar ermächtigen die VerfO EuGH und die EuGH-Satzung denselben zur Berichtigung offensichtlicher Schreib- und Rechenfehler oder offensichtlicher Unrichtigkeiten (Art. 84 § 1 VerfO EuGH) sowie auf Antrag einer Partei zur Ergänzung des Urteils hinsichtlich einer übergangenen Kostenentscheidung (Art. 85 VerfO EuGH) und zur Urteilsauslegung (Art. 43 EuGH-Satzung, Art. 129 VerfO EuGH). Durch diese Verfahrensschritte wird der Bestand eines Urteils jedoch nicht tangiert und auch der Inhalt des

---

327 *Calliess*, in: *Calliess/Ruffert*, EUV/AEUV, Art. 13 EUV, Rn. 20.

328 Ähnlich *Calliess* (ebda), allerdings allgemein, bezogen auf alle Unionsorgane. Dasselbe folgt für die Verbandskompetenz aus *Bast*, in: *Grabitz/Hilf/Nettesheim,* Das Recht der EU, Art. 5 EUV Rn. 5 [Stand: 9/2013]; *Schima*, in: *Mayer H./Stöger*, EUV/AEUV, Art. 5 EUV, Rn. 5 [Stand: 3/2011].

329 *Mayer F.C.*, in: *Grabitz/Hilf/Nettesheim*, Das Recht der EU, Art. 19 EUV, Rn. 4 [Stand: 7/2010].

330 Ebda.

331 EuGH, Urt. v. 25.07.2002 – C-50/00 P, Slg. 2002, I-6719 ff. (I-6734, Rn. 40) – Unión de Pequeños Agricultores/Rat.

332 Dies verdeutlicht EuGH, Urt. v. 27.02.2007 – C-354/04 P, Slg. 2007, I-1631 ff. (I-1649 f., Rn. 44 ff.) – Gestoras Pro Amnistía u.a./Rat.

333 Ähnlich argumentieren *Kirschner/Klüpfel*, Das Gericht erster Instanz, § 16, Rn. 131, für die Bindung des Gerichts erster Instanz an seine Urteile mit deren Verkündung.

ursprünglichen Urteils ändert sich nicht wesentlich, sondern wird lediglich geklärt.[334]

Die eindeutigen Verfahrensregeln in Art. 258 ff. AEUV dürften schließlich auch der Grund dafür sein, dass der EuGH bisher noch nicht zum Grundsatz der Unwiderruflichkeit seiner Urteile Stellung beziehen musste. Die Erfolglosigkeit eines Antrags auf Abänderung oder Aufhebung eines verkündeten Urteils bei gleichbleibendem Streitgegenstand ist aufgrund des Stellenwerts, der dem Prinzip der begrenzten Einzelermächtigung nach der Rechtsprechung des EuGH zukommt, absehbar.

Die innerprozessuale Bindungswirkung, als Aufhebungs- und Änderungsverbot eines Urteils durch den EuGH selbst, ist demnach bereits in der Kompetenzordnung des europäischen Primärrechts angelegt.

3. *Die Rechtssicherheit und das Selbstverständnis des EuGH als Wahrer des Unionsrechts*

Eine weitere Stütze findet die innerprozessuale Bindungswirkung im Grundsatz der Rechtssicherheit.[335] Der EuGH misst der Rechtssicherheit als allgemeinen Rechtsgrundsatz einen hohen Stellenwert bei.[336] Als grundlegendes Prinzip des Unionsrechts[337] verlangt die Rechtssicherheit, dass der Rechtsunterworfene seine Rechte und Pflichten erkennen und entsprechende Vorkehrungen treffen kann.[338] Die Verneinung einer innerprozessualen Bindungswirkung würde dieser Grundidee des EuGH – die Rechtssicherheit als Leitprinzip der Rechtsunion – widersprechen. Könnte der EuGH seine rechtskräftigen Urteile auf Antrag einer Partei

---

334 Zu Urteilsauslegung und Urteilsberichtigung ähnlich *Tsikrikas,* Die Wirkungen der Urteile des EuGH im Vertragsverletzungsverfahren, S. 131 f.

335 Ähnlich stellt *Tsikrikas* a.a.O., S. 129, fest, dass die innerprozessuale Bindungswirkung der Rechtssicherheit diene.

336 Siehe etwa EuGH, Urt. v. 14.11.2013 – C-221/12, NZBau 2014, 53 ff. (56, Rn. 40, noch nicht in Slg. veröffentlicht) – Demirkan; EuGH, Urt. v. 23.10.2012 – C-581/10 und C-629/10, NJW 2013, 671 ff. (674, Rn. 66, noch nicht in Slg. veröffentlicht) – Nelson u.a.; EuGH, Urt. v. 14.04.2005 – C-110/03, Slg. 2005, I-2829 ff. (I-2845, Rn. 30) – Belgien/Kommission; EuGH, Urt. v. 13.02.1996 – C-143/93, Slg. 1996, I-459 ff. (I-471, Rn. 27) – Gebroeders van Es Douane Agenten. Mit weiteren Nachweisen: *v. Arnauld*, Rechtssicherheit, S. 497 ff.; *Kremer*, EuR 2007, 470 ff. (471); *Lecheler*, Der EuGH und die allgemeinen Rechtsgrundsätze, S. 83 ff.

337 So EuGH, Urt. v. 14.04.2005 – C-110/03, Slg. 2005, I-2829 ff. (I-2845, Rn. 30) – Belgien/Kommission.

338 EuGH, Urt. v. 23.10.2012 – C-581/10 und C-629/10, NJW 2013, 671 ff. (674, Rn. 66, noch nicht in Slg. veröffentlicht) – Nelson u.a.

oder von Amts wegen jederzeit umändern, könnte eine endgültige Klärung der Rechtslage nicht erreicht werden. Im Vertragsverletzungsverfahren hätte dies etwa zur Folge, dass sich ein Mitgliedstaat, der als Beklagter am Verfahren beteiligt war, nicht darauf verlassen könnte, dass bei einer Klageabweisung für ihn aus der streitgegenständlichen Angelegenheit keine Pflichten erwachsen. Der EuGH würde so mit seiner Judikatur die Rechtssicherheit eindämmen, anstatt seiner Zielsetzung entsprechend zur Wahrung derselben beizutragen.[339]

Schließlich entspricht auch allein das Verbot einer einseitigen Aufhebung oder Änderung von verkündeten Urteilen des EuGH durch denselben der herausragenden Stellung, die der EuGH als Wahrer des Unionsrechts für sich in Anspruch nehmen kann.[340] Die verantwortungsvolle Aufgabe, die dem EuGH durch Art. 19 Abs. 1 UAbs. 1 Satz 2 EUV zugewiesen wird, verlangt nach einem Organ, dem Respekt gezollt und dessen Autorität nicht grundsätzlich in Frage gestellt wird.[341] Die Anerkennung des EuGH als vollwertiges Organ der Europäischen Union hat jedoch nur dann ihre Berechtigung, wenn die Verfahrensbeteiligten sich auf ein einmal ergangenes Urteil verlassen können. Nur dann werden sie auch zu seiner Umsetzung bereit sein.[342]

III. Abgrenzung von der Präjudizienbindung des EuGH

Die innerprozessuale Bindungswirkung muss von der Bindung des EuGH an Präjudizien abgegrenzt werden: Während erstere eine Bindung des EuGH an sein Urteil im selben Verfahren bedeutet, behandelt letztere die Frage, ob der EuGH auch in einem Verfahren mit anderem Streitgegenstand an seine frühere Rechtsprechung gebunden ist.[343] Die h.M. in der europarechtlichen Literatur lehnt eine strenge rechtliche Bindung des EuGH an seine Präjudizien, vergleichbar mit der *„stare-decisis-Lehre“* im englischen Rechtssystem, ab und verweist auf die Rechtsprechungspraxis des EuGH, der zwar regelmäßig auf frühere Urteile Bezug

---

339 Die Wahrung der Rechtssicherheit bezeichnet EuGH, Urt. v. 16.06.1993 – C-325/91, Slg. 1993, I-3303 ff. (I-3312, Rn. 30) – Frankreich/Kommission, als Obliegenheit des EuGH.

340 Ähnlich argumentiert *Musielak*, in: *ders.*, ZPO, § 318, Rn. 1, zur Begründung der innerprozessualen Bindung der nationalen Gerichte an ihre Urteile im deutschen Zivilprozess.

341 Argumentation in Anlehnung an *Musielak* (ebda) zum deutschen Zivilprozess.

342 Ähnliche Überlegungen stellt *Nucera*, Sentenze pregiudiziali della Corte di giustizia, S. 132, an und zwar bei der Problematisierung der Bindung des EuGH an frühere Vorabentscheidungen, die Auslegungsfragen betreffen.

343 *Toth*, YEL 1984, 2 ff. (18 f.).

nehme, für sich jedoch auch die Freiheit in Anspruch nehme, von seiner bisherigen Rechtsprechung abzuweichen.[344] Diese Feststellung bestätigt ein Blick auf die Rechtsprechung des EuGH, wo sich durchaus, wenn auch selten, Entscheidungen finden, in denen der EuGH von seiner bisherigen Rechtsprechung abweicht: So revidierte der EuGH mit der Keck-Rechtsprechung[345] seine bisherige Rechtsprechung zu den Maßnahmen gleicher Wirkung i.S.d. Art. 34 AEUV ausdrücklich, indem er entgegen der weiten Auffassung im Dassonville-Urteil[346] Verkaufsmodalitäten nicht mehr als Handelshemmnisse ansah.[347] Eine Nuancierung seiner bisherigen Rechtsprechung unternimmt der EuGH in der Rechtssache KHS AG,

---

344 *Barceló*, in: *MacCormick/Summers* (Hrsg.), Interpreting Precedents, S. 407 ff. (420); *Bebr*, Development of Judicial Control of the European Communities, S. 9 ff.; *Brown/Kennedy*, The Court of Justice of the European Communities, S. 347; *Ehricke*, Die Bindungswirkung von Urteilen des EuGH im Vorabentscheidungsverfahren, S. 51 f.; *Franzen*, Privatrechtsangleichung durch die EG, S. 584 f.; *Henninger*, Europäisches Privatrecht und Methode, S. 303 f. (*ders.* a.a.O., S. 235 ff., eingehend zur Präjudizienbindung im englischen Rechtssystem); *Mackenzie Stuart/Warner*, in: FS Kutscher, 1981, S. 273 ff. (276 f.); *Schermers/Waelbroeck*, Judicial protection in the EU, S. 134 ff., § 262 ff.; *Slynn*, ICLQ 1984, 409 ff. (423 ff.); *Toth*, YEL 1984, 2 ff. (28 ff., insbesondere 33); *Ukrow*, Richterliche Rechtsfortbildung durch den EuGH, S. 188 ff. Letzterer lehnt zwar eine Bindung im Sinne der strengen „*stare-decisis-Doktrin*" ab, geht allerdings wegen der Grundsätze der Rechtssicherheit und Rechtsgleichheit dennoch von einer Selbstbindung des EuGH und einer entsprechenden Orientierungspflicht desselben an seiner vorangegangenen Judikatur aus (*Ukrow* a.a.O., S. 191 f.). Für die Möglichkeit des EuGH von seiner bisherigen Rspr. abzuweichen, plädierte auch bereits *GA Lagrange*, Schlussanträge v. 13.03.1963 – verb. Rs. 28 bis 30/62, Slg. 1963, 85 ff. (91 f.) – Da Costa & Schaake. Weitere Nachweise zur h.M. finden sich bei *Jacob*, Precedents and Case-based Reasoning in the ECJ, S. 243 f. Demgegenüber gelangt *Nucera*, Sentenze pregiudiziali della Corte di giustizia, S. 132 ff., zu dem Schluss, dass das Verhältnis des EuGH zu seiner Rspr. mit dem Begriff des „*stare decisis*" beschrieben werden könne, wenn auch angepasst an die Besonderheiten des Unionsrechts.

345 EuGH, Urt. v. 24.11.1993 – C-267/91 und C-268/91, Slg. 1993, I-6126 ff. (I-6131, Rn. 16) – Keck und Mithouard.

346 EuGH, Urt. v. 11.07.1974 – C-8/74, Slg. 1974, 837 ff. – Dassonville.

347 Zu diesem Fall einer Rechtsprechungsänderung: *Barceló*, in: *MacCormick/Summers* (Hrsg.), Interpreting Precedents, S. 407 ff. (417 f. und 430 ff.). Dieser sieht hierin eine Bestätigung dafür, dass im Unionsrecht grundsätzlich eine Präjudizienbindung bestehe (*ders.* a.a.O., S. 416), allerdings nicht im Sinne einer Selbstbindung des EuGH an seine frühere Rspr. (*ders.* a.a.O., S. 420), sondern als Bindung der nationalen Gerichte an ergangene Urteile des EuGH (*ders.* a.a.O., S. 421 ff.).

in welcher er sich mit einer arbeitsrechtlichen Problematik auseinandersetzt.[348] Bisher vertrat der EuGH die Ansicht, dass die unionsrechtlichen Richtlinienvorgaben einer nationalen Regelung entgegenstehen, welche dazu führt, dass Arbeitnehmer den Anspruch auf bezahlten Jahresurlaub verlieren, obwohl sie nicht die Möglichkeit hatten, diesen tatsächlich in Anspruch zu nehmen.[349] Diesen Grundsatz konkretisiert er in dem Urteil dahingehend, dass er eine nationale Regelung für unionsrechtskonform erachtet, welche einen Übertragungszeitraum von 15 Monaten vorsieht und damit einen während mehrerer aufeinanderfolgender Jahre arbeitsunfähigen Arbeitnehmer daran hindert, Ansprüche auf bezahlten Jahresurlaub, den der während dieses Zeitraums aufgrund nationalen Rechts nicht in Anspruch nehmen konnte, unbegrenzt anzusammeln.[350]

Die aus der Rechtsprechung des EuGH erkennbaren Grundsätze sind folgerichtig: Der EuGH versteht es als seine Obliegenheit, die Rechtssicherheit zu wahren.[351] Dieser Aufgabe wird er nur gerecht, wenn seine Rechtsprechung eine gewisse Kontinuität aufweist und damit nicht den Verdacht der Willkür erweckt.[352] Andererseits muss sich der EuGH aber auch die Möglichkeit wahren, auf wirtschaftliche, soziale und gesellschaftliche sowie rechtstheoretische Erfahrungen und Weiterentwicklungen angemessen reagieren zu können.[353] Eine rechtliche Bindung des EuGH an Präjudizien ist daher abzulehnen; zur Wahrung der Überzeugungskraft seiner Rechtsprechung und aus Gründen der Rechtssicherheit, sollte der EuGH

---

348 EuGH, Urt. v. 22.11.2011 – C-214/10, Slg. 2011, I-11794 ff. (I-11805, Rn. 28) – KHS AG: *„[...] diese Schlussfolgerung muss jedoch unter besonderen Umständen wie denen des Ausgangsverfahrens nuanciert werden.“*

349 EuGH, Urt. v. 20.01.2009 – C-350/06 und C-520/06, Slg. 2009, I-240 ff. (I-256 ff., Rn. 43 ff.) – Schultz-Hoff u.a.

350 EuGH, Urt. v. 22.11.2011 – C-214/10, Slg. 2011, I-11794 ff. (I-11808 f., Rn. 44) – KHS AG.

351 S.o. 1. Abschnitt D.II.3, S. 61, Fn. 339.

352 Ähnlich argumentieren *GA Lagrange*, Schlussanträge v. 13.03.1963 – verb. Rs. 28 bis 30/62, Slg. 1963, 85 ff. (92) – Da Costa & Schaake; *Ehricke*, Die Bindungswirkung von Urteilen des EuGH im Vorabentscheidungsverfahren, S. 51 f.; *Ukrow*, Richterliche Rechtsfortbildung durch den EuGH, S. 190 f.

353 *GA Lagrange*, Schlussanträge v. 13.03.1963 – verb. Rs. 28 bis 30/62, Slg. 1963, 85 ff. (92) – Da Costa & Schaake. Den Aspekt der Erforderlichkeit der Anpassung der Rspr. an wirtschaftlichen Wandel (Wohlstand/Wirtschaftskrise) führt auch an: *Slynn*, International and Comparative Law Quarterly, 1984, 409 ff. (424). Mit dem *„Erfordernis des dynamischen Charakters des Gemeinschaftsrechts“* argumentiert *Ehricke*, Die Bindungswirkung von Urteilen des EuGH im Vorabentscheidungsverfahren, S. 51.

jedoch grundsätzlich seiner früheren Rechtsprechung folgen und Rechtsprechungsänderungen die Ausnahme sein.[354]

IV. Zwischenergebnis

Die Rechtsprechung des EuGH ist auf Weiterentwicklung ausgerichtet; sie ist Objekt und Triebfeder des Zeitwandels.[355] Als *„Motor der Integration"*[356] nimmt der EuGH für sich die Möglichkeit in Anspruch, auf Neuerungen zu reagieren, durch die Konkretisierung bzw. die Änderung seiner bisherigen Rechtsprechung. Die Möglichkeit, sich erneut mit einer Rechtsfrage zu befassen, über diese unabhängig von der bisherigen Rechtsprechung zu befinden und sie gegebenenfalls zu korrigieren, wird dem EuGH durch den Grundsatz der Relativität der Rechtskraft eröffnet[357] sowie durch die Ablehnung einer rechtlichen Bindung desselben an Präjudizien. Die Freiheit zur *„Evolution der Rechtsprechung"*[358] kann für das Rechtsprechungsorgan einer Rechtsunion jedoch nicht grenzenlos sein. Der Bestrebung nach Neuerung und Anpassung der Rechtsprechung an die bestehenden Verhältnisse steht der Gedanke der Rechtssicherheit entgegen.[359] Auf den Schutz dieses Rechtsprinzips zielt die innerprozessuale Bindungswirkung ab,[360] die ein einmal verkündetes Urteil der Rechtsprechungshoheit des Gerichts, welches das Urteil gefällt hat, unabhängig von der Rechtskraft desselben, entzieht.[361]

---

354 Ähnlich *GA Lagrange*, Schlussanträge v. 13.03.1963 – verb. Rs. 28 bis 30/62, Slg. 1963, 85 ff. (91 f.) – Da Costa & Schaake; *Ehricke*, Die Bindungswirkung von Urteilen des EuGH im Vorabentscheidungsverfahren, S. 51 f.

355 Dies folgt auch aus *GA Lagrange*, Schlussanträge v. 13.03.1963 – verb. Rs. 28 bis 30/62, Slg. 1963, 85 ff. (92) – Da Costa & Schaake.

356 Der Begriff findet sich z.B. bei *Huber*, in: *Streinz*, EUV/AEUV, Art. 19 EUV, Rn. 25. Ähnlich *Mayer F.C.*, in: *v. Bogdandy/Bast* (Hrsg.), Principles of European constitutional law, S. 399 ff. (408). Letzterer spricht vom Selbstverständnis des EuGH als *„driving force behind European integration."*

357 *GA Lagrange*, Schlussanträge v. 13.03.1963 – verb. Rs. 28 bis 30/62, Slg. 1963, 85 ff. (91 f.) – Da Costa & Schaake. Zur Relativität der Rechtkraft s.o. 1. Abschnitt C.VII.2.a) sowie c) und 3, S. 49 und 53 ff.

358 *GA Lagrange* a.a.O., S. 92.

359 Ähnlich *GA Lagrange* (ebda); *Ehricke*, Die Bindungswirkung von Urteilen des EuGH im Vorabentscheidungsverfahren, S. 51 f. Mit der Rechtssicherheit argumentiert auch *Ukrow*, Richterliche Rechtsfortbildung durch den EuGH, S. 190 f.

360 *Tsikrikas*, Die Wirkungen der Urteile des EuGH im Vertragsverletzungsverfahren, S. 129. S.o. 1. Abschnitt D.II.3, S. 61 f.

361 Hier formuliert in Anlehnung an *Gutsche*, Die Bindungswirkung der Urteile des EuGH, S. 12.

Die innerprozessuale Bindungswirkung von Urteilen des EuGH ist bereits in der primärrechtlichen Kompetenzordnung angelegt und steht einer Abänderung und Aufhebung eines einmal verkündeten Urteils durch den EuGH entgegen.

E. Die außerprozessuale Bindungswirkung

I. Begriffsdefinition

1. Die außerprozessuale Bindungswirkung im deutschen Recht als Ausgangspunkt

Der Begriff der Bindungswirkung findet sich neben der innerprozessualen Bindungswirkung im deutschen Rechtssystem in einer weiteren Ausprägung wieder – als außerprozessuale Bindungswirkung.[362]

Eine außerprozessuale Bindung kennt das deutsche Rechtssystem für Entscheidungen des Bundesverfassungsgerichts, für welche es in § 31 Abs. 1 BVerfGG ausdrücklich regelt: „*Die Entscheidungen des Bundesverfassungsgerichts binden die Verfassungsorgane des Bundes und der Länder, sowie alle Gerichte und Behörden.*“[363] Der Begriff der Bindung erhält somit neben der Rechtskraft und der innerprozessualen Bindungswirkung eine weitere Bedeutung, indem er nicht nur die Verfahrensbeteiligten und das rechtsprechende Organ an ein einmal verkündetes Urteil im selben Verfahren bindet, sondern andere am Verfahren nichtbeteiligte Staatsorgane in die Wirkungen des Urteils miteinbezieht und deren Verhalten und

---

362 Dieselben Begriffe verwendet im Kontext des deutschen Rechts etwa *Bethge*, in: *Maunz/Schmidt-Bleibtreu/Klein/Bethge*, BVerfGG, § 31, Rn. 31 ff. [Stand: 2/2012]. Im unionsrechtlichen Kontext benutzen dieselbe Terminologie *Thewes*, Bindung und Durchsetzung der gerichtlichen Entscheidungen in der EU, S. 121 ff.; *Tsikrikas*, Die Wirkungen der Urteile des EuGH im Vertragsverletzungsverfahren, S. 128 ff. und S. 133 ff.

363 Ausgehend von dieser Vorschrift erörtern bzw. erwähnen die außerprozessuale Bindungswirkung von Entscheidungen des BVerfG *Bethge*, in: *Maunz/Schmidt-Bleibtreu/Klein/Bethge*, BVerfGG, § 31, Rn. 31 ff. [Stand: 2/2012]; *Thewes*, Bindung und Durchsetzung der gerichtlichen Entscheidungen in der EU, S. 124; *Tsikrikas*, Die Wirkungen der Urteile des EuGH im Vertragsverletzungsverfahren, S. 133. Verwandte Vorschriften gibt es für die Landesverfassungsgerichte: Der Bundesgesetzgeber hat diese im Jahre 1951 teilweise bereits vorgefunden; die jüngeren landesrechtlichen Bestimmungen wurden weitgehend in Anlehnung an das bundesrechtliche Vorbild normiert (*Heusch*, in: *Umbach/Clemens/Dollinger*, BVerfGG, § 31, Rn. 10; *Pestalozza*, Verfassungsprozeßrecht, § 20 V, Rn. 82).

Handeln maßgeblich mitbestimmt.[364] Die außerprozessuale Bindungswirkung wird dabei teilweise als eine Erweiterung der materiellen Rechtskraft in subjektiver Hinsicht verstanden,[365] teilweise als „*aliud*".[366]

Strittig ist auch der Gegenstand der in § 31 Abs. 1 BVerfGG normierten außerprozessualen Bindungswirkung: Anerkannt ist, dass sich die außerprozessuale Bindungswirkung auf den Urteilstenor bezieht.[367] Kontrovers diskutiert wird demgegenüber, ob auch die tragenden Entscheidungsgründe eine außerprozessuale Bindungswirkung entfalten.[368] Das Bundesverfassungsgericht bejaht in ständiger Rechtsprechung eine außerprozessuale Bindungswirkung der tragenden Entscheidungsgründe.[369] Als Argument für die Erstreckung der außerprozessualen Bindungswirkung auf die tragenden Entscheidungsgründe wird die

---

364 *Geiger*, Gesetz über das Bundesverfassungsgericht vom 12. März 1951, S. 113. Zu den unterschiedlichen Urteilswirkungen im deutschen Verfassungsprozess: *Bethge*, in: *Maunz/Schmidt-Bleibtreu/Klein/Bethge*, BVerfGG, § 31, Rn. 30 ff. [Stand: 2/2012].

365 *Bethge* a.a.O., Rn. 33; *Scheuner*, DÖV 1954, 641 ff. (644).

366 BVerfG, Beschl. v. 6.10.1987 – 1 BvR 1086, 1468, 1623/82, BVerfGE 77, S. 84 ff. (104); BVerfG, Urt. v. 19.7.1966 – 2 BvF 1/65, BVerfGE 20, S. 56 ff. (87); *Hopfauf*, in: *Schmidt-Bleibtreu/Hofmann/Henneke*, GG, Art. 94, Rn. 149 (spricht von einem verfassungsprozessualen Rechtsinstitut „*sui generis*"); *Lechner/Zuck*, BVerfGG, § 31, Rn. 28. Dazu tendiert ebenfalls *Heusch*, in: *Umbach/Clemens/Dollinger*, BVerfGG, § 31, Rn. 54. Zu der Problematik auch *Thewes*, Bindung und Durchsetzung der gerichtlichen Entscheidungen in der EU, S. 124 ff.; *Tsikrikas*, Die Wirkungen der Urteile des EuGH im Vertragsverletzungsverfahren, S. 133 ff.

367 *Geiger*, Gesetz über das Bundesverfassungsgericht vom 12. März 1951, S. 113; *Heusch*, in: *Umbach/Clemens/Dollinger*, BVerfGG, § 31, Rn. 58; *Hopfauf*, in: *Schmidt-Bleibtreu/Hofmann/Henneke*, GG, Art. 94, Rn. 153; *Lechner/Zuck*, BVerfGG, § 31, Rn. 30; *Voßkuhle*, in: *v. Mangoldt/Klein/Starck*, GG, Band 3, Art. 94, Rn. 32.

368 Dafür: *Geiger*, Gesetz über das Bundesverfassungsgericht vom 12. März 1951, S. 114 f.; *Heusch*, in: *Umbach/Clemens/Dollinger*, BVerfGG, § 31, Rn. 58 ff.; *Hopfauf*, in: *Schmidt-Bleibtreu/Hofmann/Henneke*, GG, Art. 94, Rn. 153; *Klein E.*, in: *Benda/Klein*, Verfassungsprozessrecht, § 40, Rn. 1450 ff. (mit zahlreichen Nachweisen zur Gegenansicht); *Lechner/Zuck*, BVerfGG, § 31, Rn. 30. Dagegen: *Korioth*, in: *Schlaich/Korioth*, Das Bundesverfassungsgericht, Rn. 485 ff.; *Pestalozza*, Verfassungsprozeßrecht, § 20 V, Rn. 90 ff.; *Voßkuhle*, in: *v. Mangoldt/Klein/Starck*, GG, Band 3, Art. 94, Rn. 32: Auch diese Autoren sprechen sich aber, soweit erforderlich, für eine Heranziehung der Entscheidungsgründe zur Interpretation des Tenors aus. Zu der Problematik auch *Tsikrikas*, Die Wirkungen der Urteile des EuGH im Vertragsverletzungsverfahren, S. 135 ff.

369 BVerfG, Urt. v. 19.7.1966 – 2 BvF 1/65, BVerfGE 20, S. 56 ff. (87); BVerfG, Urt. v. 23.10.1951 – 1 BvG 1/51, BVerfGE 1, S. 14 ff. (37). Zur Ansicht des BVerfG mit weiteren Nachweisen *Heusch*, in: *Umbach/Clemens/Dollinger*, BVerfGG, § 31, Rn. 58.

besondere Funktion des Bundesverfassungsgerichts, Meinungsverschiedenheiten über die Auslegung des Grundgesetzes als politischen Streitstoff endgültig und zügig für die Zukunft auszuräumen, angeführt.[370] Nur durch eine außerprozessuale Bindung der Entscheidungsgründe könne das Bundesverfassungsgericht seiner Aufgabe als Interpret und Hüter der Verfassung gerecht werden, da eine Bindung an den Tenor Parallelfälle nicht erfassen würde.[371] Gegen die außerprozessuale Bindungswirkung der tragenden Entscheidungsgründe wird u.a. vorgebracht, dass damit eine Erstarrung des Verfassungsrechts einhergehe[372] und zudem nicht zur Genüge bestimmbar sei, welche Gründe tragend seien und welche nicht.[373]

2. *Inhaltlich gleichgelagerte Rechtsinstitute außerhalb des deutschen Rechts*

Die außerprozessuale Bindungswirkung ist ihrem Inhalt nach kein Spezifikum des deutschen Rechtsraums; vielmehr werden auch in anderen Rechtsräumen Urteilen nationaler Höchstgerichte Wirkungen über die Grenzen des Streitgegenstandes eines rechtskräftigen Urteils hinweg zugeschrieben.[374] So kennen u.a. das französische und das griechische Recht, aber auch das italienische Recht vergleichbare Institute:[375] Entscheidungen des „*Conseil Constitutionnel*" binden gemäß Art. 62 Abs. 3 Satz 2 der französischen Verfassung[376] die öffentliche Gewalt sowie alle Verwaltungsbehörden und Gerichte.[377] Für Urteile des italienischen „*Corte Costituzionale*", welche Gesetze oder andere Rechtsakte mit Gesetzeskraft für

---

370 *Geiger*, Gesetz über das Bundesverfassungsgericht vom 12. März 1951, S. 114 f.

371 *Heusch*, in: *Umbach/Clemens/Dollinger*, BVerfGG, § 31, Rn. 58 f.; *Hopfauf*, in: *Schmidt-Bleibtreu/Hofmann/Henneke*, GG, Art. 94, Rn. 153.

372 *Korioth*, in: *Schlaich/Korioth*, Das Bundesverfassungsgericht, Rn. 490.

373 *Korioth* a.a.O., Rn. 488 f.; *Pestalozza*, Verfassungsprozeßrecht, § 20 V, Rn. 91; *Voßkuhle*, in: *v. Mangoldt/Klein/Starck*, GG, Band 3, Art. 94 Abs. 2, Rn. 32.

374 Exemplarisch zu denselben Urteilswirkungen in anderen Rechtsräumen: *Heusch*, in: *Umbach/Clemens/Dollinger*, BVerfGG, § 31, Rn. 12; *Tsikrikas*, Die Wirkungen der Urteile des EuGH im Vertragsverletzungsverfahren, S. 133 ff.

375 Für Frankreich und Griechenland ausdrücklich *Heusch*, in: *Umbach/Clemens/Dollinger*, BVerfGG, § 31, Rn. 12. Für Frankreich ausdrücklich *Tsikrikas*, Die Wirkungen der Urteile des EuGH im Vertragsverletzungsverfahren, S. 133 ff.

376 „*Constitution de la République française*", JORF Nr. 238 v. 05.10.1958, S. 9151.

377 *Heusch*, in: *Umbach/Clemens/Dollinger*, BVerfGG, § 31, Rn. 12; *Tsikrikas*, Die Wirkungen der Urteile des EuGH im Vertragsverletzungsverfahren, S. 133.

verfassungswidrig erklären, folgt aus Art. 136 Abs. 1 der italienischen Verfassung,[378] dass diese gegenüber allen wirken.[379]

Schließlich wird auch auf unionsrechtlicher Ebene, neben der absoluten Rechtskraft stattgebender Nichtigkeitsurteile, eine Bindungswirkung von Urteilen des EuGH in Vorabentscheidungsverfahren außerhalb des Ausgangsverfahrens diskutiert, welche im Gegensatz zur absoluten Rechtskraft nicht zu einem Verbot der erneuten Verhandlung einer Rechtsfrage in einem anderen Verfahren führt.[380] Die Diskussion um die Bindungswirkungen von Vorabentscheidungen zeigt demnach, dass der Grundsatz der Relativität der Rechtskraft eine andersgelagerte Bindung an die Urteile des EuGH, der keine „*ne-bis-in-idem-Funktion*" zukommt, nicht von vorneherein ausschließt.

3. *Terminologie im Unionsrecht*

Soweit in der deutschsprachigen europarechtlichen Literatur die Wirkungen von Urteilen des EuGH in Vertragsverletzungsverfahren über den konkreten Verfahrensgegenstand hinaus untersucht werden, wird teilweise der Begriff der außerprozessualen Bindungswirkung verwendet.[381] Demgegenüber ist v.a. in der fremdsprachigen Literatur regelmäßig von einer Wirkung der Urteile „*erga omnes*" die Rede.[382] Derselbe Sprachgebrauch hat sich zur Beschreibung der Wirkungen von Vorabentscheidungen des EuGH außerhalb des Ausgangsverfahrens für bestimmte spätere Verfahren herauskristallisiert.[383]

Der Begriff der außerprozessualen Bindungswirkung hat den Vorteil, dass er die Selbständigkeit des Rechtsinstituts gegenüber der Rechtskraft verdeutlicht,

---

378 „*Costituzione della Repubblica Italiana*", G.U.R.I. Nr. 298 v. 27.12.1947, zuletzt geändert durch Verfassungsgesetz Nr. 1, G.U.R.I. Nr. 95 v. 23.04.2012.

379 *Solenne/Verrilli*, Compendio di Diritto costituzionale, S. 427.

380 S.o. 1. Abschnitt C.VII.2.b), S. 50 ff. Insoweit unterscheidet auch *Ehricke*, Die Bindungswirkung von Urteilen des EuGH im Vorabentscheidungsverfahren, S. 40, „*zwischen der Bindungswirkung innerhalb eines Prozesses und den außerprozessualen Bindungswirkungen von Entscheidungen des EuGH.*"

381 *Thewes*, Bindung und Durchsetzung der gerichtlichen Entscheidungen in der EU, S. 116 ff.; *Tsikrikas*, Die Wirkungen der Urteile des EuGH im Vertragsverletzungsverfahren, S. 44 ff.; *Steinhauer*, Die Auslegung, Kontrolle und Durchsetzung mitgliedstaatlicher Pflichten, S. 173 ff.

382 So etwa *Martinico*, Rivista di diritto costituzionale 2004, 249 ff. (272 ff., insbesondere 274); *Toth*, YEL 1984, 2 ff. (53 ff.).

383 Dies stellt ebenso *Ehricke*, Die Bindungswirkung von Urteilen des EuGH im Vorabentscheidungsverfahren, S. 44, fest, der die Terminologie allerdings kritisch sieht.

die als absolute Rechtskraft ebenfalls *„erga omnes"* wirken kann.[384] Wegen des Grundsatzes der Relativität der Rechtskraft, der u.a. für Urteile des EuGH im Vertragsverletzungsverfahren gilt,[385] muss die außerprozessuale Bindungswirkung im unionsrechtlichen Kontext im Verhältnis zur materiellen Rechtskraft als *„aliud"* verstanden werden, welches keine *„ne-bis-in-idem-Funktion"* erfüllt.[386] Zudem wird durch den Begriff der außerprozessualen Bindungswirkung bei Urteilen im Vertragsverletzungsverfahren verdeutlicht, dass nicht nur eine Erstreckung der Urteilswirkungen auf nichtverfahrensbeteiligte Mitgliedstaaten in Betracht kommt, sondern auch die Bindung des verfahrensbeteiligten Mitgliedstaats über den abgeurteilten Streitgegenstand hinaus in gleichgelagerten Fällen.[387] Die terminologische Unterscheidung zwischen innerprozessualer Bindungswirkung und außerprozessualer Bindungswirkung von Urteilen ist schließlich auch keineswegs nur im deutschen Sprachraum gebräuchlich, auch wenn die Inhalte der Begriffe im Einzelnen divergieren.[388] Daher soll auch im Folgenden zur Untersuchung der Wirkungen von Urteilen des EuGH in Vertragsverletzungsverfahren über den Kreis der Verfahrensbeteiligten hinaus und in anderen gleichgelagerten Fällen, in Abgrenzung zur Rechtskraft, auf den Begriff der außerprozessualen Bindungswirkung zurückgegriffen werden.

4. Abschließende Begriffsdefinition

Für eine abschließende Begriffsdefinition, die sich als Maßstab einer Untersuchung der Wirkungen der Urteile des EuGH in Vertragsverletzungsverfahren eignet, lässt sich festhalten: Folge der außerprozessualen Bindungswirkung ist die Bindung von bestimmten Inhalten eines Urteils außerhalb des jeweiligen Verfahrens.[389] Wegen

---

384 Zur absoluten Rechtskraft s.o. 1. Abschnitt C.VII.2.b), S. 50 ff.

385 S.o. 1. Abschnitt C.VII.2.a) und c) sowie 3, S. 49 und 53 ff.

386 So im Ergebnis auch *Tsikrikas*, Die Wirkungen der Urteile des EuGH im Vertragsverletzungsverfahren, S. 150 (dort auf S. 133 ff. auch zum Streit über die Natur des Rechtsinstituts im deutschen Recht).

387 Diese Funktion der Bindungswirkung wird deutlich bei *Tsikrikas* a.a.O., S. 140 f.

388 So unterscheidet *Strazzari*, in: *Toniatti/Magrassi* (Hrsg.), Magistratura, giurisdizione ed equilibri istituzionali, S. 543 ff. (555), bei Urteilen des EuGH im Vorabentscheidungsverfahren zwischen der *„efficacia endoprocessuale"* (innerprozessuale Wirkung) und der *„efficacia extraprocessuale"* (außerprozessuale Wirkung), verstanden als *„erga-omnes-Wirkung"* im Verhältnis zu anderen nationalen Gerichten, die nicht am Vorabentscheidungsverfahren beteiligt waren.

389 Ähnlich *Ehricke*, Die Bindungswirkung von Urteilen des EuGH im Vorabentscheidungsverfahren, S. 44 (dort zum Inhalt der bei Vorabentscheidungen diskutierten *„erga-omnes-Wirkung"*).

des Grundsatzes der Relativität der Rechtskraft, kann der außerprozessualen Bindungswirkung im Unionsrecht keine „*ne-bis-in-idem-Funktion*“ zukommen.[390] Unter dem Aspekt der außerprozessualen Bindungswirkung von Urteilen des EuGH in Vertragsverletzungsverfahren, wird daher im Folgenden untersucht, ob solche Urteile den Umgang der Mitgliedstaaten mit ähnlich gelagerten Fällen determinieren, ohne einer gerichtlichen Verhandlung der betroffenen Angelegenheit entgegenzustehen.[391] In diesem Sinne bedeutet die außerprozessuale Bindungswirkung eine Erstreckung der Wirkungen des Urteils über den konkreten Streitgegenstand hinaus auf gleichgelagerte Fälle, in welchen entweder der Gegenstand, die Gründe oder die Parteien andere sind.[392]

II. Begründungsansätze für eine außerprozessuale Bindungswirkung von Urteilen des EuGH im Vertragsverletzungsverfahren

Weder in den primärrechtlichen Verträgen, noch in der VerfO EuGH oder der EuGH-Satzung findet sich eine Vorschrift, welche ausdrücklich zur Bindung der Mitgliedstaaten an ein früheres Urteil des EuGH im Vertragsverletzungsverfahren in gleichgelagerten Fällen Stellung nimmt.[393] Dennoch schließt dies eine außerprozessuale Bindungswirkung eines Urteils in gleichgelagerten Sachverhalten nicht von vorneherein aus. Auch der Anwendungsvorrang des Unionsrechts ist im europäischen Primärrecht nicht ausdrücklich geregelt, aber allgemein anerkannt.[394] Dabei werden unterschiedliche Begründungsstränge für den Anwendungsvorrang

---

390 S.o. 1. Abschnitt E.I.3 und 4, S. 69 ff. (70, Fn. 386).

391 So versteht letztlich auch *Tsikrikas* a.a.O., S. 140 ff. und 150, die außerprozessuale Bindungswirkung im unionsrechtlichen Kontext des Vertragsverletzungsverfahrens.

392 Formuliert in Anlehnung an *Toth*, YEL 1984, 2 ff. (18): Dieser untersucht allerdings die Wirkungen der „*res judicata*“ in Fällen „*in which either the subject-matter or the legal issues or the parties are different.*“

393 Ähnlich *Thewes*, Bindung und Durchsetzung der gerichtlichen Entscheidungen in der EU, S. 215 (allerdings nur für die Bindung der Urteile im Vertragsverletzungsverfahren über den Kreis der Verfahrensbeteiligten hinaus). Auch *Toth*, YEL 1984, 2 ff. (2 und 5 f.), weist darauf hin, dass die Europäischen Verträge sowie die EuGH-Satzung keine Art. 59 IGH-Statut vergleichbare Regelung enthalten. Art. 59 IGH-Statut normiert: „*Art. 59 [Entscheidungswirkung inter partes]. Die Entscheidung des Gerichtshofs ist nur für die Streitparteien und nur in bezug auf die Sache bindend, in der entschieden wurde.*“

394 Dies stellt ebenso fest: *Ruffert*, in: *Calliess/Ruffert*, EUV/AEUV, Art. 1 AEUV, Rn. 16. Weitere Nachweise zur h.M. über den Anwendungsvorrang s.o. 1. Abschnitt A, S. 15, Fn. 80.

herangezogen;[395] u.a. werden Geist und System der europäischen Verträge, die eine einheitliche Geltung und Anwendung des Unionsrechts in den Mitgliedstaaten verlangen, zur Begründung angeführt.[396]

Ebenso muss die Bindungswirkung von Urteilen des EuGH für ihre rechtliche Legitimität dem Grunde nach bereits in den Verträgen angelegt sein.[397] Allein dies wird der Struktur der Europäischen Union als von den Mitgliedstaaten getragener supranationaler Organisation mit beschränkter Verbandskompetenz gerecht.[398] Daher sollen im Folgenden die Systematik und einige tragende Grundprinzipien des Unionsrechts daraufhin untersucht werden, ob sich auf sie eine außerprozessuale Bindungswirkung von Urteilen des EuGH in Vertragsverletzungsverfahren stützen lässt.

1. Die Europäische Union als Rechtsunion

Die Bezeichnung der Europäischen Union als „*Rechtsgemeinschaft*" geht auf *Hallstein* zurück.[399] Dieser betrachtete die damalige Europäische Gemeinschaft in vierfacher Hinsicht als Phänomen des Rechts: „*Sie ist Schöpfung des Rechts, sie ist Rechtsquelle, sie ist Rechtsordnung und sie ist Rechtspolitik.*"[400] Der Ausdruck der „*Rechtsgemeinschaft*" wird heute, angepasst an die Terminologie des Reformvertrags von Lissabon, durch den Begriff der „*Rechtsunion*" ersetzt.[401]

---

395 Dazu im Einzelnen *Ruffert* a.a.O., Rn. 17.

396 *Streinz*, in: *ders.*, EUV/AEUV, Art. 4 EUV, Rn. 33.

397 *Toth*, YEL 1984, 2 ff. (5).

398 Insgesamt ähnlich *Toth*, YEL 1984, 2 ff. (5). Ebenso beschreibt *Streinz*, in: *ders.*, EUV/AEUV, Art. 5 EUV, Rn. 5, die Struktur der Europäischen Union.

399 *Hallstein*, Europäische Reden, 1979, S. 108 f., 341 ff. Die Entwicklung des Begriffs durch *Hallstein* bestätigen *Calliess*, in: *Calliess/Ruffert*, EUV/AEUV, Art. 2 EUV, Rn. 25; *Classen*, in: *Müller-Graff/Scheuing* (Hrsg.), Gemeinschaftsgerichtsbarkeit und Rechtsstaatlichkeit, EuR-Beiheft 3 (2008), 7 ff. (10); *Wegener*, in: *Calliess/Ruffert*, EUV/AEUV, Art. 19 EUV, Rn. 4, Fn. 8; *Zuleeg*, NJW 1994, 545 ff. (546, eingehend zu dem Begriff und seinen Inhalten in der Rspr. des EuGH). Der EuGH stellte sodann bereits in EuGH, Urt. v. 23.04.1986 – Rs. 294/83, Slg. 1986, 1357 ff. (1365, Rn. 23) – Les Verts/Parlament, fest, dass „*die Europäische Wirtschaftsgemeinschaft eine Rechtsgemeinschaft [...]*" sei.

400 *Hallstein*, Die Europäische Gemeinschaft, S. 53.

401 Der Begriff der „*Rechtsunion*" findet sich ebenso und mit Verweis auf den terminologischen Wandel bei *Wegener*, in: *Calliess/Ruffert*, EUV/AEUV Art. 19 EUV, Rn. 4. Dieselbe Bezeichnung verwendet der EuGH z.B. in EuGH, Urt. v. 03.10.2013 – C-583/11 P, NVwZ 2014, 53 ff. (56, Rn. 91, noch nicht in Slg. veröffentlicht) – Inuit Tapiriit Kanatami u.a./Parlament und Rat; EuGH, Urt. v. 29.06.2010 – C-550/09, Slg. 2010, I-6249 ff. (I-6270, Rn. 44) – E und F.

Auch das europäische Primärrecht versteht die Europäische Union als Rechtsunion,[402] wie schon aus Art. 2 EUV deutlich wird, der u.a. die Rechtsstaatlichkeit als grundlegenden Wert der Europäischen Union anerkennt.[403] Mangels Staatlichkeit kann das aus der Staatsrechtslehre entlehnte Rechtsstaatsprinzip dabei nur entsprechend auf die Europäische Union übertragen werden, begrenzt auf einige Inhalte.[404] *Hallstein* sah das entscheidend Neue in dem Instrument, das zur Einigung Europas beiträgt: *„Nicht Gewalt, nicht Unterwerfung ist als Mittel eingesetzt, sondern eine geistige, eine kulturelle Kraft: das Recht.“*[405] Das Recht ist bis heute prägendes Element für das Handeln der Europäischen Union; diese ist an und durch das Recht gebunden.[406] Insbesondere Art. 19 Abs. 1 UAbs. 1 Satz 2 EUV bringt dies zum Ausdruck, indem er alle Handlungen der Unionsorgane und der Mitgliedstaaten der Kontrolle am Maßstab des Unionsrechts unterwirft und damit den Grundstein für die Qualifizierung der Europäischen Union als Rechtsunion bildet.[407] Als Rechtsunion mit eigener Rechtsordnung muss die Europäische Union die Einhaltung der neu geschaffenen Rechtsordnung gewährleisten.[408] Sie muss den Schutz von Grund- und Menschenrechten garantieren sowie effektiven Rechtsschutz für die Organe der Union, ihre Mitgliedstaaten sowie natürliche und juristische Personen gewährleisten.[409] Dazu bedarf es eines Organs, welches letztverbindlich über die Auslegung des Unionsrechts entscheiden kann und über konkrete Einzelfälle hinausgehend Auslegungs- und Orientierungshilfen bereitstellt. Denn Rechtssicherheit wird erst eintreten, wenn

---

402 Ebenso *Simon*, Le système juridique communautaire, S. 474, der diese Schlussfolgerung aus der dem EuGH übertragenen Aufgabe zur *„Wahrung des Rechts bei der Auslegung und Anwendung der Verträge“* (Art. 19 Abs. 1 Satz 2 EUV; ex Art. 220 Abs. 1 EGV) zieht.

403 Ähnliches folgt aus *Hilf/Schorkopf*, in: *Grabitz/Hilf/Nettesheim*, Das Recht der EU, Art. 2 EUV, Rn. 34 [Stand: 9/2013].

404 *Classen*, in: *Müller-Graff/Scheuing* (Hrsg.), Gemeinschaftsgerichtsbarkeit und Rechtsstaatlichkeit, EuR-Beiheft 3 (2008), 7 ff. (9 ff.); *Hilf/Schorkopf*, in: *Grabitz/Hilf/Nettesheim*, Das Recht der EU, Art. 2 EUV, Rn. 34 [Stand: 9/2013].

405 *Hallstein*, Die Europäische Gemeinschaft, S. 53.

406 *Calliess*, in: *Calliess/Ruffert*, EUV/AEUV, Art. 2 EUV, Rn 26 und Art. 19 EUV Rn. 4.

407 *Mayer F.C.*, in: *Grabitz/Hilf/Nettesheim*, Das Recht der EU, Art. 19 EUV, Rn. 1 [Stand: 10/2011]; *Wegener*, in: *Calliess/Ruffert*, EUV/AEUV, Art. 19 EUV, Rn. 4. Ähnlich auch *Zuleeg*, NJW 1994, 545 ff. (546).

408 Ähnlich *Zuleeg*, NJW 1994, 545 ff. (545 f.).

409 Ähnlich *Lengauer*, in: *Müller-Graf/Scheuing* (Hrsg.), Gemeinschaftsgerichtsbarkeit und Rechtsstaatlichkeit, EuR-Beiheft 3 (2008), S. 69 ff. (69 f.); *Zuleeg*, NJW 1994, 545 ff.

Klarheit und Gewissheit über die unionsrechtlichen Rechte und Verpflichtungen besteht.[410]

2. *Der EuGH als Wahrer des Unionsrechts*

Innerhalb der Europäischen Union überträgt Art. 19 Abs. 1 UAbs. 1 EUV dem EuGH gemeinsam mit dem EuG und den Fachgerichten den Rechtsschutzauftrag.[411] Die Vorschrift beschreibt den Aufgabenbereich des Gerichtshofs, ohne eine eigene Kompetenzgrundlage zu sein.[412] Als „*Wahrer des Unionsrechts*"[413] nimmt der EuGH die Position einer Kontrollinstanz ein, deren Überwachungsfunktion sich auf die Handlungen der Unionsorgane und der Mitgliedstaaten erstreckt.[414] Gleichzeitig sichern die VerfO EuGH und die EuGH-Satzung seine Unabhängigkeit.[415] Der EuGH bildet in dieser Funktion das für die Rechtsunion erforderliche unabhängige rechtsprechende Organ: Er wacht über das zentrale Merkmal der Rechtsunion – die Bindung der Unionsorgane und Mitgliedstaaten an „*ein*" Recht.[416]

Die Aufgabe zur Wahrung des Unionsrechts beinhaltet demnach auch den Auftrag zur Sicherung der Einheitlichkeit desselben.[417] Dieser Funktion kann der EuGH nur gerecht werden, wenn seinen Urteilen, soweit sie wie jene in Vertragsverletzungsverfahren regelmäßig Aussagen über die Auslegung des Unionsrechts enthalten, über den Ausgangsfall hinaus eine verbindliche Wirkung zukommt.[418]

---

410 Dies verdeutlicht EuGH, Urt. v. 28.01.2010 – C-456/08, Slg. 2010, I-883 ff. (I-899, Rn. 61) – Kommission/Irland. Ein ähnliches Argument für die außerprozessuale Bindungswirkung führt an: *Tsikrikas,* Die Wirkungen der Urteile des EuGH im Vertragsverletzungsverfahren, S. 149 (dort insbesondere lit. d).

411 *Schwarze*, in: *Schwarze/Becker/Hatje/Schoo*, EU-Kommentar, Art. 19 EUV, Rn. 12.

412 *Mayer F.C.*, in: *Grabitz/Hilf/Nettesheim*, Das Recht der EU, Art. 19 EUV, Rn. 4 [Stand: 7/2010].

413 So etwa *Calliess*, NJW 2005, 929 ff. (930).

414 *Calliess* a.a.O., S. 929.

415 *Karpenstein*, in: *Grabitz/Hilf/Nettesheim*, Das Recht der EU, Art. 253 AEUV, Rn. 15 [Stand: 5/2013].

416 Deutlich wird dies bei *Calliess*, in: *Calliess/Ruffert*, EUV/AEUV, Art. 19. Rn. 4; *Zuleeg*, NJW 1994, 545 ff. (546). Die Festlegung der Mitgliedstaaten auf „*ein*" Recht betont mit derselben Hervorhebung *Mayer F.C.*, in: *Grabitz/Hilf/Nettesheim*, Das Recht der EU, Art. 19 EUV, Rn. 24 [Stand: 7/2010]. Ähnlich auch *Frenz*, Handbuch Europarecht, Band 5, Kapitel 13, Rn. 2169.

417 *Frenz*, Handbuch Europarecht, Band 5, Kapitel 13, Rn. 2171; *Mayer F.C.*, in: *Grabitz/Hilf/Nettesheim*, Das Recht der EU, Art. 19 EUV, Rn. 24 [Stand: 7/2010].

418 Ähnlich argumentiert *Martinico*, Rivista di diritto costituzionale 2004, 249 ff. (272 ff.). In eine ähnliche Richtung geht auch die Argumentation von *Tsikrikas,*

3. *Die Vorlagepflicht nationaler letztinstanzlicher Gerichte als Anknüpfungspunkt für eine Bindungswirkung*

Ein wichtiges Instrument des EuGH zur Sicherung der Einheit des Unionsrechts ist das Vorabentscheidungsverfahren.[419] Sein Ziel sucht es insbesondere durch die Normierung einer Vorlagepflicht der letztinstanzlichen Gerichte der Mitgliedstaaten zu erreichen.[420] Eine Auslegung des Unionsrechts unternimmt der EuGH indes auch außerhalb des Vorabentscheidungsverfahren und zwar u.a. im Vertragsverletzungsverfahren.[421] Daher stellt sich die Frage, ob sich, vermittelt durch die Vorlagepflicht letztinstanzlicher Gerichte, auch eine Bindung derselben sowie der übrigen Organe der Mitgliedstaaten an Urteile des EuGH in Vertragsverletzungsverfahren begründen lässt.[422]

Die Wirkungen der Urteile des EuGH im Vertragsverletzungsverfahren, S. 147 f. und 148 f. lit. a und lit. b. Beide Autoren betonen ebenso jeweils, dass auch im Vertragsverletzungsverfahren eine Auslegung des Unionsrechts erfolgt. Ähnlich ist auch die Argumentation, die sich in Deutschland auf Bundesebene wiederfindet, um die außerprozessuale Bindungswirkung der Entscheidungsgründe des Bundesverfassungsgerichts zu begründen (siehe nur *Hopfauf*, in: *Schmidt-Bleibtreu/Hofmann/Henneke*, GG, Art. 94, Rn. 153 und bereits oben 1. Abschnitt E.I.1., S. 66 ff. (67)).

419 *Karpenstein*, in: *Grabitz/Hilf/Nettesheim*, Das Recht der EU, Art. 267 AEUV, Rn. 2 [Stand: 5/2013]; *Wegener*, in: *Calliess/Ruffert*, EUV/AEUV, Art. 267, Rn. 1; *Zuleeg*, NJW 1994, 545 ff. (548).

420 Statt aller *Karpenstein*, in: *Grabitz/Hilf/Nettesheim*, Das Recht der EU, Art. 267 AEUV, Rn. 51 [Stand: 5/2013].

421 *Martinico*, Rivista di diritto costituzionale 2004, 249 ff. (273 und 276). Für das Vertragsverletzungsverfahren auch *Tsikrikas*, Die Wirkungen der Urteile des EuGH im Vertragsverletzungsverfahren, S. 148.

422 Ähnliche Begründungsansätze für eine Bindung nationaler Organe an die Rspr. des EuGH über die Grenzen eines Verfahrensgegenstandes hinaus wählen *Brown/Kennedy*, The Court of Justice of the European Communities, S. 353 f. (jedenfalls eine Bindung nationaler letztinstanzlicher Gerichte bejahend); *Barceló*, in: *MacCormick/Summers* (Hrsg.), Interpreting Precedents, S. 407 ff. (421 ff., in Anlehnung an Erstere); *Koopmans*, in: *O'Keeffe/Schermers* (Hrsg.), Essays in European Law and Integration, S. 11 ff. (18 ff.); *Kremer*, EuR 2007, 470 ff. (472, dort nur in Bezug auf die Bindung nationaler Gerichte); *Martinico*, Rivista di diritto costituzionale 2004, 249 ff. (274, für letztinstanzliche Gerichte); *Thewes*, Bindung und Durchsetzung der gerichtlichen Entscheidungen in der EU, S. 203 ff. und 221 (allein für die letztinstanzlichen Gerichte eine außerprozessuale Bindungswirkung bejahend). Des Weiteren greift auch *Tsikrikas*, Die Wirkungen der Urteile des EuGH im Vertragsverletzungsverfahren, S. 142 ff., zur Begründung einer außerprozessualen Bindungswirkung von Urteilen in Vertragsverletzungsverfahren, ohne diese auf einzelne nationale Organe zu beschränken, auf

a) *Unmittelbare Bindung nationaler letztinstanzlicher Gerichte*

Art. 267 Abs. 1 i.V.m. Art. 267 Abs. 3 AEUV verpflichtet die letztinstanzlichen Gerichte der Mitgliedstaaten u.a. dann zur Einholung einer Vorabentscheidung durch den EuGH, wenn sich während eines schwebenden Verfahrens entscheidungserhebliche Fragen ergeben, welche die Auslegung des primären Unionsrechts sowie aller rechtlich relevanten Maßnahmen der Unionsorgane, Einrichtungen und sonstigen Stellen zum Gegenstand haben.[423] Liegt eine gesicherte Rechtsprechung des EuGH zu der betrefflichen Auslegungsfrage vor, so entfällt die Vorlagepflicht nach der Judikatur des EuGH, unabhängig von der Verfahrensart, in welcher sich die Rechtsprechung gebildet hat und selbst dann, wenn die strittigen Fragen nicht vollkommen identisch sind.[424] Diese Ausnahme greift nicht bei Gültigkeitsfragen; abgesehen von wenigen Ausnahmen in Verfahren im vorläufigen Rechtsschutz bleibt es insoweit bei der alleinigen Zuständigkeit des EuGH für die

---

Vorabentscheidungen zurück. Letzterer wählt allerdings einen anderen Ansatzpunkt und begründet die Bindungswirkung mit einer Ähnlichkeit von Urteilen in Vertragsverletzungsverfahren und Vorabentscheidungen. Einen Ansatzpunkt für die angestellte Überlegung bietet auch BVerfG, Urt. v. 30.06.2009 – 2 BvE 2/08, BVerfGE 123, 267 ff. (S. 397 f.) – Lissabon. Das BVerfG nimmt die Aufgabe des EuGH zur Auslegung des Unionsrechts und das Vorabentscheidungsverfahren als Ausgangspunkt der Feststellung, dass das Vertragsrecht *„über die innerstaatlich durch Zustimmungsgesetz zu dem jeweiligen Vertrag erteilten Rechtsanwendungsbefehle die Gerichte der Mitgliedstaaten an die Rechtsprechung der europäischen Gerichte, insbesondere an die des Gerichtshofs“* binde.

423 Dazu etwa *Frenz*, Handbuch Europarecht, Band 5, Kapitel 20, Rn. 3296 ff.; *Mayer F.C.*, EuR 2002, 239 ff. (246); *Nucera*, Sentenze pregiudiziali della Corte di giustizia, S. 36 ff.; *Schwarze*, in: *Schwarze/Becker/Hatje/Schoo*, EU-Kommentar, Art. 267, Rn. 43 ff.; *Wegener*, in: *Calliess/Ruffert*, EUV/AEUV, Art. 267 AEUV, Rn. 12 und Rn. 26 f.

424 EuGH, Urt. v. 06.10.1982 – Rs. 283/81, Slg. 1982, 3415 ff. (3416 f., 4. Leitsatz und 3429, Rn. 14) – CILFIT. Auf dieselbe Rspr. verweist *Martinico*, Rivista di diritto costituzionale 2004, 249 ff. (274), zur Begründung einer *„erga-omnes-Wirkung“* von Urteilen des EuGH außerhalb des Vorabentscheidungsverfahrens, die Unionsrecht auslegen. Ähnlich argumentiert auch *Kremer*, EuR 2007, 470 ff. (472, allerdings lediglich zur Bindung nationaler Gerichte). Allgemein zu den Ausnahmen von der Vorlagepflicht nach EuGH: *Ehricke*, in: *Streinz*, EUV/AEUV, Art. 267 AEUV, Rn. 47; *Frenz*, Handbuch Europarecht, Band 5, Kapitel 20, Rn. 3310 ff.; *Nucera*, Sentenze pregiudiziali della Corte di giustizia, S. 38 ff.; *Schwarze*, in: *Schwarze/Becker/Hatje/Schoo*, EU-Kommentar, Art. 267, Rn. 48; *Wegener*, in: *Calliess/Ruffert*, EUV/AEUV, Art. 267 AEUV, Rn. 32.

Feststellung der Ungültigkeit einer unionsrechtlichen Handlung.[425] Im Umkehrschluss folgt aus diesen Grundsätzen zur Vorlagepflicht und ihren Ausnahmen, dass ein nationales letztinstanzliches Gericht, welches trotz gesicherter Rechtsprechung des EuGH von dieser abweichen will, zur Vorlage verpflichtet bleibt.[426] Nimmt es diese Vorlagepflicht nicht wahr und verkennt die gesicherte Rechtsprechung offenkundig, so kann hierin ein qualifizierter Verstoß gegen Unionsrecht liegen, der Voraussetzung einer unionsrechtlichen Haftung der Mitgliedstaaten ist.[427] In diesem Sinne führt der EuGH in der Rechtssache *Köbler* aus: *„Ein Verstoß gegen das Gemeinschaftsrecht ist jedenfalls dann hinreichend qualifiziert, wenn die fragliche Entscheidung die einschlägige Rechtsprechung des Gerichtshofes offenkundig verkennt (vgl. in diesem Sinne Urteil Brasserie du pêcheur und Factortame, Randnr. 57).“*[428]

Für die außerprozessuale Bindungswirkung von Urteilen des EuGH in Vertragsverletzungsverfahren lassen sich Art. 267 Abs. 1 i.V.m. Art. 267 Abs. 3 AEUV folgende Aussagen entnehmen: Einem Verstoß gegen die Vorlagepflicht letztinstanzlicher Gerichte ist eine Verletzung der Rechtspflicht zur Anwendung der Rechtsprechung des EuGH immanent.[429] Die letztinstanzlichen Gerichte müssen für ein unionsrechtskonformes Handeln einer gesicherten Rechtsprechung des EuGH Folge leisten oder, falls sie von ihr abweichen wollen, den EuGH um Vorabentscheidung ersuchen.[430] Auch eine Rechtsprechung, die sich

---

425 EuGH, Urt. v. 06.12.2005 – Rs. 461/03, Slg. 2005, I-10537 ff. (I-10547 ff., Rn. 16 ff.) – Gaston Schul Douane-expediteur; *Ehricke*, in: *Streinz*, EUV/AEUV, Art. 267 AEUV, Rn. 48; *Frenz*, Handbuch Europarecht, Band 5, Kapitel 20, Rn. 3314; *Schwarze*, in: *Schwarze/Becker/Hatje/Schoo*, EU-Kommentar, Art. 267, Rn. 48.

426 *Britsch/Küper*, in: *PricewaterhouseCoopers AG WPG* (Hrsg.), Entflechtung und Regulierung, S. 26; *Schwarze*, in: *Schwarze/Becker/Hatje/Schoo*, EU-Kommentar, Art. 267, Rn. 48.

427 Diese Voraussetzung für die unionsrechtliche Haftung machen deutlich: EuGH, Urt. v. 13.06.2006 – C-173/03, Slg. 2006, I-5204 ff. (I-5218, Rn. 35) – Traghetti del Mediterraneo; EuGH, Urt. v. 30.09.2003 – C-224/01, Slg. 2003, I-10290 ff. (I-10312, Rn. 56) – Köbler. Zur grundsätzlichen Möglichkeit der Einleitung eines Vertragsverletzungsverfahrens wegen judikativen Unrechts statt aller *Baumann*, Die Rspr. des EuGH zum Vorrang von Gemeinschaftsrecht, S. 152; *Kremer*, EuR 2007, 470 ff. (477).

428 EuGH, Urt. v. 30.09.2003 – C-224/01, Slg. 2003, I-10290 ff. (I-10312, Rn. 56) – Köbler. Denselben Entscheidungsgrund führt *Martinico*, Rivista di diritto costituzionale 2004, 249 ff. (275 f.), als Beleg einer „*erga-omnes-Wirkung*“ von Urteilen außerhalb des Vorabentscheidungsverfahrens an, in denen der EuGH Unionsrecht interpretiert.

429 Dasselbe folgt aus *Kremer*, EuR 2007, 470 ff. (472).

430 *Britsch/Küper*, in: *PricewaterhouseCoopers AG WPG* (Hrsg.), Entflechtung und Regulierung, S. 26; *Schwarze*, in: *Schwarze/Becker/Hatje/Schoo*, EU-Kommentar, Art. 267,

im Vertragsverletzungsverfahren herausgebildet hat, bindet auf diese Weise die letztinstanzlichen nationalen Gerichte, da die Verfahrensart, in welcher sich die Rechtsprechung entwickelt hat, unerheblich ist.[431] Im Verhältnis zu den letztinstanzlichen Gerichten der Mitgliedstaaten tritt somit eine prägende Rechtsfolge der außerprozessualen Bindungswirkung ein, die auch gegenüber Urteilen des EuGH im Vertragsverletzungsverfahren greift: Diese sind an die Rechtsprechung des EuGH gebunden und zwar über die Grenzen des vom EuGH behandelten Streitgegenstandes hinweg.[432]

b) *Keine unmittelbare Bindung der nationalen Instanzgerichte und sonstigen nationalen Organe nach Art. 267 AEUV*

Art. 267 Abs. 1 i.V.m. Art. 267 Abs. 2 AEUV eröffnet den Instanzgerichten[433] der Mitgliedstaaten ausdrücklich die Möglichkeit, dem EuGH Fragen über die

---

Rn. 48. Dieselben Rechtsprechungsgrundsätze führt *Kremer*, EuR 2007, 470 ff. (472), als Argument dafür an, dass der EuGH von einer Bindung der nationalen Gerichte an seine Entscheidungen ausgeht. Ähnlich wie Letzterer, jedenfalls hinsichtlich der Bindung nationaler letztinstanzlicher Gerichte: *Brown/Kennedy*, The Court of Justice of the European Communities, S. 353; diesem folgend *Barceló*, in: *MacCormick/Summers* (Hrsg.), Interpreting Precedents, S. 407 ff. (422 ff.).

431 Zu demselben Ergebnis gelangen mit ähnlicher Argumentation *Martinico*, Rivista di diritto costituzionale 2004, 249 ff. (276, ohne zwischen letztinstanzlichen Gerichten und anderen nationalen Gerichten zu unterscheiden); *Thewes*, Bindung und Durchsetzung der gerichtlichen Entscheidungen in der EU, S. 203 ff., 221. Zur Unerheblichkeit der Verfahrensart s.o. S. 76, Fn. 424.

432 Allgemein für eine Bindung nationaler letztinstanzlicher Gerichte an die Rspr. des EuGH (neben den bereits in Fn. 431 erwähnten Autoren) mit ähnlicher Argumentation: *Brown/Kennedy*, The Court of Justice of the European Communities, S. 353 f.; *Barceló*, in: *MacCormick/Summers* (Hrsg.), Interpreting Precedents, S. 407 ff. (421 ff., angelehnt an Erstere); *Kremer*, EuR 2007, 470 ff. (472, bejaht eine solche zumindest nach der Rspr. des EuGH). Allgemein sehen *Schermers/Waelbroeck*, Judicial protection in the EU, S. 136, § 265, in der Vorlagepflicht bei Abweichen von der EuGH-Rspr. eine Bestätigung dafür, dass dieser auch über den konkret entschiedenen Fall hinaus gewisse Wirkungen zukommen. Ferner leitet *Dauses*, Das Vorabentscheidungsverfahren nach Art. 177 EG-Vertrag, S. 154, aus den Vorlagepflichten und Ausnahmen eine *„Präjudizwirkung der Vorabentscheidung“* ab. Demgegenüber sprechen *Britsch/Küper*, in: *Pricewaterhouse-Coopers AG WPG* (Hrsg.), Entflechtung und Regulierung, S. 26, auch hinsichtlich der letztinstanzlichen nationalen Gerichte lediglich von einer *„faktischen Bindungswirkung“* im Gegensatz zu einer *„unmittelbaren Bindungswirkung inter omnes“*.

433 Dazu zählen Gerichte, *„deren Entscheidungen noch mit Rechtsmitteln angefochten werden können“* (*Ehricke*, Die Bindungswirkung von Urteilen des EuGH im Vorabentscheidungsverfahren, S. 15).

Auslegung der Verträge sowie die Gültigkeit und Auslegung von Handlungen der Unionsorgane vorzulegen.[434] Instanzgerichte sind demnach grundsätzlich ermächtigt, eine in gewissen Grenzen gerichtlich überprüfbare Ermessensentscheidung zu treffen.[435] Umstritten ist, ob nationale Instanzgerichte, die von der Rechtsprechung des EuGH abweichen wollen, zur Vorlage verpflichtet sind.[436]

Jene Stimmen, die eine Vorlagepflicht der Instanzgerichte bei Abweichen von der Rechtsprechung des EuGH bejahen,[437] gehen zumeist gerade in diesen Konstellationen von einer Ermessensreduzierung auf Null aus:[438] Bei der Frage über die Vorlage an den EuGH müssten die Instanzgerichte, unter dem Gesichtspunkt der Zweckmäßigkeit im Interesse der Allgemeinheit und der Parteien, dem Grundsatz der Prozessökonomie Rechnung tragen.[439] Dies habe zur Folge, dass eine Vorlage erfolgen müsse, wenn dadurch die Prozesskosten und die Prozessdauer eingedämmt werden könnten.[440] Würde ein Instanzgericht von der Rechtsprechung des EuGH ohne vorherige Vorlage abweichen, wäre die Partei, die mit der Entscheidung nicht einverstanden sei, gezwungen, den Prozess bis in die letzte vorlagepflichtige Instanz weiterzuführen; dadurch würde der Sinn und Zweck des

434 Zu der Vorlageberechtigung bzw. den Vorlagepflichten nationaler Instanzgerichte statt aller *Karpenstein*, in: *Grabitz/Hilf/Nettesheim*, Das Recht der EU, Art. 267 AEUV, Rn. 61 ff. [Stand: 5/2013].

435 *Karpenstein* a.a.O., Rn. 61; *Habscheid*, in: FS v.d. Heydte, 1. Halbband, 1977, S. 205 ff. (218). Letzterer verdeutlicht (ebda), dass das Wort „*kann*“ im jetzigen Art. 267 UAbs. 2 AEUV keinesfalls als Eröffnung der Möglichkeit zu einer Entscheidung nach „*freien Belieben*“ verstanden werden kann.

436 Offenlassend und mit weiteren Nachweisen zu den vertretenen Ansichten: *Karpenstein*, in: *Grabitz/Hilf/Nettesheim*, Das Recht der EU, Art. 267 AEUV, Rn. 64 [Stand: 5/2013].

437 *Bernhardt W.*, Verfassungsprinzipien, Verfassungsgerichtsfunktionen, Verfassungsprozeßrecht im EWG-Vertrag, S. 254; *Schermers/Waelbroeck*, Judicial protection in the EU, S. 266, § 547. Einschränkend *Habscheid*, in: FS v.d. Heydte, 1. Halbband, 1977, S. 205 ff. (218 f.), der jedenfalls feststellt, dass sich in diesen Fällen für die Instanzgerichte eine Vorlage dringend empfehle. Siehe aber auch *GA Colomer*, Schlussanträge v. 10.11.2005, C-206/04 P, Slg. 2006, I-2719 ff. (I-2734, Rn. 74) – Mülhens/HABM (im konkreten Fall jedenfalls eine Vorlagepflicht eines erstinstanzlichen nationalen Gerichts bei Abweichen von der Rspr. des Gerichts erster Instanz, soweit ein „*offene[r] Widerspruch*“ besteht, bejahend).

438 *Bernhardt W.*, Verfassungsprinzipien, Verfassungsgerichtsfunktionen, Verfassungsprozeßrecht im EWG-Vertrag, S. 254; so wohl auch *Habscheid*, in: FS v.d. Heydte, 1. Halbband, 1977, S. 205 ff. (218 f.).

439 *Habscheid*, in: FS v.d. Heydte, 1. Halbband, 1977, S. 205 ff. (218).

440 Ebda.

Art. 267 AEUV, dem Einzelnen einen zusätzlichen wirksamen, d.h. auch schnellen Rechtsschutz zu gewähren, verfehlt.[441] Als weitere Argumente für die Vorlagepflicht der Instanzgerichte werden der Hauptzweck des Vorabentscheidungsverfahrens – die einheitliche Anwendung des Europarechts – und der Grundsatz der Rechtssicherheit sowie die aus dem Loyalitätsgrundsatz (Art. 4 Abs. 3 EUV) resultierende Verpflichtung der Mitgliedstaaten zur Auslegung des nationalen Rechts im Lichte der Unionsrechtsordnung angeführt.[442] Durch das Abweichen von der Rechtsprechung des EuGH ohne Vorlage nehme die Rechtssicherheit Schaden; auch innerstaatliche Rechtsmittel könnten diesen nicht mehr beseitigen.[443]

Diejenigen Stimmen, die eine Vorlagepflicht der Instanzgerichte verneinen,[444] führen den Wortlaut des Art. 267 AEUV an, der für die Instanzgerichte als „*Kann-Vorschrift*" konzeptioniert sei und damit keine Vorlagepflicht für Auslegungsfragen begründe.[445] Die Ausgestaltung der Vorschrift zeige, dass das Unionsrecht eine Disharmonie in seiner Anwendung in den unteren Instanzen der nationalen Gerichtsbarkeit in Kauf nehme.[446] Die „*Abweichungsquote*"[447] vom Unionsrecht würde zahlenmäßig kaum ins Gewicht fallen,[448] da sich die Instanzgerichte „*de*

---

441 *Habscheid* a.a.O., S. 218 f.

442 *GA Colomer*, Schlussanträge v. 10.11.2005, C-206/04 P, Slg. 2006, I-2719 ff. (I-2733 f., Rn. 73 f.) – Mülhens/HABM (dort allerdings zur Vorlagepflicht bei Abweichen von der Rspr. des EuG).

443 *GA Colomer* a.a.O., S. I-2734, Rn. 77 (zur Vorlagepflicht bei Abweichen von der Rechtsprechung des EuG).

444 So ausdrücklich *Britsch/Küper*, in: *PricewaterhouseCoopers AG WPG* (Hrsg.), Entflechtung und Regulierung, S. 26; *Ehricke*, Die Bindungswirkung von Urteilen des EuGH im Vorabentscheidungsverfahren, S. 15 f.; *Lieber*, Über die Vorlagepflicht des Artikel 177 EWG-Vertrag und deren Missachtung, S. 83 f.; *Wißmann*, in: Erfurter Kommentar zum Arbeitsrecht, Art. 267 AEUV, Rn. 35; *Wollenschläger P.*, Die Gemeinschaftsaufsicht über die Rspr. der Mitgliedstaaten, S. 241 f. Inzident *Ehricke*, in: *Streinz*, EUV/AEUV, Art. 267, Rn. 45; *Wegener*, in: *Calliess/Ruffert*, EUV/ AEUV, Art. 267, Rn. 28 f.

445 *Ehricke*, Die Bindungswirkung von Urteilen des EuGH im Vorabentscheidungsverfahren, S. 16.

446 Ebda; *Wollenschläger P.*, Die Gemeinschaftsaufsicht über die Rspr. der Mitgliedstaaten, S. 242.

447 *Ehricke*, Die Bindungswirkung von Urteilen des EuGH im Vorabentscheidungsverfahren, S. 16.

448 Ebda. Ähnlich Nucera, Sentenze pregiudiziali della Corte di giustizia, S. 111.

facto" an die Rechtsprechung des EuGH gebunden sehen dürften.[449] Zudem sei eine Korrektur im innerstaatlichen Instanzenzug möglich.[450]

Auch der EuGH betont in seinen Entscheidungen das freie Ermessen der Instanzgerichte bei der Frage der Einholung einer Vorabentscheidung.[451] Die Vorlageberechtigung verliert nach der Rechtsprechung des EuGH ihren fakultativen Charakter nur dann zu Lasten einer obligatorischen Vorlagepflicht, wenn das mitgliedstaatliche Gericht eine Vorschrift des Unionsrechts oder eine sonstige Handlung eines Unionsorgans außer Anwendung lassen will.[452] Der EuGH spricht zwar auch in diesem Fall nicht ausdrücklich von einer Vorlagepflicht der nationalen Instanzgerichte; er konstatiert jedoch, dass nationale Gerichte nicht befugt seien, Handlungen von Unionsorganen für ungültig zu erklären.[453]

Das gewichtigste Argument gegen eine Vorlagepflicht der nationalen Instanzgerichte lässt sich im Wortlaut des Art. 267 Abs. 2 AEUV finden, der auch die Betonung des freien Ermessens der Instanzgerichte zur Einholung einer Vorabentscheidung durch den EuGH bedingt.[454] Ein Instanzgericht „*kann*" den EuGH zwar um Vorabentscheidung ersuchen, ist dazu aber regelmäßig nicht verpflichtet.[455] Daher eignet sich die Vorschrift nicht als Anknüpfungspunkt zur Begründung einer unmittelbaren rechtlichen außerprozessualen Bindung

---

449 So begründen den tatsächlichen Befund *Britsch/Küper*, in: *PricewaterhouseCoopers AG WPG* (Hrsg.), Entflechtung und Regulierung, S. 26.

450 *Wißmann*, in: Erfurter Kommentar zum Arbeitsrecht, Art. 267 AEUV, Rn. 35.

451 EuGH, Urt. v. 19.01.2010 – C-555/07, Slg. 2010, I-393 ff. (I-415, Rn. 54 ff.) – Kücükdeveci; EuGH, Urt. v. 15.09.2005 – C-495/03, Slg. 2005, I-8191 ff. (I-8206, Rn. 31 f.) – Intermodal Transports; EuGH, Urt. v. 04.06.2002 – C-99/00, Slg. 2002, I-4876 ff. (I-4885 f., Rn. 14 ff.) – Lyckeskog. Dazu *Kokott/Henze/Sobotta*, JZ 2006, 633 ff. (634).

452 Zur Ausnahme: EuGH, Urt. v. 22.10.1987, Rs. 314/85, Slg. 1987, 4225 ff. (4230 ff., Rn. 14 ff.) – Foto Frost. Dazu *Karpenstein*, in: *Grabitz/Hilf/Nettesheim*, Das Recht der EU, Art. 267 AEUV, Rn. 62 [Stand: 5/2013]; *Wegener*, in: *Calliess/Ruffert*, EUV/AEUV, Art. 267 AEUV, Rn. 28.

453 EuGH, Urt. v. 22.10.1987, Rs. 314/85, Slg. 1987, 4199 ff. (4230 ff., Rn. 15) – Foto Frost. Zu der Rspr.: *Mayer F.C.*, in: *v. Bogdandy/Bast* (Hrsg.), Principles of European constitutional law, S. 399 ff. (407 f.).

454 Deutlich macht dies EuGH, Urt. v. 19.01.2010 – C-555/07, Slg. 2010, I-393 ff. (I-415, Rn. 54 ff.) – Kücükdeveci. In der Literatur argumentiert mit der Konzeption als „*Kann-Vorschrift*" *Ehricke*, Die Bindungswirkung von Urteilen des EuGH im Vorabentscheidungsverfahren, S. 16.

455 *Ehricke* ebda; *Wollenschläger P.*, Die Gemeinschaftsaufsicht über die Rspr. der Mitgliedstaaten, S. 241.

der nationalen Instanzgerichte an Entscheidungen des EuGH in Vertragsverletzungsverfahren.[456]

Hinsichtlich der übrigen nationalen Organe scheidet Art. 267 AEUV als Anknüpfungspunkt für eine unmittelbare rechtliche außerprozessuale Bindung bereits deshalb aus, weil vorlageberechtigt nur nationale Organe sind, die im Rahmen eines bestimmten Verfahrens Entscheidungen mit Rechtsprechungscharakter treffen.[457] Hierzu zählen in Deutschland allerdings auch die Vergabekammern.[458]

c) Mittelbare Bindung der Instanzgerichte und übrigen nationalen Organe

Mit Ausnahme der letztinstanzlichen Gerichte lässt sich die außerprozessuale Bindung an Urteile des EuGH in Vertragsverletzungsverfahren, wie aufgezeigt, nicht unmittelbar aus etwaigen Verpflichtungen im Vorabentscheidungsverfahren ableiten. Schließt die grundsätzliche Ablehnung einer Vorlagepflicht der nationalen Instanzgerichte eine Bindung dieser Organe sowie der übrigen nationalen Organe, die nicht Gerichte im Sinne des Art. 267 Abs. 2 und Abs. 3 AEUV sind, an Urteile des EuGH also endgültig aus?[459] Aufschluss geben die Gründe, welche die Unterscheidung zwischen letztinstanzlichen Gerichten und Instanzgerichten im Rahmen des Art. 267 AEUV rechtfertigen:

---

456 Ähnlich *Thewes*, Bindung und Durchsetzung der gerichtlichen Entscheidungen in der EU, S. 221 f., der allerdings eine rechtliche außerprozessuale Bindung anderer nationaler Organe als der letztinstanzlichen Gerichte an die Urteile des EuGH endgültig ablehnt.

457 Dieselbe Definition der vorlageberechtigten „*Gerichte*" findet sich bei EuGH, Urt. v. 19.10.1995 – C-111/94, Slg. 1995, I-3382 ff. (I-3386, Rn. 9) – Job Centre; *Karpenstein*, in: *Grabitz/Hilf/Nettesheim*, Das Recht der EU, Art. 267 AEUV, Rn. 16 [Stand: 5/2013].

458 *Karpenstein*, in: *Grabitz/Hilf/Nettesheim*, Das Recht der EU, Art. 267 AEUV, Rn. 17 [Stand: 5/2013].

459 Eine rechtliche außerprozessuale Bindung nationaler Organe mit Ausnahme letztinstanzlicher Gerichte im Gegensatz zu einer faktischen Bindung lehnt mit dieser Begründung ab: *Thewes*, Bindung und Durchsetzung der gerichtlichen Entscheidungen in der EU, S. 222. Etwas anderes folgt aus *Dauses*, Das Vorabentscheidungsverfahren nach Artikel 177 EWG-Vertrag, S. 155, der obgleich einer mangelnden Vorlageverpflichtung von Instanzgerichten bei Auslegungsfragen annimmt, dass diese Vorabentscheidungen des EuGH beachten müssten. Eine Bindung aller mitgliedstaatlichen Gerichte an Entscheidungen des EuGH bejaht, ohne auf eine etwaige Vorlagepflicht einzugehen, *Henninger*, Europäisches Privatrecht und Methode, S. 304.

Die Divergenz des Art. 267 AEUV im Umgang mit den unterschiedlichen nationalen gerichtlichen Instanzen ist v.a. dadurch gerechtfertigt, dass bei den Instanzgerichten eine Korrektur im innerstaatlichen Bereich durch die letztinstanzlichen Gerichte, also die Berufungs- und Revisionsgerichte möglich ist.[460] Diese tragen im nationalen Recht für die Einheitlichkeit der Judikatur Sorge[461] und sind ihrerseits, sofern sie von der bisherigen Judikatur des EuGH abweichen wollen, zur Einholung einer Vorabentscheidung verpflichtet.[462] Divergierende Entscheidungen nationaler Instanzgerichte werden daher nur dann Bestand haben, wenn das Verfahren nicht von einer der Parteien bis in die letzte Instanz vorangetrieben wird.[463] Da die unterliegende Partei in der Regel versuchen wird, alle prozessualen Mittel zu ergreifen, um den Rechtsstreit zu gewinnen, ist dies der Ausnahmefall.[464] Die Einheitlichkeit der Anwendung des Unionsrechts wird auf diese Weise neben der Vorlagepflicht für letztinstanzliche Gerichte durch den innerstaatlichen Instanzenzug gesichert.[465] Dies gilt selbst dann, wenn nach nationalem Recht für die Einlegung eines Rechtsmittels eine vorherige Zulassungserklärung durch das oberste Gericht erforderlich ist:[466] Das oberste Gericht muss bei der Prüfung der Zulassung die Rechtsprechung des EuGH beachten und daher bereits in diesem frühen Stadium oder im anschließenden Hauptverfahren

---

460 *Wißmann*, in: Erfurter Kommentar zum Arbeitsrecht, Art. 267 AEUV, Rn. 35. Ähnliches folgt aber auch aus *Ehricke*, Die Bindungswirkung von Urteilen des EuGH im Vorabentscheidungsverfahren, S. 16; *Nucera*, Sentenze pregiudiziali della Corte di giustizia, S. 41.

461 *Basse*, Das Verhältnis zwischen der Gerichtsbarkeit des EuGH und der deutschen Zivilgerichtsbarkeit, S. 213.

462 S.o. 1. Abschnitt E.II.3.a), S. 76 ff.

463 *Habscheid*, in: FS v.d. Heydte, 1. Halbband, 1977, S. 205 ff. (218 f.), empfiehlt daher aus Gründen der Prozessökonomie und wegen des Grundsatzes der Gewährung effektiven Rechtsschutzes den Instanzgerichten dringend eine Vorabentscheidung einzuholen, sofern sie von der Rspr. des EuGH abweichen wollen. Mit ähnlicher Argumentation begründet *Thewes*, Bindung und Durchsetzung der gerichtlichen Entscheidungen in der EU, S. 237 ff., eine faktische Bindung der Instanzgerichte an die Rspr. des EuGH.

464 Dass rechtskräftige Entscheidungen nationaler Gerichte, welche dieselben in Abweichung von der Rspr. des EuGH getroffen haben, selten sind, bestätigen *Ehricke*, Die Bindungswirkung von Urteilen des EuGH im Vorabentscheidungsverfahren, S. 16 und *Nucera*, Sentenze pregiudiziali della Corte di giustizia, S. 111.

465 Dies folgt auch aus *Basse*, Das Verhältnis zwischen der Gerichtsbarkeit des EuGH und der deutschen Zivilgerichtsbarkeit, S. 213.

466 Mit der Vorlagepflicht in einem solchen Fall befasste sich EuGH, Urt. v. 04.06.2002 – C-99/00, Slg. 2002, I-4876 ff. (I-4885 f., Rn. 16 ff.) –Lyckeskog.

Fragen nach der Auslegung oder Gültigkeit des Unionsrechts dem EuGH vorlegen.[467] Dieser wird seinen Entscheidungen aus Gründen der Rechtssicherheit regelmäßig das Rechtsverständnis zugrunde legen, welches er bereits in anderen Urteilen zum Ausdruck gebracht hat.[468]

Aus der Vorlagepflicht der letztinstanzlichen Gerichte lässt sich schließlich auch eine Bindung der übrigen Organe der Mitgliedstaaten der Europäischen Union an die Urteile des EuGH in Vertragsverletzungsverfahren ableiten: Das unionsrechtliche Gebot der Rechtsstaatlichkeit gilt im Anwendungsbereich des Unionsrechts auch für die Mitgliedstaaten.[469] Wesentliches Element der Rechtsstaatlichkeit ist die Gewährung von Rechtsschutz gegen Maßnahmen der öffentlichen Gewalt; Handlungen der öffentlichen Gewalt müssen justiziabel sein.[470] Beachtet ein Organ eines Mitgliedstaates die Rechtsprechung des EuGH nicht und wendet das Unionsrecht nicht oder in einer anderen Auslegung als der EuGH an, läuft es somit Gefahr, dass der betroffene Bürger vor den nationalen Gerichten Rechtsschutz sucht oder ein anderes Staatsorgan die Maßnahme gerichtlich überprüfen lässt. Die Maßnahme der öffentlichen Hand droht daher wegen des innerstaatlichen Instanzenzugs und der Vorlagepflicht der nationalen letztinstanzlichen Gerichte spätestens in der letzten Instanz für ungültig oder

---

467 EuGH a.a.O., S. I-4886, Rn. 18; *Kokott/Henze/Sobotta*, JZ 2006, 633 ff. (634).

468 *GA Lagrange*, Schlussanträge v. 13.03.1963 - verb. Rs. 28 bis 30/62, Slg. 1963, 85 ff. (91 f.) – Da Costa & Schaake; *Ehricke*, Die Bindungswirkung von Urteilen des EuGH im Vorabentscheidungsverfahren, S. 51 f. S.o. 1. Abschnitt D.III, S. 62 ff. (Präjudizienbindung des EuGH).

469 *Scheuing*, in: *Schulze/Zuleeg/Kadelbach*, Europarecht, § 6, Rn. 25.

470 BVerfG, Beschl. v. 30.04.2003 - 1 PBvU 1/02, BVerfGE 107, 395 ff. (401); BVerfG, Beschl. v. 02.03.1993 - 1 BvR 249/92, BVerfGE 88, 118 ff. (124); *Hebeler*, in: *Weiß* (Hrsg.), Rechtsschutz als Element von Rechtsstaatlichkeit, 61 ff. (62); *Weiß*, in: *Weiß* (Hrsg.), Rechtsschutz als Element von Rechtsstaatlichkeit, S. 10. Für Entscheidungen der Rechtsprechungsorgane gilt das Erfordernis der Judiziabilität mit Einschränkungen: In Deutschland garantiert das Grundgesetz in Art. 19 Abs. 4 GG Rechtsschutz durch den Richter, nicht jedoch gegen den Richter (BVerfG, Beschl. v. 05.02.1963 - 2 BvR 21/60, BVerfGE 15, 275 ff. (280); *Hebeler*, in: *Weiß* (Hrsg.), Rechtsschutz als Element von Rechtsstaatlichkeit, 61 ff. (62)). Eine begrenzte Rechtsschutzgarantie gegen Entscheidungen der Gerichte die Verfahrensgrundrechte verletzen, folgt jedoch aus dem allgemeinen Justizgewähranspruch nach Art. 20 Abs. III GG (BVerfG, Beschl. v. 30.04.2003 - 1 PBvU 1/02, BVerfGE 107, 395 ff. (407); *Hebeler*, in: *Weiß* (Hrsg.), Rechtsschutz als Element von Rechtsstaatlichkeit, S. 61 ff. (62)).

rechtswidrig erklärt zu werden bzw. mit Sekundärrechtsansprüchen des Geschädigten einherzugehen.[471]

Vermittelt über die Vorlagepflicht der nationalen letztinstanzlichen Gerichte sind also auch die anderen nationalen Organe im Ergebnis an Urteile des EuGH im Vertragsverletzungsverfahren gebunden.

4. Die Gleichheit der Mitgliedstaaten (Art. 4 Abs. 2 Satz 1 EUV)

Als weiteres Argument für eine Bindung der nationalen Organe aller Mitgliedstaaten an Urteile des EuGH in Vertragsverletzungsverfahren, kann der in Art. 4 Abs. 2 Satz 1 EUV normierte Grundsatz der Gleichheit der Mitgliedstaaten angeführt werden.[472] Ohne nach einer strikten Gleichbehandlung der Mitgliedstaaten zu verlangen, steht der Grundsatz einer unsachlichen Differenzierung zwischen den Mitgliedstaaten durch Handlungen der Unionsorgane entgegen und statuiert ein Willkürverbot.[473] Gleichzeitig lässt sich dem Grundsatz das Gebot nach der einheitlichen Geltung und Anwendung des Unionsrechts ableiten.[474]

Im Vertragsverletzungsverfahren stellt der EuGH aus Anlass eines bestimmten Verhaltens eines Mitgliedstaats fest, dass eine bestimmte rechtliche Situation Unionsrecht verletzt.[475] Diese rechtliche Situation kann ohne sachliche Gründe nicht anders beurteilt werden, wenn sie auf das Verhalten eines anderen Mitgliedstaats zurückzuführen ist oder außerhalb des konkreten Verfahrensgegenstands

---

471 Ähnliche Argumente führt für eine faktische Bindung der übrigen nationalen Organe an: *Thewes*, Bindung und Durchsetzung der gerichtlichen Entscheidungen in der EU, S. 238 f.

472 Ähnlich *Plouvier*, Les décisions de la Cour de justice des communautés européennes et leurs effets juridiques, S. 216 f. Der Grundsatz der Gleichheit der Mitgliedstaaten veranlasst den Autor, Urteilen in Vertragsverletzungsverfahren eine Rechtskraftwirkung „*erga omnes*" zuzusprechen.

473 *V. Bogdandy/Schill*, in: *Grabitz/Hilf/Nettesheim*, Das Recht der EU, Art. 4 EUV, Rn. 7 [Stand: 9/2013]; *Hatje*, in: *Schwarze/Becker/Hatje/Schoo*, EU-Kommentar, Art. 267 AEUV, Rn. 8 (ausdrücklich zum „*Willkürverbot*").

474 *Hatje* (ebda).

475 *Ganshof van der Meersch*, Journal des Tribunaux 1971, 460 ff. (470); unter Berufung auf Ersteren auch *Plouvier*, Les décisions de la Cour de justice des communautés européennes et leurs effets juridiques, S. 216, jeweils mit folgendem Wortlaut: „*[...] déclaratoire d'une situation juridique determine qui vaut erga omnes*". Daneben auch *Toth*, YEL 1984, 2 ff. (53): „*[...] such a judgment declares illegal not a particular national measure, but an existing legal situation.*"

erneut auftritt.[476] Da eine selektive Durchführung des Vertragsverletzungsverfahrens gegenüber einzelnen Mitgliedstaaten gegen das Gleichheitsgebot verstoßen würde,[477] müssen die Mitgliedstaaten, sofern sie entgegen der Rechtsprechung des EuGH ebenfalls Maßnahmen aufrechterhalten, welche eine gleichgelagerte rechtliche Situation auslösen, wie jene, über welche der EuGH bereits befunden hat, mit einer Verurteilung im Vertragsverletzungsverfahren rechnen.[478]

III. Rechtliche oder tatsächliche außerprozessuale Bindung der nationalen Organe?

In der europarechtlichen Literatur wird häufig zwischen einer rechtlichen und einer tatsächlichen bzw. faktischen Bindung der Mitgliedstaaten und ihrer Organe an Urteile des EuGH unterschieden.[479] Im Gegensatz zur rechtlichen Bindung sei die tatsächliche Bindung nicht auf eine rechtliche Verpflichtung zur Beachtung der Rechtsprechung zurückzuführen, sondern sie erfolge aus anderen z.B. prozessökonomischen Gründen.[480] Diese Differenzierung findet sich

---

476 Ähnlich *Plouvier*, Les décisions de la Cour de justice des communautés européennes et leurs effets juridiques, S. 216 f.; *Toth*, YEL 1984, 2 ff. (53).

477 *V. Bogdandy/Schill*, in: *Grabitz/Hilf/Nettesheim*, Das Recht der EU, Art. 4 EUV, Rn. 7 [Stand: 9/2013]; *Hatje*, in: *Schwarze/Becker/Hatje/Schoo*, EU-Kommentar, Art. 267 AEUV, Rn. 8.

478 Im Ergebnis folgt Ähnliches aus *Toth*, YEL 1984, 2 ff. (53 ff.).

479 So etwa *Thewes*, Bindung und Durchsetzung der gerichtlichen Entscheidungen in der EU, S. 123 und 236 ff. Im Zusammenhang mit Urteilen im Vorabentscheidungsverfahren erörtert eine *„tatsächliche Bindung"* auch *Matthies*, in: FS Hallstein, 1966, S. 304 ff. (320); ähnlich *Stark*, Der Abfallbegriff im europäischen und im deutschen Umweltrecht, S. 201; *Schoch*, DVBl 2004, 69 ff. (75, der Autor benutzt dabei den Terminus der *„faktischen Bindungswirkung"*). Auch *Toth*, YEL 1984, 2 ff. (5 ff. und 44 ff.), unterscheidet zwei Arten von Wirkungen, die von Urteilen des EuGH ausgehen können: Die *„binding force of judgment"* und die *„legal effects"*. Eine ähnliche Unterscheidung findet sich bei *Schwarze*, The Role of the ECJ in the Interpretation of Uniform Law, S. 31 ff. (*„Binding effect"*/*„Legal effect"*).

480 *Thewes*, Bindung und Durchsetzung der gerichtlichen Entscheidungen in der EU, S. 123. Ähnlich *Schoch*, DVBl 2004, 69 ff. (75), der ausführt, dass nicht das geltende Recht, sondern *„juristische Klugheit"* gegen eine Übergehung von Vorabfeststellungen und *„obiter dicta"* des EuGH sprechen würde. Ähnlich auch *Toth*, YEL 1984, 2 ff. (5 ff. und 44 ff.), der feststellt, dass die *„binding force of judgment"* zu einer Umsetzungspflicht der Mitgliedstaaten führen und Urteilen Gesetzeskraft zusprechen könne, während die *„legal effects"* mit keiner rechtlichen Bindung einhergehen würden, das Verhalten der Mitgliedstaaten jedoch auf andere Weise beeinflussen und Urteile insoweit eine *„erga-omnes-Wirkung"* entfalten könnten. Ferner *Schwarze*,

teilweise auch bei der Untersuchung der Wirkungen von Urteilen des EuGH in Vertragsverletzungsverfahren, wobei die Autoren in der Folge häufig eine rechtliche Bindung über die Grenzen des Verfahrensgegenstandes hinweg ablehnen, während sie eine tatsächliche Bindung zumeist anerkennen.[481] Gegen eine rechtliche außerprozessuale Bindungswirkung der Entscheidungen des EuGH wird u.a. vorgetragen, dass es dem unionsrechtlichen Rechtsschutzsystem widerspräche, die außerprozessuale Bindung an Entscheidungen des EuGH neben den letztinstanzlichen Gerichten der Mitgliedstaaten auf sämtliche Organe der Mitgliedstaaten zu erstrecken.[482] Zudem sei eine rechtliche außerprozessuale Bindung der Organe der Mitgliedstaaten überflüssig, da eine faktische Bindung aus prozessökonomischen Gründen bestehe, die ausreiche, um die Einheitlichkeit der Rechtsordnung zu gewährleisten.[483] Andere Autoren lehnen eine rechtliche Bindungswirkung der Urteile außerhalb des jeweiligen Streitgegenstandes unter Verweis auf das Institut der Rechtskraft und das Fehlen einer strikten Präjudizienbindung ab.[484]

Für die letztinstanzlichen Gerichte der Mitgliedstaaten folgt die Pflicht zur Beachtung der Rechtsprechung des EuGH unmittelbar aus Art. 267 Abs. 3 i.V.m. Abs. 1 AEUV und ist damit eindeutig eine rechtliche.[485] Mit dem Grundsatz der Relativität der Rechtskraft ist sie aufgrund der fehlenden „*ne-bis-in-idem-Funktion*" vereinbar.[486] Die fehlende Präjudizienbindung steht einer rechtlichen

The Role of the ECJ in the Interpretation of Uniform Law, S. 31 ff. („*Binding effect*", verstanden als strikte Bindung im Sinne der „*Stare-decisis-Lehre*" und „*Legal effect*", verstanden als andersgelagerte „*erga-omnes-Wirkung*").

481 *Toth*, YEL 1984, 2 ff. (44 und 53 ff.); *Thewes*, Bindung und Durchsetzung der gerichtlichen Entscheidungen in der EU, S. 221 f. und 236 ff. Letzterer bejaht allerdings eine rechtliche Bindung der letztinstanzlichen Gerichte. Eine außerprozessuale Bindungswirkung von Urteilen des EuGH in Vertragsverletzungsverfahren bejaht, allerdings ohne zwischen rechtlicher und tatsächlicher Bindungswirkung zu unterscheiden, *Tsikrikas*, Die Wirkungen der Urteile des EuGH im Vertragsverletzungsverfahren, S. 142 ff.

482 *Thewes*, Bindung und Durchsetzung der gerichtlichen Entscheidungen in der EU, S. 221 ff.

483 *Thewes* a.a.O., S. 222.

484 *Toth*, YEL 1984, 2 ff. (44).

485 Hiervon geht auch *Thewes*, Bindung und Durchsetzung der gerichtlichen Entscheidungen in der EU, S. 221 f. und 203 ff., aus, eine rechtliche außerprozessuale Bindung der anderen nationalen Organe im Übrigen ablehnend.

486 Zur fehlenden „*ne-bis-in-idem-Funktion*" der außerprozessualen Bindungswirkung s.o. 1. Abschnitt E.I.3 und 4, S. 69 ff. (69, Fn. 386).

außerprozessualen Bindung an Urteile des EuGH in Vertragsverletzungsverfahren bereits deshalb nicht entgegen, weil der EuGH wegen des Grundsatzes der Rechtssicherheit nur ausnahmsweise von seiner bisherigen Rechtsprechung abweicht.[487]

Doch sind auch die anderen nationalen Organe über die Grenzen des Streitgegenstandes eines Feststellungsurteils in einem früheren Vertragsverletzungsverfahren hinaus an Urteile des EuGH gebunden? Die Antwort findet sich in den aufgezeigten Begründungsansätzen, wobei die Gegenüberstellung der unmittelbaren Bindung der letztinstanzlichen Gerichte mit der mittelbaren Bindung der anderen nationalen Organe nach Art. 267 AEUV einen ersten Anhaltspunkt dafür liefert, ob eine Unterscheidung zwischen rechtlicher und tatsächlicher außerprozessualer Bindung der nationalen letztinstanzlichen Gerichte einerseits und der übrigen nationalen Organe andererseits gerechtfertigt ist.

1. Unmittelbare und mittelbare Bindung der nationalen Organe aus Art. 267 AEUV – Differenzen und Gemeinsamkeiten

Die lediglich mittelbare Bindung der nationalen Organe, mit Ausnahme der letztinstanzlichen Gerichte, an die Rechtsprechung des EuGH bedingt, dass zumindest für diese Organe aus Art. 267 AEUV keine mit dem Vertragsverletzungsverfahren sanktionierbare Pflicht zur Anwendung der Rechtsprechung des EuGH resultiert.[488] Die Vertragsverletzung liegt bei einer Nichtbeachtung der Rechtsprechung des EuGH durch andere nationale Organe als letztinstanzliche Gerichte vielmehr im Verstoß gegen das Unionsrecht, mit dem Inhalt, das es durch die Auslegung des EuGH erhalten hat.[489] Dies steht einer rechtlichen außerprozessualen Bindung jedoch nicht entgegen: Die außerprozessuale Bindungswirkung weist insoweit eine Parallele zum Anwendungsvorrang des Unionsrechts auf, der ebenfalls nicht als selbständige Rüge im Vertragsverletzungsverfahren vor dem EuGH geltend gemacht werden kann.[490] Dennoch ist er als allgemeiner Rechtsgrundsatz des Unionsrecht anerkannt und seine

487 S.o. 1. Abschnitt III, S. 62 ff.

488 Ähnliches folgt aus *Ehricke*, Die Bindungswirkung von Urteilen des EuGH im Vorabentscheidungsverfahren, S. 58 (dort zur Bindung der nationalen Gerichte an Vorabentscheidungen).

489 Ähnlich *Ehricke* (ebda), für die Bindung der nationalen Gerichte an Vorabentscheidungen.

490 Für den Anwendungsvorrang betonen dies EuGH, Urt. v. 04.12.1986 – Rs. 220/83, Slg. 1986, 3702 ff. (3711, Rn. 30 f.) – Kommission/Frankreich; EuGH, Urt. v. 04.12.1986 – Rs. 252/83, Slg. 1986, 3742 ff. (3752, Rn. 35 f.) – Kommission/Dänemark; EuGH,

Bedeutung für die einheitliche Anwendung des Unionsrechts weitgehend unumstritten.[491]

Auch für die letztinstanzlichen Gerichte der Mitgliedstaaten ist in der Literatur strittig, ob bzw. unter welchen Voraussetzungen ein Verstoß gegen die Vorlagepflicht nach Art. 267 Abs. 3 AEUV mit einem Vertragsverletzungsverfahren geahndet werden kann.[492] Zwar erkennt die h.M. an, dass Art. 258 ff. AEUV grundsätzlich auch Vertragsverletzungen von Mitgliedstaaten umfassen, die von judikativen Rechtsakten ausgehen.[493] Dennoch werden gegen die Einleitung von Vertragsverletzungsverfahren wegen judikativen Unrechts in der Praxis die Unabhängigkeit der Gerichte, die völkerrechtliche Staatenverantwortlichkeit und die entgegenstehende Rechtskraft richterlicher Entscheidungen vorgebracht.[494] Auch politische Erwägungen werden als Argument gegen die Zulässigkeit von Vertragsverletzungsverfahren gegen Entscheidungen nationaler Gerichte angeführt.[495] U.a. wird auf den Intergrationswillen der nationalen Gerichte abgestellt, der für die Durchsetzung des Unionsrechts elementar sei; die Zusammenarbeit zwischen den Gerichten würde empfindlich gestört, könnten auch judikative Akte nationaler Gerichte Gegenstand von Vertragsverletzungsverfahren sein.[496]

In der Praxis hatte der EuGH mangels eines entsprechenden Antrags bis heute noch nie Gelegenheit im Rahmen eines Vertragsverletzungsverfahrens über einen judikativen Rechtsakt zu befinden.[497] In der Literatur wird zwar teilweise vertreten,

---

Urt. v. 04.12.1986 – Rs. 206/84, Slg. 1986, 3843 ff. (3852, Rn. 30 f.) – Kommission/Irland; *Wölker*, EuR 2007, 32 ff. (54 f.).

491 Statt aller *Mayer F.C.*, in: *Grabitz/Hilf/Nettesheim*, Das Recht der EU, Art. 19 EUV, Rn. 35 [Stand: 7/2010]. Mit weiteren Nachweisen s.o. 1. Abschnitt A, S. 15, Fn. 80.

492 Ausführlich zur Zulässigkeit von Vertragsverletzungsverfahren gegen Rechtsprechungsakte nationaler Gerichte: *Wollenschläger P.*, Die Gemeinschaftsaufsicht über die Rspr. der Mitgliedstaaten, S. 163 ff. Zu der Problematik auch *Baumann*, Die Rspr. des EuGH zum Vorrang von Gemeinschaftsrecht, S. 152 ff.

493 *Baumann*, Die Rspr. des EuGH zum Vorrang von Gemeinschaftsrecht, S. 152; *Kremer*, EuR 2007, 470 ff. (477): jeweils mit weiteren Nachweisen; *Mayer F.C.*, in: *v. Bogdandy/Bast* (Hrsg.), Principles of European constitutional law, S. 399 ff. (402).

494 Zu den einzelnen Argumenten und den unterschiedlichen Auffassungen mit weiteren Nachweisen: *Wollenschläger P.*, Die Gemeinschaftsaufsicht über die Rspr. der Mitgliedstaaten, S. 164 ff.

495 *Wollenschläger P.* a.a.O., S. 179 ff. (mit weiteren Nachweisen).

496 *Wollenschläger P.* a.a.O., S. 180; ähnlich *Baumann*, Die Rspr. des EuGH zum Vorrang von Gemeinschaftsrecht, S. 153.

497 *Mayer F.C.*, EuR 2002, 239 ff. (247); *ders.*, in: *v. Bogdandy*, Europäisches Verfassungsrecht, S. 233; *ders.*, in: *v. Bogdandy/Bast* (Hrsg.), Principles of European constitutional

der EuGH hätte in der Rechtssache C-129/00[498] eine Vertragsverletzung durch judikatives Unrecht feststellen können, sei dem aber ausgewichen.[499] Einer solchen Feststellung stand jedoch bereits der Antrag der Europäischen Kommission entgegen, der die Vertragsverletzung in der Beibehaltung einer gesetzlichen Vorschrift durch die italienische Legislative ausmachte.[500] Verfahrensgegenstand war also von vorneherein nur eine Maßnahme der Legislative, nicht hingegen eine gerichtliche Entscheidung.[501] Im sogenannten *„Pingo-Hähnchen-Fall"*[502] hatte die Europäische Kommission zwar ein Vertragsverletzungsverfahren gegen Deutschland wegen judikativen Unrechts eingeleitet und die Bundesrepublik Deutschland unter Setzung einer Frist zur Beseitigung eines Vertragsverstoßes aufgefordert, der aus der Missachtung der Vorlagepflicht durch einen Beschluss des BGH resultierte.[503] Von einer weiteren Verfolgung des Vertragsverstoßes im gerichtlichen Verfahren sah die Europäische Kommission jedoch ab.[504] Insgesamt ist das Verhalten der Europäischen Kommission von einer grundsätzlichen Zurückhaltung gegenüber

law, S. 399 ff. (403). Zur Rspr. bis 1997 ebenso *Ehricke*, Die Bindungswirkung von Urteilen des EuGH im Vorabentscheidungsverfahren, S. 58 f. Dasselbe folgt aus *Sack*, EuZW 1991, 246 f.; *Wollenschläger P.*, Die Gemeinschaftsaufsicht über die Rspr. der Mitgliedstaaten, S. 176. Die beiden letzteren Autoren betonen, dass die Europäische Kommission bisher Vertragsverletzungsverfahren wegen judikativen Unrechts zwar eingeleitet, nicht aber durchgeführt habe.

498 EuGH, Urt. v. 09.12.2003 – C-129/00, Slg. 2003, I-14672 ff. – Kommission/Italien.

499 So etwa *Baumann*, Die Rspr. des EuGH zum Vorrang von Gemeinschaftsrecht, S. 153; *Kremer*, EuR 2007, 470 ff. (478).

500 Dasselbe folgt aus *Breuer*, EuZW 2004, 199 ff. (199 f.).

501 *Breuer* a.a.O., S. 199.

502 So etwa *Ehricke*, Die Bindungswirkung von Urteilen des EuGH im Vorabentscheidungsverfahren, S. 59.

503 Verfahrensgegenständlicher Beschluss: BGH, Beschl. v. 11.05.1989 – I ZR 163/88 (unveröffentlicht, Nichtzulassung der Revision gegen OVG Köln, Urt. v. 29.04.1988 – 6 U 173/87, NJW-RR 1990, 174 ff.). Dazu *Ehricke*, Die Bindungswirkung von Urteilen des EuGH im Vorabentscheidungsverfahren, S. 59; *Meier*, EuZW 1991, 11 ff.; *Wollenschläger P.*, Die Gemeinschaftsaufsicht über die Rspr. der Mitgliedstaaten, S. 176. Ferner *Sack*, EuZW 1991, 246 f. (246), der darauf hinweist, dass sich die Europäische Kommission bereits vor dem Pingo-Hähnchen-Fall wiederholt an die Regierungen der Mitgliedstaaten gewandt habe, um auf Verstöße der nationalen Gerichte hinzuweisen, bisher aber lediglich auf die übliche Schlussformel, die eine Fristsetzung zur Beseitigung des Vertragsverstoßes enthalte, verzichtet habe.

504 *Ehricke*, Die Bindungswirkung von Urteilen des EuGH im Vorabentscheidungsverfahren, S. 59; *Wollenschläger P.*, Die Gemeinschaftsaufsicht über die Rspr. der Mitgliedstaaten, S. 176.

nationalen Gerichten, die gegen die Vorlagepflicht verstoßen, gekennzeichnet.[505] Die Europäische Kommission hält die Einleitung eines Vertragsverletzungsverfahrens nur dann für ein geeignetes Mittel zur Durchsetzung der Vorlagepflicht aus Art. 267 Abs. 3 AEUV, wenn die Missachtung des Unionsrechts auf einer offensichtlichen Unkenntnis oder einer bewussten Haltung der letztinstanzlichen nationalen Gerichte beruht.[506] Ein einmaliger Verstoß gegen die Vorlagepflicht dürfte diese Voraussetzungen kaum erfüllen; erforderlich ist vielmehr eine systematische und vorsätzliche Nichtbeachtung des Art. 267 Abs. 3 AEUV.[507] Die Umsetzung eines Feststellungsurteils des EuGH, das einen Vertragsverstoß durch judikatives Unrecht zum Inhalt hat, würde zudem auch innerstaatlich wegen des Grundsatzes der Rechtskraft von Entscheidungen auf Grenzen stoßen.[508]

In der Rechtstheorie unterscheiden sich die unmittelbare Bindung der letztinstanzlichen Gerichte und die mittelbare Bindung der übrigen nationalen Organe an die Rechtsprechung des EuGH demnach grundlegend voneinander: Erstere resultiert unmittelbar aus einer Rechtsgrundlage, namentlich aus Art. 267 Abs. 3 i.V.m. Abs. 1 AEUV.[509] Letzere kann nur mittelbar aus dieser Vorschrift abgeleitet werden und ist auch von tatsächlichen Umständen (z.B. dem Willen der Prozessparteien zur Rechtsverfolgung durch mehrere Instanzen im Verfahren vor den nationalen Rechtsprechungsorganen) abhängig.[510] Der durch Art. 267 AEUV vermittelte Eindruck, der stärkeren bzw.

---

505 *Meier*, EuZW 1991, 11 ff. (11); *Schröder*, EuR 2011, 808 ff. (811). Ausführlich zur Praxis der Kommission: *Wollenschläger P.*, Die Gemeinschaftsaufsicht über die Rspr. der Mitgliedstaaten, S. 172 ff.

506 KOM, Schriftliche Anfrage Nr. 608/78 von Herrn Krieg – ABlEG Nr. C 28 v. 31.01.1979, S. 8 f. (9). Dazu *Ehricke*, Die Bindungswirkung von Urteilen des EuGH im Vorabentscheidungsverfahren, S. 59; *Mayer F.C.*, in: *v. Bogdandy/Bast* (Hrsg.), Principles of European constitutional law, S. 399 ff. (403); *Wollenschläger P.*, Die Gemeinschaftsaufsicht über die Rspr. der Mitgliedstaaten, S. 172 ff. (insbesondere S. 175).

507 *Mayer F.C.*, EuR 2002, 239 ff. (248).

508 *Baumann*, Die Rspr. des EuGH zum Vorrang von Gemeinschaftsrecht, S. 155 ff.; *Kremer*, EuR 2007, 470 ff. (479); *Wollenschläger P.*, Die Gemeinschaftsaufsicht über die Rspr. der Mitgliedstaaten, S. 251 f.

509 S.o. 1. Abschnitt E.II.3.a), S. 76 ff.

510 S.o. 1. Abschnitt E.II.3.b) und c), S. 78 ff. V.a. letztgenannter Aspekt veranlasst *Thewes*, Bindung und Durchsetzung der gerichtlichen Entscheidungen in der EU, S. 237, lediglich von einer *„faktischen außerprozessualen Bindungswirkung"* der Urteile des EuGH gegenüber den nationalen Organen mit Ausnahme der letztinstanzlichen Gerichte auszugehen.

folgenschwereren Bindung nationaler letztinstanzlicher Gerichte an die Rechtsprechung des EuGH, bestätigt sich hinsichtlich der Durchsetzbarkeit der Bindungswirkung allerdings nicht: Verstößt ein letztinstanzliches Gericht gegen seine Vorlagepflicht nach Art. 267 Abs. 3 i.V.m. Abs. 1 AEUV, indem es von der Rechtsprechung des EuGH abweicht, ohne eine Vorabentscheidung einzuholen, muss es nach der derzeitigen Praxis weder mit der Einleitung eines Vertragsverletzungsverfahrens nach Art. 258 ff. AEUV rechnen, noch kann sein Urteil innerstaatlich kassiert werden.[511] Demgegenüber muss ein nationales Instanzgericht damit rechnen, dass eine Entscheidung, welche nicht mit der Judikatur des EuGH konform geht, von der nächsthöheren Instanz im nationalen Instanzenzug aufgehoben wird.[512] Ebenso wenig kann ein anderes nationales Organ darauf vertrauen, dass eine Handlung, die der Rechtsprechung des EuGH widerspricht, folgenlos Bestand hat.[513] Der rechtstheoretische Befund – die striktere Bindung der letztinstanzlichen Gerichte an die europäische Judikatur im Gegensatz zu den Instanzgerichten und anderen nationalen Organen – wird demnach durch die mangelnde Durchsetzbarkeit der Vorlagepflicht aus Art. 267 Abs. 3 i.V.m. Abs. 1 AEUV in ihr Gegenteil verkehrt. Die Möglichkeit der von einem rechtskräftigen Fehlurteil betroffenen Individuen wegen judikativen Unrechts einen Staatshaftungsanspruch geltend zu machen, schwächt diesen Befund nur geringfügig ab.[514] Denn zum einen bleibt das rechtswidrige Urteil auch im Falle der Staatshaftung bestehen, zum anderen ist der Staatshaftungsanspruch an strenge Voraussetzungen geknüpft.[515]

---

511 Deutlich macht die mangelnde Durchsetzbarkeit der Vorlagepflicht insbesondere *Schröder*, EuR 2011, 808 ff. (811 ff.).

512 Ähnlich *Thewes*, Bindung und Durchsetzung der gerichtlichen Entscheidungen in der EU, S. 237 (ohne den vorliegend angestellten Vergleich).

513 Ähnlich *Thewes* a.a.O., S. 238 f.

514 Dies folgt letztlich aus *Baumann*, Die Rspr. des EuGH zum Vorrang von Gemeinschaftsrecht, S. 159; *Schröder*, EuR 2011, 808 ff. (823). Die grundsätzliche Möglichkeit eines Staatshaftungsanspruchs bei judikativem Unrecht zeigt auf: EuGH, Urt. v. 30.09.2003 – C-224/01, Slg. 2003, I-10290 ff. (I-10305 ff., Rn. 30 ff.) – Köbler.

515 *Baumann*, Die Rspr. des EuGH zum Vorrang von Gemeinschaftsrecht, S. 159. Nach EuGH, Urt. v. 30.09.2003 – C-224/01, Slg. 2003, I-10290 ff. (I-10312, Rn. 56) – Köbler, ist der Staatshaftungsanspruch vom Vorliegen eines qualifizierten Rechtsverstoßes, der offenkundig sein muss, abhängig.

2. *Die Systematik des Unionsrechts als Ausgangspunkt der außerprozessualen Bindung*

Durch die unterschiedlichen Begründungsansätze wurde aufgezeigt, dass die Beachtung der Rechtsprechung des EuGH durch die nationalen Organe der Mitgliedstaaten in der Systematik des Unionsrechts angelegt ist. Nicht lediglich prozessökonomische Gründe, sondern die dem EuGH übertragenen Aufgaben und Kompetenzen sowie die damit einhergehenden Verpflichtungen der nationalen letztinstanzlichen Gerichte führen im Zusammenspiel mit dem innerstaatlichen Instanzenzug und dem Rechtsstaatsprinzip dazu, dass Handlungen der nationalen Organe nur sofern sie mit der Rechtsprechung des EuGH übereinstimmen, mit Sicherheit Bestand haben. Die außerprozessuale Bindung an Urteile des EuGH in Vertragsverletzungsverfahren ist demnach nicht lediglich eine tatsächliche, sondern lässt sich auf wichtige Grundprinzipien des Unionsrechts zurückführen.[516] Die Bindung ist also eine rechtliche.

Die rechtliche Bindung beinhaltet allerdings auch eine tatsächliche Komponente, die darin auszumachen ist, dass nicht am Verfahren beteiligte Mitgliedstaaten ein starkes eigenes Interesse daran haben, ihr zukünftiges Verhalten an der Rechtsprechung des EuGH auszurichten, wollen sie nicht Gefahr laufen, ebenfalls im Rahmen eines Vertragsverletzungsverfahrens wegen einer bereits durch den EuGH als unionsrechtswidrig beurteilten rechtlichen Situation verurteilt zu werden bzw. in einem Rechtsstreit im innerstaatlichen Instanzenzug zu unterliegen.

IV. Die objektiven Grenzen der außerprozessualen Bindungswirkung

Während die Rechtskraft und die innerprozessuale Bindungswirkung „*per definitionem*" eine enge Verknüpfung mit dem Streitgegenstand aufweisen,[517] ist dies für die außerprozessuale Bindungswirkung nicht gleichermaßen der Fall. Die außerprozessuale Bindungswirkung zielt im Vergleich zu den anderen beiden Rechtsinstituten nicht so sehr auf die Sicherung des Bestands einer Entscheidung ab,[518] sondern darauf, durch die Erfassung von Parallelfällen künftige

516 Im Ergebnis ebenso, ohne den Unterschied zwischen tatsächlicher und rechtlicher außerprozessualer Bindung anzusprechen, *Tsikrikas,* Die Wirkungen der Urteile des EuGH im Vertragsverletzungsverfahren, S. 142 ff.

517 Zum Verhältnis von Rechtskraft und Streitgegenstand s.o. 1. Abschnitt C.VI.1, S. 36 f.

518 Zu der entsprechenden Zielsetzung der formellen Rechtskraft und der innerprozessualen Bindungswirkung s.o. 1. Abschnitt C.V.1, S. 30 f. und 1. Abschnitt D.I, S. 56 f.

unionsrechtswidrige Akte zu verhindern[519] und zur Vereinheitlichung der Rechtsanwendung beizutragen.[520]

Von der außerprozessualen Bindungswirkung ist nach dem Sinn und Zweck der Bindungswirkung der Feststellungstenor umfasst, in welchem die Entscheidung des EuGH niedergelegt ist.[521] Wie die Rechtskraft und die innerprozessuale Bindungswirkung, muss sich die außerprozessuale Bindungswirkung darüber hinaus auch auf die tragenden Entscheidungsgründe erstrecken, soweit sie die Auslegung und Anwendung des Unionsrechts betreffen.[522] Dem EuGH kommt in der Unionsrechtsordnung die Funktion als maßgeblicher Interpret und Hüter des Unionsrechts zu.[523] Aus dieser Rolle des EuGH resultiert die Erstreckung der außerprozessualen Bindungswirkung auf diejenigen tragenden Entscheidungsgründe, in denen Rechtsansichten des EuGH auf dem Gebiet des Unionsrechts zum Ausdruck kommen.[524] Anderenfalls würde bereits ein wesentliches Spezifikum der außerprozessualen Bindungswirkung – die Erfassung von Parallelfällen – verhindert.[525] Der EuGH trifft im Tenor eine Aussage über ein bestimmtes Verhalten, welche sich isoliert betrachtet, nur schwer vom konkreten Fall abstrahieren lässt.[526] Demgegenüber bringt der EuGH in den tragenden Entscheidungsgründen, die

---

519 Entsprechend zum Zweck der außerprozessualen Bindungswirkung von BVerfG-Entscheidungen, Wiederholungsfälle zu verhindern: *Hopfauf*, in: *Schmidt-Bleibtreu/Hofmann/Henneke*, GG, Art. 94, Rn. 152; *Tsikrikas*, Die Wirkungen der Urteile des EuGH im Vertragsverletzungsverfahren, S. 136 und 140 f.

520 Dasselbe folgt aus *Tsikrikas*, Die Wirkungen der Urteile des EuGH im Vertragsverletzungsverfahren, S. 64, 149 und 209.

521 Für Entscheidungen des BVerfG ist dies unstreitig (s.o. 1. Abschnitt E.I.1, S. 66, Fn. 367).

522 Im Ergebnis ebenso *Tsikrikas*, Die Wirkungen der Urteile des EuGH im Vertragsverletzungsverfahren, S. 209, wobei er auf S. 135 ff. allerdings lediglich die objektiven Grenzen der außerprozessualen Bindungswirkung im deutschen nationalen Verfassungsrecht ausdrücklich erörtert. Eine entsprechende Ansicht wird teilweise auch zur objektiven Reichweite der außerprozessualen Bindungswirkung von Entscheidungen des BVerfG vertreten (s.o. 1. Abschnitt E.I.1, S. 66).

523 So spricht *Tsikrikas*, Die Wirkungen der Urteile des EuGH im Vertragsverletzungsverfahren, S. 149, von der Rolle des EuGH als *„maßgeblicher Hüter und Interpret des Gemeinschaftsrechts“*. Die Aufgabe des EuGH als *„Hüter des Rechts“* betont auch *Frenz*, Handbuch Europarecht, Band 5, Kapitel 13, Rn. 2175.

524 Entsprechend für Entscheidungen des BVerfG *Hopfauf*, in: *Schmidt-Bleibtreu/Hofmann/Henneke*, GG, Art. 94, Rn. 153.

525 Ebda, entsprechend für Entscheidungen des BVerfG.

526 Ähnliches folgt für Entscheidungen des BVerfG aus *Heusch*, in: *Umbach/Clemens/Dollinger*, BVerfGG, § 31, Rn. 59.

sich mit der Auslegung und Anwendung des Unionsrechts befassen, Rechtsansichten auf dem Gebiet des Unionsrechts zum Ausdruck, die sich mit der verletzten unionsrechtlichen Bestimmung als solcher befassen und ohne weiteres vom Streitgegenstand abstrahierbar und daher auch auf Parallelfälle übertragbar sind.[527] Über den Einzelfall hinaus, der die konkrete Vertragsverletzung durch einen bestimmten Mitgliedstaat betrifft, lässt sich dem Tenor in Verbindung mit den tragenden Entscheidungsgründen die generalisierbare Aussage entnehmen, dass eine bestimmte rechtliche Situation gegen Unionsrecht verstößt.[528] Da der EuGH zudem zentrale Aussagen über die Auslegung und Anwendung des Unionsrechts erst in den Entscheidungsgründen trifft, kann die außerprozessuale Bindungswirkung nur dann zur einheitlichen Anwendung des Unionsrechts beitragen, wenn auch die tragenden Entscheidungsgründe an der außerprozessualen Bindungswirkung teilnehmen. Bedenken gegen eine Erstreckung der außerprozessualen Bindungswirkung auf die tragenden Entscheidungsgründe bestehen nicht, da dem Rechtsinstitut keine *„ne-bis-in-idem-Funktion“* zukommt, sodass weder die Gefahr der Erstarrung des Unionsrechts, noch der Verletzung des Rechts auf rechtliches Gehör der Nichtbeteiligten droht.[529]

Diejenigen Entscheidungsgründe, die den Subsumtionsschluss des EuGH nicht tragen, die er lediglich bei Gelegenheit der Entscheidung macht, können demgegenüber nicht an der außerprozessualen Bindungswirkung teilnehmen.[530] Einer Erstreckung der außerprozessualen Bindungswirkung auf die nichttragenden

527 Die Abstrahierbarkeit vom konkret entschiedenen Fall ist für die Erfassung von Parallelfällen zwingend erforderlich (*Cremer*, in: *Frowein/Marauhn* (Hrsg.), Grundfragen der Verfassungsgerichtsbarkeit in Mittel- und Osteuropa, 237 ff. (261), dort zur Bindungswirkung in Parallelfällen nach § 31 Abs. 1 BVerfGG).

528 Dass der EuGH im Vertragsverletzungsverfahren eine rechtliche Situation für unionsrechtswidrig erklärt, betonen *Ganshof van der Meersch*, Journal des Tribunaux 1971, 460 ff. (470); *Plouvier*, Les décisions de la Cour de justice des communautés européennes et leurs effets juridiques, S. 216; *Toth*, YEL 1984, 2 ff. (53). Siehe bereits oben 1. Abschnitt E.II.4., S. 85 f. (84, Fn. 475).

529 Mit ähnlichen Argumenten lehnt *Tsikrikas*, Die Wirkungen der Urteile des EuGH im Vertragsverletzungsverfahren, S. 150, eine *„ne-bis-in-idem-Funktion“* der außerprozessualen Bindungswirkung im Unionsrecht ab. Entsprechende Bedenken werden im deutschen Verfassungsrecht gegen eine außerprozessuale Bindungswirkung der tragenden Entscheidungsgründe des BVerfG vorgebracht (s.o. 1. Abschnitt E.I.1, S. 66).

530 Im Ergebnis ebenso *Tsikrikas*, Die Wirkungen der Urteile des EuGH im Vertragsverletzungsverfahren, S. 209 (ausführlich allerdings nur zu den objektiven Grenzen der außerprozessualen Bindungswirkung im deutschen nationalen Verfassungsrecht (*ders.* a.a.O., S. 135 ff.). Für Entscheidungen des BVerfG statt aller *Heusch*, in: *Umbach/*

Entscheidungsgründe steht die unionsrechtliche Kompetenzordnung, insbesondere das Prinzip der begrenzten Einzelermächtigung, entgegen: Das europäische Primärrecht ermächtigt den EuGH nicht dazu, im Rahmen der primärrechtlich geregelten Verfahrensarten abstrakt-generelle Aussagen zu treffen, die in keinem inneren Zusammenhang mit einem Klagebegehren stehen.[531]

V. Die subjektiven Grenzen der außerprozessualen Bindungswirkung

Ausgangspunkt für die Festlegung der subjektiven Grenzen der außerprozessualen Bindungswirkung von Entscheidungen in Vertragsverletzungsverfahren ist Art. 260 Abs. 1 AEUV. Die Vorschrift ermächtigt den EuGH gegenüber einem Mitgliedstaat einen Vertragsverstoß festzustellen.[532] Entsprechend dem Zweck der außerprozessualen Bindungswirkung Parallelfälle zu erfassen, muss sich diese auf andere nicht am Verfahren beteiligte Mitgliedstaaten erstrecken, die in gleicher Weise wie der verurteilte Mitgliedstaat gegen das Unionsrecht verstoßen und wie dieser zu unionsrechtskonformen Verhalten angehalten sind.[533] Die außerprozessuale Bindungswirkung richtet sich dabei an sämtliche Organe der Mitgliedstaaten, denn auch die mit dem Feststellungsurteil einhergehende Pflicht, den Vertragsverstoß zu beenden, kann sämtliche Stellen des verurteilten Staates treffen.[534] Da auch der an einem Vertragsverletzungsverfahren beteiligte Mitgliedstaat eine vergleichbare Rechtsverletzung erneut begehen kann, ohne dass ein identischer Streitgegenstand vorliegt, muss insoweit erst recht das Institut der Rechtskraft um die außerprozessuale Bindungswirkung ergänzt werden.

Clemens/Dollinger, BVerfGG, § 31, Rn. 57 ff.; *Hopfauf*, in: *Schmidt-Bleibtreu/Hofmann/Henneke*, GG, Art. 94, Rn. 154.

531 So betont der EuGH regelmäßig seine Bindung an den Grundsatz „*ne ultra petita*“: EuGH, Urt. v. 03.04.2014 – C-224/12 P, BeckRS 2014, 80654 (Rn. 97, noch nicht in Slg. veröffentlicht) – Kommission/Niederlande und ING Groep; EuGH, Urt. v. 15.06.2006 – C-255/04, Slg. 2006, I-5254 ff. (I-5265, Rn. 24) – Kommission/Frankreich (mit weiteren Nachweisen).

532 Zum feststellenden Charakter stattgebender Urteile im Vertragsverletzungsverfahren s.o. Einleitung A.II, S. 3, Fn. 25.

533 So im Ergebnis auch *Tsikrikas*, Die Wirkungen der Urteile des EuGH im Vertragsverletzungsverfahren, S. 148 und 151.

534 Zur mit Vertragsverletzungsurteilen einhergehenden Handlungspflicht sämtlicher Institutionen des verurteilten Staates statt aller *Cremer*, in: *Calliess/Ruffert*, EUV/AEUV, Art. 260 AEUV, Rn. 4. Mit weiteren Nachweisen s.u. 1. Abschnitt F.I, S. 98, Fn. 539.

Demgegenüber sind Parallelfälle in denen das Handeln eines Unionsorgans in Rede steht, wegen des Verfahrensgegenstands des Vertragsverletzungsverfahrens nicht denkbar.[535]

VI. Zwischenergebnis

Urteile des EuGH in Vertragsverletzungsverfahren binden sowohl den verfahrensbeteiligten Mitgliedstaat als auch nicht am Verfahren beteiligte Mitgliedstaaten über die Grenzen des abgeurteilten Streitgegenstands hinweg. Die außerprozessuale Bindungswirkung hat zur Folge, dass die nationalen Organe der Mitgliedstaaten das Urteil des EuGH, und zwar sowohl den Tenor als auch die tragenden Entscheidungsgründe, ihrem weiteren Handeln zugrunde legen müssen. Anderenfalls laufen sie Gefahr, dass ihre Handlungen aufgrund des innerstaatlichen Instanzenzuges und der Vorlagepflicht nationaler letztinstanzlicher Gerichte nicht folgenlos Bestand haben. Zudem müssen sie wegen des Grundsatzes der Gleichheit der Mitgliedstaaten mit der Einleitung eines Vertragsverletzungsverfahrens durch die Europäische Kommission rechnen, wenn sie durch ihr Verhalten erneut eine gleichgelagerte rechtliche Situation auslösen, die der EuGH gegenüber einem anderen Mitgliedstaat bereits als Vertragsverletzung eingestuft hat. Die außerprozessuale Bindungswirkung steht allerdings einer erneuten Behandlung einer Rechtsfrage nicht entgegen, da ihr keine *„ne-bis-in-idem-Funktion"* zukommt.

Ihre rechtliche Grundlage findet die außerprozessuale Bindungswirkung von Urteilen des EuGH in der Systematik und in tragenden Grundprinzipien des Unionsrechts: Die Vorlagepflicht der nationalen letztinstanzlichen Gerichte aus Art. 267 Abs. 3 i.V.m. Abs. 1 AEUV führt zu einer unmittelbaren rechtlichen Bindung derselben und in Verbindung mit dem innerstaatlichen Instanzenzug zu einer mittelbaren rechtlichen Bindung der anderen nationalen Organe an Urteile des EuGH in Vertragsverletzungsverfahren. Dahinter steht das Ziel der Wahrung der Einheitlichkeit des Rechts als Grundlage einer Rechtsunion. Die außerprozessuale Bindungswirkung kommt hinsichtlich dieser Zweckbestimmung dem Anwendungsvorrang des Unionsrechts nahe. Sie füllt damit eine Lücke, die dadurch entsteht, dass die Urteile des EuGH mangels Zurechnung zu den Rechtsquellen[536] nicht am Anwendungsvorrang des Unionsrechts teilhaben.

---

535 Davon geht zumindest inzident auch aus: *Tsikrikas*, Die Wirkungen der Urteile des EuGH im Vertragsverletzungsverfahren, S. 148 und 151.

536 S.o. 1. Abschnitt A, S. 15 ff.

F. Die Pflicht zur Beseitigung des Vertragsverstoßes

I. Die Beseitigungspflicht der Mitgliedstaaten als Adressaten eines stattgebenden Urteils des EuGH im Vertragsverletzungsverfahren

Das Vertragsverletzungsverfahren endet, falls eine Vertragsverletzung durch einen Mitgliedstaat nach Auffassung des EuGH vorliegt, mit einem Feststellungsurteil (Art. 260 Abs. 1 AEUV).[537] Die Feststellung der Vertragsverletzung geht für den betroffenen Mitgliedstaat mit einer „*Handlungspflicht*“[538] einher, die an sämtliche Einrichtungen des verurteilten Mitgliedstaats gerichtet ist.[539] Teilweise wird erörtert, ob die Pflicht zur Beseitigung der Vertragsverletzung in Anlehnung an das französische Institut der Rechtskraft, welches nach dortigem Verständnis eine Umsetzungspflicht zur Folge hat, Ausfluss der Rechtskraft sei.[540] Wieder andere Autoren bezeichnen die Verpflichtung zur Beseitigung des Unionsrechtsverstoßes als Tatbestandswirkung stattgebender Urteile des EuGH in Vertragsverletzungsverfahren, in dem Sinne, dass die Existenz des Urteils Tatbestandsmerkmal der Verpflichtung sei, ohne selbst den Inhalt der Entscheidung zu bilden.[541] Gegen beide Ansichten spricht, dass die Beseitigungspflicht für den verurteilten Mitgliedstaat dem Grunde nach aus den primärrechtlichen Verträgen resultiert[542] und nicht erst

---

537 S.o. Einleitung A.II, S. 3, Fn. 25.

538 *Cremer*, in: *Calliess/Ruffert*, EUV/AEUV, Art. 260 AEUV, Rn. 4 (feststellend, dass den verurteilten Mitgliedstaat auch eine „*Unterlassungspflicht*“ treffen könne (ebenso *Nettesheim*, in: Vierzehnte Badenweiler Gespräche, S. 205 ff. (207)); *Heidig*, Die Verhängung von Zwangsgeldern und Pauschalbeträgen, S. 39 ff.; *Karpenstein*, in: *Grabitz/Hilf/Nettesheim*, Das Recht der EU, Art. 260 AEUV, Rn. 9 [Stand: 5/2013].

539 So etwa EuGH, Urt. v. 14.12.1982 – verb. Rs. 314/81 bis 316/81 und 83/82, Slg. 1982, 4337 ff. (4360, Rn. 14 und 4361, Rn. 16) – Procureur de la République/Waterkeyn; *Cremer*, in: *Calliess/Ruffert*, EUV/AEUV, Art. 260 AEUV, Rn. 4; *Ehricke*, in: *Streinz*, EUV/AEUV, Art. 260, Rn 6; *Karpenstein*, in: *Grabitz/Hilf/Nettesheim*, Das Recht der EU, Art. 260 AEUV, Rn. 9 [Stand: 5/2013]; *Heidig*, Die Verhängung von Zwangsgeldern und Pauschalbeträgen, S. 40.

540 Ablehnend *Germelmann*, Die Rechtskraft von Gerichtsentscheidungen in der EU, S. 438 und S. 434 (zuletzt zur gleichgelagerten Problematik bei Nichtigkeitsklagen und Untätigkeitsklagen); *Plouvier*, Les décisions de la Cour de justice des communautés européennes et leurs effets juridiques, S. 209. Demgegenüber a.A. *Gayet/Simon*, Cahiers de Droit Européen 1973, 298 ff. (322 f.); so wohl auch *Ganshof van der Meersch*, Journal des Tribunaux 1971, 460 ff. (470).

541 So etwa *Gutsche*, Die Bindungswirkung der Urteile des EuGH, S. 45 ff.; *Tsikrikas*, Die Wirkungen der Urteile des EuGH im Vertragsverletzungsverfahren, S. 167 ff.

542 Ähnlich argumentiert *Plouvier*, Les décisions de la Cour de justice des communautés européennes et leurs effets juridiques, S. 209. Die Beseitigungspflicht führen daneben

durch das Urteil des EuGH begründet wird.[543] Deutlich wird dies am Beispiel von Vertragsverletzungsverfahren, die den Verstoß gegen die Pflicht zur fristgerechten Umsetzung einer Richtlinie zum Gegenstand haben.[544] Die Pflicht zur Umsetzung der Richtlinie nach Ablauf der Umsetzungsfrist folgt aus Art. 288 Abs. 3 AEUV und der Richtlinie selbst.[545] Die Feststellung einer Vertragsverletzung durch den EuGH effektiviert die Umsetzungspflicht, denn sofern die Richtlinie auch in Folge eines stattgebenden Urteils des EuGH im Vertragsverletzungsverfahren nicht umgesetzt wird, kann dies nach Art. 260 Abs. 1 i.V.m. Abs. 3 AEUV die erneute Verurteilung in einem Vertragsverletzungsverfahren und die Verhängung einer finanziellen Sanktion gegen den betroffenen Mitgliedstaat zur Folge haben.[546]

---

auf das unionsrechtliche Primärrecht zurück: *Borchardt*, Die rechtlichen Grundlagen der EU, § 6, Rn. 641; *Karpenstein*, in: *Grabitz/Hilf/Nettesheim*, Das Recht der EU, Art. 260 AEUV, Rn. 5 [Stand: 5/2013]; *Nettesheim*, in: Vierzehnte Badenweiler Gespräche, S. 205 ff. (206); *Öhler*, Rechtsschutz bei der Vergabe öffentlicher Aufträge in der EU, S. 263; *Ortlepp*, Das Vertragsverletzungsverfahren, S. 107 und S. 113; *Toth*, YEL 1984, 2 ff. (56). Unterschiedlich beurteilt wird die Frage, ob die Pflicht aus Art. 260 Abs. 1 AEUV folgt oder aus sonstigen unionsrechtlichen Vorschriften. Erstere Ansicht vertritt *Borchardt*, Der Grundsatz des Vertrauensschutzes im Europäischen Gemeinschaftsrecht, § 6, Rn. 641; so wohl auch *Nettesheim*, in: Vierzehnte Badenweiler Gespräche, S. 205 ff. (207). Letztere Ansicht vertreten *Öhler*, Rechtsschutz bei der Vergabe öffentlicher Aufträge in der EU, S. 263 (führt allgemein die primärrechtliche Pflicht zur Herstellung eines unionsrechtskonformen Zustands als Rechtsgrundlage an); *Plouvier*, Les décisions de la Cour de justice des communautés européennes et leurs effets juridiques, S. 209 (sieht die Pflicht zur Beseitigung der Vertragsverletzung im Grundsatz der unmittelbaren Anwendbarkeit und im Anwendungsvorrang des Unionsrechts begründet); *Toth*, YEL 1984, 2 ff. (54 ff., macht die Vorschriften, gegen welche im Einzelfall verstoßen wurde, als Rechtsgrundlage aus).

543 So ausdrücklich *Nettesheim*, in: Vierzehnte Badenweiler Gespräche, S. 205 ff. (206).

544 Eine solche Vertragsverletzung wegen Nichtumsetzung von Richtlinien betreffend die öffentliche Auftragsvergabe war z.B. Gegenstand von EuGH, Urt. v. 24.06.2004 – C-212/02, EuZW 2004, 606 ff. (nicht in Slg. veröffentlicht) – Kommission/Österreich; EuGH, Urt. v. 17.07.1997 – C-43/97, Slg. 1997, I-4674 ff. – Kommission/Italien; EuGH, Urt. v. 16.12.1997 – C-341/96, Slg. 1997, I-7275 ff. – Kommission/Deutschland.

545 *Ruffert*, in: *Calliess/Ruffert*, EUV/AEUV, Art. 288, Rn. 23. Ähnlich auch *Nettesheim*, in: *Grabitz/Hilf/Nettesheim*, Das Recht der EU, Art. 288, Rn. 114 [Stand: 8/2012], wonach die Umsetzungspflicht „*in der nach Art. 288 AEUV verfassten Richtlinie selbst angelegt […]*“ ist. Letzterer auch überzeugend gegen die Ableitung der Umsetzungspflicht bei Richtlinien aus dem allgemeiner verfassten Art. 4 Abs. 3 EUV.

546 Zu den finanziellen Sanktionen bei Nichtumsetzung einer Richtlinie trotz Feststellungsurteil des EuGH: *Karpenstein*, in: *Grabitz/Hilf/Nettesheim*, Das Recht der EU, Art. 260, Rn. 57 ff. [Stand: 5/2013].

Die Umsetzungspflicht geht dem Feststellungsurteil des EuGH im Vertragsverletzungsverfahren also voraus; der EuGH konkretisiert und effektiviert diese Pflicht durch das Feststellungsurteil lediglich.[547] Nichts anderes kann auch für andere Verstöße gegen das Unionsrecht gelten.[548] Sofern andere unionsrechtliche Vorschriften im Vergleich zu den Richtlinien allerdings keine ausdrückliche Verpflichtung zu ihrer Umsetzung beinhalten, muss insoweit auf den allgemeineren Grundsatz der loyalen Zusammenarbeit aus Art. 4 Abs. 3 UAbs. 2 und 3 EUV zurückgegriffen werden, der von allen mitgliedstaatlichen Institutionen verlangt, dass sie im Ergebnis das Unionsrecht wahren.[549] Daher sind die Mitgliedstaaten auch bei anderen Verstößen gegen Unionsrecht, die nicht in der Verletzung der Umsetzungspflicht einer Richtlinie liegen, bereits auf der Grundlage des unionsrechtlichen Primärrechts verpflichtet, diese zu beseitigen.[550] Nach Erlass eines stattgebenden Urteils des EuGH im Vertragsverletzungsverfahren wird diese Verpflichtung durch Art. 260 Abs. 1 AEUV als spezielle Ausprägung des Art. 4 Abs. 3 EUV[551] nochmals ausdrücklich festgeschrieben und durch die Möglichkeit zur Einleitung eines weiteren Vertragsverletzungsverfahrens, das mit finanziellen Sanktionen verbunden sein kann (Art. 260 Abs. 2 AEUV), weiter effektiviert.

Allein dieses Verständnis der Beseitigungspflicht wird schließlich dem Charakter des stattgebenden Urteils des EuGH in Vertragsverletzungsverfahren als Feststellungsurteil gerecht. Das Feststellungsurteil stellt – seiner Natur entsprechend – ein bestehendes Rechtsverhältnis lediglich fest und gestaltet es nicht.[552] Der EuGH kann im Rahmen des Vertragsverletzungsverfahrens daher auch nicht

---

547 Ebenso geht *Öhler*, Rechtsschutz bei der Vergabe öffentlicher Aufträge in der EU, S. 263, davon aus, dass der EuGH lediglich die bereits bestehende vertragliche Verpflichtung zur „*(Wieder-)Herstellung*" des unionsrechtskonformen Zustands „*bekräftigt*". Ähnlich auch *Toth*, YEL 1984, 2 ff. (56), der davon spricht, dass der EuGH durch das Feststellungsurteil primärrechtliche Verpflichtungen spezifiziert und präzisiert.

548 So betont etwa *Nettesheim*, in: *Grabitz/Hilf/Nettesheim*, Das Recht der EU, Art. 288, Rn. 46 [Stand: 8/2012], dass die Verurteilung eines Mitgliedstaats im Vertragsverletzungsverfahren keine Voraussetzung für die unmittelbare Wirkung einer unionsrechtlichen Bestimmung ist.

549 Zum Inhalt des ex Art. 10 EGV ebenso *Frenz*, VergabeR 2009, 1 ff. (2); ähnlich EuGH, Urt. v. 07.01.2004 – C-201/02, Slg. 2004, I-748 ff. (I-767, Rn. 64) – Wells.

550 Ähnliches folgt aus *Everling*, in: *Kruse* (Hrsg.), Zölle, Verbrauchsteuern, europäisches Marktordnungsrecht, S. 51 ff. (70).

551 Das Verhältnis von ex Art. 228 EGV gegenüber ex Art. 10 EGV beschreibt ebenso *Germelmann*, Die Rechtskraft von Gerichtsentscheidungen in der EU, S. 436.

552 *Öhler*, Rechtsschutz bei der Vergabe öffentlicher Aufträge in der EU, S. 262; *Nettesheim*, in: Vierzehnte Badenweiler Gespräche, S. 205 ff. (205).

verbindlich die Maßnahmen vorschreiben, die zur Beseitigung eines Vertragsverstoßes erforderlich sind.[553] Dennoch spielt das Urteil des EuGH für die Konkretisierung der mitgliedstaatlichen Verpflichtungen eine entscheidende Rolle.[554] Durch die Auslegung der unionsrechtlichen Bestimmungen, deren Verletzung einem Mitgliedstaat angelastet wird, konkretisiert der EuGH die Pflichten, die sich für den Mitgliedstaat aus dem Urteil ergeben.[555] Dies bringt auch Art. 260 Abs. 1 AEUV zum Ausdruck, wenn er den verurteilten Mitgliedstaat verpflichtet, die Maßnahmen zu ergreifen, *„[…] die sich aus dem Urteil des Gerichtshofes ergeben.“*[556] Inhalt und Umfang der im unionsrechtlichen Primärrecht angelegten Handlungspflicht werden also maßgeblich vom Tenor und den tragenden Entscheidungsgründen geprägt, indem diese den Vertragsverstoß präzisieren.[557]

II. Die Verpflichtungen der nicht am Verfahren beteiligten Mitgliedstaaten

Die Beseitigungspflicht ist nicht Bestandteil des Urteils[558] und nimmt daher als solche nicht an den Wirkungen der Entscheidung teil; weder erwächst sie in Rechtskraft, noch kann sie das Handeln der anderen Mitgliedstaaten im Sinne einer außerprozessualen Bindungswirkung beeinflussen.[559] Worin liegt aber

---

553 Statt aller *Karpenstein*, in: *Grabitz/Hilf/Nettesheim*, Das Recht der EU, Art. 260, Rn. 4 ff. [Stand: 5/2013]; *Öhler*, Rechtsschutz bei der Vergabe öffentlicher Aufträge in der EU, S. 263; *Schwarze*, in: *Schwarze/Becker/Hatje/Schoo*, EU-Kommentar, Art. 260 AEUV, Rn. 3; *Wunderlich*, in: *Schwarze* (Hrsg.), Der Rechtsschutz vor dem Gerichtshof der EU, EuR-Beiheft 1, 2012, 49 ff. (53); *Nettesheim*, in: Vierzehnte Badenweiler Gespräche, S. 205 ff. Letzterer Autor betont a.a.O., S. 206, dass der EuGH zwar Hinweise geben könne, welche Maßnahmen zu ergreifen seien, diesen Hinweisen nach h.M. jedoch keine *„unmittelbare Verpflichtungswirkung“* zukomme.

554 *Nettesheim*, in: Vierzehnte Badenweiler Gespräche, S. 205 ff. (206).

555 Ebda.

556 So der Wortlaut des Art. 260 Abs. 1 AEUV.

557 *Heidig*, Die Verhängung von Zwangsgeldern und Pauschalbeträgen, S. 39 f.; *Öhler*, Rechtsschutz bei der Vergabe öffentlicher Aufträge in der EU, S. 263; *Toth*, YEL 1984, 2 ff. (56); *Tsikrikas*, Die Wirkungen der Urteile des EuGH im Vertragsverletzungsverfahren, S. 54 f. und 169 f. Ähnlich auch *Nettesheim*, in: Vierzehnte Badenweiler Gespräche, S. 205 ff. (206).

558 *Ganshof van der Meersch*, Journal des Tribunaux 1971, 460 ff. (470); *Gutsche*, Die Bindungswirkung der Urteile des EuGH, S. 37 ff. und S. 46.

559 Hinsichtlich der Rechtskraft folgt dasselbe aus EuGH, Urt. v. 18.07.2007 – C-503/04, Slg. 2004, I-6183 ff. (I-6190, Rn. 15) – Bockhorn und Braunschweig II; *Ganshof van der Meersch*, Journal des Tribunaux 1971, 460 ff. (470); *Gutsche*, Die Bindungswirkung

die praktische Relevanz von Feststellungsurteilen des EuGH in Vertragsverletzungsverfahren in gleichgelagerten Sachverhalten, wenn man mit den Worten von *Classen* von dem Grundsatz ausgeht: „*Alles Recht soll die Wirklichkeit beeinflussen [...]*“[560]?

Auch in gleichgelagerten Sachverhalten kann für die Mitgliedstaaten eine Pflicht zur Beseitigung von Vertragsverstößen keinesfalls aus dem Urteil selbst folgen[561] und zwar auch nicht vermittelt durch das Institut der außerprozessualen Bindungswirkung. Denn wie ausgeführt, nimmt die Handlungspflicht gerade nicht an den Urteilswirkungen teil.[562] Entfalten jedoch der Tenor und die tragenden Entscheidungsgründe eines Urteils, in welchem der EuGH eine Vertragsverletzung durch einen Mitgliedstaat feststellt, eine Bindung über den konkreten Streitgegenstand hinaus, so steht auch in gleichgelagerten Sachverhalten fest, dass eine bestimmte rechtliche Situation gegen Unionsrecht verstößt.[563] Art. 4 Abs. 3 UAbs. 2 und 3 EUV verlangen aber von allen mitgliedstaatlichen Institutionen, dass sie das Unionsrecht wahren.[564] Bei Vorliegen derselben rechtlichen Situation sind die Mitgliedstaaten daher ebenfalls kraft des unionsrechtlichen Primärrechts verpflichtet, die Maßnahmen zu ergreifen, die erforderlich und zumutbar sind, um Vertragsverletzungen zu beseitigen bzw. zu verhindern.[565]

---

der Urteile des EuGH, S. 37 ff. und S. 46. Insgesamt folgt dasselbe letztlich auch aus *Tsikrikas*, Die Wirkungen der Urteile des EuGH im Vertragsverletzungsverfahren, S. 151. *Ders.* gelangt allerdings a.a.O., S. 169, zu dem Schluss, dass nicht am Verfahren beteiligte Mitgliedstaaten aufgrund der Tatbestandswirkung des Urteils hinsichtlich der Beseitigungspflicht an dasselbe gebunden seien.

560 *Classen*, in: *Grabitz/Hilf/Nettesheim*, Das Recht der EU, Art. 197, Rn. 2 [Stand: 3/2011].

561 Im Ergebnis folgt dasselbe aus *Everling*, in: *Kruse* (Hrsg.), Zölle, Verbrauchsteuern, europäisches Marktordnungsrecht, S. 51 ff. (70); *Toth*, YEL 1984, 2 ff. (55 f.).

562 Dies wird letztlich auch deutlich durch die Ausführungen von *Karpenstein*, in: *Grabitz/Hilf/Nettesheim*, Das Recht der EU, Art. 260 AEUV, Rn. 5 [Stand: 5/2013].

563 Ähnlich *Toth*, YEL 1984, 2 ff. (53), zur „*erga-omnes-Wirkung*“ der Urteile des EuGH in Vertragsverletzungsverfahren als „*legal effects*“ derselben. Ähnlich auch *Ganshof van der Meersch*, Journal des Tribunaux 1971, 460 ff. (470); *Plouvier*, Les décisions de la Cour de justice des communautés européennes et leurs effets juridiques, S. 216: Die beiden letzteren bejahen allerdings im Ergebnis eine Rechtskraftwirkung „*erga omnes*“.

564 S.o. 1. Abschnitt F.I, S. 98, Fn. 549.

565 Ähnlich geht *Everling*, in: *Kruse* (Hrsg.), Zölle, Verbrauchsteuern, europäisches Marktordnungsrecht, S. 51 ff. (70), davon aus, dass andere Mitgliedstaaten welche denselben Verstoß begehen, wie jenen über welchen der EuGH bereits in einem stattgebenden Urteil im Vertragsverletzungsverfahren befunden hat, wegen des

Welche Maßnahmen dies sind, konkretisieren die Urteile des EuGH durch eine möglichst genaue Beschreibung des Vertragsverstoßes und die Auslegung der primärrechtlichen Bestimmungen.[566]

G. Zwischenergebnis

Der Umfang von Rechtskraft und Bindungswirkung widerspiegelt regelmäßig die Autorität des rechtsprechenden Organs innerhalb einer Rechtsordnung.[567] Diese Interdependenz zwischen Rechtskraft und Bindungswirkung und der Stellung der Rechtsprechungsorgane[568] ist für das Institut der formellen Rechtskraft im innerstaatlichen Bereich einfach nachzuvollziehen: Urteile der nationalen Höchstgerichte sind in der Regel nicht mit ordentlichen Rechtsmitteln angreifbar und erwachsen daher regelmäßig bereits mit dem Tag ihrer Verkündung in Rechtskraft.[569] Für Urteile des EuGH ist dieser Grundsatz sowie die materielle Rechtskraft in Art. 91 Abs. 1 VerfO EuGH normativ verankert.[570] Die Rechtskraft

---

Grundsatzes der Gemeinschaftstreue die notwendigen Folgerungen aus dem Urteil zu ziehen hätten, selbst wenn der Vertragsverstoß ihnen gegenüber noch nicht rechtskräftig festgestellt worden sei. Ähnlich geht auch *Jaeger T.*, ZVB 2007, 271 ff. (275), davon aus, dass wenn „*offenkundig*" einschlägige Urteile des EuGH vorliegen, die Mitgliedstaaten daraus „*unmittelbare Schlussfolgerungen für ihre eigene Rechtsordnung und Vergabepraxis zu ziehen*" haben, unabhängig davon, ob sie an dem Verfahren beteiligt waren oder nicht. Ähnlich auch *Tsikrikas*, Die Wirkungen der Urteile des EuGH im Vertragsverletzungsverfahren, S. 151 und S. 169 (zuletzt allerdings nur im Ergebnis ähnlich).

566 Ähnliches folgt aus *Toth*, YEL 1984, 2 ff. (55 f.). Ähnlich beschreibt auch *Öhler*, Rechtsschutz bei der Vergabe öffentlicher Aufträge in der EU, S. 263, den Inhalt des Feststellungsurteils im Vertragsverletzungsverfahren, allerdings nur in Bezug auf den verurteilten Mitgliedstaat.

567 Ähnlich geht *Strauch*, Rechtstheorie 2001, 197 ff. (199), davon aus, dass für die Akzeptanz und Durchsetzung richterlicher Entscheidungen nicht ihre „*Qualität*", sondern die „*Ebene der Macht und der Autorität des Justizsystems*" entscheidend seien. Ähnlich auch *Pescatore*, Introduction a la Science du Droit, S. 101, der die Zuordnung der Rspr. zu den Rechtsquellen problematisiert und insoweit folgendes Sprichwort für anwendbar hält: „*Tant valent les raisons, tant vaut l'autorité.*"

568 Ähnlich *Strauch*, Rechtstheorie 2001, 197 ff. (199 f.), welcher der „*Stellung und Funktion der Gerichte in Staat und Gesellschaft*" (*Strauch* a.a.O., S. 200), für die Akzeptanz und Durchsetzbarkeit richterlicher Entscheidungen eine bedeutende Rolle beimisst.

569 So für Entscheidungen des deutschen Bundesverfassungsgerichts und anderer letztinstanzlicher Gerichte *Pestalozza*, Verfassungsprozeßrecht, § 20 V, Rn. 52.

570 S.o. 1. Abschnitt C.III, S. 26 ff.

der Urteile bewirkt, dass die Verfahrensbeteiligten die Richtigkeit des Urteils nicht in Frage stellen und sich über die Entscheidung des EuGH nicht hinwegsetzen können.[571] Wegen der *„ne-bis-in-idem-Funktion“* der Rechtskraft kann der in einem Vertragsverletzungsverfahren verurteilte Mitgliedstaat andererseits nicht nochmals aufgrund desselben Vertragsverstoßes verurteilt werden.[572]

Doch auch für die außerprozessuale Bindungswirkung lässt sich ein ähnlich enger Zusammenhang mit der Stellung des rechtsprechenden Organs in der jeweiligen Rechtsordnung feststellen: In einem gewaltengegliederten Staat berührt die außerprozessuale Bindungswirkung die Machtverteilung.[573] Eine außerprozessuale Bindungswirkung ist daher allein für die Entscheidungen von Institutionen gerechtfertigt, die mit der Durchsetzung höchstrangiger Normen betraut sind. Zur Sicherung eines einheitlichen Vorrangs der Normen und zu deren Effektuierung ist die Verbindlichkeit der Entscheidungen über den Kreis der Prozessbeteiligten hinaus insoweit regelmäßig erforderlich.[574] Folgerichtig sprechen die Rechtsordnungen der Mitgliedstaaten häufig Urteilen von Rechtsprechungsorganen, denen die Durchsetzung der Verfassung obliegt, eine umfassende außerprozessuale Bindungswirkung zu.[575]

Die Funktion des EuGH innerhalb der Europäischen Union ist allenfalls bedingt mit jener der nationalen Verfassungsgerichte im innerstaatlichen Bereich vergleichbar.[576] Dies folgt bereits aus dem unterschiedlichen rechtlichen Gesamtgefüge, in das die Aufgabenwahrnehmung jeweils eingebettet ist.[577] Dennoch bleibt zusammenfassend festzuhalten: Innerhalb der Europäischen Union kommt dem EuGH eine überragende Bedeutung für die Wahrung der Unionsrechtsordnung zu. Daher binden die Urteile des EuGH in Vertragsverletzungsverfahren nicht nur ihre Adressaten, sondern auch andere nicht am Verfahren beteiligte Mitgliedstaaten. Die Gefahr der Verletzung des rechtlichen Gehörs der Nichtbeteiligten besteht nicht, da zum einen die Möglichkeit des Streitbeitritts besteht, zum anderen

---

571 S.o. 1. Abschnitt C.V.1 und 2, S. 30 ff.

572 S.o. 1. Abschnitt C.V.2, S. 32 ff.

573 Ebenso für die außerprozessuale Bindungswirkung von Entscheidungen des BVerfG nach § 31 BVerfGG *Heusch*, in: *Umbach/Clemens/Dollinger*, BVerfGG, § 31, Rn. 15.

574 Ähnlich für die außerprozessuale Bindungswirkung von Entscheidungen des deutschen BVerfG *Heusch* a.a.O., Rn. 14.

575 Zu entsprechenden Vorschriften in der italienischen und französischen Verfassung s.o. 1. Abschnitt E.I.2, S. 68 f.

576 *Ehricke*, Die Bindungswirkung von Urteilen des EuGH im Vorabentscheidungsverfahren, S. 39.

577 Ebda.

die außerprozessuale Bindungswirkung keine „*ne-bis-in-idem-Funktion*“ besitzt und daher der EuGH jederzeit erneut mit der Rechtsfrage, die sich im Verhältnis zu einem Nichtbeteiligten stellt, befasst sein kann. Tragende Argumente für die außerprozessuale Bindungswirkung lassen sich der Systematik des europäischen Primärrechts entnehmen, welches die Europäische Union als Rechtsunion zeichnet und dem EuGH die Rolle als maßgeblicher Interpret und Hüter des Unionsrechts zuspricht. Diese Grundsätze, ergänzt um den Grundsatz der Gleichheit der Mitgliedstaaten, bewirken in Verbindung mit der Vorlagepflicht der nationalen letztinstanzlichen Gerichte nach Art. 267 Abs. 3 i.V.m. Abs. 1 AEUV und dem innerstaatlichen Instanzenzug eine rechtliche Bindung der nationalen Organe an Urteile des EuGH in Vertragsverletzungsverfahren. Die außerprozessuale Bindungswirkung führt dazu, dass die Mitgliedstaaten der Europäischen Union nur dann auf den Bestand ihrer Handlungen vertrauen können, wenn sie die Rechtsprechung des EuGH in Vertragsverletzungsverfahren beachten und nur dann nicht Gefahr laufen, selbst Beteiligte eines Vertragsverletzungsverfahrens zu sein. Vergleichbar mit dem Grundsatz vom Anwendungsvorrang des Unionsrechts enthält der Grundsatz der außerprozessualen Bindungswirkung damit für die Mitgliedstaaten das Postulat, nationales Recht im Einklang mit dem Unionsrecht und unter Einbeziehung der Rechtsprechung des EuGH auszugestalten.

Die Rechtskraft und die außerprozessuale Bindungswirkung werden durch die innerprozessuale Bindungswirkung ergänzt, die den Urteilen des EuGH in Vertragsverletzungsverfahren zukommt. Diese begründet für den EuGH, der im Vertragsverletzungsverfahren über einen Sachverhalt entschieden hat, ein Aufhebungs- und Änderungsverbot. Demgegenüber entfalten die Urteile des EuGH in Vertragsverletzungsverfahren nach der h.M. keine strikte Präjudizienbindung. Der EuGH weicht allerdings aus Gründen der Rechtssicherheit nicht ohne weiteres von seiner früheren Rechtsprechung ab.

2. Abschnitt: Die Urteilswirkungen in der vergaberechtlichen Praxis der Mitgliedstaaten

A. Grundlagen der Untersuchung

I. Von der Theorie zur Praxis

Um die Wirkungen der Urteile des EuGH in Vertragsverletzungsverfahren zu erfassen und zu begreifen, genügt nicht der Blick auf die theoretischen Grundlagen der Bindungswirkung.[578] Denn das Idealbild der Rechtstheorie ist das einer Wissenschaft, die „*konkret begreift*“,[579] was die Rechtspraxis „*konkret wirklich macht*“.[580] Die Rechtstheorie muss daher Maßnahmen der Rechtspraxis kritisch betrachten und umgekehrt muss sich die Rechtspraxis mit den Erkenntnissen der Rechtstheorie kritisch auseinandersetzen.[581] Die Praktiker konzentrieren sich bei der Rechtsanwendung auf einen konkreten Einzelfall, verarbeiten jedoch zur Ermittlung eines Lösungsweges idealiter die rechtstheoretischen Erkenntnisse.[582] Rechtsanwendung kann also vorrangig als „*Handlung*“[583] begriffen werden,

578 Bereits *Savigny*, System des heutigen römischen Rechts, Band 1, S. XX, warnte davor, in theoretischen Abhandlungen die Praxis außer Betracht zu lassen und wies auf die Notwendigkeit hin, dass „*in gewissem Grade jeder Theoretiker den praktischen, jeder Praktiker den theoretischen Sinn in sich erhalte und entwickle. Wo dieses nicht geschieht, wo die Trennung zwischen Theorie und Praxis eine absolute wird, da entsteht unvermeidlich die Gefahr, dass die Theorie zu einem leeren Spiel, die Praxis zu einem bloßen Handwerk herabsinke.*“

579 *Kierulff*, Theorie des Gemeinen Civilrechts, S. 34.

580 Ebda.

581 *Dubischar*, Theorie und Praxis in der Rechtswissenschaft, S. 134. Ferner *Rottleuthner*, Rechtswissenschaft als Sozialwissenschaft, S. 85 f.

582 Ähnlich *Schmitt*, Gesetz und Urteil, S. 58; *Kant*, in: *Kant/Gentz/Rehberg* (Hrsg.), Über Theorie und Praxis, S. 39 ff. (41). Letzterer definiert (ebda) die Praxis als „*die Bewirkung eines Zwecks, welche als Befolgung gewisser im allgemeinen vorgestellter Prinzipien des Verfahrens gedacht wird.*“ *Gröschner*, Rechtstheorie 2001, 213 ff., erklärt allerdings den „*Versuch*“ als gescheitert, wonach die praktischen Juristen umsetzen sollen, was die Theoretiker vorschreiben; vielmehr liege die Aufgabe der Praktiker auch in der Konkretisierung der theoretischen Prinzipien.

583 *Rottleuthner*, Rechtswissenschaft als Sozialwissenschaft, S. 84.

die *„empirisch“*[584] untersucht werden kann und die Frage zulässt, was es heißt *„einer Regel zu folgen“*.[585] Diese Frage wird auch virulent, wenn im Folgenden der Versuch unternommen wird, ausgehend von den theoretischen Erkenntnissen, die mögliche Reichweite eines stattgebenden Urteils des EuGH im Vertragsverletzungsverfahren in der vergaberechtlichen Praxis von Deutschland, Österreich und Italien anhand eines konkreten Urteils des EuGH nachzuvollziehen.

II. Kriterien für die Auswahl des Urteils *„Bockhorn und Braunschweig I“*

Ausgangspunkt der Untersuchung ist das Urteil des EuGH in den Rechtssachen *„Bockhorn und Braunschweig I“*,[586] welches in einem Vertragsverletzungsverfahren gegenüber Deutschland ergangen ist. Dabei liegt der Schwerpunkt auf der Besprechung der Rechtssache *„Braunschweig I“* (C-28/01). Dieses Urteil des EuGH erweist sich aus folgenden Gründen aus unionsrechtlicher und vergaberechtlicher Sicht als besonders interessant und für die Untersuchung als geeignet: Das Urteil trifft grundlegende Aussagen zur Beendigungspflicht von Verträgen, die auf unionsrechtswidrigen Vergabeverfahren beruhen, ohne allerdings eine solche Verpflichtung ausdrücklich auszusprechen.[587] Dadurch verdeutlicht es die mögliche juristische und ökonomische Tragweite, die stattgebende Urteile des EuGH im Vertragsverletzungsverfahren trotz der begrenzten Jurisdiktionsgewalt des EuGH[588] für die vergaberechtliche Praxis haben können. Gleichzeitig eröffnet die Nachzeichnung der Möglichkeiten zur Umsetzung des Urteils durch eine Beendigung bestimmter unionsrechtswidriger Verträge nach deutschem, österreichischem und italienischem Recht einen Blick in die nationalen Rechtsordnungen und legt wesentliche Unterschiede in der Ausgestaltung des Vergaberechts dieser drei Mitgliedstaaten offen. Zudem befasst sich der EuGH in der Rechtssache *„Braunschweig I“* mit einer Fallkonstellation, die in Vertragsverletzungsverfahren häufig und in allen drei Mitgliedstaaten anzutreffen ist – die Vergabe eines Auftrags im Bereich der Abfallentsorgung unter Verstoß gegen

---

584 Ebda.

585 Ebda.

586 EuGH, Urt. v. 10.04.2003 – C-20/01 und C-28/01, Slg. 2003, I-3630 ff. – Bockhorn und Braunschweig I.

587 Den Inhalt des Urteils fasst ebenso *Jaeger T.*, ZVB 2007, 271 ff. (272), zusammen.

588 Zur begrenzten Jurisdiktionsgewalt des EuGH s.o. Einleitung A.I und II., S. 1 ff. (1, Fn. 6).

das unionsrechtliche Vergaberecht.[589] Das Urteil in den Rechtssachen „*Bockhorn und Braunschweig I*“ zog sogar eine weitere Verurteilung Deutschlands nach sich, da die Bundesrepublik die nach dem Urteil erforderlichen Maßnahmen zur Beseitigung des Vertragsverstoßes nicht ergriffen hatte.[590]

III. Systematik der Fallbesprechung

Im Einzelnen gestaltet sich die Urteilsbesprechung wie folgt: An eine Zusammenfassung des Sachverhalts des Urteils, schließt die Wiedergabe und Systematisierung einzelner Entscheidungsgründe an.[591] Im nächsten Schritt werden der Verfahrensgegenstand herausgearbeitet und ausgehend davon die Objekte von Rechtskraft und Bindungswirkung bestimmt. Der Schwerpunkt der Untersuchung liegt schließlich in der Erörterung der Maßnahmen, welche die Bundesrepublik Deutschland hinsichtlich des verfahrensgegenständlichen Müllentsorgungsvertrages zur Beseitigung der Vertragsverletzung ergreifen musste und den unionsrechtlichen Verpflichtungen, welche die Mitgliedstaaten in ähnlich gelagerten

---

589 Weitere Verfahren in denen sich Deutschland wegen Vertragsverletzungen durch die unionsrechtswidrige Vergabe öffentlicher Aufträge auf dem Gebiet der Abfallentsorgung verantworten musste: EuGH, Urt. v. 21. Januar 2010 - C-17/09, Slg. 2010, I-4 (abgekürzte Veröffentlichung) - Kommission/Deutschland; EuGH, Urt. v. 09.06.2009 - C-480/06, Slg. 2009 I-4747 - Kommission/Deutschland; EuGH, Urt. v. 03.03.2005 - C-414/03, EuZW 2005, 320 (nicht in Slg. veröffentlicht) - Kommission/Deutschland; EuGH, Urt. v. 09.09.2004 - C-125/03, EuZW 2004, 636 f. (nicht in Slg. veröffentlicht) - Kommission/Deutschland; EuGH, Urt. v. 18.11.2004 - C-126/03, Slg. 2004 I-11197 - Abfalltransportdienstleistungen.
Vergaberechtsverstöße Italiens auf dem Gebiet der Abfallentsorgung waren Gegenstand von EuGH, Urt. v. 18.07.2007 - C-382/05, Slg. 2007 I-6659 ff. - Kommission/Italien (unionsrechtswidriger Vertrag über die Behandlung von Hausmüll); EuGH, Urt. v. 10.03.1987 - Rs. 199/85, Slg. 1987, 1039 - Kommission/Italien (der Sachverhalt weicht insoweit von den zuvor genannten Fällen ab, als es sich um die Vergabe eines Bauauftrags zur Errichtung einer Verwertungsanlage im Unterschied zu einem Dienstleistungsauftrag handelte).
Auch gegenüber Österreich befand der EuGH über eine Vertragsverletzung wegen der unionsrechtswidrigen Vergabe eines Müllentsorgungsvertrages durch eine Kommunalkörperschaft: EuGH, Urt. v. 10.11.2005 - C-29/04, Slg. 2005, I-9722 ff. - Mödling.

590 EuGH, Urt. v. 18.07.2007 - C-503/04, Slg. 2007, I-6183 - Bockhorn und Braunschweig II.

591 Der Aufbau folgt insoweit demjenigen, den *Schoch*, DVBl 2004, 69 ff., wählte, um die „*Bindungswirkungen der Entscheidungen des Europäischen Gerichtshofs auf dem Gebiet des Abfallrechts*“ (so der Titel des Aufsatzes) zu analysieren.

Sachverhalten treffen. Aus vergaberechtlicher Sicht ergibt sich die interessante Frage, ob und unter welchen Voraussetzungen die Mitgliedstaaten eine Pflicht zur Beendigung von Verträgen trifft, welche unter Verstoß gegen die unionsrechtlichen Bestimmungen zur öffentlichen Auftragsvergabe abgeschlossen wurden. Schließlich gilt es die Frage zu beantworten, ob und welche Rechtsgrundlagen die nationalen Rechtsordnungen zur Erfüllung der unionsrechtlichen Verpflichtung zur Verfügung stellen.

B. Das Urteil des EuGH in der Rechtssache „*Braunschweig I*“: Sachverhalt, Tenor und tragende Entscheidungsgründe

Dem Urteil des EuGH in der Rechtssache „*Braunschweig I*“ liegt folgender Sachverhalt zugrunde: Die Stadt Braunschweig schloss im Jahre 1999 für die Dauer von dreißig Jahren einen Vertrag über die thermische Behandlung von Restabfall ab, ohne den Auftrag öffentlich auszuschreiben.[592] Den Auftrag vergab die Stadt im Wege des Verhandlungsverfahrens an die Braunschweigischen Kohlebergwerke.[593] Die Vergabe im Verhandlungsverfahren begründete sie unter Berufung auf Art. 11 Abs. 3 lit. b Richtlinie 92/50/EWG[594] damit, dass aufgrund der räumlichen Nähe der Verbrennungsanlagen des Vertragspartners zum Stadtgebiet Braunschweig ein technischer Grund im Sinne dieser Vorschrift vorliege, sodass der Auftrag nur den Braunschweigischen Kohlebergwerken anvertraut werden könne.[595] Noch vor der Erhebung der Vertragsverletzungsklage räumte die deutsche Regierung gegenüber der Europäischen Kommission den Vergaberechtsverstoß ein.[596] Gleichzeitig teilte sie mit, dass die niedersächsische Landesregierung alle Bezirksregierungen angewiesen habe, die vergaberechtlichen Bestimmungen einzuhalten.[597]

Im Klageverfahren machte die deutsche Regierung vorrangig geltend, der Verstoß gegen die vergaberechtlichen Vorschriften erschöpfe sich mit seiner

592 EuGH, Urt. v. 10.04.2003 – C-20/01 und C-28/01, Slg. 2003, I-3630 ff. (I-3637, Rn. 12 f.) – Bockhorn und Braunschweig I.

593 EuGH a.a.O. Rn. 13.

594 Richtlinie 92/50/EWG des Rates vom 18. Juni 1992 über die Koordinierung der Verfahren zur Vergabe öffentlicher Dienstleistungsaufträge (ABlEG L 209 v. 24.07.1992, S. 1). Im Folgenden: RL 92/50/EWG.

595 EuGH, Urt. v. 10.04.2003 – C-20/01 und C-28/01, Slg. 2003, I-3630 ff. (I-3637, Rn. 15 und I-3647, Rn. 50) – Bockhorn und Braunschweig I.

596 EuGH a.a.O., S. I-3638, Rn. 16 und Rn. 18.

597 EuGH a.a.O., S. I-3638, Rn. 18.

Begehung.[598] Insbesondere nach dem Eingeständnis des Vertragsverstoßes gegenüber der Europäischen Kommission bestünde kein objektives Interesse an der Erhebung einer Vertragsverletzungsklage mehr.[599] Zudem genieße der abgeschlossene Vertrag Bestandsschutz, da der Grundsatz *„pacta sunt servanda"* auch unionsrechtlich verankert sei.[600] Personen, die durch die Auftragsvergabe geschädigt seien, könnten nach nationalem Recht Schadensersatz verlangen.[601]

Die Europäische Kommission war demgegenüber der Ansicht, dass der Vertragsverstoß weiter andauere und auch nicht durch die allgemeine Weisung an die Bezirksregierung abgestellt worden sei.[602] Dem Antrag der Europäischen Kommission[603] folgend, stellte der EuGH fest:

> „Die Bundesrepublik Deutschland hat bei der Vergabe eines öffentlichen Dienstleistungsauftrags dadurch gegen ihre Verpflichtungen aus den Artikeln 8 und 11 Absatz 3 Buchstabe b der Richtlinie 92/50 verstoßen, dass die Stadt Braunschweig (Deutschland) einen Müllentsorgungsvertrag im Verhandlungsverfahren ohne vorherige Vergabebekanntmachung vergeben hat, obwohl die Voraussetzungen des genannten Artikels 11 Absatz 3 für die freihändige Vergabe ohne gemeinschaftsweite Ausschreibung nicht vorlagen."[604]

Der Tenor wird u.a. von einem zentralen Argument getragen: Der EuGH führte aus, *„dass die durch die Missachtung der Bestimmungen der Richtlinie 92/50 erfolgte Beeinträchtigung des freien Dienstleistungsverkehrs während der gesamten Dauer der Erfüllung der unter Verstoß gegen diese Richtlinie geschlossenen Verträge fortdauert."*[605]

C. Rechtskraft und außerprozessuale Bindungswirkung des Urteils

I. Der Verfahrensgegenstand

Ausgehend vom dreigliedrigen Streitgegenstandsbegriff des Unionsrechts[606] hat das Vertragsverletzungsverfahren in der Rechtssache *„Braunschweig I"* folgenden Verfahrensgegenstand: Parteien (*„parties"*) des Verfahrens sind die Europäische

598 EuGH a.a.O., S. I-3639, Rn. 21 und I-3646, Rn. 49.
599 EuGH a.a.O., S. I-3639, Rn. 21 ff.
600 EuGH a.a.O., S. I-3640, Rn. 24.
601 EuGH a.a.O., S. I-3640, Rn. 24 f.
602 EuGH a.a.O., S. I-3641, Rn. 27.
603 EuGH a.a.O., S. I-3631, 2. Spiegelstrich.
604 EuGH a.a.O., S. I-3653, Tenor zu 2.).
605 EuGH a.a.O., S. I-3643, Rn. 36.
606 S.o. 1. Abschnitt C.VI.1, S. 36 ff.

Kommission und die Bundesrepublik Deutschland. Der Gegenstand („*objet*") des Verfahrens liegt in der Zielsetzung der Europäischen Kommission, wegen der Vergabe des Müllentsorgungsvertrages durch die Stadt Braunschweig im Verhandlungsverfahren ohne vorherige Vergabebekanntmachung eine Vertragsverletzung festzustellen. Grundlage („*cause*") des Verfahrens bildet die Vergabe des Müllentsorgungsvertrages durch die Stadt Braunschweig im Verhandlungsverfahren ohne vorherige Vergabebekanntmachung unter Verletzung von Art. 8 und Art. 11 Abs. 3 lit. b RL 92/50/EWG. Demgegenüber gehören die Maßnahmen, welche die Bundesrepublik Deutschland ergreifen musste, um die unionsrechtlichen Verpflichtungen zu erfüllen, nicht zum Verfahrensgegenstand.[607]

II. Die Rechtskraft des Urteils

Mit der Verkündung des Urteils am 10.04.2003 stand rechtskräftig fest,[608] dass die Bundesrepublik Deutschland durch den Abschluss des Müllentsorgungsvertrages Art. 8 und Art. 11 Abs. 3 lit. b RL 92/50/EWG verletzte und dass der Vertragsverstoß trotz der Anweisung der niedersächsischen Landesregierung gegenüber den Bezirksregierungen zur Unterlassung zukünftiger Verstöße bis zur Beendigung der Erfüllung des Vertrages andauerte.[609] Die Rechtskraft des Tenors und der tragenden Entscheidungsgründe hatte zur Folge, dass die Europäische Kommission gegenüber der Bundesrepublik Deutschland nicht ein weiteres Mal ein Vertragsverletzungsverfahren wegen der Verletzung des Art. 8 und Art. 11 Abs. 3 lit. b RL 92/50/EWG durch die Vergabe des Müllentsorgungsvertrages einleiten konnte.[610] Andererseits stand die fortdauernde Vertragsverletzung mit der Urteilsverkündung gegenüber Deutschland endgültig fest.

Diese Wirkungen der Rechtskraft waren maßgeblich für das weitere Vorgehen der Europäischen Kommission, nachdem Deutschland auch nach Eintritt der Rechtskraft des Urteils an dem Müllentsorgungsvertrag mit den Braunschweigischen Kohlebergwerken festhielt und diesen weiterhin erfüllte.[611] Die Europäische

607 So ausdrücklich EuGH, Urt. v. 18.07.2007 – C-503/04, Slg. 2007, I-6183 (I-6190, Rn. 15) – Bockhorn und Braunschweig II.

608 Zum Eintritt der Rechtskraft von Urteilen des EuGH mit dem Tag ihrer Verkündung nach Art. 91 Abs. 1 VerfO EuGH s.o. 1. Abschnitt C.III, S. 26 ff.

609 Verdeutlicht wird dies insbesondere durch EuGH, Urt. v. 10.04.2003 – C-20/01 und C-28/01, Slg. 2003, I-3630 ff. (I-3653, Tenor zu 2. und I-3643, Rn. 36) – Bockhorn und Braunschweig I.

610 Zu den Inhalten der Rechtskraft allgemein s.o. 1. Abschnitt C.V.1 und 2, S. 30 ff.

611 Dass der Vertragsverstoß zunächst fortbestand, folgt aus EuGH, Urt. v. 18.07.2007 – C-503/04, Slg. 2007, I-6183 ff. (I-6191, Rn. 20) sowie *GA Trstenjak*, Schlussanträge

Kommission reagierte auf den fortbestehenden Unionsrechtsverstoß zwar mit einer weiteren Vertragsverletzungsklage; diese hatte allerdings notwendigerweise einen anderen Verfahrensgegenstand: In dem Verfahren „*Bockhorn und Braunschweig II*" begehrte sie entsprechend dem heutigen Art. 260 Abs. 2 AEUV die Feststellung, dass die Bundesrepublik Deutschland dadurch gegen ihre Verpflichtungen aus Art. 260 Abs. 1 AEUV (ex Art. 228 Abs. 1 EGV) verstoßen hatte, dass sie nicht die Maßnahmen ergriffen hatte, die sich aus dem Urteil „*Bockhorn und Braunschweig I*" ergeben hatten, sowie die Verhängung eines Zwangsgeldes.[612] In der Folge kam es zu einer weiteren Verurteilung Deutschlands.[613] Im Laufe dieses zweiten Vertragsverletzungsverfahrens beendete die Stadt Braunschweig durch den Abschluss eines Aufhebungsvertrages, der von den Vertragsparteien am 04. bzw. am 05.07.2005 unterzeichnet wurde, den Müllentsorgungsvertrag.[614] Der Verurteilung wegen des Verstoßes gegen die Verpflichtungen aus Art. 260 Abs. 1 AEUV (ex Art. 228 Abs. 1 EGV) konnte Deutschland dadurch jedoch nicht mehr entgehen. Denn nach der Rechtsprechung des EuGH ist der maßgebliche Zeitpunkt für die Beurteilung der Erfüllung dieser Verpflichtungen das Ende der Frist, welche die Europäische Kommission dem Mitgliedstaat auf der Grundlage des Art. 260 Abs. 2 Satz 1 AEUV zur Abgabe einer Stellungnahme setzt.[615] Diese Frist war zum Zeitpunkt des Abschlusses des Aufhebungsvertrages bereits abgelaufen.[616]

III. Die außerprozessuale Bindungswirkung des Urteils

Die außerprozessuale Bindungswirkung bedeutet zunächst, dass die Mitgliedstaaten über die Grenzen des konkreten Verfahrensgegenstandes hinweg an die

v. 28.03.2007, C-503/04, Slg. 2007, I-6156 ff. (I-6160, Rn. 16) – Bockhorn und Braunschweig II.

612 EuGH, Urt. v. 18.07.2007 – C-503/04, Slg. 2007, I-6183 ff. (I-6185, Rn. 1) – Bockhorn und Braunschweig II.

613 EuGH a.a.O., S. I-6197, Tenor zu 1.

614 Dies folgt aus den Schlussanträgen der *GA Trstenjak* v. 28.03.2007, C-503/04, Slg. 2007, I-6156 ff. (I-6160, Rn. 16).

615 EuGH, Urt. v. 18.07.2007 – C-503/04, Slg. 2007, I-6183 ff. (I-6191, Rn. 19) – Bockhorn und Braunschweig II; EuGH, Urt. v. 18.07.2006 – C-119/04, Slg. 2006, I-6900 ff. (I-6909, Rn. 27) – Kommission/Italien; EuGH, Urt. v. 12.07.2005 – C-304/02, Slg. 2005, I-6318 ff. (I-6331, Rn. 30) – Kommission/Frankreich.

616 EuGH, Urt. v. 18.07.2007 – C-503/04, Slg. I-6183 ff. (I-6191, Rn. 20) – Bockhorn und Braunschweig II.

Feststellung gebunden sind, dass eine bestimmte rechtliche Situation unionsrechtlichen Grundsätzen zuwiderläuft.[617] Diese Bindung gewinnt ihre praktische Relevanz allerdings erst aus dem Zusammenspiel mit der unionsrechtlichen Verpflichtung zur Beseitigung von Unionsrechtsverstößen aus Art. 4 Abs. 3 UAbs. 2 und 3 EUV.[618] Das Unionsrecht knüpft an die rechtliche Situation bestimmte Verpflichtungen, die durch den EuGH näher konkretisiert werden, indem er den Unionsrechtsverstoß präzisiert.[619] Die rechtliche Situation kann demnach als Gesamtheit der tatsächlichen Umstände begriffen werden, die eine bestimmte rechtliche Bewertung des Sachverhalts veranlasst.[620] An diese wiederum knüpft das Unionsrecht bestimmte rechtliche Folgen.[621] Die rechtliche Situation, deren festgestellte Unionsrechtswidrigkeit die Mitgliedstaaten über den konkreten Verfahrensgegenstand hinweg beachten müssen, um nicht Gefahr zu laufen, selbst in einem Vertragsverletzungsverfahren verurteilt zu werden, beschreibt also gleichzeitig die Voraussetzungen der unionsrechtlichen Pflicht zur Beseitigung einer Vertragsverletzung. Eine genaue Beschreibung der rechtlichen Situation, die dem Urteil „*Bockhorn und Braunschweig I*" zugrunde lag, soll daher erst an späterer Stelle erfolgen, wenn es darum geht, die Voraussetzungen einer unionsrechtlichen Pflicht zur Beendigung von vergaberechtswidrigen Verträgen festzulegen.[622]

IV. Zwischenergebnis

Betrachtet man die Wirkungen von Urteilen des EuGH in Vertragsverletzungsverfahren im engen Sinne, verstanden als Rechtskraft und außerprozessuale Bindungswirkung, isoliert von der Pflicht zur Beseitigung von Vertragsverletzungen anhand eines konkreten Beispielfalles, wird der Eindruck vermittelt, dass solche Urteile aufgrund ihres feststellenden Charakters die Rechtsanwendung nur geringfügig beeinflussen. Die Bindungswirkung kraft Rechtskraft entfaltet ihre Wirkungen lediglich im gerichtlichen Verfahren. Die außerprozessuale Bindungswirkung der Urteile vermöchte für sich genommen, da ihr keine „*ne-bis-in-idem-Funktion*" zukommt[623] und sie keine mit dem Vertragsverletzungsverfahren

617 S.o. 1. Abschnitt F.II, S. 101, Fn. 563.
618 S.o. 1. Abschnitt F.II, S. 101 ff.
619 Ähnliches folgt aus *Toth*, YEL 1984, 2 ff. (55 f.). S.o. 1. Abschnitt F.II, S. 101 ff.
620 Ähnliches folgt aus *Toth* a.a.O., S. 53 und 55 f.
621 Ähnlich ebda.
622 S.u. 2. Abschnitt E.II und III, S. 125 ff.
623 S.o. 1. Abschnitt E.I.3 und 4, S. 69 ff. (69, Fn. 386).

sanktionierbare Rechtspflicht zur Anwendung der Rechtsprechung des EuGH begründet,[624] nicht einmal insoweit die Rechtswirklichkeit zu beeinflussen. Ihre praktische Relevanz gewinnen die Urteile des EuGH und damit auch die Rechtsinstitute daher erst in Zusammenspiel mit den unionsrechtlichen Verpflichtungen, indem die Urteile den Inhalt und den Umfang derselben konkretisieren und effektivieren.[625]

D. Die Pflicht Deutschlands zur Beendigung des unionsrechtswidrig abgeschlossenen Müllentsorgungsvertrages

Mit der rechtskräftigen Feststellung der anhaltenden Vertragsverletzung der Bundesrepublik Deutschland durch die Vergabe des Müllentsorgungsvertrages ging entsprechend Art. 260 Abs. 1 AEUV die Verpflichtung aller deutschen nationalen Organe einher, innerhalb ihres Zuständigkeitsbereichs die Maßnahmen zu ergreifen, die sich aus dem Urteil ergeben, um die Vertragsverletzung zu beseitigen.[626]

Welche Handlungspflichten aus der festgestellten Vertragsverletzung für die nationalen Organe, insbesondere für die Stadt Braunschweig im Einzelnen folgten, war nach der Urteilsverkündung strittig.[627] Die h.M. geht davon aus, dass die Bundesrepublik Deutschland zur Beendigung des Müllentsorgungsvertrages verpflichtet war, da die Vertragsverletzung nur so habe abgestellt werden können.[628] Demgegenüber gab es Stimmen in der Literatur, die eine entsprechende

---

624 S.o. 1. Abschnitt E.III.1, S. 88 ff.

625 Zur Konkretisierung der unionsrechtlichen Pflichten durch stattgebende Urteile des EuGH in Vertragsverletzungsverfahren unter Hinweis auf deren mangelnde Gestaltungswirkung: *Öhler*, Rechtsschutz bei der Vergabe öffentlicher Aufträge in der EU, S. 262 f.; *Ortlepp*, Das Vertragsverletzungsverfahren, S. 107 ff.; *Nettesheim*, in: Vierzehnte Badenweiler Gespräche, S. 205 ff. (206).

626 Allgemein zur Verpflichtung aller nationaler Organe zur Durchführung von stattgebenden Urteilen des EuGH in Vertragsverletzungsverfahren s.o. 1. Abschnitt F.I, S. 98, Fn. 539.

627 So auch *Wollenschläger F.*, Verteilungsverfahren, S. 262.

628 *Cremer*, in: *Calliess/Ruffert*, EUV/AEUV, Art. 260 AEUV, Rn. 5; *Jaeger T.*, ZVB 2007, 271 ff. (272); *Jennert/Räuchle*, NZBau 2007, 555 ff. (556); *Kalbe*, EWS 2003, 566 ff. (567); *Losch*, VergabeR 2007, 601 ff. (604); *Noch*, in: *Schulze/Zuleeg/Kadelbach*, Europarecht, § 29, Rn. 225; *Schwarze*, in: *Schwarze/Becker/Hatje/Schoo*, EU-Kommentar, Art. 260, Rn. 5. Zu dieser Ansicht tendiert auch *Stelkens*, NZBau 2003, 654 ff. (655 und 661).

Verpflichtung ablehnten.[629] Begründet wurde dies unter Hinweis auf die Entscheidungsgründe, in denen der EuGH keine derartige Verpflichtung erwähne.[630] Der EuGH verweise vielmehr auf Art. 2 Abs. 6 der Rechtsmittelrichtlinie,[631] der den Mitgliedstaaten zugestehe, den durch den Verstoß gegen das unionsrechtliche Vergaberecht geschädigten Personen lediglich Schadensersatz zu gewähren.[632]

Tatsächlich spricht der EuGH in dem Urteil „*Bockhorn und Braunschweig I*" eine Pflicht Deutschlands zur Beendigung des unionsrechtswidrig abgeschlossenen Müllentsorgungsvertrages nicht ausdrücklich an;[633] dies ist jedoch ausschließlich auf die unionsrechtliche Kompetenzordnung zurückzuführen, die den EuGH in Art. 260 Abs. 1 AEUV lediglich zur Feststellung der Vertragsverletzung ermächtigt.[634] Konkludent konkretisiert der EuGH die unionsrechtlichen Verpflichtungen Deutschlands im Sinne einer Beendigungspflicht:[635] Er erachtet die Zusage Deutschlands, künftige Vergaberechtsverstöße zu unterlassen, nämlich

---

629 *Heuvels*, NZBau 2005, 32 ff. (33).

630 Ebda.

631 Richtlinie des Rates vom 21.12.1989 zur Koordinierung der Rechts- und Verwaltungsvorschriften für die Anwendung der Nachprüfungsverfahren im Rahmen der Vergabe öffentlicher Liefer- und Bauaufträge (89/665/EWG), ABlEG Nr. L 395 v. 30.12.1989, S. 33.

632 *Heuvels*, NZBau 2005, 32 ff. (33). Allgemein führt dies als Argument gegen eine Beendigungspflicht an: *Leinemann*, Die Vergabe öffentlicher Aufträge, Kapitel 2.1.2, Rn. 192.

633 Dies stellt ebenso fest: *GA Trstenjak*, Schlussanträge v. 28.03.2007 – C-503/04, Slg. 2007, I-6156 ff. (6175, Rn. 75) – Bockhorn und Braunschweig II.

634 Ähnlich *Kalbe*, EWS 2003, 566 ff. (567); *Losch*, VergabeR 2007, 601 ff. (604); *Pache*, in: *Pünder/Schellenberg*, Vergaberecht, § 55 BHO, Rn. 131, Fn. 238; *Portz*, KommJur 2007, 335 ff. (337). Ähnlich auch *Horn*, VergabeR 2006, 667 ff. (669), der allerdings nicht das Urteil des EuGH in den Rechtssachen „*Bockhorn und Braunschweig I*" zum Ausgangspunkt entsprechender Überlegungen nimmt, sondern EuGH, Urt. v. 18.11.2004 – C-126/03, Slg. 2004, I-11197 ff. – Abfalltransportdienstleistungen. Allgemein zu den beschränkten Befugnissen des EuGH im Rahmen des Vertragsverletzungsverfahrens s.o. Einleitung A.I und II, S. 1 ff.

635 Ähnlich *Jennert/Räuchle*, NZBau 2007, 555 ff. (555 f.); *Kalbe*, EWS 2003, 566 ff. (567); *Losch*, VergabeR 2007, 601 ff. (604); *Noch*, in: *Schulze/Zuleeg/Kadelbach*, Europarecht, § 29, Rn. 225. Schließlich geht auch *GA Trstenjak* in den Schlussanträgen v. 28.03.2007 – C-503/04, Slg. 2007, I-6156 ff. (6175 f., Rn. 75) – Braunschweig und Bockhorn II, angesichts der Rspr. des EuGH in den Rechtssachen „*Braunschweig und Bockhorn I*" davon aus, dass dieser für den Müllentsorgungsvertrag eine Beendigungspflicht „*im Grundsatz bejahen würde.*"

als unzureichend, um die Vertragsverletzung zu beseitigen, da der Müllentsorgungsvertrag trotz einer entsprechenden Anweisung an die Bezirksregierungen noch jahrzehntelang fortwirke.[636] Der EuGH verdeutlicht diese Rechtsansicht in dem Urteil „*Bockhorn und Braunschweig II*",[637] in welchem er zu folgender Feststellung gelangt:

> „Die Bundesrepublik Deutschland hat gegen ihre Verpflichtung aus Art. 228 EG verstoßen, indem sie bei Ablauf der von der Kommission der Europäischen Gemeinschaften gemäß dieser Vorschrift gesetzten Frist nicht die Maßnahmen ergriffen hat, die sich aus dem Urteil vom 10. April 2003, Kommission/Deutschland (C-20/01 und C-28/01), in Bezug auf die Vergabe eines Müllentsorgungsvertrags durch die Stadt Braunschweig (Deutschland) ergeben."[638]

In den Entscheidungsgründen führt der EuGH aus, dass sich ein Mitgliedstaat nicht unter Berufung auf den Grundsatz „*pacta sunt servanda*" seinen unionsrechtlichen Verpflichtungen und einem Vertragsverletzungsverfahren entziehen könne.[639] Auch die Rechtsmittelrichtlinie tangiere das Verhältnis zwischen dem Mitgliedstaat und der Europäischen Union nicht.[640] Erst die Beendigung des Müllentsorgungsvertrages durch die Stadt Braunschweig erachtete der EuGH als hinreichende Maßnahme zur Umsetzung des Ausgangsurteils: Denn nachdem die Bundesrepublik Deutschland die Frist, die ihr die Europäische Kommission nach Art. 260 Abs. 2 Satz 1 AEUV zur Abgabe einer Stellungnahme gesetzt hatte, verstreichen lassen hatte, ohne den Vertrag zu beenden, ergriff die Stadt Braunschweig nach Ablauf der Frist Maßnahmen zur Vertragsbeendigung.[641] Dies veranlasste den EuGH zu folgenden Ausführungen:

---

636 Dies folgt aus EuGH, Urt. v. 10.04.2003 – C-20/01 und C-28/01, Slg. 2003, I-3630 ff. (I-3638, Rn. 18; I-3643, Rn. 36 f.; I-3645, Rn. 43; I-3653, Tenor zu 2.) – Bockhorn und Braunschweig I.

637 *Bauer K.*, Vergaberechtswidrige Verträge aus zivilrechtlicher Sicht, S. 56 ff.; *Jaeger T.*, ZVB 2007, 271 ff. (273); *Schleissing*, Möglichkeiten und Grenzen vergaberechtlicher In-House-Geschäfte, S. 199 ff.

638 EuGH, Urt. v. 18.07.2007 – C-503/04, Slg. 2007, I-6183 ff. (I-6197, Tenor zu 1.) – Bockhorn und Braunschweig II. Vor dem Hintergrund dieser Entscheidung scheint die Ansicht von *Heuvels*, NZBau 2005, 32 ff. (33), der EuGH habe die „*tatbestandliche Reichweite*" des Art. 2 Abs. 6 der Rechtsmittelrichtlinie mit der Formel „*fortwirkender Richtlinienverstoß ja – Pflicht zur Annullierung nein*" definiert, in dieser Allgemeinheit nicht weiter haltbar.

639 EuGH a.a.O., S. I-6194 f., Rn. 36.

640 EuGH a.a.O., S. I-6194 f., Rn. 35.

641 Dies folgt aus EuGH a.a.O., S. I-6190, Rn. 17 und I-6191, Rn. 20).

> „Der maßgebende Zeitpunkt für die Beurteilung einer Vertragsverletzung nach Art. 228 EG ist daher der 1. Juni 2004. Zu diesem Zeitpunkt war der Müllentsorgungsvertrag der Stadt Braunschweig aber noch nicht gekündigt worden.“[642]

Die Verhängung eines Zwangsgeldes lehnte der EuGH demgegenüber mit folgender Begründung ab:

> „Hinsichtlich des von der Stadt Braunschweig abgeschlossenen Vertrags ist zwar festzustellen, dass die Bundesrepublik Deutschland am 1. Juni 2004 nicht die Maßnahmen ergriffen hatte, die sich aus dem Urteil vom 10. April 2003 (Kommission/Deutschland) ergeben, jedoch gilt diese Feststellung für den Zeitpunkt der Prüfung des Sachverhalts durch den Europäischen Gerichtshof nicht mehr.“[643]

Insbesondere vor diesem Hintergrund spricht der Verweis des EuGH in der Entscheidung *„Bockhorn und Braunschweig I“* auf die Möglichkeit der Mitgliedstaaten, den durch den Verstoß gegen das unionsrechtliche Vergaberecht geschädigten Personen nach Vertragsschluss aufgrund der Rechtsmittelrichtlinie Schadensersatz zu gewähren,[644] nicht gegen eine Pflicht Deutschlands zur Beendigung des vergaberechtswidrigen Müllentsorgungsvertrages.[645] Denn der EuGH verdeutlicht, dass die Vorschrift zwar das berechtigte Vertrauen der Vertragspartner in den Bestand der Verträge schütze, nicht jedoch dazu führe, dass das Vehalten des öffentlichen Auftraggebers unionsrechtskonform werde.[646] Bereits aus dem Effektivitätsgrundsatz folgt demnach, dass etwaige Schadensersatzansprüche umgangener Bieter einer Beendigungspflicht nicht entgegenstehen konnten.[647] Schließlich bleibt zu bedenken, dass auch für umgangene Bieter eine erneute Ausschreibung mit der Aussicht auf einen Vertragsabschluss häufig attraktiver ist, als der Verweis auf einen Schadensersatzanspruch gegen den öffentlichen Auftragnehmer, zumal

---

642 EuGH a.a.O., S. I-6191, Rn. 20 (Ausführungen des EuGH zur Zulässigkeit der Klage).

643 EuGH a.a.O., S. I-6196, Rn. 40.

644 EuGH, Urt. v. 10.04.2003 – C-20/01 und C-28/01, Slg. 2003, I-3630 ff. (I-3643 f., Rn. 38 f.) – Bockhorn und Braunschweig I.

645 Gegen die Ansicht, dass die Rechtsmittellinie einer Beendigungspflicht entgegenstehe, wenden sich auch *Antweiler*, in: *Dreher/Motzke*, Beck'scher Vergaberechtskommentar, § 114, Rn. 17; *Bitterich*, EWS 2005, 162 ff. (164); *Boesen*, NZBau 2009, 796 f. (797).

646 EuGH, Urt. v. 10.04.2003 – C-20/01 und C-28/01, Slg. 2003, I-3630 ff. (I-3644, Rn. 39) – Bockhorn und Braunschweig I.

647 *GA Trstenjak*, Schlussanträge v. 28.03.2007 – C-503/04, Slg. 2007, I-6156 ff. (I-6178, Rn. 80) – Bockhorn und Braunschweig II.

die Durchsetzung des Schadensersatzanspruchs vor den nationalen Gerichten mit hohen Anforderungen an die Beweisführung einhergeht.[648]

Zusammenfassend lässt sich festhalten, dass Deutschland spätestens mit rechtskräftiger Feststellung der anhaltenden Unionsrechtsverletzung durch das Urteil des EuGH in den Rechtssachen „*Bockhorn und Braunschweig I*" zur Beendigung der Erfüllung des verfahrensgegenständlichen Müllentsorgungsvertrages verpflichtet war. Diese Pflicht ergab sich nach Urteilserlass jedenfalls aus Art. 260 Abs. 1 AEUV (ex Art. 228 Abs. 1 EGV) in Verbindung mit dem Tenor und den tragenden Entscheidungsgründen des Urteils.[649]

E. Die Pflicht zur Beendigung unionsrechtswidriger öffentlicher Aufträge in anderen Fällen

Obwohl die Maßnahmen, welche die Mitgliedstaaten zur Beseitigung einer Unionsrechtsverletzung ergreifen müssen, nicht zum Verfahrensgegenstand eines stattgebenden Urteils im Vertragsverletzungsverfahren gehören und auch nicht an der Rechtskraft oder der außerprozessualen Bindungswirkung desselben teilnehmen,[650] beeinflussen vor allem sie die Rechtsanwendung. Denn durch das Urteil ist zunächst nur festgestellt, dass eine bestimmte rechtliche Situation mit Unionsrecht nicht vereinbar ist.[651] Für die Bundesrepublik Deutschland war die Beseitigungspflicht und im konkreten Fall die Pflicht zur Beendigung des unionsrechtswidrigen öffentlichen Auftrags nach Urteilsverkündung durch den Tenor und die tragenden Entscheidungsgründe des Urteils „*Bockhorn und Braunschweig I*" in Verbindung mit Art. 260 Abs. 1 AEUV endgültig festgeschrieben.[652] Das Urteil begründete jedoch auch insoweit keine neue Rechtspflicht, sondern

---

648 Ebda. Ähnlich ist auch die Argumentation zur Rückabwicklungspflicht bei unionsrechtswidrigen Vergabeverträgen von *Eilmansberger*, JBl 2001, 562 ff. und *Hintersteininger*, ÖJZ 2000, 621 ff. (634). Letztere Autorin betont den Grundsatz des Vorrangs des Primärrechtsschutzes gegenüber Schadensersatzansprüchen als allgemeinen Rechtsgrundsatz. Die Beweisschwierigkeiten bei der Geltendmachung von Schadensersatz beschreibt für den Fall, dass der Vergabefehler in Verstößen gegen die Pflicht zur vorherigen Bekanntmachung der Auftragsvergabe beruht, ausführlich *Kraus*, Der vergaberechtliche Rechtsschutz, S. 134 ff.

649 Dies verdeutlicht EuGH, Urt. v. 18.07.2007 – C-503/04, Slg. 2007, I-6183 ff. (I-6197, Tenor zu 1., Rn. 20 und 40) – Bockhorn und Braunschweig II.

650 S.o. 1. Abschnitt F.II, S. 101 f.

651 S.o. 1. Abschnitt E.II.4, S. 85, Fn. 475.

652 Zu der Beseitigungspflicht allgemein s.o. 1. Abschnitt F.I, S. 98 ff.

konkretisierte lediglich eine bereits bestehende.[653] Auf Grund der beschränkten Jurisdiktionsgewalt des EuGH[654] bedeutet eine Nachvollziehung der Reichweite der Urteilswirkungen im Vertragsverletzungsverfahren in der Rechtswirklichkeit daher in erster Linie die Nachzeichnung der im Primärrecht bzw. im Sekundärrecht verankerten Verpflichtungen der Mitgliedstaaten in der Auslegung, die sie durch den EuGH erfahren haben. Insoweit stellt sich zunächst die Frage, auf welche unionsrechtlichen Bestimmungen eine Verpflichtung aller Mitgliedstaaten zur Beendigung unionsrechtswidriger Verträge gestützt werden kann und was ihre Voraussetzungen sind.

I. Rechtsgrundlagen der Beendigungspflicht

In der Literatur gibt es Autoren, die einer Pflicht der Mitgliedstaaten zur Beendigung unionsrechtswidriger öffentlicher Aufträge grundsätzlich kritisch gegenüberstehen.[655] Die h.M. bejaht eine entsprechende Verpflichtung der Mitgliedstaaten demgegenüber zumindest unter bestimmten mehr oder weniger restriktiven Voraussetzungen.[656] Entscheidend für die Existenz einer unions-

---

653 S.o. 1. Abschnitt F.I, S. 98 ff.

654 Dazu s.o. Einleitung A.I und II, S. 1 ff. (1, Fn. 6).

655 *Greco*, Rivista Italiana di Diritto Pubblico Comunitario 2009, 431 ff. (insbesondere 437 ff.); *Heuvels*, NZBau 2005, 32 ff. (33); *Kraus*, Der vergaberechtliche Rechtsschutz, S. 151 ff. (Letztere zumindest für die Rechtslage unter Geltung der RL 2007/66/EG). Eher kritisch, im Ergebnis aber offenlassend, *Leinemann*, Die Vergabe öffentlicher Aufträge, Kapitel 2.1.2, Rn. 192. Kritisch auch *Frenz*, VergabeR 2009, 1 ff. (2 ff. und 5 f.): Der Autor bejaht ein Kündigungsrecht der öffentlichen Hand allenfalls nachdem der EuGH eine Vertragsverletzung festgestellt hat; eine Vertragsanpassung sei in jedem Fall vorrangig (*Frenz* a.a.O., S. 3). Anders noch, eine Beendigungspflicht unbedingt bejahend, *Frenz*, Handbuch Europarecht, Band 3, Kapitel 15, Rn. 3387 ff. (insbesondere Rn. 3394). Eher kritisch sieht eine unionsrechtliche Beendigungspflicht auch *Wollenschläger F.*, Verteilungsverfahren, S. 263 (bejaht eine solche im Ergebnis allerdings unter engen Voraussetzungen).

656 In der deutschen Literatur: *Antweiler*, in: *Dreher/Motzke*, Beck'scher Vergaberechtskommentar, § 114 GWB, Rn. 17 f.; *Bauer K.*, Vergaberechtswidrige Verträge aus zivilrechtlicher Sicht, S. 53 ff.; *Bitterich*, NJW 2006, 1845 ff.; *ders.*, EWS 2005, 162 ff.; *Cremer*, in: *Calliess/Ruffert*, EUV/AEUV, Art. 260 AEUV, Rn. 5; *Eschenbruch*, in: *Kulartz/Kus/Portz*, GWB-Vergaberecht, § 99 GWB, Rn. 309; *Glahs*, in: *Reidt/Stickler/Glahs*, Vergaberecht, § 101b GWB, Rn. 26 ff.; *Horn*, VergabeR 2006, 667 ff.; *Jaeger T.*, ZVB 2007, 271 ff. (272); *Jennert/Räuchle*, NZBau 2007, 555 ff. (556); *Kalbe*, EWS 2003, 566 ff. (567); *Losch*, VergabeR 2007, 601 ff. (604); *Lotze*, VergabeR 2005, 278 ff. (279); *Noch*, in: *Schulze/Zuleeg/Kadelbach*, Europarecht, § 29, Rn. 225; *Pache*, in: *Pünder/Schellenberg*, Vergaberecht, § 55 BHO, Rn. 128 ff.; *Portz*, KommJur

rechtlichen Beendigungspflicht ist, ob das Unionsrecht eine Rechtsgrundlage für eine solche Verpflichtung bereithält. Zur normativen Begründung einer Beendigungspflicht gibt es in der Literatur unterschiedliche Ansätze: Teilweise werden die Grundfreiheiten als Rechtsgrundlage ausgemacht,[657] teilweise wird auf den in Art. 4 Abs. 3 UAbs. 2 und 3 EUV verankerten Loyalitätsgrundsatz abgestellt.[658] Wieder andere Autoren leiten die Beendigungspflicht stets aus Art. 260 Abs. 1 AEUV ab, knüpfen die Verpflichtung also in jedem Einzelfall an ein vorhergehendes stattgebendes Urteil des EuGH im Vertragsverletzungsverfahren an.[659]

2007, 335 ff. (337 f.); *Prieß/Gabriel*, NZBau 2006, 219 ff.; *Scharen*, in: *Willenbruch/Wieddekind*, Vergaberecht, 20. Los, Art. 258, Rn. 65 ff.; *Schleissing*, Möglichkeiten und Grenzen vergaberechtlicher In-House-Geschäfte, S. 204; *Schwarze*, in: *Schwarze/Becker/Hatje/Schoo*, EU-Kommentar, Art. 260, Rn. 5. In der österreichischen Literatur: *Götzl/Möller*, RPA 2008, 66 ff. (74); *Jaeger T.*, ZVB 2007, 271 ff. (277); *Kind*, Gemeinderecht, Rspr. 2007, Abschnitt D.3.; *Müller T.*, in: *Schramm/Aicher/Fruhmann/Thienel*, BVergG 2006, Europ. und intern. Vergaberecht, Rn. 45 [Stand: 9/2013]; *Schima*, in: *Schramm/Aicher/Fruhmann/Thienel*, BVergG 2006, Exkurs: Auswirkungen des Primärrechts auf unter Verstoß gegen das Vergaberecht geschlossene Verträge [Stand: 8/2012]; *Thienel*, in: *Schramm/Aicher/Fruhmann/Thienel*, BVergG 2006, § 312 BVergG 2006, Rn. 11/1 und 20/3 [Stand: 8/2012]; *Winkler*, in: *Schramm/Aicher/Fruhmann/Thienel*, BVergG 2006, § 335, Rn. 17 [Stand: 3/2009]. In der italienischen Literatur: *Goisis*, Diritto Processuale Amministrativo 2009, 112 ff. (*ders.* stellt auf S. 117 fest, dass das Urteil des EuGH *„Bockhorn und Braunschweig II“* in der italienischen Literatur vergleichsweise wenig Beachtung fand).
Die Ansicht der Autoren hinsichtlich der Frage, ob die Feststellung der Vertragsverletzung durch den EuGH Voraussetzung einer Beendigungspflicht ist, divergiert allerdings (dazu s.u. 2. Abschnitt E.II, S. 125 ff.). Ebenso unterschiedlich werden die weiteren Voraussetzung der Beendigungspflicht beurteilt (dazu s.u. 2. Abschnitt E.III, S. 139 ff.).

657 *Antweiler*, in: *Dreher/Motzke*, Beck'scher Vergaberechtskommentar, § 114 GWB, Rn. 17.

658 *Jaeger T.*, ZVB 2007, 271 ff. (273, zum vormaligen Art. 10 EGV); *Müller T.*, in: *Schramm/Aicher/Fruhmann/Thienel*, BVergG 2006, Europ. und intern. Vergaberecht, Rn. 45, Fn. 104 [Stand: 9/2013]; *Müller-Mitschke*, Konfliktfeld De-facto-Vergabe, S. 123 f. Weitergehend stellt *Lotze*, VergabeR 2005, 278 ff. (279), auf die *„allgemeinen Vorgaben des Gemeinschaftsrechts“* ab, wobei unklar bleibt, ob er von einer Beendigungspflicht ausgeht, die auch schon vor Erlass eines Feststellungsurteils nach Art. 258 ff. AEUV besteht.

659 So etwa *Nettesheim*, in: Vierzehnte Badenweiler Gespräche, S. 205 ff. (211 ff.); *Schima*, in: *Schramm/Aicher/Fruhmann/Thienel*, BVergG 2006, Exkurs: Auswirkungen des Primärrechts auf unter Verstoß gegen das Vergaberecht geschlossene Verträge,

1. *Die Grundfreiheiten als mögliche Rechtsgrundlage*

Die Pflicht zur Beendigung unionsrechtswidriger öffentlicher Aufträge wird mit dem Argument auf die Grundfreiheiten gestützt, dass mit Vergaberechtsverstößen regelmäßig eine fortdauernde Verletzung derselben einhergehe.[660] Auf den ersten Blick ist diese Ansicht folgerichtig: Bereits die Zielsetzung der unionsrechtlichen Bestimmungen zur öffentlichen Auftragsvergabe bedingt, dass Vergaberechtsverstöße regelmäßig mit einer Verletzung der Grundfreiheiten einhergehen.[661] Die unionsrechtlichen Bestimmungen zur öffentlichen Auftragsvergabe streben die Gewährleistung des freien Dienstleistungsverkehrs und die Öffnung des Auftragwesens für einen unverfälschten Wettbewerb in allen Mitgliedstaaten an.[662] Die unionsrechtlichen Anforderungen an die Auftragsvergabe finden demnach ihre Rechtfertigung u.a. in den Grundfreiheiten.[663] Eine weitere Auseinandersetzung mit den Grundfreiheiten und ihren Aussagegehalten legt jedoch die Unvereinbarkeit der Ansicht mit der Funktion der Grundfreiheiten und der Systematik der unionsrechtlichen Bestimmungen zum öffentlichen Auftragswesen offen: So vermögen die Grundfreiheiten im Verhältnis zu den mitgliedstaatlichen Organen

Rn. 6 ff. (insbesondere Rn. 19 und 48) [Stand: 8/2012]. Eingehend dazu s.u. 2. Abschnitt E.II, S. 125 ff.

660 *Antweiler*, in: *Dreher/Motzke*, Beck'scher Vergaberechtskommentar, § 114 GWB, Rn. 17.

661 Den engen Zusammenhang von Grundfreiheiten und Vergaberecht beschreibt *Holoubek*, in: *Schwarze/Becker/Hatje/Schoo*, EU-Kommentar, Art. 57 AEUV, Rn. 158 ff. Der Autor weist a.a.O., Rn. 160 f., darauf hin, dass der EuGH neben Verstößen gegen die Vergaberichtlinien regelmäßig auch Verletzungen der Grundfreiheiten feststellt (in Anlehnung an diesen auch *Kluth*, in: *Calliess/Ruffert*, EUV/AEUV, Art. 56, 57 AEUV, Rn. 63).

662 Dies folgt aus dem 2. Erwägungsgrund RL 2004/18/EG bzw. aus dem 1. Erwägungsgrund Richtlinie 2014/24/EU des Europäischen Parlaments und des Rates vom 26.02.2014 über die öffentliche Auftragsvergabe und zur Aufhebung der Richtlinie 2004/18/EG, ABlEU Nr. L 94 v. 28.03.2014, S. 65 (im Folgenden: RL 2014/24/EU). Dieselbe Zielsetzung betont ausdrücklich EuGH, Urt. v. 10.10.2013 – C-336/12, EuZW 2013, 949 ff. (950, Rn. 28, noch nicht in Slg. veröffentlicht) – Manova; EuGH, Urt. v. 19.06.2008 – C-454/06, Slg. 2008, I-4447 (I-4461, Rn. 31) – pressetext Nachrichtenagentur. Ähnlich auch *Bultmann*, Beihilfenrecht und Vergaberecht, S. 141.

663 Dies folgt aus dem 2. Erwägungsgrund RL 2004/18/EG bzw. dem 1. Erwägungsgrund RL 2014/24/EU. Ähnlich auch *Kluth*, in: *Calliess/Ruffert*, EUV/AEUV, Art. 56, 57 AEUV, Rn. 62.

und sonstigen Einrichtungen zwar auch *„objektive[] unmittelbare Wirkung“*[664] zu erzeugen und ihnen ohne weiteren Vollzugsakt konkrete Verpflichtungen aufzuerlegen.[665] Die Mitgliedstaaten sind daher unabhängig von etwaigen subjektiven Rechten etwa zur grundfreiheitskonformen Auslegung des nationalen Rechts und des Sekundärrechts verpflichtet.[666] Im Übrigen steht im Vordergrund der bei öffentlichen Auftragsvergaben besonders häufig betroffenen Dienstleistungsfreiheit,[667] soweit ihre unmittelbare Anwendbarkeit in Rede steht, das *„Abwehrrecht“*[668], welches einen Dienstleistungserbringer vor *„Diskriminierungen […] aus Gründen seiner Staatsangehörigkeit oder wegen seines Aufenthalts in einem anderem Mitgliedstaat als dem der Leistungserbringung“*[669] schützt.[670] Betroffen ist insoweit also in erster Linie das Verhältnis zwischen dem Einzelnen und den Mitgliedstaaten, welches im Vergaberecht vorrangig durch die Vergaberichtlinien geregelt ist, die unter Berücksichtigung des aus den Grundfreiheiten abzuleitenden Grundsatzes der Nichtdiskriminierung für umgangene Unternehmen entsprechende Rechtsmittel zur Verfügung stellen.[671] Demgegenüber resultiert die Beendigungspflicht ausschließlich aus den mitgliedstaatlichen Verpflichtungen gegenüber der Europäischen Union.[672] Vor diesem Hintergrund darf die mitgliedstaatliche Beendigungspflicht insbesondere nicht als aus den Grundfreiheiten ableitbarer Anspruch des Einzelnen auf Beendigung unionsrechtswidriger Beschaffungsverträge missverstanden

---

664 *Nettesheim*, in: *Grabitz/Hilf/Nettesheim*, Das Recht der EU, Art. 288, Rn. 42 [Stand: 8/2012], verwendet diesen Begriff in Abgrenzung zu der *„subjektiv-unmittelbar wirksamen Norm des Unionsrechts“*, die Rechte oder Pflichten von Individuen begründe.

665 *Stelkens*, in: *Stelkens/Bonk/Sachs*, VwVfG, Europäisches Verwaltungsrecht, Rn. 58. Zur Warenverkehrsfreiheit: *Piska* in: *Mayer H./Stöger*, EUV/AEUV, Art 34 AEUV, Rn. 4 [Stand: 4/2012]. Zur Dienstleistungsfreiheit: *Budischowsky* in: *Mayer H./Stöger*, EUV/AEUV, Art 56, 57 AEUV, Rn. 3 [Stand: 3/2011]; *Kluth*, in: *Calliess/Ruffert*, EUV/AEUV, Art. 56, 57 AEUV, Rn. 51.

666 *Ehlers*, in: *ders.*, Europäische Grundrechte und Grundfreiheiten, § 7, Rn. 39, spricht den Grundfreiheiten insoweit eine *„objektiv-rechtliche Bedeutung“* zu.

667 *Frenz*, Handbuch Europarecht, Band 3, Kapitel 9, Rn. 1732. Unter Verweis auf Ersteren auch *Müller*, in: *Schramm/Aicher/Fruhmann/Thienel*, BVergG 2006, Europäisches und internationales Vergaberecht, Rn. 21 [Stand: 9/2013].

668 *Kluth*, in: *Calliess/Ruffert*, EUV/AEUV, Art. 57 AEUV, Rn. 51.

669 Ebda.

670 Dies ergibt sich aus den Ausführungen von *Kluth* (ebda).

671 In Anlehnung an den 2. Erwägungsgrund RL 2004/18/EG bzw. 1. Erwägungsgrund RL 2014/24/EU und den 3. Erwägungsgrund RL 2007/66/EG.

672 Dies verdeutlicht EuGH, Urt. v. 18.07.2007 – C-503/04, Slg. 2007, I-6183 ff. (I-6194, Rn. 33 ff.) – Bockhorn und Braunschweig II.

werden.[673] Anderenfalls würde die nach Art. 2c RL 2007/66/EG erlaubte Bindung des Vergaberechtsschutzes an Fristenregelungen durch die nationalen Umsetzungsrechtsakte ins Leere laufen.

2. Der Grundsatz der loyalen Zusammenarbeit als Rechtsgrundlage der Beendigungspflicht

Überzeugender ist es, die Pflicht zur Beendigung unionsrechtswidriger öffentlicher Aufträge auf den in Art. 4 Abs. 3 UAbs. 2 und 3 EUV normierten Grundsatz der loyalen Zusammenarbeit zu stützen.[674] Bei der öffentlichen Auftragsvergabe vollzieht die Verwaltung mittelbar indirekt die Vergaberichtlinien, indem sie das nationale Ausführungsrecht anwendet.[675] Zwar gilt beim Vollzug von Unionsrecht der Grundsatz der Verfahrensautonomie der Mitgliedstaaten,[676] auch erzeugen die Richtlinien nach ihrer ordnungsgemäßen Umsetzung ins nationale Recht regelmäßig keine unmittelbare Wirkung.[677] Die nationale Administrative ist jedoch nach Art. 4 Abs. 3 EUV fortwährend zu einem *„vollständigen,*

---

673 Gegen einen Anspruch des Einzelnen auf Vertragsbeendigung: OLG Düsseldorf, Beschl. v. 30.04.2009 - VII-Verg 50/08, BeckRS 2009, 25237; OLG Düsseldorf, Beschl. v. 18.06.2008 - VII-Verg 23/08, ZfBR 2009, 197 ff. (201); OLG Celle, Beschluß vom 04.05.2001 - 13 Verg 5/00, NZBau, 2002, 53; *Bauer K.*, Vergaberechtswidrige Verträge aus zivilrechtlicher Sicht, S. 109 f. (letztere allerdings kritisch); *Götzl/Möller*, RPA 2008, 66 ff. (74); *Jaeger T.*, ZVB 2007, 271 ff. (275); *Kind*, Gemeinderecht, Rspr. 2007, Abschnitt D.3.; *Nettesheim*, in: Vierzehnte Badenweiler Gespräche, S. 205 ff. (219 f.); *Ruthig*, in: Tagungsband, 8. Düsseldorfer Vergaberechtstag, S. 69 ff. (78). Demgegenüber a.A. *Antweiler*, in: *Dreher/Motzke*, Beck'scher Vergaberechtskommentar, § 114, Rn. 18.

674 Zu den Vertretern dieser Ansicht in der Literatur s.o. 2. Abschnitt E.I, S. 66 f., Fn. 658.

675 Zum *„mittelbaren indirekten Vollzug"* als Vollzug nationalen Ausführungsrechts allgemein *Kahl*, in: *Calliess/Ruffert*, EUV/AEUV, Art. 4 EUV, Rn. 60. Zum Regelfall des *„indirekte[n] Vollzug[s]"* des Unionsrechts durch die Mitgliedstaaten *Öhler*, Rechtsschutz bei der Vergabe öffentlicher Aufträge in der EU, S. 89 f. Das Begriffspaar *„direkter Vollzug"* – *„indirekter Vollzug"* benutzt des Weiteren auch *Richter*, Rückforderung staatlicher Beihilfen nach §§ 48, 49 VwVfG, S. 9 f. Zur Umsetzung des Unionsrechts durch die Mitgliedstaaten ausführlich *Glaser*, Die Entwicklung des Europäischen Verwaltungsrechts, S. 465 ff.

676 Statt aller EuGH, Urt. v. 07.01.2004 – C-201/02, Slg. 2004, I-748 ff. (I-767 f., Rn. 65) – Wells; *Kahl*, in: *Calliess/Ruffert*, EUV/AEUV, Art. 4 EUV, Rn. 61; eingehend *v. Danwitz*, Europäisches Verwaltungsrecht, S. 302 ff.

677 *Nettesheim*, in: *Grabitz/Hilf/Nettesheim*, Das Recht der EU, Art. 288 AEUV, Rn. 143 [August 2012].

einheitlichen und effektiven Vollzug“[678] des Unionsrechts verpflichtet.[679] Dies beinhaltet nach Art. 4 Abs. 3 UAbs. 3 EUV auch die Pflicht, Maßnahmen, welche unionsrechtliches Primärrecht oder Sekundärrecht verletzen, nicht weiter aufrechtzuerhalten.[680] Da öffentliche Aufträge, die entgegen der unionsrechtlichen Bestimmungen vergeben wurden, nach der Rechtsprechung des EuGH im Urteil „*Bockhorn und Braunschweig I*“ während der gesamten Dauer der Vertragserfüllung Unionsrecht verletzen,[681] müssen die Verträge beendet werden, soweit dies verhältnismäßig ist.[682]

II. Feststellung einer Vertragsverletzung durch den EuGH als Voraussetzung der Beendigungspflicht?

In der vergaberechtlichen Literatur finden sich Stimmen, die eine unionsrechtliche Pflicht zur Beendigung vergaberechtswidriger Beschaffungsverträge allenfalls nach einer Abwägung der betroffenen Interessen im Einzelfall bejahen.[683] Ein Großteil der Autoren vertritt sogar die Ansicht, dass die Beendigungspflicht die vorherige Feststellung einer Vertragsverletzung durch den EuGH nach Art. 260 Abs. 1

---

678 *Kahl*, in: *Calliess/Ruffert*, EUV/AEUV, Art. 4 EUV, Rn. 62.

679 Ebda. Zum „*Spannungsverhältnis zwischen dem Grundsatz einer Organisations- und Verfahrensautonomie der Mitgliedstaaten und den Postulaten von einheitlicher Anwendung und voller Wirksamkeit des Gemeinschaftsrechts*“ in der Rspr. des EuGH eingehend *v. Danwitz*, Europäisches Verwaltungsrecht, S. 310 ff.

680 *Kahl* a.a.O., Rn. 96. Dasselbe folgt aus EuGH, Urt. v. 07.01.2004 – C-201/02, Slg. 2004, I-748 ff. (I-767, Rn. 64) – Wells; *Glaser*, Die Entwicklung des Europäischen Verwaltungsrechts, S. 493. Hinsichtlich der Beendigungspflicht wählt *Jaeger T.*, ZVB 2007, 271 ff. (273), eine ähnliche Argumentation.

681 S.o. 2. Abschnitt B., S. 110, Fn. 605.

682 Dass die Beendigungspflicht unter dem Vorbehalt der Verhältnismäßigkeit steht, verdeutlichen insbesondere *Bitterich*, NJW 2006, 1845 ff. (1849); *Jaeger T.*, ZVB 2007, 271 ff. (275); *Müller-Mitschke*, Konfliktfeld De-facto-Vergabe, S. 110; *Portz*, KommJur 2007, 335 ff. (338); *Schima*, in: *Schramm/Aicher/Fruhmann/Thienel*, BVergG 2006, Exkurs: Auswirkungen des Primärrechts auf unter Verstoß gegen das Vergaberecht geschlossene Verträge, Rn. 40 [Stand: 8/2012]; *Treumer*, P.P.L.R. 2007, 371 ff. (378).

683 Diesen Gesichtspunkt betont besonders *Treumer*, P.P.L.R. 2007, 371 ff. (378). In Anlehnung an diesen auch *Müller-Mitschke*, Konfliktfeld De-facto-Vergabe, S. 110 ff. Ähnlich für die Pflicht zur Rückabwicklung unionsrechtswidriger Verträge, die Dauerschuldverhältnisse begründen: *Posch/Riedl*, in: *Mayer H./Stöger*, EUV/AEUV, Art. 260 AEUV, Rn. 18 [Stand: 8/2013].

AEUV voraussetze.[684] Demgegenüber steht die Ansicht, dass öffentliche Auftraggeber eine Pflicht zur Beendigung vergaberechtswidriger Verträge treffe und zwar unabhängig vom Vorliegen eines Feststellungsurteils nach Art. 260 Abs. 1 AEUV oder einer sonstigen Entscheidung des EuGH.[685] Eine Vielzahl von Autoren wiederum diskutiert die Beendigungspflicht als Folge eines Feststellungsurteils, das im

---

684 *Bitterich*, NJW 2006, 1845 ff. (1849); *Götzl/Möller*, RPA 2008, 66 ff. (74); *Schima*, in: *Schramm/Aicher/Fruhmann/Thienel*, BVergG 2006, Exkurs: Auswirkungen des Primärrechts auf unter Verstoß gegen das Vergaberecht geschlossene Verträge, Rn. 6 ff. (insbesondere Rn. 19 und 48) [Stand: 8/2012]; *Nettesheim*, in: Vierzehnte Badenweiler Gespräche, S. 205 ff. (212). Letzterer stellt (ebda) fest, dass im „*europarechtlichen Schrifttum […] allgemein akzeptiert*" sei, dass eine Pflicht der Mitgliedstaaten zur Beendigung unionsrechtswidriger Verträge erst durch eine stattgebende Entscheidung des EuGH im Vertragsverletzungsverfahren ausgelöst werde. Zu der Ansicht tendiert auch *Thienel*, in: *Schramm/Aicher/Fruhmann/Thienel*, BVergG 2006, § 312, Rn. 20/6 [Stand: 8/2012]. So wohl auch *Arrowsmith*, Remedies for enforcing the public procurement rules, S. 8 und 41 f. Für *Frenz*, VergabeR 2009, 1 ff. (3), ist dies die einzige Situation, die dazu führen kann, dass ein Vertrag gekündigt werden muss. Einer „*vorauseilenden Kündigung*" bedarf es nach Ansicht des Autors nicht (so auch *Frenz*, Handbuch Europarecht, Band 3, Kapitel 15, Rn. 3394 ff., allerdings äußert der Autor hier noch Bedenken an die Anknüpfung „*an ein ergangenes EuGH-Urteil*"). Einschränkend *Jaeger T.*, ZVB 2007, 271 ff. (277), der klarstellt, dass dies nur gelte, soweit nicht ohnehin eine Nichtigkeitssanktion greife; zudem hält *ders.* a.a.O., S. 275, sowohl ein Urteil des EuGH „*zu dem Vergabeverstoß*" im Vertragsverletzungsverfahren, als auch im Vorabentscheidungsverfahren, aber auch ein Urteil eines nationalen Gerichts, das den Vergaberechtsverstoß feststellt, für ausreichend und bejaht eine Beendigungspflicht selbst dann, wenn „*der betreffende Vertrag selbst nicht Gegenstand eines EuGH-Urteils ist, jedoch zu ganz ähnlichen ‚Vergabepraktiken' bzw Verträgen (z.B [sic] in anderen MS) ‚offenkundig' einschlägige Urteile*" des EuGH vorlägen.

685 *Antweiler*, in: *Dreher/Motzke*, Beck'scher Vergaberechtskommentar, § 114 GWB, Rn. 17; *Bauer K.*, Vergaberechtswidrige Verträge aus zivilrechtlicher Sicht, S. 62 ff.; *Müller T.*, in: *Schramm/Aicher/Fruhmann/Thienel*, BVergG 2006, Europ. und intern. Vergaberecht, Rn. 45, Fn. 104 [Stand: 9/2013]; *Müller-Mitschke*, Konfliktfeld De-facto-Vergabe, S. 123 f.; *Schleissing*, Möglichkeiten und Grenzen vergaberechtlicher In-House-Geschäfte, S. 204 und S. 216; *Storr*, SächsVBl 2008, 60 ff. (64); *Treumer*, P.P.L.R. 2007, 371 ff. (383 f.). So wohl auch *Eschenbruch*, in: *Kulartz/Kus/Portz*, GWB-Vergaberecht, § 99 GWB, Rn. 309; *Jennert/Räuchle*, NZBau 2007, 555 ff. (555); *Winkler*, in: *Schramm/Aicher/Fruhmann/Thienel*, BVergG 2006, § 335, Rn. 17 [Stand: 3/2009]. Zu einer Beendigungspflicht vor Erlass eines Feststellungsurteils in einem Vertragsverletzungsverfahren tendieren auch *Erdl*, VergabeR 2006, 277 f. (277); *Prieß/Gabriel*, NZBau 2006, 219 ff. (221 f.). Unterschiedliche Ansichten vertreten die Autoren hinsichtlich der sonstigen Voraussetzungen einer Beendigungspflicht.

Rahmen eines Vertragsverletzungsverfahrens ergangen ist und geht nicht weiter auf die Frage ein, ob die Beendigungspflicht auch vor Urteilserlass bereits bestanden hat.[686]

Der Problematik kommt für die Tragweite des Urteils des EuGH in den Rechtssachen „*Bockhorn und Braunschweig I*" entscheidende Bedeutung zu. Bei einer Anknüpfung der Beendigungspflicht an ein Feststellungsurteil in jedem Einzelfall wäre die Pflicht zur Beendigung von Verträgen, die auf unionsrechtswidrigen Vergabefehlern beruhen, stets eine Folge der in Art. 260 Abs. 1 AEUV umschriebenen Handlungspflicht, die mit dem jeweiligen Urteil einhergeht.[687] Dem tragenden Entscheidungsgrund, wonach ein Vertragsverstoß, der aus der unionsrechtswidrigen Vergabe eines öffentlichen Auftrags resultiert, während der gesamten Vertragslaufzeit andauert,[688] würde so in gleichgelagerten Sachverhalten seine praktische Relevanz zumindest teilweise abgesprochen.

1. Keine abschließende Regelung durch Art. 73 RL 2014/24/EU

Die „*Fortsetzungsrechtsprechung*"[689] des EuGH veranlasste die Europäische Kommission, das Europäische Parlament und den Rat im Zuge der Reformierung der RL 2004/18/EG in die, diese mit Wirkung zum 18.04.2016 ersetzende, Richtlinie über die Vergabe öffentlicher Aufträge (RL 2014/24/EU)[690] mit Art. 73 eine

---

686 *Cremer*, in: *Calliess/Ruffert*, EUV/AEUV, Art. 260 AEUV, Rn. 5; *Glahs*, in: *Reidt/Stickler/Glahs*, Vergaberecht, § 101b GWB, Rn. 26 ff.; *Hölzl/Prieß*, LKV 2006, 481 ff. (488); *Horn*, VergabeR 2006, 667 ff. (668); *Karpenstein*, in: *Grabitz/Hilf/Nettesheim*, Das Recht der EU, Art. 260 AEUV, Rn. 18 [Stand: 8/2011]; *Öhler*, Rechtsschutz bei der Vergabe öffentlicher Aufträge in der EU, S. 263 ff.; *Portz*, KommJur 2007, 335 ff. (335); *Scharen*, in: *Willenbruch/Wieddekind*, Vergaberecht, 20. Los, Art. 258 AEUV, Rn. 65.

687 Diese Ansicht vertritt etwa *Nettesheim*, in: Vierzehnte Badenweiler Gespräche, S. 205 ff. (212 ff.), der annimmt, die Beendigungspflicht folge aus Art. 260 Abs. 1 AEUV und werde erst durch ein stattgebendes Urteil des EuGH im Vertragsverletzungsverfahren ausgelöst. Ebenso *Bitterich*, NJW 2006, 1845 ff. (1849).

688 S.o. 2. Abschnitt B., S. 110, Fn. 605.

689 Der Begriff findet sich etwa bei *Bitterich*, NJW 2006, 1845 ff. (1845); *Horn/Hofmann*, in: *Dreher/Motzke*, Beck'scher Vergabekommentar, § 102 GWB, Rn. 26: Er fasst die Rspr. des EuGH zusammen, nach welcher ein unter Verstoß gegen europäisches Vergaberecht abgeschlossener Vertrag während der gesamten Vertragslaufzeit eine Vertragsverletzung begründet.

690 Art. 91 Abs. 1 RL 2014/24/EU bestimmt: „*Die Richtlinie 2004/18/EG wird mit Wirkung zum 18. April 2016 aufgehoben.*"

Vorschrift über die Kündigung öffentlicher Aufträge aufzunehmen.[691] Aus der Rechtsprechung des EuGH folgt, dass das Unionsrecht in bestimmten Fällen eine vorzeitige Beendigung unionsrechtswidriger öffentlicher Aufträge erfordert – eine Erwägung, auf welcher auch Art. 73 RL 2014/24/EU beruht.[692] Die Vorschrift hat folgenden Wortlaut:

> „Artikel 73
> Kündigung von Aufträgen
> Die Mitgliedstaaten stellen sicher, dass öffentliche Auftraggeber zumindest unter den folgenden Umständen und unter bestimmten Bedingungen, die im anwendbaren nationalen Recht festgelegt sind, über die Möglichkeit verfügen, einen öffentlichen Auftrag während seiner Laufzeit zu kündigen, wenn:
> a) am Auftrag eine wesentliche Änderung vorgenommen wurde, die ein neues Vergabeverfahren gemäß Artikel 72 erforderlich gemacht hätte;
> b) der Auftragnehmer erfüllte zum Zeitpunkt der Zuschlagserteilung einen der in Artikel 57 Absatz 1 genannten Tatbestände und hätte daher vom Vergabeverfahren ausgeschlossen werden müssen;
> c) der Auftrag aufgrund einer schweren Verletzung der Verpflichtungen aus den Verträgen und dieser Richtlinie, die der EuGH in einem Verfahren nach Artikel 258 AEUV festgestellt hat, nicht an den Auftragnehmer vergeben hätte werden dürfen."

Aufgrund dieser Vorschrift sind die Mitgliedstaaten nur dann verpflichtet, im nationalen Recht Möglichkeiten zur vorzeitigen Kündigung öffentlicher Auträge vorzusehen, sofern eine wesentliche Änderung des Auftrags vorgenommen wurde, wenn der Auftragnehmer aufgrund eines der in Art. 57 Abs. 1 RL 2014/24/EU genannten Gründe rechtskräftig verurteilt worden ist und daher vom Vergabeverfahren hätte ausgeschlossen werden müssen oder wenn der EuGH in einem Vertragsverletzungsverfahren eine schwere Unionsrechtsverletzung festgestellt hat, die einer Vergabe des Auftrags an den Auftragnehmer entgegenstand. Fraglich ist, ob die Vorschrift abschließend die Konstellationen benennt, in welchen die Mitgliedstaaten eine Pflicht zur Beendigung unionsrechtswidriger öffentlicher Aufträge trifft, sodass eine unionsrechtliche Beendigungspflicht in anderen Fällen ausgeschlossen ist.

Für eine abschließende Regelung in diesem Sinne spricht zunächst der 112. Erwägungsgrund RL 2014/24/EU. Danach wollte der europäische Gesetzgeber mit der sekundärrechtlichen Regelung gerade erreichen, dass das nationale Recht

---

691 Die Bedeutung der Rspr. des EuGH für die Neuerungen der RL 2014/24/EU betont allgemein der 2. Erwägungsgrund Satz 3 RL 2014/24/EU.

692 Dies verdeutlicht der 112. Erwägungsgrund RL 2014/24/EU.

den öffentlichen Auftraggebern in all jenen Konstellationen, in denen das Unionsrecht eine Vertragsbeendigung erfordert, eine Beendigungsmöglichkeit zur Verfügung stellt. Gegen den abschließenden Charakter der Regelung lassen sich allerdings der Wortlaut der Vorschrift und die Entstehungsgeschichte anführen: Das Europäische Parlament hat den Vorschlag der Europäischen Kommission für eine Richtlinie über die öffentliche Auftragsvergabe vom 20.12.2011[693] nämlich dahingehend geändert, dass sie die Mitgliedstaaten zur Sicherstellung einer Kündigungsmöglichkeit *„zumindest unter den folgenden Umständen“*[694] verpflichtet. Ein entsprechender Zusatz war im Vorschlag der Europäischen Kommission nicht enthalten.[695] Das Europäische Parlament wollte also bewusst nicht ausschließen, dass das Unionsrecht auch in anderen, nicht in der Vorschrift aufgezählten Konstellationen, nach einer Beendigung vergaberechtswidriger öffentlicher Aufträge verlangt. Das Feststellungsurteil des EuGH im Vertragsverletzungsverfahren bot sich allerdings deshalb als Anknüpfungspunkt der mitgliedstaatlichen Verpflichtung an, da das Vertragsverletzungsverfahren das *„erste und letzte Mittel der Europäischen Union bilde[t], die [Mitgliedstaaten] zu einem unionsrechtskonformen Verhalten zu zwingen.“*[696] Daher galt es durch die Richtlinienvorschrift eindeutig zu klären, dass die Mitgliedstaaten den öffentlichen Auftraggebern *„zumindest“*[697] nach einem stattgebenden Urteil im Vertragsverletzungsverfahren, welches eine anhaltende und schwerwiegende Verletzung unionsrechtlicher Grundprinzipien durch einen öffentlichen Auftrag betrifft, die Möglichkeit zur Vertragsbeendigung eröffnen müssen. Einer abschließenden sekundärrechtlichen Regelung der unionsrechtlichen Beendigungspflicht dahingehend, dass die Mitgliedstaaten neben den in Art. 73 lit. a und b RL 2014/24/EU genannten Fällen, nur nach einem vorhergehenden stattgebenden Urteil des EuGH im Vertragsverletzungsverfahren zu einer Vertragsbeendigung verpflichtet wären, stand auch die primärrechtliche Regelung zum Vorverfahren nach Art. 258 AEUV entgegen. Vor Erhebung einer Vertragsverletzungsklage eröffnet das Vorverfahren den Mitgliedstaaten die Möglichkeit, Rechtsstreitigkeiten außerprozessual

---

693 Vorschlag für eine Richtlinie des Europäischen Parlaments und des Rates über die öffentliche Auftragsvergabe, KOM 2011 (869) endg.

694 So der Wortlaut des Art. 73 RL 2014/24/EU.

695 Siehe Art. 73 Vorschlag für eine Richtlinie des Europäischen Parlaments und des Rates über die öffentliche Auftragsvergabe, KOM 2011 (869) endg.

696 *Karpenstein*, in: *Grabitz/Hilf/Nettesheim*, Das Recht der EU, Art. 258 AEUV, Rn. 10 [Stand: 5/2013], allgemein zum Vertragsverletzungsverfahren.

697 So ausdrücklich Art. 73 RL 2014/24/EU.

beizulegen.[698] Den Mitgliedstaaten kann daher durch die sekundärrechtliche Regelung nicht die Gelegenheit beschnitten werden, einen Vergaberechtsverstoß schon vor Feststellung einer Vertragsverletzung durch den EuGH durch eine Beendigung des öffentlichen Auftrags zu beseitigen.

Art. 73 RL 2014/24/EU über die öffentliche Auftragsvergabe konkretisiert die Voraussetzungen der unionsrechtlichen Beendigungspflicht demnach nicht abschließend, sondern beschreibt nur einige Konstellationen, in denen es zur wirksamen Durchsetzung des Unionsrechts unbedingt erforderlich ist, unionsrechtswidrige öffentliche Aufträge zu beenden. Gleichzeitig schließt die Vorschrift allerdings nicht aus, dass die Mitgliedstaaten kraft Unionsrechts auch außerhalb der genannten Konstellationen zur Beendigung unionsrechtswidriger öffentlicher Aufträge verpflichtet sein können.

2. Der Grundsatz der Verhältnismäßigkeit als Ausgangspunkt

Überzeugender Ansatzpunkt für Überlegungen zur Erforderlichkeit eines stattgebenden Urteils des EuGH im Vertragsverletzungsverfahren als Voraussetzung für die Beendigungspflicht ist auch nach neuer Rechtslage der Grundsatz der Verhältnismäßigkeit.[699] Dieser verlangt, dass den im Einzelfall betroffenen Interessen und Rechtsgütern hinreichend Rechnung getragen wird.[700] Nach Art. 5 Abs. 4 UAbs. 1 EUV gehen „*Maßnahmen der Union inhaltlich wie formal nicht über das zur Erreichung der Ziele der Verträge erforderliche Maß hinaus.*“[701] Die Vorschrift normiert den „*kompetenzbezogene[n] Verhältnismäßigkeitsgrundsatz*“[702], der Maßstab für die

---

698 Dazu statt aller *Cremer*, in: *Calliess/Ruffert*, EUV/AEUV, Art. 258 AEUV, Rn. 5 ff.; *Wunderlich*, in: *Schwarze* (Hrsg.), Der Rechtsschutz vor dem Gerichtshof der EU, EuR-Beiheft 1, 2012, 49 ff. (50 ff.).

699 Den Grundsatz nimmt ebenso als Ausgangspunkt für entsprechende Überlegungen *Jaeger T.*, ZVB 2007, 271 ff. (275).

700 Zur „*Einzelfallgerechtigkeit*“ als Ziel der Verhältnismäßigkeit: *Ress*, in: *Deutsche Sektion der Internationalen Juristen-Kommission* (Hrsg.), Der Grundsatz der Verhältnismäßigkeit in europäischen Rechtsordnungen, S. 5 ff. (5 und 22); *Sobota*, Das Prinzip Rechtsstaat, S. 244 (u.a. ebenfalls mit Verweis auf Ersteren); *Stürner*, Der Grundsatz der Verhältnismäßigkeit im Schuldvertragsrecht, S. 383.

701 So der Wortlaut des Art. 5 Abs. 4 UAbs. 1 AEUV. Auf den in der Vorschrift primärrechtlich verankerten Verhältnismäßigkeitsgrundsatz stellen bei der Prüfung einer unionsrechtlichen Beendigungspflicht ab: *Portz*, KommJur 2007, 335 ff. (338); in Anlehnung hieran auch *Müller-Mitschke*, Konfliktfeld De-facto-Vergabe, S. 110 f.

702 *Trstenjak/Beysen*, EuR 2012, 265 ff. (266): Die Autoren sprechen in diesem Zusammenhang auch vom Grundsatz der Verhältnismäßigkeit als „*Kompetenzausübungsschranke*“ (*dies.* a.a.O., S. 265 und 266).

unionsrechtlichen Verpflichtungen der Mitgliedstaaten ist.[703] Der Verhältnismäßigkeitsgrundsatz spielt als allgemeiner Rechtsgrundsatz des Unionsrechts[704] darüber hinaus auch bei der Beurteilung der Unionsrechtmäßigkeit von Handlungen der Mitgliedstaaten und der Unionsorgane eine wichtige Rolle.[705] Das Unionsrecht verlangt daher eine Beendigung vergaberechtswidriger Verträge nur, wenn diese Rechtsfolge verhältnismäßig ist.[706] Neben der Geeignetheit und der Erforderlichkeit der Vertragsbeendigung zur Erreichung eines unionsrechtskonformen Zustands muss als drittes Kriterium auch die Angemessenheit gewährleistet sein.[707] Eine Pflicht zur Beendigung unionsrechtswidriger Verträge setzt daher nicht nur voraus, dass die Vertragsbeendigung die einzige Möglichkeit zur Beseitigung der Unionsrechtsverletzung ist.[708] Dies wäre stets dann der Fall, wenn ein Vergabefehler die Auswahl des Vertragspartners beeinflussen konnte.[709] Der Grundsatz

---

703 *Karpenstein*, in: *Grabitz/Hilf/Nettesheim*, Das Recht der EU, Art. 260 AEUV, Rn. 16 [Stand: 5/2013]; *Pache*, NVwZ 1999, 1033 ff. (1034); *Posch/Riedl*, in: *Mayer H./Stöger*, EUV/AEUV, Art. 260 AEUV, Rn. 17 [Stand: 8/2013]; *Schiller*, RIW 1983, 928 ff. (929); *Trstenjak/Beysen*, EuR 2012, 265 ff. (266).

704 Dazu mit jeweils weiteren Nachweisen: *Hanf*, ZaöRV 1999, 51 ff. (54); *Hirsch*, Das Verhältnismäßigkeitsprinzip im Gemeinschaftsrecht, S. 8 ff.; *Kutscher*, in: *Deutsche Sektion der Internationalen Juristen-Kommission* (Hrsg.), Der Grundsatz der Verhältnismäßigkeit in europäischen Rechtsordnungen, S. 89 ff.; *Pache*, NVwZ 1999, 1033 ff. (1034 f.); *Schiller*, RIW 1983, 928 ff. (928 f.); *Schilling*, EuGRZ 2000, 3 ff. (23); *v. Danwitz*, in: *Cardonnel/Rosas/Wahl* (Hrsg.), Constitutionalising the EU Judicial System, S. 367 ff.

705 *Trstenjak/Beysen*, EuR 2012, 265 ff. (275 ff.); *Hirsch*, Das Verhältnismäßigkeitsprinzip im Gemeinschaftsrecht, S. 13 und 20 f.

706 S.o. 2. Abschnitt E.I.2, S. 124, Fn. 682.

707 Zum dreistufigen Aufbau der Verhältnismäßigkeitsprüfung statt aller *Trstenjak/Beysen*, EuR 2012, 265 ff. (269 ff.).

708 Hiervon geht allerdings aus: *Schleissing*, Möglichkeiten und Grenzen vergaberechtlicher In-House-Geschäfte, S. 204. *Ders.* bejaht mit dieser Argumentation jedenfalls bei öffentlichen Aufträgen, die unter Verstoß gegen die Pflicht zur vorherigen Veröffentlichung einer Bekanntmachung erfolgten, eine Beendigungspflicht. Der Umstand, dass keine andere mitgliedstaatliche Maßnahme zur Beseitigung des Unionsrechtsverstoßes in Betracht kommt, führe auf Seiten des betroffenen Mitgliedstaats zu einer „*Ermessensreduzierung auf Null*“ (*ders.* a.a.O., S. 203). Diese im deutschen Verwaltungsrecht vorzufindende Rechtsfigur lässt sich indes auch dort nur einzelfallbezogen unter Berücksichtigung der betroffenen Rechtsgüter und Interessen sowie des Ausmaßes ihrer Betroffenheit beurteilen (*Wolff*, in: *Sodan/Ziekow*, VwGO, § 114, Rn. 129 und 132).

709 Neben dem Verstoß gegen die vorherige Bekanntmachung der Auftragsvergabe kommen eine Reihe anderer Vergabefehler in Betracht. Einige nennt *Treumer*,

der Verhältnismäßigkeit erfordert vielmehr zusätzlich eine Abwägung der von der Maßnahme betroffenen Interessen, Rechtsgüter und Rechtspositionen.[710]

Fraglich ist allerdings zunächst, wem die Interessenabwägung überlassen sein muss, soweit die unionsrechtliche Pflicht zur Beendigung vergaberechtswidriger Verträge in Rede steht.

a) Interessenabwägung durch den öffentlichen Auftraggeber?

Nach den allgemeinen Grundsätzen könnte die Interessenabwägung zunächst dem öffentlichen Auftraggeber zufallen.[711] Diesem obliegt nämlich der Vollzug der die Vergaberichtlinien umsetzenden nationalen Vergaberechtsbestimmungen.[712] Für die Wirtschaftsteilnehmer würde dies allerdings eine große Rechtsunsicherheit bedeuten, da nationale Interessen das Abwägungsergebnis maßgeblich beeinflussen würden.[713] Zumeist werden öffentliche Auftraggeber an dem Fortbestand

---

P.P.L.R. 2007, 371 ff. (378), der solchen Vergabefehlern überzeugend im Rahmen der Verhältnismäßigkeitsprüfung besonderes Gewicht beimisst.

710 So allgemein *Trstenjak/Beysen*, EuR 2012, 265 ff. (272).

711 So geht *Treumer*, P.P.L.R. 2007, 371 ff. (384), davon aus, dass letztlich dem öffentlichen Auftraggeber die Entscheidung über die Vertragsbeendigung zustehen müsse. Dieser „*Spielraum*" (in Abgrenzung zum deutschen Ermessensbegriff; ähnlich spricht *Sachs*, in: *Stelkens/Bonk/Sachs*, VwVfG, § 40, Rn. 8, im Unionsrecht von „*normativ eröffneten Spielräumen*") des öffentlichen Auftraggebers schließt jedoch auch nach der Ansicht *Treumers* (ebda) keinesfalls die gerichtliche Überprüfbarkeit der Auftragsvergabe aus. Allgemein und mit divergierender Auffassung zur gerichtlichen Kontrolldichte von Maßnahmen, die unter dem Vorbehalt der Verhältnismäßigkeit stehen: *Pache*, NVwZ 1999, 1033 ff. (1938 f); *Schiller*, RIW 1983, 928 ff. (930); *Schwarze/Schmidt-Aßmann*, Das Ausmaß der gerichtlichen Kontrolle im Wirtschaftsverwaltungs- und Umweltrecht, S. 238 f. (dort im Zusammenhang mit Handlungsspielräumen vollziehender Organe im Bereich des gemeinsamen Agrarmarktes); *v. Danwitz*, in: *Cardonnel/Rosas/Wahl* (Hrsg.), Constitutionalising the EU Judicial System, S. 367 ff. (374 ff.). Zu dem unionsrechtlichen Ermessensbegriff, der nicht strikt vom Beurteilungsspielraum auf der Tatbestandsseite abgegrenzt wird: *Herdegen/Richter*, in: *Frowein* (Hrsg.), Die Kontrolldichte bei der gerichtlichen Überprüfung von Handlunge der Verwaltung, S. 209 ff. (210 f.). Die letztgenannten Autoren verwenden den Begriff des Ermessens daher für „*jeden Fall von Gestaltungsspielräumen der Kommission*" (*Herdegen/Richter* a.a.O., S. 210; ähnlich *Sachs*, in: *Stelkens/Bonk/Sachs*, VwVfG, § 40, Rn. 8; *Bleckmann*, in: *ders.*, Europarecht, § 9, Rn. 862 ff.). Zu den Begriffen des Beurteilungsspielraums und des Ermessens im Europarecht des Weiteren eingehend *Bleckmann*, EuGRZ 1979, 485 ff.

712 S.o. 2. Abschnitt E.I.2, S. 124, Fn. 675.

713 Ähnlich *Bauer K.*, Vergaberechtswidrige Verträge aus zivilrechtlicher Sicht, S. 61.

eines von ihnen vergebenen Vertrages interessiert sein und ihn nur selten aus eigenem Antrieb und allein aus unionsrechtlichen Gründen beenden.[714] Schließlich haben sie sich unter Kenntnis der Vergaberichtlinien für den Abschluss des Vertrages entschieden. Zudem sind die öffentlichen Auftraggeber, soweit es sich um Kommunen handelt, von möglichen finanziellen Sanktionen aus einem Vertragsverletzungsverfahren nicht unmittelbar betroffen, sondern können allenfalls vom Bund und dem Land in Regress genommen werden.[715] Demgegenüber müssen sie im Falle einer vorzeitigen Vertragsauflösung mit Schadensersatzforderungen des Vertragspartners rechnen, die auch höher ausfallen können.[716] Andererseits sind aber auch Fallgestaltungen denkbar, in denen ein öffentlicher Auftraggeber ein Eigeninteresse an der Beendigung eines Vertrages hat, z.B. wenn er die ihm zur Verfügung stehenden finanziellen Mittel anderweitig einsetzen möchte. In diesen Konstellationen könnte die Beendigungspflicht, anstatt ihrem Ziel entsprechend abschreckend zu wirken, öffentlichen Auftraggebern eine willkommene Möglichkeit bieten, öffentliche Aufträge entgegen der vergaberechtlichen Vorschriften zu vergeben, um sich anschließend ohne größeren Aufwand aus dem Vertragsverhältnis zu lösen. Die Rechtsunsicherheit würde durch die Vielzahl möglicher Vergaberechtsfehler zusätzlich verstärkt, zumal die Vergaberechtswidrigkeit für den Auftragnehmer häufig erst nach Durchsicht der Vergabeunterlagen des öffentlichen Auftraggebers sichtbar wird.[717] Zu dieser sind die Auftragnehmer indes rechtlich nicht verpflichtet, sondern allenfalls im eigenen Interesse gehalten.[718] Die Auftragnehmer könnten die Vertragsbeendigung zwar durch die nationalen

714 Ebda; *Kraus*, Der vergaberechtliche Rechtsschutz, S. 152 (*dies.* geht ebda daher davon aus, dass die erforderliche Interessenabwägung nicht dem öffentlichen Auftraggeber überlassen bleiben dürfe und steht einer Vertragsbeendigung durch den Auftraggeber kritisch gegenüber); *Ruthig*, in: Tagungsband, 8. Düsseldorfer Vergaberechtstag, S. 69 ff. (78). So ebenfalls *Treumer*, P.P.L.R. 2007, 371 ff. (384), der daraus allerdings einen anderen Schluss zieht.

715 *Ruthig*, in: Tagungsband, 8. Düsseldorfer Vergaberechtstag, S. 69 ff. (78).

716 Ebda.

717 So geht auch das GWB bei der Regelung der Zulässigkeitsvoraussetzungen des Nachprüfungsverfahrens davon aus, dass einige Vergabefehler erst nach Durchsicht der Vergabeunterlagen erkennbar sind und enthält für diese Fälle in § 107 Abs. 3 Nr. 3 GWB eine abweichende Regelung der Frist für die Rügeobliegenheit (zu dieser Regelung: *Herlemann/Thiele*, in: *Dreher/Motzke*, Beck'scher Vergaberechtskommentar, § 107, Rn. 48 f.).

718 OLG Düsseldorf, Beschl. v. 03.08.2011 – VII-Verg 30/11, BeckRS 2011, 21699.

Gerichte auf ihre Wirksamkeit überprüfen lassen;[719] diese wiederum könnten bzw. müssten den EuGH im Zweifelsfall um Vorabentscheidung ersuchen.[720] Gerichtliche Verfahren erstrecken sich jedoch zumeist über einen geraumen Zeitraum, währenddessen der Auftragnehmer über seine vertraglichen Rechte und Pflichten im Ungewissen bliebe.

b) Interessenabwägung ausschließlich durch den EuGH

Damit die Beendigung unionsrechtswidriger Verträge daher nicht durch rein nationale Interessen des öffentlichen Auftraggebers motiviert ist, sondern der Rechtsgrundlage der Beendigungspflicht entsprechend, die Beseitigung des Unionsrechtsverstoßes im Vordergrund steht, muss die Abwägung der betroffenen Interessen grundsätzlich dem EuGH vorbehalten bleiben.[721] Die Pflicht zur Beendigung unionsrechtswidriger Verträge effektiviert damit auch die Aufgabe des EuGH zur Kontrolle der Auslegung und Anwendung des Unionsrechts durch die Mitgliedstaaten aus Art. 19 Abs. 1 Satz 2 EUV mit dem Endziel der Wahrung der Einheitlichkeit des Unionsrechts.[722] Eine unionsrechtliche Beendigungspflicht und ein entsprechendes Beendigungsrecht treffen den öffentlichen Auftraggeber daher nur, wenn sich ein solches der Rechtsprechung des EuGH eindeutig entnehmen lässt.[723] Dies ist in folgenden Konstellationen der Fall:

---

719 Von dieser Möglichkeit geht auch aus: *Treumer*, P.P.L.R. 2007, 371 ff. (384). So geschehen im Sachverhalt LG München, Urt. v. 20.12.2005 – 33 O 16465/04 – Abfallentsorgung Donau-Wald, VergabeR 2006, 268 ff. Dort erfolgte die Kündigung allerdings im Anschluss an ein stattgebendes Urteil des EuGH im Vertragsverletzungsverfahren (EuGH, Urt. v. 18.11.2004 – C-126/03, Slg. 2004, I-11197 ff. – Abfalltransportdienstleistungen).

720 Zu den Vorlagepflichten der nationalen Gerichte s.o. 1. Abschnitt E.II.3.a) und b), S. 76 ff.

721 Dieses Ergebnis wird letztlich auch durch die Anknüpfung der Beendigungspflicht an ein stattgebendes Urteil des EuGH im Vertragsverletzungsverfahren in jedem Einzelfall erreicht (zu den Vertretern der entsprechenden Ansicht s.o. 2. Abschnitt E.II, S. 125, Fn. 684.

722 Die einheitliche Auslegung und Anwendung des Unionsrechts beschreibt als Teil des Auftrags des EuGH zur Rechtswahrung *Frenz*, Handbuch Europarecht, Band 5, Kapitel 13, Rn. 2171. Zur Zuständigkeit des EuGH für die Kontrolle über die Auslegung und Anwendung des Unionsrechts durch die anderen Unionsorgane und die Mitgliedstaaten statt aller *Mayer, F.C.* in: *Grabitz/Hilf/Nettesheim*, Das Recht der EU, Art. 19 EUV, Rn. 51 [Stand: 7/2010].

723 Ähnliches folgt aus *Jaeger T.*, ZVB 2007, 271 ff. (275), der darüber hinaus aber auch Urteile nationaler Gerichte, die den Vergaberechtsverstoß feststellen, genügen lässt.

aa) Beendigungspflicht nach der Feststellung einer Vertragsverletzung durch den EuGH

Eine Beendigungspflicht trifft den öffentlichen Auftraggeber jedenfalls dann, wenn der EuGH im Einzelfall eine fortdauernde Unionsrechtswidrigkeit der Auftragsvergabe in einem Vertragsverletzungsverfahren festgestellt hat und durch den Tenor und die Entscheidungsgründe die Handlungspflicht des betroffenen Mitgliedstaats inzident als Beendigungspflicht konkretisiert.[724] Der EuGH nimmt für den konkreten Fall die Interessenabwägung durch sein Urteil selbst vor,[725] da er bei der Entscheidungsfindung auch hinsichtlich der Konkretisierung der nach dem Urteil zu ergreifenden Maßnahmen den Grundsatz der Verhältnismäßigkeit beachten muss.[726] Die bisherige Rechtslage wird insoweit durch Art. 73 lit. c RL 2014/24/EU bestätigt.

bb) Beendigungspflicht in gleichgelagerten Sachverhalten

Daneben muss den öffentlichen Auftraggeber eine Beendigungspflicht aber auch treffen, wenn aufgrund einer Entscheidung des EuGH im Vertragsverletzungsverfahren das Ergebnis der Interessenabwägung im Sinne der Verhältnismäßigkeit der Vertragsbeendigung eindeutig feststeht.[727] Dies ist stets dann der Fall,

---

724 So eben auch EuGH, Urt. v. 10.04.2003 – C-20/01 und C-28/01, Slg. 2003, I-3630 ff. – Bockhorn und Braunschweig I. Eine Beendigungspflicht nach Erlass eines stattgebenden Urteils des EuGH im Vertragsverletzungsverfahren bejahen sämtliche Autoren, die eine Beendigungspflicht grundsätzlich anerkennen (s.o. 2. Abschnitt E.I, S. 120, Fn. 656), selbst wenn sie dies nicht als notwendige Voraussetzung ansehen (so etwa *Bauer K.*, Vergaberechtswidrige Verträge aus zivilrechtlicher Sicht, S. 60 ff.; *Müller-Mitschke*, Konfliktfeld De-facto-Vergabe, S. 123 ff.).

725 *Bauer K.*, Vergaberechtswidrige Verträge aus zivilrechtlicher Sicht, S. 59 f. Ähnlich *Treumer*, P.P.L.R. 2007, 371 ff. (381).

726 Dies folgt aus *Karpenstein*, in: *Grabitz/Hilf/Nettesheim*, Das Recht der EU, Art. 260 AEUV, Rn. 16 [Stand: 5/2013]; *Posch/Riedl*, in: *Mayer H./Stöger*, EUV/AEUV, Art. 260 AEUV, Rn. 17 [Stand: 8/2013]. Die Bindung des EuGH an den Grundsatz der Verhältnismäßigkeit im Vertragsverletzungsverfahren wird auch deutlich bei EuGH; Urt. v. 31.03.2011 – C-407/09, Slg. 2011, I-2480 ff. (I-2491, Rn. 31) – Kommission/Griechenland (dort zur Verhältnismäßigkeit eines vom EuGH verhängten Pauschalbetrags).

727 Im Ergebnis ebenso *Jaeger T.*, ZVB 2007, 271 ff. (275). Zumindest im Ansatz in dieselbe Richtung geht die Überlegung von *Bauer K.*, Vergaberechtswidrige Verträge aus zivilrechtlicher Sicht, S. 95, die bei der Erörterung der nach deutschem nationalen Recht möglichen Rechtsgrundlagen für die Vertragsbeendigung ausführt, in den Entscheidungen des EuGH in Vertragsverletzungsverfahren, die sich mit

wenn ein Sachverhalt demjenigen aus einem stattgebenden Urteil des EuGH hinsichtlich jener Variablen gleichgelagert ist, die das Ergebnis der Verhältnismäßigkeitsprüfung maßgeblich mitbestimmen. In einer solchen Konstellation steht die Verhältnismäßigkeit der Beendigungspflicht als Ergebnis der Interessenabwägung bereits fest, sodass das Abwarten einer Entscheidung des EuGH die Vertragsbeendigung lediglich hinauszögern und einen unionsrechtswidrigen Zustand aufrechterhalten würde, der letztlich behoben werden muss. Offen ist in diesen Fällen allein der Zeitpunkt der Vertragsauflösung, sodass die Anknüpfung an ein stattgebendes Urteil des EuGH im Vertragsverletzungsverfahren die Rechtssicherheit der Auftragnehmer hinsichtlich des Fortbestandes des Vertrages nicht erhöhen könnte. Zudem spricht auch der Sinn und Zweck des Vorverfahrens nach Art. 258 AEUV in einem solchen Fall für eine Beendigungspflicht.[728] Dieses soll dem Mitgliedstaat neben der Verteidigung gegen die vorgebrachten Vorwürfe nämlich auch ermöglichen, den Unionsrechtsverstoß abzustellen und so eine Beendigung des Vertragsverletzungsverfahrens zu erwirken.[729] Ein Mitgliedstaat müsste jedoch, sollte eine Rechtsprechung in einem gleichgelagerten Sachverhalt nicht genügen, um von einer Pflicht bzw. dem korrespondierend einem Recht des öffentlichen Auftraggebers zur Beseitigung des Vertragsverstoßes auszugehen, sehenden Auges eine Verurteilung durch den EuGH hinnehmen, ohne auf das verfahrenseröffnende Mahnschreiben der Europäischen Kommission oder auf ihre mit Gründen versehene Stellungnahme (Art. 258 Abs. 1

der unionsrechtlichen Beendigungspflicht befassten, seien „*Leitlinien erkennbar, in welchen Fällen die Auflösung des vergaberechtswidrigen Vertrages geboten ist.*“

728 Angedeutet wird die hiesige Argumentation bei *Schleissing*, Möglichkeiten und Grenzen vergaberechtlicher In-House-Geschäfte, S. 217 f. Letzterer folgert allgemein aus der „*politischen Bedeutung des Vertragsverletzungsverfahrens*“ (*ders.* a.a.O., S. 217), dass dem öffentlichen Auftraggeber bei Kenntnis eines Vergaberechtsverstoßes bereits vor der Verurteilung durch den EuGH das Festhalten am Vertrag unzumutbar sei, sodass auch vor diesem Zeitpunkt der nach deutschem nationalen Recht, namentlich durch § 314 BGB, erforderliche wichtige Grund für eine Kündigung zu bejahen sei. Seine Ausführungen zur unionsrechtlichen Beendigungspflicht beschränkt der Autor dabei auf Vergabefehler, die in der rechtswidrigen Vergabe eines öffentlichen Auftrags außerhalb eines förmlichen Vergabeverfahrens liegen (*ders.* a.a.O., S. 204).

729 *Cremer*, in: *Calliess/Ruffert*, EUV/AEUV, Art. 258, Rn. 5; *Wunderlich*, in: *Schwarze* (Hrsg.), Der Rechtsschutz vor dem Gerichtshof der EU, EuR-Beiheft 1, 2012, 49 ff. (50). Dasselbe Argument findet sich im 2. Abschnitt E.II.1., S. 127 ff. (128 f.).

AEUV) entsprechend reagieren zu können.[730] Bedenken bereitet die Anknüpfung der Beendigungspflicht an ein vorhergehendes Urteil des EuGH in diesen Fällen schließlich auch aufgrund der Dauer von Vertragsverletzungsverfahren. Selbst bei offenkundigen Unionsrechtsverstößen erstreckt sich das Vertragsverletzungsverfahren von der Entscheidung über die Einleitung bis hin zum Urteil des EuGH nur selten über einen kürzeren Zeitraum als drei Jahre.[731] Unionsrechtswidrige öffentliche Aufträge würden also über einen erheblichen Zeitraum fortbestehen, bevor sie als Folge eines stattgebenden Urteils im Vertragsverletzungsverfahren beendet werden müssten. Das Vertragsverletzungsverfahren würde damit entgegen seines eigentlichen Zwecks, zu einer Beseitigung gegenwärtiger Unionsrechtsverstöße beizutragen,[732] die Aufrechterhaltung unionsrechtswidriger öffentlicher Aufträge zumindest vorübergehend rechtfertigen und damit den Unionsrechtsverstoß zusätzlich intensivieren.

cc) Entscheidungen des EuGH außerhalb des Vertragsverletzungsverfahrens als Ausgangspunkt der Beendigungspflicht

Vereinzelt wird in der Vergaberechtsliteratur die Ansicht vertreten, dass neben Entscheidungen des EuGH in Vertragsverletzungsverfahren auch Urteile in Vorabentscheidungsverfahren genügen, um die für die Beendigungspflicht erforderliche Klarheit über die Reichtweite des Vergaberechtsverstoßes zu gewinnen.[733] Ein Blick auf die Rechtsprechung des EuGH deutet zunächst darauf hin, dass die Problematik der unionsrechtlichen Beendigungspflicht außerhalb des Vertragsverletzungsverfahrens insbesondere auch im Vorabentscheidungsverfahren Bedeutung gewinnen kann: So hatte der EuGH in der Rechtssache „*Wall AG*“[734]

---

730 Zum entsprechenden Aufbau des Vorverfahrens: *Cremer*, in: *Calliess/Ruffert*, EUV/AEUV, Art. 258 AEUV, Rn. 5 ff.

731 *Karpenstein*, in: *Grabitz/Hilf/Nettesheim*, Das Recht der EU, Art. 258 AEUV, Rn. 13 [Stand: 5/2013]. Ähnlich zu Verfahren vor dem EuGH im Umweltrecht: *Sach/Simm*, in: *Rengeling*, Handbuch zum europäischen und deutschen Umweltrecht, Band 1, § 44, Rn. 49 ff. Interessant ist insoweit die Untersuchung von *Krämer*, EuGRZ 1995, 45 ff. (46), der die durchschnittliche Dauer von Vertragsverletzungsverfahren im Bereich des Umweltrechts aus den Jahren 1992 bis 1994 (ca. viereinhalb Jahre), derjenigen von Verfahren nach Art. 263 f. AEUV (Nichtigkeitsklage, ca. ein Jahr) und nach Art. 267 AEUV (Vorabentscheidung, ca. eineinhalb Jahre) gegenüberstellt.

732 Zu dieser Zielsetzung des Vertragsverletzungsverfahrens: *Karpenstein*, in: *Grabitz/Hilf/Nettesheim*, Das Recht der EU, Art. 258 AEUV, Rn. 1 [Stand: 5/2013].

733 *Jaeger T.*, ZVB 2007, 271 ff. (275).

734 EuGH, Urt. v. 13.04.2010 – C-91/08, Slg. 2010, I-2858 ff. – Wall AG.

für die Konzessionsvergabe über die Frage zu befinden, ob die in den Grundfreiheiten verankerten Grundsätze, die eine Transparenzpflicht umschließen, die nationalen Behörden zur Beendigung eines gegen die Transparenzpflicht verstoßenden Vertrages verpflichten.[735] Der EuGH beantwortet die Frage allerdings lediglich unter dem Gesichtspunkt der Rechtsschutzinteressen der Wirtschaftsteilnehmer.[736] Eine dezidierte Auseinandersetzung mit den Aspekten, die im Einzelfall eine unionsrechtliche Beendigungspflicht rechtfertigen könnten, unterblieb hingegen zu Recht. Denn dem Ausgangsrechtsstreit lag die Klage eines Unternehmens zugrunde, welches sich gegen die seiner Ansicht nach rechtswidrige Neuvergabe einer Dienstleistungskonzession wandte.[737] Die unionsrechtliche Beendigungspflicht betrifft jedoch ausschließlich das Verhältnis zwischen den Mitgliedstaaten und der Europäischen Union und begründet daher keinen Anspruch des Einzelnen.[738] Eine andere Schwerpunktsetzung des EuGH wäre in einem Vorabentscheidungsverfahren allenfalls dann zu erwarten, wenn das Ausgangsverfahren vor den nationalen Gerichten die Klärung der Rechtmäßigkeit einer Vertragsbeendigung durch den öffentlichen Auftraggeber betreffen würde.[739] In diesem Falle vermöchte ein Urteil des EuGH im Vorabentscheidungsverfahren die Vertragsbeendigung allerdings nicht nachträglich zu rechtfertigen, sofern diese nicht auf ein entsprechendes Feststellungsurteil des EuGH gestützt werden könnte und damit ohnehin verhältnismäßig wäre. Ein Urteil des EuGH im Vorabentscheidungsverfahren kann daher die Beendigungspflicht weder auslösen, noch eine zunächst rechtswidrig erfolgte Vertragsbeendigung nachträglich legalisieren.

3. Zusammenfassung

Die ausdrückliche Regelung über die Kündigung unionsrechtswidriger öffentlicher Aufträge in Art. 73 RL 2014/24/EU verhält sich nicht abschließend zu den

---

735 EuGH a.a.O., S. I-2879, Rn. 61.

736 EuGH a.a.O., S. I-2879 f., Rn. 62 ff.

737 Siehe den Aussetzungsbeschluss des LG Frankfurt v. 28.01.2008 – 2-4 O 201/06, NZBau 2008, 599 ff. Die Berufung der überwiegend unterliegenden Klägerin wies das OLG Frankfurt, Urt. v. 29.01.2013 – 11 U 33/12, NZBau 2013, 250 ff., unter Berücksichtigung der Vorabentscheidung des EuGH zurück.

738 S.o. 2. Abschnitt E.I.1, S. 122, Fn. 673.

739 So LG München, Urt. v. 20.12.2005 – 33 O 16465/05, VergabeR 2006, 268 ff. – Abfallentsorgung Donau-Wald: Der Kündigung ging ein Feststellungsurteil des EuGH im Vertragsverletzungsverfahren voraus; sie wurde ohne Einholung einer Vorabentscheidung als wirksam beurteilt.

Voraussetzungen einer unionsrechtlichen Beendigungspflicht. Sie schließt daher eine Beendigungspflicht in anderen als den in der Vorschrift genannten Konstellationen nicht aus. Der Grundsatz der Verhältnismäßigkeit, der u.a. Maßstab der mitgliedstaatlichen Verpflichtungen aus Art. 4 Abs. 3 UAbs. 2 und 3 EUV und folglich auch der unionsrechtlichen Beendigungspflicht ist, erfordert allerdings, dass den im Einzelfall von einer Vertragsbeendigung betroffenen Rechtsgütern und Interessen hinreichend Rechnung getragen wird. Damit das Risiko der Vertragsbeendigung nicht einseitig dem Auftragnehmer aufgebürdet und die Vertragsbeendigung entgegen der unionsrechtlichen Zielsetzung nicht von rein nationalen Interessen getragen wird, muss die Interessenabwägung grundsätzlich dem EuGH vorbehalten sein. Eine Beendigungspflicht setzt daher voraus, dass der EuGH in einem Vertragsverletzungsverfahren feststellt, dass ein öffentlicher Auftrag während der gesamten Dauer der Erfüllung des Vertrages Unionsrecht verletzt. Eine Beendigungspflicht trifft die Mitgliedstaaten aber auch im Umgang mit gleichgelagerten Sachverhalten, wenn sich einem Urteil des EuGH für die betroffene rechtliche Situation ein Vorrang des unionsrechtlich determinierten Beendigungsinteresses vor dem Bestandsinteresse entnehmen lässt. Das Abwarten einer vorherigen Entscheidung des EuGH im Vertragsverletzungsverfahren würde in diesen Fällen die Unionsrechtsverletzung lediglich weiter intensivieren, obwohl als Ergebnis des Verfahrens die Beendigungspflicht feststeht.

III. Voraussetzungen einer unbedingten Beendigungspflicht nach der Rechtsprechung des EuGH in der Rechtssache „*Bockhorn und Braunschweig I*"

Mit dem Urteil des EuGH in den Rechtssachen „*Bockhorn und Braunschweig I*" ging für Deutschland die Pflicht zur Beendigung der verfahrensgegenständlichen unionsrechtswidrigen Verträge einher.[740] Maßgeblich dafür waren die tatsächlichen Umstände, die dem Urteil zugrunde lagen und den EuGH zu einer bestimmten rechtlichen Bewertung veranlassten.[741] Diese rechtliche Situation im Urteil „*Bockhorn und Braunschweig I*" beschreibt damit, nach den zuvor aufgezeigten Grundsätzen, gleichzeitig die Voraussetzungen unter denen ein späterer Sachverhalt als gleichgelagert gewertet werden kann und somit auch die Voraussetzungen

740 S.o. 2. Abschnitt D, S. 115 ff.

741 Dies entspricht der im 2. Abschnitt C.III., S. 113, aufgezeigten Definition der rechtlichen Situation, über die der EuGH im Vertragsverletzungsverfahren befindet.

einer unbedingten, da von der vorherigen Feststellung einer Vertragsverletzung durch den EuGH unabhängigen Beendigungspflicht.[742]

1. *Qualifizierter Vergaberechtsverstoß*

Der EuGH hatte in der Rechtssache „*Braunschweig I*" über folgende Vergaberechtsverstöße zu befinden: Die Stadt Braunschweig hatte den Müllentsorgungsvertrag im Verhandlungsverfahren unter Berufung auf Art. 11 Abs. 3 lit. b RL 92/50/EWG[743] ohne vorherige Vergabebekanntmachung an ein Unternehmen vergeben, obwohl die Voraussetzungen dieses Ausnahmetatbestandes[744] nicht vorlagen.[745] Ähnlich gelagert war der Sachverhalt in der Rechtssache „*Bockhorn I*": Die Gemeinde Bockhorn hatte einen Abwasserbeseitigungsvertrag trotz Anwendbarkeit der RL 92/50/EWG nicht ausgeschrieben und auch von einer nachträglichen Bekanntmachung der Auftragsvergabe abgesehen.[746] Besteht eine unbedingte Beendigungspflicht also nur bei Verstößen gegen die Pflicht zur vorherigen Veröffentlichung einer Bekanntmachung der Auftragsvergabe oder hat die Art des Vergaberechtsverstoßes auf die rechtliche Beurteilung des Sachverhalts keine Auswirkungen, mit der Folge, dass jeder Vergaberechtsverstoß die Pflicht zur Beendigung des unionsrechtswidrigen Vertrages begründet?

Ausgangspunkt für entsprechende Überlegungen ist der Grundsatz der Verhältnismäßigkeit.[747] Variiert mit dem Vergabefehler die Intensität der Betroffenheit des Wettbewerbsprinzips, kann grundsätzlich nur eine differenzierte Sichtweise diesem entscheidenden Rechtsgrundsatz Rechnung tragen. Etwas anderes gilt allenfalls dann, wenn der Spielraum des öffentlichen Auftraggebers

---

742 S.o. 2. Abschnitt C.III, S. 113 f.

743 Nunmehr Art. 31 Abs. 1 lit. b RL 2004/18/EG bzw. Art. 32 Abs. 2 lit. b (konkret lit. ii) RL 2014/24/EU.

744 Zum Ausnahmecharakter des Verhandlungsverfahrens: *Jasper/Soudry*, in: *Dreher/Motzke*, Beck'scher Vergabekommentar, § 3a VOB/A, Rn. 66; *Pünder*, in: *Pünder/Schellenberg*, Vergaberecht, § 101 GWB, Rn. 111.

745 EuGH, Urt. v. 10.04.2003 – C-20/01 und C-28/01, Slg. 2003, I-3630 ff. (I-3653, Tenor zu 2.) – Bockhorn und Braunschweig I.

746 EuGH a.a.O., S. I-3652 f., Tenor zu 1.

747 Ebenso führt *Jaeger T.*, ZVB 2007, 271 ff. (275), die Beschränkung der Beendigungspflicht auf „*schwere Verstöße*" auf den Verhältnismäßigkeitsgrundsatz zurück. Ähnliches folgt aus *Kind*, Gemeinderecht, Rspr. 2007, Abschnitt D.3.; *Schima*, in: *Schramm/Aicher/Fruhmann/Thienel*, BVergG 2006, Exkurs: Auswirkungen des Primärrechts auf unter Verstoß gegen das Vergaberecht geschlossene Verträge, Rn. 40 [Stand: 8/2012].

wegen des grundsätzlichen Überwiegens des unionsrechtlich geprägten Beendigungsinteresses bei jedem Vergabefehler begrenzt wäre.[748] Die Art des Vergabefehlers würde dann für die Entscheidung des EuGH keine Rolle spielen, da die Verhältnismäßigkeitsprüfung bei Vorliegen eines Vergabefehlers stets zu Gunsten des Beendigungsinteresses ausfallen würde.

a) Die besondere Betroffenheit des Wettbewerbsprinzips bei der rechtswidrigen freihändigen Vergabe

Vergabefehler, die aus dem Verstoß gegen die Bekanntmachungspflichten resultieren, lassen sich unter dem Begriff der *„rechtswidrigen freihändigen Vergabe“*[749] zusammenfassen. Darunter fallen nach dem hiesigen Begriffsverständnis alle Auftragsvergaben, die entgegen der Vergaberichtlinien ohne vorherige Veröffentlichung einer Bekanntmachung der Auftragsvergabe im Amtsblatt der Europäischen Union bzw. ohne vorherigen Aufruf zum Wettbewerb erfolgten.[750] Erfasst

748 So geht *Triantafyllou*, NVwZ 1992, 436 ff. (441), im Beihilfenrecht von einem *„absoluten Vorrang“* des Unionsrechts und des Unionsinteresses vor dem Vertrauensschutz aus, wobei der Vorrang vom EuGH relativiert, regelmäßig zur Pflicht zur Rückforderung unionsrechtswidriger Beihilfen führe.

749 Der Begriff findet sich ebenso im 13. Erwägungsgrund Satz 2 RL 2007/66/EG wieder. In der Literatur etwa bei *Stalzer/Porsch*, ZVB 2009, 171 ff. (174). Bewusst gemieden wird im Folgenden der in Deutschland, aber auch in Österreich gebräuchliche Begriff der *„De-facto-Vergabe“* (zum Sprachgebrauch: *Müller-Mitschke*, Konfliktfeld De-facto-Vergabe, S. 7; eine ausführliche Begriffsbestimmung unternehmen *Jaeger W.*, ZWeR 2006, 366 ff. (367 ff.) und *Kraus*, Der vergaberechtliche Rechtsschutz, S. 117 ff. (letztere Autorin verwendet den Begriff der *„rechtswidrig bekanntmachungslosen Vergaben“* und grenzt ihn von anderen Begrifflichkeiten ab); in der österreichischen Literatur verwenden den Begriff der *„De-facto-Vergabe“* etwa *Aicher*, in: *Schramm/Aicher* (Hrsg.), Vergaberecht und PPP VI, S. 193 ff. (193); *Thienel*, in: *Griller/Holloubek* (Hrsg.), Grundfragen des Bundesvergabegesetzes 2002, S. 335 ff. (420)). Zum einen wird der Begriff teilweise kritisch gesehen und darauf hingewiesen, dass die Bezeichnung als *„rechtswidrige Direktvergabe“* treffender wäre (so *Jaeger W.*, ZWeR 2006, 366 ff. (367 ff.); *Heuvels*, in: *Loewenheim/Meessen/Riesenkampff*, Kartellrecht, § 102 GWB, Rn. 10, Fn. 25; ähnlich *Stockmann*, in: *Immenga/Mestmäcker*, Wettbewerbsrecht, Band 2, § 102 GWB, Rn. 14 und *Heuvels*, in: *Loewenheim/Meessen/Riesenkampff*, Kartellrecht, § 102 GWB, Rn. 10). Zum anderen ist der Begriff *„De-facto-Vergabe“* in Italien jedenfalls nicht gebräuchlich (so wohl auch *Müller-Mitschke*, Konfliktfeld De-facto-Vergabe, S. 10, insbesondere Fn. 38).

750 14. Erwägungsgrund Satz 2 und 3 RL 2007/66/EG; *Stalzer/Porsch*, ZVB 2009, 171 ff. (174); *Aicher*, in: *Schramm/Aicher* (Hrsg.), Vergaberecht und PPP VI, S. 193 ff. (193, dort allerdings zur *„De-Facto-Vergabe“*).

sind also all jene Fälle, in denen an Stelle einer transparenten und dem Wettbewerb förderlichen Verfahrensart unter Berufung auf einen Ausnahmetatbestand auf eine weniger wettbewerbsfreundliche Verfahrensart zurückgegriffen wird, die keine Veröffentlichung der Bekanntmachung erfordert.[751] Als Vergabefehler in diesem Sinne sind also u.a. Direktvergaben zu verstehen, die ohne Vorliegen der dazu erforderlichen gesetzlichen Voraussetzungen erfolgen.[752] Aber auch die Vergabe eines öffentlichen Auftrags im Verhandlungsverfahren ohne vorherige Veröffentlichung einer Bekanntmachung, obwohl die Voraussetzungen des Art. 31 RL 2004/18/EG (künftig Art. 32 RL 2014/24/EU) nicht vorliegen, ist als rechtswidrige freihändige Vergabe zu werten.[753] Solche Vergabefehler werden in der Literatur,[754] aber auch in der Rechtsprechung[755] häufig als besonders schwerwiegende Vergaberechtsverstöße ausgemacht. Der qualitative Unterschied möglicher Vergabeverstöße veranlasst einige Autoren schließlich dazu, die Beendigungspflicht auf Sachverhalte zu beschränken, in denen dem öffentlichen Auftraggeber

---

751 Ähnliches folgt aus *Stalzer/Porsch*, ZVB 2009, 171 ff. (174).

752 Ähnlich ebda; *Aicher*, in: *Schramm/Aicher* (Hrsg.), Vergaberecht und PPP VI, S. 193 ff. (193, dort allerdings zur „*De-Facto-Vergabe*"); *Kraus*, Der vergaberechtliche Rechtsschutz, S. 122.

753 Ähnliches folgt aus *Kraus*, Der vergaberechtliche Rechtsschutz, S. 175; *Stalzer/Porsch*, ZVB 2009, 171 ff. (174).

754 In der deutschen Literatur: *Bitterich*, EWS 2005, 162 ff. (164); *Braun*, in: *Ziekow/Völlink*, Vergaberecht, § 101b GWB, Rn. 44 f.; *Heuvels/Kaiser*, NZBau 2001, 479 ff. (480); *Hertwig*, NZBau 2001, 241 f. (242); *Jennert/Räuchle*, NZBau 2007, 555 ff. (557); *Kaiser*, NZBau 2005, 311 ff. (313); *Müller-Mitschke*, Konfliktfeld De-facto-Vergabe, S. 121; *Willenbruch/Wieddekind*, in: *Leupold/Glossner*, Münchener Anwaltshandbuch IT-Recht, 9. Teil, Rn. 308. In der österreichischen Literatur: *Aicher*, in: *Schramm/Aicher* (Hrsg.), Vergaberecht und PPP VI, S. 193 ff. (194); *Eilmansberger*, JBl 2001, 562 ff. (574); *Rummel*, ÖZW 1999, 1 ff. (7); *Pock*, RPA 2003, 27 ff. (30 f.). In der italienischen Literatur: *Ruscica*, in: *ders.*, Inefficacia del contratto di appalto pubblico, S. 47; *De Nictolis*, in: *Quaranta/Lopilato*, Il processo amministrativo, S. 1020.

755 Zur Rspr. des EuGH siehe nur den 13. Erwägungsgrund Satz 1 RL 2007/66/EG; dort ist ausgeführt, dass der EuGH die „*rechtswidrige freihändige Vergabe von Aufträgen […] als die schwerwiegendste Verletzung des Gemeinschaftsrechts im Bereich des öffentlichen Auftragswesens durch öffentliche Auftraggeber oder Auftraggeber bezeichnet hat […]*". Die Rechtsansicht des EuGH und die entsprechende Motivation des europäischen Gesetzgebers zum Umgang mit entsprechenden Vergabefehlern betonte zuletzt auch *GA Bot* im Schlussantrag v. 10.04.2014 – C-19/13 – Fastweb SpA, BeckRS 2014, 80698, Rn. 51 und 92 (noch nicht in der Slg. veröffentlicht). In der deutschen Rspr. so aber auch BVerwG, Beschl. v. 13.02.2013 – 3 B 58.12, NZBau 2013, 391 f. (392, dort unter Berufung auf Haushaltsgrundsätze).

schwere Verstöße gegen die unionsrechtlichen Bestimmungen zur öffentlichen Auftragsvergabe zur Last gelegt werden können.[756] Einige Autoren konkretisieren dies dahingehend, dass eine Beendigungspflicht nur bei Verträgen bestehe, die außerhalb der vorgeschriebenen Verfahrensart und folglich ohne Vorliegen der erforderlichen Voraussetzungen entweder direkt an ein Unternehmen oder sonst ohne vorherige Veröffentlichung einer Bekanntmachung vergeben wurden.[757]

Qualitativ unterscheidet sich die rechtswidrige freihändige Vergabe von anderen Vergaberechtsverstößen dadurch, dass von der Wahl des Vergabeverfahrens die Art und Weise abhängt, in welcher der Wettbewerb eröffnet wird.[758] Die einzelnen Verfahrensarten streben in unterschiedlichem Maße eine Marktöffnung für den Wettbewerb an.[759] Mit der Entscheidung für die Durchführung des vorgeschriebenen Vergabeverfahrens wird folglich die zentrale Weichenstellung für die Gewährleistung der Grundsätze des Wettbewerbs, der Transparenz und der Gleichbehandlung gelegt.[760] Durch die Wahl einer Verfahrensart, die nach keiner vorherigen Bekanntmachung bzw. nach keinem vorherigen Aufruf zum Wettbewerb verlangt, obwohl die gesetzlichen Voraussetzungen nicht vorliegen,

---

756 *Jaeger T.*, ZVB 2007, 271 ff. (275 f.); *Jennert/Räuchle*, NZBau 2007, 555 ff. (557); *Treumer*, P.P.L.R. 2007, 371 ff. (379 f.); *Wollenschläger F.*, Verteilungsverfahren, S. 263. Demgegenüber a.A. *Bauer K.*, Vergaberechtswidrige Verträge aus zivilrechtlicher Sicht, S. 59 f.; *Bitterich*, EWS 2005, 162 ff. (164 f.); *Storr*, SächsVBl 2008, 60 ff. (61). Auch *Bitterich*, NJW 2006, 1845 ff. (1849 f.), geht grundsätzlich davon aus, dass die Beendigungspflicht unabhängig von der Art des Vergabefehlers ist. Gleichzeitig stellt er (ebda) jedoch fest, dass bei Verträgen, die in der vorgeschriebenen Verfahrensart vergeben wurden, *„immerhin ein Wettbewerb um den Auftrag eröffnet wurde"*, was zumindest bei der Prüfung der Verhältnismäßigkeit der Vertragsbeendigung zu berücksichtigen sei.

757 Eine Beendigungspflicht ausschließlich für Verträge, die ohne Durchführung des vorgeschriebenen Verfahrens vergeben wurden, bejahen *Jennert/Räuchle*, NZBau 2007, 555 ff. (557); *Müller-Mitschke*, Konfliktfeld De-facto-Vergabe, S. 121 f. So wohl auch *Frenz*, Handbuch Europarecht, Band 3, Kapitel 10, Rn. 3389 und Rn. 3394 ff. Ferner sprechen ausschließlich insoweit eine Beendigungspflicht an, ohne sie allerdings für andere Vergabefehler ausdrücklich auszuschließen: *Heuvels*, NZBau 2006, 416 ff. (418); *Prieß/Hölzl*, LKV 2006, 481 ff. (488); *Schleissing*, Möglichkeiten und Grenzen vergaberechtlicher In-House-Geschäfte, S. 204 ff.

758 *Koenig/Kühling*, NZBau 2003, 126 ff. (128); *Bungenberg*, in: *Loewenheim/Meessen/Riesenkampff*, Kartellrecht, § 101 GWB, Rn. 4. Ähnlich auch *Bitterich*, NJW 2006, 1845 ff. (1849).

759 Ähnlich *Bitterich*, NJW 2006, 1845 ff. (1849). Die Unterschiede zwischen den Verfahrensarten machen deutlich: *Koenig/Kühling*, NZBau 2003, 126 ff. (127 f.).

760 Ähnlich *Kaiser*, NZBau 2005, 311 ff. (313); *Pock*, RPA 2003, 27 ff. (30).

wird daher die durch die einzelnen Verfahrensarten jeweils angestrebte Marktöffnung unterwandert.[761] Auch das Rechtsschutzinteresse umgangener Bieter ist durch die Vergabe eines öffentlichen Auftrags außerhalb des vorgeschriebenen Vergabeverfahrens in besonderem Maße betroffen.[762] Denn durch die Wahl einer weniger transparenten als der vorgeschriebenen Verfahrensart wird umgangenen Bietern die Kenntnisnahme von der Beschaffung und der ihr anhaftenden Mängel zumindest erschwert.[763] Die mit dem Vergabefehler einhergehende fehlende Transparenz der Auftragsvergabe erhöht damit zusätzlich die Wahrscheinlichkeit der Perpetuierung eines unionsrechtswidrigen Zustands.[764] Unter Berücksichtigung der Schwere des Vergaberechtsverstoßes gelangte der Richtliniengeber daher zu dem Schluss, dass die Unwirksamkeit von Beschaffungsverträgen, die auf einer rechtswidrigen freihändigen Vergabe beruhen, zur Wiederherstellung des Wettbewerbs erforderlich ist.[765] Art. 2d Abs. 1 lit. a RL 2007/66/EG ordnet in der Folge für die rechtswidrige freihändige Vergabe an, dass die Nachprüfungsinstanzen der Mitgliedstaaten durch entsprechende Vorschriften des nationalen Rechts grundsätzlich zur Erklärung der Unwirksamkeit von Verträgen, die auf solchen Vergabefehlern beruhen, verpflichtet werden müssen. Ähnliche Überlegungen rechtfertigen in Fällen der rechtswidrigen freihändigen Vergabe eine Beendigungspflicht der öffentlichen Auftraggeber. Die Beendigung von Verträgen ist bei solchen Verfahrensfehlern das am besten geeignete Mittel, den Wettbewerb wiederherzustellen, da die Auswirkungen des von Anfang an rechtswidrigen Vergabeverfahrens nur auf diese Weise vom Grunde auf beseitigt werden können und das Vergabeverfahren gegebenenfalls erneut durchgeführt werden kann. Vergabefehler dieser Art wiegen zudem besonders schwer, weil sie stets geeignet sind, das Ergebnis der Wahl des Vertragspartners zu beeinflussen.[766] Die tiefgreifende Verletzung des Wettbewerbsprinzips, des Transparenzgebots und des Grundsatzes

---

761 Ähnlich *Bitterich*, NJW 2006, 1845 ff. (1849).

762 Ähnlich *Aicher*, in: *Schramm/Aicher* (Hrsg.), Vergaberecht und PPP VI, S. 193 ff. (194); *Kaiser*, NZBau 2005, 311 ff. (313); *Pock*, RPA 2003, 27 ff. (30); *Kraus*, Der vergaberechtliche Rechtsschutz, S. 132 f.

763 Ähnlich ebda.

764 In Anlehnung an *GA Trstenjak*, Schlussanträge v. 28.03.2007 – C-503/04, Slg. 2007, I-6156 ff. (I-6176 f. Rn. 77 f.) – Bockhorn und Braunschweig II; *Müller-Mitschke*, Konfliktfeld De-facto-Vergabe, S. 121 f.

765 Dies folgt insbesondere aus dem 14. Erwägungsgrund RL 2007/66/EG.

766 *Treumer*, P.P.L.R. 2007, 371 ff. (378 und 379), der als Beispiel gerade den „*direct illegal award*" im Vertragsverletzungsverfahren „*Bockhorn und Braunschweig II*" anführt.

der Gleichbehandlung[767] verlangen daher bei rechtswidrigen freihändigen Vergaben, dass das öffentliche Interesse an der Beendigung des Vertrages mit erheblichem Gewicht in die Interessenabwägung einfließt, sodass ihm grundsätzlich der Vorrang gegenüber dem Bestandsinteresse zukommt.[768] Dementsprechend gelangte auch der EuGH in seinen Urteilen „*Bockhorn und Braunschweig I und II*" zu dem Ergebnis, dass der anhaltende schwerwiegende Unionsrechtsverstoß, der in der rechtswidrigen freihändigen Vergabe des Müllentsorgungsvertrages durch die Stadt Braunschweig und des Abwasserbeseitigungsvertrages durch die Gemeinde Bockhorn gründete, erst mit der endgültigen Beendigung der jeweiligen Vertragsverhältnisse endete.[769]

b) Im Übrigen: Kein absoluter Vorrang des unionsrechtlich determinierten Beendigungsinteresses im Falle jedweiger Vergaberechtswidrigkeit

Bei anderen Vergaberechtsverstößen ließe sich ausgehend vom Urteil des EuGH in den Rechtssachen „*Bockhorn und Braunschweig I*" eine unbedingte Beendigungspflicht nur begründen, sofern das unionsrechtlich geprägte Beendigungsinteresse die gegenläufigen Interessen und Rechtsgüter bei einer Vergaberechtswidrigkeit unabhängig von Art und Ausmaß der Wettbewerbsbeeinträchtigung stets überwiegen würde.[770]

---

767 So etwa *Kaiser*, NZBau 2005, 311 ff. (313); *Pock*, RPA 2003, 27 ff. (30).

768 Ohne Begrenzung auf bestimmte Vergabefehler stellt auch *Ruthig*, in: Tagungsband, 8. Düsseldorfer Vergaberechtstag, S. 69 ff. (77), im Rahmen der Untersuchung nationaler Möglichkeiten zur Beendigung vergaberechtswidrig abgeschlossener Verträge in Deutschland fest, dass das „*gemeinschaftsrechtlich geprägte Beendigungsinteresse [...] in der Regel das Fortsetzungsinteresse des privaten Vertragspartners überwiegen wird.*" Ähnlich gelangt auch *Bitterich*, NJW 2006, 1845 ff. (1849), zu dem Schluss, dass zwar der Grundsatz der Verhältnismäßigkeit bei der Erwägung einer Pflicht zur Beendigung eines unionsrechtswidrigen Vertrages in Folge eines Feststellungsurteils des EuGH nach Art. 260 Abs. 1 AEUV zu beachten sei, es „*dem Vertragspartner des öffentlichen Auftraggebers [...] gerade bei ‚de-facto'- Vergaben*" allerdings kaum gelingen werde, „*hinreichend gewichtige Interessen an der Vertragsfortsetzung darzulegen.*" Ferner *Schleissing*, Möglichkeiten und Grenzen vergaberechtlicher In-House-Geschäfte, S. 203 f., der bei solchen Vergabefehlern von einer „*Ermessensreduzierung auf Null*" (*ders.* a.a.O., S. 203) ausgeht, die den öffentlichen Auftraggeber zur Vertragsbeendigung verpflichte.

769 S.o. 2. Abschnitt D, S. 115.

770 In Anlehnung an die Diskussion um die Rücknahme unionsrechtswidriger Beihilfebescheide, wobei etwa *Triantafyllou*, NVwZ 1992, 436 ff. (441), von einem durch den EuGH relativierten absoluten Vorrang des Unionsrechts und Unionsinteresses

aa) Betroffene Interessen

Für die Beendigung unionsrechtswidriger öffentlicher Aufträge streiten das unionsrechtliche Interesse an der Gesetzmäßigkeit der Verwaltung und einem unverfälschten Wettbewerb mit dem Endziel der Gewährleistung der Funktionsfähigkeit des Binnenmarktes.[771] Dem steht das Bestandsinteresse des öffentlichen Auftraggebers gegenüber,[772] das regelmäßig auch von dem Motiv getragen sein wird, eine wirtschaftliche Belastung der öffentlichen Hand durch die Beendigung und Neuvergabe des öffentlichen Auftrags zu vermeiden.[773] Solche wirtschaftlichen Interessen können jedenfalls bei Beschaffungsverträgen, die nicht auf einem der in Art. 2d Abs. 1 RL 2007/66/EG genannten Vergabefehler beruhen,[774] die Verhältnismäßigkeit der Vertragsbeendigung beeinflussen. Insbesondere im Bereich der Daseinsvorsorge kann zudem ein öffentliches Interesse an einer beständigen Erbringung der Leistungen bestehen, welche bei einer sofortigen Vertragsbeendigung mit anschließender Neuausschreibung nicht gewährleistet wäre.[775] Als Individualinteressen werden gegen die Beendigung unionsrechtswidriger Beschaffungsverträge schließlich der

---

vor dem Vertrauensschutz ausgeht, der zur (wenn auch nicht absoluten und uneingeschränkten) Pflicht zur Rückforderung unionsrechtswidriger Beihilfen führe. Zur Problematik im Beihilfenrecht auch *Michels*, Vertrauensschutz, S. 126 ff.; *Papier*, ZHR 152 (1988), 493 ff. (498 und 504 f.); *Richter*, Rückforderung staatlicher Beihilfen nach §§ 48, 49 VwVfG, S. 156 ff.

771 Diese in die Einzelfallabwägung einzustellenden Interessen führen, soweit es um die Rücknahme unionsrechtswidriger Verwaltungsakte geht, an: *Borchardt*, Der Grundsatz des Vertrauensschutzes im Europäischen Gemeinschaftsrecht, S. 123; *Hanf*, ZaöRV 1999, 51 ff. (57).

772 S.o. 2. Abschnitt E.II.2.a), S. 132 f.

773 Ähnliches folgt aus *Ruthig*, in: Tagungsband, 8. Düsseldorfer Vergaberechtstag, S. 69 ff. (78). Solche wirtschaftlichen Interessen können jedenfalls bei Beschaffungsverträgen, die nicht auf einem der in Art. 2d Abs. 1 RL 2007/66/EG genannten Vergabefehler (u.a. Verstöße gegen die Pflicht zur vorherigen Bekanntmachung der Auftragsvergabe; insoweit ist der Rechtsgedanke des Art. 2d Abs. 3 UAbs. 3 UAbs. 2 und 3 RL 2007/66/EG zu beachten) beruhen, die Verhältnismäßigkeit der Vertragsbeendigung beeinflussen.

774 Vergabefehler im Sinne dieser Vorschrift sind etwa Verstöße gegen die Pflicht zur vorherigen Bekanntmachung der Auftragsvergabe, insoweit ist der Rechtsgedanke des Art. 2d Abs. 3 UAbs. 3 UAbs. 2 und 3 RL 2007/66/EG zu beachten, wonach wirtschaftliche Gründe, die mit dem Vertrag in unmittelbaren Zusammenhang stehen, die Aufrechterhaltung eines auf einem derartigen Vergabefehler beruhenden öffentlichen Auftrags auch nicht ausnahmsweise rechtfertigen können.

775 Ähnlich *Portz*, KommJur 2007, 335 ff. (338); *Treumer*, P.P.L.R. 2007, 371 ff. (381).

Vertrauensschutz und die Rechtssicherheit des betroffenen Unternehmens angeführt.[776] Vor allem letztere könnten auch bei sonstigen Vergabefehlern durch das unionsrechtlich geprägte Beendigungsinteresse stets verdrängt werden.

bb) Übertragbarkeit der Überlegungen zur Rücknahme unionsrechtswidriger Beihilfen?

Eine entsprechende These zum generellen Vorrang des unionsrechtlich geprägten Rücknahmeinteresses gegenüber dem Vertrauensschutz und der Rechtssicherheit wird bei der Rücknahme unionsrechtswidriger Beihilfebescheide diskutiert.[777] Gegen einen absoluten Vorrang des unionsrechtlich geprägten Rücknahmeinteresses wird ins Feld geführt, dass die Prinzipien des Vertrauensschutzes und der Rechtssicherheit dann als solche in Frage gestellt würden.[778] Dem wird der Effektivitätsgrundsatz entgegengehalten, der insbesondere in Fällen, in denen die Beihilfe unter Verstoß gegen das Durchführungsverbot des Art. 108 Abs. 3 Satz 3 AEUV gewährt wurde, für einen prinzipiellen Vorrang des unionsrechtlich determinierten Rücknahmeinteresses vor dem Vertrauensschutz spreche.[779] Liegt ein Verstoß gegen das Durchführungsverbot vor, ist nach der Rechtsprechung des EuGH regelmäßig bereits ein schutzwürdiges Vertrauen des Beihilfenempfängers in den Bestand des Beihilfebescheides zu verneinen:[780] Schutzwürdiges Vertrauen entsteht nach der Rechtsprechung des EuGH nämlich u.a. dann nicht, wenn der Betroffene

---

776 Diese Interessen beachten bei der Verhältnismäßigkeitsprüfung *Müller-Mitschke*, Konfliktfeld De-facto-Vergabe, S. 118 ff.; *Bitterich*, NJW 2006, 1845 ff. (1849).

777 Statt aller *Michels*, Vertrauensschutz, S. 126 ff.; *Richter*, Rückforderung staatlicher Beihilfen nach §§ 48, 49 VwVfG, S. 157 ff.

778 *Richter*, Rückforderung staatlicher Beihilfen nach §§ 48, 49 VwVfG, S. 161. Gegen einen prinzipiellen Vorrang des unionsrechtlich geprägten Rücknahmeinteresses vor dem Vertrauensschutz im Beihilfenrecht auch *Pache*, NVwZ 1994, 318 ff. (324); *Papier*, ZHR 152 (1988), 493 ff. (498 und 505); *ders.*, in: *Papier/Kloepfer/Merten/Skouris* (Hrsg.), Die Bedeutung der Europäischen Gemeinschaften für das deutsche Recht und die deutsche Gerichtsbarkeit, S. 51 ff.

779 *Michels*, Vertrauensschutz, S. 129 ff.; *Triantafyllou*, NVwZ 1992, 436 ff. (439). Ähnlich *Ehlers*, DVBl 1991, 605 ff. (613, jedenfalls wenn die Beihilfegewährung des Mitgliedstaats mittels öffentlich-rechtlichen Vertrages erfolgte); *Kokott*, AöR 121 (1996), 599 ff. (629 f.); *Steindorff*, ZHR 152 (1988), 474 ff. (481 ff.).

780 Ähnlich geht auch *Lecheler*, Der EuGH und die allgemeinen Rechtsgrundsätze, S. 78, davon aus, dass die Individualinteressen nicht generell, sondern dann hinter das öffentliche Interesse zurücktreten, wenn „*kein wirklicher Vertrauenstatbestand*" begründet wurde.

die Rechtswidrigkeit einer Maßnahme kannte oder hätte erkennen können.[781] Der EuGH stellt dabei strenge Anforderungen an die Wirtschafsteilnehmer und geht von einem sorgfältigen Wirtschaftsteilnehmer aus, der sich vergewissern kann, ob bei der Beihilfengewährung das in Art. 108 Abs. 3 AEUV vorgeschriebene Verfahren eingehalten wurde.[782] Schutzwürdiges Vertrauen in den Bestand eines Beihilfebescheides entsteht im Beihilfenrecht demnach erst mit der Durchführung des nach Art. 108 Abs. 3 AEUV erforderlichen Verfahrens durch die Europäische Kommission.[783] Denn ein Vertrauensverhältnis auf Unionsrechtsebene[784] setzt eine vertrauensbegründende Maßnahme der Unionsorgane voraus,[785] wobei an jedmögliches Verhalten derselben angeknüpft werden kann.[786]

Im Vergaberecht ist die rechtliche Ausgangssituation eine andere:[787] Während Beihilfen nach nach Art. 107 AEUV nur ausnahmsweise erlaubt sind[788] und ihre

---

781 EuGH, Urt. v. 13.07.1965 – Rs. 111/63, Slg. 1965, S. 896 ff. (911 f.) und mit weiteren Nachweisen *Hanf*, ZaöRV 1999, 51 ff. (56).

782 EuGH, Urt. v. 20.03.1997 – C-24/95, I-1607 ff. (I-1617, Rn. 25) – Alcan II; EuGH, Urt. v. 20.09.1990 – C-5/89, Slg. 1990, I-3453 ff. (I-3457. Rn. 14) – Kommission/ Deutschland; *Hanf*, ZaöRV 1999, 51 ff. (56 ff., 62 und 65 ff., kritisch); *Heiermann*, EWS 1994, 145 ff. (147); *Michels*, Vertrauensschutz, S. 17 und 111 f.; *Richter*, Rückforderung staatlicher Beihilfen nach §§ 48, 49 VwVfG, S. 39 f.; *Triantafyllou*, NVwZ 1992, 436 ff. (439 f.).

783 Dies machen besonders deutlich EuGH, Urt. v. 20.03.1997 – C-24/95, Slg. 1997, I-1607 ff. (I-1617, Rn. 25) – Alcan II; BVerwG, Urt. v. 23.04.1998 – 3 C 15.97, BVerwGE 106, 328 ff. (336).

784 In Anlehnung an *Borchardt*, Der Grundsatz des Vertrauensschutzes im Europäischen Gemeinschaftsrecht, S. 77 ff., der die *„auf Gemeinschaftsrechtsebene möglichen Vertrauensverhältnisse“* konkretisiert.

785 *Hanf*, ZaöRV 1999, 51 ff. (56); *Richter*, Rückforderung staatlicher Beihilfen nach §§ 48, 49 VwVfG, S. 39; *Borchardt*, Der Grundsatz des Vertrauensschutzes im Europäischen Gemeinschaftsrecht, S. 77 ff.

786 *Richter*, Rückforderung staatlicher Beihilfen nach §§ 48, 49 VwVfG, S. 39. Ausführlich einzelnen in Betracht kommenden Handlungen, aber auch unterlassenen Maßnahmen der Unionsorgane: *Borchardt*, Der Grundsatz des Vertrauensschutzes im Europäischen Gemeinschaftsrecht, S. 79 ff.

787 Einen Vergleich zwischen der Bedeutung des Vertrauensschutzes im Beihilfenrecht und im Vergaberecht stellt auch an: *Müller-Mitschke*, Konfliktfeld De-facto-Vergabe, S. 119 f. (ebenfalls mit dem Ergebnis, dass die im Beihilfenrecht entwickelten Grundsätze nicht auf das Vergaberecht übertragbar seien).

788 Art. 107 Abs. 1 AEUV (ex Art. 87 Abs. 1 EG) normiert ein grundsätzliches Beihilfenverbot; Art. 107 Abs. 2 und Abs. 3 AEUV enthalten Ausnahmeregelungen (dazu *Bultmann*, Beihilfenrecht und Vergaberecht, S. 23).

formelle Rechtmäßigkeit von einer Genehmigung durch die Europäische Kommission nach Art. 108 Abs. 3 AEUV abhängt,[789] gibt es im Vergaberecht kein vergleichbares Verfahren, das eine Vorabkontrolle der Auftragsvergabe durch ein Organ der Europäischen Union vorsieht. Das Ziel des Vergaberechts – die Öffnung des öffentlichen Auftragwesens für den Wettbewerb[790] – versucht der europäische Richtliniengeber durch die schwerpunktmäßige Normierung anderer Verfahrensvorschriften zu erreichen.[791] Im Vergaberecht stellt sich daher bereits die Frage, auf welches Verhalten eines Unionsorgans zur Entstehung des Vertrauenstatbestandes abgestellt werden könnte. Denn vornehmlich ist es der öffentliche Auftraggeber, der durch den Abschluss des Beschaffungsvertrages Vertrauen in den Bestand des Vertrages weckt. Das Vertrauensverhältnis ist also nicht auf Unionsebene angesiedelt, sondern auf nationaler Ebene zwischen öffentlichem Auftraggeber und Auftragnehmer. Das Erfordernis der praktischen Wirksamkeit der unionsrechtlichen Bestimmungen[792] steht einer Einbeziehung dieses nationalen Vertrauensverhältnisses in die Prüfung der Verhältnismäßigkeit der unionsrechtlichen Beendigungspflicht entgegen. Anderenfalls könnte sich der öffentliche Auftraggeber seiner unionsrechtlichen Verpflichtung zur Beseitigung unionsrechtswidriger Maßnahmen im Vergaberecht stets mit dem Argument des Vertrauensschutzes entziehen, obwohl er den Vertrauenstatbestand selbst geschaffen hat.[793] Die Einhaltung der Vergaberechtsbestimmungen wäre weitgehend in das Belieben des öffentlichen Auftraggebers gestellt. Durch die Vergabe eines unionsrechtswidrigen Beschaffungsvertrages könnte er in allen Fällen, in denen kein umgangener Bieter gegen die Auftragsvergabe vorgeht, vollendete Tatsachen schaffen und einen unionsrechtswidrigen Zustand perpetuieren.[794] Obwohl die Grundsätze des Vertrauensschutzes und der Rechtssicherheit als allgemeine

---

789 *Michels*, Vertrauensschutz, S. 51 ff.; *Richter*, Rückforderung staatlicher Beihilfen nach §§ 48, 49 VwVfG, S. 92; *Steindorff*, ZHR 152 (1988), 474 ff. (477 f.).

790 S.o. 2. Abschnitt E.I.1, S. 122, Fn. 662.

791 *Bultmann*, Beihilfenrecht und Vergaberecht, S. 141 f.: Der Unterschied zwischen Beihilfen- und Vergaberecht wird v.a. durch die Ausführungen des Autors deutlich, wonach die öffentliche Auftragsvergabe einen *„‚relevanten Vergabemarkt' für das zu beschaffende Gut eröffnet"*, im Gegensatz zur Beihilfenvergabe, die in einen *„bestehenden Markt"* eingreife (*Bultmann* a.a.O., S. 141).

792 Zur Begründung einer Beendigungspflicht stellt auf den Grundsatz des *„effet utile"* ab (ohne allerdings auf den Vertrauensschutz einzugehen): *GA Trstenjak*, Schlussanträge v. 28.03.2007 – C-503/04, Slg. 2007, I-6156 ff. (I-6176 f., Rn. 76 f.) – Bockhorn und Braunschweig II.

793 Eine teils ähnliche Argumentation wählt *GA Trstenjak* a.a.O., S. I-6176 f., Rn. 77.

794 Ähnlich ebda.

Rechtsgrundsätze des Unionsrechts anerkannt sind,[795] hat der EuGH in dem Urteil „*Bockhorn und Braunschweig II*" daher überzeugend bemerkt, dass sich ein Mitgliedstaat nicht auf den Grundsatz des Vertrauensschutzes berufen könne, um sich seinen unionsrechtlichen Verpflichtungen zu entziehen, wenn dieser Grundsatz dem öffentlichen Auftraggeber gegenüber von dessen Vertragspartner geltend gemacht werden könne.[796]

cc) Das Bestandsinteresse als auch öffentliches Interesse

Obwohl der Grundsatz des Vertrauensschutzes der Vertragsbeendigung demnach nicht entgegensteht, könnten andere Interessen für den Bestand eines öffentlichen Auftrags sprechen, die dem unionsrechtlich determinierten Beendigungsinteresse, zumindest bei weniger schwerwiegenden Vergaberechtsverstößen, nicht in jedem Falle nachrangig sind. So gilt es die zügige und konstante Ausführung von Verträgen zu sichern, die im Interesse der Allgemeinheit abgeschlossen wurden.[797] Besonders bei Beschaffungsverträgen, die Aufgaben der Daseinsvorsorge zum Gegenstand haben (z.B. die Müllentsorgung, Aufgaben in Bezug auf schulische Einrichtungen), wird das öffentliche Interesse an der konstanten Leistungserbringung häufig besonders drängend sein.[798] Daneben muss der auch vom Vergaberecht angestrebte wirtschaftliche Einsatz staatlicher Mittel gewährleistet werden[799] – ein Ziel, das besonders in Zeiten der Wirtschaftskrise von herausragender Bedeutung

---

795 Zum Vertrauensschutz und der Rechtssicherheit als allgemeine Rechtsgrundsätze des Unionsrechts: EuGH, Urt. v. 21.09.1983 – verb. Rs. 205/82 bis 215/82, Slg. 1983, 2633 ff. (2669, Rn. 30) – Deutsche Milchkontor; *Schilling*, EuGRZ 2000, 3 ff. (19 ff.); *Hanf*, ZaöRV 1999, 51 ff. (54 f.); *Triantafyllou*, NVwZ 1992, 436 ff. (437). Zur Rechtssicherheit: EuGH, Urt. v. 13.01.2004 – C-453/00, Slg. 2004, I-858 ff. (I-868, Rn. 24) – Kühne & Heitz; EuGH, Urt. v. 13.02.1996 – C-143/93, Slg. 1996, I-459 ff. (I-471, Rn. 27) – Van es Douane Agenten; *Lecheler*, Der EuGH und die allgemeinen Rechtsgrundsätze, S. 83 ff.; *v. Arnauld*, Rechtssicherheit, S. 497 ff. Zum Vertrauensschutz: EuGH, Urt. v. 29.06.1999 – C-60/98, Slg. 1999, I-3957 ff. (I-3966, Rn. 25) – Butterfly Music; *Borchardt*, Der Grundsatz des Vertrauensschutzes im Europäischen Gemeinschaftsrecht, S. 6 ff.; *Kokott*, AöR 121 (1996), 599 ff. (626 ff.); *Michels*, Vertrauensschutz, S. 5 ff.

796 EuGH, Urt. v. 18.07.2007 – C-503/04, Slg. 2007, I-6183 ff. (I-6194, Rn. 36) – Bockhorn und Braunschweig II.

797 Ähnliche Erwägungen stellt an: *Treumer*, P.P.L.R. 2007, 371 ff. (381).

798 *Portz*, KommJur 2007, 335 ff. (338); *Treumer*, P.P.L.R. 2007, 371 ff. (381).

799 So folgert *Bultmann*, Beihilfenrecht und Vergaberecht, S. 272, aus der Konstruktion des Vergaberechts, dass dieses darauf ausgelegt sei, die „*wirtschaftlichen Interessen der öffentlichen Auftraggeber zu verwirklichen.*"

für das Funktionieren des Binnenmarktes ist.[800] Ökonomische Gesichtspunkte können im Einzelfall v.a. dann für die Aufrechterhaltung eines vergaberechtswidrigen Vertrages sprechen, wenn die Beendigung und erneute Vergabe eines bestehenden Vertrages unverhältnismäßige Kosten für die öffentliche Hand verursacht.[801] Der öffentliche Auftraggeber wird daher insbesondere bei Verträgen, deren Ausführung schon weit fortgeschritten ist, an der Aufrechterhaltung derselben interessiert sein.[802] Diese Interessen gilt es mit dem Grundsatz der Gesetzmäßigkeit der Verwaltung und dem Interesse an einem unverfälschten Wettbewerb abzuwägen, die für die Beendigung vergaberechtswidriger Verträge streiten.[803] Da die Interessen gleichermaßen der Gemeinschaft zuzuordnen sind, ist eine einseitige und prinzipielle Interessengewichtung zu Gunsten des unionsrechtlich geprägten Beendigungsinteresses nur bei besonders schwerwiegenden Vergaberechtsverstößen gerechtfertigt. Im Übrigen würde sie dem Gedanken der Einzelfallgerechtigkeit zuwiderlaufen, auf die der Verhältnismäßigkeitsgrundsatz abzielt.[804] Soweit die Auswirkungen auf das Wettbewerbsprinzip durch den Fortbestand des Vertrages begrenzt sind, kann die Verhältnismäßigkeitsprüfung daher auch zu Gunsten des Bestandsinteresses ausfallen.[805]

dd) Erforderlichkeit der Vertragsbeendigung?

Bei Vergabefehlern, die nicht auf der rechtswidrigen freihändigen Vergabe eines öffentlichen Auftrags gründen, stellt sich unter dem Gesichtspunkt der Verhältnismäßigkeit zudem bereits die Frage, ob eine Beendigungspflicht im Einzelfall zur Wiederherstellung des Wettbewerbs überhaupt erforderlich ist. Die RL 2007/66/EG geht bei weniger schwerwiegenden Vergaberechtsverstößen davon aus, dass

---

800 KOM, Pressemitteilung IP/11/88 v. 27.01.2011.

801 So auch *D'Angelo*, Foro Amministrativo: Consiglio di Stato 2007, 2702 ff. (2712), allerdings ohne zwischen einzelnen Vergabefehlern zu unterscheiden.

802 *Treumer*, P.P.L.R. 2007, 371 ff. (380).

803 Allgemein zu den in die Einzelfallabwägung einzustellenden Interessen bei der Rücknahme unionsrechtswidriger Verwaltungsakte: *Borchardt*, Der Grundsatz des Vertrauensschutzes im Europäischen Gemeinschaftsrecht, S. 123; *Hanf*, ZaöRV 1999, 51 ff. (57).

804 Zur „*Einzelfallgerechtigkeit*" als Ziel der Verhältnismäßigkeit: *Ress*, in: *Deutsche Sektion der Internationalen Juristen-Kommission* (Hrsg.), Der Grundsatz der Verhältnismäßigkeit in europäischen Rechtsordnungen, S. 5 ff. (5 und 22); *Sobota*, Das Prinzip Rechtsstaat, S. 244 (mit Verweis auf Ersteren); *Stürner*, Der Grundsatz der Verhältnismäßigkeit im Schuldvertragsrecht, S. 383.

805 In Anlehnung an *Treumer*, P.P.L.R. 2007, 371 ff. (378 ff.).

auch andere Rechtsfolgen als die Unwirksamkeit des Vertrages in Betracht kommen, um dem Wettbewerbsprinzip und den sonstigen betroffenen Interessen gerecht zu werden.[806] Den Mitgliedstaaten wird in diesen Fällen nach der sekundärrechtlichen Regelung zugestanden, den für die Nachprüfung zuständigen Stellen einen weiten Spielraum bei der Entscheidung über die maßgeblichen Fehlerfolgen eines Vergaberechtsverstoßes einzuräumen.[807] Auch alternative Sanktionen können demnach ausreichen, um dem Wettbewerbsprinzip und weiteren tangierten Interessen Rechnung zu tragen.[808] Zu einem entsprechenden Ergebnis führen die angestellten Überlegungen auch bei der Prüfung der Verhältnismäßigkeit einer Beendigungspflicht der Exekutive: Während bei rechtswidrigen freihändigen Vergaben aufgrund der Schwere der Wettbewerbsbeeinträchtigung die Verpflichtung zur Vertragsbeendigung zur Wiederherstellung des von Anfang an nicht eröffneten Wettbewerbs grundsätzlich erforderlich und auch angemessen ist, können bei anderen Vergaberechtsverstößen je nach der Schwere des Vergaberechtsverstoßes auch alternative Maßnahmen ausreichen, um den Unionsrechtsverstoß zu kompensieren.

c) Zusammenfassung

Auftragsvergaben, die entgegen der Vergaberichtlinien ohne vorherige Veröffentlichung einer Bekanntmachung der Auftragsvergabe im Amtsblatt der Europäischen Union bzw. ohne vorherigen Aufruf zum Wettbewerb erfolgten und sich unter dem Begriff der rechtswidrigen freihändigen Vergabe zusammenfassen lassen, tangieren das Wettbewerbsprinzip und die Rechtsschutzinteressen betroffener Bieter in besonderem Maße. V.a. letztgenannter Umstand steigert das Risiko der Perpetuierung eines unionsrechtswidrigen Zustands, welchem durch die Beendigungspflicht entgegengewirkt werden kann. Daher überwiegt bei solchen Vergaberechtsverstößen grundsätzlich das unionsrechtlich beeinflusste Beendigungsinteresse gegenüber dem Bestandsinteresse. Demgegnüber fällt die Prüfung der Erforderlichkeit und Angemessenheit der Vertragsbeendigung bei anderen Vergaberechtsverstößen aufgrund der unterschiedlichen Betroffenheit der Interessen und Rechtsgüter nicht einheitlich zu Gunsten des Beendigungsinteresses aus.

---

806 Dies folgt aus dem 13., 14. und 19. Erwägungsgrund RL 2007/66/EG.

807 So Art. 2e Abs. 1 und Abs. 2 UAbs. 2 RL 2007/66/EG.

808 Dies folgt aus dem 19. Erwägungsgrund und Art. 2e Abs. 2 UAbs. 1 RL 2007/66/EG, die als alternative Sanktion u.a. die Verkürzung der Dauer der Vertragslaufzeit vorsehen.

Die Abwägung der widerstreitenden Interessen, Rechtspositionen und Rechtsgüter im Einzelfall steht insoweit grundsätzlich dem EuGH zu.

2. *Relevanz der Vertragslaufzeit für die unionsrechtliche Beendigungspflicht*

Der Müllentsorgungsvertrag der Stadt Braunschweig, der Gegenstand des Urteils des EuGH in der Rechtssache „*Braunschweig I*" war, hatte eine Vertragslaufzeit von dreißig Jahren beginnend im Jahre 1999.[809] Ähnlich gelagert war der Sachverhalt in der verbundenen Rechtssache „*Bockhorn I*": Der Abwasserentsorgungsvertrag der Gemeinde Bockhorn aus dem Jahre 1997 war für einen Zeitraum von mindestens dreißig Jahren abgeschlossen worden.[810] Der EuGH knüpfte zur Begründung seiner Entscheidung an die verbleibende Vertragslaufzeit an und führte aus, dass die unionsrechtswidrig abgeschlossenen Verträge noch jahrzehntelang fortwirken würden und folglich auch zum für die Beurteilung der Vertragsverletzung maßgeblichen Zeitpunkt noch andauerten.[811] In der Literatur wird daher teilweise vertreten, dass die Vertragslaufzeit des vergaberechtswidrigen Vertrages bei der Beurteilung einer unionsrechtlichen Beendigungspflicht berücksichtigt werden müsse.[812] Denn der EuGH lasse anklingen, dass für das Bestehen einer Beendigungspflicht die Tragweite der Beeinträchtigung des Binnenmarktes durch einen vergaberechtswidrig abgeschlossenen Vertrag entscheidend sei.[813] Die Intensität der Beeinträchtigung hänge grundlegend vom Auftragswert und der Vertragslaufzeit ab.[814]

---

809 EuGH, Urt. v. 10.04.2003 – C-20/01 und C-28/01, Slg. 2003, I-3630 ff. (I-3637, Rn. 12) – Bockhorn und Braunschweig I.

810 EuGH a.a.O., S. I-3635, Rn. 6.

811 EuGH a.a.O., S. I-3643, Rn. 37; ebenso EuGH, Urt. v. 18.07.2007 – C-503/04, Slg. 2007, I-6183 ff. (I-6193, Rn. 29) – Bockhorn und Braunschweig II.

812 *Treumer*, P.P.LR. 2007, 371 ff. (380 f.). Ähnliches folgt aus *Jaeger T.*, ZVB 2007, 271 ff. (275); *Portz*, KommJur 2007, 335 ff. (338); *Schima*, in: *Schramm/Aicher/Fruhmann/Thienel*, BVergG 2006, Exkurs: Auswirkungen des Primärrechts auf unter Verstoß gegen das Vergaberecht geschlossene Verträge, Rn. 40 [Stand: 8/2012]. Für eine Beendigungspflicht nur bei „*langjährigen*" Verträgen: *Wollenschläger F.*, Verteilungsverfahren, S. 263. Demgegenüber a.A. *Bauer K.*, Vergaberechtswidrige Verträge aus zivilrechtlicher Sicht, S. 59 f. (unklar bleibt, ob die Vertragsdauer nur irrelevant sein soll, wenn der EuGH eine Vertragsverletzung durch den Abschluss des vergaberechtswidrigen Vertrages zuvor festgestellt hat); *Müller-Mitschke*, Konfliktfeld De-facto-Vergabe, S. 116 ff.

813 *Treumer*, P.P.L.R. 2007, 371 ff. (380).

814 Ebda.

Diese Ansicht überzeugt insoweit, als der Grundsatz der Verhältnismäßigkeit als Ansatzpunkt entsprechender Überlegungen gewählt wird.[815] Nach dem allgemeinen Prüfungsmaßstab der Verhältnismäßigkeit geht der Interessenabwägung im Einzelfall jedoch eine Prüfung der Geeignetheit und Erforderlichkeit der Beendigungspflicht voraus.[816] Hinsichtlich der Angemessenheit der Beendigungspflicht bleibt schließlich zu bedenken, ob die Vertragslaufzeit für das Ergebnis der Interessenabwägung irrelevant ist, wenn das Beendigungsinteresse das Bestandsinteresse ohnehin aus sonstigen Gründen überwiegt.

a) *Geeignetheit und Erforderlichkeit einer Beendigungspflicht nur bei Beschaffungsverträgen mit Dauercharakter*

Unter den Gesichtspunkten der Geeignetheit und Erforderlichkeit ist eine Beendigungspflicht selbst bei Verträgen, die auf einer rechtswidrigen freihändigen Vergabe beruhen, jedenfalls dann unverhältnismäßig, wenn Verträge in Rede stehen, die einmalige Leistungen mit kurzer Ausführungsdauer zum Gegenstand haben.[817] Die Beendigungspflicht wird nämlich entscheidend von dem Umstand getragen, dass der unionsrechtswidrige Zustand „*während der gesamten Dauer der Erfüllung*"[818] eines unter Verstoß gegen die Vergaberichtlinien abgeschlossenen

---

815 Denselben Ausgangspunkt wählen für Überlegungen zum Einfluss der Vertragslaufzeit auf die Beendigungspflicht neben den in Fn. 866 genannten Vertretern der Ansicht *GA Trstenjak*, Schlussanträge v. 28.03.2007 – C-503/04, Slg. 2007, I-6156 ff. (I-6177, Rn. 78) – Bockhorn und Braunschweig II; *Müller-Mitschke*, Konfliktfeld De-facto-Vergabe, S. 115 ff. (angelehnt an *Treumer*).

816 Zum dreistufigen Aufbau der Verhältnismäßigkeitsprüfung allgemein s.o. 2. Abschnitt E.II.2, S. 130, Fn. 707. Die Prüfung des Zeitmoments als Aspekt der Erforderlichkeit einer Beendigungspflicht unternimmt auch *GA Trstenjak*, Schlussanträge v. 28.03.2007 – C-503/04, Slg. 2007, I-6156 ff. (I-6177, Rn. 78) – Bockhorn und Braunschweig II.

817 Ebenso stellt *Jaeger T.*, ZVB 2007, 271 ff. (275), fest, dass die Beendigungspflicht nur bei Dauerschuldverhältnissen und Verträgen über „*Einmalleistungen mit längerfristiger Ausführungsdauer*" greife (in Anlehnung an diesen auch *Kind*, Gemeinderecht, Rspr. 2007, Abschnitt D.3.). A.A. wohl *Bitterich*, NJW 2006, 1845 ff. (1849), der allerdings bezweifelt, dass sich bei Schuldverhältnissen ohne Dauercharakter in der Praxis die Frage nach einer Beendigungspflicht stellt. Dies ist sicher überzeugend, wenn man mit dem Autor die Beendigungspflicht von der Feststellung der Vertragsverletzung durch den EuGH abhängig macht; denn spätestens bis Erlass des Urteils, werden Verträge ohne Dauercharakter regelmäßig durch Erfüllung beendet sein (so argumentieren auch *Bitterich* (ebda); *Jennert/Räuchle*, NZBau 2007, 555 ff. (558)).

818 EuGH, Urt. v. 10.04.2003 – C-20/01 und C-28/01, Slg. 2003, I-3630 ff. (I-3643, Rn. 36) – Bockhorn und Braunschweig I.

Vertrages andauert.[819] Der „*Fortwirkungsrechtsprechung*“[820] des EuGH ist also bereits aus terminologischer Sicht ein gewisses „*Dauermoment*“[821] inhärent. Inhaltlich geht der EuGH überzeugend davon aus, dass mit der vollständigen Erfüllung des Beschaffungsvertrags auch der Vertragsverstoß endet.[822] Daher begründet zwar auch eine einmalige Leistungserbringung mit kurzer Ausführungsdauer,[823] die auf einem unionsrechtswidrigen Beschaffungsvertrag beruht, eine Unionsrechtsverletzung.[824] Mangels eines fortwährenden Unionsrechtsverstoßes ist die Vertragsbeendigung bei vollständiger Erfüllung der geschuldeten Leistung jedoch weder geeignet noch erforderlich, um einen unionsrechtskonformen Zustand wiederherzustellen.[825] Demgegenüber ist die Beendigungspflicht bei Verträgen, die nur eine einmalige Leistung zum Gegenstand haben, deren Ausführung sich jedoch über einen längeren Zeitraum hinweg erstreckt (z.B. Bauleistungen) anders zu beurteilen.[826] Da diese Vertragsverhältnisse auch nach Beginn der Erfüllungshandlung über einen längeren Zeitraum hinweg fortbestehen, ist die Beendigungspflicht die einzige Möglichkeit zur raschen und umfassenden Beseitigung des Unionsrechtsverstoßes.[827]

---

819 Ebda. Auf dieselbe Formulierung stellen bei Erörterung einer Beendigungs- und Rückabwicklungspflicht bei Bau- und Lieferverträgen auch ab: *Jennert/Räuchle*, NZBau 2007, 555 ff. (558).

820 *Bitterich*, NJW 2006, 1845 ff. (1845).

821 *Rummel*, in: *ders.*, ABGB, 1. Band, § 859, Rn. 28, verwendet den Begriff zur Abgrenzung der Dauerschuldverhältnisse von Schuldverhältnissen, bei denen sich die zu erbringende Leistung von vorneherein genau bestimmen lässt.

822 Dies folgt aus EuGH, Urt. v. 18.07.2007 – C-503/04, Slg. 2007, I-6183 ff. (I-6192 f., Rn. 28 f.) – Bockhorn und Braunschweig II; EuGH, Urt. v. 10.04.2003 – C-20/01 und C- 28/01, Slg. 2003, Slg. 2003, I-3630 ff. (I-3642 f., Rn. 32 ff.) – Bockhorn und Braunschweig I; EuGH, Urt. v. 28.10.1999 – C-328/96, Slg. 1999, I-7503 ff. (I-7526, Rn. 79 und I-7526 f., Tenor zu 1.) – St. Pölten; *Jennert/Räuchle*, NZBau 2007, 555 ff. (558, allerdings als Argument für bzw. gegen eine Rückabwicklungspflicht); *Bitterich*, NJW 2006, 1845 ff. (1849). Die Irrelevanz der Beendigungspflicht nach vollständiger Vertragserfüllung verdeutlicht *Treumer*, P.P.L.R. 2007, 371 ff. (380).

823 Formuliert in Anlehnung an *Jaeger T.*, ZVB 2007, 271 ff. (275).

824 Davon geht auch *Bitterich*, NJW 2006, 1845 ff. (1849), aus.

825 Mit einer ähnlichen Begründung zweifelt *Bitterich*, NJW 2006, 1845 ff. (1849), an, ob die Beendigungspflicht bei Verträgen ohne „*Dauercharakter*“ überhaupt praxisrelevant ist.

826 *Jaeger T.*, ZVB 2007, 271 ff. (275).

827 So im Ergebnis auch *Jaeger T.* (ebda). Aber auch in Anlehnung an *GA Trstenjak*, Schlussanträge v. 28.03.2007 – C-503/04, Slg. 2007, I-6156 ff. (I-6177, Rn. 78) – Bockhorn und Braunschweig II.

Eine Differenzierung zwischen Verträgen, denen in diesem Sinne ein Dauercharakter zukommt und anderen Verträgen über einmalige Leistungen überzeugt auch im Hinblick auf den Sinn und Zweck der Beendigungspflicht. Diese soll nämlich der Perpetuierung eines unionsrechtwidrigen Zustands entgegenwirken.[828] Die Gefahr der Perpetuierung des unionsrechtswidrigen Zustands ist indes bei Verträgen, deren Erfüllung sich über einen längeren Zeitraum erstreckt, weitaus größer.[829] So eröffnet Art. 2f Abs. 1 lit. b RL 2007/66/EG den Mitgliedstaaten die Möglichkeit, die Frist für Nachprüfungsverfahren bei öffentlichen Aufträgen, die ohne Vorabinformation und vorherige Bekanntmachung vergeben wurden, auf 6 Monate ab Vertragsschluss festzulegen.[830] Daher können Verträge mit einer Vertragsdauer von unter 6 Monaten im schwerwiegenden Falle einer rechtswidrigen freihändigen Vergabe regelmäßig während ihrer gesamten Vertragslaufzeit durch einen umgangenen Bieter angegriffen werden; diese Möglichkeit besteht bei längerfristigen Vertragsverhältnissen nicht.

Während also eine Beendigungspflicht bei Beschaffungsverträgen, die lediglich einmalige Leistungen mit kurzer Ausführungsdauer zum Gegenstand haben, nicht erforderlich ist, bietet sie bei Beschaffungsverträgen mit längerfristiger Ausführungsdauer regelmäßig die einzige Möglichkeit, der Perpetuierung des unionsrechtswidrigen Zustands entgegenzutreten.[831]

---

828 *GA Trstenjak*, Schlussanträge v. 28.03.2007 – C-503/04, Slg. 2007, I-6156 ff. (I-6177, Rn. 77 f.) – Bockhorn und Braunschweig II.

829 Dies folgt auch aus *GA Trstenjak* a.a.O., S. I-6177, Rn. 78.

830 Eine entsprechende Regelung für das deutsche Vergaberecht findet sich in § 101b Abs. 2 GWB, der für das Nachprüfungsverfahren bei entsprechenden Vergaberechtsverstößen (§ 101b Abs. 1 Nr. 2 GWB) eine *„Maximalfrist"* (*Dreher*, in: *Dreher/Motzke*, Beck'scher Vergaberechtskommentar, § 101b GWB, Rn. 42, dort auch zur Europarechtskonformität, den Voraussetzungen und der Berechnung der Frist) von 6 Monaten festlegt. Auch das österreichische Vergaberecht statuiert in § 332 Abs. 3 Satz 1 BVergG 2006 für den Antrag auf Feststellung eines entsprechenden Vergabefehlers (§ 331 Abs. 1 Ziff. 2 BVergG 2006), der nach § 334 Abs. 2 Satz 1 i.V.m. § 312 Abs. 3 Ziff. 3 BVergG 2006, im Falle einer stattgebenden Entscheidung, regelmäßig mit der Nichtigerklärung des Vertrages einhergeht, eine *„absolute Frist"* (*Ertl*, RPA 2009, 258 ff. (260) von 6 Monaten ab dem auf die Zuschlagserteilung folgenden Tag. Ebenso befristet im italienischen Vergaberecht Art. 120 Abs. 2 Satz 2 D.lgs. Nr. 104 v. 02.07.2010, G.U.R.I. Nr. 156 v. 07.07.2010, ordentliche Beilage Nr. 148, in Kraft getreten am 16.09.2010) im Falle der unterlassenen oder fehlerhaften Bekanntmachung der Auftragsvergabe das einschlägige Rechtsmittel auf sechs Monate, ab dem auf den Vertragsschluss folgenden Tag.

831 Im Ergebnis ebenso *Jaeger T.*, ZVB 2007, 271 ff. (275). Die Gefahr der Perpetuierung des unionsrechtswidrigen Zustands betont *GA Trstenjak*, Schlussanträge

b) *Unbeachtlichkeit der Vertragslaufzeit im Rahmen der Interessenabwägung bei rechtswidrigen freihändigen Vergaben*

Im Übrigen beeinflusst die Vertragslaufzeit bzw. die Restvertragslaufzeit die Interessenabwägung bei der Beurteilung einer Beendigungspflicht von Beschaffungsverträgen, die auf einer rechtswidrigen freihändigen Vergabe beruhen, nicht.[832] Der EuGH stellt zwar sowohl in dem Urteil „*Bockhorn und Braunschweig I*" als auch in dem Urteil „*Bockhorn und Braunschweig II*" auf die verbleibende Restvertragslaufzeit ab, jedoch lediglich um zu begründen, dass die Vertragsverletzung zum für die Beurteilung der Begründetheit der Vertragsverletzungsklage maßgeblichen Zeitpunkt noch nicht abgestellt worden war.[833] Auch Generalanwältin *Trstenjak* führt die ursprüngliche Laufzeit des Müllentsorgungsvertrages der Stadt Braunschweig in den Rechtssachen „*Bockhorn und Braunschweig II*" zwar als Argument für die Verhältnismäßigkeit einer Beendigungspflicht an, berücksichtigt das Zeitmoment jedoch lediglich unter dem Gesichtspunkt der Erforderlichkeit der Maßnahme.[834] Sie führt nämlich aus, dass angesichts der langen Vertragslaufzeit die Aufhebung des verfahrensgegenständlichen Vertrages die einzige Möglichkeit sei, der Perpetuierung des unionsrechtswidrigen Zustands entgegenzutreten.[835] Das Zeitmoment veranlasst sie also auszuschließen, dass mildere Mittel zur Beseitigung des unionsrechtswidrigen Zustands zur Verfügung stehen.[836] Als Aspekt der Erforderlichkeit wird der Vertragslaufzeit indes bereits durch die Beschränkung der Beendigungspflicht auf öffentliche Aufträge, die nicht lediglich eine einmalige Leistungserbringung mit kurzfristiger Ausführungsdauer zum Gegenstand haben, Rechnung getragen.[837]

---

v. 28.03.2007 – C-503/04, Slg. 2007, I-6156 ff. (I-6177, Rn. 77 f.) – Bockhorn und Braunschweig II.

832 *Bauer K.*, Vergaberechtswidrige Verträge aus zivilrechtlicher Sicht, S. 60 (dort jedoch ohne Beschränkung auf bestimmte Vergabefehler); grundsätzlich auch *Müller-Mitschke*, Konfliktfeld De-facto-Vergabe, S. 116 ff. (eine Beendigungspflicht nur bei „*De-facto-Vergaben*" bejahend (*ders.* a.a.O., S. 121 f.)).

833 EuGH, Urt. v. 10.04.2003 – C-20/01 und C-28/01, Slg. 2003, Slg. 2003, I-3630 ff. (I-3643, Rn. 37) – Bockhorn und Braunschweig I; EuGH, Urt. v. 18.07.2007 – C-503/04, Slg. 2007, I-6183 ff. (I-6193, Rn. 29 f.) – Bockhorn und Braunschweig II.

834 *GA Trstenjak*, Schlussanträge v. 28.03.2007 – C-503/04, Slg. 2007, I-6156 ff. (I-6177, Rn. 78) – Bockhorn und Braunschweig II.

835 Ebda.

836 Allgemein zum Inhalt der Erforderlichkeit als Element der Verhältnismäßigkeitsprüfung: *Trstenjak/Beysen*, EuR 2012, 265 ff. (271 f.).

837 S.o. 2. Abschnitt E.III.2.a), S. 154 ff.

Ein Blick auf weitere Entscheidungen des EuGH, in denen er die Unionsrechtswidrigkeit eines Beschaffungsvertrages mangels vorheriger Veröffentlichung einer Bekanntmachung zu beurteilen hatte, bestätigt das Ergebnis: So stellte der EuGH im Urteil vom 15.10.2009 – C-275/08[838] eine Vertragsverletzung Deutschlands durch die Vergabe eines öffentlichen Auftrags über die Lieferung von Software zur Verwaltung der Kraftfahrzeugzulassung im Wege des Verhandlungsverfahrens ohne öffentliche Vergabebekanntmachung fest. Obwohl auf nationaler Ebene ein Nachprüfungsverfahren rechtskräftig abgeschlossen worden war, hielt der EuGH die Vertragsverletzungsklage für zulässig und begründet.[839] Auch in diesem Fall konnte die Vertragsverletzung nur durch die Beendigung des unionsrechtswidrigen Vertrages behoben werden.[840] Unerheblich war insoweit, dass der Vertrag im Dezember 2005 lediglich für die Dauer von 6 Jahren abgeschlossen worden war[841] und somit ab Rechtskraft des Urteils eine Restlaufzeit von nicht einmal 2 Jahren hatte. Gänzlich unerwähnt blieb die Vertragslaufzeit schließlich in dem Urteil vom 18.11.2004 – C-126/03,[842] das sich mit der Vertragsverletzung durch die Vergabe eines Abfalltransportvertrages der Stadt München ohne Durchführung eines förmlichen Vergabeverfahrens befasste. Der EuGH wies das Vorbringen der deutschen Regierung, sie sei nicht zur Beendigung des ohne Durchführung des vorgeschriebenen Verfahrens vergebenen Vertrages verpflichtet, unter Verweis auf die Pflicht zum Ergreifen der erforderlichen Maßnahmen nach Art. 260 Abs. 1

---

838 EuGH, Urt. v. 15.10.2009 – C-275/08, Slg. 2009, I-168 ff. (abgekürzte Veröffentlichung), NZBau 2010, 63 ff. – Kraftfahrzeugzulassungssoftware.

839 EuGH a.a.O., S. 65, Rn. 30 ff.

840 Dies folgt insbesondere aus EuGH, Urt. v. 15.10.2009 – C-275/08, Slg. 2009, I-168 (abgekürzte Veröffentlichung), NZBau 2010, 63 ff. (65, Rn. 31 ff.) – Kraftfahrzeugzulassungssoftware (dort u.a. mit Verweisen auf seine Urteile in den Rechtssachen „*Bockhorn und Braunschweig I und II*"). Auch das KG Berlin, Beschl. v. 19.04.2012 – Verg 7/11, IBRRS 2012, 4018, führt das Urteil des EuGH in der Rechtssache „*Kraftfahrzeugzulassungssoftware*" ebenso wie das Urteil „*Bockhorn und Braunschweig II*" als Nachweis für eine bestehende Pflicht zur Beendigung unionsrechtswidriger Verträge an.

841 Diese Tatsachen lassen sich der Sachverhaltsschilderung folgenden Urteils entnehmen: EuGH, Urt. v. 15.10.2009 – C-275/08, Slg. 2009, I-168 (abgekürzte Veröffentlichung), NZBau 2010, 63 ff. (64) – Kraftfahrzeugzulassungssoftware.

842 EuGH, Urt. v. 18.11.2004 – C-126/03, Slg. 2004 I-11209 ff. – Abfalltransportdienstleistungen.

AEUV (ex Art. 228 Abs. 1 EGV) zurück, ohne auf die Vertragslaufzeit einzugehen.[843] Ebenso war es für den EuGH im Urteil vom 21.01.2010 – C-17/09[844] für die Konkretisierung einer Beendigungspflicht unerheblich, dass der Vertragsschluss hinsichtlich des verfahrensgegenständlichen Vertrages über die Entsorgung von Biomüll und Grünabfällen der Stadt Bonn beinahe 13 Jahre vor dem Erlass des Urteils zurücklag.[845] Der Rechtsprechung des EuGH lässt sich folglich entnehmen, dass dem unionsrechtlich determinierten Beendigungsinteresse bei öffentlichen Aufträgen, die auf einer rechtwidrigen freihändigen Vergabe beruhen, im Regelfall unabhängig von der Vertragslaufzeit keine derart gewichtigen Interessen oder sonstigen Rechtspositionen entgegenstehen, die den Fortbestand des unionsrechtswidrigen Vertrages rechtfertigen könnten. Insbesondere das Wettbewerbsprinzip macht bei solchen Vergabefehlern eine Beendigung des Vertrages unabhängig von der Vertragslaufzeit unabdingbar, um öffentliche Auftraggeber vor ähnlich schwerwiegenden Verstößen abzuschrecken.[846]

c) *Vertragslaufzeit als maßgeblicher Faktor der Interessenabwägung bei anderen Vergabefehlern*

Soweit andere Vergabefehler in Rede stehen, die nicht bereits aufgrund der Art des Vergabefehlers eine besonders intensive Verletzung unionsrechtlicher Grundprinzipien bedeuten, kann demgegenüber die ursprüngliche Vertragslaufzeit ebenso wie die Restvertragslaufzeit die Verhältnismäßigkeit der Vertragsbeendigung beeinflussen.[847] Die Angemessenheitskontrolle erfordert nämlich eine Abwägung der *„positiven Auswirkungen der überprüften Maßnahme zur Erreichung der damit verfolgten Ziele gegen die negativen Auswirkungen dieser Maßnahme auf andere*

---

843 EuGH a.a.O., insbesondere S. I-11218, Rn. 25 f.

844 EuGH, Urt. v. 21.01.2010 – C-17/09, Slg. 2010, I-4 ff. – Kommission/Deutschland.

845 *Wagner*, Beitrag im Vergabeblog des Deutschen Vergabenetzwerkes v. 07.02.2010, <vergabeblog.de/2010-02-07/eugh-stellt-13-jahre-nach-vertragsschluss-vergaberechtswidrigkeit-fest/> (Stand: 10.04.2015).

846 Die abschreckende Wirkung einer Beendigungspflicht betont zur Begründung derselben auch *GA Trstenjak*, Schlussanträge v. 28.03.2007 – C-503/04, Slg. 2007, I-6156 ff. (I-6176 f. Rn. 77) – Bockhorn und Braunschweig II.

847 Eine wesentliche Rolle bei der Interessenabwägung misst der Vertragslaufzeit bei: *Treumer*, P.P.L.R. 2007, 371 ff. (380). Der Autor geht wohl generell, also auch für Auftragsvergaben, die auf einer rechtswidrigen freihändigen Vergabe beruhen, davon aus, dass die Vertragslaufzeit die Beendigungspflicht entscheidend beeinflusse. A.A. *Bauer K.*, Vergaberechtswidrige Verträge aus zivilrechtlicher Sicht, S. 59 f.; wie letztere grundsätzlich auch *Müller-Mitschke*, Konfliktfeld De-facto-Vergabe, S. 116 f.

berechtigte Interessen bzw. auf schutzwürdige Rechtspositionen oder Rechtsgüter".[848] Die positiven Wirkungen einer Vertragsbeendigung für den Binnenmarkt sind jedoch regelmäßig umso weitreichender, je länger die verbleibende Restlaufzeit ist,[849] zumal eine längere Vertragslaufzeit in der Regel auch einen höheren Auftragswert bedingt. Ebenso beeinflusst die ursprüngliche Vertragslaufzeit die Reichweite des Eingriffs in den unverfälschten Wettbewerb,[850] denn bei weiterer Fortdauer eines bereits jahrelang gültigen vergaberechtswidrigen Vertrages steigt auch bei anderen Vergabefehlern die Gefahr, dass ein Zustand perpetuiert wird, der andere Unternehmen vollends aus dem Wettbewerb verdrängt.[851] Diese Gefahr wird allerdings durch die Möglichkeit der Überprüfbarkeit der Auftragsvergabe vor den nationalen Nachprüfungsinstanzen eingedämmt,[852] die bei der rechtswidrigen freihändigen Vergabe gerade erschwert ist.[853]

d) Zusammenfassung

Während bei der rechtswidrigen freihändigen Vergabe das Wettbewerbsprinzip unabhängig von der jeweiligen Vertragslaufzeit grundsätzlich die Beendigung entsprechender Verträge gebietet, muss bei weniger schwerwiegenden Vergabefehlern im Rahmen der Einzelfallabwägung berücksichtigt werden, ob der unionsrechtswidrige Zustand ohne vorzeitige Vertragsbeendigung alsbald durch Erfüllung beseitigt würde sowie der Verwaltungsaufwand und die Kosten, die für eine sofortige Vertragsbeendigung anfallen würden. Soweit ein öffentlicher Auftrag eine einmalige Leistung mit kurzer Ausführungsdauer zum Gegenstand hat, ist die Vertragsbeendigung unabhängig von der Schwere des Vergaberechtsverstoßes weder ein geeignetes noch ein erforderliches Mittel zur Beseitigung der Vertragsverletzung.

---

848 *Trstenjak/Beysen*, EuR 2012, 265 ff. (272).

849 Ähnlich *Treumer*, P.P.L.R. 2007, 371 ff. (380).

850 Ebda.

851 Der Gedanke, dass mit der Vertragsdauer grundsätzlich auch die Gefahr der Perpetuierung des unionsrechtswidrigen Zustands steigt, folgt aus den Schlussanträgen der *GA Trstenjak* vom 28.03.2007 – C-503/04, Slg. 2007, I-6156 ff. (I-6177, Rn. 78) – Bockhorn und Braunschweig II. Teilweise wird bereits grundsätzlich die Vereinbarkeit der Vergabe langfristiger Verträge mit der Wettbewerbsfreiheit problematisiert: *Dreher*, in: *Immenga/Mestmäcker*, Wettbewerbsrecht, Band 2, § 99 GWB, Rn. 36 (mit dem Hinweis, dass mit der Laufzeit eines Beschaffungsvertrages sein Konfliktpotential im Hinblick auf den Wettbewerbsgrundsatz steige); *Scharen*, NZBau 2009, 679 ff. (681 f.).

852 Ähnlich *Müller-Mitschke*, Konfliktfeld De-facto-Vergabe, S. 121 f.

853 S.o. 2. Abschnitt E.III.1.a), S. 141, Fn. 762.

3. *Das Überschreiten der Schwellenwerte als Voraussetzung der Beendigungspflicht*

Der EuGH führte in dem Urteil „*Bockhorn und Braunschweig I*" aus, dass die RL 92/50/EWG „*offensichtlich anwendbar*"[854] sei. Er bejahte damit inzident, dass der Auftragswert den nach damaliger Rechtslage aus Art. 7 Abs. 1 RL 92/50/EWG folgenden und für die Anwendbarkeit der Richtlinie maßgeblichen Schwellenwert von 200.000 Euro überschritten hatte. Ist das Überschreiten der Schwellenwerte für die Anwendbarkeit der Vergaberichtlinien also auch in anderen Fällen Voraussetzung einer unbedingten Beendigungspflicht?[855]

Eine unionsrechtliche Beendigungspflicht wäre im Unterschwellenbereich von vorneherein ausgeschlossen, wenn durch die Vergabe von Aufträgen, die bestimmte Auftragssummen nicht erreichen, Unionsrecht grundsätzlich nicht tangiert wäre. Denn die Pflicht zur Beendigung öffentlicher Aufträge knüpft an die Verletzung des Unionsrechts bei der Vergabe eines solchen Auftrags an.[856] Allgemein ist für die Anwendbarkeit der Vergaberichtlinien das Erreichen einer bestimmten Auftragssumme erforderlich.[857] Dennoch kann ein unionsrechtswidriger Vergabefehler

---

854 EuGH, Urt. v. 10.04.2003 - C-20/01 und C-28/01, Slg. 2003, I-3630 ff. (I-3648, Rn. 56) - Bockhorn und Braunschweig I.

855 Ähnliche Überlegungen finden sich bei *Treumer*, P.P.L.R. 2007, 371 ff. (380), der ohne an die Schwellenwerte anzuknüpfen, davon ausgeht, dass die Auswirkung eines vergaberechtswidrigen Vertrages auf den Binnenmarkt, als maßgeblicher Aspekt der Beendigungspflicht, entscheidend vom Auftragsvolumen abhänge. Dem zustimmend *Bauer K.*, Vergaberechtswidrige Verträge aus zivilrechtlicher Sicht, S. 59 (befasst sich ausdrücklich nur mit Vergabeverträgen im Oberschwellenbereich); ähnlich wie Letztere *Müller-Mitschke*, Konfliktfeld De-facto-Vergabe, S. 117.

856 Dies folgt eindeutig aus EuGH, Urt. v. 10.04.2003 - C-20/01 und C-28/01, Slg. 2003, I-3630 ff. (I-3643, Rn. 36) - Bockhorn und Braunschweig I.

857 Statt aller EuGH, Urt. v. 20.10.2005 - C-264/03, Slg. 2005, I-8852 ff. (I-8866, Rn. 31) - Kommission/Frankreich; EuGH, Beschl. v. 03.12.2001 - C-59/00, Slg. 2001, I-9507 ff. (I-9514, Rn. 20) - Vestergaard; EuG, Urt. v. 20.05.2010 - T-258/06, Slg. 2010, II-2033 ff. (II-2058 f., Rn. 73) - Deutschland/Kommission. Für die Anwendung des unionsrechtlichen Vergaberechts finden sich die ab dem 01.01.2014 maßgeblichen Schwellenwerte in Art. 1 bis Art. 3 Verordnung (EU) Nr. 1336/2013 der Kommission vom 13.12.2013 zur Änderung der Richtlinien 2004/17/EG, 2004/18/EG und 2009/81/EG des Europäischen Parlaments und des Rates im Hinblick auf die Schwellenwerte für Auftragsvergabeverfahren, ABlEU L 335 v. 14.12.2013, S. 17. Im deutschen Vergaberecht verweist § 100 Abs. 1 Satz 2 Nr. 1 GWB zur Bestimmung der Schwellenwerte regelmäßig auf § 2 VgV in der Fassung der Bekanntmachung vom 11. Februar 2003 (deutsches BGBl. I 2003, 169), zuletzt geändert durch Art. 1 der Verordnung vom 15.10.2013 (deutsches

auch Auftragsvergaben im Unterschwellenbereich betreffen, denn auch außerhalb des Anwendungsbereichs der Vergaberichtlinien sind die Grundfreiheiten auf binnenmarktrelevante Auftragsvergaben anwendbar.[858] Nach der Rechtsprechung des EuGH verstößt eine ohne jegliche Transparenz erfolgende Auftragsvergabe an ein inländisches Unternehmen gegen die primärrechtlich in Art. 49 AEUV und Art. 56 AEUV verankerten Diskriminierungsverbote.[859] Der öffentliche Auftraggeber muss daher auch bei Auftragsvergaben im Unterschwellenbereich „*kraft dieser Transparenzpflicht zugunsten aller potenziellen Bieter einen angemessenen Grad von Öffentlichkeit sicherstellen […], der den Dienstleistungsmarkt dem Wettbewerb öffnet und die Nachprüfung ermöglicht, ob die Vergabeverfahren unparteiisch durchgeführt wurden […].*“[860]

BGBl. I 2013, 3854). § 2 VgV wiederum enthält eine dynamische Verweisung auf die unionsrechtlich festgelegten Schwellenwerte (VK Lüneburg, Beschl. v. 28.05.2014 – VgK-13/2014, IBRRS 2014, 1772, dort folgerichtig unter Bezugnahme auf die aktuelle unionsrechtliche Regelung).

858 Die Grundanforderungen, die sich aus dem unionsrechtlichen Primärrecht für solche Auftragsvergaben ergeben, folgen aus der Mitteilung der Kommission zu Auslegungsfragen in Bezug auf das Gemeinschaftsrecht, das für die Vergabe öffentlicher Aufträge gilt, die nicht oder nur teilweise unter die Vergaberichtlinien fallen (im Folgenden: Unterschwellenmitteilung), ABlEU Nr. C 179 v. 01.08.2006, S. 2 (dort auf S. 3 auch zum Begriff der Binnenmarktrelevanz; in der Literatur dazu eingehend *Deling*, NZBau 2012, 17 ff. (20 ff.)). Zentrale Urteile des EuGH und des EuG zu den unionsrechtlichen Anforderungen an Auftragsvergaben im Unterschwellenbereich sind in der vorherigen Fn. 931 genannt. In der Literatur zu der Problematik: *Diehr*, in: *Reidt/Stickler/Glahs*, Vergaberecht, § 100, Rn. 11 ff.; *Gentsch*, Staatliche Beschaffung und Korruptionsprävention, S. 122 f.; *Kallerhoff*, NZBau 2008, 97 ff. (102); *Kühling/Huerkamp*, NVwZ 2009, 557 ff. (557 f.); *Martlreiter*, Europäisierung des vergaberechtlichen Primärrechtsschutzes bei Unterschwellenaufträgen, S. 54 und 65 ff.; *Pencereci/Schustereit*, KommJur 2011, 367 ff. (370 f.); *Pietzcker*, Die Zweiteilung des Vergaberechts, S. 69 ff.; *ders.*, ZfBR 2007, 131ff. (134).

859 EuGH, Urt. v. 21.07.2005 – C-231/03, Slg. 2005, I-7310 ff. (I-7316 f., Rn. 17 f. und Rn. 19) – Coname (zur Vergabe einer Dienstleistungskonzession, auf welche die Vergaberichtlinien nicht anwendbar waren; dazu und zu den Neuerungen durch RL 2014/23/EU s.u. 2. Abschnitt E.III.6, S. 170 ff.); EuGH, Urt. v. 13.11.2007 – C-507/03, Slg. 2007, I-9797 ff. (I-9807, Rn. 30 f.) – Irische Post (zur Vergabe eines öffentlichen Auftrags über Dienstleistungen des Anhangs I Teil B RL 92/50/EWG, später Anhang II Teil B RL 2004/18 EG), auf welche nur wenige Bestimmungen der Vergaberichtlinien Anwendung fanden; dazu und zu den Neuerungen durch die RL 2014/24/EU s.u. 2. Abschnitt E.III.4, S. 164 ff.).

860 EuG, Urt. v. 20.05.2010 – T-258/06, Slg. 2010, II-2033 ff. (II-2060, Rn. 77) – Deutschland/Kommission: Mit diesen Worten fasst das EuG die Rspr. des EuGH

Da Vergaberechtsverstöße nach der Rechtsprechung des EuGH während der gesamten Dauer der Erfüllung des unionsrechtswidrig abgeschlossenen Vertrages andauern,[861] könnte daher auch für binnenmarktrelevante Auftragsvergaben im Unterschwellenbereich eine unbedingte Beendigungspflicht bestehen, sofern der Auftrag ohne jegliche Transparenz vergeben wurde. Gegen eine solche weitreichende Auslegung der unionsrechtlichen Verpflichtungen sprechen jedoch gewichtige Argumente: Aufträge, deren Auftragssumme die Schwellenwerte übersteigen, sind für Unternehmen aus ökonomischer Sicht besonders interessant.[862] Die einseitige Bevorteilung eines Unternehmens durch eine rechtswidrige freihändige Vergabe führt daher jedenfalls im Oberschwellenbereich zu einer tiefgreifenden Verletzung der Grundfreiheiten und einer schwerwiegenden Verfälschung des Wettbewerbs.[863] Bei Vergaben im Unterschwellenbereich wiegt der Eingriff in den Wettbewerb und die Grundfreiheiten wegen der geringeren Auftragssummen demgegenüber regelmäßig weniger stark.[864] Von einer geringeren Eingriffsintensität von Vergabefehlern im Unterschwellenbereich geht auch der europäische Gesetzgeber aus: Mit den Vorschriften über die öffentliche Auftragsvergabe bezweckt er vorrangig die Gewährleistung des freien Dienstleistungsverkehrs und die Öffnung des Auftragswesens für einen unverfälschten Wettbewerb.[865] Zur Zweckerreichung hält es der Gesetzgeber allerdings nur für erforderlich, Aufträge, deren Wert eine bestimmte Summe erreicht oder überschreitet, einer unionsweit einheitlichen Regelung zu unterwerfen.[866] Besonders an der Erbringung solcher Aufträge werden nämlich regelmäßig auch ausländische Unternehmen interessiert sein, zudem wird der Aufwand, der mit einer unionsweiten Ausschreibung

zusammen. Ähnlich Europäische Kommission, Unterschwellenmitteilung, ABlEU Nr. C 179 v. 01.08.2006, S. 2 (3).

861 S.o. 2. Abschnitt B, S. 110, Fn. 605.

862 Ähnlich *Diehr*, in: *Reidt/Stickler/Glahs*, Vergaberecht, § 100, Rn. 7; *Röwekamp*, in: *Kulartz/Kus/Portz*, GWB-Vergaberecht, § 100 GWB, Rn. 5.

863 S.o. 2. Abschnitt E.III.1.a), S. 141 ff.

864 Ähnlich *Treumer*, P.P.L.R. 2007, 371 ff. (380), der hervorhebt, dass die Auswirkung eines vergaberechtswidrigen Vertrages auf den Binnenmarkt u.a. von der Auftragssumme abhänge und entscheidend für die Beurteilung der Beendigungspflicht sei. Ähnlich misst auch *Jaeger T.*, ZVB 2007, 271 ff. (275), dem Vertragsvolumen für die Beurteilung der Verhältnismäßigkeit der Beendigungspflicht Bedeutung bei.

865 S.o. 2. Abschnitt E.I.1, S. 122, Fn. 662.

866 So der 2. Erwägungsgrund Satz 2 RL 2004/18/EG bzw. der 1. Erwägungsgrund Satz 2 RL 2014/24/EU.

einhergeht, im Unterschwellenbereich häufig auch unverhältnismäßig sein.[867] Konsequent ist es, diese Zweiteilung auch beizubehalten, soweit eine unionsrechtliche Pflicht zur Beendigung vergaberechtswidriger Verträge in Rede steht.[868] Denn auch hier gilt, dass der wirtschaftliche Aufwand, der mit der Beendigung eines Vertrages und der erneuten Vergabe desselben einhergeht, in zahlreichen Fällen unverhältnismäßig im Vergleich zum Auftragswert sein wird.[869] Dem Bestandsinteresse fällt daher bei Verträgen im Unterschwellenbereich eine weitaus gewichtigere Rolle zu. Aus dem Urteil des EuGH in den Rechtssachen „*Bockhorn und Braunschweig I*" lässt sich folglich nicht auf eine unbedingte Beendigungspflicht für Vergabeverträge im Unterschwellenbereich schließen.

4. *Nicht prioritäre Dienstleistungen nach Anhang II Teil B der RL 2004/18/EG*

Der EuGH hat in der Rechtssache „*Braunschweig I*" über die Unionsrechtswidrigkeit eines Auftrags befunden, der Dienstleistungen aus dem Bereich der Abfallentsorgung zum Gegenstand hatte,[870] die nach der bisherigen Rechtslage unter Geltung der RL 2004/18/EG der Kategorie 16, Anhang II Teil A der Richtlinie zuzuordnen sind. Diese Dienstleistungen, auch „*prioritäre Dienstleistungen*"[871] genannt, müssen derzeit gemäß Art. 20 RL 2004/18/EG nach den Art. 23 bis 55 RL 2004/18/EG vergeben werden. Demgegenüber unterliegen Aufträge über Dienstleistungen gemäß Anhang II Teil B RL 2004/18/EG, die sogenannten „*nicht prioritären Dienstleistungen*"[872], nach Art. 21 RL 2004/18/EG lediglich den

867 *Diehr*, in: *Reidt/Stickler/Glahs*, Vergaberecht, § 100 GWB, Rn. 7; *Röwekamp*, in: *Kulartz/Kus/Portz*, GWB-Vergaberecht, § 100 GWB, Rn. 5. Letzteren Aspekt deutet zumindest auch an: BVerfG, Beschl. 13.06.2006 – 1 BvR 1160/03, BVerfGE 116, 135 ff. (161 ff.), dort zur Verfassungsmäßigkeit des Ausschlusses des Primärrechtsschutzes im Unterschwellenbereich im GWB.

868 Im Ergebnis ebenso *Bauer K.*, Vergaberechtswidrige Verträge aus zivilrechtlicher Sicht, S. 59.

869 Die Argumentation entspricht also derjenigen, die generell die Anwendbarkeit der Vergaberichtlinien ab Erreichen der Schwellenwerte rechtfertigt (dazu im selben Abschnitt S. 164, Fn. 867).

870 EuGH, Urt. v. 10.04.2003 – C-20/01 und C-28/01, Slg. 2003, I-3630 ff. (I-3637, Rn. 12 und I-3653, Tenor zu 2.) – Bockhorn und Braunschweig I.

871 So der 20. Erwägungsgrund Satz 1 des Vorschlags für eine Richtlinie des Europäischen Parlaments und des Rates über die Konzessionsvergabe, KOM 2011 (897) endg.; *Winnes*, in: *Pünder/Schellenberg*, Vergaberecht, § 4 VgV, Rn. 18.

872 Diesen Begriff verwenden zur Umschreibung von Dienstleistungen nach Anhang I Teil B RL 92/50/EWG bzw. Anhang II Teil B RL 2004/18/EG z.B. EuGH, Urt.

Art. 23 und 35 Abs. 4 RL 2994/18/EG.[873] Auf nicht prioritäre Dienstleistungen finden folglich die sonstigen Richtlinienbestimmungen und damit auch jene, welche die Pflicht zur vorherigen Bekanntmachung der Auftragsvergabe betreffen, keine Anwendung.[874] Vielmehr verpflichtet das europäische Sekundärrecht bisher öffentliche Auftraggeber bei der Vergabe nicht prioritärer Dienstleistungen lediglich zur Beachtung der Vorschriften über die technischen Spezifikationen und zur nachträglichen Bekanntmachung der Ergebnisse entsprechender Vergabeverfahren.[875]

Die Vergabe nicht prioritärer Dienstleistungen bleibt nach der Rechtsprechung des EuGH allerdings dem Primärrecht unterworfen.[876] Insbesondere resultiert

---

v. 18.11.2010 – C-226/09, Slg. 2010, I-11824 ff. (I-11832, Rn. 24) – Kommission/Irland; EuGH, Urt. v. 13.11.2007 – C-507/03, Slg. 2007, I-9797 ff. (I-9805, Rn. 21) – Irische Post; Vorschlag für eine Richtlinie des Europäischen Parlaments und des Rates über die Konzessionsvergabe, KOM 2011 (897) endg., 20. Erwägungsgrund Satz 1; *Holoubek*, in: *Schwarze/Becker/Hatje/Schoo*, EU-Kommentar, Art. 57 AEUV, Rn. 196; *Stickler/Diehr*, in: *Reidt/Stickler/Glahs*, Vergaberecht, § 4 VgV, Rn. 17 ff. Andere Autoren sprechen von „*nachrangigen Dienstleistungsaufträgen*": so z.B. *Buck*, Die Vergabe sogenannter nachrangiger Dienstleistungsaufträge, S. 53 ff.; *Leinemann*, Die Vergabe öffentlicher Aufträge, Kapitel 4.2.5, Rn. 914 ff.

873 Von einer derartigen Zweiteilung der Vergabevorschriften für Dienstleistungsaufträge gingen auch schon die Art. 8, 9 und 10 RL 92/50/EWG aus. Zur Frage der Anwendbarkeit der §§ 97 ff. GWB auf die Vergabe von nicht prioritären Dienstleistungen im Oberschwellenbereich: *Buck*, Die Vergabe sogenannter nachrangiger Dienstleistungsaufträge, 71 ff.; *Stickler/Diehr*, in: *Reidt/Stickler/Glahs*, Vergaberecht, § 4 VgV, Rn. 20.

874 Ähnlich EuGH, Urt. v. 18.11.2010 – C-226/09, Slg. 2010, I-11824 ff. (I-11832, Rn. 24 ff.) – Kommission/Irland; EuGH, Urt. v. 13.11.2007 – C-507/03, Slg. 2007, I-9797 ff. (I-9805, Rn. 24) – Irische Post.

875 Ebda. In der Literatur ebenso *Heinemann*, Die Erbringung sozialer Dienstleistungen durch Dritte, S. 259 ff.; *Holoubek*, in: *Schwarze/Becker/Hatje/Schoo*, EU-Kommentar, Art. 57 AEUV, Rn. 196; *Weyand*, Vergaberecht, § 4 VgV, Rn. 49 und 51.

876 EuGH, Urt. v. 18.11.2010 – C-226/09, Slg. 2010, I-11824 ff. (I-11833 f., Rn. 29 ff.) – Kommission/Irland; EuGH, Urt. v. 13.11.2007 – C-507/03, Slg. 2007, I-9797 ff. (I-9806 f., Rn. 26 ff.) – Irische Post; EuGH, Urt. v. 27.10.2005 – C-234/03, Slg. 2005, I-9317 ff. (I-9331 f., Rn. 47 ff.) – Contse; KOM, Unterschwellenmitteilung, ABlEU Nr. C 179 v. 01.08.2006, S. 2 (3). Dazu kritisch *Heinemann*, Die Erbringung sozialer Dienstleistungen durch Dritte, S. 261 f.: *Dies.* mit der Ansicht, die vergaberechtlichen Vorgaben für nicht prioritäre Dienstleistungen seien abschließend in den RL geregelt. Dies überzeugt nicht, da das Unionsrecht vom Vorrang des Primärrechts gegenüber dem Sekundärrecht ausgeht (statt aller *Ruffert*, in: *Calliess/Ruffert*, EUV/AEUV, Art. 288 AEUV, Rn. 8). Gestaltet Sekundärrecht primärrechtliche Bestimmungen

auch für solche Dienstleistungsaufträge aus dem Gleichbehandlungsgrundsatz und den in den Grundfreiheiten verankerten Diskriminierungsverboten ein Transparenzgebot, das öffentliche Auftraggeber verpflichtet, binnenmarktrelevante Aufträge durch eine Bekanntmachung zu veröffentlichen, die sicherstellen soll, dass der Auftrag für den Wettbewerb geöffnet wird.[877] Mit der wirtschaftlichen Bedeutung des Auftrags steigen auch die Anforderungen an die Reichweite der Bekanntmachung.[878] Angesichts der wirtschaftlichen Bedeutung der im Katalog des Anhangs II Teil B RL 2004/18/EG aufgezählten Kategorien,[879] überzeugen die hohen Anforderungen, die die Europäische Kommission an die Reichweite solcher Bekanntmachungen stellt: „*Vor allem bei Aufträgen über Dienstleistungen gemäß Anhang II Teil B der Richtlinie 2004/18/EG und Anhang XVII Teil B der Richtlinie 2004/17/EG, die die Schwellenwerte dieser Richtlinien überschreiten, ist zur Erzielung einer angemessenen Transparenz im Allgemeinen eine Veröffentlichung in einem Medium mit großer Reichweite erforderlich.*“[880] Die Bindung durch die Grundfreiheiten beeinflusst auch die Durchführung des Vergabeverfahrens; dieses muss unparteiisch ausgestaltet sein, sodass eine Diskriminierung von Unternehmen aus anderen Mitgliedstaaten ausgeschlossen ist.[881]

Der europäische Gesetzgeber hatte sich in der RL 2004/18/EG wie bereits in der RL 92/50/EWG für eine unterschiedliche rechtliche Behandlung prioritärer und nicht prioritärer Dienstleistungen lediglich deshalb entschieden, weil er davon ausging, dass Aufträgen über nicht prioritäre Dienstleistungen „*wegen ihres*

abschließend aus, ist es zwar vorrangig anwendbar, muss allerdings primärrechtskonform ausgelegt werden (*Ruffert* ebda). Die primärrechtskonforme Auslegung des Art. 21 RL 2004/18/EG ergibt, dass die RL nicht abschließend ist, soweit sie Regelungen zu nicht prioritären Dienstleistungen enthält. Denn die „*Verwirklichung der Grundfreiheiten*“ wird insoweit bisher gerade nicht durch die Vergaberichtlinie „*gesteuert*“ (*Ruffert* ebda, allgemein zur Ausgestaltung des Primärechts durch Sekundärrecht als Voraussetzung der vorrangigen Anwendbarkeit des Sekundärrechts).

877 EuGH, Urt. v. 18.11.2010 – C-226/09, Slg. 2010, I-11824 ff. (I-11833 f., Rn. 31 ff.) – Kommission/Irland; KOM, Unterschwellenmitteilung, ABlEU Nr. C 179 v. 01.08.2006, S. 2 (3 f.). Zu den Voraussetzungen der Binnenmarktrelevanz öffentlicher Aufträge über nicht prioritäre Dienstleistungen und etwaige Vermutungsregeln bei Erreichen der Schwellenwerte: *Buck*, Die Vergabe sogenannter nachrangiger Dienstleistungsaufträge, S. 190 ff.

878 KOM a.a.O., S. 4.

879 *Buck*, Die Vergabe sogenannter nachrangiger Dienstleistungsaufträge, S. 30.

880 KOM, Unterschwellenmitteilung, ABlEU Nr. C 179 v. 01.08.2006, S. 2 (4).

881 KOM a.a.O., S. 5 f.

spezifischen Charakters a priori keine grenzüberschreitende Bedeutung"[882] zukomme, da in diesen Bereichen kein nennenswerter grenzüberschreitender Wettbewerb stattfinde.[883] Diese Grundannahme relativierte er im 19. Erwägungsgrund Satz 2 RL 2004/18/EG, indem er jedenfalls die Beobachtung der Auftragsvergabe von Dienstleistungen anordnete, auf welche die Richtlinie bislang nicht vollumfänglich Anwendung findet.[884] Im 20. Erwägungsgrund des Vorschlags für eine Richtlinie des Europäischen Parlaments und des Rates über die Konzessionsvergabe[885] stellte die Europäische Kommission sogar ausdrücklich fest, dass „*eine Überprüfung so genannter prioritärer und nichtprioritärer Dienstleistungen*" ergeben habe, dass „*eine Beschränkung der vollständigen Anwendung des [sic] Beschaffungsvorschriften auf eine begrenzte Gruppe von Dienstleistungen nicht gerechtfertigt ist.*"[886] In der Folge wurde die Unterscheidung zwischen prioritären und nicht prioritären Dienstleistungen in den neuen Vergaberichtlinien aufgegeben.[887] Die Unterschiede zwischen Aufträgen, die prioritäre Dienstleistungen betreffen und solchen, die nicht prioritäre Dienstleistungen zum Inhalt haben, verschwimmen folglich, soweit ein Dienstleistungsauftrag binnenmarktrelevant ist. Daher besteht eine unbedingte Beendigungspflicht bei öffentlichen Aufträgen, die rechtswidrig ohne vorherige Veröffentlichung vergeben wurden, sowohl

882 EuGH, Urt. v. 13.11.2007 – C-507/03, Slg. 2007, I-9797 ff. (I-9806, Rn. 25) – Irische Post; ähnlich *Holoubek*, in: *Schwarze/Becker/Hatje/Schoo*, EU-Kommentar, Art. 57 AEUV, Rn. 196.

883 Dies folgt aus dem 19. Erwägungsgrund Satz 1 RL 2004/18/EG, wonach die vollumfängliche Anwendung der RL nur für bestimmte Dienstleistungsaufträge erforderlich ist, um die „*Möglichkeiten für eine Zunahme des grenzüberschreitenden Handels voll auszunutzen.*" Auf eine entsprechende Erwägung der Europäischen Kommission führt *Brandi-Dohrn*, NJW 1998, 857 ff. (858), die Unterscheidung zwischen prioritären und nicht prioritären Dienstleistungen bei der Vergabe freiberuflicher Leistungen zurück.

884 Zu diesem Erwägungsgrund *Buck*, Die Vergabe sogenannter nachrangiger Dienstleistungsaufträge, S. 64: Die RL 2004/18/EG sei die Bestätigung, dass sich nicht prioritäre Dienstleistungen für die grenzüberschreitende Erbringung nicht ebenso eignen wie prioritäre Dienstleistungen.

885 Vorschlag für eine Richtlinie des Europäischen Parlaments und des Rates über die Konzessionsvergabe, KOM 2011 (897) endg., S. 3.

886 KOM a.a.O., 20. Erwägungsgrund Satz 1.

887 Dies stellt die Europäische Kommission ausdrücklich fest in: Mitteilung der Kommission zur Auslegung der Verordnung (EWG) Nr. 3577/92 des Rates zur Anwendung des Grundsatzes des freien Dienstleistungsverkehrs auf den Seeverkehr in den Mitgliedstaaten (Seekabotage), COM 2014 (232) final, Gliederungspunkt 5.4.1. Abs. 4.

unter Geltung der RL 2004/18/EG und erst recht unter Geltung der neuen Vergaberichtlinien, unabhängig von der Art der zu erbringenden Dienstleistung, soweit der Dienstleistungsauftrag in den Anwendungsbereich der Richtlinien fällt.

5. *Beendigungspflicht nur bei öffentlichen Dienstleistungsaufträgen in Abgrenzung zu öffentlichen Bauaufträgen und öffentlichen Lieferaufträgen?*

Gegenstand der Rechtssache „*Braunschweig I*" war ein Müllentsorgungsvertrag und folglich ein öffentlicher Dienstleistungsauftrag.[888] Entscheidend für die unionsrechtliche Pflicht Deutschlands zur Beendigung des Vertrages war die Feststellung des EuGH, wonach die „*durch die Missachtung der Bestimmungen der Richtlinie 92/50 erfolgte Beeinträchtigung des freien Dienstleistungsverkehrs während der gesamten Dauer der Erfüllung der unter Verstoß gegen diese Richtlinie geschlossenen Verträge fortdauert.*"[889] Der Entscheidung lag also eine Verletzung der Verpflichtungen aus der RL 92/50/EWG zugrunde, welche allein die „*Koordinierung der Verfahren zur Vergabe öffentlicher Dienstleistungsaufträge*"[890] regelte. Dasselbe gilt für die Rechtssache „*Bockhorn I*", die den Abwasservertrag der Gemeinde Bockhorn zum Gegenstand hatte.[891] Dennoch wäre ein Verständnis der unionsrechtlichen Vorschriften dahingehend, dass eine Beendigungspflicht grundsätzlich nur hinsichtlich öffentlicher Dienstleistungsaufträge, nicht hingegen bei öffentlichen Bauaufträgen und öffentlichen Lieferaufträgen bestehe, die auf unionsrechtswidrigen Vergabefehlern beruhen, zu eng.[892] Dies folgt bereits aus der in wichtigen Teilen einheitlichen sekundärrechtlichen Regelung, welche öffentliche Aufträge inzwischen erfahren haben: So war die Vergabe öffentlicher Bauaufträge und öffentlicher Lieferaufträge zum Zeitpunkt der Verkündung des Urteils zwar noch separat in der Richtlinie 93/37/EWG des Rates vom 14. Juni

---

888 EuGH, Urt. v. 10.04.2003 – C-20/01 und C-28/01, Slg. 2003, I-3630 ff. (I-3653, Tenor zu 2.) – Bockhorn und Braunschweig I.

889 EuGH a.a.O., S. I-3643, Rn. 36. Auch *Jennert/Räuchle*, NZBau 2007, 555 ff. (558), versuchen aus der vom EuGH insoweit gewählten Formulierung, Rückschlüsse für bzw. gegen eine Beendigungs- und Rückabwicklungspflicht bei Liefer- und Bauaufträgen zu ziehen. Die Problematik der Beendigungspflicht bei Liefer- und Bauaufträgen behandelt des Weiteren auch *Müller-Mitschke*, Konfliktfeld De-facto-Vergabe, S. 115 f.

890 So der Titel der RL 92/50/EWG, ABlEG L 209 v. 24.07.1992, S. 1.

891 EuGH, Urt. v. 10.04.2003 – C-20/01 und C-28/01, Slg. 2003, I-3630 ff. (I-3652 f., Tenor zu 1.) – Bockhorn und Braunschweig I.

892 Im Ergebnis ebenso wie vorliegend *Müller-Mitschke*, Konfliktfeld De-facto-Vergabe, S. 115 f.

1993 über die Koordinierung der Verfahren zur Vergabe öffentlicher Bauaufträge[893] und in der Richtlinie 93/36/EWG des Rates vom 14. Juni 1993 über die Koordinierung der Verfahren zur Vergabe öffentlicher Lieferaufträge[894] geregelt. Zwischenzeitlich wurden jedoch alle drei Richtlinien nach Art. 82 RL 2004/18/EG aufgehoben,[895] welche gleichermaßen die *„Koordinierung der Verfahren zur Vergabe öffentlicher Bauaufträge, Lieferaufträge und Dienstleistungsaufträge"*[896] unternimmt. Die RL 2004/18/EG wird ihrerseits gemäß Art. 91 Abs. 1 RL 2014/24/EU mit Wirkung zum 18.04.2016 aufgehoben und durch die neue Richtlinie über die öffentliche Auftragsvergabe ersetzt. Deren Anwendungsbereich umfasst gemäß Art. 1 Abs. 2 RL 2014/24/EU wiederum sowohl die Vergabe öffentlicher Aufträge betreffend den Erwerb von Bauleistungen, als auch von Dienstleistungen und Lieferungen durch öffentliche Auftraggeber.

Nach der Legaldefinition des Art. 1 Abs. 2 lit. d UAbs. 1 RL 2004/18/EG sind öffentliche Dienstleistungsaufträge *„öffentliche Aufträge über die Erbringung von Dienstleistungen im Sinne von Anhang II, die keine öffentlichen Bau- oder Lieferaufträge sind."*[897] Die Negativabgrenzung verdeutlicht die Auffangfunktion, die dem Tatbestand des öffentlichen Dienstleistungsauftrags im Verhältnis zum öffentlichen Bauauftrag und zum öffentlichen Lieferauftrag zukommt.[898] Das Vergabeverfahren und die bei der Auftragsvergabe einzuhaltenden Bestimmungen entsprechen sich folglich in wichtigen Teilen, unabhängig davon, ob

---

893 ABlEG L 199 v. 09.08.1993, S. 54; zuletzt geändert durch RL 2001/78/EG der Kommission.

894 ABlEG L 199 v. 09.08.1993, S. 1; zuletzt geändert durch RL 2001/78/EG der Kommission.

895 Mit Ausnahme von Art. 41 RL 92/50/EWG, der eine Änderung des Art. 1 Abs. 1 RL 89/665/EWG des Rates vom 21. Dezember 1989 zur Koordinierung der Rechts- und Verwaltungsvorschriften für die Anwendung der Nachprüfungsverfahren im Rahmen der Vergabe öffentlicher Liefer- und Bauaufträge, ABlEG L 395 v. 30.12.1989, S. 33, enthält.

896 So der Titel der RL 2004/18/EG, ABlEU L 134 v. 30.04.2004, S. 114.

897 Ähnlich formuliert ist Art. 2 Abs. 1 Nr. 9 RL 2014/24/EU, allerdings mit Unterschieden hinsichtlich des Verweises: Danach sind öffentliche Dienstleistungsaufträge, öffentliche Aufträge über die Erbringung von Dienstleistungen, bei denen es sich nicht um öffentliche Bauaufträge im Sinne von Art. 2 Abs. 1 Nr. 6 RL 2014/24/EU handelt.

898 Ähnlich *Weyand*, Vergaberecht, § 99 GWB, Rn. 234 ff.; *Ganske*, in: *Reidt/Stickler/Glahs*, Vergaberecht, § 99 GWB, Rn. 110 ff.

ein öffentlicher Dienstleistungsauftrag, ein öffentlicher Bauauftrag oder ein öffentlicher Lieferauftrag vergeben werden soll.[899]

Eine Besonderheit wird bei Lieferaufträgen häufig insoweit bestehen, als diese in einer Vielzahl von Fällen mit der Leistungserbringung bereits vollständig abgewickelt und daher nicht auf Dauer angelegt sind.[900] Sofern Lieferaufträge allerdings nicht lediglich eine kurzfristige Ausführungsdauer haben und im Wege der rechtswidrigen freihändigen Vergabe auf einen Auftragnehmer übertragen wurden, bleibt der öffentliche Auftraggeber zur Beendigung verpflichtet.[901] Als Beispiel sei das Urteil des EuGH vom 15.10.2009 – C-275/08[902] genannt, das sich mit der Vertragsverletzung Deutschlands durch die Vergabe eines öffentlichen Lieferauftrags über die Lieferung einer Software zur Verwaltung der Kraftfahrzeugzulassung befasst. Obwohl der streitgegenständliche Vertrag die Lieferung von Waren zum Gegenstand hatte, war Deutschland im Ergebnis zur Beendigung des Vertrages verpflichtet.[903]

Die Beendigungspflicht ist demnach nicht von der Einordnung eines öffentlichen Auftrags als öffentlicher Dienstleistungsauftrag, öffentlicher Bauauftrag oder öffentlicher Lieferauftrag abhängig.

6. *Die Beendigungspflicht bei Konzessionsverträgen*

Die Vertragsverletzung resultierte im Urteil des EuGH *„Bockhorn und Braunschweig I"* aus der unionsrechtswidrigen Vergabe von öffentlichen Dienstleistungsaufträgen in Abgrenzung zu Dienstleistungskonzessionen.[904]

---

899 So erfasst der Begriff des *„öffentlichen Auftrags"* im Sinne der RL 2004/18/EG bzw. RL 2014/24/EU nach der Legaldefinition des Art. 1 Abs. 2a RL 2004/18/EG bzw. Art. 2 Abs. 1 Nr. 5 RL 2014/24/EU sowohl Bauaufträge, als auch Lieferaufträge und Dienstleistungsaufträge.

900 *Bitterich*, NJW 2006, 1845 ff. (1849); *Müller-Mitschke*, Konfliktfeld De-facto-Vergabe, S. 116. Ähnlich auch *Jennert/Räuchle*, NZBau 2007, 555 ff. (558). Zur Unverhältnismäßigkeit einer Beendigungspflicht in solchen Fällen s.o. 2. Abschnitt E.III.2.a), S. 154 ff.

901 Dasselbe folgt aus *Jaeger T.*, ZVB 2007, 271 ff. (275, *ders.* ohne nach Auftragsgegenstand zu differenzieren); in Anlehnung hieran *Kind*, Gemeinderecht, Rspr. 2007, Abschnitt D.3.

902 EuGH, Urt. v. 15.10.2009 – C-275/08, Slg. 2009, I-168 ff. (abgekürzte Veröffentlichung), NZBau 2010, 63 ff. – Kraftfahrzeugzulassungssoftware.

903 Davon geht ebenso aus: KG Berlin, Beschl. v. 19.04.2012 – Verg 7/11, IBRRS 2012, 4018. Zum Urteil des EuGH siehe bereits oben 2. Abschnitt E.III.2.b), S. 158.

904 Den Charakter der verfahrensgegenständlichen öffentlichen Aufträge als Dienstleistungsaufträge betont der EuGH u.a. im Feststellungstenor (EuGH, Urt. v. 10.04.2003 –

a) *Die unionsrechtlichen Vorgaben für die Vergabe von Dienstleistungskonzessionen*

Nach Art. 17 RL 2004/18/EG, der noch bis zum 18.04.2016 gültig ist, finden die Bestimmungen der Vergabekoordinierungsrichtlinie auf Dienstleistungskonzessionen keine Anwendung. Dienstleistungskonzessionen unterliegen daher im Gegensatz zu öffentlichen Dienstleistungsaufträgen nicht dem streng geregelten Vergaberegime dieser Richtlinie.[905] Bisher leitete der EuGH die Verpflichtungen der Mitgliedstaaten bei der Vergabe von binnenmarktrelevanten Dienstleistungskonzessionen daher einzig aus den Grundfreiheiten ab,[906] die er ebenso wie das Diskriminierungsverbot als besondere Ausprägungen des allgemeinen Gleichbehandlungsgrundsatzes und als Grundlage eines Transparenzgebots versteht.[907] Diese allgemeinen Grundprinzipien des Unionsrechts verdichteten sich nach der Rechtsprechung des EuGH, soweit eine binnenmarktrelevante Dienstleistungskonzession vergeben werden sollte, zu einer europaweiten Ausschreibungspflicht.[908]

C-20/01 und C-28/01, Slg. 2003, I-3630 ff. (I-3652 f., Tenor zu 1. und 2.) – Bockhorn und Braunschweig I).

905 So *Böckel*, LKV 2003, 393 ff. (394); *Bultmann*, NVwZ 2011, 72 ff. (72); *Losch*, VergabeR 2010, 163 ff. (163); *Ruhland*, Die Dienstleistungskonzession, S. 196 und 175 ff.; *Teufel*, KommJur 2012, 87 ff. (88); *Weyand*, Vergaberecht, § 99 GWB, Rn. 343 ff.

906 Ähnliche Feststellungen zur bisherigen Rechtslage finden sich im Arbeitsdokument der Kommissionsdienststellen, Zusammenfassung der Folgenabschätzung der Europäischen Kommission, Begleitunterlage zum Vorschlag des Europäischen Parlaments und des Rates über die Konzessionsvergabe, SEK 2011 (1589) endg., S. 2.

907 Statt vieler EuGH, Urt. v. 13.10.2005 – C-458/03, Slg. 2005, I-8612 ff. (I-8630, Rn. 48 f.) – Parking Brixen; EuGH, Urt. v. 21.07.2005 – C-231/03, Slg. 2005, I-7310 ff. (I-7317 ff., Rn. 19 ff.) – Coname; EuGH, Urt. v. 07.12.2000 – C-324/98, Slg. 2000, I-10770 ff. (I-10794, Rn. 60 ff.) – Telaustria. Zu den primärrechtlichen Anforderungen an die Vergabe von Dienstleistungskonzessionen in der Literatur z.B. *Böckel*, LKV 2003, 393 ff. (396 ff.); *Braun*, EuZW 2012, 451 ff. (452); *Bungenberg*, in: *Loewenheim/Meessen/Riesenkampff*, Kartellrecht, § 99 GWB, Rn. 61; *Losch*, VergabeR 2010, 163 ff. (163); *Ruhland*, Die Dienstleistungskonzession, S. 199 ff.; *Teufel*, KommJur 2012, 87 ff. (88).

908 Dies wird besonders deutlich bei EuGH, Urt. v. 13.10.2005 – C-458/03, Slg. 2005, I-8612 ff. (I-8631, Rn. 50 und 52) – Parking Brixen; OLG Düsseldorf, Beschl. v. 07.03.2012 – VII-Verg 78/11, NZBau 2012 382 ff. (385). In der Literatur bejahen eine Ausschreibungspflicht *Braun*, EuZW 2012, 451 ff. (452, dort sogar mit der Feststellung, dass bei Dienstleistungskonzessionen unstreitig eine Pflicht zur vorherigen Veröffentlichung bestehe); *Dreher*, in: *Immenga/Mestmäcker*, Wettbewerbsrecht, Band 2, § 99 GWB, Rn. 123; *Hattig/Ruhland*, NZBau 2005, 626 ff. (630); *Ruhland*, Die Dienstleistungskonzession, S. 203 ff.; *Schotten/Hüttinger*, in: *Dreher/*

Denn eine Diskriminierung von Unternehmen aus anderen Mitgliedstaaten ist auch bei der Vergabe von Dienstleistungskonzessionen nur ausgeschlossen, wenn Interessenten europaweit die Möglichkeit haben, ihr Interesse am Erhalt der Dienstleistungskonzession zu bekunden.[909]

Die vom EuGH erarbeiteten Grundsätze konnten jedoch das Fehlen einer ausdrücklichen gesetzlichen Regelung nicht kompensieren, welches sowohl auf Seiten der Auftraggeber als auch auf Seiten der Wirtschaftsteilnehmer zu Rechtsunsicherheit führte und die Europäische Kommission schließlich veranlasste, einen Vorschlag für eine Richtlinie des Europäischen Parlaments und des Rates über die Konzessionsvergabe zu erarbeiten.[910] Die Konzessionsvergabe hat nunmehr in der RL 2014/23/EU des Europäischen Parlaments und des Rates vom 26.02.2014[911] eine ausdrückliche Regelung erfahren. Inhaltlich verpflichtet Art. 31 Abs. 1 RL 2014/23/EU alle Auftraggeber, die eine Konzession vergeben wollen zur Veröffentlichung von *„Konzessionsbekanntmachungen"*. Im Übrigen gesteht Art. 30 Abs. 1 RL 2014/23/EU den öffentlichen Auftraggebern hinsichtlich des Verfahrens zur Auswahl des Konzessionsnehmers eine größere Gestaltungsfreiheit zu, als ihm bei der Vergabe öffentlicher Aufträge durch die RL 2014/24/EU eingeräumt wird. Diese Gestaltungsfreiheit ist durch die Vorgaben der Richtlinie und zwar insbesondere die in Art. 3 RL 2014/23/EU genannten Grundsätze der Gleichbehandlung, der Nichtdiskriminierung, der Transparenz und der Verhältnismäßigkeit begrenzt.[912]

Motzke, Beck'scher Vergaberechtskommentar, § 99 GWB, Rn. 88. Von einer Ausschreibungspflicht, die allerdings auch durch Veröffentlichung der Konzessionsvergabe in regionalen oder überregionalen Tageszeitungen verwirklicht werden könne, gehen aus: *Bulla/Schneider*, ZfBR 2011, 657 ff. (659 f.). Demgegenüber konstatiert *Diehr*, VergabeR 2009, 719 ff. (728), dass der EuGH trotz einer dahingehenden Tendenz, die Frage, ob aus dem Transparenzgebot eine Ausschreibungspflicht resultiere, noch nicht abschließend geklärt habe. Eine Ausschreibungspflicht ablehnend auch *Schimanek*, NZBau 2005, 304 ff. (309 f.).

909 *Ruhland*, Die Dienstleistungskonzession, S. 205. Dasselbe folgt aus EuGH, Urt. v. 13.10.2005 – C-458/03, Slg. 2005, I-8612 ff. (8629 ff., Rn. 46 ff.) – Parking Brixen.

910 Vorschlag für eine Richtlinie des Europäischen Parlaments und des Rates über die Konzessionsvergabe, KOM 2011 (897) endg.; dort auf S. 2 zu den maßgeblichen Beweggründen für den Vorschlag.

911 Richtlinie 2014/23/EU des Europäischen Parlaments und des Rates vom 26.02.2014 über die Konzessionsvergabe, ABlEU L 94 v. 28.03.2014, S. 1.

912 Art. 30 Abs. 2 Satz 1 i.V.m. Art. 3 RL 2014/23/EU.

b) *Unterschiede zwischen öffentlichen Aufträgen und Konzessionsverträgen*

Die divergierende rechtliche Behandlung öffentlicher Aufträge im Gegensatz zu Konzessionsverträgen wurzelt in einem wesentlichen Unterschied zwischen den Verträgen: Während Auftragnehmern bei öffentlichen Aufträgen ein fester Betrag für die geschuldete Leistung zusteht, besteht die Gegenleistung für die erbrachte Dienstleistung bei Dienstleistungskonzessionen *„allein in dem Recht zur Verwertung der vertragsgegenständlichen Dienstleistungen oder in diesem Recht zuzüglich einer Zahlung"*.[913] Mit der Gewährung des Verwertungsrechts bei Dienstleistungen bzw. des Nutzungsrechts bei Bauwerken[914] geht das volle Betriebsrisiko bzw. wirtschaftliche Risiko oder zumindest ein wesentlicher Teil desselben auf den Konzessionär über.[915] Die Dienstleistungskonzession eignet sich aufgrund dieser Besonderheit als *„Instrument staatlicher Verantwortungsteilung"*[916] insbesondere im Bereich der Daseinsvorsorge auf kommunaler Ebene.[917] Die Kommunen können ihre finanziellen Mittel flexibler nutzen, wenn sie nicht darauf angewiesen sind, die Refinanzierung des eingesetzten Kapitals abzuwarten.[918] Der Europäische Gesetzgeber hat sich daher in der neu erarbeiteten Konzessionsrichtlinie bewusst gegen eine ebenso detailierte Regelung der Konzessionsvergabe wie der

---

913 Art. 5 Nr. 1. lit. b RL 2014/23/EU. Ensprechendes gilt für Baukonzessionen: Art. 5 Nr. 1. lit. a RL 2014/23/EU. Ähnlich formulierte für Dienstleistungskonzessionen bereits Art. 1 Abs. 4 RL 2004/18/EG. Eine ausführliche Begriffsbestimmung unternimmt *Ruhland*, Die Dienstleistungskonzession, S. 23 ff. Zur Abgrenzung von öffentlichem Dienstleistungsauftrag und Dienstleistungskonzession eingehend *Bultmann*, NVwZ 2011, 72 ff.; *Diemon-Wies/Hesse*, NZBau 2012, 341 ff.

914 So die Terminoloigie des Art. 5 Nr. 1 lit. a und b RL 2014/23/EU.

915 Die Übertragung des Betriebsrisikos auf den Konzessionär als wesentliches Kriterium der Konzession betonen nunmehr ausdrücklich der 18. Erwägungsgrund sowie Art. 5 Nr. 1 RL 2014/23/EU. Zuvor in der Rspr. und Literatur EuGH, Urt. v. 10.09.2009 – C-206/08, Slg. 2009, I-8380 (I-8399 f., Rn. 66 ff.) – Eurawasser; EuGH, Urt. v. 18.07.2007 – C-382/05; Slg. 2007, I-6659 ff. (I-6669, Rn. 34) – Kommission/Italien; *Böckel*, LKV 2003, 393 ff. (395); *Braun*, EuZW 2012, 451 ff. (451 f.); *Bultmann*, NVwZ 2011, 72 ff. (73 ff.); *Bungenberg*, in: *Loewenheim/Meessen/Riesenkampff*, Kartellrecht, § 99 GWB, Rn. 59; *Diemon-Wies/Hesse*, NZBau 2012, 341 ff. (342 ff.); *Dreher*, in: *Immenga/Mestmäcker*, Wettbewerbsrecht, Band 2, § 99, Rn. 186; *Hövelberndt*, NZBau 2010, 599 ff. (insbesondere 602 ff.); *Losch*, VergabeR 2010, 163 ff. (166 ff.); *Ruhland*, Die Dienstleistungskonzession, S. 66 und 197; *Weyand*, Vergaberecht, § 99 GWB, Rn. 285 ff.; *Ruthig/Zimmermann*, NZBau 2009, 485 ff. (486).

916 *Hattig/Ruhland*, NZBau 2005, 626 ff. (626).

917 *Hattig/Ruhland* a.a.O., S. 626 f.; *Ruhland*, Die Dienstleistungskonzession, S. 117 ff. und 127 ff.

918 *Hattig/Ruhland* ebda; *Ruhland* a.a.O., S. 117.

Vergabe öffentlicher Aufträge entschieden, damit Konzessionen attraktiv bleiben und eine effiziente Verwendung wirtschaftlicher Mittel gewährleistet ist.[919]

c) *Übertragbarkeit der Grundsätze zur Beendigungspflicht bei öffentlichen Aufträgen auf Dienstleistungskonzessionen?*

Genügen also die unterschiedliche Risikoverteilung und die damit einhergehende unterschiedliche rechtliche Behandlung, um Konzessionsverträge im Gegensatz zu öffentlichen Aufträgen von der unionsrechtlichen Beendigungspflicht auszunehmen?[920]

aa) Keine eindeutige Stellungnahme durch den EuGH

Der EuGH hatte sich in dem Urteil „*Wall*“[921] mit der Frage befasst, ob sich aus dem aus den Grundfreiheiten ableitbaren Diskriminierungsverbot und Gleichbehandlungsgrundsatz eine Verpflichtung der nationalen Behörden zur Kündigung von Dienstleistungskonzessionsverträgen ergebe.[922] Der EuGH gelangte zu dem Schluss, dass die unionsrechtlichen Grundsätze „*nicht in allen Fällen*“[923] in denen ein Verstoß gegen die Grundfreiheiten behauptet werde, die nationalen Behörden zur Kündigung eines Konzessionsvertrages verpflichte.[924] Dabei untersuchte er die Frage vorrangig mit Blick auf die Rechtsschutzmöglichkeiten der Wirtschaftsteilnehmer und stützte seine Auffassung auf die, dem nationalen Recht mangels einer unionsrechtlichen Regelung zukommende Aufgabe zur Bestimmung der jeweiligen Rechtsschutzmöglichkeiten.[925] Der EuGH ging also davon aus, dass aus unionsrechtlicher Sicht nach der bisherigen Rechtslage nicht

---

919 Arbeitsdokument der Kommissionsdienststellen, Zusammenfassung der Folgenabschätzung der Europäischen Kommission, Begleitunterlage zum Vorschlag des Europäischen Parlaments und des Rates über die Konzessionsvergabe, SEK 2011 (1589) endg., S. 8 (vollständiger Text in englischer Sprache abrufbar unter: <ipex.eu/IPEXL-WEB/dossier/files/download/082dbcc533b5ff4d01346074fb2d1428.do>, dort insbesondere S. 38 ff. und S. 42 (Stand: 10.04.2015)). So aber auch bereits der Vorschlag für eine Richtlinie des Europäischen Parlaments und des Rates über die Konzessionsvergabe, KOM 2011 (897) endg., S. 2.

920 Die Kündigung eines Konzessionsvertrages, der auf einer unionsrechtswidrigen Vergabe beruht, erörtern *Bulla/Schneider*, ZfBR 2011, 657 ff. (660), mit dem Ergebnis, dass zur Kündigung auf § 314 BGB zurückgegriffen werden könne.

921 EuGH, Urt. v. 13.04.2010 – C-91/08, Slg. 2010, I-2858 ff. – Wall.

922 Deutlich formuliert diese Fragestellung EuGH a.a.O., S. I-2879, Rn. 61.

923 EuGH a.a.O., S. I-2880, Rn. 65.

924 Ebda.

925 EuGH a.a.O., S. I-2879 f., Rn. 62 ff.

jeder Verstoß gegen die Grundfreiheiten die Beendigung eines Konzessionsvertrages verlange, schloss aber gleichzeitig eine Pflicht zur Beendigung von Konzessionsverträgen nicht in jedem Falle aus.[926]

bb) Die abschließende Regelung des Art. 44 RL 2014/23/EU

Der Inhalt der unionsrechtlichen Verpflichtungen blieb demnach im Bereich der Konzessionen trotz der Rechtsprechung des EuGH unklar, was nach Ansicht der Europäischen Kommission das Risiko der vorzeitigen Beendigung rechtswidrig vergebener Konzessionsverträge erhöhte.[927] Art. 44 RL 2014/23/EU enthält nunmehr ausdrücklich eine Vorschrift über die Kündigung von Konzessionsverträgen. Danach müssen die Mitgliedstaaten in folgenden Fällen sicherstellen, dass öffentliche Auftraggeber unter bestimmten nach nationalem Recht festzulegenden Bedingungen die Möglichkeit besitzen, Konzessionen während der Laufzeit zu kündigen: Das nationale Recht muss dem öffentlichen Auftraggeber zunächst eine Kündigungsmöglichkeit einräumen, soweit die Konzession geändert wurde (Art. 44 lit. a RL 2014/23/EU) oder der Konzessionsnehmer von der Konzessionsvergabe ausgeschlossen hätte werden müssen, da er aus einem der in Art. 38 Abs. 4 der Richtlinie genannten Gründe rechtskräftig verurteilt worden ist (Art. 44 lit. b RL 2014/23/EU). Eine Kündigungsmöglichkeit muss öffentlichen Auftraggebern nach der Richtlinienbestimmung aber auch offenstehen, wenn der EuGH in einem Vertragsverletzungsverfahren feststellt, dass der Mitgliedstaat die Konzession unter Verletzung seiner primärrechtlichen oder sekundärrechtlichen Verpflichtungen vergeben hat (Art. 44 lit. c RL 2014/23/EU). Im Gegensatz zur Richtlinie über die öffentliche Auftragsvergabe hat das Europäische Parlament bei der Richtlinie über die Konzessionsvergabe von einer Änderung des Richtlinienvorschlags der Europäischen Kommission dahingehend, dass das nationale Recht Kündigungsmöglichkeiten *„zumindest unter den folgenden Umständen“*[928] bereitstellen muss, abgesehen. Die Konzessionsrichtlinie

---

926 Unklar bleibt demgegenüber, ob EuGH, Urt. v. 17.07.2008 – C-347/06, Slg. 2008, I-5660 ff. – ASM Brescia, von einer Pflicht zur Beendigung unionsrechtswidriger Konzessionsverträge ausgeht. Der EuGH stellt in dem Urteil jedenfalls fest, dass die vorzeitige Kündigung aufgrund eines nationalen Gesetzesdekrets geeignet sei, *„sich im Sinne einer stärkeren Beachtung des Gemeinschaftsrechts auszuwirken“* (EuGH a.a.O., S. I-5682, Rn. 68).

927 Vorschlag für eine Richtlinie des Europäischen Parlaments und des Rates über die Konzessionsvergabe, KOM 2011 (897) endg., S. 3.

928 So der ausdrückliche Wortlaut von Art. 73 RL 2014/24/EU (angeführt im 2. Abschnitt E.II.1., S. 127).

geht also davon aus, dass eine unbedingte Pflicht zur Beendigung von Konzessionsverträgen nur in den im Einzelnen genannten Fällen besteht und zwar u.a. dann, wenn der EuGH eine Vertragsverletzung festgestellt hat. Die unterlassene Bekanntmachung der Konzessionsvergabe begründet danach für sich noch keine zwingende Beendigungspflicht.

cc) Argumente für die unterschiedliche Behandlung von öffentlichen Aufträgen und Konzessionsverträgen

Die unterschiedliche Behandlung von Konzessionsverträgen im Vergleich zu öffentlichen Aufträgen hinsichtlich der Beendigungspflicht ist v.a. dadurch gerechtfertigt, dass der Konzessionär das Entgelt nicht vom öffentlichen Auftraggeber erhält, sondern von Dritten und mithin das Refinianzierungsrisiko trägt.[929] Da sich die Kapitalinvestition regelmäßig erst durch die Einnahmen aus dem Verwertungsrecht bzw. Nutzungsrecht amortisieren und rentieren wird, würde der Auftragnehmer bei einer vorzeitigen Vertragsbeendigung neben dem Betriebsrisiko mit dem zusätzlichen Risiko der vorzeitigen Vertragsbeendigung überbürdet.[930] Insbesondere Unternehmen aus anderen Mitgliedstaaten könnten dadurch abgeschreckt werden, sich am Wettbewerb um eine Konzession zu beteiligen. So sind etwa Gegenstand von Dienstleistungskonzessionen in zahlreichen Fällen lokale Aufgaben der Daseinsvorsorge,[931] sodass für Unternehmen aus anderen Mitgliedstaaten die Übernahme einer Dienstleistungskonzession mit einem besonderen Aufwand verbunden ist.[932] Entsprechend setzt auch das Europäische Parlament in Art. 8 Abs. 1 RL 2014/23/EU den Schwellenwert für die Anwendbarkeit der

---

929 Diese rechtliche Besonderheit bei Konzessionen stellen, ohne auf die Beendigungspflicht einzugehen, ebenso fest: *Losch*, VergabeR 2010, 163 ff. (163 f.); *Teufel*, KommJur 2012, 87 ff. (89).

930 Mit einem zumindest im Ansatz ähnlichen Vorbringen – Erforderlichkeit von *„Kontinuität, finanzieller Stabilität und einer angemessenen Rendite aus den in der Vergangenheit getätigten Investitionen (…)“* – versuchte die italienische Regierung in der Rechtssache C-260/04 die Erneuerung von Konzessionen für die Annahme von Pferdewetten ohne Ausschreibung zu rechtfertigen (EuGH, Urt. v. 13.09.2007 – C-260/04, Slg. 2007, I-7095 ff. (I-7101, Rn. 15) – Kommission/Italien.

931 Auf das besondere Potential der Dienstleistungskonzession in diesem Bereich verweisen *Hattig/Ruhland*, NZBau 2005, 626 ff. (626 f); *Ruhland*, Die Dienstleistungskonzession, S. 117 ff. und S. 127 ff.

932 So konstatiert *Teufel*, KommJur 2012, 87 ff. (87), dass sich in der Rechtswirklichkeit *„um die örtliche Abfallsammlung in Deutschland innerstaatlich ansässige Unternehmen und um Sammlungsgebiete bis ca. 100.000 Einwohner sogar nur regional ansässige Unternehmen bewerben.“*

Richtlinie auf mindestens 5.186.000 Euro fest.[933] Der Schwellenwert liegt also weit über jenem, der für die Anwendbarkeit der RL 2014/24/EU bzw. RL 2004/18/EG auf öffentliche Dienstleistungsaufträge maßgeblich ist und für herkömmliche Dienstleistungsaufträge mit 134.000 Euro[934] bzw. 207.000 Euro[935] angesetzt ist. Der enge Bezug der Konzessionen zum Bereich der Daseinsvorsorge wird zudem regelmäßig bedingen, dass ein besonderes öffentliches Interesse an einer konstanten Leistungserbringung besteht. Das Bestandsinteresse muss daher bei Konzessionsverträgen mit einem erheblich stärkeren Gewicht in die Interessenabwägung einbezogen werden als bei anderen öffentlichen Aufträgen. Das Ausmaß der vom Konzessionär bereits getätigten Investitionen, welches ebenfalls im Rahmen der Interessenabwägung berücksichtigt werden muss, wird dabei von Fall zu Fall variieren. In der Praxis sind also kaum zwei Fallgestaltungen denkbar, die gleichgelagert sind, sodass die strikte Anknüpfung der Beendigungspflicht an ein vorhergehendes Urteil des EuGH im Vertragsverletzungsverfahren im Bereich der Konzessionen überzeugt.

7. Keine zwingenden Gründe des Allgemeininteresses

Bei rechtswidrigen freihändigen Vergaben öffentlicher Aufträge bleibt zu überlegen, ob Sachverhalte denkbar sind, in denen eine Beendigung des unionsrechtswidrigen Vertrages ausnahmsweise unverhältnismäßig ist.

a) Ausnahme von der Beendigungspflicht

Aufschluss gibt ein Blick auf die RL 2007/66/EG, allen voran auf Art. 2d Abs. 3 UAbs. 3 und den 22. Erwägungsgrund Satz 1 RL 2007/66/EG: Der Mitgliedstaat kann auf dieser Grundlage zur Gewährleistung der Verhältnismäßigkeit auch bei Vergabefehlern, die grundsätzlich zur Unwirksamkeit des Vertrages führen,

---

933 Mit demselben Betrag ist derzeit der Schwellenwert für die Anwendbarkeit der RL 2004/18/EG auf die Vergabe öffentlicher Bauaufträge angesetzt: Art. 7 lit. c RL 2004/18/EG, geändert durch Art. 2 Ziff. 1 lit. c der Verordnung (EU) Nr. 1336/2013 v. 13.12.2013, ABlEU L 335 v. 14.12.2013, S. 17.

934 Soweit der Dienstleistungsauftrag von zentralen Regierungsbehörden vergeben wird und bei von diesen Behörden ausgerichteten Wettbewerben (Art. 4 lit. b RL 2014/24/EU bzw. Art. 7 lit. a RL 2004/18/EG, geändert durch Art. 2 Ziff. 1 lit. a der Verordnung (EU) Nr. 1336/2013).

935 Soweit der Dienstleistungsauftrag von subzentralen öffentlichen Auftraggebern vergeben wird und bei von diesen Behörden ausgerichteten Wettbewerben (Art. 4 lit. c RL 2014/24/EU bzw. Art. 7 lit. b 1. UAbs. RL 2004/18/EG, geändert durch Art. 2 Ziff. 1 lit. b der Verordnung (EU) Nr. 1336/2013).

„der für die Nachprüfungsverfahren zuständigen Stelle die Möglichkeit geben, den Vertrag nicht für unwirksam zu erklären oder einige oder alle zeitlichen Wirkungen eines Vertrages anzuerkennen, wenn zwingende Gründe eines Allgemeininteresses dies in Ausnahmesituationen rechtfertigen.“[936] Von dieser Möglichkeit können die Mitgliedstaaten nach Art. 2d Abs. 3 UAbs. 1 i.V.m. Art. 2d Abs. 1 lit. a RL 2007/66/EG u.a. dann Gebrauch machen, wenn ein öffentlicher Auftrag entgegen der Vorgaben in der RL 2004/18/EG ohne vorherige Veröffentlichung der Bekanntmachung vergeben wurde.[937] Was unter dem Begriff der *„zwingenden Gründe des Allgemeininteresses“* zu verstehen ist, wird von der Richtlinie nur insoweit näher konkretisiert, als nach Art. 2d Abs. 3 UAbs. 2 und UAbs. 3 RL 2007/66/EG wirtschaftliche Interessen an der Wirksamkeit des Vertrages nur ausnahmsweise zur Rechtfertigung der Aufrechterhaltung des Vertrages herangezogen werden können, wenn diese in keinem unmittelbaren Zusammenhang mit dem Vertrag stehen und die Unwirksamkeit unverhältnismäßige Folgen hätte. Der Richtliniengeber ging also davon aus, dass zwingende Gründe eines Allgemeininteresses auch bei schwerwiegenden Vergabefehlern, wie etwa im Falle einer unterlassenen Veröffentlichung der Bekanntmachung der Auftragsvergabe, die Aufrechterhaltung eines unionsrechtswidrigen Vertrages rechtfertigen können. Übertragen auf die Beendigungspflicht lässt sich der Vorschrift der Gedanke entnehmen, dass auch bei schwerwiegenden Vergabefehlern, Fallgestaltungen denkbar sind, die ausnahmsweise zu einer anderen Interessengewichtung führen können.[938] Damit wird einmal mehr die herausragende Stellung des Grundsatzes der Verhältnismäßigkeit im Unionsrecht deutlich,[939] der nach Einzelfallgerechtigkeit verlangt.[940]

---

936 22. Erwägungsgrund Satz 1 RL 2007/66/EG.

937 Eine entsprechende Regelung findet sich z.B. im italienischen Recht in Art. 121 Abs. 2 D.lgs. Nr. 104 v. 02.07.2010, G.U.R.I. Nr. 156 v. 07.07.2010, ordentliche Beilage Nr. 148, in Kraft getreten am 16.09.2010.

938 Ohne auf die Richtlinienbestimmung abzustellen, gehen in dieselbe Richtung die Überlegungen von *Portz*, KommJur 2007, 335 ff. (338); *Treumer*, P.P.L.R. 2007, 371 ff. (380). Letzterer geht davon aus, dass das öffentliche Interesse in bestimmten Situationen die Beendigungspflicht begrenze, sodass z.B. ein Vertrag aufrechterhalten werden könne, bis ein neuer Vertragspartner gefunden sei. Aber auch *D'Angelo*, Foro Amministrativo: Consiglio di Stato 2007, 2702 ff. (2711 f.), stellt fest, dass in bestimmten Fällen einer Vertragsbeendigung tatsächliche aber auch politische Erwägungen entgegenstehen können.

939 Zu den vielfältigen Funktionen und der Bedeutung des Grundsatzes der Verhältnismäßigkeit im Unionsrecht s.o. 2. Abschnitt E.II.2, S. 130 ff.

940 S.o. 2. Abschnitt E.III.1.b)cc), S. 150, Fn. 804.

b) *Voraussetzungen des Ausnahmetatbestandes*

Der Ausnahmecharakter erfordert eine enge Auslegung der Generalklausel;[941] als zwingende Gründe eines Allgemeininteresses kommen etwa Gründe der öffentlichen Sicherheit und Gesundheit in Betracht.[942] So kann ein besonderes öffentliches Interesse den ununterbrochenen Betrieb einer Mülldeponie erfordern, wenn ein vertragsloser Zustand einen „*Müllnotstand*“[943] verursachen könnte.[944] Als Beispiel sei das Urteil des EuGH in der Rechtssache C-382/05[945] genannt, das sich mit der Vergabe eines öffentlichen Auftrags über die Verwertung von Resthausmüll in Sizilien ohne vorherige Bekanntmachung der Auftragsvergabe befasste. Die italienische Verwaltung war zur Vermeidung einer Unterbrechung der Dienstleistungserbringung trotz Feststellung einer Vertragsverletzung zur Beendigung der bestehenden Verträge erst nach vorheriger Neuausschreibung des öffentlichen Auftrags verpflichtet.[946]

Zwingende Gründe eines Allgemeininteresses stehen einer Beendigungspflicht aber auch entgegen, wenn z.B. die Beendigung eines Bauauftrags in Rede steht, der vom Auftragnehmer bereits vollständig oder zumindest weitgehend ausgeführt wurde.[947] In diesen Konstellationen besteht wegen der Geltendmachung

941 Eine enge Auslegung des Art. 2d Abs. 3 RL 2007/66/EG unternehmen *Stalzer/Porsch*, ZVB 2009, 171 ff. (175). Zum Erfordernis der engen Auslegung von Ausnahmeregelungen allgemein *Dreher*, in: *Immenga/Mestmäcker*, Wettbewerbsrecht, Band 2, § 101 GWB, Rn. 46.

942 *Kraus*, Der vergaberechtliche Rechtsschutz, S. 156 ff. (dort eingehend zu den zwingenden Gründen im Sinne der RL 2007/66/EG); *Stalzer/Porsch*, ZVB 2009, 171 ff. (175).

943 *Portz*, KommJur 2007, 335 ff. (338).

944 Ebda. Vergleichbare Situationen hat wohl auch *Treumer*, P.P.L.R. 2007, 371 ff. (381), im Blick, wenn er von dem öffentlichen Interesse an der kontinuierlichen Leistungserbringung spricht, das im Einzelfall der Beendigungspflicht entgegenstehen könne.

945 EuGH, Urt. v. 18.07.2007 – C-382/05, Slg. 2007, I-6659 ff. – Kommission/Italien.

946 Dies macht die KOM in der Pressemitteilung IP/09/279 vom 19.02.2009 deutlich.

947 Auch *Treumer*, P.P.L.R. 2007, 371 ff. (380), schließt in solchen Fällen eine Beendigungspflicht aus. *D'Angelo*, Foro Amministrativo: Consiglio di Stato 2007, 2702 ff. (2711 f.), verneint eine Beendigungspflicht aus tatsächlichen Gründen jedenfalls dann, wenn ein Vertrag bereits vollständig ausgeführt ist. Eine solche Sonderkonstellation lag dem Urteil des Consiglio di Stato v. 14.02.2006 – Nr. 564, Urbanistica e appalti 2006, 716 ff., zugrunde: Das Gericht erklärte die behördliche Aufhebung einer Verwaltungsmaßnahme, die Grundlage einer rechtswidrigen Direktvergabe war u.a. auch deshalb für unzulässig, weil die vom Auftragnehmer geschuldeten Arbeiten bereits vollständig abgeschlossen waren (Consiglio di Stato a.a.O., S. 717 f., Rn. 3.6.).

etwaiger Mängelrechte, aber auch wegen der Schwierigkeit einen Auftragnehmer zu finden, der ein weit fortgeschrittenes Bauwerk vollendet, ein erhebliches öffentliches Interesse am Fortbestand des Vertrages.[948] Eine Beendigungspflicht ist in diesen Fällen unverhältnismäßig und daher abzulehnen.

8. *Zusammenfassung*

Ausgehend von der rechtlichen Situation, die dem Urteil des EuGH in den Rechtssachen „*Bockhorn und Braunschweig I*" zugrunde lag, lassen sich die Voraussetzungen einer Beendigungspflicht, die öffentliche Auftraggeber unabhängig von der Feststellung der Vertragsverletzung durch den EuGH im Einzelfall trifft, zusammenfassend wie folgt konkretisieren: Ein öffentlicher Auftrag wurde unter Verstoß gegen die Pflicht zur vorherigen Bekanntmachung der Auftragsvergabe im Amtsblatt der Europäischen Union bzw. ohne vorherigen Aufruf zum Wettbewerb vergeben. Der öffentliche Auftrag erschöpft sich nicht in einer einmaligen Leistung mit kurzfristiger Ausführungsdauer. Der Auftragswert überschreitet die für die Anwendbarkeit der Vergaberichtlinien maßgeblichen Schwellenwerte. Der Vertragsbeendigung stehen keine zwingenden Gründe des Allgemeininteresses entgegen.

Demgegenüber bedarf es im Bereich der Konzessionsvergabe zur Gewährleistung der Verhältnismäßigkeit der Beendigungspflicht stets eines vorhergehenden stattgebenden Urteils des EuGH. Der europäische Richtliniengeber hat insoweit durch Art. 44 RL 2014/23/EU verbleibende Rechtsunsicherheiten ausgeräumt und dem öffentlichen Interesse an der konstanten Leistungserbringung sowie dem Umstand Rechnung getragen, dass Konzessionsnehmer bei vorzeitiger Vertragsbeendigung auf getätigten Investitionen sitzen bleiben, soweit vertraglich keine Ausgleichszahlungen vereinbart wurden. Obwohl auch bei der Vergabe von Dienstleistungskonzessionen der „*Idee eines freien, unverfälschten Wettbewerbs, als zwingende Voraussetzung für die Verwirklichung eines Binnenmarktes*"[949] höchste Priorität zukommt,[950] überzeugt die klare Regelung in Art. 44 RL 2014/23/EU nicht zuletzt aufgrund der Risikoverteilung

948 Letzteres Argument führt gegen die Verhältnismäßigkeit einer Beendigungspflicht in solchen Konstellationen mit demselben Ergebnis auch an: *Treumer*, P.P.L.R. 2007, 371 ff. (380, Fn. 33).

949 *Peters*, Die Dogmatik der Kommunalwirtschaft, S. 203.

950 Dies folgt aus *Peters* a.a.O., S. 202 ff., der ohne auf das Vergaberecht einzugehen, den „*Wettbewerb als Primat in der Zielhierarchie des Primärrechts*" (*Peters* a.a.O., S. 202) bezeichnet.

bei Konzessionsverträgen. Die praktische Relevanz von Entscheidungen des EuGH in Vertragsverletzungsverfahren wird dadurch nicht tangiert, da in der Praxis kaum Fallgestaltungen denkbar sind, in denen bei Konzessionsverträgen die in die Verhältnismäßigkeit einzustellenden Rechtsgüter und Interessen nach Art und Gewichtung identisch sind.

F. Die Beendigung unionsrechtswidriger Vergabeverträge nach nationalem Recht

Die Verwaltung vollzieht bei der öffentlichen Auftragsvergabe durch die Anwendung des nationalen Ausführungsrechts mittelbar indirekt die Vergaberichtlinien.[951] Insoweit gilt der Grundsatz der Verfahrensautonomie der Mitgliedstaaten.[952] Auch die Vertragsbeendigung richtet sich daher im Einzelfall nach den Vorschriften des nationalen Rechts.[953] Im Folgenden soll untersucht werden, welche Rechtsgrundlagen die Rechtsordnungen Deutschlands, Österreichs und Italiens für die Beendigung unionsrechtswidriger öffentlicher Aufträge bereithalten. Dem vorangestellt werden allgemeingültige Ausführungen zu den Grenzen der Verfahrensautonomie und der Prüfungsreihenfolge der in Betracht kommenden nationalen Rechtsgrundlagen.

I. Die Verfahrensautonomie der Mitgliedstaaten und ihre Grenzen

Trotz der weitgehenden Verfahrensautonomie, die den Mitgliedstaaten beim Vollzug von Unionsrecht zukommt,[954] bleiben die Mitgliedstaaten den aus Art. 4 Abs. 3 EUV resultierenden unionsrechtlichen Grundsätzen verpflichtet.[955] Deutlich wird dies durch die Rechtsprechung des EuGH zum Beihilfenrecht: Der

---

951 S.o. 2. Abschnitt E.I.2, S. 124, Fn. 675.

952 S.o. 2. Abschnitt E.I.2, S. 124, Fn. 676.

953 Im Ergebnis ebenso *GA Alber*, Schlussanträge v. 19.01.1999 – C-328/96, Slg. 1999, I-7482 ff. (I-7500, Rn. 80) – St. Pölten; *Bitterich*, EWS 2005, 162 ff. (167); *Nettesheim*, in: Vierzehnte Badenweiler Gespräche, S. 205 ff. (209); *Ruthig*, in: Tagungsband, 8. Düsseldorfer Vergaberechtstag, S. 69 ff. (73 f.); *Scharen*, in: *Willenbruch/Wieddekind*, Vergaberecht, 20. Los, Art. 258, Rn. 65. Dasselbe folgt aus *Bauer K.*, Vergaberechtswidrige Verträge aus zivilrechtlicher Sicht, S. 76 ff.; *Boesen*, NZBau 2009, 796 f. (796); *Glaser*, Die Entwicklung des Europäischen Verwaltungsrechts, S. 493 (allgemein zur Aufhebung unionsrechtswidriger Verwaltungsmaßnahmen); *Jaeger T.*, ZVB 2007, 271 ff. (276); *Müller-Mitschke*, Konfliktfeld De-facto-Vergabe, S. 131 ff.

954 S.o. 2. Abschnitt E.I.2, S. 124, Fn. 676.

955 S.o. 2. Abschnitt E.I.2, S. 124, Fn. 678.

EuGH hat für die Pflicht der Mitgliedstaaten zur Rückforderung unionsrechtswidrig gewährter Beihilfen klargestellt, dass insbesondere der Effektivitätsgrundsatz und das Äquivalenzprinzip[956] der Anwendbarkeit nationalen Rechts Grenzen setzen.[957] Daher darf zum einen die Anwendung des nationalen Rechts „*die Tragweite und die Wirksamkeit des Gemeinschaftsrechts nicht beeinträchtigen*",[958] zum anderen dürfen bei der Anwendung nationalen Rechts „*keine Unterschiede im Vergleich zu Verfahren gemacht werden, in denen über gleichartige, aber rein nationale Streitigkeiten entschieden wird.*"[959] Der Effektivitätsgrundsatz und das Äquivalenzprinzip lassen sich aus Art. 4 Abs. 3 UAbs. 2 und 3 EUV ableiten und werden durch Art. 197 Abs. 1 AEUV bekräftigt.[960] Diese tragenden Grundprinzipien des Unionsrechts[961] gelten gleichermaßen für alle Bereiche, in denen Unionsrecht durch die Anwendung nationalen Rechts umgesetzt und angewandt wird.[962] Sie verlangen daher auch Beachtung, soweit die Umsetzung der unionsrechtlich verankerten Beendigungspflicht nach nationalem Recht in Rede

---

956 Synonym für Diskriminierungsverbot (*Kahl*, in: *Calliess/Ruffert*, EUV/AEUV, Art. 4 EUV, Rn. 62; *Sachs*, in: *Stelkens/Bonk/Sachs*, VwVfG, § 48, Rn. 24).

957 Statt aller EuGH, Urt. v. 21.09.1983 – verb. Rs. 205/82 bis 215/82, Slg. 1983, 2633 ff. (2666 f., Rn. 21 ff.) – Deutsche Milchkontor. In der Literatur *Müller H.*, Die Aufhebung von Verwaltungsakten unter dem Einfluss des Europarechts, S. 183 ff.; *Nickel*, Das Spannungsverhältnis zwischen Europäischem Gemeinschaftsrecht und den §§ 48–49a VwVfG, S. 61 ff.; *Sachs*, in: *Stelkens/Bonk/Sachs*, VwVfG, § 48, Rn. 24. Allgemein zur Bedeutung dieser Prinzipien für den indirekten Vollzug von Unionsrecht durch die Mitgliedstaaten: *Glaser*, Die Entwicklung des Europäischen Verwaltungsrechts, S. 45 f. Einen Vergleich zwischen der Beendigung unionsrechtswidrig vergebener Aufträge und der Rückforderung unionsrechtswidriger Beihilfen ziehen auch *Müller-Mitschke*, Konfliktfeld De-facto-Vergabe, S. 112 ff. sowie *Storr*, SächsVBl 2008, 60 ff. (64) und *Bauer K.*, Vergaberechtswidrige Verträge aus zivilrechtlicher Sicht, S. 99 (die beiden Letzteren im Hinblick auf die Kündigungsfrist nach § 314 Abs. 3 BGB).

958 EuGH, Urt. v. 21.09.1983 – verb. Rs. 205/82 bis 215/82, Slg. 1983, 2633 ff. (2666, Rn. 22) – Deutsche Milchkontor.

959 EuGH a.a.O., Rn. 23.

960 *Classen*, in: *Grabitz/Hilf/Nettesheim*, Das Recht der EU, Art. 197 AEUV, Rn. 1 [Stand: 3/2011]; *Glaser*, Die Entwicklung des Europäischen Verwaltungsrechts, S. 46.

961 Die zentrale Bedeutung der Grundsätze verdeutlicht insbesondere *Classen*, in: *Grabitz/Hilf/Nettesheim*, Das Recht der EU, Art. 197 AEUV, Rn. 16 [Stand: 3/2011].

962 *Classen* a.a.O., Rn. 23; *Glaser*, Die Entwicklung des Europäischen Verwaltungsrechts, S. 45 f.; *Kahl*, in: *Calliess/Ruffert*, EUV/AEUV, Art. 4 EUV, Rn. 62; *Martlreiter*, Europäisierung des vergaberechtlichen Primärrechtsschutzes bei Unterschwellenaufträgen, S. 34 f. und 37 f.; *Sachs*, in: *Stelkens/Bonk/Sachs*, VwVfG, Einl., Rn. 77.

steht.[963] Liegen die Voraussetzungen einer unionsrechtlichen Beendigungspflicht vor, so folgt daher aus dem Effektivitätsgrundsatz, dass dieser keine Hindernisse in den Weg gestellt werden dürfen.[964] Ein Mitgliedstaat kann sich daher nicht auf Umstände des nationalen Rechts berufen, um die Nichterfüllung der unionsrechtlichen Verpflichtungen zu rechtfertigen.[965] Folgerichtig hielt der EuGH in der Rechtssache „*Braunschweig II*" auch das Vorbringen der Bundesrepublik Deutschland für unerheblich, wonach die Grundsätze der Rechtssicherheit und des Vertrauensschutzes sowie der Grundsatz „*pacta sunt servanda*" und das Grundrecht auf Eigentum einer Vertragsbeendigung entgegenstünden.[966]

Weitere unionsrechtliche Vorgaben für die Art und Weise, in welcher der Verstoß gegen die Bestimmungen des Unionsrechts zur öffentlichen Auftragsvergabe behoben werden muss, bestehen nicht, sodass sich die Beendigung der Verträge weitgehend nach nationalem Recht richtet.[967] Dieser Spielraum, der sich

---

963 Dies betont ausdrücklich *GA Trstenjak*, Schlussanträge v. 28.03.2007, C-503/04, Slg. 2007, I-6156 ff. (I-6178 f., Rn. 82) – Bockhorn und Braunschweig II. In Anlehnung an Erstere auch *Bauer K.*, Vergaberechtswidrige Verträge aus zivilrechtlicher Sicht, S. 77.

964 *Bauer K.* a.a.O., S. 77 f. Soweit im Einzelfall ein stattgebendes Urteil des EuGH im Vertragsverletzungsverfahren vorliegt, die Handlungspflicht also auf den gegenüber Art. 4 Abs. 3 EUV spezielleren Art. 260 Abs. 1 AEUV gestützt werden kann (zu dem Verhältnis der Vorschriften siehe ebenso bereits oben 1. Abschnitt F.I., S. 98, Fn. 551), folgt dasselbe aus EuGH, Beschl. v. 28.03.1980 – verb. Rs. 24/80 und 97/80 R, Slg. 1980, 1319 ff. (1319, Leitsatz und 1333, Rn. 16) – Kommission/Frankreich; *Karpenstein*, in: *Grabitz/Hilf/Nettesheim*, Das Recht der EU, Art. 260 AEUV, Rn. 11 [Stand: 8/2011]; *Scharen*, in: *Willenbruch/Wieddekind*, Vergaberecht, 20. Los, Art. 258, Rn. 65; *Schwarze*, in: *Schwarze/Becker/Hatje/Schoo*, EU-Kommentar, Art. 260 AEUV, Rn. 5; *Lotze*, VergabeR 2005, 278 ff. (279); *Nettesheim*, in: Vierzehnte Badenweiler Gespräche, S. 205 ff. (211, dort im Zusammenhang mit der Erörterung einer Folgenbeseitigungspflicht).

965 *Bauer K.*, Vergaberechtswidrige Verträge aus zivilrechtlicher Sicht, S. 77 f. Dasselbe folgt aus EuGH, Urt. v. 14.05.2002 – C-383/00, Slg. 2002, I-4225 ff. (I-4232, Rn. 18) – Kommission/Deutschland (zur Unbeachtlichkeit von Umständen der „*internen Rechtsordnung*" bei der Umsetzung der Verpflichtungen und Fristen aus Richtlinien); *Nettesheim*, in: Vierzehnte Badenweiler Gespräche, S. 205 ff. (211); *Scharen*, in: *Willenbruch/Wieddekind*, Vergaberecht, 20. Los, Art. 258, Rn. 65.

966 EuGH, Urt. v. 18.07.2007 – C-503/04, Slg. 2007, I-6183 ff. (I-6194, Rn. 36) – Bockhorn und Braunschweig II.

967 Siehe im selbigen Abschnitt, S. 181, Fn. 953. Ebenso richtet sich der Vollzug der Rückforderung unionsrechtswidrig gewährter Beihilfen nach nationalem Recht (so etwa *Heiermann*, EWS 1994, 145 ff. (145 f.)).

den Mitgliedstaaten bei Erfüllung der unionsrechtlichen Beendigungspflicht eröffnet, ist dabei allerdings nicht als Ermessen im Sinne eines primär von Zweckmäßigkeitserwägungen geleiteten Abwägungsspielraums zu begreifen.[968] Welche Maßnahmen zur Beendigung eines unionsrechtswidrig abgeschlossenen Vertrages ergriffen werden können, ist nämlich in erster Linie keine Frage der Zweckmäßigkeit, sondern bestimmt sich nach dem geltenden nationalen Recht.[969] Denn auch wenn das Unionsrecht keine konkreten Rechtsgrundlagen für die Beendigung der Verträge durch die Exekutive bereithält, verlangt das Rechtsstaatsprinzip, dass das staatliche Handeln auf ein Gesetz rückführbar ist.[970] Allenfalls das nationale Recht kann der Verwaltung also einen Ermessensspielraum im Sinne des deutschen Verwaltungsrechts eröffnen.

---

968 Diese Bedeutung kommt dem Begriff des „*Ermessens*" im deutschen Verwaltungsrecht zu (*Schmidt-Aßmann*, Das allgemeine Verwaltungsrecht als Ordnungsidee, S. 207, Rn. 50; *Sachs*, in: *Stelkens/Bonk/Sachs*, VwVfG, § 40, Rn. 13 und 15). Den Begriff des Ermessens benutzt bei der Erörterung der unionsrechtlichen Beendigungspflicht vergaberechtswidriger öffentlicher Aufträge *Frenz*, VergabeR 2009, 1 ff. (1). *Ders.* umschreibt damit allerdings wohl lediglich die mitgliedstaatliche Verfahrensautonomie bei der Beseitigung von Vertragsverletzungen. Er verweist nämlich auf Art. 2 Abs. 6 RL 89/665/EWG bzw. RL 92/13/EWG, der – in den Worten des Autors zusammengefasst – lediglich die Bestimmung enthalte, dass „*sich die Wirkungen der Vergaberechtswidrigkeit nach dem jeweiligen einzelstaatlichen Recht*" richten. In Anlehnung an *Frenz* spricht auch *Antweiler*, in: *Dreher/Motzke*, Beck'scher Vergabekommentar, § 114 GWB, Rn. 17, ohne nähere Konkretisierung von dem „*Ermessen*" der Mitgliedstaaten über die Art und Weise zu befinden, in der sie die Pflicht zur Beendigung europarechtswidriger Verträge erfüllen.

969 Dies wird besonders deutlich bei *Winkler*, in: *Schramm/Aicher/Fruhmann/Thienel*, BVergG 2006, § 335, Rn. 17 [Stand: 3/2009]; aber letztlich auch bei *Frenz*, VergabeR 2009, 1 ff. (3 ff.).

970 Zur Erforderlichkeit einer gesetzlichen Grundlage für jedes staatliche Handeln nach dem Rechtsstaatsprinzip statt aller *Häberle*, Europäische Verfassungslehre, S. 411; *Hofmann*, in: *Hofmann/Marko/Merli/Wiederin* (Hrsg.), Rechtsstaatlichkeit in Europa, S. 3 ff. (5 ff.). Ähnliches folgt aus *Glahs*, in: *Reidt/Stickler/Glahs*, Vergaberecht, § 101b GWB, Rn. 26a, der das Rechtsstaatsgebot als Gebot zur Recht- und Gesetzmäßigkeit allen staatlichen Handelns anführt, um zu begründen, dass von einer Kündigungsmöglichkeit Gebrauch gemacht werden müsse, um einen rechtswidrigen Zustand, der aus der unionsrechtswidrigen Vergabe eines öffentlichen Auftrags resultiere, zu beenden.

II. Auswirkungen der Verfahrensautonomie auf die Prüfungsreihenfolge der nationalen Rechtsgrundlagen

Aus dem Grundsatz der Verfahrensautonomie der Mitgliedstaaten ergibt sich, dass die Pflicht zur Beendigung unionsrechtswidriger öffentlicher Aufträge nicht alternativlos als Kündigungspflicht zu verstehen ist.[971] Vielmehr reicht jede Maßnahme aus, die dazu führt, dass aufgrund des vergaberechtswidrigen Vertrages – sei er nach nationalem Recht wirksam oder nichtig – keine Leistungen mehr geschuldet bzw. erbracht werden.[972] Die Beendigungspflicht begründet aus unionsrechtlicher Sicht in diesem Sinne eine Pflicht zur Beendigung der Leistungserbringung.[973] Bei Wirksamkeit eines Vertrages nach nationalem Recht ist dieser Pflicht mit der unverzüglichen Beendigung des Vertragsverhältnisses genügt, unabhängig von der Art und Weise in welcher diese geschieht.[974]

Als Beispiel sei die Verpflichtung Deutschlands zur Beendigung der öffentlichen Aufträge in den Rechtssachen „*Bockhorn und Braunschweig I*" genannt:

---

971 Ebenso geht *Jaeger T.*, ZVB 2007, 271 ff. (276), davon aus, dass es dem betroffenen Mitgliedstaat obliege, eine Möglichkeit zur Beendigung des unionsrechtswidrigen Zustands zu finden, sei es durch Kündigung oder durch eine andere Maßnahme. Im Fall „*Bockhorn und Braunschweig I*" nimmt der Autor (ebda) allerdings an, dass die Bundesrepublik Deutschland zum Abschluss der Aufhebungsverträge gezwungen war, da entgegen der hier vertretenen Ansicht (s.u. 2. Abschnitt. F.III.4, S. 197 ff.) eine anderweitige zivilrechtliche „*Kündigungsmöglichkeit*" nicht bestanden habe. A:a. wohl noch *Frenz*, Handbuch Europarecht, Band 3, Kapitel 15, Rn. 3394 (siehe demgegenüber aber *Frenz*, VergabeR 2009, 1 ff.); im Ergebnis wohl auch *Antweiler*, in: *Dreher/Motzke*, Beck'scher Vergabekommentar, § 114 GWB, Rn. 17 f. Letzterer betont zwar das Ermessen der Mitgliedstaaten hinsichtlich der Entscheidung, wie sie die aus einem Feststellungsurteil resultierende Handlungspflicht erfüllen. Gleichzeitig geht er aber davon aus, dass benachteiligte Bieter einen Anspruch auf die Kündigung eines vergaberechtswidrig abgeschlossenen Vertrages haben. Eine solche Verpflichtung der Exekutive kommt von vorneherein nur in Betracht, wenn der Exekutive auch hinsichtlich der Art und Weise der Vertragsbeendigung kein Spielraum verbleibt (in Anlehnung an *Redeker/v. Oertzen*, VwGO, § 113, Rn. 60, dort allgemein zu der Frage, wann im Verwaltungsprozess ein Bescheidungsurteil im Gegensatz zu einem Verpflichtungsurteil erlassen werden muss).

972 Diese Schlussfolgerung beruht insbesondere auf EuGH, Urt. v. 10.04.2003 – Rs. C-20/01 und C-28/01, Slg. 2003, I-3630 ff. (I-3643, Rn. 36) – Bockhorn und Braunschweig I; *Bitterich*, EWS 2005, 162 ff. (164); *Portz*, KommJur 2007, 335 ff. (336 f.).

973 Deutlich wird dies bei *Bitterich*, EWS 2005, 162 ff. (164), der die „*Vertragserfüllung*" als fortwährende Verletzung des Unionsrechts ausmacht.

974 Ähnlich *Scharen*, in: *Willenbruch/Wieddekind*, Vergaberecht, 20. Los, Art. 258, Rn. 65.

Deutschland konnte die verfahrensgegenständlichen öffentlichen Aufträge, die Wirksamkeit derselben nach nationalem Recht unterstellt, auch auf andere Weise als durch Kündigung beenden. Hiervon ging auch die Europäische Kommission aus: Sie nahm die Klage gegen Deuschland wegen der Nichtumsetzung des Urteils „*Bockhorn und Braunschweig I*“ teilweise zurück, soweit der Abwasservertrag der Gemeinde Bockhorn betroffen war.[975] Die Bundesrepublik Deutschland hatte insoweit bereits in der Klagebeantwortung mitgeteilt, dass die Gemeinde Bockhorn mit den betroffenen Unternehmen mit Datum zum 01.01.2005 einen Aufhebungsvertrag abgeschlossen hatte.[976] Die Europäische Kommission hielt also die übereinstimmende Aufhebung des Abwasservertrages zur Beseitigung der Vertragsverletzung für ausreichend, in Abgrenzung zur einseitigen Vertragsbeendigung in Form einer Kündigung.[977] Auch die Stadt Braunschweig entschied sich letztlich für den Abschluss eines Aufhebungsvertrages, um die Wirkungen des Vertrages zu beenden[978] – eine Maßnahme, die auch nach Ansicht des EuGH zur Beseitigung der Vertragsverletzung genügte und eine Zwangsgeldverhängung hinfällig machte.[979]

Eine Einschränkung dieses Spielraums der Mitgliedstaaten ergibt sich auch nicht aus Art. 73 RL 2014/24/EU: Dieser verpflichtet die Mitgliedstaaten zwar in der deutschen Sprachfassung ausdrücklich, im nationalen Recht Möglichkeiten zur „*Kündigung*“ von Aufträgen während der Laufzeit vorzusehen, u.a. sofern der EuGH eine schwere Verletzung der unionsrechtlichen Verpflichtungen festgestellt hat. Die Zielsetzung der Bestimmung besteht ausweislich des 112. Erwägungsgrundes RL 2014/24/EU allerdings darin, dass die Mitgliedstaaten durch die Vertragsbeendigung ihren unionsrechtlichen Verpflichtungen im Bereich

---

975 EuGH, Urt. v. 18.07.2007 – C-503/04, Slg. 2007, I-6183 ff. (I-6189, Rn. 11 f.) – Bockhorn und Braunschweig II.

976 *GA Trstenjak*, Schlussanträge v. 28.03.2007, C-503/04, Slg. 2007, I-6156 ff. (I-6160, Rn. 14) – Bockhorn und Braunschweig II.

977 Allgemein zu den Möglichkeiten der Aufhebung von Verträgen durch Rechtsgeschäft: *Looschelders*, Schuldrecht AT, § 7, Rn. 122 f.; *Schellhammer*, Schuldrecht AT, 26. Teil, Rn. 1416; *Wolf*, Lehrbuch des Schuldrechts, Erster Band: AT, 371 ff.

978 *GA Trstenjak*, Schlussanträge v. 28.03.2007, C-503/04, Slg. 2007, I-6156 ff. (I-6160, Rn. 16) – Bockhorn und Braunschweig II.

979 Dies folgt insbesondere aus EuGH, Urt. v. 18.07.2007 – C-503/04, Slg. 2007, I-6183 ff. (I-6196, Rn. 40) – Bockhorn und Braunschweig II: Der EuGH stellt fest, dass Deutschland zum Zeitpunkt der gerichtlichen Prüfung des Sachverhalts auch hinsichtlich des von der Stadt Braunschweig abgeschlossenen Müllentsorgungsvertrages die Maßnahmen ergriffen habe, die sich aus dem Urteil „*Bockhorn und Braunschweig I*“ ergeben.

der öffentlichen Auftragsvergabe Rechnung tragen können. Allein hinsichtlich dieser Zielsetzung ist die Richtlinie gemäß Art. 288 Abs. 3 AEUV für die Mitgliedstaaten verbindlich, während die Wahl der Formen und Mittel zur Umsetzung der Richtlinie den Mitgliedstaaten überlassen bleibt.[980] Deutlicher wird dies durch die italienische und englische Sprachfassung des Art. 73 RL 2014/24/EU mit der Überschrift „*Risoluzione dei contratti*" bzw. „*Termination of contracts*", die nicht zwingend mit dem Begriff der Kündigung übersetzt werden müssen. Allerdings genügt die Möglichkeit zum Abschluss eines Aufhebungsvertrages nach nationalem Recht zur Umsetzung des Art. 73 RL 2014/24/EU nicht, da der Auftraggeber insoweit auf das Einverständnis der Gegenseite angewiesen ist.[981]

Die Unionsrechtsverletzung endet also, wenn aufgrund eines unionsrechtswidrigen Vertrages keine Leistungen mehr geschuldet und erbracht werden.[982] Für den Gang der Untersuchung der nationalen Rechtsgrundlagen ergibt sich daraus eine zwingende Reihenfolge: Der Subsumtion unter einschlägige Beendigungstatbestände des nationalen Rechts geht die Prüfung nationaler Nichtigkeitsgründe voraus.[983] Sollte ein Vertrag nach nationalem Recht nichtig sein, wäre nämlich keine Vertragsbeendigung, sondern nur eine Verweigerung der weiteren Leistungserbringung möglich und erforderlich.[984] Denn nichtexistente Vertragsverhältnisse können nicht beendet werden.[985]

---

980 Allgemein zu den verbindlichen Elementen von Richtlinien, statt aller *Nettesheim*, in: *Grabitz/Hilf/Nettesheim*, Das Recht der EU, Art. 288 AEUV, Rn. 112 ff. [Stand: 8/2012].

981 Die Angewiesenheit auf das Einverständnis des Auftragnehemers bei der Erfüllung der Beendigungspflicht durch Aufhebungsvertrag betonen *Bauer K.*, Vergaberechtswidrige Verträge aus zivilrechtlicher Sicht, S. 108 (für sämtliche vertraglichen Gestaltungsmöglichkeiten); *Storr*, SächsVBl 2008, 60 ff. (63); ähnliches folgt aus der Feststellung von *Bitterich*, NJW 2006, 1845 ff. (1847), wonach eine Pflicht zur Verhandlung über die Vertragsaufhebung nicht bestehe.

982 *Bitterich*, EWS 2005, 162 ff. (164).

983 Ebenso die Prüfungsreihenfolge bei *Bauer K.*, Vergaberechtswidrige Verträge aus zivilrechtlicher Sicht, 79 ff.; *Bitterich*, NJW 2006, 1845 ff. (1846 ff.); *Frenz*, Handbuch Europarecht, Band 3, Kapitel 15, Rn. 3391 ff.; *Müller-Mitschke*, Konfliktfeld De-facto-Vergabe, S. 131 ff.; *Nettesheim*, in: Vierzehnte Badenweiler Gespräche, S. 205 ff. (217 ff.); *Portz*, KommJur 2007, 335 ff. (336 ff.); *Scharen*, in: *Willenbruch/Wieddekind*, Vergaberecht, 20. Los, Art. 258 AEUV, Rn. 65 ff.; *Schleissing*, Möglichkeiten und Grenzen vergaberechtlicher In-House-Geschäfte, S. 210 ff.

984 *Portz*, KommJur 2007, 335 ff. (336). Ähnlich *Jaeger T.*, ZVB 2007, 271 ff. (277).

985 *Wolf*, Lehrbuch des Schuldrechts, Erster Band: AT, S. 371.

III. Die Beendigung unionsrechtswidriger öffentlicher Aufträge nach deutschem Recht

Auf welche Rechtsgrundlagen können deutsche öffentliche Auftraggeber zurückgreifen, um zu erreichen, dass aus einem unionsrechtswidrigen öffentlichen Auftrag, soweit das Unionsrecht danach verlangt, keine Leistungen mehr geschuldet und erbracht werden?

1. Anwendbare Rechtsvorschriften

Das Vergaberecht ist in Deutschland vorrangig im Vierten Teil des Gesetzes gegen Wettbewerbsbeschränkungen (§§ 97 ff. GWB)[986] geregelt.[987] Daneben ist als Relikt der ursprünglich haushaltsrechtlichen Regelung des Vergaberechts die Vergabeverordnung[988] erhalten geblieben.[989] Diese findet ihre Ermächtigungsgrundlage in § 127 GWB und § 97 Abs. 6 GWB und verleiht ihrerseits wiederum den Verdingungsordnungen[990] Allgemeinverbindlichkeit.[991] Mit der Trias von GWB, VgV und Verdingungsordnungen[992] verfolgte der Gesetzgeber ursprünglich u.a. das Ziel, detaillierte Regelungen aus dem GWB auszulagern.[993] Von diesem Vorhaben

986 Gesetz gegen Wettbewerbsbeschränkungen in der Fassung der Bekanntmachung vom 26.06.2013 (BGBl. I 2013, S. 1750, 3245), zuletzt geändert durch Art. 5 des Gesetzes vom 21.07.2014 (BGBl. I 2014, S. 1750, 3245).

987 Statt aller *Weyand*, Vergaberecht, GWB Teil 1, Rn. 6; *Ziekow*, in: *Ziekow/Völlink*, Vergaberecht, Einl. GWB, Rn. 2.

988 Vergabeverordnung in der Fassung der Bekanntmachung vom 11.02.2003 (BGBl. I 2003, 169), zuletzt geändert durch Art. 1 der Verordnung vom 15.10.2013 (BGBl. I 2013, 3854). Im Folgenden: VgV.

989 *Schwab*, in: *Heuvels/Höß/Kuß/Wagner*, Vergaberecht, Einl., Rn. 8 (*ders.* a.a.O., Rn. 2 ff., ausführlich zur Entwicklung des Vergaberechts in Deutschland).

990 Vergabe- und Vertragsordnung für Bauleistungen Teil A: Allgemeine Bestimmungen für die Vergabe von Bauleistungen (VOB/A) in der Fassung der Bekanntmachung vom 24.10.2011 (BAnz Nr. 182a v. 02.12.2011; BAnz AT v. 07.05.2012 B1), berichtigt durch Bekanntmachung vom 24.04.2012 (BAnz AT v. 07.05.2012 B1), geändert durch Bekanntmachung vom 26.06.2012 (BAnz AT v. 13.07.2012 B3); Vergabe- und Vertragsordnung für Leistungen Teil A (VOL/A) v. 20.11.2009 (BAnz Nr. 196a v. 29.12.2009); Vergabeordnung für freiberufliche Leistungen (VOF) v. 18.11.2009 (BAnz Nr. 185a v. 08.12.2009).

991 Statt aller *Greb*, in: *Ziekow/Völlink*, Vergaberecht, VgV, Einl., Rn. 1 und Rn. 3.

992 *Schwab*, in: *Heuvels/Höß/Kuß/Wagner*, Vergaberecht, Einl., Rn. 8, spricht insoweit auch vom vergaberechtlichen „*Kaskadenprinzip*".

993 *Kuß*, in: *Heuvels/Höß/Kuß/Wagner*, Vergaberecht, § 1 VgV, Rn. 2.

wich er mit dem Gesetz zur Modernisierung des Vergaberechts[994] ab,[995] das u.a. die unionsrechtlichen Vorgaben der RL 2007/66/EG ins deutsche nationale Recht umsetzt.[996] Im Zuge dieser Vergaberechtsreform wurden wesentliche Regelungsgegenstände der VgV in das GWB übernommen.[997] Die maßgeblichen Vorschriften zur Beurteilung der vergaberechtlichen Fehlerfolgen[998] finden sich seither in den §§ 97 ff. GWB. Vorrangig diese Vorschriften kommen daher als Rechtsgrundlage für die Beendigung der Leistungserbringung aus vergaberechtswidrigen öffentlichen Aufträgen in Betracht. Gleichzeitig ist der Beschaffungsvertrag nach deutschem Recht ein privatrechtlicher Vertrag,[999] sodass die allgemeinen Vorschriften des BGB zur Anwendung gelangen, soweit die §§ 97 ff. GWB keine abschließende Regelung enthalten.[1000]

2. Unwirksamkeit vergaberechtswidriger Verträge nach § 101b Abs. 1 GWB

Für die Beurteilung der Fehlerfolgen, die an eine rechtswidrige Auftragsvergabe anknüpfen, statuiert § 114 Abs. 2 Satz 1 GWB den Grundsatz, dass ein wirksam erteilter Zuschlag nicht aufgehoben werden kann.[1001] Diesem Schicksal folgt auch der Vertrag, der nach deutschem Recht grundsätzlich mit der Zuschlagserteilung

---

994 Gesetz zur Modernisierung des Vergaberechts v. 20.04.2009, BGBl. I 2009, 790.

995 *Kuß*, in: *Heuvels/Höß/Kuß/Wagner*, Vergaberecht, § 1 VgV, Rn. 2.

996 *Hertwig*, Praxis der öffentlichen Auftragsvergabe, S. 38 ff.; *Schwab*, in: *Heuvels/Höß/Kuß/Wagner*, Vergaberecht, Einl., Rn. 10 und 24.

997 *Kuß*, in: *Heuvels/Höß/Kuß/Wagner*, Vergaberecht, § 1 VgV, Rn. 2; *Schleissing*, Möglichkeiten und Grenzen vergaberechtlicher In-House-Geschäfte, S. 208.

998 *Wollenschläger F.*, Verteilungsverfahren, S. 251: „*vergaberechtliche[s] Fehlerfolgenregime*".

999 Begründung des Gesetzentwurfs zum Vergaberechtsänderungsgesetz (VgRÄG), BT-Drs. 13/9340, S. 15. In der Literatur etwa *Wollenschläger F.*, Verteilungsverfahren, S. 260.

1000 *Dreher*, in: *Immenga/Mestmäcker*, Wettbewerbsrecht, Band 2, Vor §§ 97 ff., Rn. 147 ff.; *Fett*, in: *Willenbruch/Wieddekind*, Vergaberecht, 8. Los, § 101b GWB, Rn. 16; *Glahs*, in: *Reidt/Stickler/Glahs*, Vergaberecht, § 101b GWB, Rn. 22 ff.; *Schleissing*, Möglichkeiten und Grenzen vergaberechtlicher In-House-Geschäfte, S. 210; *Wollenschläger F.*, Verteilungsverfahren, S. 260.

1001 *Antweiler*, DB 2001, 1975 ff. (1975); *Nettesheim*, in: Vierzehnte Badenweiler Gespräche, S. 205 ff. (217); *Stelkens*, NZBau 2003, 654 ff. (654); *Wollenschläger F.*, Verteilungsverfahren, S. 251 (spricht von der „*Stabilität der Vergabeentscheidung*").

zustande kommt.[1002] Allerdings normiert das GWB auch Tatbestände, welche die Unwirksamkeit des abgeschlossenen Vertrages begründen können.[1003] So geht § 101b Abs. 1 Nr. 1 GWB davon aus, dass ein Vertrag „*von Anfang an unwirksam*" ist, wenn ein Verstoß gegen die nach § 101a GWB geforderte Vorabinformationspflicht vorliegt (§ 101b Abs. 1 Nr. 1 GWB).[1004] Dieselbe Rechtsfolge ordnet § 101b Abs. 1 Nr. 2 GWB an, wenn der Auftraggeber entgegen der gesetzlichen Vorgaben „*einen öffentlichen Auftrag unmittelbar an ein Unternehmen erteilt, ohne andere Unternehmen am Vergabeverfahren zu beteiligen.*"[1005] Nach der h.M. ist die Vorschrift entgegen ihres Wortlauts in richtlinienkonformer Auslegung auch dann anwendbar, wenn der Auftraggeber zwar mit mehreren Unternehmen verhandelt, jedoch die erforderliche öffentliche Bekanntmachung der Auftragsvergabe im Amtsblatt der Europäischen Union unterlassen hat.[1006] Die endgültige Unwirksamkeit des Vertrages macht § 101b Abs. 1 GWB davon abhängig,

---

1002 *Antweiler*, DB 2001, 1975 ff. (1975); *Dreher*, in: *Immenga/Mestmäcker*, Wettbewerbsrecht, Band 2, § 114 GWB, Rn. 27; *Gause*, in: *Willenbruch/Wieddekind*, Vergaberecht, 11. Los, § 114 GWB, Rn. 8; *Nowak*, in: *Pünder/Schellenberg*, Vergaberecht, § 114 GWB, Rn. 21; *Reidt*, in: *Reidt/Stickler/Glahs*, Vergaberecht§ 114, Rn. 29; *Weyand*, Vergaberecht, §114 GWB, Rn. 182; *Stelkens*, NZBau 2003, 654 ff. (654); *Wollenschläger F.*, Verteilungsverfahren, S. 251. Die beiden letzteren Autoren verweisen auf die Begründung des Gesetzentwurfs zum VgRÄG, BT-Drs. 13/9340, wo auf S. 17 u.a. ausgeführt ist: „*[...] nach deutschem Recht kommt durch den Zuschlag der Vertrag zustande, der grundsätzlich nicht mehr aufhebbar ist (§ 124 Abs. 2).*"

1003 Statt aller *Nettesheim*, in: Vierzehnte Badenweiler Gespräche, S. 205 ff. (217); *Wollenschläger F.*, Verteilungsverfahren, S. 255 ff.

1004 Dazu etwa *Fett*, in: *Willenbruch/Wieddekind*, Vergaberecht, 8. Los, § 101b GWB, Rn. 4 ff.; *Glahs*, in: *Reidt/Stickler/Glahs*, Vergaberecht, § 101b, Rn. 6 ff.; *Weyand*, Vergaberecht, § 101b GWB, Rn. 16 ff.; *Wollenschläger F.*, Verteilungsverfahren, S. 256.

1005 So der Wortlaut des § 101b Abs. 1 Nr. 2 GWB. Dazu etwa *Fett*, in: *Willenbruch/Wieddekind*, Vergaberecht, 8. Los, § 101b GWB, Rn. 7 ff.; *Glahs*, in: *Reidt/Stickler/Glahs*, Vergaberecht, § 101b GWB, Rn. 10 ff.; *Weyand*, Vergaberecht, § 101b GWB, Rn. 19 ff.; *Wollenschläger F.*, Verteilungsverfahren, S. 259 f.

1006 OLG Saarbrücken, Beschl. v. 29.01.2014 – 1 Verg 3/13, NZBau 2014, 241 ff. (241 f.); OLG Düsseldorf, Beschl. v. 11.01.2012 – VII-Verg 67/11, BeckRS 2012, 6486; OLG Düsseldorf, Beschl. v. 03.08.2011 – VII-Verg 33/11, BeckRS 2011, 22546; OLG Dresden, Beschl. v. 12.10.2010 – VergabeR 2011, 504 ff. (505); *Braun*, in: *Ziekow/Völlink*, Vergaberecht, § 101b GWB, Rn. 51 f.; *Fett*, in: *Willenbruch/Wieddekind*, Vergaberecht, 8. Los, § 101b GWB, Rn. 8; *Glahs*, in: *Reidt/Stickler/Glahs*, Vergaberecht, § 101b, Rn. 12a; *Höß*, in: *Heuvels/Höß/Kuß/Wagner*, Vergaberecht, § 101b GWB, Rn. 11; *Weyand*, Vergaberecht, § 101b GWB, Rn. 21 und Rn. 26. A.A. VK Bund, Beschl. v. 01.12.2009 – VK 3-205/09, BeckRS 2013, 46390.

ob der jeweilige Verstoß im Rahmen eines Nachprüfungsverfahrens festgestellt wurde.[1007] Die Möglichkeit der Geltendmachung des Vergaberechtsverstoßes begrenzt § 101b Abs. 2 GWB dabei zeitlich auf 30 Kalendertage ab Kenntnis des Verstoßes, spätestens jedoch auf 6 Monate nach Vertragsschluss bzw., sofern eine vorherige Bekanntmachung im Amtsblatt der Europäischen Union erfolgte, auf 30 Tage nach Veröffentlichung.[1008] Selbst für schwerwiegende Vergabefehler wie die rechtswidrige freihändige Vergabe führt § 101b Abs. 1 GWB demnach allenfalls dann zu einer Beendigung der Wirkungen des Vertrages, wenn ein umgangener Bieter rechtzeitig einen Nachprüfungsantrag gestellt hat.[1009]

Doch wie war die Rechtslage zum Zeitpunkt der rechtskräftigen Feststellung der Vertragsverletzung durch den EuGH in der Rechtssache „*Braunschweig I*" am 10.04.2003 bzw. in der Rechtssache „*Braunschweig II*" am 18.07.2007 zu beurteilen? Die Regelung des § 101b Abs. 1 GWB wurde nämlich erst mit dem Gesetz zur Modernisierung des Vergaberechts in das GWB aufgenommen und änderte die bisherige Rechtslage wesentlich.[1010] Nach § 13 Satz 6 VgV in der Fassung vom 11.02.2003,[1011] gültig bis zum 24.04.2009,[1012] war ein Vertrag, der unter Verstoß

1007 Statt aller *Fett*, in: *Willenbruch/Wieddekind*, Vergaberecht, 8. Los, § 101b GWB, Rn. 10; *König*, in: *Kulartz/Kus/Portz*, GWB-Vergaberecht, § 101b, Rn. 3; *Nettesheim*, in: Vierzehnte Badenweiler Gespräche, S. 205 ff. (218); *Weyand*, Vergaberecht, § 101b GWB, Rn. 34.

1008 Dazu etwa *Fett*, in: *Willenbruch/Wieddekind*, Vergaberecht, 8. Los, § 101b GWB, Rn. 11 ff.; *Weyand*, Vergaberecht, § 101b GWB, Rn. 36 ff.

1009 Die Unwirksamkeit eines Vertrages nach § 101b Abs. 1 GWB diskutieren im Zusammenhang mit der unionsrechtlichen Pflicht zur Beendigung vergaberechtswidriger öffentlicher Aufträge mit demselben Ergebnis auch *Müller-Mitschke*, Konfliktfeld De-facto-Vergabe, S. 138 ff.; *Nettesheim*, in: Vierzehnte Badenweiler Gespräche, S. 205 ff. (218 f.); *Schleissing*, Möglichkeiten und Grenzen vergaberechtlicher In-House-Geschäfte, S. 210 f.

1010 So *Hertwig*, Praxis der öffentlichen Auftragsvergabe, S. 38 f.; *Nettesheim*, in: Vierzehnte Badenweiler Gespräche, S. 205 ff. (218); *Schleissing*, Möglichkeiten und Grenzen vergaberechtlicher In-House-Geschäfte, S. 208; *Schwab*, in: *Heuvels/Höß/Kuß/Wagner*, Vergaberecht, Einl., Rn. 10 und 24.

1011 Bekanntmachung der Neufassung der Vergabeverordnung v. 11.02.2003, BGBl. I 2003, 169 (174).

1012 Dies folgt aus Art. 2 des Gesetzes zur Modernisierung des Vergaberechts v. 20.04.2009, BGBl. I 2009, 790 (797), der § 13 VgV aufhob, wobei das Gesetz gemäß seinem Art. 4 (BGBl. a.a.O., S. 798) am Tag nach der Verkündung (23.04.2009) in Kraft trat. Zuvor wurden allerdings durch Art. 1 Nr. 2 lit. b der Zweiten Verordnung zur Änderung der Vergabeverordnung, BGBl. I 2003, 168, hinter § 13 Satz 2 VgV zwei weitere Sätze eingefügt, sodass der vormalige § 13 Satz 6 VgV nunmehr in § 13 Satz 8 VgV

gegen die in § 13 Satz 1 VgV a.F. verankerte Informationspflicht zustande gekommen war, ohne weiteres nichtig.[1013] Umstritten war, ob diese Vorschrift auf öffentliche Aufträge, die entgegen der gesetzlichen Vorgaben ohne Ausschreibung an ein Unternehmen vergeben wurden, entsprechend angewandt werden konnte.[1014] Eine direkte Anwendung der Vorschrift war ausgeschlossen, da diese ihrem Wortlaut nach nur Verstöße gegen die Informationspflicht nach § 13 Satz 1 VgV a.F. gegenüber nicht zum Zuge kommenden Bietern erfasste.[1015] Auch für eine entsprechende Anwendung der Vorschrift setzte die h.M. daher die zumindest formlose Verhandlung mit einem weiteren Bieter voraus, an der es in den Fällen der rechtswidrig unterlassenen Durchführung eines förmlichen Vergabeverfahrens zumeist mangelte.[1016] Ebensowenig wie § 101b Abs. 1 GWB stellte demnach § 13 Satz 6 VgV a.F. öffentlichen Auftraggebern eine Rechtsgrundlage zur Verfügung, mit der sie bei Vorliegen eines vergaberechtswidrigen Vertrages eine Leistungsverweigerung hätten rechtfertigen können.

---

geregelt war. Demgegenüber änderten die Erste Verordnung zur Änderung der Vergabeverordnung, BGBl. I 2002, 4338, sowie die Dritte Verordnung zur Änderung der Vergabeverordnung v. 23.10.2006, BGBl. I 2006, 2334, § 13 VgV nicht.

1013 Zu der früheren Rechtslage *Antweiler*, DB 2001, 1975 ff. (1975 und 1977 ff., dort allerdings noch zu § 13 VgV i.d.F. v. 09.01.2001 (BGBl. I 2001, S. 110)); *Kaiser*, NZBau 2005, 311 ff. (312); *Wollenschläger F.*, Verteilungsverfahren, S. 257 ff. Für Altverträge, die unter Geltung der Vorschrift geschlossen wurden, diskutiert *Müller-Mitschke*, Konfliktfeld De-facto-Vergabe, S. 131 ff., ob aus § 13 S. 6 VgV a.F. heute noch eine Nichtigkeit folge, verneint dies im Ergebnis aber.

1014 Mit Ausführung der unterschiedlichen Ansichten und weiteren Nachweisen *Scharen*, in: *Willenbruch/Wieddekind*, Vergaberecht, 20. Los, Art. 258 AEUV, Rn. 67; *Stelkens*, NZBau 2003, 654 ff. (660 f.); *Wollenschläger F.*, Verteilungsverfahren, S. 257 ff. Eine entsprechende Anwendung des § 13 VgV a.F. auf De-facto-Vergaben lehnten grundsätzlich ab: *Antweiler*, DB 2001, 1975 ff. (1979 f.); so wohl auch *Bitterich*, NJW 2006, 1845 ff. (1846 f.); *Dieckmann*, NZBau 2001, 481 ff.; *Müller-Wrede/Kaelble*, VergabeR 2002, 1 ff. (5 ff.); *Portz*, KommJur 2007, 335 ff. (337); *Prieß/Gabriel*, NZBau 2006, 219 ff. (220). Eine entsprechende Anwendung des § 13 VgV a.F. auf De-facto-Vergaben favorisierte hingegen *Hertwig*, NZBau 2001, 241 f. (242). Eine Nichtigkeit von De-facto-Vergaben entsprechend des § 13 S. 6 VgV a.F. erörtert im Zusammenhang mit einer Pflicht zur Beendigung vergaberechtswidriger Verträge z.B. *Frenz*, Handbuch Europarecht, Band 3, Kapitel 15, Rn. 3391. Der Autor bejahte nach der alten Rechtslage eine Nichtigkeit, hilfsweise eine Kündigungspflicht (a.A. allerdings nunmehr *Frenz*, VergabeR 2009, 1 ff. (4 f. und 6)).

1015 *Wollenschläger F.*, Verteilungsverfahren, S. 257.

1016 Die vormals h.M. schildern *Wollenschläger F.* a.a.O., 257 f.; *Nettesheim*, in: Vierzehnte Badenweiler Gespräche, S. 205 ff. (218).

3. *Nichtigkeit nach den allgemeinen Vorschriften des deutschen Zivilrechts*

Die §§ 97 ff. GWB schließen den Rückgriff auf die allgemeinen Regeln des BGB nicht aus, soweit die Ausgestaltung und Durchführung öffentlicher Aufträge in Rede steht.[1017] Spezifisch vergaberechtliche Regelungen bestehen vorrangig als Verfahrensregeln für die Auftragsvergabe und das Nachprüfungsverfahren.[1018] Im Übrigen beruht die Legaldefinition der öffentlichen Aufträge in § 99 Abs. 1 GWB auf den unionsrechtlichen Vorgaben; diese begreifen öffentliche Aufträge als *„privatrechtliche Verträge über die Erbringung von Leistung gegen Entgelt"*.[1019] Dem Zivilrecht kommt daher sowohl bei der Ausgestaltung und Durchführung der Verträge, als auch bei der rechtlichen Prüfung derselben eine bedeutende Rolle zu.[1020] Ein Rückgriff auf die allgemeinen zivilrechtlichen Nichtigkeitsgründe des § 134 BGB und des § 138 BGB, die die Nichtigkeit als Folge eines Verstoßes gegen ein Verbotsgesetz bzw. die guten Sitten anordnen, ist demnach im Bereich der öffentlichen Auftragsvergabe grundsätzlich nicht ausgeschlossen.[1021]

a) Nichtigkeit nach § 134 BGB (Verbotsgesetz)

Die Nichtigkeit vergaberechtswidriger Verträge könnte sich zunächst aus § 134 BGB ergeben, wenn die Vorschriften der §§ 97 ff. GWB Verbotsgesetze im Sinne des Zivilrechts wären.[1022] Verbotsgesetze sind Gesetze, die *„den Inhalt oder die Vornahme eines Rechtsgeschäfts untersagen, dh [sic] das Rechtsgeschäft als solches*

1017 *Dreher*, in: *Immenga/Mestmäcker*, Wettbewerbsrecht, Band 2, Vor §§ 97, Rn. 147 ff. (dort eingehend zum Verhältnis der §§ 97 ff. GWB zum Zivilrecht).

1018 Dies macht ein Blick auf die Vergaberichtlinien deutlich und in der Literatur insbesondere auch die Ausführungen von *Bultmann*, Beihilfenrecht und Vergaberecht, S. 60 ff.

1019 Begründung des Gesetzentwurfs zum VgRÄG, BT-Drs. 13/9340, S. 15.

1020 *Dreher*, in: *Immenga/Mestmäcker*, Wettbewerbsrecht, Band 2, Vor §§ 97, Rn. 147 ff.

1021 *Dreher* a.a.O., Rn. 150 f.; *Fett*, in: *Willenbruch/Wieddekind*, Vergaberecht, 8. Los, § 101b GWB, Rn. 16; *Wollenschläger F.*, Verteilungsverfahren, S. 260.

1022 Die Nichtigkeit unionsrechtswidriger Beschaffungsverträge nach § 134 BGB erörtern im Zusammenhang mit der unionsrechtlichen Beendigungspflicht insbesondere *Bauer K.*, Vergaberechtswidrige Verträge aus zivilrechtlicher Sicht, S. 79 ff.; *Bitterich*, NJW 2006, 1845 ff. (1846); *Dreher*, in: *Immenga/Mestmäcker*, Wettbewerbsrecht, Band 2, Vor §§ 97, Rn. 150; *Müller-Mitschke*, Konfliktfeld De-facto-Vergabe, S. 142 ff.; *Nettesheim*, in: Vierzehnte Badenweiler Gespräche, S. 205 ff. (217 f.); *Schleissing*, Möglichkeiten und Grenzen vergaberechtlicher In-House-Geschäfte, S. 213.

missbilligen.“[1023] Verbietet ein Gesetz ein Rechtsgeschäft nicht ausdrücklich, so muss durch Auslegung anhand von Sinn und Zweck des Gesetzes ermittelt werden, ob diesem Verbotscharakter im Sinne des § 134 BGB zukommt.[1024]

Verbotsgesetze in diesem Sinne sind § 115 Abs. 1 GWB und § 118 Abs. 3 GWB.[1025] § 115 Abs. 1 GWB verbietet dem öffentlichen Auftraggeber die Erteilung des Zuschlags, nachdem er von der Vergabekammer in Textform über einen Nachprüfungsantrag informiert wurde, und zwar mindestens bis zum Ablauf der in § 117 Abs. 1 GWB normierten Beschwerdefrist hinsichtlich der Entscheidung der Vergabekammer.[1026] Der Vorschrift entspricht für den Fall der Einlegung der sofortigen Beschwerde gegen die Untersagung des Zuschlags durch die Vergabekammer mit der Folge des Eintritts der aufschiebenden Wirkung (§ 118 Abs. 1 Satz 1 GWB) das Zuschlagsverbot aus § 118 Abs. 3 GWB.[1027] In der Begründung des Gesetzesentwurfes zum VgRÄG ist ausdrücklich angeführt, dass ein Zuschlag, der entgegen dem Zuschlagsverbot des damaligen § 125 Abs. 1 GWB, der dem heutigen § 115 Abs. 1 GWB weitgehend entspricht, erteilt wird, als Verstoß gegen ein gesetzliches Verbot nach § 134 BGB nichtig sein soll.[1028] Dasselbe muss auch für einen Verstoß gegen das Zuschlagsverbot aus § 118 Abs. 3 GWB gelten.[1029]

Als weiteres Verbotsgesetz im Sinne des § 134 BGB kommt die nunmehr in § 101a Abs. 1 Satz 1 und 3 GWB geregelte Informations- und Wartepflicht in Betracht.[1030] Im Gegensatz zu § 115 Abs. 1 GWB und § 118 Abs. 3 GWB regelt § 101b GWB allerdings auch die privatrechtlichen Folgen eines Verstoßes gegen die Informations- und Wartepflicht, indem er den Verstoß abschließend mit der Nichtigkeit des Vertrages im Falle seiner Feststellung in einem Nachprüfungsverfahren

---

1023 *Sack/Seibl*, in: *Staudinger*, BGB, § 134, Rn. 30.

1024 *Sack/Seibl* a.a.O., Rn. 31.

1025 *Antweiler*, DB 2001, 1975 ff. (1976 f.); *Weyand*, Vergaberecht, § 114 GWB, Rn. 208.

1026 *Hermann*, in: *Ziekow/Völlink*, Vergaberecht, § 115 GWB, Rn. 7 und 9.

1027 *Dieck-Bogatzke*, in: *Pünder/Schellenberg*, Vergaberecht, § 118 GWB, Rn. 21. Dieselbe Zielsetzung der beiden Vorschriften betont auch *Antweiler*, DB 2001, 1975 ff. (1977). Zu dem Zuschlagsverbot im Einzelnen *Hunger*, in: *Kulartz/Kus/Portz*, GWB-Vergaberecht, § 118 GWB, Rn. 71 ff.; *König*, in: *Heuvels/Höß/Kuß/Wagner*, Vergaberecht, § 118 GWB, Rn. 34; *Losch*, in: *Ziekow/Völlink*, Vergaberecht, § 118 GWB, Rn. 46 ff.; *Weyand*, Vergaberecht, § 118 GWB, Rn. 69.

1028 Begründung des Gesetzentwurfs zum VgRÄG, BT-Drs. 13/9340, S. 20.

1029 Im Ergebnis ebenso *Antweiler*, DB 2001, 1975 ff. (1977); *Hunger*, in: *Kulartz/Kus/Portz*, GWB-Vergaberecht, § 118 GWB, Rn. 2; *Losch*, in: *Ziekow/Völlink*, Vergaberecht, § 118 GWB, Rn. 1; *Weyand*, Vergaberecht, § 114 GWB, Rn. 208;

1030 Zum vormaligen § 13 Satz 1 VgV als Verbotsgesetz: *Antweiler*, DB 2001, 1975 ff. (1977).

sanktioniert. Wegen des Vorrangs der „*lex specialis*" kommt daher bei Verstößen nach § 101b GWB die allgemeinere Nichtigkeitsfolge des § 134 BGB nicht zum Zuge.[1031]

Darüber hinaus wird auch die aus § 97 Abs. 1 und § 101 Abs. 1 GWB resultierende allgemeine Verpflichtung öffentlicher Auftraggeber zur Beachtung der vergaberechtlichen Bestimmungen bei der Auftragsvergabe als gesetzliches Verbot im Sinne des § 134 BGB diskutiert, aber überwiegend abgelehnt.[1032] Die Stimmen in der Literatur, die demgegenüber den Charakter des § 97 Abs. 1 GWB bzw. des § 97 Abs. 1 GWB i.V.m. § 101 Abs. 1 GWB als Verbotsgesetz bejahen,[1033] führen zur Begründung u.a. das in § 115 Abs. 1 GWB ausdrücklich normierte Zuschlagsverbot an, welches unstreitig die Nichtigkeitsfolge des § 134 BGB auslöse und zeige, dass zentrale Bestimmungen des Vergaberechts, zu denen zuförderst die Pflicht zur Durchführung eines Vergabeverfahrens zähle, trotz des abschließenden Charakters des Vertragsschlusses nicht übergangen werden dürften.[1034] Diese Argumentation überzeugt nicht: Der Gesetzgeber hat in § 115 Abs. 1 und § 118 Abs. 3 GWB ausdrücklich normiert, dass ein Zuschlagsverbot, an das die Nichtigkeitsfolge des § 134 BGB anknüpfen kann, nur in einer bestimmten Phase des Nachprüfungsverfahrens besteht.[1035] Nach dem gesetzgeberischen Willen, der insbesondere in § 114 Abs. 2 Satz 1 GWB zum Ausdruck kommt, sollten also

1031 Die Voraussetzung der fehlenden Anordnung der Nichtigkeit durch das Spezialgesetz, folgt aus den allgemeinen Grundsätzen zum Verhältnis des § 134 BGB „*zu Normen mit eigenen Sanktionen*" (*Armbrüster,* in: MünchKommBGB, Band 1, § 134 BGB, Rn. 3, ohne spezifisch auf das Vergaberecht einzugehen).

1032 *Bauer K.*, Vergaberechtswidrige Verträge aus zivilrechtlicher Sicht, S. 97 ff.; *Bitterich*, NJW 2006, 1845 ff. (1846); *Frenz*, VergabeR 2009, 1 ff. (3 f.); *Glahs*, in: *Reidt/Stickler/Glahs*, Vergaberecht, § 101b GWB, Rn. 22; *Portz*, KommJur 2009, 335 ff. (337); *Scharen*, in: *Willenbruch/Wieddekind*, Vergaberecht, 20. Los, Art. 258 AEUV, Rn. 68; *Schleissing*, Möglichkeiten und Grenzen vergaberechtlicher In-House-Geschäfte, S. 213 f. (ohne auf konkrete Vorschriften des GWB abzustellen); *Weyand*, Vergaberecht, § 114 GWB, Rn. 205; *Wollenschläger F.*, Verteilungsverfahren, S. 260. Auch die herrschende Rspr. lehnt die Anwendung des § 134 BGB im Hinblick auf die §§ 97 ff. GWB, außer hinsichtlich der ausdrücklich als Verbotsgesetze formulierten §§ 115 Abs. 1 und 118 Abs. 3 GWB ab: BGH, Beschl. v. 19.12.2000 – X ZB 14/00, BGHZ 146, 202 ff. (213 f.); OLG Celle, Beschl. v. 25.08.2005 – 13 Verg 8/05, VergabeR 2005, 809 ff. (811). Ebenso VK Bund, Beschl. v. 13.07.2001 – VK 1-19/01, VergabeR 2001, 433 ff. (435).

1033 *Heuvels/Kaiser*, NZBau 2001, 479 ff.; *Kaiser*, NZBau 2005, 311 ff. (312 ff.); *Müller-Wrede/Kaelble*, VergabeR 2002, 1 ff. (7 ff).

1034 *Müller-Wrede/Kaelble*, VergabeR 2002, 1 ff. (8).

1035 *Bitterich*, NJW 2006, 1845 ff. (1846); *Weyand*, Vergaberecht, § 114 GWB, Rn. 205.

auch vergaberechtswidrig zustande gekommene Verträge grundsätzlich wirksam sein.[1036] Die Vorschrift liefe ins Leere, wenn nun jeder öffentliche Auftrag, der unter Verstoß gegen die Pflicht zur Einhaltung vergaberechtlicher Bestimmungen aus § 97 Abs. 1 GWB bzw. § 101 Abs. 1 GWB zustande gekommen ist, nach § 134 BGB „*ex tunc*" nichtig wäre.[1037]

b) Nichtigkeit nach § 138 BGB (Sittenwidrigkeit)

Da § 134 BGB im Ergebnis nicht generell die Unwirksamkeit von Verträgen anordnet, die unter Verstoß gegen Vergaberecht abgeschlossen wurden, ist § 138 Abs. 1 BGB (Nichtigkeit wegen Sittenwidrigkeit) anwendbar.[1038] Im Ergebnis kann jedoch die schlichte Vergaberechtswidrigkeit eines Vertrages, selbst wenn der Vergabefehler in einem Verstoß gegen die vorherige Bekanntmachungspflicht liegt, nicht zu der Nichtigkeitsfolge des § 138 Abs. 1 BGB führen:[1039] Hierfür spricht zum einen wiederum die Systematik des Vergaberechts, das von der grundsätzlichen Wirksamkeit vergaberechtswidrig abgeschlossener Verträge ausgeht.[1040] Dem würde es widersprechen, wenn ein vergaberechtswidriger

---

1036 BGH, Beschl. v. 19.12.2000 – X ZB 14/00, BGHZ 146, 202 ff. (213 f.); BKA, Beschl. v. 13.07.2001 – VK 1-19/01, VergabeR 2001, 433 ff. (435); *Nettesheim*, in: Vierzehnte Badenweiler Gespräche, S. 205 ff. (218); *Weyand*, Vergaberecht, § 114 GWB, Rn. 205; *Wollenschläger F.*, Verteilungsverfahren, S. 260.

1037 Ähnlich *Weyand*, Vergaberecht, § 114 GWB, Rn. 205. Deutlich wird dasselbe auch bei BGH, Beschl. v. 19.12.2000 – X ZB 14/00, BGHZ 146, 202 ff. (213 f.); *Nettesheim*, in: Vierzehnte Badenweiler Gespräche, S. 205 ff. (218).

1038 Zum Vorrang des § 134 BGB vor § 138 BGB: *Armbrüster*, in: MünchKommBGB, Band 1, § 134, Rn. 4.

1039 *Bauer K.*, Vergaberechtswidrige Verträge aus zivilrechtlicher Sicht, S. 84 ff.; *Bitterich*, NJW 2006, 1845 ff. (1847); *Frenz*, VergabeR 2009, 1 ff. (4); *Glahs*, in: *Reidt/Stickler/Glahs*, Vergaberecht, § 101b GWB, Rn. 24; *Jaeger W.*, ZWeR 2006, 366 ff. (375); *Nettesheim*, in: Vierzehnte Badenweiler Gespräche, S. 205 ff. (218); *Portz*, KommJur 2007, 335 ff. (337); *Scharen*, in: *Willenbruch/Wieddekind*, Vergaberecht, 20. Los, Art. 258 AEUV, Rn. 69; *Wollenschläger F.*, Verteilungsverfahren, S. 261. So wohl auch *Fett*, in: *Willenbruch/Wieddekind*, Vergaberecht, § 101b GWB, Rn. 16. Dieselbe Rechtsansicht lässt sich aus BGH, Beschl. v. 19.12.2000 – X ZB 14/00, BGHZ 146, 202 ff. (214 ff.) und VK Bund, Beschl. v. 13.07.2001 – VK 1-19/01, VergabeR 2001, 433 ff. (435), ableiten, da in beiden Beschlüssen eine Nichtigkeit nach § 138 BGB neben der Vergaberechtswidrigkeit von weiteren Voraussetzungen abhängig gemacht und im Ergebnis verneint wird.

1040 Die „*Systematik des Kartellvergaberechts*" führt auch *Wollenschläger F.*, Verteilungsverfahren, S. 260 f., als Argument gegen eine Nichtigkeit nach § 134 BGB und § 138 BGB bei Vergaberechtsverstößen an.

Vertrag nunmehr stets „*ex tunc*" nach § 138 Abs. 1 BGB nichtig wäre.[1041] Zum anderen folgt aber auch aus dem objektiven und subjektiven Tatbestand der Sittenwidrigkeit in § 138 Abs. 1 BGB, dass allein ein Vergaberechtsverstoß nicht ausreicht, um die Nichtigkeitsfolge auszulösen.[1042] Eine Nichtigkeit nach § 138 Abs. 1 BGB kommt vielmehr nur in Konstellationen in Betracht, in denen der öffentliche Auftraggeber bewusst den vergaberechtlichen Bestimmungen zuwider handelt, also entweder den Vergaberechtsverstoß kennt oder sich den Kenntnissen mutwillig entzieht und gleichzeitig kollusiv mit dem Auftragnehmer zum Nachteil Dritter zusammenwirkt.[1043] Auch aus § 138 BGB folgt demnach ohne Vorliegen weiterer Voraussetzungen nicht die Nichtigkeit vergaberechtswidrig abgeschlossener Verträge.

4. *Die Beendigungstatbestände des deutschen Zivilrechts*

Vergaberechtswidrige Beschaffungsverträge sind unabhängig von der Schwere des Vergabefehlers nach deutschem nationalem Recht also grundsätzlich wirksam, soweit ihre Unwirksamkeit nicht gemäß § 101b GWB in einem Nachprüfungsverfahren festgestellt wird.[1044] Die deutsche Exekutive muss daher auf einen Beendigungstatbestand zurückgreifen, um den vom EuGH geforderten Zustand zu erreichen, in dem alle Wirkungen einer unionsrechtswidrigen Auftragsvergabe für die Zukunft endgültig erschöpft sind.[1045]

1041 Ebda.

1042 *Bitterich*, NJW 2006, 1845 ff. (1847); *Frenz*, VergabeR 2009, 1 ff. (4); *Glahs*, in: *Reidt/Stickler/Glahs*, Vergaberecht, § 101b GWB, Rn. 24; *Portz*, KommJur 2007, 335 ff. (337); *Wollenschläger F.*, Verteilungsverfahren, S. 261.

1043 OLG Düsseldorf, Beschl. v. 03.12.2003 – VII-Verg 37/03, ZfBR 2004, 196 ff. (200). Ähnlich *Antweiler*, DB 2001, 1975 ff. (1980); *Frenz*, VergabeR 2009, 1 ff. (4); *Glahs*, in: *Reidt/Stickler/Glahs*, Vergaberecht, § 101b GWB, Rn. 24; *Jaeger W.*, ZWeR 2006, 366 ff. (375); *Nettesheim*, in: Vierzehnte Badenweiler Gespräche, S. 205 ff. (218); *Portz*, KommJur 2007, 335 ff. (337); *Scharen*, in: *Willenbruch/Wieddekind*, Vergaberecht, 20. Los, Art. 258 AEUV, Rn. 69; *Wollenschläger F.*, Verteilungsverfahren, S. 261. Auch *Fett*, in: *Willenbruch/Wieddekind*, Vergaberecht, 8. Los, § 101 GWB, Rn. 16, geht wohl letztlich davon aus, dass eine „*kollusive De-facto-Vergabe*" zum Eintritt der Nichtigkeitsfolge des § 138 BGB erforderlich ist.

1044 S.o. 2. Abschnitt F.III.2 und 3, S. 189 ff.

1045 Diese Forderung wird besonders deutlich bei EuGH, Urt. v. 10.04.2003 – C-20/01 und C-28/01, Slg. 2003, I-3630 ff. (I-3642, Rn. 33 und I-3643, Rn. 36) – Bockhorn und Braunschweig I. Mögliche Beendigungstatbestände schuldrechtlicher Pflichten benennt *Wolf*, Lehrbuch des Schuldrechts, Erster Band: AT, S. 372 f.; *ders.* führt

Aufgrund der schuldrechtlichen Vertragsfreiheit haben die Vertragsparteien zunächst jederzeit die Möglichkeit einen vergaberechtswidrigen Vertrag einvernehmlich durch den Abschluss eines Aufhebungsvertrages aufzulösen.[1046] Diese Möglichkeit wählte auch die Bundesrepublik Deutschland in den Rechtssachen *„Bockhorn und Braunschweig I"* letztlich, um die vergaberechtswidrigen Verträge der Gemeinde Bockhorn und der Stadt Braunschweig zu beenden.[1047] Allerdings ist der öffentliche Auftraggeber bei der Vertragsbeendigung durch Aufhebungsvertrag auf die Mitwirkung des Auftragnehmers angewiesen.[1048] In zahlreichen Fällen wird der Abschluss eines Aufhebungsvertrags daher für den öffentlichen Auftraggeber keine wirkliche Alternative sein, um den unionsrechtlichen Verpflichtungen nachzukommen. Dasselbe gilt für vertraglich vereinbarte Kündigungsrechte oder *„Loyalitätsklauseln"*[1049], die eine Vertragsbeendigung bei der Vergaberechtswidrigkeit des abgeschlossenen Vertrages ermöglichen und abhängig von der jeweiligen Ausgestaltung der Verträge sind.[1050] Der Beendigungstatbestand muss daher dem Grunde nach gesetzlich geregelt sein, um dem öffentlichen Auftraggeber in jedem Einzelfall ein wirksames Instrument zur Umsetzung der unionsrechtlichen Verpflichtungen in die Hand zu geben.[1051] Neben dem einvernehmlichen Abschluss eines Aufhebungsvertrages und dem Rückgriff auf vertragliche Gestaltungsrechte

---

a.a.O., S. 371, weiter aus: *„Grundsätzlich bedarf jedes schuldrechtliche Verhältnis zu seiner Beendigung eines eigenen Tatbestands."*

1046 *Wolf* a.a.O., S. 424 (dort ohne vergaberechtlichen Bezug allgemein zum Aufhebungsvertrag als Beendigungstatbestand). Die Möglichkeit der Vertragsbeendigung durch den Abschluss eines Aufhebungsvertrags ziehen im Zusammenhang mit der Beendigungspflicht bei rechtswidrigen öffentlichen Aufträgen ausdrücklich in Erwägung: *Bauer K.*, Vergaberechtswidrige Verträge aus zivilrechtlicher Sicht, S. 108; *Horn*, VergabeR 2006, 667 ff. (675); *Storr*, SächsVBl 2008, 60 ff. (63).

1047 S.o. 2. Abschnitt F.II, S. 185, Fn. 976 und Fn. 978.

1048 S.o. 2. Abschnitt F.II, S. 185, Fn. 981: Dort als Argument dafür, dass die Möglichkeit zum Abschluss eines Aufhebungsvertrages nach nationalem Recht zur Umsetzung des Art. 73 RL 2014/23/EU nicht ausreicht.

1049 So ausdrücklich der Sachverhalt bei LG München, Urt. v. 20.12.2005 – 33 O 16465/05, VergabeR 2006, 268 ff. (268, Überschrift von § 10 des streitgegenständlichen Transportvertrags) – Abfallentsorgung Donau-Wald.

1050 Dies verdeutlicht *Müller-Mitschke*, Konfliktfeld De-facto-Vergabe, S. 150, der von *„vertraglichen Anpassungsklauseln"* spricht und ausführt, dass ein ordentliches Kündigungsrecht allenfalls in Einzelfällen vereinbart sein wird. Dasselbe folgt aber auch aus *Bitterich*, NJW 2006, 1845 ff. (1847).

1051 Dasselbe folgt aus *Horn*, VergabeR 2006, 667 ff. (676); *Storr*, SächsVBl 2008, 60 ff. (63 f.).

kommt daher insbesondere die einseitige Lösung des Vertrages durch Ausübung eines gesetzlichen Gestaltungsrechts, namentlich durch Kündigung, in Betracht.[1052] Als Rechtsgrundlage eines Kündigungsrechts wird insoweit durchgehend § 314 BGB erörtert, teilweise wird auch eine Kündigung in entsprechender Anwendung des § 649 BGB erwogen.[1053] Schließlich könnte eine Vertragsbeendigung in Anwendung der Grundsätze über den Wegfall der Geschäftsgrundlage (§ 313 BGB) erfolgen.[1054]

a) *Vorrangige Anwendung des § 314 BGB auf die Vertragsbeendigung*

Die Kündigung von Dauerschuldverhältnissen aus wichtigem Grund (§ 314 BGB) und die Bestimmung über die Störung der Geschäftsgrundlage (§ 313 BGB) unterscheiden sich in wichtigen Punkten, sodass zunächst das Verhältnis zwischen den Vorschriften geklärt werden muss.[1055] Während nach § 313 Abs. 3 Satz 1 BGB die Vertragsanpassung gegenüber einer Vertragsbeendigung

---

1052 Diese Möglichkeit erörtern *Bauer K.*, Vergaberechtswidrige Verträge aus zivilrechtlicher Sicht, S. 93 ff.; *Bitterich*, NJW 2006, 1845 ff. (1847 ff.); *Frenz*, VergabeR 2009, 1 ff. (5 f.); *Horn*, VergabeR 2006, 667 ff. (676 ff.); *Jennert/Räuchle*, NZBau 2007, 555 ff. (557); *Müller-Mitschke*, Konfliktfeld De-facto-Vergabe, S. 137 und 150 ff.; *Nettesheim*, in: Vierzehnte Badenweiler Gespräche, S. 205 ff. (219); *Scharen*, in: *Willenbruch/Wieddekind*, Vergaberecht, 20. Los, Art. 258 AEUV, Rn. 69 ff.; *Storr*, SächsVBl 2008, 60 ff. (64 f.). Daneben diskutiert *Müller-Mitschke*, Konfliktfeld De-facto-Vergabe, S. 146 ff., auch, ob bei vergaberechtswidrigen Verträgen der Einwand der Unmöglichkeit nach § 275 Abs. 1 BGB greife oder ob sich der öffentliche Auftraggeber auf die Unzumutbarkeitseinrede des § 275 Abs. 3 BGB stützen könne. Die Möglichkeit einer ergänzenden Vertragsauslegung nach § 157 BGB, die zu einem Kündigungsrecht des öffentlichen Auftraggebers führen könnte, erörtert *Bauer K.*, Vergaberechtswidrige Verträge aus zivilrechtlicher Sicht, S. 89 ff. Beide Autoren gelangen zu dem Ergebnis, dass eine Vertragsbeendigung nicht auf die jeweils genannten Vorschriften gestützt werden könne.

1053 Als ausschließlich einschlägige nationale Rechtsgrundlage zur Beendigung unionsrechtswidriger Beschaffungsverträge beurteilt § 649 Satz 1 BGB *Scharen*, in: *Willenbruch/Wieddekind*, Vergaberecht, 20. Los, Art. 258 AEUV, Rn. 77 (dazu, aber a.A., *Müller-Mitschke*, Konfliktfeld De-facto-Vergabe, S. 166).

1054 Diese Vorschrift erörtern als Rechtsgrundlage für die Vertragsbeendigung ebenfalls die im selbigen Abschnitt, S. 199, Fn. 1052, genannten Autoren.

1055 *Bitterich*, NJW 2006, 1845 ff. (1848). Dasselbe wird deutlich bei *v. Hase*, NJW 2002, 2278 ff. (2279), dort allerdings in anderem Zusammenhang ohne vergaberechtlichen Bezug. Das Verhältnis von § 313 BGB und § 314 BGB erörtert im Zusammenhang mit der Pflicht zur Beendigung vergaberechtswidriger Verträge des Weiteren auch *Bauer K.*, Vergaberechtswidrige Verträge aus zivilrechtlicher Sicht, S. 106.

vorrangig ist,[1056] enthält § 314 BGB keine entsprechende Regelung.[1057] Ein weiterer Unterschied besteht darin, dass § 314 Abs. 3 BGB die Wirksamkeit der Kündigung von der Einhaltung einer angemessenen Frist abhängig macht; eine ähnliche Voraussetzung nennt § 313 BGB nicht.[1058]

Das Verhältnis der Störung der Geschäftsgrundlage (§ 313 BGB) zur Kündigung von Dauerschuldverhältnissen aus wichtigem Grund (§ 314 Abs. 1 BGB) ist streitig, wobei die wohl h.M. grundsätzlich vom Vorrang des § 314 BGB ausgeht, sofern ein Vertragsverhältnis aufgelöst werden soll.[1059] Eine Kündigung nach § 314 Abs. 1 BGB soll demgegenüber ausgeschlossen sein, wenn „*eine Vertragsanpassung an die veränderten Umstände möglich und den Parteien die Fortsetzung des Vertragsverhältnisses zumutbar ist.*“[1060] Für diese Ansicht sprechen gewichtige Argumente: Die Regelungen der § 313 BGB und § 314 BGB zielen auf den Ausgleich der Interessen der Vertragsparteien an der Erfüllung bzw. der Beendigung von Verträgen ab.[1061] Dabei ermöglicht § 313 BGB eine Beendigung oder Anpassung eines

1056 *Bitterich*, NJW 2006, 1845 ff. (1848); *Grüneberg*, in: *Palandt*, BGB, § 313, Rn. 40 ff.; *Medicus/Stürmer*, in: *Prütting/Wegen/Weinreich*, BGB, § 313 BGB, Rn. 28; *Unberath*, in: *Bamberger/Roth*, BGB, Band 1, § 313, Rn. 88 ff. (insbesondere Rn. 91). Hingegen a.A. *Finkenauer*, in: MünchKommBGB, Band 2, § 313, Rn. 105. Ebenso negiert *Chiotellis*, Rechtsfolgenbestimmung bei Geschäftsgrundlagenstörungen, S. 186, ein „*Primat der Anpassung*“.

1057 Dieselben Unterschiede zwischen den Vorschriften betonen *Bitterich*, NJW 2006, 1845 ff. (1848); *v. Hase*, NJW 2002, 2278 ff. (2279).

1058 So die in der vorherigen Fn. 1057 genannten Autoren (ebda). Wegen dieses Unterschieds zwischen den Normen hält *Gaier*, in: MünchKommBGB, Band 2, § 314, Rn. 14, allgemein eine Einhaltung der Frist des § 314 Abs. 3 BGB in der Praxis für ratsam, solange nicht geklärt sei, welche Vorschrift letztlich zur Anwendung komme.

1059 BGH, Urt. v. 09.10.1996 – VIII ZR 266/95, BGHZ 133, 363 ff. (369); *Gaier*, in: MünchKommBGB, Band 2, § 314, Rn. 14; *Grüneberg*, in: *Palandt*, BGB, § 313, Rn. 14; *Unberath*, in: *Bamberger/Roth*, BGB, Band 1, § 313, Rn. 23; *Ruthig*, in: Tagungsband, 8. Düsseldorfer Vergaberechtstag, S. 69 ff. (77); *Storr*, SächsVBl 2008, 60 ff. (64). Kritisch dazu *Feldhahn*, NJW 2005, 3381 ff. (3383), der ein Konkurrenzverhältnis zwischen den Vorschriften verneint, da sie in jeweils unterschiedlichen Konstellationen anwendbar seien.

1060 *Gaier*, in: MünchKommBGB, Band 2, § 314, Rn. 14. Ähnlich formulieren inhaltlich dieselbe Ansicht *Unberath*, in: *Bamberger/Roth*, BGB, Band 1, § 313, Rn. 23; *v. Hase*, NJW 2002, 2278 ff. (2279). Dies folgt im Übrigen bereits aus der Begründung des Gesetzesentwurfs zur Modernisierung des Schuldrechts, BT-Drs. 14/6040, S. 177.

1061 Ähnlich zum Normzweck der jeweils besprochenen Vorschrift: *Gaier*, in: MünchKommBGB, Band 2, § 314, Rn. 5 und Rn. 14; *Finkenauer*, in: MünchKommBGB, Band 2, § 313, Rn. 1 f.

Vertrages nur ausnahmsweise, wenn dies *„zur Vermeidung untragbarer, mit Recht und Gerechtigkeit schlechthin unvereinbarer Folgen“*[1062] unabdingbar erscheint.[1063] Demgegenüber sind die Anforderungen, die an das Vorliegen eines wichtigen Grundes im Sinne des § 314 BGB gestellt werden, weniger streng.[1064] Während § 313 BGB also als *„eine außerhalb des Vertrags liegende, von vornherein auf besondere Ausnahmefälle beschränkte Möglichkeit, sich von den vertraglich übernommenen Verpflichtungen zu lösen“*,[1065] verstanden werden kann, ist die außerordentliche Kündigung von Dauerschuldverhältnissen nach § 314 BGB *„ein vertragsimmanentes Mittel zur Auflösung der Vertragsbeziehung“*.[1066] Damit insbesondere die Regelung des § 313 Abs. 3 Satz 1 BGB nicht ins Leere geht, wenn gleichzeitig auch die Voraussetzungen des § 314 BGB vorliegen, muss andererseits in den Fällen, in denen eine Vertragsanpassung möglich und zumutbar ist, diese auch der Kündigung nach § 314 BGB vorgehen.[1067]

Für die Beseitigung eines rechtswidrigen Zustands, der aus dem Verstoß gegen die unionsrechtlichen Bestimmungen zum Vergaberecht resultiert, bedeutet dies, dass der Vertrag, vorrangig nach § 314 BGB beendet werden muss.[1068] Eine

---

1062 BGH, Urt. v. 09.03.2010 – VI ZR 52/09, NJW 2010, 1874 ff. (1877).

1063 Ebda.

1064 BGH, Urt. v. 26.09.1996 – I ZR 265/95, NJW 1997, 1702 ff. (1703); *Bitterich*, NJW 2006, 1845 ff. (1848); *Grüneberg*, in: *Palandt*, BGB, § 313, Rn. 14; *Müller-Mitschke*, Konfliktfeld De-facto-Vergabe, S. 164; *Unberath*, in: *Bamberger/Roth*, BGB, Band 1, § 314, Rn. 7.

1065 BGH, Urt. v. 09.03.2010 – VI ZR 52/09, NJW 2010, 1874 ff. (1877); BGH, Urt. v. 26.09.1996 – I ZR 265/95, NJW 1997, 1702 ff. (1704); *Gaier*, in: MünchKommBGB, Band 2, § 314, Rn. 14; *Unberath*, in: *Bamberger/Roth*, BGB, Band 1, § 314, Rn. 7.

1066 So die in der vorherigen Fn. 1065 angeführte Literatur und Rspr. (ebda).

1067 *Gaier*, in: MünchKommBGB, Band 2, § 314 Rn. 14. Im Ergebnis ebenso *Chiotellis*, Rechtsfolgenbestimmung bei Geschäftsgrundlagenstörungen, S. 163 (stellt auf die, für den wichtigen Kündigungsgrund fehlende, absolute Unzumutbarkeit des Festhaltens am Vertrag ab, soweit eine Vertragsanpassung möglich ist); *Grüneberg*, in: *Palandt*, BGB, § 313, Rn. 14; *Unberath*, in: *Bamberger/Roth*, BGB, Band 1, § 313, Rn. 23. Kritisch zu der differenzierten Betrachtung des Konkurrenzverhältnisses: *Feldhahn*, NJW 2005, 3381 ff. (3383).

1068 So auch *Bauer K.*, Vergaberechtswidrige Verträge aus zivilrechtlicher Sicht, S. 107; *Horn*, VergabeR 2006, 667 ff. (676 ff.); *Ruthig*, in: Tagungsband, 8. Düsseldorfer Vergaberechtstag, S. 69 ff. (77); *Scharen*, in: *Willenbruch/Wieddekind*, Vergaberecht, 20. Los, Art. 258 AEUV, Rn. 71. Jedenfalls aus inhaltlichen Gründen, unabhängig vom Konkurrenzverhältnis, favorisieren die Anwendung des § 314 BGB: *Bitterich*, NJW 2006, 1845 ff. (1848); *Jennert/Räuchle*, NZBau 2007, 555 ff. (557); *Schleissing*, Möglichkeiten und Grenzen vergaberechtlicher In-House-Geschäfte, S. 216. A.A.

Vertragsanpassung wird zur Beseitigung des unionsrechtswidrigen Zustands nämlich zumindest dann nicht möglich sein, wenn der Vergabefehler das Ergebnis der Auswahlentscheidung des öffentlichen Auftraggebers beeinflusst hat, was u.a. auch bei der rechtswidrigen freihändigen Vergabe der Fall ist.[1069] Da der Unionsrechtsverstoß während der gesamten Dauer der Erfüllung des Vertrages fortbesteht,[1070] könnten nämlich allenfalls die Bereiche eines Vertrages, die nicht dem Vergaberecht unterliegen und daher nicht an dem Verfgabefehler leiden, aufrechterhalten werden.[1071] Soweit der Vergabefehler die Wahl des Vertragspartners durch den öffentlichen Auftraggeber beeinflusst, sind daher keine Vertragsbestandteile denkbar, die aufrechterhalten werden könnten, ohne dass nicht auch der Unionsrechtsverstoß fortdauern würde.[1072] Gerade in diesen Fällen besteht jedoch regelmäßig eine Beendigungspflicht,[1073] sodass eine Vertragsanpassung der unionsrechtlichen Beendigungspflicht nicht genügt.[1074]

Schließlich folgt auch aus der Begründung des Entwurfs eines Gesetzes zur Modernisierung des Vergaberechts nichts anderes: Zwar wird dort ausdrücklich auf die Möglichkeit einer Anwendung des § 313 BGB auf abgeschlossene Verträge verwiesen, falls *„die europäische Rechtsentwicklung dazu veranlasst, in bestehende*

Frenz, VergabeR 2009, 1 ff. (5 f.); hierzu tendieren wohl auch *Nettesheim*, in: Vierzehnte Badenweiler Gespräche, S. 205 ff. (219); *Müller-Mitschke*, Konfliktfeld De-facto-Vergabe, S. 165.

1069 Ähnlich *Bauer K.*, Vergaberechtswidrige Verträge aus zivilrechtlicher Sicht, S. 106, die jedenfalls im Falle der unzulässigen Direktvergabe eine Vertragsanpassung ausschließt. Ähnlich auch *Schleissing*, Möglichkeiten und Grenzen vergaberechtlicher In-House-Geschäfte, S. 217. Weitere Vergabefehler, die das Ergebnis der Auswahlentscheidung des öffentlichen Auftraggebers beeinflussen können, nennt *Treumer*, P.P.L.R. 2007, 371 ff. (378).

1070 S.o. 2. Abschnitt B, S. 110, Fn. 605.

1071 Ebenso argumentiert *Bauer K.*, Vergaberechtswidrige Verträge aus zivilrechtlicher Sicht, S. 106. Dass lediglich die nicht vom Unionsrechtsverstoß betroffenen Vertragsteile aufrechterhalten werden könnten, folgt letztlich jedoch auch aus *Frenz*, VergabeR 2009, 1 ff. (6).

1072 *Bauer K.* a.a.O., S. 106 f. Des Weiteren erkennt *Schleissing*, Möglichkeiten und Grenzen vergaberechtlicher In-House-Geschäfte, S. 217, in der Vertragsänderung selbst einen ausschreibungspflichtigen Vorgang und stellt fest, dass der rechtswidrige Zustand durch die Vertragsanpassung im Ergebnis verfestigt würde.

1073 S.o. 2. Abschnitt E.III.1, S. 140 ff.

1074 Zum selben Ergebnis gelangt *Bauer K.*, Vergaberechtswidrige Verträge aus zivilrechtlicher Sicht, S. 106.

Vertragsverhältnisse einzugreifen […]."[1075] Gleichzeitig wird jedoch auch der Rückgriff auf andere Rechtsgrundlagen nicht ausgeschlossen.[1076]

b) Anwendungsbereich des § 314 Abs. 1 BGB

Der Anwendungsbereich des § 314 BGB ist nur eröffnet, wenn die Beendigung eines Dauerschuldverhältnisses in Rede steht.[1077] In Abgrenzung zu anderen Schuldverhältnissen ist dieses dadurch gekennzeichnet, dass während seiner Laufzeit fortwährend neue Leistungs- und Schutzpflichten für die Parteien entstehen, deren Gesamtumfang bei Vertragsschluss noch nicht abzusehen ist.[1078] Doch auch bei Werkverträgen, wie z.B. Bauverträgen, die sich grundsätzlich in einer einmaligen Erfüllungshandlung erschöpfen, sich aber häufig über einen längeren Zeitraum erstrecken, ist eine Kündigung aus wichtigem Grund anerkannt.[1079] Abgestellt wird insoweit auf das Zeitmoment, das eine entsprechende

---

1075 Begründung des Gesetzentwurfs zur Modernisierung des Vergaberechts, BT-Drs. 16/10117, S. 21.

1076 Ähnlich geht *Wollenschläger F.*, Verteilungsverfahren, S. 263, davon aus, dass mit der vorgenannten Begründung des Gesetzesentwurfs keine nähere Festlegung hinsichtlich der Möglichkeiten erfolge, den Grundsatz der Verbindlichkeit von Verträgen zu durchbrechen.

1077 *Gaier*, in: MünchKommBGB, Band 2, § 314, Rn. 5.

1078 *Gaier* a.a.O., Rn. 6; *Medicus/Stürner*, in: *Prütting/Wegen/Weinreich*, BGB, § 314, Rn. 4. Im vergaberechtlichen Kontext ebenso *Bauer K.*, Vergaberechtswidrige Verträge aus zivilrechtlicher Sicht, S. 93; *Müller-Mitschke*, Konfliktfeld De-facto-Vergabe, S. 163.

1079 Bereits nach alter Rechtslage war nach der Rspr. des BGH die Kündigung eines Werkvertrages aus wichtigem Grund möglich: BGH, Urt. v. 23.05.1996 – VII ZR 140/95, NJW-RR 1996, 1108 ff. (1108 f.). Die Schuldrechtsreform 2001 hat nach der h.M. (so, allerdings selbst a.A., *Krebs*, in: *Dauner-Lieb/Langen*, BGB Schuldrecht, Band 2/1, § 314, Rn. 18) hieran nichts geändert: *Böttcher*, ZfBR 2003, 213 ff. (220); *Busche*, in: MünchKommBGB, Band 4, § 649, Rn. 31; *Halfmeier/Leupertz*, in: *Prütting/Wegen/Weinreich*, BGB, § 649, Rn. 18 ff.; *Raab*, in: *Dauner-Lieb/Langen*, BGB Schuldrecht, Band 2/2, § 649, Rn. 30 ff.; *Sprau*, in: *Palandt*, BGB, § 649, Rn. 13 ff. (bejaht ein außerordentliches Kündigungsrecht bei Vorliegen eines wichtigen Grundes zumindest bei Werkverträgen, die auf längerfristige Zusammenarbeit angelegt sind); *Voit*, in: *Bamberger/Roth*, BGB, Band 2, § 649 BGB, Rn. 21 ff. Hingegen a.A. für die Rechtslage nach der Schuldrechtsreform 2001: *Boldt*, NZBau 2002, 655 ff. (656); *Krebs*, in: *Dauner-Lieb/Langen*, BGB Schuldrecht, Band 2/1, § 314, Rn. 18. Nach Ansicht letztgenannter Autoren sollen an Stelle eines Kündigungsrechts aus wichtigem Grund, die gesetzlichen Regelungen über das Rücktrittsrecht (§§ 323 f. BGB) Anwendung finden. Unterschiedlich beurteilt wird die dogmatische Herleitung des Kündigungsrechts. Für eine entsprechende Anwendung des § 314 BGB treten ein:

Anwendung des Kündigungsrechts auf Werkverträge nach dem Sinn und Zweck desselben ermögliche und zu interessengerechten Ergebnissen führe.[1080] Denn wegen des Zeitmoments bestehe auch bei derartigen Werkverträgen die Notwendigkeit, den Interessen der Vertragsparteien über einen längeren Zeitraum hinweg gerecht zu werden.[1081] Diese Argumentation kann in unionsrechtskonformer Auslegung des § 314 Abs. 1 BGB auch auf sonstige Beschaffungsverträge übertragen werden, die sich über einen längeren Zeitraum erstrecken. Da die unionsrechtliche Beendigungspflicht ebenfalls ein gewisses Dauermoment voraussetzt, sodass sie im Ergebnis nur die Beendigung von Schuldverhältnissen mit längerfristiger Ausführungsdauer verlangt,[1082] ist der Anwendungsbereich des § 314 Abs. 1 BGB in den Fällen, in denen die unionsrechtliche Beendigungspflicht relevant wird, eröffnet.[1083]

Auch der Normzweck des § 314 Abs. 1 BGB, das Auffangen des Prognoserisikos, welches typischerweise mit Dauerschuldverhältnissen einhergeht,[1084] schließt eine Anwendung des § 314 Abs. 1 BGB bei der Beendigung von Verträgen, die auf unionsrechtswidrigen Vergabefehlern beruhen, nicht von vornherein aus. Dies ist zum einen in jenen Fällen offensichtlich, in denen der öffentliche Auftraggeber erst nach Vertragsbeginn von der Vergaberechtswidrigkeit Kenntnis erlangt. Denn der Kündigungsgrund kann jedenfalls auch aus

---

Busche, in: MünchKommBGB, Band 4, § 649, Rn. 31; *Sprau*, in: *Palandt*, § 649 BGB, Rn. 13 ff. (allerdings nur soweit ein Werkvertrag auf längerfristige Zusammenarbeit angelegt ist). Demgegenüber leiten andere Autoren die Kündigung aus wichtigen Grund bei Werkverträgen aus einer teleologischen Reduktion des § 649 Satz 2 BGB ab: *Halfmeier/Leupertz*, in: *Prütting/Wegen/Weinreich*, BGB, § 649 f., Rn. 18; *Raab*, in: *Dauner-Lieb/Langen*, Schuldrecht BGB, Band 2/2, § 649, Rn. 31.

1080 *Busche*, in: MünchKommBGB, Band 4, § 649, Rn. 31. Die maßgebliche Bedeutung des Zeitmoments für die Einordnung eines Rechtsverhältnisses als Dauerschuldverhältnis und damit für die Anwendbarkeit des Kündigungsrechts aus wichtigem Grund, wird auch durch die Begründung des Entwurfs eines Gesetzes zur Modernisierung des Schuldrechts, BT-Drs. 14/6040, S. 176 f. deutlich. Danach besteht ein Bedürfnis für eine Kündigung aus wichtigem Grund „*bei bestimmten auf Dauer oder jedenfalls für einen längeren Zeitraum angelegten und allgemein als Dauerschuldverhältnisse bezeichneten Rechtsbeziehungen.*“

1081 *Böttcher*, ZfBR 2003, 213 ff. (220).

1082 S.o. 2. Abschnitt E.III.2.a), S. 154 ff.

1083 Zu demselben Ergebnis gelangen *Bitterich*, NJW 2006, 1845 ff. (1849), indem er auf die fehlende praktische Relevanz der Vertragsbeendigung bei Schuldverhältnissen ohne Dauercharakter abstellt und *Schleissing*, Möglichkeiten und Grenzen vergaberechtlicher In-House-Geschäfte, S. 218.

1084 *Gaier*, in: MünchKommBGB, Band 2, § 314, Rn. 5.

vor Beginn eines Dauerschuldverhältnisses liegenden Umständen resultieren, wenn diese erst später bekannt werden.[1085] Doch auch wenn der öffentliche Auftraggeber bereits vor Abschluss des Beschaffungsvertrages um die Vergaberechtswidrigkeit wusste, muss § 314 Abs. 1 BGB anwendbar bleiben. Dies lässt sich unter Berücksichtigung der unionsrechtlichen Wertungen im Wege eines Erst-Recht-Schlusses begründen: Wenn schon bei Gutgläubigkeit des öffentlichen Auftraggebers eine Rechtsgrundlage für die Beendigung eines unionsrechtswidrigen Vertrages besteht, muss dies erst Recht bei Bösgläubigkeit des öffentlichen Auftraggebers gelten. Im Übrigen stimmt die unionsrechtskonforme Auslegung des § 314 Abs. 1 BGB auch mit dem Wortlaut sowie dem Sinn und Zweck der Vorschrift überein. Die Vorschrift ist bewusst weit gefasst; eine Definition des Dauerschuldverhältnisses ist darin ebenso wenig enthalten, wie eine Konkretisierung des Kündigungsgrundes.[1086] § 314 Abs. 1 BGB soll vielmehr immer dann Anwendung finden, wenn sich bei Verträgen, die sich über einen längeren Zeitraum erstrecken, ein Bedürfnis zur vorzeitigen Auflösung des Vertrages ergibt.[1087]

c) „Wichtiger Grund" *im Sinne des § 314 Abs. 1 BGB*

Voraussetzung für ein Kündigungsrecht nach § 314 Abs. 1 BGB ist ausweislich des Gesetzeswortlauts das Vorliegen eines wichtigen Grundes.[1088] Ein wichtiger Grund liegt nach § 314 Abs. 1 Satz 2 BGB vor, *„wenn dem kündigenden Teil unter Berücksichtigung aller Umstände des Einzelfalls und unter Abwägung der beiderseitigen Interessen die Fortsetzung des Vertragsverhältnisses bis zur vereinbarten Beendigung oder bis zum Ablauf einer Kündigungsfrist nicht zugemutet werden kann."*[1089] Ob Umstände vorliegen, die für den Kündigenden das Festhalten am Vertrag unzumutbar machen, beurteilt sich durch eine Berücksichtigung aller Umstände des Einzelfalls, wobei auch die Besonderheiten des jeweiligen Vertragstyps

---

1085 Zur Kündigung eines Dienstverhältnisses aus wichtigem Grund nach § 626 Abs. 1 BGB ebenso BAG, Urt. v. 05.04.2001 – 2 AZR 159/00, NJW 2002, 162 ff. (162 f.); *Grüneberg*, in: *Palandt*, BGB, § 314, Rn. 7; einschränkend *Unberath*, in: *Bamberger/Roth*, BGB, Band 1, § 314, Rn. 9.

1086 *Gaier*, in: MünchKommBGB, Band 2, § 314, Rn. 5 und 10.

1087 Begründung des Gesetzesentwurfs zur Modernisierung des Schuldrechts, BT-Drs. 14/6040, S. 176.

1088 Dazu *Gaier*, in: MünchKommBGB, Band 2, § 314, Rn. 10 ff.; *Grüneberg*, in: *Palandt*, BGB, § 314, Rn. 7 ff.; *Medicus/Stürner*, in: *Prütting/Wegen/Weinreich*, BGB, § 314, Rn. 7 ff; *Unberath*, in: *Bamberger/Roth*, BGB, Band 1, § 314, Rn. 7 ff.

1089 So der Wortlaut des § 314 Abs. 1 Satz 2 BGB.

zu berücksichtigen sind.[1090] Bei der Beendigung eines öffentlichen Auftrags, der unter Verstoß gegen das unionsrechtliche Vergaberecht erteilt wurde, liegt der Kündigungsgrund in der Unionsrechtswidrigkeit desselben.[1091] Da der öffentliche Auftraggeber – wie allen voran aus Art. 4 Abs. 3 UAbs. 2 und 3 EUV folgt – zur Wahrung des Unionsrechts verpflichtet ist, muss er den unionsrechtswidrigen Zustand beenden, soweit dies verhältnismäßig ist.[1092] Dem öffentlichen Auftraggeber ist daher das Festhalten am Vertrag in bestimmten Konstellationen nicht nur unzumutbar, er ist darüber hinaus aus unionsrechtlicher Sicht sogar zur Beendigung desselben verpflichtet.[1093]

Allerdings will § 314 BGB nach dem Normzweck das „*Prognoserisiko*“[1094] angemessen auf die Vertragsparteien verteilen,[1095] sodass die Umstände, die zur Kündigung führen, grundsätzlich dem Risikobereich des Kündigungsgegners zuzuordnen sein müssen.[1096] Bei der unionsrechtswidrigen Vergabe eines öffentlichen Auftrags ist umstritten, ob die Vergaberechtswidrigkeit ausschließlich in den Risikobereich des öffentlichen Auftraggebers fällt.[1097] Dies wird mit dem Argument bejaht, dass sich die vergaberechtlichen Vorschriften ausschließlich an den öffentlichen Auftraggeber richten.[1098] Gegen eine einseitige Risikoverteilung zu Lasten des öffentlichen Auftraggebers spricht indes, dass auch der Auftragnehmer von der Auftragsvergabe entgegen der gesetzlichen Vorgaben

1090 *Gaier*, in: MünchKommBGB, Band 2, § 314, Rn. 10; *Grüneberg*, in: *Palandt*, BGB, § 314, Rn. 7; *Medicus/Stürner*, in: *Prütting/Wegen/Weinreich*, BGB, § 314, Rn. 7. Im vergaberechtlichen Kontext ebenso *Bauer K.*, Vergaberechtswidrige Verträge aus zivilrechtlicher Sicht, S. 94 und 98.

1091 *Bauer K.* a.a.O., S. 95; *Ruthig*, in: Tagungsband, 8. Düsseldorfer Vergaberechtstag, S. 69 ff. (77); *Schleissing*, Möglichkeiten und Grenzen vergaberechtlicher In-House-Geschäfte, S. 218; *Storr*, SächsVBl 2008, 60 ff. (64).

1092 S.o. 2. Abschnitt E.I.2, S. 124 f.

1093 Zu den Grundlagen der unionsrechtlichen Beendigungspflicht s.o. 2. Abschnitt E, S. 119 ff.

1094 So etwa *Gaier*, in: MünchKommBGB, Band 2, § 314, Rn. 5.

1095 Ebda.

1096 *Gaier* a.a.O., Rn. 10; *Grüneberg*, in: *Palandt*, BGB, § 314, Rn. 7; *Unberath*, in: *Bamberger/Roth*, BGB, Band 1, § 314, Rn. 11 und 13.

1097 Ausschließlich dem Risikobereich des öffentlichen Auftraggebers rechnen Vergaberechtsfehler im Regelfall zu: *Frenz*, VergabeR 2009, 1 ff. (5); *Scharen*, in: *Willenbruch/Wieddekind*, Vergaberecht, 20. Los, Art. 258 AEUV, Rn. 73. Demgegenüber a.A. LG München I, Urt. v. 20.12.2005 – 33 O 16465/04, VergabeR 2006, 268 ff. (274) – Abfallentsorgung Donau-Wald; *Bauer K.*, Vergaberechtswidrige Verträge aus zivilrechtlicher Sicht, S. 103 ff.

1098 *Scharen*, in: *Willenbruch/Wieddekind*, Vergaberecht, 20. Los, Art. 258 AEUV, Rn. 73.

profitiert.[1099] Dieser hat den Auftrag nämlich erhalten, ohne sich dem Wettbewerb in einem ordnungsgemäß durchgeführten Vergabeverfahren stellen zu müssen, in welchem er von anderen Unternehmen verdrängt hätte werden können.[1100] Zudem kann ein Unternehmen, welches den Auftrag ohne Teilnahme an einem förmlichen Vergabeverfahren erhält, bereits bei der Ausgestaltung des Angebots Konkurrenzunternehmen unberücksichtigt lassen und so die Preise höher ansetzen und gegebenenfalls mehr Gewinn erzielen.[1101] Die Vergaberechtswidrigkeit des Vertrages liegt folglich als Kehrseite zur Profitierung aus derselben auch in der Risikosphäre des Auftragnehmers.[1102]

Im Übrigen folgt aus dem Effektivitätsgrundsatz, dass bei Abwägungsentscheidungen dem Unionsinteresse vollumfänglich Rechnung getragen werden muss.[1103] Um die volle Wirksamkeit und einheitliche Anwendung des Unionsrechts sicherzustellen, muss folglich bei der nach § 314 Abs. 1 BGB erforderlichen Abwägung die Unionsrechtsverletzung mit erheblichem Gewicht beim Beendigungsinteresse des öffentlichen Auftraggebers berücksichtigt werden.[1104] Soweit eine unionsrechtliche Beendigungspflicht besteht, ist demnach

1099 LG München I, Urt. v. 20.12.2005 – 33 O 16465/04, VergabeR 2006, 268 ff. (274) – Abfallentsorgung Donau-Wald; *Bauer K.*, Vergaberechtswidrige Verträge aus zivilrechtlicher Sicht, S. 104. Der Gedanke, dass der Unionsrechtsverstoß dem Auftragnehmer zu Gute kommt, findet sich aber auch bei *Schima*, in: *Schramm/Aicher/Fruhmann/Thienel*, BVergG 2006, Exkurs: Auswirkungen des Primärrechts auf unter Verstoß gegen das Vergaberecht geschlossene Verträge, Rn. 36 [Stand: 8/2012].

1100 LG München I, Urt. v. 20.12.2005 – 33 O 16465/04, VergabeR 2006, 268 ff. (274 f.) – Abfallentsorgung Donau-Wald; *Bauer K.* Vergaberechtswidrige Verträge aus zivilrechtlicher Sicht, S. 104.

1101 LG München I a.a.O., S. 275 – Abfallentsorgung Donau-Wald; *Bauer K.* a.a.O., S. 104 f.

1102 Ähnlich formuliert BGH, Urt. v. 07.10.2004 – I ZR 18/02, NJW 2005, 1360 ff. (1362), eine Ausnahme vom Grundsatz, dass der Kündigungsgrund dem Risikobereich des Kündigungsgegners zuzuordnen sein muss, wenn ein Unternehmen selbstverschuldet in eine wirtschaftliche Notlage gerät und nach § 314 Abs. 1 BGB den Dienstvertrag mit dem Geschäftsführer kündigt. Der *„wirtschaftliche Niedergang des Unternehmens"* wird dann als *„Kehrseite der Beteiligung an dessen Erfolg"* auch der *„Risikosphäre"* des Geschäftsführers zugerechnet.

1103 Statt aller EuGH, Urt. v. 21.09.1983 – verb. Rs. 205/82 bis 215/82, Slg. 1983, 2633 ff. (2669 f., Rn. 32 f.) – Deutsche Milchkontor; *Müller H.*, Die Aufhebung von Verwaltungsakten unter dem Einfluss des Europarechts, S. 273 f.

1104 *Bitterich*, NJW 2006, 1845 ff. (1849), der allerdings die Beendigungspflicht stets an ein Feststellungsurteil i.V.m. ex Art. 228 EGV (nunmehr Art. 260 AEUV) anknüpft.

bereits deshalb regelmäßig ein wichtiger Grund im Sinne des § 314 Abs. 1 BGB gegeben.[1105]

d) *Die Kündigungsfrist des § 314 Abs. 3 BGB*

Gemäß § 314 Abs. 3 BGB kann die Kündigung nur innerhalb einer angemessenen Frist ab Kenntnis des Kündigungsgrundes erfolgen.[1106] Zweck der Regelung ist die Herbeiführung von Rechtssicherheit für den Kündigungsgegner; gleichzeitig bringt der Kündigende durch ein zu langes Zuwarten zum Ausdruck, dass ihm der Fortbestand des Vertrages nicht unzumutbar ist.[1107] Das Gesetz statuiert folglich keine starre Kündigungsfrist, sondern verlangt nach einer Fristbestimmung unter Berücksichtigung des Zwecks der Kündigungsfrist, der Gewichtigkeit des Kündigungsgrundes, der Auswirkungen der Kündigung für die Vertragspartner und des Umfangs der anzustellenden Ermittlungen.[1108]

Fraglich ist, ob diese Regelung auch anwendbar ist, wenn die unionsrechtliche Pflicht zur Beendigung vergaberechtswidriger öffentlicher Aufträge in Rede steht.[1109] Dies kann zunächst in all jenen Fällen dahingestellt bleiben, in denen die Kündigung auch bei Anwendung des § 314 Abs. 3 BGB wirksam wäre, da der Auftraggeber den Vertrag in einer angemessenen Frist ab Kenntnis der Vergaberechtswidrigkeit bzw. des stattgebenden Urteils des EuGH im Vertragsverletzungsverfahren gekündigt hat.[1110] Die Frist wäre – eine Anwendbarkeit der

---

1105 Eine ähnliche Argumentation führt auch *Bitterich*, NJW 2006, 1845 ff. (1849), im Falle einer vom EuGH festgestellten Vertragsverletzung durch den Fortbestand eines unionsrechtswidrigen Beschaffungsvertrages zu demselben Ergebnis. In Anlehnung an Ersteren ähnlich auch *Ruthig*, in: Tagungsband, 8. Düsseldorfer Vergaberechtstag, S. 69 ff. (77).

1106 Dazu eingehend *Gaier*, in: MünchKommBGB, Band 2, § 314, Rn. 20 f.; *Grüneberg*, in: *Palandt*, BGB, § 314, Rn. 10; *Medicus/Stürner*, in: *Prütting/Wegen/Weinreich*, BGB, § 314, Rn. 16; *Unberath*, in: *Bamberger/Roth*, BGB, Band 1, § 314, Rn. 21 f.

1107 Begründung des Entwurfs eines Gesetzes zur Modernisierung des Schuldrechts, BT-Drs. 14/6040, S. 178; *Gaier*, in: MünchKommBGB, Band 2, § 314, Rn. 20.

1108 *Gaier* (ebda); *Unberath*, in: *Bamberger/Roth*, BGB, Band 1, § 314 BGB, Rn. 22.

1109 Die Problematik sprechen an: *Bauer K.*, Vergaberechtswidrige Verträge aus zivilrechtlicher Sicht, S. 99; *Ruthig*, in: Tagungsband, 8. Düsseldorfer Vergaberechtstag, S. 69 ff. (77); *Storr*, SächsVBl 2008, 60 ff. (64).

1110 Auf dieselben Zeitpunkte stellt für den Beginn der Kündigungsfrist des § 314 Abs. 3 BGB ab: *Ruthig*, in: Tagungsband, 8. Düsseldorfer Vergaberechtstag, S. 69 ff. (77). Allein den Zeitpunkt der Kenntnis der Vergaberechtswidrigkeit hält demgegenüber *Bauer K.*, Vergaberechtswidrige Verträge aus zivilrechtlicher Sicht, S. 99, für maßgeblich.

Regelung vorausgesetzt – jedenfalls großzügig zu bemessen, da zunächst eine sorgfältige rechtliche Prüfung erfolgen muss, ob aus dem Unionsrecht eine Beendigungspflicht folgt und somit ein Kündigungsgrund besteht.[1111]

Doch auch nach Ablauf der Frist des § 314 Abs. 3 BGB kann eine Kündigung, die der öffentliche Auftraggeber auf die unionsrechtliche Beendigungspflicht stützt, nicht unzulässig sein:[1112] Nach Ablauf der Kündigungsfrist soll der Kündigungsgegner zwar grundsätzlich auf den Fortbestand des Vertrages vertrauen können.[1113] Des Weiteren ist die Anwendung nationaler Regelungen zu Ausschlussfristen auch beim indirekten Vollzug von Unionsrecht grundsätzlich nicht ausgeschlossen.[1114] Dies gilt allerdings nur, soweit die Fristenregelung im Vergleich zu rein nationalen Sachverhalten nicht diskriminierend angewandt und die Verwirklichung des Unionsrechts nicht praktisch unmöglich wird.[1115] Gerade mit Blick auf den letztgenannten Grundsatz der Effektivität ist es allerdings problematisch, Regelungen des Vertrauensschutzes zur Anwendung gelangen zu lassen, soweit die unionsrechtliche Pflicht zur Beendigung unionsrechtswidriger öffentlicher Aufträge in Rede steht.[1116] Das Vertrauensverhältnis wird im Vergaberecht nämlich ausschließlich auf nationaler Ebene durch den

---

1111 Vergleichbar gelangt BGH, Urt. v. 26.09.1996 – I ZR 194/95, BGHZ 133, 331 ff. (335 f.), für die Kündigung eines Unterlassungsvertrages nach einer Änderung des Wettbewerbsrechts zu dem Ergebnis, dass die Frist „*in Monaten zu bemessen*" sei (dazu *Gaier*, in: MünchKommBGB, Band 2, § 314, Rn. 20; *Medicus/Stürner*, in: *Prütting/Wegen/Weinreich*, BGB, § 314, Rn. 16).

1112 So im Ergebnis auch *Bauer K.*, Vergaberechtswidrige Verträge aus zivilrechtlicher Sicht, S. 99; *Storr*, SächsVBl 2008, 60 ff. (64 f.). A.A. *Ruthig*, in: Tagungsband, 8. Düsseldorfer Vergaberechtstag, S. 69 ff. (77).

1113 Dies impliziert der Regelungszweck des § 314 Abs. 3 BGB, der u.a. auch darauf abzielt, Rechtssicherheit für den Kündigungsgegner zu gewinnen (dieser Regelungszweck folgt aus der Begründung des Entwurfs eines Gesetzes zur Modernisierung des Schuldrechts, BT-Drs. 14/6040 S. 178; dazu auch *Gaier*, in: MünchKommBGB, Band 2, § 314, Rn. 20).

1114 Statt aller EuGH, Urt. v. 21.09.1983 – verb. Rs. 205/82 bis 215/82, Slg. 1983, 2633 ff. (2667, Rn. 33) – Deutsche Milchkontor; *Sachs*, in: *Stelkens/Bonk/Sachs*, VwVfG, § 48, Rn. 284.

1115 Ebda. Zum Effektivitätsgrundsatz und dem Äquivalenzgebot s.o. 2. Abschnitt F.I, S. 181 ff.

1116 Ebenso sieht *Storr*, SächsVBl 2008, 60 ff. (64), eine Möglichkeit, um dem unionsrechtlichen Effektivitätsgrundsatz gerecht zu werden, nach nationalem Recht darin, § 314 Abs. 3 BGB unionsrechtskonform auszulegen, sodass im Falle von unionsrechtswidrigen Vergabefehlern keine Kündigungsfrist zur Anwendung gelangt. Ebenso *Bauer K.*, Vergaberechtswidrige Verträge aus zivilrechtlicher Sicht, S. 99.

Vertragsabschluss des öffentlichen Auftraggebers begründet, da eine vertrauensbegründende Maßnahme der Unionsorgane fehlt.[1117] Auch das Verstreichenlassen nationaler Ausschlussfristen ist lediglich dem öffentlichen Auftraggeber zuzurechnen. Die Umsetzung der Beendigungspflicht würde daher in das Belieben des jeweiligen Auftraggebers gestellt, sollte dieser durch den Abschluss und die Aufrechterhaltung eines unionsrechtswidrigen Vertrages einen Vertrauenstatbestand begründen können, auf welchen er sich gegenüber seiner unionsrechtlichen Beendigungspflicht berufen könnte.[1118] Diese Gefahr hat auch auch der EuGH in den Urteilen „*Bockhorn und Braunschweig I*" sowie „*Bockhorn und Braunschweig II*" erkannt und klargestellt, dass der Vertrauensschutz nicht dazu führen dürfe, dass ein Mitgliedstaat seine unionsrechtlichen Verpflichtungen nicht erfülle.[1119] Allein die Beendigung der Verträge durch die Bundesrepublik Deutschland erachtete er zur Erfüllung der unionsrechtlichen Verpflichtungen für ausreichend.[1120] Diese unionsrechtliche Wertung darf auf nationaler Ebene nicht durch die Anwendung von Regelungen, die in erster Linie dem Vertrauensschutz dienen, konterkarriert werden.

Zudem bleibt zu bedenken, dass der Auftragnehmer bei rechtswidrigen freihändigen Vergaben jedenfalls bis zum Ablauf der nationalen Fristen für die Verfahren zur Überprüfung der Auftragsvergabe durch einen umgangenen Bieter jederzeit damit rechnen muss, dass ein entsprechender Rechtsschutzantrag gestellt wird, der entsprechend der unionsrechtlichen Vorgaben zur Unwirksamkeit des Vertrages führen kann.[1121] Bis zum Ablauf der nationalen Fristen für die Überprüfung der Auftragsvergabe kann der Auftragnehmer daher bereits deshalb nicht auf den Bestand des Vertrages vertrauen.

Schließlich bietet auch die nationale Regelung des § 314 Abs. 3 BGB selbst Anlass zu überdenken, ob diese im Falle des Bestehens einer auf ein Gesetz

---

1117 S.o. 2. Abschnitt E.III.1.b)bb), S. 147 ff.: Dort wurde mit derselben Argumentation der Vertrauensschutz als unbeachtliches Kriterium der Verhältnismäßigkeitsprüfung bei der unionsrechtlichen Pflicht zur Beendigung vergaberechtswidriger öffentlicher Aufträge ausgemacht.

1118 S.o. 2. Abschnitt E.III.1.b)bb), S. 147 ff.

1119 S.o. 2. Abschnitt E.III.1.b)bb), S. 147, Fn. 796.

1120 S.o. 2. Abschnitt D, S. 115.

1121 So verlangt Art. 2d Abs. 1 lit. a RL 2007/66/EG, dass im Falle einer Auftragsvergabe, die rechtswidrig ohne vorherige Bekanntmachung im ABlEU erfolgte, die Unwirksamkeit des betroffenen Vertrages als Folge der Entscheidung einer unabhängigen Nachprüfungsstelle eintritt, wobei die Mitgliedstaaten Fristen für die Nachprüfung festlegen können (Art. 2f RL 2007/66/EG).

rückführbaren Beendigungspflicht überhaupt zur Anwendung gelangt. Denn durch die Verwendung des Begriffs „*kann*“ wird deutlich, dass der Gesetzgeber von einer Wahlfreiheit des Kündigenden ausgegangen ist. Dieser Befund wird durch den Zweck der Regelung gestärkt, der auch darin liegt zu erforschen, ob dem Kündigenden das Festhalten am Vertrag wirklich unzumutbar ist.[1122] Dieser Zweck läuft ins Leere, wenn eine auf gesetzliche Vorschriften gründende Beendigungspflicht besteht; denn dann steht grundsätzlich von vorneherein fest, dass eine Fortsetzung des Vertrages aus rechtlichen Gründen nicht in Betracht kommt.

Im Ergebnis gelangt die Kündigungsfrist des § 314 Abs. 3 BGB demnach nicht zur Anwendung, soweit das Unionsrecht nach der Beendigung rechtswidriger öffentlicher Aufträge verlangt.

e) Das Kündigungsrecht nach § 649 Satz 1 BGB

Das Kündigungsrecht des § 649 Satz 1 BGB besteht grundsätzlich unabhängig von jenem nach § 314 Abs. 1 BGB.[1123] Die Vorschrift räumt dem Besteller bei Werkverträgen ein Kündigungsrecht bis zur Vollendung des Werkes ein und ist an keine besonderen Voraussetzungen gebunden.[1124] Dennoch eignet sich das Kündigungsrecht nach § 649 Satz 1 BGB auch bei Werkverträgen nicht in gleichem Maße wie § 314 Abs. 1 BGB zur Umsetzung der unionsrechtlichen Beendigungspflicht.[1125] Die Anwendung einer nationalen Vorschrift darf nämlich die einheitliche Anwendung des Unionsrechts nicht beeinträchtigen.[1126] Der Anwendungsbereich des § 649 S. 1 BGB ist jedoch von vorneherein auf Werkverträge beschränkt.[1127] Im Gegensatz zu § 314 Abs. 1 BGB, der im Kern zwingendes Recht

---

1122 Dies folgt aus der Begründung des Entwurfs eines Gesetzes zur Modernisierung des Schuldrechts, BT-Drs. 14/6040 S. 178; *Gaier*, in: MünchKommBGB, Band 2, § 314, Rn. 20: Danach spricht zu langes Zuwarten des Kündigenden gegen die Unzumutbarkeit der Vertragsfortsetzung.

1123 *Busche*, in: MünchKommBGB, Band 4, § 649, Rn. 31; *Halfmeier/Leupertz*, in: *Prütting/Wegen/Weinreich*, BGB, § 649, Rn. 2.

1124 *Busche*, in: MünchKommBGB, Band 4, § 649, Rn. 31; *Raab*, in: *Dauner-Lieb/Langen*, BGB Schuldrecht, Band 2/2, § 649 BGB, Rn. 1 und 6 ff; *Sprau*, in: *Palandt*, BGB, § 649, Rn. 2.

1125 Dies folgt letztlich auch aus *Horn*, VergabeR 2006, 667 ff. (675 f.).

1126 Statt aller EuGH, Urt. v. 08.09.2010 – C-409/06, Slg. 2010, I-8041 ff. (I-8064, Rn. 61) – Winner Wetten; EuGH, Urt. v. 17.12.1970 – Rs. 11/70, Slg. 1970, 1125 ff. (1135, Rn. 3) – Internationale Handelsgesellschaft.

1127 So ausdrücklich *Busche*, in: MünchKommBGB, Band 4, § 649, Rn. 4. Dies folgt im Übrigen bereits aus dem Gesetzeswortlaut, der das Kündigungsrecht dem „*Besteller*“

ist,[1128] kann das Kündigungsrecht nach § 649 Satz 1 BGB zudem durch Individualvereinbarung abbedungen werden, wobei auch eine stillschweigende Vereinbarung reicht.[1129] Dabei lässt ein erhebliches Interesse des Unternehmens an der Leistungserbringung den Schluss auf eine stillschweigende Abbedingung des Kündigungsrechts zu.[1130] Gerade bei Verträgen, in denen die unionsrechtliche Beendigungspflicht besondere Bedeutung gewinnt, wird daher das Kündigungsrecht häufig ausgeschlossen sein.[1131] Denn zum einen besteht eine Beendigungspflicht nur bei Verträgen über Leistungen mit längerfristiger Ausführungsdauer,[1132] an deren Erfüllung Wirtschaftsteilnehmer aufgrund der Höhe der zu erzielenden Vergütung regelmäßig ein besonderes wirtschaftliches Interesse haben werden. Zudem kann die Werkserstellung als Referenzprojekt bei späteren Bewerbungen auf ähnliche Aufträge der öffentlichen Hand von Nutzen sein.[1133]

Der unionsrechtlichen Beendigungspflicht wird eine Vertragskündigung nach § 649 Satz 1 BGB aber auch wegen der Rechtsfolge des § 649 Satz 2 BGB nicht gerecht: Die Vorschrift sieht vor, dass der Anspruch des Unternehmers auf die vereinbarte Vergütung bestehen bleibt und auch hinsichtlich noch nicht erbrachter Leistungen lediglich ersparte Aufwendungen und anderweitiger Erwerb als Folge der Vertragsauflösung angerechnet werden.[1134] Auf eine Kündigung aus wichtigem Grund ist diese Vorschrift demgegenüber nicht anwendbar.[1135] Denn in

---

bis Vollendung des „*Werkes*" einräumt, sowie aus der Gesetzessystematik des BGB: § 649 BGB findet sich in Buch 2 (Recht der Schuldverhältnisse), Abschnitt 8 (Einzelne Schuldverhältnisse), Titel 9 (Werkvertrag und ähnliche Verträge), Untertitel 1 (Werkvertrag).

1128 *Unberath*, in: *Bamberger/Roth*, BGB, Band 1, § 314, Rn. 26.

1129 *Busche*, in: MünchKommBGB, Band 4, § 649, Rn. 5; *Voit*, in: *Bamberger/Roth*, BGB, Band 2, § 649, Rn. 29.

1130 Ebda.

1131 Dasselbe folgt aus *Horn*, VergabeR 2006, 667 ff. (675 f.), der davon ausgeht, dass bei langfristigen Verträgen und Dauerschuldverhältnissen das Kündigungsrecht in der Regel ausgeschlossen sein wird.

1132 S.o. 2. Abschnitt E.III.2.a), S. 154 ff.

1133 Zum Grundsatz, dass bei der Erstellung eines wichtigen Referenzprojekts das Kündigungsrecht regelmäßig abbedungen ist: *Busche*, in: MünchKommBGB, Band 4, § 649, Rn. 5.

1134 Dazu *Busche*, in: MünchKommBGB, Band 4, § 649, Rn. 18; *Halfmeier/Leupertz*, in: *Prütting/Wegen/Weinreich*, BGB, § 649, Rn. 5; *Sprau*, in: *Palandt*, BGB, § 649, Rn. 5 ff.

1135 BGH, Urt. v. 26.07.2001 – X ZR 162/99, NZBau 2001, 621 ff. (622); BGH, Urt. v. 05.06.1997 – VII ZR 124/96, BGHZ 136, 33 ff. (38); *Busche*, in: MünchKommBGB, Band 4, § 649, Rn. 18; *Raab*, in: *Dauner-Lieb/Langen*, BGB Schuldrecht, Band 2/2, § 649, Rn. 36; *Sprau*, in: *Palandt*, BGB, § 649, Rn. 15.

der Regel sind die Umstände, die zur Kündigung aus wichtigem Grund berechtigen, zumindest auch dem Risikobereich des Kündigungsgegners zuzuordnen[1136] und dieser soll aus einem vertragswidrigen Verhalten keinen Nutzen ziehen.[1137] Auch soweit das Unionsrecht nach der Beendigung eines vergaberechtswidrigen Vertrages verlangt, würde der Eintritt der Rechtsfolge des § 649 Satz 2 BGB daher zu keiner interessengerechten Lösung führen. Denn die Vergaberechtswidrigkeit fällt nicht allein in den Risikobereich des öffentlichen Auftraggebers, da auch der Auftragnehmer von der Vergaberechtswidrigkeit profitiert.[1138] Noch weit gewichtiger ist aber folgendes Argument: Das Unionsrecht verlangt nach einer rechtlichen Maßnahme, die die Wirkungen des Vertrages beendet.[1139] Davon kann jedoch nicht die Rede sein, solange der vertragliche Anspruch des Bestellers auf die Vergütung fortbesteht.

5. *Zusammenfassung*

Die deutsche Rechtsordnung bietet mit der Vorschrift des § 314 BGB eine sach- und interessengerechte Möglichkeit zur Umsetzung der unionsrechtlichen Beendigungspflicht. Auf dieser Rechtsgrundlage kann eine wirksame und einheitliche Anwendung des Unionsrechts erzielt werden, sofern die Verträge nicht ausnahmsweise ohnehin nach § 138 BGB nichtig sind und eine einvernehmliche Beendigung des Vertragsverhältnisses oder der Rückgriff auf vertraglich vereinbarte Beendigungstatbestände ausgeschlossen ist.

IV. Die Beendigung unionsrechtswidriger öffentlicher Aufträge nach österreichischem Recht

Im Folgenden sollen die Rechtsgrundlagen aufgezeigt werden, die österreichischen öffentlichen Auftraggebern zur Verfügung stehen, um die unionsrechtliche Beendigungspflicht zu erfüllen und zu erreichen, dass ein unionsrechtswidriger öffentlicher Auftrag, soweit das Unionsrecht danach verlangt, keine Wirkungen mehr zeitigt.

1136 *Gaier*, in: MünchKommBGB, Band 2, § 314, Rn. 10; *Grüneberg*, in: *Palandt*, BGB, § 314, Rn. 7; *Unberath*, in: *Bamberger/Roth*, BGB, Band 1, § 314, Rn. 11 und 13.

1137 BGH, Urt. v. 26.11.1959 – VII ZR 120/58, BGHZ 31, 224 ff. (229).

1138 S.o. 2. Abschnitt F.III.4.c), S. 205, Fn. 1099.

1139 Dies macht besonders deutlich: EuGH, Urt. v. 10.04.2003 – Rs. C-20/01 und C-28/01, Slg. 2003, I-3630 ff. (I-3643, Rn. 36) – Bockhorn und Braunschweig I; *Bitterich*, EWS 2005, 162 ff. (164); *Portz*, KommJur 2007, 335 ff. (336 f.). Dazu auch bereits oben 2. Abschnitt F.II., S. 185 ff.

1. *Rechtsgrundlagen*

In Österreich trat am 01.02.2006 das Bundesvergabegesetz 2006[1140] in Kraft, welches das bis dahin geltende Bundesvergabegesetz 2002[1141] ablöste.[1142] Bereits zuvor war das Vergaberecht auf Bundesebene gesetzlich geregelt, nämlich erstmalig durch das Bundesvergabegesetz aus dem Jahre 1993,[1143] dieses wiederum novelliert durch das Bundesvergabegesetz 1997.[1144] Die Bundesvergabegesetze aus den Jahren 1993 und 1997 waren jedoch mangels einer entsprechenden Bundeskompetenz lediglich auf Auftragsvergaben des Bundes oder dem Bund zurechenbarer Einrichtungen anwendbar, während für Vergaben im Landes- und Gemeindebereich die Landesvergabegesetze die zentralen Bestimmungen enthielten.[1145] Erst mit der Einführung eines neuen Kompetenztitels in Art. 14b des österreichischen Bundesverfassungsgesetzes[1146] wurde dem Bund ausdrücklich die grundsätzliche Kompetenz

---

1140 Bundesgesetz über die Vergabe von Aufträgen (Bundesvergabegesetz 2006 – BVergG 2006), österreichisches BGBl. I Nr. 17/2006, zuletzt geändert durch Bundesgesetz, mit dem das Bundesvergabegesetz 2006 und das Bundesvergabegesetz Verteidigung und Sicherheit 2012 geändert werden (BVergG und BVergGVS Novelle 2013), österreichisches BGBl. I Nr. 128/2013.

1141 Bundesgesetz, mit dem das Bundes-Verfassungsgesetz sowie das Bundesgesetz über die Errichtung einer Bundesbeschaffung Gesellschaft mit beschränkter Haftung geändert und ein Bundesvergabegesetz 2002 erlassen wird, österreichisches BGBl. I Nr. 99/2002. Das BVergG 2002 trat gemäß § 188 Abs. 6 Nr. 1 BVergG 2002 am 01.09.2002 in Kraft.

1142 Zur Entstehungsgeschichte des österreichischen Vergaberechts: *Gast*, Das öffentliche Vergabewesen in Österreich, S. 15 ff.; *Holoubek/Fuchs/Holzinger*, Vergaberecht, S. 37 ff.; *Pachner*, in: *Schramm/Aicher/Fruhmann/Thienel*, BVergG 2006, Nationale Rechtsgrundlagen, Rn. 1 ff. [Stand: 9/2013].

1143 Bundesgesetz über die Vergabe von Aufträgen (Bundesvergabegesetz – BVergG), österreichisches BGBl. Nr. 462/1993. Im Folgenden: BVergG 1993. Gemäß § 103 Abs. 1 BVergG trat dieses Gesetz gleichzeitig mit dem Abkommen über den Europäischen Wirtschaftsraum (ABlEG L 1 v. 03.01.1994, S. 606) in Kraft (dazu auch *Gast*, Das öffentliche Vergabewesen in Österreich, S. 18; *Holoubek/Fuchs/Holzinger*, Vergaberecht, S. 37).

1144 Bundesvergabegesetz 1997, österreichisches BGBl. I Nr. 56/1997. *Gast*, Das öffentliche Vergabewesen in Österreich, S. 16 und S. 18; *Holoubek/Fuchs/Holzinger*, Vergaberecht, S. 37.

1145 *Gast*, Das öffentliche Vergabewesen in Österreich, S. 19; *Holoubek/Fuchs/Holzinger*, Vergaberecht, S. 37 f. Siehe ferner *Korinek/Holoubek*, Grundlagen staatlicher Privatwirtschaftsverwaltung, S. 89 ff.

1146 Bundes-Verfassungsgesetz, österreichisches BGBl. Nr. 1/1930, zuletzt geändert durch Art. 1 der Verwaltungsgerichtsbarkeits-Novelle 2012, österreichisches BGBl. I

für die „*Gesetzgebung in den Angelegenheiten des öffentlichen Auftragswesens*"[1147] eingeräumt.[1148] Im Zuge dieser „*Kompetenzänderung*"[1149] wurde mit dem BVergG 2002 das materielle Vergaberecht erstmals bundesweit vereinheitlicht,[1150] gleichzeitig wurde auch den unionsrechtlichen Anforderungen an das öffentliche Beschaffungswesen Rechnung getragen.[1151]

Eine wichtige Ausnahme von der Zuständigkeit des Bundes für das öffentliche Beschaffungswesen normiert Art. 14b Abs. 3 B-VG: Danach ist „*die Gesetzgebung und die Vollziehung in den Angelegenheiten der Nachprüfung*"[1152] bei Auftragsvergaben der Länder oder Gemeinden den Ländern zugewiesen.[1153] Aufgrund dieser Ausnahmeregelung bleibt der Rechtsschutz im Bereich der öffentlichen Auftragsvergabe nach wie vor gespalten, sodass auf Länderebene eigene Landesvergabegesetze existieren.[1154] An dieser Kompetenzverteilung hat auch

---

Nr. 51/2012. Im Folgenden: B-VG. Erstmals ist der Kompetenztitel im Zuge der Verfassungsänderung 2002 in das B-VG aufgenommen worden und zwar durch Art. 1 des Bundesgesetzes, mit dem das Bundes-Verfassungsgesetz sowie das Bundesgesetz über die Errichtung einer Bundesbeschaffung Gesellschaft mit beschränkter Haftung geändert und ein Bundesvergabegesetz 2002 erlassen wird, österreichisches BGBl. I Nr. 99/2002 (gemäß Art. 151 Abs. 27 B-VG in der genannten Fassung seit dem 01.01.2003 in Kraft).

1147 So der Wortlaut des Art. 14b Abs. 1 B-VG.

1148 *Holoubek/Fuchs/Holzinger*, Vergaberecht, S. 38; *Pachner*, in: *Schramm/Aicher/Fruhmann/Thienel*, BVergG 2006, Nationale Rechtsgrundlagen, Rn. 4 [Stand: 9/2013]. Zur „*Kompetenzordnung im Vergaberecht*" eingehend *Rill*, in: *Griller/Holoubek* (Hrsg.), Grundfragen des BVergG 2002, S. 5 ff.

1149 *Griller/Holoubek*, in: *dies.* (Hrsg.), Grundfragen des BVergG 2002, Vorwort.

1150 *Holoubek/Fuchs/Holzinger*, Vergaberecht, S. 39; *Hornbanger*, in: *Griller/Holoubek* (Hrsg.), Grundfragen des BVergG 2002, S. 111 ff.; *Pachner*, in: *Schramm/Aicher/Fruhmann/Thienel*, BVergG 2006, Nationale Rechtsgrundlagen, Rn. 2 ff. [Stand: 9/2013]; *Walther/Hauck*, in: *Heid/Preslmayr*, Handbuch Vergaberecht, Kapitel 4.1., Rn. 1713.

1151 *Griller/Holoubek*, in: *dies.* (Hrsg.), Grundfragen des BVergG 2002, Vorwort.

1152 So der ausdrückliche Wortlaut des Art. 14b Abs. 3 B-VG.

1153 Dazu *Holoubek/Fuchs/Holzinger*, Vergaberecht, S. 39; *Pachner*, in: *Schramm/Aicher/Fruhmann/Thienel*, BVergG 2006, Nationale Rechtsgrundlagen, Rn. 4 [Stand: 9/2013]; *Rill*, in: *Griller/Holoubek* (Hrsg.), Grundfragen des BVergG 2002, S. 5 ff. (17 ff.); *Walther/Hauck*, in: *Heid/Preslmayr*, Handbuch Vergaberecht, Kapitel 4.1., Rn. 1704.

1154 *Holoubek/Fuchs/Holzinger*, Vergaberecht, S. 40; *Walther/Hauck*, in: *Heid/Preslmayr*, Handbuch Vergaberecht, Kapitel 4.1., Rn. 1704 und 1713. Neben dem BVergG 2006 existieren also 9 Landesvergaberechtsschutzgesetze (mit weitergehenden Ausführungen zu den Landesvergabegesetzen im Einzelnen: *Pachner*, in: *Schramm/Aicher/Fruhmann/Thienel*, BVergG 2006, Nationale Rechtsgrundlagen, Rn. 21 ff.

die Verwaltungsgerichtsbarkeits-Novelle 2012[1155] nichts geändert, mit welcher in Österreich durch die Art. 129 ff. B-VG erstmals eine zweistufige Verwaltungsgerichtsbarkeit eingeführt wurde.[1156] Diese brachte für das Vergaberecht eine wesentliche Neuerung, denn auf der Grundlage des Art. 130 Abs. 2 Ziff. 2 B-VG hat der einfache Gesetzgeber die Zuständigkeit zur Nachprüfung öffentlicher Auftragsvergaben neu geregelt.[1157] In der Folge sind seit dem 01.01.2014 das Bundesverwaltungsgericht und neun Landesverwaltungsgerichte zur Überprüfung von Rechtsschutzbegehren nicht zum Zuge gekommener Bieter und Bewerber zuständig und ersetzen damit die bisherigen Sonderbehörden, namentlich das Bundesvergabeamt und die Vergabekontrollbehörden der Länder.[1158] Der Kompetenztitel des Art. 14b B-VG blieb indes unverändert bestehen. Die Landesvergabegesetze

---

[Stand: 9/2013]): Burgenländisches Vergaberechtsschutzgesetz, LGBl. für das Burgenland Nr. 66/2006 i.d.F. LGBl. für das Burgenland Nr. 79/2013; Kärntner Vergaberechtsschutzgesetz 2014, LGBl. für Kärnten Nr. 95/2013; Niederösterreichisches Vergabenachprüfungsgesetz, LGBl. für Niederösterreich Nr. 20/2003 i.d.F. LGBl. für Niederösterreich Nr. 99/2013; Oberösterreichisches Vergaberechtsschutzgesetz 2006, LGBl. für Oberösterreich Nr. 130/2006 i.d.F. LGBl. für Oberösterreich Nr. 90/2013; Salzburger Vergabekontrollgesetz 2007, LGBl. für das Land Salzburg Nr. 28/2007 i.d.F. LGBl. für das Land Salzburg Nr. 92/2013; Steiermärkisches Vergaberechtsschutzgesetz 2012, LGBl. für das Land Steiermark Nr. 80/2012 i.d.F. LGBl. für das Land Steiermark Nr. 87/2013 (dort Art. 12); Tiroler Vergabenachprüfungsgesetz 2006, LGBl. für Tirol Nr. 70/2006 i.d.F. LGBl. für Tirol Nr. 130/2013; Vorarlberger Vergabenachprüfungsgesetz, Vorarlberger LGBl. Nr. 44/2013; Wiener Vergaberechtsschutzgesetz 2014, LGBl. für Wien Nr. 37/2013. Links zu sämtlichen Landesvergabegesetzen finden sich auf folgender Internetseite des österreichischen Bundeskanzleramts: <bka.gv.at/site/ cob__16108/5100/default.aspx> (Stand: 10.04.2015).

1155 Verwaltungsgerichtsbarkeits-Novelle 2012, österreichisches BGBl. I Nr. 51/2012.

1156 *Gruber*, ZVB 2013, 181 ff. (182). Daneben finden sich weitergehende Ausführungen zur Verwaltungsgerichtsbarkeitsnovelle-2012 bei *Pabel*, ecolex 2013, 492 ff.

1157 *Gruber*, ZVB 2013, 181 ff. (182). Zu dem Erfordernis eines Tätigwerdens des einfachen Gesetzgebers auch *Pabel*, ecolex 2013, 492 ff. (494).

1158 *Gruber*, ZVB 2013, 181 ff. (182); *Sachs*, WirtschaftsBlatt v. 10.10.2013, <wirtschaftsblatt.at/archiv/printimport/1462989/Offentliche-Auftragsvergabe-ein-Fall-fur-die-Gerichte?from=suche.intern.portal> (Stand: 10.04.2015). Die zentrale Vorschrift für die Zuständigkeit des Bundesverwaltungsgerichts für Rechtsschutzbegehren gegen Auftraggeber, welche in den Vollziehungsbereich des Bundes fallen, findet sich seit der BVergG und BVergGVS Novelle 2013 (österreichisches BGBl. I, Nr. 128/2013) in § 219 BVergG 2006. Entsprechende Anpassungen an die Verwaltungsgerichtsbarkeitsnovelle-2012 erfolgten auch auf Landesebene, sodass nach den Landesvergabegesetzen in der jeweiligen auf S. 215, Fn. 1154, aufgezeigten Fassung bei Vergaben im

behalten damit ebenso wie das BVergG 2006 ihre Bedeutung, obwohl das Verfahrensrecht der Verwaltungsgerichte außerhalb des Anwendungsbereichs des Vergaberechts durch das Verwaltungsgerichtsverfahrensgesetz[1159] vereinheitlicht wurde.[1160] Denn die verfahrensrechtlichen Sondernormen des Vergaberechts gehen dem VwVGV ebenso wie dem Allgemeinen Verwaltungsverfahrensgesetz[1161] als speziellere Regelungen vor.[1162]

Vorrangig nach den speziell vergaberechtlichen Bestimmungen des BVergG 2006 und der Landesvergabegesetze bemessen sich demnach die Folgen von Vergaberechtsverstößen,[1163] sodass zunächst v.a. die Vorschriften dieser Regelwerke als Rechtsgrundlage für die Beendigung der Wirkungen unionsrechtswidriger öffentlicher Aufträge in Betracht kommen. Die Ausführungen im Folgenden beschränken sich dabei auf die Regelungen des BVergG 2006 und zwar auch soweit verfahrensrechtliche Aspekte des Rechtsschutzes relevant werden. Die Landesvergabegesetze sind dem BVergG 2006 weitgehend nachgebildet und unterscheiden sich bereits wegen der einheitlichen unionsrechtlichen Vorgaben nur geringfügig voneinander.[1164] Das Ergebnis der Untersuchung ist daher ebenso auf Auftragsvergaben im Gemeindebereich oder auf Länderebene übertragbar. Soweit weder

---

Gemeindebereich bzw. im Landesbereich nunmehr die Landesverwaltungsgerichte für die Gewährung von Rechtsschutz zuständig sind.

1159 Bundesgesetz über das Verfahren der Verwaltungsgerichte (Verwaltungsgerichtsverfahrensgesetz – VwGVG), österreichisches BGBl. I Nr. 33/2013, geändert durch das Bundesgesetz, mit dem das Verwaltungsgerichtsbarkeits-Ausführungsgesetz 2013, das Verwaltungsgerichtsverfahrensgesetz, das Verwaltungsgerichtsbarkeits-Übergangsgesetz, das Verwaltungsgerichtshofgesetz 1985, das Verfassungsgerichtshofgesetz 1953, das Amtshaftungsgesetz und das Bundesministeriengesetz 1986 geändert werden, österreichisches BGBl. I Nr. 122/2013.

1160 Zum einheitlichen Verfahrensrecht als wesentliche Errungenschaft in der Geschichte der Verwaltungsgerichte: *Sachs*, WirtschaftsBlatt v. 10.10.2013 (Internetfundstelle s.o. S. 216, Fn. 1158).

1161 Allgemeines Verwaltungsverfahrensgesetz 1991 (österreichisches BGBl. Nr. 51/1991), zuletzt geändert durch das Verwaltungsgerichtsbarkeits-Anpassungsgesetz-Inneres (österreichisches BGBl. I Nr. 161/2013). Im Folgenden: AVG.

1162 So zu den Vorschriften des BVergG *Holoubek/Holzinger*, in: *Herzig* (Hrsg.), Europarecht: Jahrbuch 2013, 195 ff. (198). Dasselbe folgt aber auch aus *Sachs*, Wirtschaftsblatt v. 10.10.2013 (Internetfundstelle s.o. S. 216, Fn. 1158).

1163 Vom Vorrang der vergaberechtlichen Sonderregelungen bei der Bewertung der Fehlerfolgen von Vergaberechtsverstößen gehen auch aus: *Rummel/Lux*, in: *Koppensteiner* (Hrsg:), Österreichisches und europäisches Wirtschaftsprivatrecht, Teil 8/3, S: 17.

1164 *Holoubek/Fuchs/Holzinger*, Vergaberecht, S. 177 und S. 40. Zu den wichtigsten landesrechtlichen Besonderheiten: *Casati/Holoubek*, BVergG 2006, S. 131 f. (Rechtslage

das Unionsrecht noch das nationale Vergaberecht besondere Vorschriften zur Beurteilung der Fehlerfolgen bereithalten, kann auf die allgemeinen Regeln des österreichischen Zivilrechts zurückgegriffen werden.[1165] Denn auch nach österreichischem Recht ist der Vertrag zwischen dem öffentlichen Auftraggeber und dem Auftragnehmer dem Zivilrecht zuzuordnen.[1166] Wiederum gilt es zu prüfen, ob ein unter Verstoß gegen die unionsrechtlichen Bestimmungen vergebener öffentlicher Auftrag nach den nationalen Vorschriften wirksam ist und hilfsweise, im Falle der Wirksamkeit der abgeschlossenen Verträge, ob Beendigungstatbestände dem öffentlichen Auftraggeber eine endgültige Beendigung der Wirkungen des unionsrechtswidrigen Vertrages ermöglichen.[1167]

2. *Unwirksamkeit vergaberechtswidriger Verträge nach den Bestimmungen des BVergG*

Wie im deutschen Vergaberecht gilt auch im österreichischen Vergaberecht *„das Prinzip der Einheit von Zuschlag und Vertragsschluss“*.[1168] Mit der Zuschlagserteilung nimmt der öffentliche Auftraggeber gemäß § 2 Ziff. 50 BVergG 2006 das

---

2006); *Pachner*, in: *Schramm/Aicher/Fruhmann/Thienel*, BVergG 2006, Nationale Rechtsgrundlagen, Rn. 21 [Stand: 9/2013].

1165 *Katary*, RPA 2004, 217 ff. (217); *Rummel*, ÖZW 1999,1 ff. (5 ff.); *Rummel/Lux*, in: *Koppensteiner* (Hrsg:), Österreichisches und europäisches Wirtschaftsprivatrecht, Teil 8/3, S. 17. Zur Spezialität des Vergaberechts gegenüber den allgemeinen zivilrechtlichen Bestimmungen: *Aicher*, in: *Schramm/Aicher/Fruhmann/Thienel*, BVergG 2006, § 340, Rn. 1, *Fink*, in: *Schwartz*, BVergG 2006, § 340, Rn. 2 und 5 [Stand: 6/2013]; *Kraus*, Der vergaberechtliche Rechtsschutz, S. 174. Die Anwendbarkeit der zivilrechtlichen Vorschriften ergibt sich auch aus den Erläuternden Bemerkungen des Gesetzgebers: EB 1171 BlgNR 22. GP zu § 2 Ziff. 48 und 49 BVergG 2006 sowie zu den §§ 133 und 134 BVergG 2006, abrufbar unter <bka.gv.at/Docs/2006/1/5/BVergG 2006 – Erläuterungen.pdf> (Stand: 10.04.2015).

1166 Statt aller BVA, Bescheid v. 25.01.2000 – F-17/98-32, S. 3, veröffentlicht im Rechtsinformationssystem des Bundeskanzleramts, <www.ris.bka.gv.at/Verg>; *Holubek/Fuchs*, in: *Schramm/Aicher/Fruhmann/Thienel*, BVergG 2006, § 2 Z 8, Rn. 2 [Stand: 8/2012]; *Katary*, RPA 2004, 217 ff. (217); *Kraus*, Der vergaberechtliche Rechtsschutz, S. 1; *Schwartz*, in: *ders.*, BVergG 2006, § 2 Rn. 43 [Stand: 6/2013]).

1167 Zu dieser Prüfungsreihenfolge s.o. 2. Abschnitt F.II, S. 185 ff.

1168 Dieselbe Übereinstimmung stellt *Adam*, WuW 2000, 260 ff. (260), fest. Ähnlich formuliert *Kraus*, Der vergaberechtliche Rechtsschutz, S. 76. Treffend spricht *Casati*, ecolex 1998, 449 ff. (450), vom *„janusköpfigen Charakter“* des Zuschlags.

Angebot des Auftragnehmers an, sodass der Vertrag zustande kommt.[1169] Auch im österreichischen Recht ist also das rechtliche Schicksal von Zuschlag und Beschaffungsvertrag untrennbar miteinander verwoben.[1170]

Mit der österreichischen Rechtslage setzte sich der EuGH im Urteil „*Alcatel Austria*"[1171] im Rahmen eines Vorabentscheidungsverfahrens eingehend auseinander:[1172] Vorrangig ging es um die Frage, ob gegen die Entscheidung des öffentlichen Auftraggebers, mit welchem Bieter er den Vertrag schließt, stets eine Rechtsschutzmöglichkeit bestehen muss, die zur Aufhebung der Entscheidung führen kann.[1173] Das österreichische Vergaberecht sah nach der damaligen Rechtslage nämlich keine Möglichkeit vor, einen einmal erteilten Zuschlag aufzuheben und verwies umgangene Bieter nach Zuschlagserteilung auf die Möglichkeit Schadensersatz zu verlangen.[1174] Gleichzeitig hatte die privatrechtliche Ausgestaltung der Auftragsvergabe mangels anderweitiger vergaberechtlicher Regelungen zur Folge, dass die Zuschlagsentscheidung, die der Zuschlagserteilung vorausgeht, ein verwaltungsinterner Akt war, der keinen besonderen Publizitätserfordernissen unterlag und von dem die Bieter folglich nur selten Kenntnis erlangten.[1175] Da die Zuschlagserteilung bereits nach damaliger Rechtslage mit dem Vertragsschluss zusammenfiel und ein nach außen sichtbarer Akt fehlte, der der Zuschlagserteilung vorausging, waren die Rechtsschutzmöglichkeiten umgangener Bieter stark

---

1169 EB 1171 BlgNR 22. GP zu § 2 Ziff. 48 und 49 (Internetfundstelle s.o. S. 218, Fn. 1165); EuGH, Urt. v. 28.10.1999 - C-81/98, Slg. 1999, I-7693 ff. (I-7710, Rn. 47 f.) - Alcatel Austria; *Aicher*, in: *Schramm/Aicher/Fruhmann/Thienel*, BVergG 2006, § 2 Z 50, Rn. 2 [Stand: 8/2012] und § 133, Rn. 5 [Stand: 9/2013]; *Casati*, ecolex 1998, 449 ff. (450); *Gast*, Das öffentliche Vergabewesen in Österreich, S. 298; *Keschmann*, in: *Heid/Preslmayr*, Handbuch Vergaberecht, Kapitel 3.11., Rn. 1564; *Kraus*, Der vergaberechtliche Rechtsschutz, S. 76; *Rummel/Lux*, in: *Koppensteiner* (Hrsg:), Österreichisches und europäisches Wirtschaftsprivatrecht, Teil 8/3, S. 32 ff.

1170 Dies macht deutlich: *Kraus*, Der vergaberechtliche Rechtsschutz, S. 76 f. Zur entsprechenden Rechtslage in Deutschland s.o. 2. Abschnitt F.III.2, S. 189.

1171 EuGH, Urt. v. 28.10.1999 - C-81/98, Slg. 1999, I-7693 ff. - Alcatel Austria.

1172 Die Entscheidung besprechen *Adam*, WuW 2000, 260 ff. (eingehend zu den Auswirkungen des Urteils auf die deutsche Rechtsordnung); *Kraus*, Der vergaberechtliche Rechtsschutz, S. 77 ff.

1173 EuGH, Urt. v. 28.10.1999 - C-81/98, Slg. 1999, I-7693 ff. (I-7703, Rn. 24, 1. Vorlagefrage und I-7705, Rn. 29).

1174 EuGH a.a.O., S. I-7702, Rn. 22; *Adam*, WuW 2000, 260 ff. (262); *Casati*, ecolex 1998, 449 ff. (449); *Kraus*, Der vergaberechtliche Rechtsschutz, S. 77; *Öhler*, Rechtsschutz bei der Vergabe öffentlicher Aufträge in der EU, S. 184.

1175 EuGH a.a.O., S. I-7709 f., Rn. 46 f.; *Casati*, ecolex 1998, 449 ff. (450); *Öhler*, Rechtsschutz bei der Vergabe öffentlicher Aufträge in der EU, S. 181 ff.

eingeschränkt.[1176] In Folge des Urteils des EuGH wurde den unionsrechtlichen Anforderungen an einen effektiven Rechtsschutz interessierter Bieter durch eine Änderung des österreichischen Vergaberechts dahingehend Rechnung getragen, dass nunmehr eine Verpflichtung zur Bekanntgabe der Zuschlagsentscheidung gegenüber den anderen Bietern, die sich am Vergabeverfahren beteiligt haben und bis zuletzt im Verfahren verblieben sind, besteht.[1177] Demgegenüber ist der privatrechtliche Charakter des Vertragsverhältnisses nach wie vor erhalten geblieben.[1178] Der Rechtsschutz interessierter Bieter wurde durch die Normierung einer 14-tägigen Stillhaltefrist für den öffentlichen Auftraggeber, beginnend mit der Bekanntgabe bzw. der Absendung der Mitteilung der Zuschlagsentscheidung, zusätzlich verstärkt.[1179] Erteilt der öffentliche Auftraggeber den Zuschlag innerhalb dieser Stillhaltefrist, so ist der Zuschlag gemäß § 132 Abs. 1 Satz 1 BVergG 2006 absolut nichtig, ohne dass es einer vorherigen Anrufung der nunmehr für die Kontrolle der Auftragsvergabe zuständigen Verwaltungsgerichte bedürfte.[1180]

1176 EuGH a.a.O., S. I-7710, Rn. 48 f.; *Casati*, ecolex 1998, 449 ff. (450); *Öhler*, Rechtsschutz bei der Vergabe öffentlicher Aufträge in der EU, S. 186.

1177 Eine entsprechende Regelung findet sich nunmehr in § 131 Satz 1 BVergG 2006 (ähnlich aber auch bereits § 100 Abs. 1 Satz 1 BVergG 2002). Das Urteil des EuGH hat für den Rechtsschutz umgangener Bieter also eine bedeutende Neuerung gebracht (*Rummel/Lux*, in: *Koppensteiner* (Hrsg.), Österreichisches und europäisches Wirtschaftsprivatrecht, Teil 8/3, S. 17). Der deutsche Gesetzgeber reagierte auf das „*Alcatel-Austria*"-Urteil des EuGH angesichts der parallelen Problematik des Zusammenfallens von Vertragsschluss und Zuschlag im deutschen Vergaberecht ebenfalls mit der Normierung einer Vorabinformationspflicht, deren Verletzung zur Vertragsnichtigkeit führen sollte (§ 13 VgV in der bis zum 24.04.2009 geltenden Fassung): *Storr*, SächsVBl 2008, 60 ff. (60).

1178 Siehe nur EB 1171 BlgNR 22. GP zu § 2 Ziff. 48 und 49 BVergG 2006 (Internetfundstelle s.o. S. 218, Fn. 1165). Diese Gesetzeslage entspricht der Forderung von *Öhler*, Rechtsschutz bei der Vergabe öffentlicher Aufträge in der EU, S. 186, nach einer Sicherstellung der Publizität der Zuschlagsentscheidung ohne Durchbrechung des Systems der privatrechtlich organisierten Auftragsvergabe.

1179 § 132 Abs. 1 Satz 1 BVergG 2006 (ähnlich bereits § 100 Abs. 2 Satz 1 BVergG 2002).

1180 *Aicher*, in: *Schramm/Aicher/Fruhmann/Thienel*, § 132 BVergG 2006, Rn. 3 [Stand: 9/2013]; *Kraus*, Der vergaberechtliche Rechtsschutz, S. 94 f. Zur insoweit überschießenden Umsetzung der RL 2007/66/EG auch *Stalzer/Porsch*, ZVB 2009, 203 ff. (204 f.). Diese materiellrechtliche Regelung gilt auch für Vergaben im Gemeindebereich bzw. auf Länderebene (ähnlich *Hornbanger*, in: *Griller/Holoubek* (Hrsg.), Grundfragen des BVergG 2002, S. 111 ff. (111); *Holoubek/Fuchs/Holzinger*, Vergaberecht, S. 39; *Pachner*, in: *Schramm/Aicher/Fruhmann/Thienel*, BVergG 2006, Nationale Rechtsgrundlagen, Rn. 2 ff., 6 und 21 [Stand: 9/2013]: dort jeweils allgemein zur Vereinheitlichung des

§ 132 Abs. 1 Satz 1 BVergG 2006 ist im österreichischen Vergaberecht eine der wenigen Bestimmungen, die eine Unwirksamkeit von Beschaffungsverträgen *„ex lege"* anordnet, ohne dass eine Entscheidung der Verwaltungsgerichte erforderlich ist.[1181] Dieselbe Rechtsfolge sah § 100 Abs. 1 Satz 3 BVergG 2002[1182] bei einem Verstoß gegen die Verpflichtung zur Mitteilung der Zuschlagsentscheidung vor.[1183] Teilweise plädierten Stimmen für die entsprechende Anwendung dieser Vorschrift auf Sachverhalte, in denen ein öffentlicher Auftrag entgegen der gesetzlichen Vorschriften freihändig vergeben wurde und folglich eine öffentliche Bekanntmachung der Auftragsvergabe unterblieben ist.[1184] Zur Begründung wurde angeführt, dass die unterlassene öffentliche Bekanntmachung stets auch mit einem Verstoß gegen die Pflicht zur Mitteilung der Zuschlagsentscheidung einhergehe und damit eine Verkürzung des vergaberechtlichen Rechtsschutzes

---

materiellen Vergaberechts durch das BVergG 2002 bzw. BVergG 2006 und den in den Landesvergabegesetzen verbleibenden Regelungen). Kritisch zur Nichtigkeitssanktion bei Verstößen gegen die Stillhaltefrist ab Bekanntgabe der Zuschlagsentscheidung: *Rummel/Lux*, in: *Koppensteiner* (Hrsg:), Österreichisches und europäisches Wirtschaftsprivatrecht, Teil 8/3, S. 41 ff. Ähnliche Regelungen enthalten § 141 Abs. 7 Satz 1 BVergG 2006 (nicht prioritäre Dienstleistungsaufträge), § 145 Abs. 2 Satz 3 BVergG 2006 (*„Verfahren zur Vergabe von Aufträgen durch Baukonzessionäre, die keine Auftraggeber sind"*), § 151 Abs. 4 Satz 1 BVergG 2006 bzw. § 197 Abs. 4 BVergG 2006 (Sektorenauftraggeber beim Abschluss von Rahmenvereinbarungen).

1181 Ähnlich *Aicher*, in: *Schramm/Aicher* (Hrsg.), Vergaberecht und PPP VI, S. 193 ff. (197 f.); *Rummel/Lux*, in: *Koppensteiner* (Hrsg:), Österreichisches und europäisches Wirtschaftsprivatrecht, Teil 8/3, S. 17, insbesondere Fn. 12. Ersterer Autor grenzt die Fälle der *„ex lege eintretenden Nichtigkeit"* (*Aicher* a.a.O., 197) von der mit der BVergG-Novelle 2009 (österreichisches BGBl. I Nr. 15/2010) neu eingeführten *„bescheidmäßigen Nichtigerklärung"* (*Aicher* ebda) eines Vertrages ab. Eine weitere Bestimmung, die *„ex lege"* die Nichtigkeit einer Zuschlagserteilung bzw. einer Rahmenvereinbarung anordnet, findet sich in § 328 Abs. 5 Satz 3 Ziff. 1 BVergG 2006: Wird ein Antrag auf Untersagung der Zuschlagserteilung oder des Abschlusses einer Rahmenvereinbarung gestellt und die Suspensivwirkung eines solchen Antrags nicht beachtet, so wird dies mit der absoluten Nichtigkeit des dennoch abgeschlossenen Vertrages sanktioniert (dazu *Aicher* a.a.O., S. 197 f.; *Thienel*, in: *Schramm/Aicher/Fruhmann/Thienel*, BVergG 2006, § 312, Rn. 55/2 [Stand: 8/2012]).

1182 Ebenso auch noch § 132 Abs. 2 BVergG 2006 i.d.F. österreichisches BGBl. I Nr. 17/2006 (zu dieser Vorschrift *Gast*, Das öffentliche Vergabewesen in Österreich, S. 294 f.).

1183 Dazu noch *Aicher*, in: *Schramm/Aicher* (Hrsg.), Vergaberecht und PPP VI, S. 193 ff. (198), dort zu § 132 Abs. 2 BVergG 2006 i.d.F. österreichisches BGBl. I Nr. 17/2006.

1184 So etwa *Pock*, RPA 2003, 27 ff. (30 f.).

bedeute.[1185] Gegen diese Rechtsansicht wurde vorgetragen, dass nach dem eindeutigen Wortlaut der vergaberechtlichen Vorschriften die Nichtigkeitsfolge nur bei einer unterlassenen Mitteilung der Zuschlagsentscheidung eintreten solle.[1186] Die Wahl der Verfahrensart gehe der Mitteilung der Zuschlagserteilung zeitlich voraus, sodass die Nichtigkeit der rechtswidrigen Verfahrenswahl nicht vom Normzweck gedeckt sei.[1187]

Bereits nach damaliger Rechtslage überzeugt die Ansicht nicht, die eine Nichtigkeit „*ex lege*“ auch im Falle der unterlassenen Bekanntmachung eines öffentlichen Auftrags bejahte. Das BVergG 2002 ordnete nur bei bestimmten Vergaberechtsverstößen ausdrücklich die Nichtigkeit des Vertrages an.[1188] Dies lässt erkennen, dass der Gesetzgeber im Übrigen von der Wirksamkeit vergaberechtswidriger Verträge ausging.[1189] Für Verstöße gegen die Verpflichtung zur vorherigen Bekanntmachung des öffentlichen Auftrags bzw. den vorherigen Aufruf zum Wettbewerb sieht § 334 Abs. 2 Satz 1 i.V.m. § 312 Abs. 3 Ziff. 3 BVergG 2006 seit der BVergG-Novelle 2010[1190] die Vertragsnichtigkeit nunmehr unter folgenden Voraussetzungen vor: Die für die Kontrolle der Auftragsvergabe zuständige Stelle hat auf Antrag eines Bieters nach § 331 Abs. 1 Nr. 2 BVergG 2006 einen entsprechenden Vergaberechtsverstoß festgestellt und den Vertrag in der Folge für nichtig erklärt.[1191] An dieselben Voraussetzungen knüpft § 334 Abs. 2 Satz 1 i.V.m. § 312 Abs. 3 Ziff. 4 BVergG 2006 seither auch die Nichtigkeit im Falle der unterlassenen Mitteilung der Zuschlagsentscheidung.[1192] Eine Nichtigkeit „*ex lege*“ ist bei öffentlichen Aufträgen, die auf einer rechtswidrigen freihändigen Vergabe beruhen, demnach endgültig ausgeschlossen.

1185 *Pock* a.a.O., S. 30.

1186 *Schramm/Öhler*, in: *Schramm/Aicher/Fruhmann/Thienel*, BVergG 2002, § 23, Rn. 130.

1187 Ebda.

1188 Dies stellt zur Rechtslage unter dem BVergG 2002 allgemein fest: *Rummel/Lux*, in: *Koppensteiner* (Hrsg:), Österreichisches und europäisches Wirtschaftsprivatrecht, Teil 8/3, S. 17.

1189 Ähnlich *Rummel/Lux* a.a.O., S. 50; *Holoubek*, ecolex 1997, 200 ff. (200, Fn. 4); *Schramm/Öhler*, in: *Schramm/Aicher/Fruhmann/Thienel*, BVergG 2002, § 23, Rn. 129 f.

1190 Österreichisches BGBl I 15/2010.

1191 *Kraus*, Der vergaberechtliche Rechtsschutz, S. 66 f. Zu der Regelung auch *Mandl*, in: *Schwartz*, BVergG 2006, § 334, Rn. 3; *Thienel*, in: *Schramm/Aicher/Fruhmann/Thienel*, BVergG 2006, § 312, Rn. 55/1 [Stand: 8/2012].

1192 *Aicher*, in: *Schramm/Aicher* (Hrsg.), Vergaberecht und PPP VI, S. 193 ff. (198); *Kraus*, Der vergaberechtliche Rechtsschutz, S. 67 und 95 f.; *Walther/Hauck*, in: *Heid/Preslmayr*, Handbuch Vergaberecht, Kapitel 4.2.2., Rn. 1763.

Zusammenfassend lässt sich festhalten, dass ein Beschaffungsvertrag, der entgegen der gesetzlichen Vorgaben ohne vorherige öffentliche Bekanntmachung des Auftrags an ein Unternehmen vergeben wurde, nach österreichischem Vergaberecht allenfalls dann unwirksam ist, wenn diese Rechtsfolge in einem Feststellungsverfahren angeordnet wurde.[1193] Das österreichische Vergaberecht stellt daher den öffentlichen Auftraggebern keine Rechtsgrundlage zur Verfügung, um die Durchführung eines auf einem entsprechenden Vergabefehler beruhenden Vertrags zu verweigern, sofern er nicht zuvor in einem Feststellungsverfahren für nichtig erklärt wurde.

3. *Nichtigkeit nach den allgemeinen Regeln des österreichischen Zivilrechts*

Gemäß § 340 BVergG 2006 bleiben u.a. die nach anderen Rechtsvorschriften bestehenden *„Rücktritts- und andere Gestaltungsrechte“*[1194] von den vergaberechtlichen Sondervorschriften unberührt. Auch die allgemeinen Anfechtungs- und Nichtigkeitstatbestände der §§ 870 f. ABGB (vorsätzliche Täuschung, Drohung oder Irrtum) und § 879 ABGB (Verstoß gegen ein Verbotsgesetz oder Sittenwidrigkeit) werden von der Regelung erfasst und bleiben daher *„im Übrigen“*[1195], d.h. soweit keine Sonderregelungen greifen, anwendbar.[1196] Die Nichtigkeit vergaberechtswidriger Verträge wurde zumindest vor der BVergG-Novelle 2010 teilweise als Folge des Verstoßes gegen ein Verbotsgesetz nach § 879 Abs. 1 1. Alt. ABGB diskutiert,[1197] teilweise aber auch als Rechtsfolge der Sittenwidrigkeit entsprechender Verträge gemäß § 879 Abs. 1 2. Alt. ABGB.[1198]

1193 Zu demselben Ergebnis gelangte bereits *Aicher*, in: *Schramm/Aicher* (Hrsg.), Vergaberecht und PPP VI, S. 193 ff. (201).

1194 So der Wortlaut des § 340 BVergG 2006.

1195 Ebda.

1196 *Fink*, in: *Schwartz*, BVergG 2006, § 340, Rn. 2 und 5 [Stand: 6/2013]; *Rummel*, ÖZW 1999, 1 ff. (6 f.). Insbesondere zur Anwendbarkeit des § 879 BGB auf öffentliche Aufträge: *Eilmansberger*, JBl 2001, 562 ff. (573 f.); *Katary*, RPA 2004, 217 ff. (217); *Rummel/Lux*, in: *Koppensteiner* (Hrsg:), Österreichisches und europäisches Wirtschaftsprivatrecht, Teil 8/3, S. 17 f.

1197 *Eilmansberger*, JBl 2001, 562 ff. (573 f.); *Rummel/Lux*, in: *Koppensteiner* (Hrsg:), Österreichisches und europäisches Wirtschaftsprivatrecht, Teil 8/3, S. 17 f. und 50 ff.

1198 Zur Sittenwidrigkeit eines Beschaffungsvertrages wegen unzulässiger Direktvergabe: VwGH, Erkenntnis v. 26.04.2007 – 2005/04/0222, ZVB 2008, 28 ff. (32, verneinend); BVA, Bescheid v. 06.09.2005 – 06N-72/05-27, ZVB 2005, 99 ff. (bejahend); *Götzl/Möller*, RPA 2008, 66 ff. (74).

a) Nichtigkeit nach § 879 Abs. 1 1. Alt. ABGB (Verbotsgesetz)

Voraussetzung der Nichtigkeit wegen Verstoßes gegen ein Verbotsgesetz nach § 879 Abs. 1 1. Alt. ABGB ist, dass „*diese Rechtsfolge ausdrücklich normiert ist oder der Verbotszweck die Ungültigkeit des Geschäftes notwendig verlangt.*“[1199] In der österreichischen Literatur wurde vereinzelt die Ansicht vertreten, das BVergG sei ein Schutzgesetz im Sinne des § 879 ABGB.[1200] Dies habe zur Folge, dass der Zuschlag selbst zwar nicht ungültig werde, Vertragsklauseln, die gegen das BVergG verstoßen, jedoch nichtig seien, sofern ein Vergaberechtsverstoß vorliege, der Auswirkungen auf den Leistungsvertrag habe.[1201] Die Anwendbarkeit der Nichtigkeitsfolge des § 879 Abs. 1 ABGB sei bereits erforderlich, um den Wettbewerbsschutz und damit den Normzweck des BVergG zu erreichen.[1202]

Die Konzeption des BVergG 2006 als Schutzgesetz, an dessen Verletzung die Nichtigkeitsfolge des § 879 Abs. 1 ABGB anknüpft, widerspricht indes der Systematik des BVergG 2006.[1203] Dieses geht, wie bereits das BVergG 2002, grundsätzlich von der Wirksamkeit vergaberechtswidriger Verträge aus und ordnet nur für bestimmte Vergaberechtsverstöße die Nichtigkeit des Vertrages an.[1204] Würde

---

1199 OGH, Urt. v. 30.06.2003 – 7Ob135/03h, JBl 2004, 107 ff. (108). Ähnlich *Apathy/Riedler*, in: *Schwimann*, ABGB, Band 4, § 879, Rn. 3; *Bollenberger*, in: *Koziol/Bydlinski/Bollenberger*, ABGB, § 879, Rn. 3; *Graf*, RdW 2010, 3 ff. (3); *Krejci*, in: *Rummel*, ABGB, 1. Band, § 879, Rn. 25 ff.

1200 So etwa *König*, RdW 1996, 51 ff. (52 ff.). A.a., eine Nichtigkeit nach § 879 Abs. 1 ABGB im Falle der Vergaberechtswidrigkeit eines Vertrages ohne Hinzutreten weiterer Umstände verneinend: *Holoubek*, ecolex 1997, 200 ff. (200, Fn. 4); *Rummel*, ÖZW 1999, 1 ff. (7); *Rummel/Lux*, in: *Koppensteiner* (Hrsg:), Österreichisches und europäisches Wirtschaftsprivatrecht, Teil 8/3, S. 50.

1201 *König*, RdW 1996, 51 ff. (53, 54 und 56). Keine Auswirkungen auf den Leistungsvertrag haben nach Ansicht dieses Autors allerdings „*Rein verfahrensrechtliche Fragen wie zum Beispiel die Wahl des Vergabeverfahrens […]*“ (*König* a.a.O., S. 51 sowie ähnlich formuliert S. 53).

1202 *König* a.a.O., S. 52.

1203 Ähnlich *Rummel*, ÖZW 1999, 1 ff. (7); *Rummel/Lux*, in: *Koppensteiner* (Hrsg:), Österreichisches und europäisches Wirtschaftsprivatrecht, Teil 8/3, S. 50. Ein ähnliches Argument bringt allgemein gegen die Anwendbarkeit des § 879 ABGB im Anwendungsbereich des § 334 BVergG 2006 vor: *Kraus*, Der vergaberechtliche Rechtsschutz, S. 208 und 174 (zuletzt insbesondere für Direktvergaben).

1204 Ähnlich argumentieren *Eilmansberger*, JBl 2001, 562 ff. (573); *Holoubek*, ecolex 1997, 200 ff. (200, Fn. 4); *Rummel/Lux*, in: *Koppensteiner* (Hrsg:), Österreichisches und europäisches Wirtschaftsprivatrecht, Teil 8/3, S. 50; *Schramm/Öhler*, in: *Schramm/Aicher/Fruhmann/Thienel*, BVergG 2002, § 23, Rn. 129 f. Die Argumentation ist dieselbe, die auch im deutschen Recht gegen die pauschale Anwendbarkeit der Nichtigkeitsfolgen

jeder Verstoß gegen die vergaberechtlichen Bestimmungen mit Auswirkungen auf den Leistungsvertrag die Nichtigkeitsfolge des § 879 Abs. 1 1. Alt. ABGB auslösen, wären diese vergaberechtlichen Sonderregelungen überflüssig.[1205] Mit der ausdrücklichen Normierung der Nichtigkeitssanktion hinsichtlich einzelner Vergaberechtsverstöße hat der Gesetzgeber daher zum Ausdruck gebracht, dass der Gesetzeszweck der Vergaberechtsvorschriften gerade keine Nichtigkeit der abgeschlossenen Verträge im Falle jedweder Vergaberechtswidrigkeit gebietet.[1206] Zwar eröffnet § 340 BVergG 2006 auch die Möglichkeit zum Rückgriff auf den allgemeinen Nichtigkeitstatbestand des § 879 Abs. 1 1. Alt. ABGB,[1207] weshalb einzelne Vorschriften des BVergG 2006 durchaus als Verbotsgesetze in Betracht kommen.[1208] Für die unterbliebene öffentliche Bekanntmachung der Auftragsvergabe als Folge der rechtswidrigen Wahl des Vergabeverfahrens, die regelmäßig eine unbedingte Beendigungspflicht auslöst,[1209] hat sich der Gesetzgeber jedenfalls mit den Vorschriften der §§ 331 Abs. 1 Nr. 2, 334 Abs. 2 Satz 1, 312 Abs. 3 Ziff. 3 BVergG 2006 für eine ausdrückliche Normierung der Nichtigkeitsfolge entschieden.[1210] Die Auftragsvergabe ohne vorherige Bekanntmachung bzw. ohne vorherigen Aufruf zum Wettbewerb kann nach diesen Bestimmungen

---

der §§ 134 und 138 BGB auf vergaberechtswidrige Verträge spricht (s.o. 2. Abschnitt F.III.3, S. 193 ff.) und bereits gegen eine Nichtigkeit unzulässiger Direktvergaben in Anwendung des § 100 Abs. 1 Satz 3 BVergG 2002 vorgebracht wurde (s.o. 2. Abschnitt F.IV.2, S. 218).

1205 *Rummel*, ÖZW 1999, 1 ff. (7).

1206 Ebda.

1207 S.o. 2. Abschnitt F.IV.3, S. 223, Fn. 1196.

1208 Insoweit bedarf es allerdings einer differenzierten Untersuchung der jeweilig betroffenen vergaberechtlichen Bestimmungen (so bereits *Holoubek*, ecolex 1997, 200 ff. (S. 200, Fn. 4)). Eine solche Untersuchung unternimmt *Graf*, RdW 2010, 3 ff., für die Regelung des § 78 Abs. 3 BVergG 2006 (ex § 79 Abs. 3). Der Autor gelangt zu der Auffassung, die Vorschrift sei insoweit als Verbotsgesetz im Sinne des § 879 Abs. 1 1. Alt. ABGB ausgestaltet, als sie verbiete, die Ausschreibungsunterlagen so auszugestalten, dass die Preise nur durch Übernahme unkalkulierbarer Risiken ermittelt werden könnten. Des Weiteren verstehen *Rummel/Lux*, in: *Koppensteiner* (Hrsg:), Österreichisches und europäisches Wirtschaftsprivatrecht, Teil 8/3,S. 51 f., die vergaberechtlichen Verpflichtungen dann als gesetzliche Verbote, wenn ein Vertrag zwischen den Vertragsparteien einvernehmlich abweichend von der Ausschreibung abgeschlossen wurde.

1209 S.o. 2. Abschnitt E.III, S. 139 ff.

1210 Ähnlich argumentiert *Kraus*, Der vergaberechtliche Rechtsschutz, S. 208.

und den entsprechenden Bestimmungen in den Landesvergabegesetzen[1211] nur im Falle einer entsprechenden Feststellung und Anordnung durch das Bundesverwaltungsgericht bzw. die Landesverwaltungsgerichte zu einer Nichtigkeit des Vertrages führen.[1212] Diese vergaberechtliche Sonderregelung geht der allgemeinen zivilrechtlichen Regelung des § 879 Abs. 1 1. Alt. ABGB vor.[1213]

b) Nichtigkeit nach § 879 Abs. 1 2. Alt. ABGB (Sittenwidrigkeit)

Ähnliche Argumente sprechen auch gegen eine generelle Nichtigkeit vergaberechtswidriger Verträge wegen Sittenwidrigkeit nach § 879 Abs. 1 2. Alt. ABGB: Bereits aus der Systematik des BVergG folgt, dass nicht jedweder Vergaberechtsverstoß den Vorwurf der Sittenwidrigkeit begründet und damit die Nichtigkeitsfolge des § 879 Abs. 1 ABGB auslöst.[1214] Anderenfalls liefe die Normierung von Nichtigkeitssanktionen hinsichtlich einzelner Vergaberechtsverstöße ins Leere.[1215] Zudem wird auch die Subsumtion unter den Tatbestand der Sittenwidrigkeit bei einem vergaberechtswidrigen Vertrag ohne Hinzutreten weiterer

---

1211 Z.B. §§ 24 Abs. 1 Nr. 2, 6 Abs. 3 Nr. 3, § 27 Abs. 2 Satz 1 Kärntner Vergaberechtsschutzgesetz 2014, LGBl. für Kärnten Nr. 95/2013 (entsprechende Vorschriften enthalten aber auch die übrigen im 2. Abschnitt F.IV.1., S. 215, Fn. 1154, genannten Landesvergabegesetze).

1212 Entsprechend zur Rechtslage unter BVergG 2006 i.d.F. österreichisches BGBl. I 17/2006 v. 31.01.2006, übereinstimmend mit der damaligen Rechtslage noch von der Zuständigkeit der Vergabekontrollbehörden ausgehend, *Hornbanger*, ecolex 2006, 95 ff. (96). Demgegenüber konstatiert *Eilmansberger*, JBl 2001, 562 ff. (574), zur Rechtslage unter BVergG 1997 noch, dass die unterlassene Durchführung eines Vergabewettbewerbs mangels Ausschreibung einen schweren Unionsrechtsverstoß begründe, dem nicht mit dem vergaberechtlichen Rechtsschutzinstrumentarium begegnet werden könne und der zu einer Nichtigkeit nach § 879 ABGB (im Zweifel *ex nunc*) führen müsse.

1213 Zum Vorrang des Vergaberechts vor den allgemeinen Bestimmungen des österreichischen Zivilrechts s.o. 2. Abschnitt F.IV.1, S. 214, Fn. 1165.

1214 Im Ergebnis ebenso *Rummel/Lux*, in: *Koppensteiner* (Hrsg:), Österreichisches und europäisches Wirtschaftsprivatrecht, Teil 8/3, S. 50. Aufgrund der Gesetzessystematik legt auch *Eilmansberger*, JBl 2001, 562 ff. (573), grundsätzlich eine Zurückhaltung bei der Anwendung des § 879 ABGB im Vergaberecht nahe. Auch *Kraus*, Der vergaberechtliche Rechtsschutz, S. 208, begründet letztlich mit der Gesetzessystematik des BVergG 2006 die Unanwendbarkeit des § 879 ABGB im Anwendungsbereich des § 334 BVergG 2006.

1215 In Anlehnung an *Rummel*, ÖZW 1999, 1 ff. (dort vorrangig als Argument gegen die Einordnung der Vergabegesetze als Schutzgesetze zugunsten der Bieter, deren Verletzung die Nichtigkeitsfolge des § 879 Abs. 1 1. Alt. ABGB auslösen könnte).

Umstände nicht gelingen: Ein Rechtsgeschäft ist nämlich nur dann sittenwidrig, wenn es „*offenbar rechtswidrig ist, also ungeschriebenes Recht - insbesondere allgemeine und oberste Rechtsgrundsätze - verletzt.*“[1216] Ob dies der Fall ist, muss unter Berücksichtigung der betroffenen schutzwürdigen Interessen und des Gesamtcharakters der Vereinbarung beurteilt werden.[1217] Ein bloßer vorsätzlicher Gesetzesverstoß verwirklicht den Tatbestand der Sittenwidrigkeit jedenfalls nicht.[1218]

Um der Systematik des BVergG 2006, aber auch den tatbestandlichen Anforderungen des § 879 Abs. 1 2. Alt. ABGB gerecht zu werden, ist der Maßstab für die Sittenwidrigkeit öffentlicher Aufträge im österreichischen Recht demnach ähnlich hoch anzulegen wie im deutschen Recht:[1219] Ein öffentlicher Auftrag ist auch in den Fällen der rechtswidrigen freihändigen Vergabe allenfalls dann nach § 879 Abs. 1 2. Alt. ABGB sittenwidrig, wenn die Tatsachen, die den Vergaberechtsverstoß begründen, offenkundig sind und den Vertragsparteien die Sittenwidrigkeit ihrer Handlung im Sinne eines kollusiven Zusammenwirkens zum Nachteil Dritter zur Last gelegt werden kann.[1220] Insbesondere in Konstellationen, in welchen

---

1216 VwGH, Erkenntnis v. 26.04.2007 – 2005/04/0222, ZVB 2008, 28 ff. (32); *Apathy/Riedler*, in: *Schwimann*, ABGB, Band 4, § 879, Rn. 8. Ähnlich *Bollenberger*, in: *Koziol/Bydlinski/Bollenberger*, ABGB, § 879, Rn. 5; *Krejci*, in: *Rummel*, ABGB, 1. Band, § 879, Rn. 49 ff.

1217 VwGH, Erkenntnis v. 26.04.2007 – 2005/04/0222, ZVB 2008, 28 ff. (32); *Apathy/Riedler*, in: *Schwimann*, ABGB, Band 4, § 879, Rn. 8; *Krejci*, in: *Rummel*, ABGB, 1. Band, § 879, Rn. 49.

1218 *Bollenberger*, in: *Koziol/Bydlinski/Bollenberger*, ABGB, § 879, Rn. 5; *Krejci*, in: *Rummel*, ABGB, 1. Band, § 879, Rn. 25.

1219 Zu der entsprechenden Problematik im deutschen Recht s.o. 2. Abschnitt F.III.3.b), S. 196 f.

1220 Dieselben Voraussetzungen stellt auch das BVA an den Eintritt der Nichtigkeitsfolge des § 879 Abs. 1 ABGB: BVA, Bescheid v. 06.09.2005 – 06N-72/05-27, ZVB 2005, 99 ff. (Rn. 15). Das BVA (ebda) bejahte die Nichtigkeit eines Vertrages nach § 879 Abs. 1 ABGB, der ohne vorherige öffentliche Bekanntmachung unmittelbar mit einem Unternehmen abgeschlossen wurde und führte aus, dass für die beteiligten Vertragsparteien bei Vertragsschluss „*kein rechtlich relevanter Zweifel bestehen konnte, dass unter den vorliegenden Rahmenbedingungen ein unmittelbarer Vertragsabschluss – unter Berufung auf welche rechtliche Basis bzw [sic] unter Zugrundelegung welches Vergabeverfahrens auch immer – nicht nur schlicht rechtswidrig, sondern offenkundig unzulässig war und weiters ihr Gesamtverhalten insbesondere ein sittenwidriges Zusammenwirken darstellen würde.*“ Demgegenüber verlangen *Götzl/Möller*, RPA 2008, 66 ff. (74), lediglich nach der Kenntnis bzw. dem Kennenmüssen der den Vergaberechtsverstoß begründenden Tatsachen. Ähnlich wie Letztere auch *Rummel/Lux*, in: *Koppensteiner*

den Vertragsparteien die Vergaberechtswidrigkeit eines Beschaffungsvertrages erst nach Vertragsschluss bewusst wird, scheidet die Nichtigkeitsfolge des § 879 Abs. 1 2. Alt. ABGB hingegen aus.[1221]

4. *Die Beendigungstatbestände des österreichischen Zivilrechts*

Öffentliche Aufträge, die unter Verstoß gegen die Bestimmungen zum öffentlichen Auftragswesen, insbesondere gegen die Pflicht zur vorherigen Bekanntmachung des öffentlichen Auftrags vergeben wurden, sind nach österreichischem Recht regelmäßig wirksam, sofern nicht eine entsprechende Entscheidung eines Verwaltungsgerichts vorliegt.[1222] Die österreichische Exekutive muss daher auf einen Beendigungstatbestand zurückgreifen, um alle Wirkungen der unionsrechtswidrigen Auftragsvergabe für die Zukunft endgültig zu beenden.

Wiederum kommt zunächst die einvernehmliche Aufhebung des unionsrechtswidrigen Vertrages in Betracht.[1223] Auch dem österreichischen Zivilrecht liegt das durch § 859 ABGB anerkannte Prinzip der Privatautonomie zugrunde,[1224] dem nach h.M. Verfassungsrang zukommt.[1225] Den Parteien eines Beschaffungsvertrages steht es daher jederzeit frei, einen Aufhebungsvertrag abzuschließen.[1226] Wie bei der vertraglichen Vereinbarung von Gestaltungsrechten ist der öffentliche

---

(Hrsg:), Österreichisches und europäisches Wirtschaftsprivatrecht, Teil 8/3, S. 50, dieser allerdings bereits im Jahre 2003 und damit ohne Berücksichtigung der Änderungen durch BVergG 2006. Dasselbe gilt für *Rummel*, ÖZW 1999, 1 ff. (7) und *Eilmansberger*, JBl 2001, 562 ff. (574), welche unter der jeweils geltenden Rechtslage die Ansicht vertraten, dass zumindest bei Vergabefehlern, die auf der rechtswidrigen Wahl des Vergabeverfahrens beruhten, aus der Evidenz der den Vergaberechtsverstoß begründenden Tatsachen ohne weiteres die Nichtigkeit des geschlossenen Vertrages folgen sollte.

1221 Ähnlich zu § 138 BGB: *Scharen*, in: *Willenbruch/Wieddekind*, Vergaberecht, 20. Los, Art. 258, Rn. 69.

1222 S.o. 2. Abschnitt F.IV.2 und 3, S. 218 ff. Zu einem ähnlichen Ergebnis gelangen nach der Rechtslage unter BVergG 2002 *Rummel/Lux*, in: *Koppensteiner* (Hrsg:), Österreichisches und europäisches Wirtschaftsprivatrecht, Teil 8/3, S. 54.

1223 Zu den entsprechenden Überlegungen für das deutsche Recht s.o. 2. Abschnitt F.III.4, S. 197 f.

1224 *Apathy/Riedler*, in: *Schwimann*, ABGB, Band 4, § 859, Rn. 2; *Rummel*, in: *ders.*, ABGB, 1. Band, § 859, Rn. 15.

1225 *Rummel* ebda; *Korinek/Holoubek*, Grundlagen staatlicher Privatwirtschaftsverwaltung, S. 134: jeweils mit weiteren Nachweisen.

1226 Zur grundsätzlichen Zulässigkeit von Aufhebungsverträgen im österreichischen Zivilrecht: *Rummel* a.a.O., Rn. 25.

Auftraggeber jedoch auch beim Abschluss eines Aufhebungsvertrages auf die Mitwirkung des Auftragnehmers angewiesen.[1227] Auch für das österreichische Recht gilt daher, dass nur ein gesetzlich verankerter Beendigungstatbestand dem öffentlichen Auftraggeber die Beendigung der Wirkungen eines vergaberechtswidrigen Vertrages in jedem Einzelfall ermöglicht.

a) Keine Kündbarkeit von „Zielschuldverhältnissen"[1228]

In der österreichischen Literatur wurde die Kündbarkeit unionsrechtswidriger Vergabeverträge nach den allgemeinen Regeln des österreichischen Zivilrechts, soweit ersichtlich, bisher nicht ausführlich untersucht. Vereinzelt findet sich der Hinweis, dass das Zivilrecht keine Möglichkeiten zur Beendigung laufender öffentlicher Aufträge wegen der Unionsrechtswidrigkeit biete.[1229] Die österreichische Rechtsordnung gehe vielmehr vom *„rechtlichen Prinzip der Vertragszuhaltung"*

1227 S.o. 2. Abschnitt F.II, S. 185, Fn. 981: Dort als Argument dafür, dass die Möglichkeit zum Abschluss eines Aufhebungsvertrages nach nationalem Recht zur Umsetzung des Art. 73 RL 2014/23/EU nicht ausreicht. Zu den entsprechenden Überlegungen für das deutsche Recht s.o. 2. Abschnitt F.III.4, S. 197 f.

1228 Dieser in der österreichischen Literatur geläufige Begriff findet sich etwa bei *Apathy/Riedler*, in: *Schwimann*, ABGB, Band 4, § 859, Rn. 21; *Bollenberger*, in: *Koziol/Bydlinski/Bollenberger*, ABGB, § 859, Rn. 7; *Rummel*, in: *ders.*, ABGB, 1. Band, § 859, Rn. 28. Demgegenüber spricht *Gschnitzer*, in: *Klang/Gschnitzer*, ABGB, 4. Band, 1. Halbband, § 859, S. 25 ff., noch von *„vorübergehenden Leistungen bzw. Schuldverhältnissen"* in Abgrenzung zu Schuldverhältnissen auf dauernde Leistung.

1229 So etwa *Bauer L.*, ZVB 2005, 264 ff. (267). Demgegenüber findet sich bei *Kraus*, Der vergaberechtliche Rechtsschutz, S. 144, zumindest ein kurzer Verweis darauf, dass der öffentliche Auftraggeber bei Dauerschuldverhältnissen nach nationalem Recht die Möglichkeit habe, sich vom Vertragsverhältnis durch Rückgriff auf vertraglich vorgesehene Kündigungsmöglichkeiten oder die Kündigung aus wichtigem Grund zu lösen (*dies.* a.a.O., S. 151 ff., verneint eine unionsrechtliche Beendigungspflicht im Ergebnis allerdings wohl). Häufiger als zivilrechtliche Möglichkeiten zur Auflösung eines unionsrechtswidrigen öffentlichen Auftrags wurde in der Vergangenheit die Unwirksamkeit nach den allgemeinen zivilrechtlichen Nichtigkeitstatbeständen, insbesondere nach § 879 Abs. 1 ABGB diskutiert (siehe die Nachweise im 2. Abschnitt F.IV.3., S. 223 ff.). Zu einer vertieften Erörterung der österreichischen zivilrechtlichen Möglichkeiten zur Beendigung entsprechender Verträge veranlasste auch das Urteil des EuGH vom 28.10.1999 – C-328/96, Slg. 1999, I-7503 ff. – St. Pölten, nicht. Dieses befasste sich mit der unionsrechtswidrigen Vergabe öffentlicher Aufträge zur Errichtung des Regierungsviertels in St. Pölten. In diesem Zusammenhang warfen zwar unterschiedliche Autoren die Frage nach der Pflicht zur Rückabwicklung der Verträge auf, beließen es jedoch im Wesentlichen bei der Feststellung, dass der

aus.[1230] Der pauschale Verweis auf dieses rechtliche Grundprinzip überzeugt indes nicht, denn der österreichische Gesetzgeber differenziert: Während dem ABGB die Kündigung von Zielschuldverhältnissen fremd ist, gilt dies für Dauerschuldverhältnisse nicht.[1231] Zielschuldverhältnisse sind in Abgrenzung zu Dauerschuldverhältnissen Verträge, die eine einmalige Leistung zum Gegenstand haben und mit der Leistungserbringung enden.[1232] Bei Zielschuldverhältnissen richtet sich die Dauer des Schuldverhältnisses folglich nach der zu erbringenden Leistung, während beim Dauerschuldverhältnis solange Leistungen zu erbringen sind, als das Schuldverhältnis andauert.[1233] Allerdings können auch Schuldverhältnisse, die formal gesehen als Zielschuldverhältnisse einzustufen sind, jedoch eine längere Vertragslaufzeit haben, aufgrund des Dauermoments nach einer den Dauerschuldverhältnissen vergleichbaren Interessenwertung verlangen.[1234] Denn auch bei solchen Verträgen macht die Vertragsdauer es erforderlich, den Interessen der Vertragsparteien über einen längeren Zeitraum hinweg Rechnung zu tragen.[1235] Gerade bei Schuldverhältnissen mit Dauercharakter wird die unionsrechtliche

---

EuGH die Frage in dem Urteil unbeantwortet gelassen habe (so etwa *Hintersteininger*, ÖJZ 2000, 621 ff. (633); *Kleiser*, ÖJZ 2001, 94 ff. (96 f.)).

1230 *Bauer L.*, ZVB 2005, 264 ff. (267).

1231 *Apathy*, in: *Schwimann*, ABGB, Band 5, § 15 KSchG, Rn. 1; *Gschnitzer*, in: *Klang/Gschnitzer*, ABGB, 4. Band, 1. Halbband, § 859, S. 26 f.

1232 *Apathy/Riedel*, in: *Schwimann*, ABGB, Band 4, § 859, Rn. 21. Ähnlich *Gschnitzer*, in: *Klang/Gschnitzer*, ABGB, 4. Band, 1. Halbband, § 859, S. 25 f.; *Rummel*, in: *ders.*, ABGB, 1. Band, § 859, Rn. 28.

1233 *Aicher*, in: *Rummel*, ABGB, 1. Band, § 1053, Rn. 46; *Apathy/Riedel*, in: *Schwimann*, ABGB, Band 4, § 859, Rn. 21; *Gschnitzer*, in: *Klang/Gschnitzer*, ABGB, 4. Band, 1. Halbband, § 859, S. 25; *Rummel*, in: *ders.*, ABGB, 1. Band, § 859, Rn. 28.

1234 *Rummel*, in: *ders.*, ABGB, 1. Band, § 859, Rn. 28. Auch *Gschnitzer*, in: *Klang/Gschnitzer*, ABGB, 4. Band, 1. Halbband, § 859, S. 26, zieht eine analoge Anwendung der Regelungen für Dauerschuldverhältnisse in Erwägung, soweit ein vorübergehendes Schuldverhältnis längere Zeit andauert; allerdings lehnt er auf S. 27 eine Anwendung der Grundsätze über die Kündigung aus wichtigem Grund auf Zielschuldverhältnisse ausdrücklich ab. Auch andere Autoren halten an der streng formalen Unterscheidung zwischen Zielschuldverhältnissen und Dauerschuldverhältnissen fest: so wohl *Apathy/Riedler*, in: *Schwimann*, ABGB, Band 4, § 859 ABGB, Rn. 21; *Bollenberger*, in: *Koziol/Bydlinski/Bollenberger*, ABGB, § 859, Rn. 7.

1235 Ähnliche Überlegungen stellt im deutschen Recht zur Kündigung aus wichtigem Grund bei Werkverträgen mit längerfristiger Vertragslaufzeit *Böttcher*, ZfBR 2003, 213 ff. (220), an. Zur ähnlich gelagerten Problematik des deutschen Zivilrechts s.o. 2. Abschnitt F.III.4.b), S. 203 ff.

Beendigungspflicht jedoch relevant:[1236] Da bei vollständiger Erfüllung des unionsrechtswidrigen Vertrages der Unionsrechtsverstoß nicht fortdauert, verlangt das Unionsrecht im Ergebnis nur nach der Beendigung von Schuldverhältnissen, deren Ausführung sich über einen längeren Zeitraum hinweg erstreckt.[1237] Der Grundsatz der Unkündbarkeit von Zielschuldverhältnissen steht der Umsetzung der unionsrechtlichen Beendigungspflicht daher nicht entgegen. Vielmehr beurteilen sich die Möglichkeiten zur Umsetzung der unionsrechtlichen Beendigungspflicht in unionsrechtskonformer Auslegung der nationalen Grundsätze maßgeblich nach den Bestimmungen des ABGB für Dauerschuldverhältnisse.

b) Die vorzeitige Auflösung von Dauerschuldverhältnissen

Die vorzeitige Auflösung von Dauerschuldverhältnissen ist im ABGB nur kasuistisch, d.h. beschränkt auf einzelne Dauerschuldverhältnisse, ausdrücklich geregelt.[1238] Das österreichische ABGB kennt insbesondere keine ausdrückliche allgemeine Bestimmung über die Kündigung von Dauerschuldverhältnissen aus wichtigem Grund oder den Wegfall der Geschäftsgrundlage.[1239] Dennoch ist im österreichischen Zivilrecht der Grundsatz anerkannt, dass unbefristet abgeschlossene Dauerschuldverhältnisse regelmäßig unter Setzung einer angemessenen Frist ordentlich gekündigt werden können, soweit sich aus dem Zweck der vertraglichen Vereinbarung nicht etwas anderes ergibt.[1240] Darüber hinaus können nach h.M. im Wege der Analogie zu dem ausdrücklich im Gesetz geregelten Recht auf vorzeitige Lösung bei einzelnen Dauerschuldverhältnissen

---

1236 S.o. 2. Abschnitt E.III.2.a), S. 154 ff.

1237 Ebda.

1238 OGH, Urt. v. 24.09.1958 – 6Ob204/58, SZ 31/116, S. 394 ff. (396); *Gschnitzer*, in: *Klang/Gschnitzer*, ABGB, 4. Band, 1. Halbband, § 859, S. 27. Ausdrücklich geregelt ist die Möglichkeit zur vorzeitigen Lösung eines Dauerschuldverhältnisses z.B. in § 1162 ABGB für Dienstverhältnisse, in § 1116 ABGB für Bestandverträge i.S.d. Legaldefinition des § 1090 ABGB oder in § 987 ABGB für Darlehensverträge.

1239 Ähnlich *Rummel*, in: *ders.*, 1. Band, § 859, Rn. 27 und § 901, Rn. 4.

1240 Ständige Rspr., statt aller OGH, Beschl. v. 21.02.2013 – 2Ob178/12h, Rn. 2, veröffentlicht im Rechtsinformationssystem des Bundeskanzleramts, <www.ris.bka.gv.at/Jus>; so aber auch bereits OGH, Urt. v. 29.02.1972 – 4Ob302/72, SZ 45/20, S. 91 ff. (99). H.M. in der Literatur: *Apathy/Riedler*, in: *Schwimann*, ABGB, Band 4, § 859, Rn. 21; *Binder*, in: *Schwimann*, ABGB, Band 4, § 914, Rn. 188; *Bollenberger*, in: *Koziol/Bydlinski/Bollenberger*, ABGB, § 859, Rn. 7; *Gschnitzer*, in: *Klang/Gschnitzer*, ABGB, 4. Band, 1. Halbband, § 859, S. 26 f.; *Koziol*, JBl 2008, 84 ff. (85); *Rummel*, in: *ders.*, ABGB, 1. Band, § 859, Rn. 27.

alle und folglich auch befristet abgeschlossene Dauerschuldverhältnisse zwingend[1241] jederzeit außerordentlich aus wichtigem Grund gekündigt werden.[1242] Das Kündigungsrecht aus wichtigem Grund ist gegenüber der im Analogieschluss zu §§ 936, 947 ff., 1052, 1170a ABGB entwickelten Lehre vom Fehlen der Geschäftsgrundlage vorrangig,[1243] welche nach österreichischem Recht in Anlehnung an die Regelungen zum Geschäftsirrtum mittels rechtsgestaltender Klage oder Einrede auf Vertragsanpassung bzw. sekundär auf Vertragsauflösung geltend gemacht werden muss.[1244]

1241 Den zwingenden Charakter des Kündigungsrechts aus wichtigem Grund betonen OGH, Urt. v. 24.01.2006 – 10Ob34/05f, wbl 2006/128, S. 278 ff. (280); OGH, Beschl. v. 23.08.2001 – 6Ob159/01b, veröffentlicht im Rechtsinformationssystem des Bundeskanzleramts, <www.ris.bka. gv.at/Jus>; OGH, Urt. v. 27.02.1986 – 6Ob524/86, SZ 59/42, S. 193 ff. (197); *Rummel*, in: *ders.*, ABGB, 1. Band, § 859, Rn. 27.

1242 OGH, Urt. v. 24.01.2006 – 10Ob34/05f, wbl 2006/128, S. 278 ff. (280); OGH, Beschl. v. 25.08.1998 – 1Ob176/98h, immolex 1998, S. 214 ff.; aber auch bereits OGH, 24.09.1958 – 6Ob204/58, SZ 31/116, S. 394 ff. (395 f.); *Apathy/Riedel*, in: *Schwimann*, ABGB, Band 4, § 859, Rn. 21; *Bollenberger*, in: *Koziol/Bydlinski/Bollenberger*, ABGB, § 859, Rn. 7; *Ehrenzweig/Ehrenzweig/Mayrhofer*, System des österreichischen allgemeinen Privatrechts, Schuldverhältnisse – Allgemeine Lehren, S. 619; *Gschnitzer*, in: *Klang/Gschnitzer*, ABGB, 4. Band, 1. Halbband, § 859, S. 27; *Koziol*, JBl 2008, 84 ff. (88); *Mayrhofer*, JBl 1974, 593 ff. (596 ff.); *Rummel*, in: *ders.*, ABGB, 1. Band, § 859, Rn. 27; *Welser*, Grundriss des bürgerlichen Rechts, Band II, S. 9.

1243 Zur Begründung der Lehre vom Fehlen der Geschäftsgrundlage im Wege der Gesetzesanalogie: *Apathy/Riedler*, in: *Schwimann*, ABGB, Band 4, § 901, Rn. 7; *Binder*, in: *Schwimann*, ABGB, Band 4, § 936, Rn. 43; *Gschnitzer*, in: *Klang/Gschnitzer*, ABGB, 4. Band, 1. Halbband, § 901, S. 336 ff.; *Pisko*, in: *Klang*, ABGB, 2. Band, 2. Halbband, § 901, S. 950 ff.; *Rummel*, in: *ders.*, 1. Band, § 901, Rn. 4. Zum Vorrangverhältnis des Kündigungsrechts aus wichtigem Grund bei Dauerschuldverhältnissen gegenüber der Lehre über den Wegfall der Geschäftsgrundlage: OGH im Beschl. v. 22.12.1988 – 8Ob648/88, SZ 61/281, S. 586 ff. (591, Kündigung aus wichtigem Grund als „*Spezialfall*" der Lehre vom Wegfall der Geschäftsgrundlage); *Apathy/Riedler*, in: *Schwimann*, ABGB, Band 4, § 901, Rn. 11 f.; *Rummel*, in: *ders.*, 1. Band, § 901, Rn. 6 (der Autor spricht der Lehre vom Wegfall der Geschäftsgrundlage die Funktion der „*Lückenfüllung*" zu).

1244 So die h.M.: OGH, Beschl. v. 21.10.1998 – 3Ob205/98p, veröffentlicht im Rechtsinformationssystem des Bundeskanzleramts, <www.ris.bka.gv.at/Jus>; *Bollenberger*, in: *Koziol/Bydlinski/Bollenberger*, ABGB, § 901, Rn. 13 (*ders.* a.a.O., Rn. 12, zum Vorrang der Vertragsanpassung gegenüber der Vertragsauflösung); *Rummel*, in: ders., ABGB, 1. Band, § 901, Rn. 7a (*ders.* a.a.O., Rn. 6a, zum Vorrang der Vertragsanpassung).

c) *Die Kündigung aus wichtigem Grund*

Die Kündigung aus wichtigem Grund setzt Umstände voraus, die einer Partei die Aufrechterhaltung des Vertragsverhältnisses unzumutbar machen.[1245] Für die Ausfüllung des Unzumutbarkeitskriteriums im Einzelfall verlangt das österreichische Zivilrecht nach einer Abwägung des Auflösungsinteresses des einen Vertragspartners gegen das Bestandsinteresse des anderen Vertragspartners.[1246] Die Rechtsprechung legt bei der Beurteilung, ob ein wichtiger Grund vorliegt, einen strengen Maßstab an und verlangt nach gewichtigen Gründen.[1247] Im Rahmen der Interessenabwägung sollen „*das Maß der Vorhersehbarkeit der gegen die Vertragsbindung geltend gemachten Umstände und die Zugehörigkeit zur Herrschaftssphäre eines der Vertragspartner*"[1248] eine besondere Rolle spielen.[1249] Insbesondere die Vorhersehbarkeit der Umstände wird dabei häufig als „*absoluter Ausschlussgrund*"[1250] der Kündigung aus wichtigem Grund gehandhabt.[1251] Bekannte oder vorhersehbare

---

1245 *Binder/Reidinger*, in: *Schwimann*, ABGB, Band 4, § 918, Rn. 55; *Bollenberger*, in: *Koziol/Bydlinski/Bollenberger*, ABGB, § 859, Rn. 7; *Koziol*, JBl 2008, 84 ff. (88); *Rummel*, in: *ders.*, ABGB, 1. Band, § 859, Rn. 27.

1246 OGH, Beschl. v. 27.11.2002 – 3 Ob 274/02v, JBl 2003, 643 ff. (647 f., Rn. 3.1 f.); OGH, Beschl. v. 23.11.2000 – 6Ob59/00w, SZ 73/180, S. 426 ff. (432); OGH, Beschl. v. 13.07.1999 – 4Ob189/99v, veröffentlicht im Rechtsinformationssystem des Bundeskanzleramts, <www.ris.bka.gv.at/Jus>; OGH, Beschl. v. 22.12.1988 – 8Ob648/88, SZ 61/281, S. 586 ff. (591); *Binder/Reidinger*, in: *Schwimann*, ABGB, Band 4, § 918, Rn. 55.

1247 OGH, Beschl. v. 27.11.2002 – 3Ob274/02v, JBl 2003, 643 ff. (647, Rn. 3.1.); OGH, Beschl. v. 13.07.1999 – 4Ob189/99v, veröffentlicht im Rechtsinformationssystem des Bundeskanzleramts, <www.ris.bka.gv.at/Jus>. Dazu auch *Bollenberger*, in: *Koziol/Bydlinski/Bollenberger*, ABGB, § 859, Rn. 7. Beispiele wichtiger Gründe führen an: *Binder/Reidinger*, in: *Schwimann*, ABGB, Band 4, § 918, Rn. 56 f.; *Mayrhofer*, JBl 1974, 593 ff. (596).

1248 OGH, Beschl. v. 27.11.2002 – 3Ob274/02v, JBl 2003, 643 ff. (648, Rn. 3.2.); OGH, Beschl. v. OGH, Beschl. v. 25.08.1998 – 1Ob176/98h, SZ 71/141, S. 125 ff. (136).

1249 Ebda. In der Literatur: *Apathy/Riedler*, in: *Schwimann*, ABGB, Band 4, § 859, Rn. 21; *Bollenberger*, in: *Koziol/Bydlinski/Bollenberger*, ABGB, § 859, Rn. 7.

1250 Diese Terminologie benutzt *Graf*, JBl 2011, 148 ff. (156) und nennt daneben die Verursachung des zur Kündigung berechtigenden Umstands durch den Schuldner selbst als weiteren „*absoluten Ausschlussgrund*" des außerordentlichen Kündigungsrechts.

1251 So etwa OGH, Beschl. v. 27.11.2002 – 3Ob274/02v, JBl 2003, 643 ff. (648, Rn. 3.2.); OGH, Beschl. v. 25.08.1998 – 1Ob176/98h, SZ 71/141, S. 125 ff. (136); *Binder/Reidinger*, in: *Schwimann*, ABGB, Band 4, § 918, Rn. 55; *Bollenberger*, in: *Koziol/Bydlinski/Bollenberger*, ABGB, § 859, Rn. 7; *Graf*, JBl 2011, 148 ff. (156); *Welser*, Grundriss des bürgerlichen Rechts, Band II, S. 9.

Umstände können nach dieser Ansicht regelmäßig nicht die Unzumutbarkeit der Vertragserhaltung begründen.[1252] Denn das Recht zur Kündigung von Dauerschuldverhältnissen aus wichtigem Grund solle gerade dem Umstand Rechnung tragen, dass die Vertragsparteien nicht alle zukünftigen Entwicklungen voraussehen können.[1253] Scheidet also eine Kündigung aus wichtigem Grund im Falle der unionsrechtswidrigen Vergabe eines öffentlichen Auftrags wegen einer etwaigen Vorhersehbarkeit der Unionsrechtswidrigkeit durch den öffentlichen Auftraggeber aus? Aufschluss gibt der Sinn und Zweck des Tatbestandsmerkmals: Letztlich wird durch den Ausschluss vorhersehbarer Umstände als zur Kündigung berechtigender Grund die Ausfüllung des Unzumutbarkeitskriteriums versucht,[1254] welches stets nach einer Einzelfallabwägung verlangt.[1255] Eine Generalisierung der Aussage, wonach die Vorhersehbarkeit eines Umstandes dessen Eigenschaft als wichtiger Grund entgegensteht, ist daher nicht möglich.[1256] Die Vorhersehbarkeit der Umstände führt zwar zu einer höheren Gewichtung des Bestandsinteresses[1257] und daher im Regelfall zur Zumutbarkeit des Festhaltens am Vertrag.[1258] Etwas anderes muss aber dann gelten, wenn das Unionsrecht nach einer Beendigung eines vergaberechtswidrigen öffentlichen Auftrags verlangt. Anderenfalls würde

1252 *Binder/Reidinger*, in: *Schwimann*, ABGB, Band 4, § 918, Rn. 55; *Bollenberger*, in: *Koziol/Bydlinski/Bollenberger*, ABGB, § 859, Rn. 7. Von diesem Grundsatz geht als Regelfall ebenso aus: *Rummel*, in: *ders.*, AGBGB, 1. Band, § 859 Rn. 27.

1253 OGH, Beschl. v. 27.11.2002 – 3Ob274/02v, JBl 2003, 643 ff. (648, Rn. 3.2.); OGH, Beschl. v. 25.08.1998 – 1Ob176/98h, SZ 71/141, S. 125 ff. (136). Ebendies hält auch *Gschnitzer*, in: *Klang/Gschnitzer*, ABGB, 4. Band, 1. Halbband, § 859, S. 27, für den Gesetzesgrund des Kündigungsrechts bei Dauerschuldverhältnissen.

1254 Dies wird deutlich bei *Rummel*, in: *ders.*, ABGB, 1. Band, § 859, Rn. 27; *Mayrhofer*, JBl 1974, 593 ff. (598).

1255 Besonders verdeutlicht wird die Unabdingbarkeit der Abwägung von Bestandsinteresse und Auflösungsinteresse in OGH, Beschl. v. 22.12.1988 – 8Ob648/88, SZ 61/281, S. 586 ff. (591).

1256 Zu diesem Schluss gelangt auch *Rummel*, in: *ders.*, ABGB, 1. Band, § 859, Rn. 27.

1257 So soll nach OGH, Beschl. v. 25.08.1998 – 1Ob176/98h, SZ 71/141, S. 125 ff. (136), bei der Interessenabwägung folgender Grundsatz gelten: *„Je eher solche Umstände im Zeitpunkt des Vertragsabschlusses vorhersehbar waren und je mehr sie in die Sphäre des nun auflösungswilligen Vertragspartners fallen, umso größer ist der Stellenwert der Stabilität der Vertragsbindung und umso höhere Anforderungen sind an die Gewichtigkeit behaupteter Auflösungsgründe zu stellen (JBl 1992, 517).*" Ebenso OGH, Beschl. v. 27.11.2002 – 3Ob274/02v, JBl 2003, 643 ff. (648, Rn. 3.2.). Auf diese Rspr. verweisen auch *Apathy/Riedler*, in: *Schwimann*, ABGB, Band 4, § 859, Rn. 21; *Bollenberger*, in: *Koziol/Bydlinski/Bollenberger*, ABGB, § 859, Rn. 7.

1258 Im Ergebnis ebenso *Rummel*, in: *ders.*, ABGB, 1. Band, § 859, Rn. 27.

der öffentliche Auftraggeber hinsichtlich seiner unionsrechtlichen Verpflichtungen besser gestellt, wenn er bei der Auftragsvergabe in Kenntnis der Unionsrechtswidrigkeit handelt.[1259] Der unionsrechtliche Effektivitätsgrundsatz verlangt daher auch in solchen Konstellationen, dass das unionsrechtlich determinierte Beendigungsinteresse des öffentlichen Auftraggebers mit erheblichem Gewicht in die Interessenabwägung eingestellt wird und das Bestandsinteresse im Ergebnis überwiegt.[1260] Die Vorhersehbarkeit der unionsrechtlichen Beendigungspflicht durch den öffentlichen Auftraggeber unterstellt, würde dies einer Kündigung aus wichtigem Grund daher nicht entgegenstehen.[1261]

Auch die Abgrenzung der Verantwortungsbereiche des öffentlichen Auftraggebers und des Auftragnehmers schließt eine Kündigung aus wichtigem Grund nicht aus, soweit das Unionsrecht nach einer Vertragsbeendigung verlangt.[1262] Die Vergaberechtswidrigkeit und als deren Folge die Beendigungspflicht sind nicht einseitig der Risikosphäre des öffentlichen Auftraggebers anzulasten, da auch der Auftragnehmer von der Vergaberechtswidrigkeit profitiert.[1263]

5. *Zusammenfassung*

Sofern unionsrechtswidrige Verträge nicht ausnahmsweise ohnehin nach § 879 Abs. 1 2. Alt. ABGB nichtig sind und auch der Abschluss eines Aufhebungsvertrages oder ein vertraglich vereinbartes Gestaltungsrecht die Beendigung des Vertragsverhältnisses nicht ermöglichen, können öffentliche Auftraggeber nach österreichischem Recht vergaberechtswidrige öffentliche Aufträge, soweit das Unionsrecht danach verlangt, unter Rückgriff auf die Regeln über die außerordentliche Kündigung von Dauerschuldverhältnissen aus wichtigem Grund beenden.

1259 Die Argumentation ist insoweit dieselbe wie im Rahmen des § 314 BGB bei Kenntnis der Vergaberechtswidrigkeit durch den öffentlichen Auftraggeber (s.o. 2. Abschnitt F.III.4.b), S. 203 ff.).

1260 Ebenso bereits die Interessengewichtung im Rahmen des § 314 Abs. 1 BGB (s.o. 2. Abschnitt F.III.4.c), S. 205 ff.).

1261 Ähnlich gelagert ist die Problematik bei der Kündigung aus wichtigem Grund nach § 314 Abs. 1 BGB, wobei dort anerkannt ist, dass auch Umstände, die bereits vor Vertragsschluss vorliegen, aber erst nachträglich bekannt werden, zur Kündigung berechtigen (s.o. 2. Abschnitt F.III.4.c), S. 205, Fn. 1085.

1262 Zur parallelen Problematik im Rahmen des § 314 Abs. 1 BGB s.o. 2. Abschnitt F.III.4.c), S. 205 ff.

1263 Zu den entsprechenden Erwägungen im deutschen Recht s.o. 2. Abschnitt F.III.4.c), S. 205, Fn. 1099.

V. Die Beendigung unionsrechtswidriger öffentlicher Aufträge nach italienischem Recht

Welche Rechtsgrundlagen des nationalen Rechts ermöglichen schließlich italienischen öffentlichen Auftraggebern unionsrechtswidrige öffentliche Aufträge zu beenden, soweit das Unionsrecht danach verlangt?

1. Anwendbare Rechtsvorschriften

a) Die spezifisch vergaberechtlichen Regelungen des italienischen Rechts

Das italienische Vergaberecht war lange Zeit von einer über diverse Gesetzestexte verstreuten Regelung der öffentlichen Auftragsvergabe gekennzeichnet.[1264] Der italienische Gesetzgeber nahm die unionsrechtlichen Richtlinien 2004/17/EG und 2004/18/EG schließlich zum Anlass, die teilweise veralteten Vorschriften zu überarbeiten und in dem gesetzesvertretenden Dekret (D.lgs.) Nr. 163 vom 12.04.2006[1265] zusammenzufassen.[1266]

Um den Anforderungen der RL 2007/66/EG hinsichtlich des vergabespezifischen Rechtsschutzes zu genügen, erließ der italienische Gesetzgeber daneben das gesetzesvertretende Dekret (D.lgs.) Nr. 53 vom 20.03.2010.[1267] Insbesondere galt

---

1264 *Bravo*, Appalti pubblici per la fornitura di bei e servizi nel settore «ICT», S. 1; *Cianflone/Giovannini*, L' appalto di opere pubbliche, Band I, S. 123. Wichtige gesetzliche Regelungen, die das öffentliche Auftragswesen entscheidend mitprägten, nennt *De Nictolis*, Manuale dei contratti pubblici relativi a lavori, servizi e forniture, S. 107.

1265 „*Decreto Legislativo 12 aprile 2006, n. 163, Codice dei contratti pubblici relativi a lavori, servizi e forniture in attuazione delle direttive 2004/17/CE e 2004/18/CE*", G.U.R.I. Nr. 100 v. 02.05.2006, ordentliche Beilage Nr. 107 (D.lgs. Nr. 163/2006), zuletzt geändert durch „*Decreto-Legge (Gesetzesdekret)*" Nr. 90 v. 24.06.2014, G.U.R.I. Nr. 144 v. 24.06.2014. Deutsche Übersetzung: Autonome Provinz Bozen, <http://www.provinz.bz.it/anwaltschaft/download/VGB.zip> (Gesetzesstand: 05.09.2012, letzter Abruf: 10.04.2015). Deutsche Übersetzung der Begriffe D.L. (*Conte/Boss*, Dizionario/Wörterbuch, S. 161); D.lgs. (Autonome Provinz Bozen a.a.O.).

1266 *Bravo*, Appalti pubblici per la fornitura di bei e servizi nel settore «ICT», S. 1; *Cianflone/Giovannini*, L' appalto di opere pubbliche, Band I, S. 123; *Musuraca*, Brevi riflessioni sulla tutela cautelare nel c.d. codice dei contratti pubblici, <diritto.it/docs/23678-brevi-riflessioni-sulla-tutela-cautelare-nel-c-d-codice-dei-contratti-pubblici>, S. 1 (Stand: 10.05.2015).

1267 „*Decreto legislativo 20 marzo 2010, n. 53, Attuazione della direttiva 2007/66/CE che modifica le direttive 89/665/CEE e 92/13/CEE per quanto riguarda il miglioramento dell'efficacia delle procedure di ricorso in materia d'aggiudicazione degli appalti pubblici*", G.U.R.I. Nr. 84 v. 12.04.2010. Im Folgenden: D.lgs. 53/2010. Zu der Motivation des

es dem Umstand Rechnung zu tragen, dass der Zuschlag und der Vertragsschluss nach italienischem Vergaberecht nicht in einem Rechtsakt zusammenfallen,[1268] was schwierige Abgrenzungsprobleme hinsichtlich der Zuständigkeitsbereiche von Verwaltungsgerichten und Zivilgerichten sowie eine Zweiteilung des Rechtswegs zur Folge hatte.[1269] Während nämlich sämtliches Verwaltungshandeln bis zur Zuschlagserteilung wegen des eingeschränkten Spielraums des öffentlichen Auftraggebers bei der Auswahl des Vertragspartners dem öffentlichen Recht zugeordnet wird, sind der Vertragsschluss und die Vertragsausführung nach italienischem Recht zivilrechtlicher Natur.[1270] In der Folge musste nach der lange Zeit vorherrschenden Rechtsprechung des für die Klärung des Rechtswegs letztinstanzlich zuständigen „*Corte Suprema di Cassazione (Kassationshof)*“[1271]

Gesetzgebers ebenso: *Chieppa/Giovagnoli*, Manuale di diritto amministrativo, S. 642 ff.; *Cianflone/Giovannini*, L' appalto di opere pubbliche, Band II, S. 1990 ff.; *Lamberti*, L'annullamento dell'aggiudicazione e la sorte del contratto, GiustAmm.it 18.02.2011, 1. und 4. Abschnitt; *Ruscica*, in: *ders.*, Inefficacia del contratto di appalto pubblico, S. 5.

1268 In diesem Sinne nunmehr eindeutig Art. 11 Abs. 7 Satz 1 D.lgs. 163/2006.

1269 Ähnlich zu der Problematik *Carpentieri*, Sorte del contratto (nel nuovo rito sugli appalti), GiustAmm.it 08.03.2011, 1. Abschnitt; *Cianflone/Giovannini*, L' appalto di opere pubbliche, Band II, S. 1990 ff.; *Franco*, Urbanistica e appalti 2010, 1391 ff. (1392); *Lamberti*, L'annullamento dell'aggiudicazione e la sorte del contratto, GiustAmm.it 18.02.2011, 3. und 4. Abschnitt; *Russo*, La giurisdizione ed il rito degli appalti pubblici, S. 4 f. Zur Unvereinbarkeit dieser Rechtslage mit der unionsrechtlichen Forderung nach effektivem Rechtsschutz auch *Saitta*, Contratti pubblici e riparto di giurisdizione, GiustAmm.it 30.04.2010, 2. Abschnitt.

1270 Cassazione civile, Sezioni Unite, Urt. v. 28.12.2007 – Nr. 27169, Diritto Processuale Amministrativo 2008, 514 ff. (516 ff. und 522, mit der Unterscheidung zwischen der „*fase pubblicistica*“ und der daran anschließenden „*fase privatistica*“ oder „*fase negoziale*“); Consiglio di Stato, Adunanza Plenaria, Urt. v. 30.04.2014 – Nr. 14, Rn. 3.2., in: La Giustizia Amministrativa, <www.giustizia-amministrativa.it>. Dasselbe folgt aber auch aus Cassazione Civile, Sezioni Unite, Urt. v. 26.06.2003 – Nr. 10160, Foro Italiano 2004/1, 2206 ff. (2210 ff.). Zu dieser Zweiteilung der öffentlichen Auftragsvergabe auch *Caponigro*, Annullamento dell' aggiudicazione ed effetti sul contratto, GiustAmm.it 15.12.2009, 1. Abschnitt; *Glaser*, Die Entwicklung des Europäischen Verwaltungsrechts, S. 161; *Lamberti*, L'annullamento dell'aggiudicazione e la sorte del contratto, GiustAmm.it 18.02.2011, 3. Abschnitt; *Russo*, La giurisdizione ed il rito degli appalti pubblici, S. 4 f.; *Vinti/Capotorto*, L'azione di nullità nel processo amministrativo, S. 21 ff. Demgegenüber rechnet *Franco*, Urbanistica e appalti 2010, 1391 ff. (1392), den Vertragsschluss wohl noch der öffentlichen Phase zu.

1271 Übersetzung: *Conte/Boss*, Dizionario/Wörterbuch, S. 146. Inhaltlich folgt die letztinstanzliche Zuständigkeit des Kassationshofs für Rechtswegfragen aus Art. 111 Abs. 8 der italienischen Verfassung. Danach ist gegen Entscheidungen des „*Consiglio*

die Zuschlagserteilung vor den Verwaltungsgerichten angegriffen werden, während eine Beseitigung der Wirkungen des abgeschlossenen Vertrages nur durch eine nachfolgende Klage vor den ordentlichen Gerichten erreicht werden konnte.[1272] Abhilfe schaffte Art. 7 D.lgs. 53/2010, der die ausschließliche Zuständigkeit der Verwaltungsgerichte in Angelegenheiten der öffentlichen Auftragsvergabe auch auf die Klärung der Unwirksamkeit des abgeschlossenen Vertrages und andere alternative Sanktionen der Annullierung des Zuschlags erstreckte.[1273] Die

---

di Stato (Staatsrat)" (*Conte/Boss*, Dizionario/Wörterbuch, S. 123) und des „*Corte dei conti (Rechnungshof)*" (*Conte/Boss* a.a.O., S. 46) allein für Fragen des einschlägigen Rechtswegs die Berufung zum Kassationshof zulässig. Im Übrigen ist der italienische Staatsrat die letzte Instanz der zweistufigen italienischen Verwaltungsgerichtsbarkeit (*Eccher*, ÖBA 2013, 340 ff. (340)).

1272 Cassazione Civile, Sezioni Unite, Urt. v. 23.04.2008 - Nr. 10443, Giustizia Civile 2008, 2419 ff.; Cassazione Civile, Sezioni Unite, Urt. v. 28.12.2007 - Nr. 27169, Diritto Processuale Amministrativo 2008, 514 ff. Kritisch dazu *Simone*, Giornale di Diritto Amministrativo 2008, 1111 ff. (insbesondere 1117 f.). Zu der Rspr. des Kassationsgerichtshofs und der Gegenansicht des Staatsrats auch *De Nictolis*, in: *Quaranta/Lopilato*, Il processo amministrativo, S. 1013 f.; *Lopilato/Mele*, in: *Chieppa/Lopilato*, Giurisprudenza amministrativa 2009, S. 416 ff.; *Ramajoli*, Diritto Processuale Amministrativo 2008, 523 ff. Erst kurze Zeit vor der gesetzlichen Normierung der ausschließlichen Zuständigkeit der Verwaltungsgerichte war beim Kassationshof, angesichts der Vorgaben der RL 2007/66/EG, eine Rechtsprechungsänderung zu verzeichnen: Cassazione Civile, Sezioni Unite, Beschl. v. 10.02.2010 - Nr. 2906, Foro Italiano 2010/1, 2488 ff. (dazu auch *Chieppa/Giovagnoli*, Manuale di diritto amministrativo, S. 647 f.; *De Nictolis*, in: *Quaranta/Lopilato*, Il processo amministrativo, S. 1014; *Lamberti*, L'annullamento dell'aggiudicazione e la sorte del contratto, GiustAmm.it 18.02.2011, 3. Abschnitt; *Lipari*, Il recepimento della „direttiva ricorsi", GiustAmm.it 13.04.2010, 19. Abschnitt).

1273 *Lamberti*, L'annullamento dell'aggiudicazione e la sorte del contratto, GiustAmm.it 18.02.2011, 3. Abschnitt; *Ruscica*, in: *ders.*, Inefficacia del contratto di appalto pubblico, S. 9; *Russo*, La giurisdizione ed il rito degli appalti pubblici, S. 9; *Saitta*, Contratti pubblici e riparto di giurisdizione, GiustAmm.it 30.04.2010, 3. Abschnitt. Zu dieser und weiteren Neuerungen durch das Gesetz 53/2010 auch *Ruscica*, Urbanistica e appalti 2010, 1266 ff. (1274 ff.). Allerdings geht Cassazione civile, Sezioni Unite, Beschl. v. 05.05.2012 - Nr. 5446, Urbanistica e appalti 2012, 879 f., weiterhin von der Befugnis der ordentlichen Gerichte aus, im Rahmen einer zivilrechtlichen Klage auf Leistung aus einem Beschaffungsvertrag über das Leistungsverweigerungsrecht der Verwaltung wegen der Unwirksamkeit des vergaberechtswidrigen Vertrages zu befinden (kritisch dazu *Reggio d'Aci*, Urbanistica e appalti 2012, 880 ff.).

Vorschriften des D.lgs. 53/2010 wurden schließlich nach der erstmaligen Kodifizierung einer einheitlichen Verwaltungsprozessordnung in der Republik Italien mit dem gesetzesvertretenden Dekret (D.lgs.) Nr. 104 vom 02.07.2010[1274] mit diversen Modifikationen in dieses Gesetzeswerk übernommen.[1275]

Hinsichtlich der Bestimmungen zum vergaberechtlichen Rechtsschutz beschränkt sich das D.lgs. 163/2010 seitdem in Art. 244 f. auf Verweisungen in die italienische Verwaltungsprozessordnung.[1276] Die zentrale Regelung für die Zuständigkeit der Verwaltungsgerichte in Angelegenheiten der öffentlichen Auftragsvergabe findet sich nunmehr in Art. 133 Abs. 1 lit. e Ziff. 1 C.p.a.[1277] Schwierige Fragen über das Verhältnis von Zuschlag und Vertrag, insbesondere die Auswirkungen der Aufhebung des Zuschlags auf den Vertrag, haben durch die Art. 121 ff. C.p.a. eine weitgehende Klärung erfahren.[1278] Vorrangig nach diesen spezialgesetzlichen

---

1274 „*Decreto legislativo 2 luglio 2010, n. 104, Attuazione dell'articolo 44 della legge 18 giugno 2009, n. 69, recante delega al governo per il riordino del processo amministrativo*", G.U.R.I. Nr. 156 v. 07.07.2010, ordentliche Beilage Nr. 148, in Kraft getreten am 16.09.2010. Eine deutschsprachige Übersetzung (Stand des Gesetzes: 31.12.2013) von *Bauer/Demattio/König/Kreuzer/Zanon* ist auf der Internetseite der Autonomen Provinz Bozen abrufbar, <http://www.provinz.bz.it/anwaltschaft/download/vpo_stand_dez_13.pdf> (letzter Abruf: 10.05.2015), wobei die gängige italienische Bezeichnung des Gesetzeswerkes als „*Codice del processo amministrativo*" mit dem Begriff „*italienische Verwaltungsprozessordnung*" übersetzt wird. Im Folgenden: C.p.a. Ausführlich zur Geschichte und den grundlegenden Prinzipien des italienischen Verwaltungsprozesses: *Sandulli A.*, in: *ders.*, Diritto Processuale Amministrativo, S. 1 ff.

1275 *Cianflone/Giovannini*, L' appalto di opere pubbliche, Band II, S. 1991 und 1996; *Lamberti*, L'annullamento dell'aggiudicazione e la sorte del contratto, GiustAmm.it 18.02.2011, 1. und 5. Abschnitt; *Ruscica*, in: *ders.*, Inefficacia del contratto di appalto pubblico, S. 6; *Russo*, La giurisdizione ed il rito degli appalti pubblici, S. 9 ff. Zu den Änderungen, welche die neue Verortung der Vorschriften in der italienischen Verwaltungsprozessordnung bedeutete: *Lipari*, La direttiva ricorsi nel codice del processo amministrativo, GiustAmm.it 08.07.2010, 2. Abschnitt.

1276 Zur Auslagerung der Vorschriften mit prozessualem Bezug aus dem D.lgs. 163/2006 und den dort verbleibenden Regelungsgegenständen: *Lipari*, La direttiva ricorsi nel codice del processo amministrativo, GiustAmm.it 08.07.2010, 2. Abschnitt. (*ders.* a.a.O., 3. Abschnitt auch zur Verweisungstechnik des D.lgs. 163/2006); *Ruscica*, Urbanistica e appalti 2010, 1266 ff. (1267 ff.).

1277 Dazu *Lamberti*, L'annullamento dell'aggiudicazione e la sorte del contratto, GiustAmm.it 18.02.2011, 5. Abschnitt; *Ruscica*, Urbanistica e appalti 2010, 1266 ff. (1270); *Russo*, La giurisdizione ed il rito degli appalti pubblici, S. 10.

1278 *Cianflone/Giovannini*, L' appalto di opere pubbliche, Band II, S. 2033. Dazu auch *Salvia/Cancilla*, in: *Sandulli A.*, Diritto Processuale Amministrativo, S. 122 ff.

Bestimmungen der italienischen Verwaltungsprozessordnung richten sich im italienischen Recht die Fehlerfolgen unionsrechtswidriger öffentlicher Aufträge.[1279]

b) Anwendbarkeit des Gesetzes über das Verwaltungsverfahren (Gesetz 241/1990)

Die endgültige Zuschlagserteilung ist nach italienischem Recht ihrer Rechtsnatur nach ein *„provvedimento amministrativo (Verwaltungsmaßnahme)"*[1280], der das Verfahren zur Auswahl des Vertragspartners abschließt.[1281] Typische Merkmale dieser administrativen Handlungsform sind neben ihrem Zweck – dem Abschluss eines Verwaltungsverfahrens – die gerichtliche Anfechtbarkeit, die Entfaltung von Rechtswirkungen gegenüber Dritten und die einseitige Ausübung hoheitlicher Gewalt.[1282] Der öffentlich-rechtliche Charakter des Zuschlags war zwar lange Zeit strittig,[1283] folgt nunmehr jedoch eindeutig aus Art. 11 Abs. 7 Satz 1 D.lgs. 163/2006, wonach die endgültige Zuschlagserteilung nicht als Annahme des Angebots gewertet werden kann.[1284] Die Rechtsnatur des Zuschlags hat zum einen zur Folge, dass sich die gegen den Zuschlag zulässigen, im C.p.a. nicht gesondert geregelten Rechtsbehelfe nach den allgemeinen Regelungen über den Rechtsschutz gegen Verwaltungsmaßnahmen richten.[1285] Der öffentlich-rechtliche

---

1279 Ähnlich bezeichnet *Glaser*, Die Entwicklung des Europäischen Verwaltungsrechts, S. 174, jedenfalls Art. 121 Abs. 1 C.p.a. als *„(prozessual ausgestaltete[n]) Fehlerfolgenregelung"*.

1280 Übersetzung: *Conte/Boss*, Dizionario/Wörterbuch, S. 388.

1281 *Caponigro*, Annullamento dell' aggiudicazione ed effetti sul contratto, GiustAmm.it 15.12.2009, 1. Abschnitt; *De Nictolis/Volpe*, in: *Sandulli M.A./De Nictolis/Garofoli*, Trattato sui contratti pubblici, Band III, S. 1853 f.; *Glaser*, Die Entwicklung des Europäischen Verwaltungsrechts, S. 161; *Marchetti*, Diritto Processuale Amministrativo 2008, 95 ff. (135).

1282 *Glaser*, Die Entwicklung des Europäischen Verwaltungsrechts, S. 151 f.

1283 Zu den verschiedenen Rechtsansichten: *De Nictolis/Volpe*, in: *Sandulli M.A./De Nictolis/Garofoli*, Trattato sui contratti pubblici, Band III, S. 1853 f.

1284 *Caponigro*, Annullamento dell' aggiudicazione ed effetti sul contratto, GiustAmm.it 15.12.2009, 1. Abschnitt; *De Nictolis/Volpe*, in: *Sandulli M.A./De Nictolis/Garofoli*, Trattato sui contratti pubblici, Band III, S. 1853 f.

1285 Dasselbe folgt aus *Ruscica*, Urbanistica e appalti 2010, 1266 ff. (1273). Aber auch *Lipari*, La direttiva ricorsi nel codice del processo amministrativo, GiustAmm.it 08.07.2010, 2. Abschnitt, betont, dass der italienischen VwPO der Gedanke zugrunde liege, möglichst homogene Verfahrensvorschriften zu schaffen, sodass auch die Vorschriften zum Rechtsschutz bei öffentlichen Auftragsvergaben einen Großteil ihrer Autonomie und ihres Ausnahmecharakters eingebüßt hätten. Zum Einfluss der

Charakter des Zuschlags bedingt vorbehaltlich etwaiger Sonderregelungen aber auch die Anwendbarkeit des Gesetzes Nr. 241 vom 7. August 1990[1286] auf die Vergabeentscheidung.[1287] Dieses ist nämlich auf sämtliches Verwaltungshandeln anwendbar.[1288] So bestimmt Art. 1 Abs. 1 Gesetz 241/1990, dass die Verwaltung bei der Wahrnehmung ihrer Aufgaben an die Gesetze gebunden ist und sich von den Kriterien der Wirtschaftlichkeit, der Effektivität und der Publizität leiten lässt, wie sie u.a. durch das Gesetz 241/1990 ausgestaltet sind.[1289] Auch das Gesetz 241/1990 kommt daher als Rechtsgrundlage für die Beendigung unionsrechtswidriger Verträge in Betracht. Voraussetzung ist allerdings, dass die auf seiner Grundlage beruhende Unwirksamkeit bzw. Aufhebung des Zuschlags auch Auswirkungen auf das Schicksal des Vertrages zeitigt.

2. *Die Unwirksamkeit vergaberechtswidriger Beschaffungsverträge nach den Bestimmungen über den Verwaltungsprozess (C.p.a.)*

Die Folgen von Vergaberechtsverstößen sind im C.p.a. für den Zuschlag und den Vertrag unterschiedlich geregelt:

a) *Aufhebbarkeit des Zuschlags*

Zulässiges Rechtmittel gegen einen rechtswidrig erteilten Zuschlag ist nach Art. 245 D.lgs. 163/2006 in Verbindung mit der allgemeinen Vorschrift des Art. 29 C.p.a. die „*azione di annullamento (Aufhebungsklage)*“[1290] – der zentrale

---

Handlungsform auf den zulässigen Rechtsbehelf im italienischen Verwaltungsrecht allgemein *Glaser*, Die Entwicklung des Europäischen Verwaltungsrechts, S. 171.

1286 „*Nuove norme in materia di procedimento amministrativo e di diritto di accesso ai documenti amministrativi*“, G.U.R.I. Nr. 192 v. 18.08.1990. Im Folgenden: Gesetz 241/1990. Eine deutschsprachige Übersetzung des Gesetzes (Stand: September 2013) ist auf der Internetseite der Autonomen Provinz Bozen veröffentlicht, <http://www.provinz.bz.it/anwaltschaft/download/G_1990-241_Verwaltungsverfahren_Sept_2013.pdf> (letzter Abruf: 10.04.2015).

1287 *Glaser*, Die Entwicklung des Europäischen Verwaltungsrechts, S. 161. Inzident Cassazione civile, Sezioni Unite, Beschl. v. 08.08.2012 – Nr. 14260, Urbanistica e appalti 2013, 24 ff.; Consiglio di Stato, Sez. V, Urt. v. 07.09.2011 – Nr. 5032, Urbanistica e appalti 2012, 197 ff.

1288 *Glaser* a.a.O., S. 159 (allgemein zum Anwendungsbereich des Gesetzes).

1289 Ähnlich die Übersetzung des Gesetzes 241/1990 durch die Autonome Provinz Bozen (Internetfundstelle s.o. S. 241, Fn. 1286).

1290 Übersetzung: *Conte/Boss*, Dizionario/Wörterbuch, S. 57.

Rechtsbehelf des italienischen Verwaltungsprozesses.[1291] Dieser führt zur Aufhebung des Zuschlags durch das zuständige Gericht.[1292]

Die italienische Verwaltungsprozessordnung geht also von der „*annullabilità* (*Aufhebbarkeit*)“[1293] des Zuschlags in Folge eines Vergabeverstoßes aus, nicht jedoch von seiner „*nullità* (*Nichtigkeit*)“.[1294] Während die Aufhebbarkeit einer Verwaltungsmaßnahme ihre vorläufige Wirksamkeit bedingt, die erst durch eine gerichtliche Entscheidung oder durch ein Verwaltungshandeln beseitigt werden kann, hat die Nichtigkeit eines Rechtsaktes seine Unwirksamkeit kraft Gesetzes zur Folge.[1295] Nach den Bestimmungen des D.lgs. 163/2006 und den Vorschriften des C.p.a. ist auch ein rechtswidrig erteilter Zuschlag also grundsätzlich wirksam, solange er nicht aufgehoben wird.

1291 Deutlich wird dies bei *Salvia/Cancilla*, in: *Sandulli A.*, Diritto Processuale Amministrativo, S. 124 ff., welche die gegen den Zuschlag gerichtete Aufhebungsklage als zentralen Rechtsbehelf des italienischen Vergaberechts (*Salvia/Cancilla* a.a.O., S. 126) bezeichnen. Ähnlich *Marra*, Il termine di decadenza nel processo amministrativo, S. 40 und S. 1 ff. (zuletzt allgemein zur Aufhebungsklage als zentralen Rechtsbehelf des Verwaltungsprozesses).

1292 Beispiele aus der jüngsten Rspr. der regionalen Verwaltungsgerichte: TAR Lazio, Roma, Sez. III quater, Urt. v. 22.01.2014 - Nr. 828; TAR Campania, Napoli, Sez. I, Urt. v. 16.01.2013 - Nr. 337; TAR Campania, Napoli, Sez. I, Urt. v. 13.11.2013 - Nr. 5079; TAR Veneto, Sez. I, Kurzurteil v. 08.11.2013 - Nr. 1242; jeweils im Volltext veröffentlicht in: La Giustizia Amministrativa, <www.giustizia-amministrativa.it>.

1293 Übersetzung: *Troike-Strambaci/Helffrich-Mariani*, Vocabolario/Wörterbuch, Band 2, S. 60.

1294 Übersetzung: *Troike-Strambaci/Helffrich-Mariani* a.a.O., S. 824. Ausführlich zu den beiden unterschiedlichen Formen der „*invalidità (Unwirksamkeit)*“ (*Troike-Strambaci/Helffrich-Mariani* a.a.O., S. 686): Consiglio di Stato, Sez. VI, Urt. v. 28.02.2006 - Nr. 891, in: La Giustizia Amministrativa, <www.giustizia-amministrativa.it>; *Chieppa/Giovagnoli*, Manuale di diritto amministrativo, S. 475 ff.; *De Felice*, Della nullità del provvedimento amministrativo, in: La Giustizia Amministrativa, <giustizia-amministrativa.it/cdsintra/wcm/idc/groups/public/documents/document/mdax/nze0/~edisp/intra_064032.htm> (Stand: 10.04.2015).

1295 *Chieppa*, in: *Sandulli M.A.*, Codice dell'azione amministrativa, 929 f.; *Chieppa/Giovagnoli*, Manuale di diritto amministrativo, S. 567; *De Felice*, Della nullità del provvedimento amministrativo, 1. Abschnitt (Internetfundstelle siehe vorherige Fn. 1294); *Mattarella*, in: *Cassese*, Istituzioni di diritto amministrativo, S. 358; *Ponte*, La nullità del provvedimento amministrativo, S. 20; *Varrone*, Nullità e annullabilità del provvedimento amministrativo, GiustAmm.it 2005, 2., 3. und 5. Abschnitt. Ähnlich auch *Glaser*, Die Entwicklung des Europäischen Verwaltungsrechts, S. 164.

b) Erklärung der Unwirksamkeit des Vertrages

Für den Vertrag enthalten die Art. 121 f. C.p.a. die wesentlichen Bestimmungen, auf welche die Art. 245-bis bzw. 245-ter D.lgs. 163/2006 verweisen.[1296] Aus diesen Vorschriften ergibt sich, unter welchen Voraussetzungen unionsrechtswidrige Verträge nach italienischem Recht unwirksam sind:

aa) Differenzierung nach der Schwere des Vergabefehlers

Gemäß Art. 121 Abs. 1 und Abs. 2 C.p.a. erklärt der Richter, der den Zuschlag aufhebt, in Fällen schwerwiegender Vergaberechtsverstöße (im Einzelnen in Abs. 1 lit. a bis d der Vorschrift normiert) den Vertrag in der Regel für unwirksam.[1297] Bei anderen Vergabefehlern gesteht Art. 122 C.p.a. dem zuständigen Gericht einen größeren Spielraum zu.[1298] Unter die Kategorie der schwerwiegenden Verstöße fallen u.a. auch Vergabefehler, die in der Verletzung der Pflicht zur vorherigen Bekanntmachung des öffentlichen Auftrags im Amtsblatt der Europäischen Union gründen (Art. 121 Abs. 1 lit. a und lit. b C.p.a.).[1299] Trotz des Wortlauts von Art. 133 Abs. 1 lit. e Ziff. 1 C.p.a. sowie Art. 121 Abs. 1 C.p.a., die suggerieren, dass die Verwaltungsgerichte für die Erklärung der Unwirksamkeit des Vertrages stets nur zuständig sein könnten, sofern zuvor ein Zuschlag aufgehoben wurde, sind die Vorschriften analog auch anwendbar, soweit die Auftragsvergabe im Wege einer unzulässigen Direktvergabe erfolgte und daher eine Zuschlagserteilung im eigentlichen Sinne unterblieben ist.[1300] Die ausschließliche Zuständigkeit des Verwaltungsgerichts und die analoge Anwendbarkeit des

---

1296 Ausführlich zu Art. 121 f. C.p.a.: *Ruscica*, in: *ders.*, Inefficacia del contratto di appalto pubblico, S. 43 ff.

1297 *De Nictolis*, in: *Quaranta/Lopilato*, Il processo amministrativo, S. 1019 ff.; *Glaser*, Die Entwicklung des Europäischen Verwaltungsrechts, S. 174; *Lamberti*, L'annullamento dell'aggiudicazione e la sorte del contratto, GiustAmm.it 18.02.2011, 6. Abschnitt; *Ruscica*, in *ders.*, Inefficacia del contratto di appalto pubblico, S. 44.

1298 Ähnlich Consiglio di Stato, Beschl. v. 07.01.2013 – Nr. 25, Urbanistica e appalti 2013, 696 ff. (698); *Glaser*, Die Entwicklung des Europäischen Verwaltungsrechts, S. 174; *Lamberti*, L'annullamento dell'aggiudicazione e la sorte del contratto, GiustAmm.it 18.02.2011, 6. Abschnitt. Ähnlich bereits zu den Regelungen im D.lgs. 53/2010: *Liguori*, Appunti sulla tutela processuale e sui poteri del giudice nel decreto legislativo n. 53 del 2010, GiustAmm.it 07.06.2010, 4. Abschnitt.

1299 Dazu im Einzelnen *Ruscica*, in: *ders.*, Inefficacia del contratto di appalto pubblico, S. 45 ff.; *De Nictolis*, in: *Quaranta/Lopilato*, Il processo amministrativo, S. 1020.

1300 Im Ergebnis ebenso und insgesamt ähnlich zu Art. 133 Abs. 1 lit. e C.p.a. *Di Pirro*, Il processo amministrativo, S. 27. Im Ergebnis ebenso Cassazione civile, Sezioni Unite, Beschl. v. 08.08.2012 – Nr. 14260, Urbanistica e appalti 2013, S. 24 ff. (25 f.).

Art. 121 Abs. 1 lit. a C.p.a. lässt sich in diesen Konstellationen im Wege eines Erst-Recht-Schlusses begründen.[1301] Es wäre nämlich systemwidrig, wenn dem Verwaltungsgericht zur Verbesserung des Rechtsschutzes bei öffentlichen Auftragsvergaben die ausschließliche Zuständigkeit zwar auch in Fällen zugesprochen würde, in denen ein Wettbewerb stattgefunden hat, nicht jedoch in den weit schwerwiegenderen Fällen der rechtswidrigen Direktvergabe.[1302] Die Systematik der vergaberechtlichen Regelungen, die zwischen schwerwiegenden und anderen Vergaberechtsverstößen unterscheiden, lässt sodann allein die Subsumtion der unzulässigen Direktvergabe unter die Kategorie der schwerwiegenden Vergaberechtsverstöße mit der Rechtsfolge des Art. 121 C.p.a. zu.[1303] Art. 121 C.p.a. bezweckt nämlich in erster Linie die Wahrung der Grundsätze der Transparenz, der Öffentlichkeit und des Wettbewerbs bei der öffentlichen Auftragsvergabe.[1304] Bei der rechtswidrigen Direktvergabe werden diese Grundsätze besonders schwerwiegend verletzt,[1305] sodass dieser Vergaberechtsverstoß grundsätzlich mit der Unwirksamkeit des Vertrages sanktioniert werden muss.[1306]

1301 Eine solche Argumentation wählen zur Begründung der ausschließlichen Zuständigkeit des Verwaltungsgerichts bei unzulässigen Direktvergaben Cassazione civile, Sezioni Unite, Beschl. v. 08.08.2012 – Nr. 14260, Urbanistica e appalti 2013, S. 24 ff. (25 f.); *Di Pirro*, Il processo amministrativo, S. 27.

1302 Cassazione civile, Sezioni Unite, Beschl. v. 08.08.2012 – Nr. 14260, Urbanistica e appalti 2013, S. 24 ff. (25); *Di Pirro, Il processo amministrativo*, S. 28. Nach dem angeführten Beschluss des Kassationshofs erstreckt sich die ausschließliche Zuständigkeit der Verwaltungsgerichte auch auf die Folgen der Unwirksamkeitserklärung eines im Wege der rechtswidrigen Direktvergabe geschlossenen Vertrages, namentlich auf die Rückforderung der nichtgeschuldeten Leistung und bereicherungsrechtliche Ansprüche (Cassazione civile, Sezioni Unite a.a.O., Leitsatz S. 24 und 26).

1303 Ähnlich *Cicero*, Contratto pubblico e principi di diritto privato, S. 83; *Lopilato*, Categorie contrattuali, contratti pubblici e i nuovi rimedi, GiustAmm.it 04.06.2010, Abschnitt 4.2.

1304 Cassazione civile, Sezioni Unite, Beschl. v. 08.08.2012 – n. 14260, Urbanistica e appalti 2013, S. 24 ff. (25).

1305 Ähnlich Cassazione civile, Sezioni Unite, Entscheidung v. 08.08.2012 – Nr. 14260, Urbanistica e appalti 2013, S. 24 ff. (25 fl.); *Di Pirro*, Il processo amministrativo, S. 27 f.

1306 *Cicero*, Contratto pubblico e principi di diritto privato, S. 83; *Lopilato*, Categorie contrattuali, contratti pubblici e i nuovi rimedi, GiustAmm.it 04.06.2010, Abschnitt 4.2. Auf dieselben Prinzipien stellen zur Begründung der Zuständigkeit der Verwaltungsgerichte bei unzulässigen Direktvergaben auch ab: Cassazione civile, Sezioni Unite, Beschl. v. 08.08.2012 – Nr. 14260, Urbanistica e appalti 2013, S. 24 ff. (25 f.); *Di Pirro*, Il processo amministrativo, S. 27 f.

bb) Aufhebung des Zuschlags bzw. der dem Vertrag vorausgehenden Verwaltungsentscheidung als Voraussetzung der Unwirksamkeit des Vertrages

Die Erklärung der Unwirksamkeit des Vertrages erfordert nach italienischem Recht, dass alle Grundlagen beseitigt werden, welche dazu führen könnten, dass der Vertrag weiterhin wirksam bleibt.[1307] Die Erklärung der Unwirksamkeit des Vertrages durch das Verwaltungsgericht setzt daher grundsätzlich die Aufhebung des dem Vertrag zugrunde liegenden Zuschlags voraus, soweit ein solcher erteilt wurde.[1308] Im Falle der unzulässigen Direktvergabe, bei welcher ein Zuschlag im eigentlichen Sinne nicht vorliegt, geht der Erklärung der Unwirksamkeit des Vertrages die Aufhebung der Vergabeentscheidung voraus, die ebenso als Verwaltungsmaßnahme eingestuft wird.[1309]

Höchst umstritten war lange Zeit, ob in den Fällen, in denen zunächst ein Zuschlag erteilt und aufgehoben wurde, die Aufhebung des Zuschlags automatisch die Unwirksamkeit des Vertrages zur Folge hat.[1310] Auch nach der Kodifizierung der Art. 121 f. C.p.a. wird die Frage durchaus unterschiedlich beantwortet.[1311]

1307 Ähnlich *Chieppa/Giovagnoli*, Manuale di diritto amministrativo, S. 650.

1308 *Casetta*, Manuale di diritto amministrativo, S. 961; *Greco*, Rivista italiana di diritto pubblico comunitario 2010, 729 ff. (733 ff., zum D.lgs. 53/2010); *Lamberti*, L'annullamento dell' aggiudicazione e la sorte del contratto, GiustAmm.it 18.02.2011, 6. Abschnitt; *Lipari*, Il recepimento della „direttiva ricorsi", GiustAmm.it 13.04.2010, 28. Abschnitt; *Marra*, Il termine di decadenza nel processo amministrativo, S. 40; *Salvia/Cancilla*, in: *Sandulli A.*, Diritto Processuale Amministrativo, S. 124. Ähnlich *Chieppa/Giovagnoli*, Manuale di diritto amministrativo, S. 650. Im Ergebnis ebenso: zur Rechtslage vor Inkraftteten des D.lgs. 53/2010: *Caponigro*, Annullamento dell' aggiudicazione ed effetti sul contratto, GiustAmm.it 15.12.2009, 2. Abschnitt; *Garofalo*, Diritto Processuale Amministrativo 2008, 1 ff. (11).

1309 Dies folgt besonders deutlich aus TAR Puglia, Bari, Sez. 1, Urt. v. 06.11.2012 – Nr. 1870, in: La Giustizia Amministrativa, <www.giustizia-amministrativa.it>.

1310 Zu den im Einzelnen vertretenen Ansichten statt aller *Benetazzi*, Contratti della P.A. e annullamento dell'aggiudicazione, S. 3 ff.; *Cianflone/Giovannini*, L' appalto di opere pubbliche, Band II, S. 2029; *Lamberti*, L'annullamento dell'aggiudicazione e la sorte del contratto, GiustAmm.it 18.02.2011, 2. Abschnitt.

1311 Gegen eine automatische Unwirksamkeit des Vertrages bei Aufhebung des Zuschlags: Consiglio di Stato, Sez. III, Beschl. v. 07.01.2013 – Nr. 25, Urbanistica e appalti 2013, 696 ff. (698 f.); TAR Toscana, Sez. I, Urt. v. 11.11.2010 – Nr. 6579, in: La Giustizia Amministrativa, <www.giustizia-amministrativa.it>, Rn. 2.3; *Chieppa*, Il processo amministrativo dopo il correttivo al codice, S. 687; *Lamberti*, L'annullamento dell'aggiudicazione e la sorte del contratto, GiustAmm.it 18.02.2011, 6. Abschnitt. Widersprüchlich ist die Rspr. des Staatsrats: Während die dritte Sektion im bereits

Eine Lösung lässt sich mit Blick auf die in Rede stehenden Bestimmungen finden: So normiert etwa Art. 121 Abs. 2 C.p.a., dass Verträge, auch wenn ihnen ein schwerwiegender Vergaberechtsverstoß zugrunde liegt, ausnahmsweise wirksam bleiben, wenn zwingende Gründe des Allgemeininteresses ihre Aufrechterhaltung erfordern.[1312] Bei weniger schwerwiegenden Vergaberechtsfehlern folgt aus Art. 122 C.p.a., dass die Entscheidung über die Unwirksamkeit des Vertrages stets auf einer umfänglichen Abwägung der im Einzelfall betroffenen Interessen beruht.[1313] Die Entscheidung über die Erklärung der Unwirksamkeit des Vertrages bleibt also in beiden Fällen dem Richter vorbehalten.[1314] Aus den Vorschriften folgt daher, dass die Erklärung der Unwirksamkeit des Vertrages durch das erkennende Gericht für den Eintritt dieser Rechtsfolge konstitutiv ist und

---

genannten Beschluss v. 07.01.2013 – Nr. 25, Urbanistica e appalti 2013, 696 ff. (698 f.) feststellt, dass die Aufhebung des Zuschlags keinen Automatismus hinsichtlich der Wirksamkeit des Vertrages auslöst, vertritt dieselbe Sektion im Urteil vom 23.05.2013 – Nr. 2802, in: La Giustizia Amministrativa, <www.giustizia-amministrativa.it>, wiederholt die Ansicht, dass nicht nur die Aufhebung des Zuschlags durch die Verwaltung, sondern auch durch das Gericht automatisch die Wirkungen des Vertrages entfallen lasse. Für die automatische Unwirksamkeit des Vertrages auch Consiglio di Stato, Sez. VI, Urt. v. 27.03.2012 – Nr. 1800; TAR Puglia, Bari, Sez. 1, Urt. v. 06.11.2012 – Nr. 1870: jeweils veröffentlicht in: La Giustizia Amministrativa, <www.giustizia-amministrativa.it>.

1312 Ebenso argumentieren Consiglio di Stato, Sez. III, Beschl. v. 07.01.2013 – Nr. 25, Urbanistica e appalti 2013, 696 ff. (698); TAR Toscana, Sez. I, Urt. v. 11.11.2010 – Nr. 6579, Rn. 2.3, in: La Giustizia Amministrativa, <www.giustizia-amministrativa.it>; *Chieppa*, Il processo amministrativo dopo il correttivo al codice, S. 687; *Lamberti*, L'annullamento dell'aggiudicazione e la sorte del contratto, GiustAmm.it 18.02.2011, 6. Abschnitt.; *Marra*, Il termine di decadenza nel processo amministrativo, S. 41 f. Dass dem Verwaltungsgericht, welches die einem Beschaffungsvertrag zugrunde liegende rechtswidrige Verwaltungsmaßnahme, aufgehoben hat, in Übereinstimmung mit den Vergaberichtlinien ausnahmsweise ein gewisser Spielraum bei der Beurteilung der Unwirksamkeit des Vertrages zukommt, wird auch deutlich in EuGH, Urt. v. 11.09.2014 – C-19/13 – Fastweb SpA, BeckRS 2014, 81838 (noch nicht in Slg. veröffentlicht, dort allerdings zum Ausnahmetatbestand des Art. 121 Abs. 5 C.p.a.).

1313 Ebda.

1314 Consiglio di Stato, Sez. III, Beschl. v. 07.01.2013 – Nr. 25, Urbanistica e appalti 2013, 696 ff. (698 f.); TAR Toscana, Sez. I, Urt. v. 11.11.2010 – Nr. 6579, in: La Giustizia Amministrativa, <www.giustizia-amministrativa.it>, Rn. 2.3; *Chieppa*, Il processo amministrativo dopo il correttivo al codice, S. 687; *Marra*, Il termine di decadenza nel processo amministrativo, S. 41 f.

keinesfalls automatisch mit der richterlichen Entscheidung über die Aufhebung des Zuschlags einhergeht.[1315]

cc) Doppeltes Antragserfordernis

Der C.p.a. geht grundsätzlich davon aus, dass die italienischen Verwaltungsgerichte nur auf Antrag tätig werden.[1316] Gemäß Art. 39 Abs. 1 C.p.a. finden im Verwaltungsprozess vorbehaltlich einer ausdrücklichen Regelung die Vorschriften der Zivilprozessordnung[1317] Anwendung, soweit sie mit ihr vereinbar oder Ausdruck allgemeiner Grundsätze sind.[1318] Die italienische Zivilprozessordnung normiert in Art. 99 C.p.c. das *„principio della domanda (Antragsgrundsatz)"*[1319], welches in engem Zusammenhang mit dem allgemeinen und auch im Verwaltungsprozessrecht beachtlichen Grundsatz des Art. 112 C.p.c. steht, wonach die richterliche Entscheidung nicht über das Klagebegehren hinausgehen darf.[1320] Das Verwaltungsgericht wird also nur auf entsprechenden Antrag über die Aufhebung des Zuschlags bzw. im Falle der unzulässigen Direktvergabe, der dem Vertrag vorausgehenden Verwaltungsentscheidung befinden.

Strittig ist, ob es darüber hinaus auch für die Erklärung der Unwirksamkeit des Vertrages eines ausdrücklichen Antrags bedarf oder ob das Verwaltungsgericht, welches den vergaberechtswidrigen Zuschlag aufhebt, von Amts wegen befugt ist, auch den vergaberechtswidrigen Vertrag für unwirksam zu erklären.[1321] Zum einen wird die Ansicht vertreten, das Verwaltungsgericht könne die

1315 Ebda.

1316 *Caponigro*, L'interesse legittimo strumentale nelle gare d'appalto, GiustAmm.it 24.09.2012, 2. Abschnitt; *Lipari*, L'annullamento dell'aggiudicazione e gli effetti sul contratto, GiustAmm.it 18.11.2010, 14. Abschnitt; *Palliggiano/Zingales*, Il codice del nuovo processo amministrativo, S. 15.

1317 *„Regio Decreto 28 ottobre 1940, n. 1443, Approvazione del Codice di procedura civile"*, Königliches Dekret Nr. 1443 v. 28.10.1940, G.U.R.I. v. 28.10.1940, zuletzt geändert durch D.L. Nr. 90 v. 24.06.2014, G.U.R.I. Nr. 144 v. 24.06.2014. Im Folgenden: C.p.c.

1318 Übersetzung des Art. 39 Abs. 1 C.p.a.: *Bauer/Demattio/König/Kreuzer/Zanon* (Internetfundstelle s.o. S. 239, Fn. 1274).

1319 Übersetzung: *Conte/Boss*, Dizionario/Wörterbuch, S. 374.

1320 *Greco*, in: *Quaranta/Lopilato*, Il processo amministrativo, S. 324 f. Die Bedeutung des Art. 112 C.p.c. für den Verwaltungsprozess betont auch Consiglio di Stato, Sez. 5, Urt. v. 27.05.2011 – Nr. 3191, in: La Giustizia Amministrativa, <www.giustizia-amministrativa.it>, Rn. 4.1.

1321 Zu der Problematik: *Cianflone/Giovannini*, L' appalto di opere pubbliche, Band II, S. 2037 f.; *Lamberti*, L'annullamento dell'aggiudicazione e la sorte del contratto, GiustAmm.it 18.02.2011, 6. Abschnitt; *Lipari*, L'annullamento dell'aggiudicazione

Unwirksamkeit des Vertrages auch nach Aufhebung des Zuschlags stets nur auf Antrag einer Partei erklären.[1322] Das Verwaltungsgericht habe nämlich in den jeweiligen Einzelfällen über subjektive Rechte zu befinden, wobei der Rechtsschutzsuchende nach dem „*principio dispositivo (Dispositionsmaxime)*"[1323] selbst über den Streitgegenstand verfügen könne.[1324] Andererseits finden sich Stimmen, die das Verwaltungsgericht, sofern es einen Zuschlag aufhebt, unabhängig von einem entsprechenden Antrag auch verpflichtet sehen, zum Schicksal des Vertrages Stellung zu nehmen.[1325] Dafür spreche vor allem das Interesse der Allgemeinheit an dem Schicksal des Vertrages.[1326] Schließlich findet sich eine vermittelnde Ansicht, nach welcher unterschieden werden müsse, ob dem Vertrag ein schwerwiegender Vergaberechtsfehler im Sinne des Art. 121 Abs. 1 lit. a bis d C.p.a. oder ein sonstiger Vergaberechtsfehler nach Art. 122 C.p.a. zugrunde liege.[1327] Einzig in ersterem Falle soll das Verwaltungsgericht, das den Zuschlag aufhebt, befugt sein, ohne entsprechenden Antrag der Parteien den Vertrag für unwirksam zu erklären.[1328] Begründet wird diese Ansicht insbesondere mit dem sanktionierenden Charakter der Unwirksamkeitserklärung nach Art. 121 C.p.a., der Art. 122 C.p.a. fremd sei.[1329] Teilweise wird weiter differenziert: Während das Verwaltungsgericht bei Verstößen gegen die Pflicht zur Bekanntmachung der Auftragsvergabe und folglich auch bei rechtswidrigen Direktvergaben (Art. 121

---

e gli effetti sul contratto, GiustAmm.it 18.11.2010, 14. Abschnitt ff.; *ders.*, Il recepimento della „direttiva ricorsi", GiustAmm.it 13.04.2010, 29. Abschnitt.

1322 So *Ruscica*, in: *ders.*, Inefficacia del contratto di appalto pubblico, S. 51. Gewichtige Argumente für diese Ansicht nennen *Cianflone/Giovannini*, L' appalto di opere pubbliche, Band II, S. 2037 f. (im Ergebnis offenlassend).

1323 Übersetzung: *Conte/Boss*, Dizionario/Wörterbuch, S. 374.

1324 *Ruscica*, in: *ders.*, Inefficacia del contratto di appalto pubblico, S. 51.

1325 *Cacciari,* Prime riflessioni sull'inefficacia del contratto, GiustAmm.it 21.05.2010, 3. Abschnitt; *Liguori,* Appunti sulla tutela processuale e sui poteri del giudice nel decreto legislativo n. 53 del 2010, GiustAmm.it 07.06.2010, Abschnitt 4.1. So wohl auch Consiglio di Stato, Sez. V, Urt. v. 27.05.2011 – Nr. 3191, in: La Giustizia Amministrativa, <www.giustizia-amministrativa.it>, Rn. 4.1. Der Staatsrat führt in dem Urteil die Art. 121 ff. C.p.a. exemplarisch als Ausnahme zur strengen Bindung an das Klagebegehren an.

1326 *Cacciari,* Prime riflessioni sull'inefficacia del contratto, GiustAmm.it 21.05.2010, 3. Abschnitt.

1327 *Lipari,* L'annullamento dell'aggiudicazione e gli effetti sul contratto, GiustAmm.it 18.11.2010, 15. Abschnitt; *ders.*, Il recepimento della „direttiva ricorsi", GiustAmm. it 13.04.2010, 29. Abschnitt.

1328 Ebda.

1329 Ebda.

Abs. 1 lit. a und b C.p.a. direkt bzw. analog) befugt sei, den Vertrag ohne entsprechenden Antrag für unwirksam zu erklären, gelte dies bei einer Auftragsvergabe in Verletzung einer Stillhaltefrist (Art. 121 Abs. 1 lit. c und lit. d C.p.a.) nicht.[1330] Die Verletzung der Stillhaltefristen werde nämlich nur nach Hinzutreten weiterer Umstände sanktioniert; so müsse die Rechtsverletzung eine Verkürzung der Rechtsschutzmöglichkeiten eines umgangenen Unternehmens zur Folge haben.[1331] Zudem würde nach Unionsrecht in diesen Fällen anstelle der Unwirksamkeit auch die Auferlegung alternativer Sanktionen in Betracht kommen.[1332]

Überzeugend ist es im italienischen Verwaltungsprozess, auch soweit die Erklärung der Unwirksamkeit des Vertrages in Rede steht, nicht vom Antragsprinzip abzuweichen. Der Verwaltungsprozess ist kein subjektives, sondern ein objektives Verfahren,[1333] das darauf abzielt, dem Einzelnen in bestimmten Situationen Rechtsschutz zu gewähren.[1334] Daher sind das Antragsprinzip und die Bindung des Gerichts an das Klagebegehren als grundlegende Prinzipien des italienischen Verwaltungsrechts zu Recht anerkannt. Da das Antragsprinzip wesentlich zur Sicherung der in Art. 101 Abs. 2 der italienischen Verfassung[1335] verankerten richterlichen Unparteilichkeit beiträgt, kann von ihm grundsätzlich nicht abgewichen werden.[1336] Die Art. 121 ff. C.p.a. enthalten entgegen des ursprünglichen Gesetzgebungsvorhabens gerade keine ausdrückliche Regelung, welche den Verwaltungsgerichten ausnahmsweise, auch ohne entsprechenden Antrag, eine Rechtsprechungsbefugnis hinsichtlich der Erklärung der Unwirksamkeit des Vertrages im Anschluss an die Aufhebung eines Zuschlags einräumen würde.[1337]

1330 *Lipari*, L'annullamento dell'aggiudicazione e gli effetti sul contratto, GiustAmm.it 18.11.2010, 15. Abschnitt. Ohne diese Differenzierung hingegen noch *ders.*, Il recepimento della „direttiva ricorsi", GiustAmm.it 13.04.2010.

1331 *Lipari*, L'annullamento dell'aggiudicazione e gli effetti sul contratto, GiustAmm.it 18.11.2010, 15. Abschnitt. Die zusätzlichen Erfordernisse normiert Art. 121 Abs. 1 lit c C.p.a.

1332 *Lipari* ebda.

1333 Consiglio di Stato, Sez. 5, Urt. v. 27.05.2011 – Nr. 3191, in: La Giustizia Amministrativa, <www.giustizia-amministrativa.it>, Rn. 4.1; *Ruscica*, in: *ders.*, Inefficacia del contratto di appalto pubblico, S. 51.

1334 *Ruscica* ebda.

1335 „*Costituzione della Repubblica Italiana*", G.U.R.I. Nr. 298 v. 27.12.1947, zuletzt geändert durch Verfassungsgesetz Nr. 1, G.U.R.I. Nr. 95 v. 23.04.2012.

1336 Ähnlich Corte Costituzionale, Urt. v. 15.07.2003 – Nr. 240, G.U.R.I. 1ª Serie Speciale, Nr. 29 v. 23.07.2003; *Liebman*, Rivista di diritto processuale 1960, 551 ff. (560 f.).

1337 Zu der ursprünglich beabsichtigten Aufnahme einer entsprechenden Bestimmung in das D.lgs. 53/2010: *Cianflone/Giovannini*, L' appalto di opere pubbliche, Band II, S. 2037.

In der Praxis wird an die gerichtliche Aufhebung des Zuschlags wegen eines Vergabefehlers nach Art. 121 lit. a und lit. b C.p.a. dennoch regelmäßig die Erklärung der Unwirksamkeit des Vertrages anschließen. Eine unterlassene öffentliche Bekanntmachung des Auftrags beschneidet die Möglichkeit der Unternehmen von der Auftragsvergabe Kenntnis zu nehmen und in der Folge am Wettbewerb um den öffentlichen Auftrag teilzunehmen.[1338] Unternehmen, die von solchen Vergabefehlern betroffen und damit rechtsschutzbedürftig sind, werden daher neben der Aufhebung des Zuschlags regelmäßig auch die Erneuerung des Vergabeverfahrens von Anfang an anstreben, da ein Schaden nur schwerlich nachzuweisen sein wird.[1339] Dem Begehren auf Erneuerung des Vergabeverfahrens ist das Begehren nach der Erklärung der Unwirksamkeit des Vertrages von vornherein inhärent.[1340] Denn dem unterlegenen Unternehmen kommt es gerade darauf an, durch die Teilnahme am Wettbewerb den streitgegenständlichen öffentlichen Auftrag nunmehr selbst zu erhalten. Diese Möglichkeit wird ihm nur eröffnet, wenn der bestehende Vertrag zunächst seine Wirksamkeit verliert.[1341]

c) Zwischenergebnis

Vergaberechtswidrige Verträge sind nach den Vorschriften der Art. 121 f. C.p.a. nicht von Gesetzes wegen unwirksam. Die Unwirksamkeit eines Beschaffungsvertrages setzt nach den Regelungen des C.p.a. vielmehr die Erklärung der Unwirksamkeit des Vertrages durch ein Gericht nach vorheriger Aufhebung des Zuschlags bzw. der Verwaltungsentscheidung zur Direktvergabe voraus. Die Verwaltungsgerichte sind nach italienischem Recht dabei nur auf ausdrücklichen Antrag befugt,

---

1338 Mit diesem Argument belegen die besondere Schwere solcher Vergaberechtsverstöße *De Nictolis*, in: *Quaranta/Lopilato*, Il processo amministrativo, S. 1020; *Ruscica*, in: *ders.*, Inefficacia del contratto di appalto pubblico, S. 47.

1339 Dies wird deutlich durch die Ausführungen von *GA Trstenjak* v. 28.03.2007 – C-503/04, Slg. 2007, I-6156 ff. (I-6178, Rn. 80) – Bockhorn und Braunschweig II.

1340 *Chieppa*, Il processo amministrativo dopo il correttivo al codice, S. 667, der darüber hinaus feststellt, dass dasselbe auch für den Antrag auf Eintritt in einen Vertrag gilt. Letzteres folgt bereits aus Art. 124 Abs. 1 Satz 1 C.p.a., wonach der Eintritt in den Vertrag und die Zuschlagserteilung die Erklärung der Unwirksamkeit des Vertrages vorausetzen (ebenso *Chieppa/Giovagnoli*, Manuale di diritto amministrativo, S. 653). Demgegenüber darf die Verwaltung auch im Anschluss an die Erklärung der Unwirksamkeit des Vertrages nicht zur Erneuerung des Vergabeverfahrens verpflichtet werden, solange kein ausdrücklicher Antrag vorliegt (*Ruscica*, in: *ders.*, Inefficacia del contratto di appalto pubblico, S. 55 und 62).

1341 Dies folgt aus *Chieppa*, Il processo amministrativo dopo il correttivo al codice, S. 667. Ebenso wie Ersterer *Chieppa/Giovagnoli*, Manuale di diritto amministrativo, S. 653 f.

einen Vertrag für unwirksam zu erklären. Der Antrag des Rechtsschutzsuchenden muss zum einen auf die Aufhebung des Zuschlags bzw. der dem Vertrag vorausgehenden Verwaltungsentscheidung über die Direktvergabe gerichtet sein und zum anderen auf die Erklärung der Unwirksamkeit des Vertrages. Liegt eine zulässige Klage mit einem entsprechenden Klagebegehren vor und wurde ein Vertrag entgegen der gesetzlichen Vorschriften ohne vorherige Bekanntmachung im Amtsblatt der Europäischen Union an ein Unternehmen vergeben, ist das zuständige Gericht aufgrund der nationalen Regelung des Art. 121 Abs. 1 lit. a und lit. b C.p.a. regelmäßig zur Erklärung der Unwirksamkeit der Verträge verpflichtet.

3. *Nichtigkeit nach den allgemeinen Vorschriften über das Verwaltungsverfahren (Gesetz 241/1990) und des italienischen Zivilrechts*

Die Nichtigkeit eines vergaberechtswidrig erteilten Zuschlags bzw. des auf dieser Grundlage abgeschlossenen Vertrages kann sich von Gesetzes wegen, mangels spezialgesetzlicher Anordnung dieser Rechtsfolge, allenfalls aus den allgemeinen Bestimmungen ergeben, die auf den jeweiligen Rechtsakt seiner Rechtsnatur nach anwendbar sind.

a) Der Zuschlag und die Nichtigkeitsgründe des Gesetzes 241/1990

Auf die Vergabeentscheidung sind aufgrund ihrer öffentlich-rechtlichen Rechtsnatur als Verwaltungsmaßnahme subsidiär die allgemeinen Vorschriften über das Verwaltungsverfahren (Gesetz 241/1990) anwendbar.[1342] Die allgemeinen Nichtigkeitsgründe für Verwaltungsmaßnahmen sind in Art. 21-septies Gesetz 241/1990 geregelt.[1343] Eine Verwaltungsmaßnahme ist danach nichtig, wenn ihr wesentliche Bestandteile fehlen, ein absoluter Zuständigkeitsmangel vorliegt, die Verwaltungsmaßnahme unter Verletzung oder Umgehung einer rechtskräftigen Entscheidung erlassen wurde oder wegen eines sonstigen vom Gesetz ausdrücklich vorgesehenen Nichtigkeitsgrundes.[1344] Die Rechtswidrigkeit einer

---

1342 S.o. 2. Abschnitt F.V.1.b), S. 240 f.

1343 Dazu ausführlich *Mazzarolli*, Diritto Processuale Amministrativo 2006, 543 ff.; *Mezzotero*, in: *Chieppa/Lopilato/Tenca*, Giurisprudenza amministrativa 2012, S. 121 ff.

1344 Die Übersetzung der Vorschrift entspricht überwiegend jener von *Glaser*, Die Entwicklung des Europäischen Verwaltungsrechts, S. 164. Zu den Nichtigkeitsgründen im Einzelnen: *Chieppa*, in: *Sandulli M.A.*, Codice dell'azione amministrativa, S. 935 ff.; *Chieppa/Giovagnoli*, Manuale di diritto amministrativo, S. 476 ff.; *Mazzarolli*, Diritto

Verwaltungsmaßnahme begründet demgegenüber grundsätzlich nicht die Nichtigkeitsfolge des Art. 21-septies Abs. 1 Gesetz 241/1990, sondern führt ausweislich des Art. 21-octies Gesetz 241/1990 nur zu ihrer Aufhebbarkeit.[1345]

Zuweilen wird in der italienischen Literatur und Rechtsprechung allerdings in Anlehnung an die Grundsätze zur Unanwendbarkeit unionsrechtswidriger nationaler Gesetze diskutiert, ob die Unionsrechtswidrigkeit einer Verwaltungsmaßnahme ihre Nichtigkeit begründet.[1346] Insbesondere Verwaltungsmaßnahmen, die auf einer unionsrechtswidrigen innerstaatlichen Rechtsgrundlage basieren, sollen nach einer teilweise vertretenen Ansicht nichtig sein.[1347] Der Staatsrat hat indes in einer Reihe von Entscheidungen betont, dass unionsrechtswidrige Verwaltungsmaßnahmen lediglich aufhebbar sind.[1348] Allenfalls soweit eine Verwaltungsmaßnahme aufgrund einer unionsrechtswidrigen nationalen Vorschrift erlassen worden sei, welche die Handlungsbefugnis der Verwaltung begründen

---

Processuale Amministrativo 2006, 543 ff. (555 ff.); *Paolantonio*, in: *Morbidelli*, Codice della giustizia amministrativa, S. 227 ff.

1345 *Glaser*, Die Entwicklung des Europäischen Verwaltungsrechts, S. 164 f.

1346 Zu der Problematik eingehend *Antonioli*, Rivista italiana di diritto pubblico comunitario 1999, 1362 ff. (1369 ff.); *Caranta*, Giurisprudenza Italiana 1989, Band III, S. 149 ff.; *Giovagnoli*, Giustizia amministrativa 2004, 903 ff.; *Pignatelli*, Giurisprudenza costituzionale 2008, 3635 ff.; *Ragazzo*, L' autotutela amministrativa, S. 287 ff.

1347 TAR Piemonte, Sez. II, Urt. v. 08.02.1989 – Nr. 34, Giurisprudenza Italiana 1989, III, S. 148 ff. Zur Unterscheidung zwischen mittelbaren (vermittelt durch unionsrechtswidrige nationale Gesetze) sowie unmittelbaren unionsrechtswidrigen Verwaltungsmaßnahmen: *Pignatelli*, Giurisprudenza costituzionale 2008, 3635 ff.; *Ragazzo*, L' autotutela amministrativa, S. 267 ff.; *Chiti*, Diritto amministrativo 2003, 687 ff. (698). Letzterer plädiert a.a.O., S. 702, für eine Sonderbehandlung unionsrechtswidriger Verwaltungsmaßnahmen im Gegensatz zu solchen, die gegen nationale Vorschriften verstoßen und vertritt, in Anlehnung an die Grundsätze zur Unanwendbarkeit unionsrechtswidriger nationaler Gesetze, die These von der Unanwendbarkeit unionsrechtswidriger Verwaltungsmaßnahmen.

1348 Consiglio di Stato, Sez. VI, Beschl. v. 03.03.2006 – Nr. 1023, Urbanistica e appalti, 2006, 695 ff. (696); Consiglio di Stato, Sez. VI, Urt. v. 20.05.2005 – Nr. 2566, Foro amministrativo CdS 2005, 1563 (Leitsatz), vollständiges Urteil veröffentlicht in: La Giustizia Amministrativa, <www.giustizia-amministrativa.it>; Consiglio di Stato, Sez. V, Urt. v. 10.01.2003 – Nr. 35, Massimario completo della giurisprudenza del Consiglio di Stato 2003, 6 ff. (nur Leitsätze, 7. Leitsatz), vollständiges Urteil veröffentlicht in: La Giustizia Amministrativa, <www.giustizia-amministrativa.it>. Zur Rspr. des Staatsrats auch *Chieppa*, in: *Chieppa/Lopilato*, Studi di diritto amministrativo, S. 419 f. Kritisch *Chiti*, Diritto amministrativo 2003, 687 ff. (698 ff. und 700 ff.); *Pignatelli*, Giurisprudenza costituzionale 2008, 3635 ff. (3657 ff.).

sollte, könne dies zur Nichtigkeit der Verwaltungsmaßnahme führen.[1349] Der italienische Staatsrat trägt mit dieser Rechtsprechung der Systematik des italienischen Verwaltungsrechts Rechnung, welches im Regelfall lediglich von der Aufhebbarkeit von Verwaltungsmaßnahmen ausgeht, während eine Nichtigkeit nur in den in Art. 21-septies Gesetz 241/1990 abschließend geregelten Fällen in Betracht kommt.[1350] Allein soweit der Verwaltung die Handlungsbefugnis fehlt, liegt daher ein absoluter Zuständigkeitsmangel im Sinne des Art. 21-septies Gesetz 241/1990 vor, der die Nichtigkeit einer Verwaltungsmaßnahme begründen kann.[1351]

b) Der Vertrag und die zivilrechtlichen Nichtigkeitsgründe

Da der Vertrag, der im Anschluss an die Zuschlagserteilung abgeschlossen wird, zivilrechtlicher Natur ist,[1352] könnte sich seine Unwirksamkeit auch aus den allgemeinen zivilrechtlichen Regelungen ergeben. Vor der Kodifizierung der ausschließlichen Zuständigkeit der Verwaltungsgerichte in Angelegenheiten der öffentlichen Auftragsvergabe, einschließlich der Erklärung der Unwirksamkeit des Vertrages, durch Art. 7 D.lgs. 53/2010 und nunmehr durch Art. 133 Abs. 1 lit. e Ziff. 1 C.p.a. wurde auf Beschaffungsverträge bei Aufhebung des vergaberechtswidrigen Zuschlags teilweise die Nichtigkeitsfolge des Art. 1418

1349 Consiglio di Stato, Sez. V, Urt. v. 10.01.2003 – Nr. 35, Massimario completo della giurisprudenza del Consiglio di Stato 2003, 6 ff. (nur Leitsätze, 7. Leitsatz), vollständiges Urteil veröffentlicht in: La Giustizia Amministrativa, <www.giustizia-amministrativa.it>, Rn. 6.2.

1350 Mit der abschließenden Regelung des Art. 21-septies Gesetz 241/1990 argumentiert Consiglio di Stato, Sez. VI, Beschl. v. 03.03.2006 – Nr. 1023, Urbanistica e appalti 2006, 695 ff. (696). Den abschließenden Charakter des Art. 21-septies Gesetz 241/1990 und die Aufhebbarkeit von Verwaltungsmaßnahmen als Regelfall ihrer Unwirksamkeit betonen Consiglio di Stato, Sez. VI, Urt. v. 28.02.2006 – Nr. 891; Consiglio di Stato, Sez. VI, Urt. v. 13.06.2007 – Nr. 3173, Rn. 2: jeweils veröffentlicht in: La Giustizia Amministrativa, <www.giustizia-amministrativa.it>; *Chieppa*, Il processo amministrativo dopo il correttivo al codice, S. 180; *Chieppa/Giovagnoli*, Manuale di diritto amministrativo, S. 476 f. Von der Aufhebbarkeit als Regelfall des italienischen Verwaltungsrechts geht auch aus: *Glaser*, Die Entwicklung des Europäischen Verwaltungsrechts, S. 164.

1351 Zu diesem Nichtigkeitsgrund im Einzelnen: *Chieppa*, in: *Sandulli M.A.*, Codice dell'azione amministrativa, S. 937 ff.; *Paolantonio*, in: *Morbidelli*, Codice della giustizia amministrativa, S. 229 f.

1352 S.o. 2. Abschnitt F.V.1.a), S. 236, Fn. 1270.

Abs. 1 bzw. Abs. 2 des „*Codice Civile (italienisches Zivilgesetzbuch)*"[1353] angewandt.[1354] Einerseits wurde die Ansicht vertreten, der vergaberechtswidrige Vertrag sei wegen Verstoßes gegen zwingende Vorschriften im Sinne des Art. 1418 Abs. 1 C.C. nichtig.[1355] Andererseits wurde die Ansicht vertreten, die Aufhebung des Zuschlags durch ein Gericht oder die Verwaltung habe die Nichtigkeit des Vertrages nach Art. 1418 Abs. 2 i.V.m. Art. 1325 Ziff. 1 C.C. zur Folge.[1356] Die Aufhebung des Zuschlags erfolge nämlich rückwirkend und führe dazu, dass die nach Art. 1325 Ziff. 1 C.C. erforderliche Einigung der Parteien fehle, was dem wirksamen Abschluss des Vertrages entgegenstünde.[1357] Spätestens seit der ausdrücklichen Normierung des Grundsatzes, dass der Zuschlag nicht mit der Annahme des Angebots zusammenfällt (Art. 11 Nr. 7 D.lgs. 163/2006), ist die letztgenannte Ansicht nicht mehr vertretbar.[1358] Doch auch eine Anwendung der Nichtigkeitsfolge des Art. 1418 Abs. 1 C.C. scheidet jedenfalls wegen der nunmehr ausdrücklich in Art. 121 und Art. 122 C.p.a. geregelten Fehlerfolgen von Vergaberechtsverstößen aus, welchen sich entnehmen lässt, dass die Unwirksamkeit eines vergaberechtswidrigen Vertrages keinesfalls automatisch mit der richterlichen Aufhebung des Zuschlags einhergeht.[1359] Zivilrechtliche Nichtigkeitsgründe sind aber auch aus einem weiteren Grund kein taugliches Instrument zur Beendigung der Wirkungen eines vergaberechtswidrigen Vertrages: Sie

---

1353 „*Regio Decreto 16 marzo 1942, n. 262, Approvazione del testo del Codice civile*", Königliches Dekret Nr. 262 v. 16.03.1942, G.U.R.I. Nr. 79 v. 04.04.1942, zuletzt geändert durch D.L. Nr. 91 v. 24.06.2014, G.U.R.I. Nr. 144 v. 24.06.2014. Deutsche Übersetzung: *Bauer/Eccher/König/Kreuzer/Zanon*, Italienisches Zivilgesetzbuch/Codice civile (Stand des Gesetzes: 2010).

1354 Zu den im Einzelnen vertretenen Ansichten: *Caponigro*, Annullamento dell' aggiudicazione ed effetti sul contratto, GiustAmm.it 15.12.2009, 2. Abschnitt; *Goisis*, Diritto Processuale Amministrativo 2009, 112 ff. (124 f.); *Vinti/Capotorto*, L'azione di nullità nel processo amministrativo, S. 38 ff.

1355 So TAR Lazio, Roma, Sez. II, Urt. v. 06.02.2007 – Nr. 905, in: La Giustizia Amministrativa, <www.giustizia-amministrativa.it>, S. 14. Dabei betont *Goisis*, Diritto Processuale Amministrativo 2009, 112 ff. (126), dass die Nichtigkeit nach dieser Ansicht erst nach Aufhebung des Zuschlags beachtlich sein sollte: *Goisis*, Diritto Processuale Amministrativo 2009, 112 ff. (126).

1356 So TAR Sardegna, Cagliari, Sez. I, Urt. v. 25.07.2003 – Nr. 913, S. 5, in: La Giustizia Amministrativa, <www.giustizia-amministrativa.it>.

1357 Ebda.

1358 *Lamberti*, L'annullamento dell'aggiudicazione e la sorte del contratto, GiustAmm.it 18.02.2011, 4. Abschnitt.

1359 Zur konstitutiven Wirkung der richterlichen Entscheidung nach Art. 121 f. C.p.a. s.o. 2. Abschnitt F.V.2.b)bb), S. 245 f.

tangieren die Wirksamkeit der Vergabeentscheidung nicht. Die Unwirksamkeit der Vergabeentscheidung ist jedoch nach italienischem Recht Voraussetzung für die Unwirksamkeit des Vertrages wegen eines Vergaberechtsverstoßes.[1360]

4. *Die Beendigung vergaberechtswidriger Verträge durch die italienische Exekutive nach Art. 21-nonies Abs. 1 Gesetz 241/1990*

Sowohl der unionsrechtswidrige Zuschlag als auch der auf ihm beruhende Beschaffungsvertrag sind nach italienischem Recht ohne entsprechende richterliche Entscheidung regelmäßig wirksam.[1361] Die italienische Exekutive muss daher auf einen gesetzlichen Tatbestand zurückgreifen, der ihr unabhängig vom Einverständnis des Vertragspartners im Einzelfall ermöglicht, die Wirkungen eines unionsrechtswidrigen Zuschlags und des auf ihm beruhenden Vertrages, soweit erforderlich, zu beseitigen.

Als Rechtsgrundlage zur Beendigung der Wirkungen unionsrechtswidriger Beschaffungsverträge durch die italienische Exekutive kommt Art. 21-nonies Abs. 1 Gesetz 241/1990 in Betracht.[1362] Die Vorschrift ermöglicht italienischen Verwaltungsbehörden, im Wege der „*autotutela amministrativa (verwaltungsrechtliche Selbsthilfe)*“[1363] auch eine bestandskräftige rechtswidrige Verwaltungsmaßnahme selbständig aufzuheben.[1364] Danach kann die Erlassbehörde oder eine sonstige von Gesetzes wegen zuständige Behörde eine im Sinne des Art. 21-octies Gesetz 241/1990 rechtswidrige Verwaltungsmaßnahme „*innerhalb einer angemessenen Frist bei Vorliegen eines öffentlichen Interesses unter Berücksichtigung der Interessen des Begünstigten und sonstiger Beteiligter*“[1365] aufheben.[1366] Eine

1360 Ähnlich argumentiert zu den Regelungen im D.lgs. 53/2010 *Greco*, Rivista italiana di diritto pubblico comunitario 2010, 729 ff. (733 f.). Zur Aufhebung der Vergabeentscheidung als Voraussetzung der Unwirksamkeit des Vertrages s.o. 2. Abschnitt F.V.2.b)bb), S. 245 f.

1361 S.o. 2. Abschnitt F.V.2 und 3., S. 241 ff.

1362 Ansatzpunkte einer entsprechenden Überlegung finden sich bei *Goisis*, Diritto Processuale Amministrativo 2009, 112 ff. (138 ff.), der allerdings, jedenfalls nach damaliger Rechtslage, die Frage nach den nationalen Möglichkeiten der Vertragsbeendigung nach Aufhebung des Zuschlags unter Rückgriff auf die zivilrechtlichen Nichtigkeitstatbestände beantwortet (*Goisis* a.a.O., S. 142 ff.).

1363 *Eccher*, ÖBA 2013, 340 ff. (340).

1364 Ähnlich im deutschsprachigen Schrifttum allgemein zur „*autotutela amministrativa*“: *Eccher* ebda; *Glaser*, Die Entwicklung des Europäischen Verwaltungsrechts, S. 167.

1365 *Glaser* ebda.

1366 Ebda. Ähnlich auch die Übersetzung der Vorschrift durch die Autonome Provinz Bozen (Internetfundstelle s.o. S. 241, Fn. 1286).

zentrale Rolle für die Geeignetheit dieser Rechtsgrundlage zur Beendigung der Vertragswirkungen spielt u.a. die Frage, ob die Aufhebung des Zuschlags nach dieser Vorschrift auch Auswirkungen auf das Schicksal des Vertrages zeitigt.

a) Das Verhältnis des Art. 21-nonies Abs. 1 Gesetz 241/1990 zu Art. 134 D.lgs. 163/2006

Vorab muss geklärt werden, ob die allgemeine Vorschrift des Art. 21 nonies Abs. 1 Gesetz 241/1990 im Vergaberecht durch spezialgesetzliche Regelungen verdrängt wird. Das italienische Vergaberecht hält mit Art. 134 D.lgs. 163/2006 eine Rechtsgrundlage bereit, die dem öffentlichen Auftraggeber ausdrücklich den Rücktritt von einem Beschaffungsvertrag ermöglicht. Die Vollversammlung des Staatsrats hat in einem Urteil aus dem Jahre 2014 entschieden, dass diese spezialgesetzliche Regelung der „*revoca (Widerruf)*“[1367] des Zuschlags nach Art. 21-quinquies Gesetz 241/1990 nach Abschluss des Vertrages regelmäßig vorgeht.[1368] Besteht ein ähnliches Konkurrenzverhältnis also auch zu der allgemeinen Vorschrift über die verwaltungsrechtliche Selbsthilfe aus Art. 21-nonies Gesetz 241/1990?

Die Entscheidung des Staatsrats beruht u.a. auf der Überlegung, dass der Widerruf nach Art. 21-quinquies Gesetz 241/1990 und der Rücktritt nach Art. 134 D.lgs. 163/2006 gleichermaßen ausschließlich auf Zweckmäßigkeitserwägungen beruhen.[1369] Demgegenüber ist Voraussetzung der verwaltungsrechtlichen Selbsthilfe u.a. die Rechtswidrigkeit der betroffenen Verwaltungsmaßnahme.[1370] Der Rücktritt und der Widerruf einerseits und die verwaltungsrechtliche Selbsthilfe andererseits betreffen folglich unterschiedliche Konstellationen, sodass zwischen den Vorschriften kein Konkurrenzverhältnis im eigentlichen Sinne besteht.[1371] Die Ausübung verwaltungsrechtlicher Selbsthilfe ist als allgemeines verwaltungsrechtliches Prinzip vielmehr auch im Vergaberecht bei Vorliegen der weiteren Voraussetzungen zulässig und richtet sich ausweislich des Art. 11

1367 Übersetzung: *Conte/Boss*, Dizionario/Wörterbuch, S. 413.

1368 Consiglio di Stato, Adunanza Plenaria, Urt. v. 30.04.2014 – Nr. 14, in: La Giustizia Amministrativa, <www.giustizia-amministrativa.it>, Rn. 3.5.1.

1369 Ebda.

1370 Statt aller *Chieppa*, in: *Cheli/Grossi/Falzea* (Hrsg.), Enciclopedia del diritto, Annali, Tomo II, S. 910 ff. (928). Näher zu dieser Voraussetzung s.u. 2. Abschnitt F.V.4.d), S. 262 f.

1371 Ähnliches folgt aus Consiglio di Stato, Adunanza Plenaria, Urt. v. 30.04.2014 – Nr. 14, in: La Giustizia Amministrativa, <www.giustizia-amministrativa.it>, Rn. 3.5.2.

Abs. 9 Satz 1 D.lgs. 163/2006 mangels Sonderregelung nach der allgemeinen Vorschrift des Art. 21-nonies Gesetz 241/1990.[1372]

Bedenken würde die Anwendung des Art. 134 D.lgs. 163/2006 im Falle einer unionsrechtlichen Beendigungspflicht auch aufgrund der Rechtsfolgen bereiten, die der Rücktritt auslöst. Das Unionsrecht verlangt, dass aufgrund des unionsrechtswidrigen öffentlichen Auftrags keine Leistungen mehr geschuldet werden.[1373] Demgegenüber normiert Art. 134 Abs. 1 D.lgs. 163/2006, dass der öffentliche Auftraggeber zur Zahlung bereits getätigter Arbeiten und Materialkosten sowie eines Zehntels des vereinbarten Betrages für die noch nicht ausgeführten Arbeiten verpflichtet bleibt.[1374]

b) Gegenstand der verwaltungsrechtlichen Selbsthilfe

Gegenstand der verwaltungsrechtlichen Selbsthilfe nach Art. 21-nonies Abs. 1 Gesetz 241/1990 ist ausweislich der insoweit eindeutigen Vorschrift ein *„provvedimento amministrativo (Verwaltungsmaßnahme)“*.[1375] Eine Verwaltungsmaßnahme liegt bei der Vergabe eines öffentlichen Auftrags nach italienischem Recht jedenfalls dann vor, wenn vor Vertragsschluss ein Zuschlag erteilt wurde.[1376] Entsprechend der Rechtsnatur des Zuschlags geht die h.M. daher davon aus, dass dieser auch nach dem Abschluss des Vertrages nach Art. 21-nonies Gesetz 241/1990 aufgehoben werden kann, falls die weiteren Voraussetzungen der Vorschrift vorliegen.[1377] Aber auch alle anderen vergaberelevanten Handlungen

---

1372 *Saitta*, L'autotutela decisoria della P.A. appaltante, LexItalia.it 17.03.2014, 1. Abschnitt. (ohne auf das Verhältnis der Vorschrift zu Art. 134 D.lgs. 163/2010 einzugehen).

1373 S.o. 2. Abschnitt F.II, S. 185, Fn. 972.

1374 Ähnliche Bedenken sprechen im deutschen Recht gegen die Anwendbarkeit des Kündigungsrechts aus § 649 Satz 1 BGB (s.o. 2. Abschnitt F.III.4.e), 211 ff.).

1375 Übersetzung: s.o. 2. Abschnitt F.V.1.b), S. 240, Fn. 1280.

1376 Zur Rechtsnatur des Zuschlags als Verwaltungsmaßnahme: s.o. 2. Abschnitt F.V.1.b), S. 240, Fn. 1281.

1377 Consiglio di Stato, Sez. V, Urt. v. 04.01.2011 – Nr. 11; Consiglio di Stato, Sez. IV, Urt. v. 17.07.2002 – Nr. 3997; TAR Campania, Sez. 1, Urt. v. 25.05.2007 – Nr. 5687; grundsätzlich auch bestätigt durch Consiglio di Stato, Adunanza Plenaria, Urt. v. 05.05.2014 – Nr. 13: jeweils veröffentlicht in: La Giustizia Amministrativa, <www.giustizia-amministrativa.it>. Zudem lagen u.a. folgenden richterlichen Entscheidungen Sachverhalte zugrunde, in denen die Verwaltung den Zuschlag nachträglich im Wege der Selbsthilfe aufgehoben hatte: Cassazione civile, Sezioni Unite, Beschl. v. 08.08.2012 – Nr. 14260, Urbanistica e appalti 2013, S. 24 ff. (25 f.); Consiglio di Stato, Sez. 5, Urt. v. 07.09.2011 – Nr. 5032, Urbanistica e appalti 2012, S. 197 ff.

von der Ausschreibung bis zur definitiven Erteilung des Zuschlags können Gegenstand der verwaltungsrechtlichen Selbsthilfe sein.[1378] Daher greifen die italienischen Verwaltungsbehörden auch in Fällen, in denen ein öffentlicher Auftrag direkt und folglich ohne vorherige Erteilung eines Zuschlags an ein Unternehmen vergeben wurde, zuweilen auf Art. 21-nonies Abs. 1 Gesetz 241/1990 zurück, um die dem Vertragsschluss vorhergehenden behördlichen Entscheidungen aufzuheben.[1379] Dabei wird von der Rechtsprechung nicht in Frage gestellt, dass auch in diesen Fällen eine dem Vertragsschluss vorausgehende Verwaltungsmaßnahme vorliegt, die Gegenstand der behördlichen Selbsthilfe sein kann.[1380]

Problematisch ist nun aber, dass die unionsrechtliche Pflicht auf die Beendigung des unionsrechtswidrig abgeschlossenen Vertrages gerichtet ist, sodass die Aufhebung des Zuschlags für sich genommen nicht ausreicht. Die italienische Exekutive kann ihrer unionsrechtlichen Beendigungspflicht vielmehr nur dann durch die Ausübung ihrer Befugnisse nach Art. 21-nonies Abs. 1 Gesetz 241/1990 gerecht werden, wenn die Aufhebung des Zuschlags bzw. bei unzulässigen Direktvergaben, der Entscheidung zum Vertragsschluss auch Auswirkungen auf den Fortbestand des Vertrages zeitigt.[1381] In der Rechtsprechung wird indes vereinzelt die Ansicht vertreten, dass die Aufhebung einer dem Beschaffungsvertrag zugrunde liegenden rechtswidrigen Verwaltungsmaßnahme durch die Verwaltungsbehörden in Parallele zur konstitutiven Wirkung der gerichtlichen Erklärung der Unwirksamkeit nach Art. 121 f. C.p.a. keine Auswirkungen auf den Beschaffungsvertrag selbst

In der Literatur z.B. *Saitta*, L'autotutela decisoria della P.A. appaltante, LexItalia.it 17.03.2014, 1. Abschnitt. Demgegenüber wird teilweise die Ansicht vertreten, nach Abschluss des Vertrages stünden der Verwaltung nur noch die zivilrechtlichen Instrumente zu Auflösung des Vertrages zur Verfügung (so etwa Cassazione civile, Sezioni Unite, Urt. v. 11.01.2011 – Nr. 391, Urbanistica e appalti 2011, 420 ff.; so aber auch noch Consiglio di Stato, Sez. V, Urt. v. 18.09.2008 – Nr. 4455, in: La Giustizia Amministrativa, <www.giustizia-amministrativa.it>).

1378 *Saitta*, L'autotutela decisoria della P.A. appaltante, LexItalia.it 17.03.2014, 1. Abschnitt.

1379 Ein solcher Sachverhalt lag z.B. folgenden richterlichen Entscheidungen zugrunde: Cassazione civile, Sezioni Unite, Beschl. v. 08.08.2012 – Nr. 14260, Urbanistica e appalti 2013, S. 24 ff. (25 f.); Consiglio di Stato, Sez. 4, Urt. v. 14.02.2006 – Nr. 564, Urbanistica e appalti 2006, 716 ff.

1380 So z.B. ebda.

1381 Diese Problematik erkennt grundsätzlich auch *Goisis*, Diritto Processuale Amministrativo 2009, 112 ff. (138 ff. und 142 ff.), der nach der Aufhebung des Zuschlags für den Vertrag allerdings die Heranziehung der zivilrechtlichen Nichtigkeitstatbestände favorisiert.

haben könne.[1382] Ebenso geht die wohl h.M. im Schrifttum davon aus, dass die Verwaltungsbehörden die Selbsthilfe lediglich gegenüber öffentlich-rechtlichen Verwaltungshandlungen ausüben könne, während ihnen der Zugriff auf den zivilrechtlichen Vertrag im Wege der verwaltungsrechtlichen Selbsthilfe verwehrt sei.[1383] Argumentiert wird v.a. mit der fehlenden Rechtsgrundlage für eine einseitige Lösung der Verwaltungsbehörden von den vertraglichen Verpflichtungen, sodass das Prinzip der Rechtsstaatlichkeit sichtbar betroffen wäre, sofern der Verwaltung eine entsprechende Befugnis eingeräumt würde.[1384] Die Verwaltung könne sich in Übereinstimmung mit Art. 21-sexies Gesetz 241/1990 nur dann einseitig von einem Vertrag lösen, wenn dies im Gesetz oder im Vertrag selbst ausdrücklich vorgesehen sei.[1385] Eine Lösung vom Vertrag könne die Verwaltungsbehörde daher allenfalls erwirken, wenn ihr die Möglichkeit eröffnet wäre, im Anschluss an die Ausübung der verwaltungsrechtlichen Selbsthilfe, beim zuständigen Gericht die Erklärung der Unwirksamkeit des Vertrages zu beantragen.[1386] Demgegenüber hat der Staatsrat mit seinem Urteil vom 23.05.2013 – Nr. 2802[1387] wiederholt den untrennbaren Zusammenhang zwischen Zuschlag und Vertrag betont. Insoweit gelte der Grundsatz *„simul stabunt, simul cadent"*, gleichgültig ob die Aufhebung des Zuschlags nun durch eine Entscheidung der Verwaltungsbehörden oder der Gerichte erfolge.[1388]

1382 TAR Toscana, Firenze, Sez. 1, Urt. v. 11.11.2010 – Nr. 6579, in: La Giustizia Amministrativa, <www.giustizia-amministrativa.it>, Rn. 2.3.; TAR Lazio, Roma, Sez. III-bis, Urt. v. 08.03.2011 – Nr. 2122, Foro amministrativo TAR 2011, 879 ff. (880). Zur gesamten Problematik: *Ruscica*, in: *ders.*, Inefficacia del contratto di appalto pubblico, S. 68 f.; *Ragazzo*, L' autotutela amministrativa, S. 414 ff.

1383 *Greco*, Rivista italiana di diritto pubblico comunitario 2010, 729 ff. (753 ff.); *Saitta*, L'autotutela decisoria della P.A. appaltante, LexItalia.it 17.03.2014, 7. Abschnitt; *Scoca*, Giurisprudenza Italiana 2012, 2398 ff. (2403).

1384 *Saitta*, L'autotutela decisoria della P.A. appaltante, LexItalia.it 17.03.2014, 7. Abschnitt; *Scoca*, Giurisprudenza Italiana 2012, 2398 ff. (2403).

1385 *Saitta*, L'autotutela decisoria della P.A. appaltante, LexItalia.it 17.03.2014, 7. Abschnitt.

1386 Ähnlich ebda; *Scoca*, Giurisprudenza Italiana 2012, 2398 ff. (2403 f.). Zur Unzulässigkeit eines entsprechenden Antrags der Verwaltungsbehörden: *Greco*, Rivista italiana di diritto pubblico comunitario 2010, 729 ff. (755), mit dem Ergebnis, dass die Verwaltungsbehörden selbst bei schwerwiegenden Vergaberechtsfehlern nicht die Möglichkeit haben, sich von einem Vertrag zu lösen, was aus unionsrechtlicher Sicht bedenklich sei (*Greco* a.a.O., S. 755 ff.).

1387 Consiglio di Stato, Sez. 3, Urt. v. 23.05.2013 – Nr. 2802, in: La Giustizia Amministrativa, <www.giustizia-amministrativa.it>.

1388 Ebda; Consiglio di Stato, Sez. V, Urt. v. 07.09.2011 – Nr. 5032, Urbanistica e appalti 2012, 197 ff. (200). Bestätigt wird diese Rspr. jedenfalls für den Fall der behördlichen

Die zuletzt genannte Rechtsprechung des Staatsrats überzeugt im Falle der Aufhebung eines rechtswidrigen Zuschlags durch eine Verwaltungsbehörde im Ergebnis.[1389] Der Sinn und Zweck der verwaltungsrechtlichen Selbsthilfe verlangt danach, dass die Aufhebung einer dem Beschaffungsvertrag zugrunde liegenden rechtswidrigen Verwaltungsmaßnahme durch die Verwaltungsbehörden auch die Unwirksamkeit des Vertrages nach sich zieht. Im Gegensatz zu der gerichtlichen Entscheidung über die Aufhebung des Zuschlags dient die behördliche Aufhebung nicht der Durchsetzung eines Rechtsschutzbegehrens oder als Grundlage für die Geltendmachung etwaiger Schadensersatzansprüche.[1390] Dementsprechend ist im Gegensatz zur gerichtlichen Entscheidung die Ausübung der behördlichen Selbsthilfe auch nicht von dem Antrag eines Einzelnen abhängig.[1391] Vielmehr steht im Vordergrund der verwaltungsrechtlichen Selbsthilfe ausschließlich die Verwirklichung des öffentlichen Interesses an der Aufhebung – eine zentrale tatbestandliche Voraussetzung der behördlichen Befugnis.[1392] Die verwaltungsrechtliche Selbsthilfe dient mit der angestrebten Herstellung des rechtmäßigen Zustands vorrangig der Verwirklichung des öffentlichen Interesses, das im Normzweck der zunächst verletzten Vorschrift zum Ausdruck kommt.[1393] Endziel der Aufhebung einer rechtswidrigen Vergabeentscheidung ist daher grundsätzlich, entsprechend der Zielsetzung der verletzten vergaberechtlichen Vorschriften, die Öffnung des öffentlichen

---

Aufhebung des Zuschlags von Consiglio di Stato, Adunanza Plenaria, Urt. v. 30.04.2014 – Nr. 14, Rn. 3.5.2., in: La Giustizia Amministrativa, <www.giustizia-amministrativa.it>.

1389 Anders hingegen im Falle der gerichtlichen Aufhebung des Zuschlags (dazu s.o. 2. Abschnitt F.V.2.b)bb), S. 245 f.).

1390 Dass das Rechtsschutzbegehren vor den Verwaltungsgerichten auf Schadensersatz beschränkt sein kann, wird deutlich bei *Cianflone/Giovannini*, L' appalto di opere pubbliche, Band I, S. 2037 (dort als überzeugendes Argument gegen die Befugnis der Verwaltungsgerichte zur Erklärung der Unwirksamkeit eines Beschaffungsvertrages von Amts wegen).

1391 Das mangelnde Antragserfordernis wird bereits aus der Überschrift des Art. 21-nonies Gesetz 241/1990 deutlich, der lautet: „*Annullamento d'ufficio (Aufhebung von Amts wegen)*" (Übersetzung: Autonome Provinz Bozen, Internetfundstelle, S. 241, Fn. 1286). Zum Antragserfordernis bei der gerichtlichen Erklärung der Unwirksamkeit des Vertrages s.o. 2. Abschnitt F.V.2.b)cc), S. 247 ff.

1392 Deutlich wird dies insbesondere bei *Contieri*, Il riesame del provvedimento amministrativo, S. 155 ff. Zu dem Tatbestandsmerkmal s.u. 2. Abschnitt F.V.4.e), S. 263 ff.

1393 Ähnlich *Contieri*, a.a.O., S. 120 ff.

Auftragswesens für den Wettbewerb.[1394] Dieser Normzweck kann nur erreicht werden, wenn neben dem Zuschlag auch der auf seiner Grundlage abgeschlossene Vertrag seine Wirksamkeit verliert, denn nur in diesem Falle ist eine Neuausschreibung desselben öffentlichen Auftrags möglich.[1395] Die Unwirksamkeit eines Beschaffungsvertrages bedarf daher im Falle der behördlichen Aufhebung der ihm zugrundeliegenden Vergabeentscheidung keiner selbständigen Rechtsgrundlage, sondern ist vielmehr zwingende Folge der von der Verwaltung auf der Grundlage des Art. 21-nonies Gesetz 241/1990 verfolgten öffentlichen, unionsrechtlich geprägten Interessen.

Die gerichtliche und die verwaltungsbehördliche Aufhebung des Zuschlags unterscheiden sich also grundlegend voneinander. Daher können aus der konstitutiven Wirkung gerichtlicher Entscheidungen für die Unwirksamkeit des Vertrages[1396] keine Rückschlüsse auf die Folgen der verwaltungsbehördlichen Aufhebung des Zuschlags für den Vertrag gezogen werden. Im Gegensatz zur richterlichen Entscheidung über die Aufhebung eines rechtswidrigen Zuschlags führt die Aufhebung einer dem Beschaffungsvertrag zugrunde liegenden rechtswidrigen Verwaltungsmaßnahme durch die Verwaltungsbehörden im Wege der verwaltungsrechtlichen Selbsthilfe vielmehr zugleich auch zur Unwirksamkeit des Vertrages.

c) Zuständigkeit der Erlassbehörde

Für die Aufhebung einer rechtswidrigen Verwaltungsmaßnahme im Wege der verwaltungsrechtlichen Selbsthilfe ist nach Art. 21-nonies Abs. 1 Gesetz 241/1990 die Verwaltungsbehörde zuständig, die die Verwaltungsmaßnahme erlassen hat oder deren Zuständigkeit sonst durch Gesetz vorgesehen ist.[1397] Für die Aufhebung von Verwaltungsmaßnahmen, die Grundlage eines Beschaffungsvertrages sind, ist

---

1394 Zu dieser Zielsetzung des Vergaberechts s.o. 2. Abschnitt E.I.1, S. 122, Fn. 662.

1395 Dass die Unwirksamkeit des Vertrages Voraussetzung für die Neuausschreibung ist, folgt aus *Chieppa*, Il processo amministrativo dopo il correttivo al codice, S. 667; *Chieppa/Giovagnoli*, Manuale di diritto amministrativo, S. 653 f.

1396 Dazu s.o. 2. Abschnitt F.V.2.b)bb), S. 245 f.

1397 Die ausschließliche Zuständigkeit der Erlassbehörde für die Ausübung der verwaltungsrechtlichen Selbsthilfe, selbst wenn die Verwaltungsmaßnahme ihrerseits durch die unzuständige Behörde erlassen wurde, bestätigen Consiglio di Stato, Sez. 5, Urt. v. 20.02.2006 – Nr. 701; Consiglio di Stato, Sez. V, Urt. v. 30.11.2000 – Nr. 6354: jeweils veröffentlicht, in: La Giustizia Amministrativa, <www.giustizia-amministrativa.it>. Die Zuständigkeit der Erlassbehörde betont auch *Glaser*, Die Entwicklung des Europäischen Verwaltungsrechts, S. 167.

daher die Behörde zuständig, die den Zuschlag erteilt bzw. den Entschluss zum Vertragsabschluss gefasst hat.[1398] Diese muss bei der Ausübung ihrer Befugnisse nach Art. 21-nonies Abs. 1 Gesetz 241/1990, die mit dem Erlass eines „*contrarius actus*“[1399] endet, die allgemeinen Grundsätze des Verwaltungsverfahrens (Kapitel III, Art. 7 ff. Gesetz 241/1990) beachten und den von der Aufhebung Betroffenen über die Einleitung des Verfahrens informieren (Art. 7 Gesetz 241/1990), sodass er von seinen Teilnahmerechten (v.a. Art. 9 und 10 Gesetz 241/1990) Gebrauch machen kann.[1400]

d) Rechtswidrigkeit im Sinne des Art. 21-octies Gesetz 241/1990

Weitere Voraussetzung für die Aufhebbarkeit einer Verwaltungsmaßnahme nach Art. 21-nonies Abs. 1 Gesetz 241/1990 ist seine Rechtswidrigkeit im Sinne des Art. 21-octies Gesetz 241/1990.[1401] Eine Verwaltungsmaßnahme ist nach Art. 21-octies Abs. 1 Gesetz 241/1990 rechtswidrig, wenn sie gesetzeswidrig ist, unter Überschreitung der rechtlichen Befugnisse oder von einer unzuständigen Behörde erlassen wurde.[1402] Unerheblich sind nach Art. 21-octies Abs. 2 Gesetz 241/1990 hingegen Verstöße gegen reine Verfahrens- oder Formvorschriften, die auf den Inhalt der Verwaltungsmaßnahme keinen Einfluss haben.[1403] Auch Verstöße gegen Unionsrecht können zur Aufhebung einer Verwaltungsmaßnahme

1398 Deutlich wird dies z.B. bei: TAR Sicilia, Palermo, Sez. III, Urt. v. 05.12.2013 – Nr. 2368, in: La Giustizia Amministrativa, <www.giustizia-amministrativa.it>.

1399 Die Aufhebung einer Verwaltungsmaßnahme durch die Exekutive bezeichnen als „*contrarius actus*“ Consiglio di Stato, Sez. IV, Urt. v. 12.07.2013 – Nr. 3749; TAR Lazio, Roma, Sez. II-bis, Urt. v. 09.12.2013 – Nr. 10596; TAR Sicilia, Palermo, Sez. III, Urt. v. 05.12.2013 – Nr. 2368: jeweils veröffentlicht, in: La Giustizia Amministrativa, <www.giustizia-amministrativa.it>.

1400 Ähnlich Consiglio di Stato, Sez. IV, Urt. v. 12.07.2013 – Nr. 3749; TAR Lazio, Roma, Sez. II-bis, Urt. v. 09.12.2013 – Nr. 10596: jeweils veröffentlicht, in: La Giustizia Amministrativa, <www.giustizia-amministrativa.it>. Zur Informationspflicht der Verwaltung im Rahmen des Art. 21-nonies Gesetz 241/1990 auch *Caringella*, Corso di diritto amministrativo, Band II, S. 2271.

1401 Zu diesem Tatbestandsmerkmal eingehend *Chieppa*, in: *Cheli/Grossi/Falzea* (Hrsg.), Enciclopedia del diritto, Annali, Tomo II, S. 910 ff. (928).

1402 Von der Autonomen Provinz Bozen vorgeschlagene Übersetzung (Internetfundstelle s.o. S. 241, Fn. 1286).

1403 *Glaser*, Die Entwicklung des Europäischen Verwaltungsrechts, S. 165 (dort auch zur entsprechenden Anwendung des Rechtsgedankens durch die Rspr. auf Ermessensentscheidungen).

im Wege der verwaltungsrechtlichen Selbsthilfe führen.[1404] Demgegenüber kommt bei rechtmäßigen Verwaltungsmaßnahmen nur eine *„revoca (Widerruf)“*[1405] nach Art. 21-quinquies Gesetz 241/1990 in Betracht.[1406] Da das Unionsrecht die Mitgliedstaaten lediglich zur Beendigung der Wirkungen unionsrechtswidriger Beschaffungsverträge verpflichtet, ist die einschlägige nationale Rechtsgrundlage Art. 21-nonies Abs. 1 Gesetz 241/1990 in Abgrenzung zu Art. 21-quinquies Gesetz 241/1990.

e) Öffentliches Interesse an der Aufhebung der Verwaltungsmaßnahme

Die Rechtswidrigkeit einer Verwaltungsmaßnahme allein begründet grundsätzlich nicht die Befugnis der Verwaltung zu ihrer Aufhebung nach Art. 21-nonies Abs. 1 Gesetz 241/1990.[1407] Vielmehr verlangt die h.M. regelmäßig nach einem über die bloße Rechtswidrigkeit hinausgehenden konkreten und aktuellen öffentlichen Interesse an der Aufhebung.[1408] Nur in wenigen Ausnahmefällen lässt die Rechtsprechung die Rechtswidrigkeit einer Verwaltungsmaßnahme für den Eintritt der Rechtsfolgen des Art. 21-nonies Abs. 1 Gesetz 241/1990 genügen.[1409] So soll ein gesteigertes öffentliches Interesse etwa dann nicht erforderlich sein, wenn die Aufhebung der Verwaltungsmaßnahme Folge der Anwendung städtebaulicher

---

1404 Consiglio di Stato, Urt. v. 08.09.2008 – Nr. 4263, in: La Giustizia Amministrativa, <www.giustizia-amministrativa.it>, mit der Feststellung, dass eine Verwaltungsmaßnahme, die gegen unionsrechtliche Grundsätze verstößt, nicht *„sic et sempliciter“* unberücksichtigt bleiben dürfe, sondern von der Verwaltung in Ausübung ihrer Befugnisse zur *„autotutela“* beseitigt werden müsse.

1405 Übersetzung s.o. 2. Abschnitt F.V.4.a), S. 256, Fn. 1367.

1406 Ähnlich *Deodato*, in: *Sandulli M.A.*, Codice dell'azione amministrativa, S. 989 f.

1407 So ausdrücklich *Barone*, Diritto amministrativo 2002, 689 ff. (691); *Ferrari*, Giurisprudenza Italiana 2008, 1288 ff. (1290); *Ragazzo*, L' autotutela amministrativa, S. 39 f.

1408 Consiglio di Stato, Sez. III, Urt. v. 28.11.2011 – Nr. 6278, veröffentlicht in: La Giustizia Amministrativa, <www.giustizia-amministrativa.it> (allerdings hielt das Gericht die Begründung eines solchen Interesses ausnahmsweise für entbehrlich); Consiglio di Stato, Sez. IV, Urt. v. 14.02.2006 – Nr. 564, Urbanistica e appalti 2006, 716 ff. (717, Rn. 3.4.); ähnlich TAR Campania, Napoli, Sez. I, Urt. v. 25.05.2007 – Nr. 5687, veröffentlicht in: La Giustizia Amministrativa, <www.giustizia-amministrativa.it>. In der Literatur statt aller *Barone*, Diritto amministrativo 2002, 689 ff. (691); *Glaser*, Die Entwicklung des Europäischen Verwaltungsrechts, S. 167 f.; *Ragazzo*, L' autotutela amministrativa, S. 40 ff.

1409 Ausführlich besprechen diverse Ausnahmefälle *Giovagnoli/Fratini*, Le nuove regole dell' azione amministrativa, Band II, S. 407 ff.; *Ragazzo*, L' autotutela amministrativa, S. 86 ff.

Rechtsnormen ist, die öffentliche Interessen schützen,[1410] oder wenn mit der Aufhebung die rechtsgrundlose Ausgabe öffentlicher Gelder und die damit einhergehende ungerechtfertigte Bereicherung des Adressaten der Verwaltungsmaßnahme verhindert werden soll.[1411] Von dem Erfordernis des gesteigerten öffentlichen Interesses wird ebenso abgesehen, wenn seit dem Erlass der Verwaltungsmaßnahme nur kurze Zeit verstrichen ist[1412] oder wenn die rechtswidrige Verwaltungsmaßnahme auf falschen Angaben des Begünstigten beruht.[1413]

Auch bei Verstößen gegen unionsrechtliche Verpflichtungen wird teilweise erörtert, ob die Verwaltung ohne Hinzutreten weiterer öffentlicher Interessen zur Aufhebung der Verwaltungsmaßnahme befugt bzw. sogar verpflichtet ist.[1414]

aa) Vertretene Ansichten

Die wohl herrschende Ansicht geht davon aus, dass der Verstoß gegen Unionsrecht nichts am grundsätzlichen Erfordernis eines die Rechtswidrigkeit übersteigenden öffentlichen Interesses ändert, da auch das Unionsrecht die Beseitigung eines rechtswidrigen Aktes durch die Verwaltung erst nach einer eingehenden Abwägung der betroffenen Interessen verlange.[1415] Des Weiteren gestehe das

---

1410 Consiglio di Stato, Sez. IV, Urt. v. 26.05.2006 – Nr. 3201, in: La Giustizia Amministrativa, <www.giustizia-amministrativa.it>. Dazu *Giovagnoli/Fratini*, Le nuove regole dell' azione amministrativa, Band II, S. 410 ff.; *Ragazzo*, L' autotutela amministrativa, S. 88 f.

1411 Consiglio di Stato, Sez. III, Urt. v. 28.11.2011 – Nr. 6278; Consiglio di Stato, Sez. VI, Urt. v. 24.11.2010 – Nr. 8215, Rn. 2.2.; ähnlich auch Consiglio di Stato, Sez. V, Urt. v. 20.03.2008 – Nr. 1218, S. 5 f., Rn. 13 ff.: jeweils veröffentlicht, in: La Giustizia Amministrativa, <www.giustizia-amministrativa.it>. Dazu *Deodato*, in: *Sandulli M.A.*, Codice dell'azione amministrativa, S. 992 f.; *Giovagnoli/Fratini*, Le nuove regole dell' azione amministrativa, Band II, S. 410; *Ragazzo*, L' autotutela amministrativa, S. 88.

1412 *Deodato*, in: *Sandulli M.A.*, Codice dell'azione amministrativa, S. 992; *Giovagnoli/Fratini*, Le nuove regole dell' azione amministrativa, Band II, S. 408 f.; *Ragazzo*, L' autotutela amministrativa, S. 87.

1413 *Giovagnoli/Fratini*, Le nuove regole dell' azione amministrativa, Band II, S. 409 ff.; *Ragazzo*, L' autotutela amministrativa, S. 88.

1414 Dazu *Chieppa*, in: *Cheli/Grossi/Falzea* (Hrsg.), Enciclopedia del diritto, Annali, Tomo II, S. 910 ff. (931 f.); *Ferrari*, Giurisprudenza Italiana 2008, 1288 ff. (1290 f.); *Giovagnoli/Fratini*, Le nuove regole dell' azione amministrativa, Band II, S. 418; *Milone*, Ambiente & Sviluppo 2012, 241 ff.; *Ragazzo*, L' autotutela amministrativa, S. 298 ff.; *Siciliano*, La legalità amministrativa (comunitaria ed interna) e certezza del diritto, S. 146 ff.

1415 Consiglio di Stato, Sez. VI, Urt. v. 04.04.2008 – Nr. 1414, in: La Giustizia Amministrativa, <www.giustizia-amministrativa.it> S. 10 f.; Consiglio di Stato, Sez. VI, Beschl.

Unionsrecht den Mitgliedstaaten bei der Regelung des Verfahrensrechts eine weitgehende Autonomie zu.[1416] Zur Aufhebung einer unionsrechtswidrigen Verwaltungsmaßnahme seien die Verwaltungsbehörden daher nicht verpflichtet, sondern der Verwaltung stehe ein Ermessensspielraum zu, der zu einer beschränkten Justiziabilität der Aufhebungsentscheidung führe.[1417] Anderenfalls werde die Bestandskraft der Verwaltungsmaßnahmen in Frage gestellt und der auch im Unionsrecht anerkannte Grundsatz der Rechtssicherheit verletzt.[1418]

Andererseits wird teilweise aber auch die Ansicht vertreten, dass der unionsrechtliche Grundsatz der loyalen Zusammenarbeit erfordere, dass die Verwaltung bei der Verletzung von Unionsrecht zur Aufhebung der unionsrechtswidrigen Verwaltungsmaßnahme verpflichtet sei, sodass im Ergebnis die Interessenabwägung entfalle.[1419] Der EuGH habe in der Rechtssache „*Kühne & Heitz*“[1420] bestätigt, dass eine Verwaltungsbehörde zur Aufhebung von Verwaltungsmaßnahmen verpflichtet sein könne, selbst wenn diese zum Zeitpunkt ihres Erlasses rechtmäßig

---

v. 03.03.2006 – Nr. 1023, Urbanistica e appalti, 2006, 695 ff. (695 f.); Consiglio di Giustizia Amministrativa per la Regione Siciliana, Sez. I, Urt. v. 21.04.2010 – Nr. 553, in: La Giustizia Amministrativa, <www.giu stizia-amministrativa.it>. In der Literatur vertreten diese Ansicht *Chieppa*, in: *Cheli/Grossi/Falzea* (Hrsg.), Enciclopedia del diritto, Annali, Tomo II, S. 910 ff. (931 f.); *Ragazzo*, L' autotutela amministrativa, S. 299 ff. (*ders.* bezeichnet ebda allerdings ohne weitere Nachweise die Gegenansicht, wonach Unionsrechtsverstöße nicht den allgemeinen Anforderungen unterliegen sollen, die für die Ausübung der verwaltungsrechtlichen Selbsthilfe im Übrigen gelten, als h.M. in der Lehre); *Spitaleri*, in: *ders.* (Hrsg.), L'incidenza del Diritto Comunitario e della CEDU sugli atti nazionali definitivi, S. 7 ff. (20 ff.).

1416 *Spitaleri*, in: *ders.* (Hrsg.), L'incidenza del Diritto comunitario e della CEDU sugli atti nazionali definitivi, S. 7 ff. (23 f.).

1417 Consiglio di Stato, Sez. 6, Beschl. v. 03.03.2006 – Nr. 1023, Urbanistica e appalti, 2006, 695 ff. (696).

1418 Ebda.

1419 TAR Sicilia, Palermo, Sez II, Urt. v. 02.10.2007 – Nr. 2049, Giurisprudenza Italiana 2008, 1286 ff. (besprochen von: *Ferrari*, Giurisprudenza Italiana 2008, 1288 ff.): Die Entscheidung betraf die Gewährung staatlicher Beihilfen, die im Widerspruch zu einer Entscheidung der Europäischen Kommission standen. Für diesen Fall erkennt auch ein Großteil der Autoren ausnahmsweise eine Pflicht der Verwaltungsbehörden zur Aufhebung der betroffenen Verwaltungsmaßnahme an (so z.B. *Chieppa*, in: *Cheli/Grossi/Falzea* (Hrsg.), Enciclopedia del diritto, Annali, Tomo II, S. 910 ff. (931 f.). Für den Fall der Unionsrechtswidrigkeit öffentlicher Aufträge geht auch *Goisis*, Diritto Processuale Amministrativo 2009, 112 ff. (138 ff.), im Ergebnis von einer Pflicht der Verwaltung zur Aufhebung des Zuschlags aus.

1420 EuGH, Urt. v. 13.01.2004 – C-453/00, Slg. 2004, I-858 ff. – Kühne & Heitz.

waren.[1421] Erst recht müsse dies daher für von Anfang an rechtswidrige Verwaltungsmaßnahmen gelten.[1422]

bb) Eigene Stellungnahme

Grundsätzlich kann nicht jeder Verstoß gegen Unionsrecht ohne weiteres eine Befugnis oder gar eine Pflicht zur Aufhebung einer Verwaltungsmaßnahme nach Art. 21-nonies Abs. 1 Gesetz 241/1990 begründen. Denn auch hinsichtlich der unionsrechtlichen Verpflichtungen der Mitgliedstaaten gilt es den Grundsatz der Verhältnismäßigkeit zu wahren, der in der Regel nach einem über die Rechtswidrigkeit hinausgehenden öffentlichen Interesse verlangt.[1423] Allerdings muss die Verwaltung das ihr nach den nationalen Vorschriften eingeräumte Ermessen unter Berücksichtigung der nunmehr in Art. 4 Abs. 3 EUV geregelten unionsrechtlichen Pflicht zur loyalen Zusammenarbeit ausüben.[1424] Aus dem Effektivitätsgrundsatz folgt dabei, dass den unionsrechtlichen Interessen vollumfänglich Rechnung getragen werden muss.[1425] Soweit sich die mitgliedstaatlichen Verpflichtungen aus Art. 4 Abs. 3 EUV zu einer Beendigungspflicht verdichten, sind daher auch die italienischen Verwaltungsbehörden verpflichtet, den Zuschlag, der Grundlage des unionsrechtswidrig abgeschlossenen Vertrages ist, aufzuheben.[1426] Die Verhältnismäßigkeit der Beendigungspflicht ist dabei bereits aus unionsrechtlicher Sicht gewährleistet. Das Unionsrecht kann den Mitgliedstaaten nämlich nur verhältnismäßige Verpflichtungen auferlegen.[1427] So folgt bei der rechtswidrigen freihändigen Vergabe bereits aus der herausragenden Bedeutung der betroffenen Bestimmungen über das Vergabeverfahren, dass ein besonderes öffentliches Interesse an der Vertragsbeendigung regelmäßig zu bejahen ist.[1428]

1421 TAR Sicilia, Palermo, Sez II, Urt. v. 02.10.2007 – Nr. 2049, Giurisprudenza Italiana 2008, 1286 ff. (1287).

1422 Ebda.

1423 Die Bedeutung des Verhältnismäßigkeitsprinzips für Art. 21-nonies Gesetz 241/1990 macht deutlich: *Ruscica*, in: *ders.*, La responsabilità civile della stazione appaltante, S. 36. Zum Verhältnismäßigkeitsgrundsatz als Maßstab der unionsrechtlichen Verpflichtungen der Mitgliedstaaten s.o. 2. Abschnitt E.II.2, S. 130 f.

1424 Consiglio di Stato, Sez. 6, Beschl. v. 03.03.2006 – Nr. 1023, Urbanistica e appalti, 2006, 695 ff. (696); *Glaser*, Die Entwicklung des Europäischen Verwaltungsrechts, S. 168.

1425 S.o. 2. Abschnitt F.III.4.c), S. 205, Fn. 1103.

1426 Im Ergebnis folgt dasselbe aus *Goisis*, Diritto Processuale Amministrativo 2009, 112 ff. (138 ff.).

1427 Mit weiteren Nachweisen s.o. 2. Abschnitt E.II.2, S. 130 f.

1428 A.A. wohl Consiglio di Stato, Urt. v. 14.02.2006 – Nr. 564, Urbanistica e appalti 2006, 716 ff. (717, Rn. 3.4.): In dem konkreten Fall erklärte das Gericht die behördliche

Die verletzten Vorschriften dienen nämlich u.a. sowohl dem Schutz des öffentlichen Interesses am richtigen Umgang mit den ökonomischen Ressourcen des öffentlichen Auftraggebers, als auch dem Schutz der Unternehmen, die im betroffenen Marktsegment tätig sind und im Wettbewerb um öffentliche Aufträge keine Benachteiligung und Diskriminierung erfahren dürfen.[1429] Aufgrund der herausragenden Bedeutung dieser Interessen kann der Bestand der vertraglichen Beziehungen in diesen Fällen nicht in das Belieben des öffentlichen Auftraggebers gestellt werden.[1430] Anderenfalls würden vertragliche Beziehungen und finanzielle Belastungen aufrechterhalten, obwohl sie in den Bestimmungen über die Tätigkeit der Einrichtungen des öffentlichen Rechts keine Rechtsgrundlage fänden.[1431]

Schließlich bestehen bei der unionsrechtlichen Beendigungspflicht aufgrund einer rechtswidrigen freihändigen Vergabe Parallelen zu anderen Konstellationen, in denen die h.M. auf eine Begründung eines im Einzelfall vorliegenden öffentlichen Interesses verzichtet. Bei öffentlichen Aufträgen, die an solchen Vergabefehlern leiden, ist der wirtschaftliche Einsatz der öffentlichen Mittel nicht gewährleistet.[1432] Es besteht also eine gewisse Nähe zu den Fällen, in denen zur Verhinderung der rechtsgrundlosen Leistung öffentlicher Gelder auf eine Begründung eines im Einzelfall vorliegenden öffentlichen Interesses verzichtet

---

Aufhebung einer Verwaltungsmaßnahme, die Grundlage einer rechtswidrigen Direktvergabe war, für unzulässig und betonte die Erforderlichkeit eines über die Rechtswidrigkeit hinausgehenden öffentlichen Interesses. Allerdings lag dem Urteil die Sonderkonstellation zugrunde, dass die vom Auftragnehmer geschuldeten Arbeiten zum Zeitpunkt der Ausübung der verwaltungsrechtlichen Selbsthilfe bereits vollständig abgeschlossen waren. Auch deshalb ging der Consiglio di Stato von der Rechtswidrigkeit der Aufhebungsentscheidung aus (Consiglio di Stato, Urt. v. 14.02.2006 – Nr. 564, Urbanistica e appalti 2006, 716 ff. (717 f., Rn. 3.6.). Insoweit standen also ohnehin zwingende Gründe des Allgemeininteresses (dazu s.o. 2. Abschnitt E.III.7, S. 177 ff.) einer unionsrechtlichen Beendigungspflicht entgegen.

1429 Consiglio di Stato, Urt. v. 23.05.2013 – Nr. 2802, in: La Giustizia Amministrativa, <www.giu stizia-amministrativa.it>, Rn. 2.

1430 Ebda findet sich dieselbe Argumentation bei der Erörterung der Wirkungen der Aufhebung einer rechtswidrigen Verwaltungsmaßnahme auf den nachfolgend abgeschlossenen Vertrag.

1431 Ebda.

1432 Dasselbe folgt aus *Bultmann*, Beihilfenrecht und Vergaberecht, S. 66, wenn dieser feststellt, eine wirtschaftliche Beschaffung lasse sich am ehesten durch einen „*unverfälschten Wettbewerb unter geeigneten Unternehmen*" verwirklichen. Ähnliches folgt aber auch aus Consiglio di Stato, Urt. v. 23.05.2013 – Nr. 2802, in: La Giustizia Amministrativa, <www.giustizia-amministrativa.it>, Rn. 2.

wird.[1433] Eine Parallele lässt sich auch zu den Fällen ziehen, in denen von der Begründung eines gesteigerten öffentlichen Interesses abgesehen werden kann, wenn das Vertrauen des Betroffenen nicht schutzwürdig ist, da die aufzuhebende Verwaltungsmaßnahme auf dessen falschen Angaben beruht.[1434] Der EuGH hat in der Rechtssache „*Bockhorn und Braunschweig II*" klargestellt, dass sich die Mitgliedstaaten gerade nicht auf von ihnen geschaffene Vertrauenstatbestände berufen können, um ihrer unionsrechtlichen Verpflichtung zur Beendigung eines vergaberechtswidrig abgeschlossenen Vertrages zu entgehen.[1435] Auch soweit die unionsrechtliche Pflicht zur Beendigung vergaberechtswidriger Verträge in Rede steht, kann folglich der ansonsten für die Interessenabwägung so bedeutsame Vertrauensschutz keine Berücksichtigung finden.[1436]

f) Aufhebung innerhalb einer angemessenen Frist

Die Aufhebung einer Verwaltungsmaßnahme im Wege der verwaltungsrechtlichen Selbsthilfe ist nach Art. 21-nonies Abs. 1 Gesetz 241/1990 nicht an eine starre Frist gebunden.[1437] Die Verwaltungsbehörde muss die Verwaltungsmaßnahme jedoch „*entro un termine ragionevole (innerhalb einer angemessenen Frist)*"[1438] aufheben. Die Angemessenheit der Frist lässt sich nicht abstrakt, sondern lediglich im Hinblick auf die konkret betroffene Verwaltungsmaßnahme bestimmen.[1439] Dabei muss auch berücksichtigt werden, inwieweit der Betroffene von den mit der

---

1433 Zur ausnahmsweise Entbehrlichkeit einer Begründung des öffentlichen Interesses in diesen Konstellationen s.o. 2. Abschnitt F.V.4.e), S. 263, Fn. 1411. Des Weiteren folgt aus *Ragazzo*, L' autotutela amministrativa, S. 374 ff. (insbesondere S. 375 f., Fn. 6), dass dieser Ausnahmefall auch im Bereich der öffentlichen Auftragsvergabe die Begründung eines konkreten öffentlichen Interesses obsolet machen kann.

1434 Zu diesem Ausnahmefall s.o. 2. Abschnitt F.V.4.e), S. 263, Fn. 1413.

1435 S.o. 2. Abschnitt E.III.1.b)bb), S. 147, Fn. 796.

1436 Die bedeutende Rolle des Vertrauensschutzes im Rahmen der Interessenabwägung betonen *Contieri*, Il riesame del provvedimento amministrativo, S. 154 f.; *Ragazzo*, L' autotutela amministrativa, S. 62 ff.

1437 Dies stellen ebenso fest: TAR Lazio, Latina, Sez. I, Urt. v. 24.05.2013 – Nr. 492, in: La Giustizia Amministrativa, <www.giustizia-amministrativa.it>; *Ruscica*, in: *ders.*, La responsabilità civile della stazione appaltante, S. 37.

1438 So der Wortlaut des Art. 21-nonies Abs. 1 Gesetz 241/1990. Deutsche Übersetzung: *Glaser*, Die Entwicklung des Europäischen Verwaltungsrechts, S. 167.

1439 TAR Lazio, Sez. 1, Urt. v. 24.05.2013 – Nr. 492; TAR Abruzzo, Sez. 1, Urt. v. 29.07.2008 – Nr. 967: jeweils veröffentlicht, in: La Giustizia Amministrativa, <www.giustizia-amministrativa.it>. Dasselbe folgt aus *Chieppa*, in: *Cheli/Grossi/Falzea* (Hrsg.), Enciclopedia del diritto, Annali, Tomo II, S. 910 ff. (933 f.).

Verwaltungsmaßnahme eingeräumten Rechten bereits Gebrauch gemacht und die Verwaltungsmaßnahme ihre Wirkungen entfaltet hat.[1440]

Die zeitliche Beschränkung der Befugnis zur Ausübung der verwaltungsrechtlichen Selbsthilfe beruht auf der Annahme, dass der Vertrauensschutz und der Grundsatz der Rechtssicherheit umso schwerer wiegen, je mehr Zeit seit dem Erlass der Verwaltungsmaßnahme vergangen ist.[1441] Gleichzeitig erhöhen sich die Anforderungen an die Begründung der Aufhebungsentscheidung mit dem Zeitablauf, da das öffentliche Interesse an der Aufhebung der rechtswidrigen Verwaltungsmaßnahme beständig abnimmt.[1442] Selbst wenn der rechtswidrige Zustand andauert, ist die Befugnis zur Aufhebung einer Verwaltungsmaßnahme nach ihrem Erlass daher grundsätzlich zeitlich beschränkt.[1443]

Bei Verwaltungsmaßnahmen, die Ausgangspunkt der rechtsgrundlosen Leistung öffentlicher Gelder an einen Einzelnen sind, geht der Staatsrat in ständiger Rechtsprechung davon aus, dass das zeitliche Moment die Aufhebbarkeit der Verwaltungsmaßnahme nicht beeinflusse.[1444] Als Begründung führt er in diesen Konstellationen das regelmäßige Überwiegen des öffentlichen Interesses an der Aufhebung der Verwaltungsmaßnahme gegenüber dem Bestandsinteresse des Einzelnen an sowie die bleibenden Folgen der rechtswidrigen Verwaltungsmaßnahme.[1445] Dieselben Erwägungen gilt es auch zu beachten, soweit das Unionsrecht nach der Beendigung vergaberechtswidrig abgeschlossener Verträge verlangt. Denn wie bereits erörtert, besteht in diesen Fällen stets ein überwiegendes öffentliches Interesse an der Aufhebung des dem Vertrag zugrunde liegenden Zuschlags.[1446] Der Zeitablauf beeinflusst das öffentliche Interesse an der Beendigung des unionsrechtswidrigen Zustands nicht, denn der Unionsrechtsverstoß besteht nach der Rechtsprechung des EuGH in den Rechtssachen „*Bockhorn und Braunschweig I*“ während der gesamten Dauer der Vertragslaufzeit

1440 TAR Lazio, Sez. I, Latina, Urt. v. 24.05.2013 – Nr. 492; TAR Abruzzo, Sez. 1, Urt. v. 29.07.2008 – Nr. 967: jeweils veröffentlicht, in: La Giustizia Amministrativa, <www. giustizia-amministrativa.it>; *Ruscica*, in: *ders.*, La responsabilità civile della stazione appaltante, S. 37.

1441 Ebda.

1442 Ebda.

1443 Consiglio di Stato, Urt. v. 20.03.2008 – Nr. 1218, in: La Giustizia Amministrativa, <www.giu stizia-amministrativa.it> S. 5, Rn. 10.

1444 Consiglio di Stato, Sez. III, Urt. v. 28.11.2011 – Nr. 6278; Consiglio di Stato, Sez. V, Urt. v. 17.09.2010 – Nr. 6980, Rn. 7: jeweils veröffentlicht, in: La Giustizia Amministrativa, <www. giustizia-amministrativa.it>.

1445 Consiglio di Stato, Sez. V, Urt. v. 17.09.2010 – Nr. 6980 a.a.O.

1446 S.o. 2. Abschnitt F.V.4.e), S. 263 ff.

gleichermaßen fort.[1447] Schließlich folgt auch aus der Gefahr der Perpetuierung eines unionsrechtswidrigen Zustands durch den fortbestehenden Rechtsakt,[1448] dass der Zeitablauf in diesen Fällen nichts an der Aufhebbarkeit des dem Vertrag zugrunde liegenden rechtswidrigen Zuschlags und damit auch nichts an der Auflösbarkeit des Vertrages ändern kann.

Im Übrigen bleibt zu bedenken, dass die zeitliche Begrenzung der behördlichen Befugnis zur Aufhebung von Verwaltungsmaßnahmen in erster Linie dem Vertrauensschutz des von der Aufhebung Betroffenen dient.[1449] Nach der ausdrücklichen Rechtsprechung des EuGH in den Rechtssachen „*Bockhorn und Braunschweig II*" können sich die Mitgliedstaaten aber gerade nicht auf von ihnen geschaffene Vertrauenstatbestände berufen, um ihrer unionsrechtlichen Verpflichtung zur Beendigung eines vergaberechtswidrig abgeschlossenen Vertrages zu entgehen.[1450]

g) Aufhebung „ex tunc" *oder* „ex nunc"?

Die behördliche Aufhebung einer Verwaltungsmaßnahme nach Art. 21-nonies Gesetz 241/1990 entfaltet nach herrschender Meinung ihre Wirkungen grundsätzlich „*ex tunc*"[1451] und unterscheidet sich damit grundlegend von dem Widerruf einer rechtmäßigen Verwaltungsmaßnahme nach Art. 21-quniquies Gesetz 241/1990 mit Wirkung „*ex nunc*".[1452] Als Begründung für die Rückwirkung der Aufhebungsentscheidung auf den Zeitpunkt des Erlasses der Verwaltungsmaßnahme wird angeführt, dass die verwaltungsbehördliche Aufhebung der Beseitigung eines rechtswidrigen Zustands diene, der der Verwaltungsmaßnahme

1447 S.o. 2. Abschnitt B, S. 110, Fn. 605.

1448 *GA Trstenjak*. Schlussanträge v. 28.03.2007 – C-503/04, Slg. 2007, I-6156 ff. (I-6176 f. Rn. 77 f.) – Bockhorn und Braunschweig II.

1449 *Ruscica*, in: *ders.*, La responsabilità civile della stazione appaltante, S. 33.

1450 S.o. 2. Abschnitt E.III.1.b)bb), S. 147, Fn. 796.

1451 *Deodato*, in: *Sandulli M.A.*, Codice dell'azione amministrativa, S. 990; *Matarella*, in: *Cassese*, Istituzioni di diritto amministrativo, S. 384; *Ragazzo*, L' autotutela amministrativa, S. 69 f. Zur h.M. auch *Caringella*, Corso di diritto amministrativo, Band II, S. 2245 (der selbst jedoch eine schematische Betrachtung ablehnt und eine Einzelfallbetrachtung vorschlägt); *Chieppa*, in: *Cheli/Grossi/Falzea* (Hrsg.), Enciclopedia del diritto, Annali, Tomo II, S. 910 ff. (931, ebenfalls kritisch).

1452 *Chieppa*, in: *Cheli/Grossi/Falzea* (Hrsg.), Enciclopedia del diritto, Annali, Tomo II, S. 910 ff. (931); *Deodato*, in: *Sandulli M.A.*, Codice dell'azione amministrativa, S. 990; *Ragazzo*, L' autotutela amministrativa, S. 70.

regelmäßig Zeit ihres Erlasses anhafte.[1453] Die Aufhebung einer Verwaltungsmaßnahme im Wege der verwaltungsrechtlichen Selbsthilfe wird damit hinsichtlich der Rechtsfolgen parallel behandelt wie gerichtliche Urteile, die aus Anlass einer Anfechtungsklage ergehen und grundsätzlich ebenfalls zur rückwirkenden Aufhebung der streitgegenständlichen Verwaltungsmaßnahme führen.[1454]

Eine Abkehr von der absoluten Geltung des Grundsatzes der Rückwirkung gerichtlicher und behördlicher Aufhebungsentscheidungen bedeutet das Urteil des Staatsrats vom 10.05.2011 – Nr. 2755.[1455] Das Gericht stellt fest, dass der Grundsatz, wonach die erfolgreiche Anfechtungsklage zur Aufhebung einer Verwaltungsmaßnahme „*ex tunc*" führe, jedenfalls dann durchbrochen werden müsse, wenn seine Anwendung unverhältnismäßig und offensichtlich unbillig sei oder dem Grundsatz der Effektivität des Rechtsschutzes widerspräche.[1456] Zum einen verlange weder das materielle Recht noch das Prozessrecht, dass die Aufhebung einer Verwaltungsmaßnahme durch ein Gericht oder die Verwaltung nach Art. 21-nonies Gesetz 241/1990 unweigerlich rückwirkend erfolgen müsse.[1457] Zum anderen ergebe sich aus den Art. 121 f. C.p.a., dass dem Gericht bei der Entscheidungsfindung im Rahmen der Anfechtungsklage durchaus ein gewisser Abwägungsspielraum zukommen könne.[1458] Dieser Spielraum, der dem Gericht durch die genannten Vorschriften bei der Entscheidung über den Fortbestand der Wirkungen eines Vertrages eingeräumt werde, stehe ihm allgemein auch bei der Entscheidung über die Aufhebung von Verwaltungsmaßnahmen zu.[1459]

In der Literatur wurden bereits vor Verkündung des Urteils vermehrt Stimmen laut, die den Grundsatz, wonach die Aufhebung von Verwaltungsmaßnahmen

---

1453 *Liberati*, L' autotutela amministrativa, S. 161 f., der selbst allerdings zu einer Einschränkung des Grundsatzes der Rückwirkung unter dem Gesichtspunkt der Verhältnismäßigkeit tendiert (*ders.* a.a.O., S. 162 ff.).

1454 So zur h.M. *Caringella*, Corso di diritto amministrativo, Band II, S. 2245; *Chieppa*, in: *Cheli/Grossi/Falzea* (Hrsg.), Enciclopedia del diritto, Annali, Tomo II, S. 910 ff. (934).

1455 Consiglio di Stato, Sez. VI, Urt. v. 10.05.2011 – Nr. 2755, Urbanistica e appalti 2011, 927 ff.; *Pietrosanti*, in: *Sandulli M.A.*, Il nuovo processo amministrativo, Band 1, S. 126, Fn. 36.

1456 Consiglio di Stato, Sez. VI, Urt. v. 10.05.2011 – Nr. 2755, Urbanistica e appalti 2011, 927 ff. (934, Rn. 15.2.). Dazu kritisch *Follieri*, Giurisprudenza Italiana 2012, 439 ff.

1457 Consiglio di Stato, Sez. VI, Urt. v. 10.05.2011 – Nr. 2755, Urbanistica e appalti 2011, 927 ff. (934, Rn. 15.2.).

1458 So sinngemäß ebda.

1459 Ebda.

durch Gericht und Verwaltung stets rückwirkend erfolge, anzweifelten.[1460] Für diese Ansicht sprechen gewichtige Argumente: Im Gegensatz zu Art. 21-quinquies Abs. 1 Satz 2 Gesetz 241/1990, der die Rechtsfolgen des Widerrufs einer Verwaltungsmaßnahme dahingehend normiert, dass eine widerrufene Verwaltungsmaßnahme keine weiteren Rechtswirkungen mehr entfalten kann, mithin also „*ex nunc*" wirkt, lässt Art. 21-nonies Abs. 1 Gesetz 241/1990 offen, ob die verwaltungsbehördliche Aufhebung einer Verwaltungsmaßnahme ebenfalls nur auf die Zukunft begrenzt ist oder stets die Rückwirkung der Rechtsfolgen verlangt.[1461] Die Befugnis der Verwaltungsbehörden nach Art. 21-nonies Abs. 1 Gesetz 241/1990 ist allerdings in der Regel als Ermessensentscheidung ausgestaltet,[1462] wobei sich die Verwaltung bei der Abwägung der betroffenen Rechtsgüter und Interessen vom Grundsatz der Verhältnismäßigkeit leiten lassen muss.[1463] Der Verhältnismäßigkeitsgrundsatz verlangt, dass die Interessen und Rechtsgüter des von der Aufhebung Betroffenen nicht mehr als erforderlich tangiert werden.[1464] In Fällen, in denen das öffentliche Interesse nicht nach einer Aufhebung des Vertrages mit Wirkung „*ex tunc*" verlangt oder dem sogar entgegensteht und auch die Interessen des Betroffenen gegen eine Rückwirkung der Aufhebungsentscheidung sprechen, muss es der Verwaltung daher möglich sein, mit der Aufhebung „*ex nunc*" eine Kompromisslösung zwischen dem Fortbestand der Verwaltungsmaßnahme und der rückwirkenden Aufhebung zu finden.[1465] Besonders in Konstellationen, in denen sich das Ermessen der Verwaltung wegen des regelmäßigen

---

1460 *Caringella*, Corso di diritto amministrativo, Band II, S. 2245; *Chieppa*, in: *Cheli/Grossi/Falzea* (Hrsg.), Enciclopedia del diritto, Annali, Tomo II, S. 910 ff. (934). Eine Entscheidung unter Beachtung der betroffenen Interessen bevorzugt auch *Liberati*, L' autotutela amministrativa, S. 163 f.

1461 Derselbe Vergleich der Vorschriften findet sich bei *Chieppa*, in: *Cheli/Grossi/Falzea* (Hrsg.), Enciclopedia del diritto, Annali, Tomo II, S. 910 ff. (934). Mit der fehlenden gesetzlichen Regelung argumentiert auch *Caringella*, Corso di diritto amministrativo, Band II, S. 2245.

1462 Ebenso argumentiert *Chieppa*, in: *Cheli/Grossi/Falzea* (Hrsg.), Enciclopedia del diritto, Annali, Tomo II, S. 910 ff. (934).

1463 *Barone*, Diritto amministrativo 2002, 689 ff. (691). Ähnlich *Liberati*, L' autotutela amministrativa, S. 162 f., der die Aufhebbarkeit einer Verwaltungsmaßnahme mit Wirkung „*ex tunc*" allerdings wohl regelmäßig als verhältnismäßig ansieht (*Liberati* a.a.O., S. 161 ff.).

1464 *Barone*, Diritto amministrativo 2002, 689 ff. (707).

1465 Ähnlich *Barone*, Diritto amministrativo 2002, 689 ff. (707 f.); *Caringella*, Corso di diritto amministrativo, Band II, S. 2245; *Chieppa*, in: *Cheli/Grossi/Falzea* (Hrsg.), Enciclopedia del diritto, Annali, Tomo II, S. 910 ff. (935).

Überwiegens der öffentlichen Interessen gegenüber den Bestandsinteressen des Einzelnen zu einer Aufhebungspflicht reduziert, können so interessengerechte Ergebnisse erzielt werden.[1466]

Für die Aufhebung eines rechtswidrigen Zuschlags aufgrund der unionsrechtlichen Verpflichtung zur Beendigung der Wirkungen des Vertrages ergibt sich daraus Folgendes: Die Mitgliedstaaten sind, soweit das Unionsrecht eine Beendigungspflicht für vergaberechtswidrige Verträge statuiert, lediglich verpflichtet, diese mit Blick auf die Zukunft zu beenden.[1467] Denn die vom EuGH geforderte Beendigung des unionsrechtswidrigen Zustands ist erreicht, sobald der Vertrag keine Wirkungen mehr entfaltet und auf seiner Grundlage keine Leistungen mehr geschuldet bzw. erbracht werden.[1468] Da weder das Unionsrecht noch das nationale Recht die Aufhebung mit Wirkung „*ex tunc*" zwingend vorschreiben, bleibt es letztlich dem nach nationalem Recht eingeräumten Ermessen der Verwaltungsbehörde überlassen, die Aufhebung des Zuschlags und in der Folge auch die Unwirksamkeit des Vertrages rückwirkend oder beschränkt auf die Zukunft anzuordnen.[1469]

5. *Zusammenfassung*

Nach italienischem Recht sind rechtswidrige Vergabeentscheidungen und die auf ihnen basierenden Verträge nicht von vorneherein unwirksam. Vielmehr kann die Aufhebung von Vergabeentscheidung grundsätzlich im gerichtlichen Verfahren vor den Verwaltungsgerichten mittels Aufhebungsklage erwirkt werden, an welche die Erklärung der Unwirksamkeit des Vertrages nach Art. 121 f. C.p.a. anschließen kann. Der Eintritt dieser Rechtsfolgen im gerichtlichen Verfahren ist allerdings

1466 Ähnlich *Chieppa*, in: *Cheli/Grossi/Falzea* (Hrsg.), Enciclopedia del diritto, Annali, Tomo II, S. 910 ff. (934 f.).

1467 Gegen eine Pflicht zur Rückabwicklung auch *Cremer*, in: *Calliess/Ruffert*, EUV/AEUV, Art. 260 AEUV, Rn. 7; *Müller T.*, in: *Schramm/Aicher/Fruhmann/Thienel*, BVergG 2006, Europ. und intern. Vergaberecht, Rn. 45 [Stand: 9/2013]. Zu der Problematik auch *Bitterich*, EWS 2005, 162 ff. (166, im Ergebnis offenlassend). Für eine unionsrechtliche Rückabwicklungspflicht, soweit die Rückabwicklung verhältnismäßig ist, demgegenüber *Storr*, SächsVBl 2008, 60 ff. (62).

1468 S.o. 2. Abschnitt F.II, S. 185, Fn. 972.

1469 So weist etwa *Chieppa*, in: *Cheli/Grossi/Falzea* (Hrsg.), Enciclopedia del diritto, Annali, Tomo II, S. 910 ff. (934), darauf hin, dass in der Unionsrechtsordnung die Rechtsfolgen einer Aufhebungsentscheidung von den Umständen des Einzelfalls und dem Vertrauen des von der Entscheidung Betroffenen abhängig sind.

von einem entsprechenden Rechtsschutzbegehren eines betroffenen Unternehmens abhängig. Um der unionsrechtlichen Beendigungspflicht nachzukommen, müssen die Verwaltungsbehörden, welche eine unionsrechtswidrige Vergabeentscheidung getroffen haben, daher auf die in Art. 21-nonies Gesetz 241/1990 normierte verwaltungsrechtliche Selbsthilfe zurückgreifen. Diese Rechtsgrundlage ermöglicht ihnen, rechtswidrige Vergabeentscheidungen aufzuheben. Gleichzeitig bewirkt die Ausübung der verwaltungsrechtlichen Selbsthilfe die Beendigung der Wirkungen der auf ihnen beruhenden Verträge.

VI. Gemeinsamkeiten und Unterschiede bei der Umsetzung der unionsrechtlichen Beendigungspflicht

Sowohl die deutsche als auch die österreichische und italienische Rechtsordnung halten im Ergebnis Instrumente bereit, um unionsrechtswidrige öffentliche Aufträge, soweit erforderlich, zu beenden. Neben bedeutenden Parallelen bei der Beurteilung der unionsrechtlichen Beendigungspflicht aus nationaler Perspektive legte die Untersuchung wichtige Unterschiede zwischen den nationalen Vergaberechtssystemen der drei Mitgliedstaaten sowie den übrigen anwendbaren Rechtsgrundlagen offen:

1. Anwendbare Rechtsvorschriften

Die vergaberechtlichen Regelungen Deutschlands, Österreichs und Italiens basieren zwar auf denselben unionsrechtlichen Vorgaben, haben jedoch bereits hinsichtlich des Standorts im innerstaatlichen Recht unterschiedliche Lösungen erfahren: Während in Deutschland die vergaberechtlichen Vorschriften in das Gesetz gegen Wettbewerbsbeschränkungen integriert wurden, hat sich Österreich für eine Kodifizierung des Vergaberechts in eigenständigen Gesetzeswerken entschieden.[1470] Denselben Weg hat Italien mit dem Erlass des D.lgs. 163/2006 für das materielle Vergaberecht gewählt, während die maßgeblichen Bestimmungen für den vergaberechtlichen Rechtsschutz nach der vormaligen Kodifizierung im D.lgs. 53/2010 nunmehr Eingang in die italienische Verwaltungsprozessordnung (C.p.a.) gefunden haben.[1471] Die unterschiedlichen Regelungsstandorte resultieren insbesondere aus der Entwicklungsgeschichte des Vergaberechts in den

1470 Zur deutschen Regelung ebenso *Schwab*, in: *Heuvels/Höß/Kuß/Wagner*, Vergaberecht, Einleitung, Rn. 8; *Ziekow*, in: *Ziekow/Völlink*, Vergaberecht, Einl. GWB, Rn. 2. (mit weiteren Nachweisen s.o. 2. Abschnitt F.III.1, S. 188 f.). Zur österreichischen Rechtslage s.o. 2. Abschnitt F.IV.1, S. 214 ff.

1471 Zur italienischen Rechtslage s.o. 2. Abschnitt F.V.1, S. 236 ff.

einzelnen Mitgliedstaaten[1472] sowie aus grundlegenden Unterschieden in der Staatsorganisation.

Inhaltlich ist der bedeutendste Unterschied zwischen dem deutschen und österreichischen Vergaberecht einerseits und dem italienischen Vergaberecht andererseits in der Einheit bzw. dem Auseinanderfallen von Zuschlag und Vertragsschluss in Rechtsakte verschiedener Rechtsnatur auszumachen.[1473] Während der Zuschlag nach deutschem und österreichischem Vergaberecht als zivilrechtliche Annahme eines Angebots zum Vertragsschluss gewertet werden kann, erfolgt der Zuschlag nach italienischem Recht mittels Verwaltungsakt und ist von dem daran anschließenden zivilrechtlichen Vertragsschluss abzugrenzen.[1474] Die Rechtsnatur des Zuschlags als Verwaltungsmaßnahme bedingt im italienischen Recht die Anwendbarkeit des Gesetzes über das Verwaltungsverfahren (Gesetz 241/1990) bei der Beurteilung der vergaberechtlichen Fehlerfolgen.[1475] Demgegenüber kommen im deutschen und österreichischen Recht wegen der Auftragsvergabe mittels privatrechtlichen Vertrages neben den speziell vergaberechtlichen Regelungen die Vorschriften der jeweiligen Privatrechtsordnungen als mögliche Rechtsgrundlagen für die Beendigung unionsrechtswidriger öffentlicher Aufträge in Betracht.[1476] Folgt man dem traditionellen Verständnis der Auftragsvergabe als fiskalisches Hilfsgeschäft der öffentlichen Hand in der deutschen und österreichischen Rechtsordnung,[1477] resultiert für die beiden Mitgliedstaaten im Gegensatz zu Italien bereits aus dieser Einordnung die Unanwendbarkeit der nationalen Vorschriften über das Verwaltungsverfahren.[1478]

1472 Ähnlich weist *Violini*, in: *Schwarze/Müller-Graf* (Hrsg.), Das öffentliche Auftragswesen in der EG, EuR-Beiheft 1, 1996, 47 ff. (47), auf Folgendes hin: „*Das öffentliche Auftragswesen in Italien in seiner heutigen Gestalt ist, wie überall in Europa, nur verständlich aufgrund der geschichtlichen politischen und administrativen Entwicklung.*“

1473 Diese Parallele der vergaberechtlichen Regelungen Deutschlands und Österreichs stellen ebenso fest: *Adam*, WuW 2000, 260 ff. (260 und 262); *Prieß*, Handbuch des europäischen Vergaberechts, S. 161.

1474 S.o. 2. Abschnitt F.III.2, S. 189 (Deutschland), 2. Abschnitt F.IV.2, S. 218 (Österreich) sowie 2. Abschnitt F.V.1.b), S. 240 (Italien).

1475 S.o. 2. Abschnitt F.V.1.b), S. 240 f.

1476 S.o. 2. Abschnitt F.III.1, S. 188 f. (Deutschland); 2. Abschnitt F.IV.1, S. 214 f. (Österreich).

1477 S.o. Einleitung A.III.2, S. 7, Fn. 57.

1478 Zur Unanwendbarkeit des deutschen VwVfG im Bereich des fiskalischen Handelns: *Schmitz*, in: *Stelkens/Bonk/Sachs*, VwVfG, § 1, Rn. 112; *Schwarz*, in: *Fehling/Kastner/Störmer*, Verwaltungsrecht, Einl. VwVfG, Rn. 47. Für das österreichische Recht folgt dies aus *Thienel*, ÖJZ 1993, 609 ff.

2. *Keine Nichtigkeit unionsrechtswidriger öffentlicher Aufträge*

Den vergaberechtlichen Regelungen der drei untersuchten Mitgliedstaaten ist gemeinsam, dass selbst schwerwiegende Vergabefehler, wie die unterlassene vorherige Bekanntmachung der Auftragsvergabe, regelmäßig nicht zur Nichtigkeit des betroffenen Vertrages führen.[1479] Vielmehr ist nach den vergaberechtlichen Bestimmungen der untersuchten Mitgliedstaaten eine gerichtliche Entscheidung bzw. in Deutschland eine administrative Entscheidung der Vergabekammern erforderlich, die über die Unwirksamkeit des Vertrages befindet.[1480] Diese grundlegende Gemeinsamkeit ist auf die Richtlinienvorgaben, namentlich auf den 13. Erwägungsgrund Satz 3 RL 2007/66/EG, zurückzuführen. Dort ist ausdrücklich normiert, dass die Unwirksamkeit eines Vertrages, auch soweit diese auf einer rechtswidrigen freihändigen Vergabe beruht, nicht automatisch eintreten soll, sondern als Folge der Entscheidung einer unabhängigen Stelle.

Die Rechtsschutzverfahren, die zu einer entsprechenden Nachprüfung der Auftragsvergabe führen, sind in den Mitgliedstaaten bereits aus terminologischer Sicht, aber auch hinsichtlich der Zuständigkeiten unterschiedlich ausgestaltet. In Deutschland müssen Verstöße gegen die Pflicht zur vorherigen Bekanntmachung der Auftragsvergabe gemäß § 101b Abs. 1 Nr. 2 GWB i.V.m. § 102 und § 104 Abs. 1 GWB in einem Nachprüfungsverfahren vor den Vergabekammern des Bundes bzw. der Länder geltend gemacht werden.[1481] Gegen die Entscheidung der Vergabekammer wiederum ist gemäß § 116 Abs. 1 Satz 1 und Abs. 3 die sofortige Beschwerde zu den Vergabesenaten der Oberlandesgerichte zulässig.[1482] Da die zu überprüfende Entscheidung der Vergabekammer als Verwaltungsakt ergeht, handelt es sich um eine Sonderzuweisung zu den Zivilgerichten im Sinne des § 40 Abs. 1 Satz 1 2. Halbsatz VwGO.[1483] Demgegenüber ergeht in Österreich die Entscheidung über die Unwirksamkeit des Vertrages nach Zuschlagserteilung

---

1479 Zum deutschen Recht s.o. 2. Abschnitt F.III.2, S. 189 ff. Zum österreichischen Recht s.o. 2. Abschnitt F.IV.2, S. 218 ff. Zum italienischen Recht s.o. 2. Abschnitt F.V.2, S. 241 ff.

1480 Jeweils ebda. Zu den Vergabekammern als „*Organe der Verwaltung*“: *Stockmann*, in: *Immenga/Mestmäcker*, Wettbewerbsrecht, Band 2, § 102, Rn. 13.

1481 Zur Zuständigkeit der Vergabekammern und deren Organisation: *Weyand*, Vergaberecht, § 104 GWB, Rn. 5 ff.

1482 Zur ausschließlichen Zuständigkeit der Oberlandesgerichte und zum Zweck der Bildung von Vergabesenaten: *Stockmann*, in: *Immenga/Mestmäcker*, Wettbewerbsrecht, Band 2, § 116, Rn. 25 ff.

1483 *Stockmann* a.a.O., Rn. 26.

im Feststellungsverfahren (§ 331 ff. BVergG 2006).[1484] Im Zuge der Verwaltungsgerichtsbarkeits-Novelle 2012 ist die bisherige administrative Zuständigkeit der Sonderbehörden für die Kontrolle der öffentlichen Auftragsvergabe der Zuständigkeit der Verwaltungsgerichte gewichen.[1485] Ebenso wie in Österreich sind auch in Italien für die Erklärung der Unwirksamkeit eines vergaberechtswidrigen Vertrages gemäß Art. 133 Abs. 1 lit. e Ziff. 1 C.p.a. die Verwaltungsgerichte zuständig.[1486] Das Auseinanderfallen von Zuschlag und Vertragsschluss bedingt dort, dass zunächst stets die Aufhebung der dem Vertragsschluss vorhergehenden Verwaltungsmaßnahme begehrt werden muss.[1487] Für die Nachprüfung des Zuschlags bedient sich das italienische Recht dabei der allgemeinen Klagearten, die gegen Verwaltungsmaßnahmen zur Verfügung stehen, wobei das Verfahren, den Richtlinienvorgaben entsprechend, durch die Normierung besonderer Fristen und eines verkürzten Verfahrens angepasst wurde.[1488]

Die grundsätzliche Entscheidung der nationalen Gesetzgeber für eine Anknüpfung der Unwirksamkeit vergaberechtswidriger Verträge an die vorherige Entscheidung einer unabhängigen Stelle hat auch Auswirkungen auf die Anwendbarkeit der allgemeinen Nichtigkeitsgründe des BGB bzw. des italienischen Gesetzes 241/1990 über das Verwaltungsverfahren. Damit die spezialgesetzlichen Regelungen des Vergaberechts nicht ins Leere laufen, können Vergaberechtsverstöße ohne Hinzutreten weiterer Umstände grundsätzlich auch nach den allgemeinen Nichtigkeitstatbeständen anderer anwendbarer Gesetzeswerke nicht zur Nichtigkeit des betroffenen Vertrages führen.[1489]

1484 Bis zum Zeitpunkt der Zuschlagserteilung oder des Widerrufs eines Vergabeverfahrens ist der Feststellungsantrag unzulässig (*Mandl*, in: *Schwartz*, BVergG 2006, § 331 Rn. 2 [Stand: 6/2013]); vielmehr kann bis dahin gemäß § 320 Abs. 1 BVergG 2006 ein Antrag auf Nachprüfung der *„gesondert anfechtbare[n] Entscheidungen des Auftraggebers"* gestellt werden.

1485 S.o. 2. Abschnitt F.IV.1, S. 214 f.

1486 S.o. 2. Abschnitt F.V.1.a), S. 236 f.

1487 S.o. 2. Abschnitt F.V.2.b)bb), S. 245.

1488 Ähnlich *Lipari*, La direttiva ricorsi nel codice del processo amministrativo, GiustAmm.it 08.07.2010, 2. Abschnitt; *Ruscica*, Urbanistica e appalti 2010, 1266 ff. (1273). Zur statthaften Klageart s.o. 2. Abschnitt F.V.2.a), S. 241.

1489 S.o. 2. Abschnitt F.III.3, S. 193 ff. (Deutschland); 2. Abschnitt F.IV.3, S. 223 ff. (Österreich); 2. Abschnitt F.V.3, S. 251 ff. (Italien).

3. *Die nationalen Beendigungstatbestände*

Wie bereits festgestellt, ist dem deutschen und österreichischen Vergaberecht ein bedeutender Grundsatz gemeinsam: Mit der Erteilung des Zuschlags nimmt der öffentliche Auftraggeber das Angebot des Bieters zum Vertragsschluss an.[1490] Die Zuschlagserteilung bedeutet also grundsätzlich gleichzeitig den Abschluss eines zivilrechtlichen Vertrages.[1491] Mangels spezialgesetzlicher Regelung sind es in diesen beiden Mitgliedstaaten also zivilrechtliche Beendigungstatbestände, auf welche zur Beseitigung der Wirkungen eines unionsrechtswidrigen Vertrages zurückgegriffen werden kann.[1492]

Sowohl das deutsche als auch das österreichische Zivilrecht halten mit dem Beendigungstatbestand der außerordentlichen Kündigung von Dauerschuldverhältnissen aus wichtigem Grund eine geeignete Rechtsgrundlage für die Beendigung der Wirkungen unionsrechtswidriger Verträge bereit.[1493] Im deutschen Zivilrecht ist die außerordentliche Kündigung von Dauerschuldverhältnissen ausdrücklich in § 314 Abs. 1 BGB geregelt. Ein entsprechendes Kündigungsrecht ist im österreichischen ABGB zwar nicht ausdrücklich normiert, von der h.M. jedoch in Rechtsanalogie zu dem bei einzelnen Dauerschuldverhältnissen gesetzlich ausdrücklich geregelten Recht zur vorzeitigen Vertragsauflösung anerkannt.[1494] In beiden Rechtsordnungen geht das Kündigungsrecht aus wichtigem Grund, zumindest soweit eine Vertragsanpassung nicht möglich ist, den ebenfalls beiden Rechtsordnungen bekannten Grundsätzen über den Wegfall der Geschäftsgrundlage vor.[1495] Auch hinsichtlich des Anwendungsbereichs und der Tatbestandsvoraussetzungen entsprechen sich die Beendigungstatbestände weitgehend: So ist das außerordentliche Kündigungsrecht in beiden Rechtsordnungen auf Schuldverhältnisse mit Dauercharakter beschränkt und setzt das Vorliegen eines wichtigen Grundes voraus, was nach einer Interessenabwägung

---

1490 S.o. 2. Abschnitt F.VI.1, S. 274 sowie für Deutschland 2. Abschnitt F.III.2, S. 189 und für Österreich 2. Abschnitt F.IV.2, S. 218.

1491 Zum zivilrechtlichen Charakter des Vertrages s.o. 2. Abschnitt F.III.1, S. 188 (Deutschland) und 2. Abschnitt F.IV.1, S. 214 (Österreich).

1492 S.o. ebda.

1493 S.o. 2. Abschnitt F.III.4 und 5, S. 197 ff. (Deutschland) und 2. Abschnitt F.IV.4 und. 5, S. 228 ff. (zum österreichischen Recht).

1494 S.o. 2. Abschnitt F.IV.4.b), S. 231.

1495 S.o. 2. Abschnitt F.III.4.a), S. 199 ff. (zum deutschen Recht, str.) und 2. Abschnitt F.IV.4.b), S. 231 (zum österreichischen Recht).

im Einzelfall verlangt.[1496] Im Gegensatz zum österreichischen Recht bindet § 314 Abs. 3 BGB das Kündigungsrecht zwar an eine Frist, was jedoch nach der vorliegend vertretenen Ansicht nicht gelten kann, soweit das Unionsrecht nach der Beendigung der Wirkungen eines rechtswidrigen Beschaffungsvertrages verlangt.[1497]

Demgegenüber bedingt das Auseinanderfallen von Zuschlag und Vertragsschluss in zwei Rechtsakte verschiedener Rechtsnatur nach italienischem Vergaberecht bedeutende Unterschiede: Auch nach italienischem Recht steht am Ende der Auftragsvergabe zwar ein zivilrechtlicher Vertrag, dieser wird jedoch erst im Anschluss an eine vorhergehende Verwaltungsmaßnahme, im Regelfall die Zuschlagserteilung, abgeschlossen.[1498] Während für die Beendigung der Wirkungen eines unionsrechtswidrigen Beschaffungsvertrages nach deutschem und österreichischem Recht daher die Auflösung des Vertrages unter Rückgriff auf die Tatbestände des Zivilrechts genügt, ist im italienischen Recht zunächst die Aufhebung der dem Vertrag zugrunde liegenden Verwaltungsmaßnahme erforderlich.[1499] Denn erst dann kann der öffentliche Auftrag erneut ausgeschrieben und damit das Ziel des Vergaberechts – die Öffnung des öffentlichen Auftragwesens für den Wettbewerb[1500] – erreicht werden.[1501] Da die Vergabeentscheidung nach italienischem Recht eine Verwaltungsmaßnahme ist, muss sie mit verwaltungsrechtlichen Instrumenten aufgehoben werden.[1502] Als einschlägige Rechtsgrundlage wurde die in Art. 21-nonies Abs. 1 Gesetz 241/1990 normierte verwaltungsrechtliche Selbsthilfe ausgemacht.[1503] Diese räumt der öffentlichen Hand die Möglichkeit zur Aufhebung der einem unionsrechtswidrigen öffentlichen Auftrag zugrunde

1496 Zum erforderlichen Dauercharakter s.o. 2. Abschnitt F.III.4.b), S. 203 ff. (für § 314 BGB) und 2. Abschnitt F.IV.4.a), S. 229 f. (für das Kündigungsrecht des österreichischen Zivilrechts). Zum Tatbestandsmerkmal des wichtigen Grundes s.o. 2. Abschnitt F.III.4.c), S. 205 ff. (für § 314 BGB) und 2. Abschnitt F.IV.4.c), S. 233 ff. (für das Kündigungsrecht des österreichischen Zivilrechts).

1497 S.o. 2. Abschnitt F.III.4.d), S. 208 ff.

1498 Ähnlich *Glaser*, Die Entwicklung des Europäischen Verwaltungsrechts, S. 161. S.o. 2. Abschnitt F.V.1, S. 236 ff.

1499 S.o. 2. Abschnitt F.V.2.b)bb), S. 245 (zur gerichtlichen Erklärung der Unwirksamkeit des Vertrages).

1500 S.o. 2. Abschnitt E.I.1, S. 122, Fn. 662.

1501 S.o. 2. Abschnitt F.V.4.b), S. 257, Fn. 1395.

1502 S.o. 2. Abschnitt F.V.1.b), S. 240 f.

1503 S.o. 2. Abschnitt F.V.4 und 5, S. 255 ff.

liegenden Verwaltungsmaßnahme ein und zeitigt, nach wenn auch umstrittener Ansicht, gleichzeitig Auswirkungen auf die Wirksamkeit des Vertrages.[1504]

G. Die Akzeptanz von Urteilen des EuGH in Vertragsverletzungsverfahren in der vergaberechtlichen Praxis von Deutschland, Österreich und Italien

Die bisherige Abhandlung betrachtet das Urteil des EuGH in den Rechtssachen „*Bockhorn und Braunschweig I*" unter zwei Gesichtspunkten: Zum einen wurden die unionsrechtlichen Handlungspflichten herausgearbeitet, die durch das Urteil konkretisiert werden.[1505] Damit wurde gleichzeitig aufgezeigt, wie sich die Mitgliedstaaten in ähnlich gelagerten Sachverhalten idealiter verhalten müssten, um ihren unionsrechtlichen Verpflichtungen vollumfänglich gerecht zu werden. In einem zweiten Schritt wurden die aus rechtlicher Sicht gangbaren Wege zur Umsetzung der Verpflichtungen nach dem jeweiligen nationalen Recht der untersuchten Mitgliedstaaten besprochen.[1506] Beide Aspekte verdeutlichten die Tragweite der Rechtsprechung des EuGH in Vertragsverletzungsverfahren für das innerstaatliche Recht der Mitgliedstaaten. Entspricht dieser Befund nun aber auch der Rechtswirklichkeit in den Mitgliedstaaten? Ein Blick auf die nationale Rechtspraxis könnte einen Eindruck von der Akzeptanz der Rechtsprechung des EuGH in Vertragsverletzungsverfahren durch die Mitgliedstaaten vermitteln.

I. Die Umsetzung von Urteilen des EuGH in Vertragsverletzungsverfahren durch den verurteilten Mitgliedstaat

Die Rechtssache „*Bockhorn und Braunschweig II*" ist in der Rechtsprechung des EuGH die einzige Rechtssache mit vergaberechtlichem Schwerpunkt, die Deutschland, Österreich oder Italien betrifft, in welcher einer der Mitgliedstaaten verurteilt wurde, weil er nicht die Maßnahmen ergriffen hat, die sich aus einem Feststellungsurteil gemäß Art. 260 Abs. 1 AEUV ergeben.[1507] Dies legt den Schluss nahe, dass jedenfalls diese Mitgliedstaaten die Entscheidungen des EuGH in Vertragverletzungsverfahren mit vergaberechtlichen Schwerpunkt in der Praxis anerkennen

---

1504 Ebda. Zu den Wirkungen der behördlichen Aufhebung der Verwaltungsmaßnahme auf den Vertrag insbesondere 2.Abschnitt F.V.4.b), S. 257 ff.

1505 S.o. 2. Abschnitt D und E, S. 115 ff.

1506 S.o. 2. Abschnitt F, S. 181 ff.

1507 Recherche der Autorin auf der Internetseite des EuGH, <curia.europa.eu/juris/recherche.jsf> (Stand: 04.08.2014).

und daher grundsätzlich bereit sind, die Maßnahmen zu ergreifen, die zur Beseitigung der festgestellten Vertragsverletzung erforderlich sind. Ins Auge fällt allerdings, dass die Mitgliedstaaten die erforderlichen Maßnahmen zur Umsetzung der Urteile häufig erst treffen, wenn die Europäische Kommission sie erneut zur Umsetzung des Urteils ermahnt.[1508] Vor allem vor der Beendigung unionsrechtswidriger Beschaffungsverträge schrecken die Mitgliedstaaten nicht selten zurück.

Als Beispiel sei das Urteil des EuGH in der Rechtssache „*Mödling*"[1509] genannt, in welchem der EuGH eine Vertragsverletzung der Republik Österreich feststellte, da sie, unter Berufung auf das Vorliegen eines „*In-House-Geschäfts*", die aus den Vergaberichtlinien folgenden Verfahrens- und Bekanntmachungsvorschriften außer Acht gelassen hatte.[1510] Erst nach der Aufforderung der Europäischen Kommission konkrete Maßnahmen zur Beendigung des Vertragsverstoßes zu treffen, vereinbarte die Stadtgemeinde Mödling mit dem betroffenen Unternehmen eine Beendigung des Abfallentsorgungsvertrages mit Ablauf des 31.12.2007.[1511] Ebenso kam Deutschland seiner in dem Urteil des EuGH vom 21.01.2010 – C-17/09[1512] konkretisierten Verpflichtung zur Beendigung eines Vertrags der Stadt Bonn über die Entsorgung von Biomüll und Grünabfällen mit der Müllverwertungsanlage Bonn GmbH erst auf Nachfrage der Europäischen Kommission über die bereits getroffenen Maßnahmen nach.[1513] Aber auch hinsichtlich des Urteils des EuGH in der Rechtssache „*Kölner Messehallen*"[1514] sah sich die Europäische Kommission veranlasst, die Bundesrepublik Deutschland förmlich aufzufordern, der Verpflichtung zur Beendigung der geschlossenen Verträge nachzukommen.[1515] Demgegenüber kündigte die Stadt München im Anschluss an das Feststellungsurteil des

---

1508 Interessant ist die Feststellung von *v. Borries*, in: FS Rengeling, 2008, 485 ff. (492), der unter Betrachtung der Rspr. des EuGH und der Vollzugspraxis der Mitgliedstaaten aus den Jahren 2001-2005 zu dem Schluss gelangt, dass die Zahl der Fälle, in denen die Mitgliedstaaten die Urteile nicht innerhalb einer angemessenen Frist vollziehen und die Kommission ein Zweitverfahren einleitet, seit 2001 kontinuierlich zunahm.

1509 EuGH, Urt. v. 10.11.2005 – C-29/04, Slg. 2005, I-9722 ff. – Mödling.

1510 Zu dem Begriff und den Voraussetzungen der „*In-House*"-Vergabe: EuGH a.a.O., S. I-9733 ff., Rn. 34 ff.

1511 *Steindl*, ZVB 2006, 325.

1512 EuGH, Urt. v. 21.01.2010 – C-17/09, Slg. 2010, I-4 ff. – Kommission/Deutschland.

1513 Dies folgt aus der Pressemitteilung der Europäischen Kommission, IP/10/1440 v. 28.10.2010 (zur Nachfrage) sowie aus der Mitteilung im Recycling magazin v. 28.12.2010, <http://www.recyclingmagazin.de/rm/news_detail.asp?ID=14012&NS=1> (Stand: 10.04.2015, zur Vertragsbeendigung).

1514 EuGH, Urt. v. 29.10.2009 – C-536/07, Slg. 2009, I-10392 ff. – Kölner Messehallen.

1515 KOM, Pressemitteilung IP/10/683 v. 03.06.2010.

EuGH vom 18.11.2004 – C-126/03[1516] zwar den verfahrensgegenständlichen Vertrag am 29.03.2005 außerordentlich, unterließ jedoch die erforderliche europaweite Neuausschreibung der Transport-leistungen, was die Europäische Kommission ebenfalls zur Einleitung eines Mahnverfahrens veranlasste.[1517]

Auch Italien leistete den Urteilen des EuGH zumindest teilweise nur nach einer vorherigen Aufforderung der Europäischen Kommission Folge: Eine öffentliche Auftragsvergabe im Bereich der Abfallentsorgung betrifft das Urteil des EuGH vom 18.07.2007 – C-382/05.[1518] Die Italienische Republik hat ausweislich des Entscheidungstenors gegen die Vergaberichtlinien verstoßen, indem Verträge über die Verwertung von Resthausmüll aus den Gemeinden der Region Sizilien ohne Einhaltung der einschlägigen Verfahrensvorschriften und ohne entsprechende Vergabebekanntmachung abgeschlossen wurden.[1519] Um eine konstante Dienstleistungserbringung zu gewährleisten, war Italien in diesem Falle zunächst zur Durchführung einer neuen Ausschreibung und einer Neuvergabe des Auftrags verpflichtet, ehe der bestehende Vertrag beendet werden konnte.[1520] Nachdem ein Zeitraum von eineinhalb Jahren ab Urteilsverkündung ohne Durchführung der erforderlichen Maßnahmen verstrichen war, forderte die Europäische Kommission Italien zur unverzüglichen Umsetzung des Urteils auf.[1521] Im April 2009 leitete Italien schließlich die erforderlichen Schritte zur Neuausschreibung des öffentlichen Auftrags ein.[1522]

1516 EuGH, Urt. v. 18.11.2004 – C-126/03, Slg. 2004 I-11209 ff. – Abfalltransportdienstleistungen.

1517 So der Sachverhalt in LG München, Urt. v. 20.12.2005 – 33 O 16465/04 – Abfallentsorgung Donau-Wald, VergabeR 2006, 268 ff. (269, Rn. 4 f.).

1518 EuGH, Urt. v. 18.07.2007 – C-382/05, Slg. 2007, I-6659 ff. – Kommission/Italien.

1519 EuGH a.a.O., S. I-6673, Tenor zu 1.

1520 KOM, Pressemitteilung IP/09/279 v. 19.02.2009.

1521 Ebda.

1522 Dies folgt aus: TAR Sicilia, Sezione II, Urt. v. 10.05.2013 – Nr. 1086, in: La Giustizia Amministrativa, <www.giustizia-amministrativa.it>. Aus dem Urteil ergibt sich jedoch weiters, dass die Verwaltung diese erneute öffentliche Ausschreibung aufgrund von Verfahrensfehlern im Wege der verwaltungsrechtlichen Selbsthilfe annullierte. Weitere Beispiele mit vergaberechtlichem Hintergrund, in denen sich die Europäische Kommission veranlasst sah, Italien anzumahnen, die erforderlichen Maßnahmen zur Umsetzung von Feststellungsurteilen des EuGH in Vertragsverletzungsverfahren zu ergreifen: EuGH, Urt. v. 08.04.2008 – C-337/05, Slg. 2008, I-2195 ff. – Kommission/Italien (KOM, Pressemitteilung IP/09/765 v. 14.05.2009, erforderlich war danach eine Gewährleistung vergaberechtskonformen Verhaltens für die Zukunft, keine Vertragsbeendigung) und EuGH, Urt. v. 13.09.2007 – C-260/04, Slg. 2007, I-7083 ff. –

Vor diesem Hintergrund erscheint weniger die Akzeptanz der Urteile des EuGH in Vertragsverletzungsverfahren die entscheidende Triebfeder zur Umsetzung derselben durch die untersuchten Mitgliedstaaten zu sein, als vielmehr die drohenden Sanktionen, die mit der Nichtumsetzung eines Urteils einhergehen und den Mitgliedstaaten durch die Aufforderungen der Europäischen Kommission nochmals eindringlich vor Augen geführt werden.

2. *Die Akzeptanz der Urteile des EuGH außerhalb der Grenzen des Verfahrensgegenstandes*

Für die Akzeptanz von Feststellungsurteilen des EuGH durch Deutschland, Österreich und Italien außerhalb der Grenzen des Verfahrensgegenstandes in vergleichbaren Sachverhalten lassen sich aus der Rechtsprechung des EuGH nur beschränkt verallgemeinerbare Aussagen gewinnen. Insoweit wäre eine genaue Analyse der einzelnen Urteile und der auf ihnen beruhenden Staatshandlungen erforderlich. Zumindest der erste Schritt wurde für das Urteil des EuGH in den Rechtssachen „*Bockhorn und Braunschweig I*“ zu unternehmen versucht: Das Urteil konkretisiert die Verpflichtungen der Mitgliedstaaten aus Art. 4 Abs. 3 UAbs. 2 und 3 EUV regelmäßig als Pflicht zur Beendigung von Beschaffungsverträgen, die auf einer rechtswidrigen freihändigen Vergabe beruhen. Der zweite Schritt erfordert u.a. einen tiefen Einblick in die Verwaltungspraxis der einzelnen Mitgliedstaaten, wobei die Frage, ob eine bestimmte Handlung durch ein Urteil des EuGH motiviert ist, regelmäßig nicht zu beantworten sein wird. Daher lassen sich nur vage Anhaltspunkte für bzw. gegen die Akzeptanz der Urteile über den konkreten Verfahrensgegenstand hinaus finden.

Wenig Aussagekraft hat zunächst die Feststellung, dass auch nach der Verkündung des Urteils des EuGH in den Rechtssachen „*Bockhorn und Braunschweig I*“ wiederholt öffentliche Aufträge von Deutschland, Österreich und Italien, die auf der Vergabe eines öffentlichen Auftrags ohne vorherige Veröffentlichung einer Bekanntmachung im Amtsblatt der Europäischen Union beruhten, Gegenstand von Vertragsverletzungsverfahren waren. Als Beispiele aus dem Bereich der Abfallentsorgung seien der von der Stadt Bonn ohne europaweite Ausschreibung mit einem privaten Abfallentsorgungsunternehmen abgeschlossene Vertrag über

---

Kommission/Italien (Gegenstand des Verfahrens war allerdings eine öffentliche Dienstleistungskonzession; KOM, Pressemittelungen IP/08/505 v. 03.04.2008 sowie IP/09/279 v. 19.02.2009 und IP/08/505 v. 03.04.2008).

die Entsorgung von Biomüll und Grünabfällen,[1523] der von der österreichischen Stadt Mödling ohne Beachtung der maßgeblichen Bekanntmachungsvorschriften abgeschlossene Abfallentsorgungsvertrag[1524] oder der von der zuständigen sizilianischen Verwaltungsbehörde ohne Veröffentlichung einer Vergabebekanntmachung abgeschlossene Vertrag über die Verwertung von Resthausmüll[1525] genannt. In allen Fällen schlossen die Mitgliedstaaten vergaberechtswidrige Beschaffungsverträge ab und beendeten sie zumindest bis zur Verkündung eines entsprechenden Feststellungsurteils in einem Vertragsverletzungsverfahren durch den EuGH nicht. Die unterlassene frühzeitige Beendigung der Verträge ist allerdings v.a. in den beiden letztgenannten Fällen nicht zwingend auf die mangelnde Berücksichtigung der Rechtsprechung des EuGH in den Rechtssachen *„Bockhorn und Braunschweig I“* zurückzuführen. Denn Österreich bzw. Italien rechtfertigten in den jeweiligen Verfahren die unterlassene Vergabebekanntmachung mit dem Vorliegen eines *„In-House-Geschäfts“*[1526] bzw. einer Dienstleistungskonzession[1527]. Der Aussagewert anderer Verurteilungen in Vertragsverletzungsverfahren ist aber auch deshalb gering, weil nur ein Teil der tatsächlich begangenen Vertragsverstöße mit Vertragsverletzungsverfahren geahndet werden. Zum einen steht die Einleitung eines Vertragsverletzungsverfahrens im Ermessen der Europäischen Kommission,[1528] zum anderen erlangt diese nicht von jedem Vergaberechtsverstoß Kenntnis. Völlig offen bleibt auch die Frage, ob es Fallgestaltungen gibt, in denen die nationale Exekutive einen Vertrag unter Berücksichtigung des Urteils des EuGH beendet hat, da die Vertragsverletzung in diesen Fällen gerade abgestellt wurde und bereits deshalb kein Vertragsverletzungsverfahren mehr eingeleitet werden konnte.

Wenig Aussagekraft haben auch die Entscheidungen der nationalen Rechtsprechungsorgane: Eine Anerkennung der unionsrechtlichen Verpflichtung zur

---

1523 EuGH, Urt. v. 21.01.2010 – C-17/09, Slg. 2010, I-4 ff. – Kommission/Deutschland.

1524 EuGH, Urt. v. 10.11.2005 – C-29/04, Slg. 2005, I-9722 ff. – Mödling.

1525 EuGH, Urt. v. 18.07.2007 – C-382/05, Slg. 2007, I-6659 ff. – Kommission/Italien. Auch in diesem Fall war die italienische Verwaltung, wenn auch nach vorheriger Neuausschreibung des öffentlichen Auftrags, zur Beendigung der bestehenden Verträge verpflichtet (dies folgt aus Europäsche Kommission, Pressemitteilung IP/09/279 v. 19.02.2009).

1526 EuGH, Urt. v. 10.11.2005 – C-29/04, Slg. 2005, I-9722 ff. (I-9730, Rn. 23 f.) – Mödling.

1527 EuGH, Urt. v. 18.07.2007 – C-382/05, Slg. 2007, I-6659 ff. (I-6667 ff., Rn. 22 ff.) – Kommission/Italien.

1528 Mit weiteren Hinweisen auf die insoweit h.M. *Heidig*, Die Verhängung von Zwangsgeldern und Pauschalbeträgen, S. 27 ff.

Beendigung bestimmter unionsrechtswidriger Verträge lässt sich zwar der Rechtsprechung des OLG Düsseldorf entnehmen. Dieses hat verschiedentlich darauf hingewiesen, dass eine Verpflichtung zur Aufhebung eines vergaberechtswidrigen Vertrages einzig im Verhältnis von Mitgliedstaat und Europäischer Union bestehe.[1529] Das OLG Düsseldorf leitet diese Verpflichtung jedoch aus dem europäischen Primärrecht ab und stellt mit diesem Vorbringen lediglich klar, dass aus der Rechtsprechung des EuGH nicht folge, dass ein umgangenes Unternehmen die Beendigung eines vergaberechtswidrigen Vertrages verlangen könne. Auch die Entscheidungen des OLG Düsseldorf enthalten demnach keine maßgeblichen Anhaltspunkte dafür, inwieweit es im Übrigen eine unionsrechtliche Pflicht zur Beendigung vergaberechtswidriger öffentlicher Aufträge anerkennt. In der italienischen Rechtsprechung bleibt das Urteil des EuGH in den Rechtssachen „*Bockhorn und Braunschweig I*" ebenfalls unerwähnt, wenn die herrschende Rechtsprechung davon ausgeht, dass die öffentliche Verwaltung auch im Falle der Unionsrechtswidrigkeit einer Verwaltungsmaßnahme nur bei einem die Rechtswidrigkeit übersteigenden öffentlichen Interesses zu ihrer Annullierung nach Art. 21-nonies Abs. 1 Gesetz 241/1990 verpflichtet sei.[1530]

Eine ausdrückliche Empfehlung zur Aufnahme eines Sonderkündigungsrechts für den Fall der Feststellung einer Vertragsverletzung durch den EuGH bei Beschaffungsverträgen, die in den Anwendungsbereich der Vergaberichtlinien fallen, sprach im Anschluss an das Urteil des EuGH in den Rechtssachen „*Bockhorn und Braunschweig II*" und des LG München vom 20.12.2005 – 33 O 16465/05[1531] allerdings der Städte- und Gemeindebund Nordrhein-Westfalen

1529 OLG Düsseldorf, Beschl. v. 18.06.2008 – VII-Verg 23/08, ZfBR 2009, 197 (201); OLG Düsseldorf, Beschl. v. 30.04.2009 – Verg 50/08, BeckRS 2009, 25237.

1530 Siehe z.B. Consiglio di Stato, Sez. VI, Urt. v. 04.04.2008 – Nr. 1414, in: La Giustizia Amministrativa, <www.giustizia-amministrativa.it>, S. 10 f.; Consiglio di Stato, Sez. VI, Beschl. v. 03.03.2006 – Nr. 1023, Urbanistica e appalti, 2006, 695 ff. (695 f., zu der Entscheidung mit weiteren Nachweisen für die h.M in der Literatur *Ragazzo*, Urbanistica e appalti 2006, 698 ff.); Consiglio di Giustizia Amministrativa per la Regione Siciliana, Sez. I, Urt. v. 21.04.2010 – Nr. 553, S. 5 f., in: La Giustizia Amministrativa, <www.giustizia-amministrativa.it>. Für die Literatur konstatiert *Goisis*, Diritto Processuale Amministrativo 2009, 112 ff. (117), dass das Urteil des EuGH in den Rechtssachen „*Bockhorn und Braunschweig II*" vergleichsweise wenig Beachtung gefunden habe.

1531 LG München I, Urt. v. 20.12.2005 – 33 O 16465/04, VergabeR 2006, 268 ff. (275) – Abfallentsorgung Donau-Wald.

aus.[1532] Gleichzeitig stellte er jedoch fest: „*Keinesfalls kann ein derartiges Sonderkündigungsrecht ein Freibrief dafür sein, mit voller Kenntnis und bewusst vergaberechtswidrig geschlossene Verträge ohne nachteilige Rechtsfolgen für die Auftraggeberseite einseitig zu kündigen. Dieser Sachverhalt lag aber dem vergaberechtswidrig geschlossenen Vertrag Braunschweig in dem Urteil des EuGH vom 18. Juli 2007 (Vergabe eines 30-Jährigen Entsorgungsvertrages ohne Ausschreibung an einen privaten Entsorger) zugrunde.*“[1533] Der Städte- und Gemeindebund NRW lässt damit ebenfalls offen, ob er seine Mitglieder (359 der insgesamt 396 nordrhein-westfälischen Kommunen)[1534] bereits vor dem Erlass eines Feststellungsurteils durch den EuGH verpflichtet sieht, Verträge, die auf einer rechtswidrigen freihändigen Vergabe beruhen, zu beenden.

Aus dem weitgehenden Stillschweigen der staatlichen Organe der untersuchten Mitgliedstaaten über eine etwaige Verpflichtung zur Beendigung von unionsrechtswidrigen Beschaffungsverträgen lässt sich zusammenfassend wohl eher die Tendenz erkennen, auch vergaberechtswidrige Verträge, die auf einer rechtswidrigen freihändigen Vergabe beruhen, aufrechtzuerhalten, solange der Vertrag nicht Gegenstand eines Vertragsverletzungsverfahrens vor dem EuGH war. Für das Urteil des EuGH in den Rechtssachen „*Bockhorn und Braunschweig I*“ bedeutet dies, dass es über den konkreten Verfahrensgegenstand hinaus in der vergaberechtlichen Praxis der untersuchten Mitgliedstaaten bislang wenig Beachtung gefunden hat.

1532 Städte- und Gemeindebund NRW, Mitteilung 570/2007 v. 20.08.2007, <kommunen-in-nrw.de/mitgliederbereich/mitteilungen/detailansicht/dokument/folgen-vergaberechtswidrig-geschlossener-altvertraege.html?cHash=d2a702068718a674f823bec07994608f> (Stand: 10.04.2015).

1533 Ebda.

1534 So die Präsentation des Städte- und Gemeindebundes NRW, <kommunen-in-nrw.de/der-verband/kurzportrait.html> (Stand: 10.04.2015).

Thesen

1. Mit Ausnahme der vom EuGH entwickelten allgemeinen Rechtsgrundsätze gehören die Urteile des EuGH nicht zu den Rechtsquellen des Unionsrechts und nehmen daher auch nicht am Anwendungsvorrang desselben teil.
2. Die Wirkungen der Urteile des EuGH in Vertragsverletzungsverfahren lassen sich unter Rückgriff auf die im deutschen nationalen Recht gebräuchlichen Begrifflichkeiten der Rechtskraft, der innerprozessualen Bindungswirkung und der außerprozessualen Bindungswirkung beschreiben, wobei die Inhalte der Rechtsinstitute im Unionsrecht divergieren.
3. Daneben kommt den Maßnahmen, welche die Mitgliedstaaten zur Beseitigung eines in einem stattgebenden Urteil im Vertragsverletzungsverfahren festgestellten Unionsrechtsverstoßes ergreifen müssen, für die praktische Relevanz der Urteile erhebliche Bedeutung zu. Diese Maßnahmen sind zwar nicht Gegenstand des Urteils und nehmen daher auch nicht an den Wirkungen des Urteils im engen Sinne teil. Dennoch sind vor allem sie es, die das Handeln der Mitgliedstaaten in der Rechtswirklichkeit beeinflussen.
4. Urteile des EuGH in Vertragsverletzungsverfahren erwachsen mit dem Tag ihrer Verkündung in Rechtskraft. Die Rechtskraft von Urteilen ist ein allgemeiner Rechtsgrundsatz des Unionsrechts, der in Art. 91 Abs. 1 VerfO EuGH seine normative Grundlage gefunden hat. Formell steht die Rechtskraft einer Anfechtbarkeit der Urteile entgegen. Materiell schließt sie die erneute Verhandlung desselben Streitgegenstandes (Parteien/Gegenstand/Gründe) aus. Die Europäische Kommission oder ein Mitgliedstaat kann daher in einem neuen Verfahren gegen denselben Mitgliedstaat des Ausgangsverfahrens nicht erneut die Feststellung der Verletzung derselben unionsrechtlichen Rechtsnorm wegen desselben Verhaltens begehren.
   In Rechtskraft erwachsen sowohl der Tenor als auch die tragenden Entscheidungsgründe eines Urteils, nicht hingegen bloße „*obiter dicta*". Wegen der engen Bindung der Rechtskraft an den Streitgegenstand sind die Rechtskraftwirkungen subjektiv auf den Kreis der Verfahrensbeteiligten beschränkt. Zu diesen gehören auch die zu dem Vertragsverletzungsverfahren zugelassenen Streithelfer.
5. Der EuGH ist innerprozessual an seine Urteile gebunden. Aufgrund der unionsrechtlichen Kompetenzordnung, die vom Grundsatz der begrenzten Einzelermächtigung ausgeht, kann er ein einmal verkündetes Urteil mangels Rechtsgrundlage weder abändern noch aufheben, sondern lediglich zur Klärung seines Inhalts beitragen.

6. Eine rechtliche Präjudizienbindung des EuGH besteht demgegenüber im Unionsrecht nicht. Zur Wahrung der Überzeugungskraft seiner Rechtsprechung und aus Gründen der Rechtssicherheit folgt der EuGH jedoch grundsätzlich seiner früheren Rechtsprechung.
7. Urteile des EuGH in Vertragsverletzungsverfahren entfalten auch eine außerprozessuale Bindungswirkung. Sie binden sowohl den verfahrensbeteiligten Mitgliedstaat als auch nicht am Verfahren beteiligte Mitgliedstaaten über die Grenzen des abgeurteilten Streitgegenstands hinweg, ohne der erneuten Behandlung einer Rechtsfrage entgegenzustehen. In gleichgelagerten Sachverhalten steht fest, dass eine bestimmte rechtliche Situation Unionsrecht widerspricht.

   Ihre rechtliche Grundlage findet die außerprozessuale Bindungswirkung von Urteilen des EuGH in Vertragsverletzungsverfahren in der Systematik und in tragenden Grundprinzipien des Unionsrechts, allen voran in der Vorlagepflicht der nationalen letztinstanzlichen Gerichte (Art. 267 Abs. 3 i.V.m. Abs. 1 AEUV). Das Rechtsinstitut dient zuvörderst der Wahrung der Einheitlichkeit des Rechts als Grundlage einer Rechtsunion.

   Folge der außerprozessualen Bindungswirkung ist, dass die nationalen Organe der Mitgliedstaaten den Tenor und die tragenden Entscheidungsgründe von Urteilen des EuGH beim Umgang mit vergleichbaren Sachverhalten berücksichtigen müssen. Anderenfalls laufen sie Gefahr, dass ihre Handlungen aufgrund des innerstaatlichen Instanzenzuges und der Vorlagepflicht nationaler letztinstanzlicher Gerichte nicht folgenlos Bestand haben. Zudem müssen sie wegen des Grundsatzes der Gleichheit der Mitgliedstaaten mit der Einleitung eines Vertragsverletzungsverfahrens durch die Europäische Kommission rechnen, wenn sie durch ihr Verhalten erneut eine gleichgelagerte rechtliche Situation auslösen, die der EuGH gegenüber einem anderen Mitgliedstaat bereits als Vertragsverletzung eingestuft hat.
8. Die Feststellung der Vertragsverletzung geht für den betroffenen Mitgliedstaat gemäß Art. 260 AEUV mit der Pflicht zur Beseitigung des Unionsrechtsverstoßes einher. Die Pflicht resultiert dem Grunde nach aus dem unionsrechtlichen Primärrecht und geht dem Urteil des EuGH voraus. Der EuGH konkretisiert durch seine Urteile im Vertragsverletzungsverfahren allerdings die unionsrechtlichen Verpflichtungen, ohne den Mitgliedstaaten die zu ergreifenden Maßnahmen verbindlich vorschreiben zu können.

   Da wegen der außerprozessualen Bindungswirkung der Urteile auch in gleichgelagerten Sachverhalten feststeht, dass eine bestimmte rechtliche Situation gegen Unionsrecht verstößt, sind die Mitgliedstaaten auch insoweit aus Art. 4 Abs. 3 UAbs. 2 und 3 EUV verpflichtet, die Maßnahmen zu ergreifen, die erforderlich und zumutbar sind, um Vertragsverletzungen zu beseitigen bzw. zu verhindern.

9. Für die vergaberechtliche Praxis der Mitgliedstaaten können Urteile des EuGH in Vertragsverletzungsverfahren entsprechend der theoretischen Befunde weitreichende Wirkungen zeitigen. Ihre Bedeutung für die Rechtswirklichkeit gewinnen sie auch insoweit vor allem im Zusammenspiel mit der unionsrechtlichen Pflicht zur Beseitigung von Vertragsverletzungen aus Art. 4 Abs. 3 UAbs. 2 und 3 EUV bzw. dem hinsichtlich der Verfahrensbeteiligten spezielleren Art. 260 Abs. 1 AEUV.
10. Die Reichweite der Urteilswirkungen verdeutlicht eine Analyse des Urteils des EuGH in den Rechtssachen „*Bockhorn und Braunschweig I*". Das Urteil ging für Deutschland mit der Pflicht einher, die Wirkungen der verfahrensgegenständlichen Verträge zu beenden. Tragender Entscheidungsgrund des Urteils ist die Feststellung, dass ein Unionsrechtsverstoß, der in der Vergabe eines öffentlichen Auftrags entgegen der unionsrechtlichen Vorschriften gründet, während der gesamten Dauer der Erfüllung des Vertrages anhält.
11. Die außerprozessuale Bindungswirkung des Urteilstenors und der tragenden Entscheidungsgründe bedingt, dass die fortdauernde Unionsrechtswidrigkeit einer entsprechenden rechtlichen Situation auch außerhalb des konkreten Verfahrensgegenstandes feststeht. Die Mitgliedstaaten sind daher in gleichgelagerten Fällen gemäß Art. 4 Abs. 3 UAbs. 2 und 3 EUV zur Beendigung der Wirkungen unionsrechtswidriger öffentlicher Aufträge verpflichtet, soweit dies verhältnismäßig ist.
12. Die vom EuGH in dem Urteil inzident konkretisierte, primärrechtlich verankerte Beendigungspflicht steht also unter dem Vorbehalt der Verhältnismäßigkeit. Die Abwägung der im Einzelfall von einer Vertragsbeendigung betroffenen Rechte und Rechtsgüter muss grundsätzlich dem EuGH überlassen bleiben, damit entgegen dem Zweck der unionsrechtlichen Bestimmungen nicht rein nationale Interessen die Vertragsbeendigung beeinflussen. Verhältnismäßig ist eine Beendigungspflicht daher nur, sofern der EuGH eine fortdauernde Vertragsverletzung durch einen Mitgliedstaat im Vertragsverletzungsverfahren festgestellt hat. Eine unbedingte Beendigungspflicht trifft einen Mitglidstaaten aber auch, wenn sich einem früheren Urteil im Vertragsverletzungsverfahren für eine bestimmte rechtliche Situation ein Vorrang des unionsrechtlich determinierten Beendigungsinteresses vor dem Bestandsinteresse entnehmen lässt. Das Abwarten einer vorherigen Entscheidung des EuGH würde in diesem Falle die Unionsrechtsverletzung nur weiter intensivieren, obwohl als Ergebnis des Verfahrens die Beendigungspflicht feststeht.

13. Ausgehend von der rechtlichen Situation, die dem Urteil des EuGH in den Rechtssachen „*Bockhorn und Braunschweig I*“ zugrunde lag, trifft öffentliche Auftraggeber unabhängig von der vorherigen Feststellung einer Vertragsverletzung durch den EuGH eine Beendigungspflicht unter folgenden Voraussetzungen: Ein öffentlicher Auftrag, der eine nicht bloß einmalige Leistung mit kurzfristiger Ausführungsdauer zum Gegenstand hat und dessen Auftragswert die für die Anwendung der Vergaberichtlinien maßgeblichen Schwellenwerte überschreitet, wurde unter Verstoß gegen die Pflicht zur vorherigen Bekanntmachung der Auftragsvergabe im Amtsblatt der Europäischen Union bzw. ohne vorherigen Aufruf zum Wettbewerb und somit rechtswidrig freihändig vergeben. Liegen diese Voraussetzungen vor, überwiegt wegen der Intensität des Unionsrechtsverstoßes grundsätzlich das unionsrechtlich geprägte Beendigungsinteresse gegenüber dem Bestandsinteresse. Etwas anderes gilt nur, soweit der Vertragsbeendigung ausnahmsweise zwingende Gründe des Allgemeininteresses entgegenstehen.
14. Demgegenüber setzt eine Beendigungspflicht bei Konzessionsverträgen stets ein vorheriges stattgebendes Urteil des EuGH im Vertragsverletzungsverfahren voraus. Der Konzessionär soll neben dem Betriebsrisiko nicht mit dem zusätzlichen Risiko der vorzeitigen Vertragsbeendigung überbürdet werden.
15. Die Umsetzung der unionsrechtlichen Beendigungspflicht richtet sich nach nationalem Recht. Aufgrund der nationalen Rechtsordnungen Deutschlands, Österreichs und Italiens sind öffentliche Aufträge, selbst soweit sie unter schwerwiegenden Verstößen gegen die Pflicht zur vorherigen Bekanntmachung der Auftragsvergabe leiden, grundsätzlich wirksam. Öffentliche Auftraggeber müssen daher auf nationale Rechtsgrundlagen zurückgreifen, die ihnen einen Eingriff in die laufenden Verträge ermöglichen.
16. Die nationalen Rechtsgrundlagen zur Beendigung der Wirkungen unionsrechtswidriger öffentlicher Aufträge unterscheiden sich v.a. mit der Rechtsnatur, die dem Zuschlag und dem abgeschlossenen Vertrag in Deutschland und Österreich einerseits und in Italien andererseits zugesprochen wird. Während nach der deutschen und österreichischen Rechtsordnung mit der Zuschlagserteilung der Vertrag zwischen öffentlichem Auftraggeber und Auftragnehmer zustande kommt, unterscheidet das italienische Recht: Dem zivilrechtlichen Vertragsschluss geht mit der Zuschlagserteilung eine Verwaltungsmaßnahme voraus.
17. In der Folge können öffentliche Auftraggeber nach deutschem und österreichischem Recht die Wirkungen unionsrechtswidriger öffentlicher Aufträge, soweit aus unionsrechtlicher Sicht erforderlich, unter Rückgriff auf die zivilrechtlichen Grundsätze über die Kündigung aus wichtigem Grund beenden.

Diese Kündigungsmöglichkeit ist im deutschen Recht ausdrücklich in § 314 Abs. 1 BGB geregelt und in Österreich in Rechtsanalogie zu den bei einzelnen Dauerschuldverhältnissen ausdrücklich geregeltem Recht zur vorzeitigen Vertragsauflösung allgemein anerkannt.

18. In der italienischen Rechtsordnung können öffentliche Auftraggeber demgegenüber durch den Rückgriff auf die in Art. 21-nonies Abs. 1 Gesetz 241/1990 normierte verwaltungsrechtliche Selbsthilfe der unionsrechtlichen Beendigungspflicht Rechnung tragen. Die auf dieser Rechtsgrundlage mögliche Aufhebung des Zuschlags zeitigt gleichzeitig auch Auswirkungen auf die Wirksamkeit des abgeschlossenen Vertrages.
19. In der Rechtswirklichkeit schrecken die untersuchten Mitgliedstaaten häufig davor zurück, unionsrechtswidrige öffentliche Aufträge außerhalb eines gerichtlichen Verfahrens zu beenden. Selbst nach vorheriger Feststellung einer Vertragsverletzung durch den EuGH sind entscheidende Triebfeder zur Umsetzung der Urteile häufig erst die drohenden Sanktionen, die mit der Nichtumsetzung eines Urteils einhergehen und den Mitgliedstaaten durch eine Aufforderung der Europäischen Kommission, die erforderlichen Maßnahmen zu ergreifen, nochmals eindringlich vor Augen geführt werden.

Literaturverzeichnis

Adam, Jürgen: Zuschlag, Vertragsschluss und europäisches Vergaberecht, WuW 2000, S. 260–264.

Aicher, Josef: Neuerungen im zivilrechtlichen Sanktionensystem, in: *Schramm, Johannes/Aicher, Josef* (Hrsg.), Vergaberecht und PPP VI: Tagungsband zum 6. und 7. Jahresforum 2008 und 2009, Wien 2010, S. 193–210.

Antonioli, Marco: Inoppugnabilità e disapplicabilità degli atti amministrativi, Rivista italiana di diritto pubblico comunitario 1999, S. 1362–1413.

Antweiler, Clemens: Vergaberechtsverstöße und Vertragsnichtigkeit. Bedeutung des § 13 Vergabeverordnung für die Folgen von Fehlern im Vergabeverfahren, DB 2001, S. 1975–1980.

Arnauld, Andreas von: Rechtssicherheit. Perspektivische Annäherungen an eine ‚idée directrice' des Rechts, Tübingen 2006.

Arrowsmith, Sue: Remedies for enforcing the public procurement rules, Winteringham, South Humberside 1993.

Arzt, Gunther: Einführung in die Rechtswissenschaft, Basel, Frankfurt am Main 1987.

Bamberger, Heinz Georg/Roth, Herbert (Hrsg.): BGB. Band 1: §§ 1-610, CISG, 3. Aufl., München 2012.

– Band 2: §§ 611–1296, AGG, ErbbauRG, WEG, 3. Aufl., München 2012.

Barceló, John J.: Precedent in European Community Law, in: *MacCormick, D. Neil/Summers, Robert S.* (Hrsg.), Interpreting Precedents: A Comparative Study, Aldershot u.a. 1997, S. 407–436.

Barone, Giuseppe: Autotutela amministrativa e decorso del tempo, Diritto amministrativo 2002, S. 689–716.

Basse, Hermann: Das Verhältnis zwischen der Gerichtsbarkeit des Gerichtshofes der Europäischen Gemeinschaften und der deutschen Zivilgerichtsbarkeit, Berlin 1967.

Bauer, Katharina: Vergaberechtswidrige Verträge aus zivilrechtlicher Sicht. Unter besonderer Berücksichtigung des Art. 2d der Rechtsmittelrichtlinie 2007/66/EG und dessen Umsetzung in deutsches Recht durch § 101b GWB, Baden-Baden 2013.

Bauer, Lukas: Das Ende der In-House-Vergabe, ZVB 2005, S. 264–269.

Bauer, Max W./Demattio Hugo/König, Bernhard/Kreuzer, Josef/Zanon, Heinz: Italienische Verwaltungsprozessordnung/Codice del processo amministrativo. Zweisprachige Ausgabe/Edizione bilingue, Stand: 19.03.2012, Nachfolgende Änderungen und Ergänzungen zum Stand 31.12.2013, <http://www.

provinz.bz.it/anwaltschaft/download/vpo_stand_dez_13.pdf> (letzter Abruf: 10.04.2015).

Bauer, Max W./Eccher, Bernhard/König, Bernhard/Kreuzer, Josef/Zanon, Heinz: Italienisches Zivilgesetzbuch/Codice civile. Zweisprachige Ausgabe, 5. Aufl., Bozen 2010.

Baumann, Johannes Maria: Die Rechtsprechung des EuGH zum Vorrang von Gemeinschaftsrecht vor mitgliedstaatlichen Verwaltungsakten und Gerichtsurteilen, Frankfurt am Main 2010.

Bebr, Gerhard: Development of Judicial Control of the European Communities, Den Haag, Boston, London 1981.

Beljin, Saša: Die Zusammenhänge zwischen dem Vorrang, den Instituten der innerstaatlichen Beachtlichkeit und der Durchführung des Gemeinschaftsrechts, EuR 2002, S. 351–376.

Benda, Ernst/Eckart, Klein/Oliver Klein (Hrsg.): Verfassungsprozessrecht, 3. Aufl., Heidelberg u.a. 2012.

Benetazzo, Cristiana: Contratti della P.A. e annullamento dell'aggiudicazione, Padova 2012.

Bernhardt, Rudolf: Zur Auslegung des europäischen Gemeinschaftsrechts, in: *Grewe, Wilhelm G./Rupp, Hans/Schneider, Hans* (Hrsg.), Europäische Gerichtsbarkeit und nationale Verfassungsgerichtsbarkeit. Festschrift zum 70. Geburtstag von Hans Kutscher, Baden-Baden 1981, S. 17–24 (zit.: *Bernhardt R.*, in: FS Kutscher, 1981, S. 17 ff.).

Bernhardt, Wilfried: Verfassungsprinzipien, Verfassungsgerichtsfunktionen, Verfassungsprozeßrecht im EWG-Vertrag, Berlin 1987.

Bitterich, Klaus: Kein „Bestandsschutz" für vergaberechtswidrige Verträge gegenüber Aufsichtsmaßnahmen nach Art. 226 EG. Zugleich Anmerkung zum EuGH-Urteil vom 9.9.2004 – Rs. C-125/03, Kommission/Bundesrepublik Deutschland, EWS 2005, S. 162–168.

– Kündigung vergaberechtswidrig zu Stande gekommener Verträge durch öffentliche Auftraggeber, NJW 2006, S. 1845–1850.

Bleckmann, Albert: L'applicabilité directe du Droit Communautaire, in: *ders./Delannay/Golsong/Kovar/Louis/Mertens/Velu* (Hrsg), Les recours des individus devant les instances nationales en cas de violation du droit européen, Brüssel 1978, S. 85–131.

– Der Beurteilungsspielraum im Europa- und im Völkerrecht, EuGRZ 1979, S. 485–495.

– Die Rechtsquellen des Europäischen Gemeinschaftsrechts, NVwZ 1993, S. 824–828.

– (Hrsg.): Europarecht. Das Recht der Europäischen Union und der Europäischen Gemeinschaften, 6. Aufl., Köln u.a. 1997.

Bobek, Michal: Why there is no principle of „procedural autonomy" of the Member States, in: *Micklitz, Hans-W./De Witte, Bruno* (Hrsg.), The European Court of Justice and the Autonomy of the Member States, Cambridge, Antwerpen, Portland 2012, S. 305–323.

Böckel, Markus: Vergaberechtliche Behandlung von Dienstleistungskonzessionen, LKV 2003, S. 393–399.

Boesen, Arnold: Praxisanmerkung zum vorstehenden EuGH-Urteil (EuGH, Urt. v. 29.10.2009 – C-536/07), NZBau 2009, S. 796–797.

Bogdandy, Armin von: Europäisches Verfassungsrecht. Theoretische und dogmatische Grundzüge, 1. Aufl., Berlin, Heidelberg 2003.

Bogdandy, Armin von/Bast, Jürgen: Europäisches Verfassungsrecht. Theoretische und dogmatische Grundzüge, 2. Aufl., Berlin, Heidelberg 2009.

Boldt, Antje: Die Kündigung des Bauvertrags aus wichtigem Grund durch den Auftraggeber nach neuem Recht, NZBau 2002, S. 655–660.

Borchardt, Klaus-Dieter: Der Grundsatz des Vertrauensschutzes im Europäischen Gemeinschaftsrecht, Kehl, Straßburg, Arlington 1988.

– Die rechtlichen Grundlagen der Europäischen Union, 5. Aufl., Stuttgart 2012.

Borries, Reimer von: Überlegungen zur Effektivität des Vertragsverletzungsverfahrens, in: *Ipsen, Jörn/Stüer, Bernhard* (Hrsg.), Europa im Wandel. Festschrift für Hans Werner Rengeling zum 70. Geburtstag am 25. Februar 2008, Köln, München 2008, S. 485–510 (zit.: *v. Borries*, in: FS Rengeling, 2008, 485 ff.).

Böttcher, Jens: Die Kündigung eines Werkvertrages aus wichtigem Grund nach dem Schuldrechtsmodernisierungsgesetz, ZfBR 2003, S. 213–220.

Bötticher, Eduard: Kritische Beiträge zur Lehre von der materiellen Rechtskraft im Zivilprozeß, Berlin 1930.

Brandi-Dohrn, Anselm: VOF und GWB – Verdingungsordnung für freiberufliche Leistungen und Vergabepflichten der öffentlichen Hand gegenüber Rechtsanwälten, NJW 1998, S. 857–862.

Braun, Christian: Dienstleistungskonzessionen im europäischen Wandel, EuZW 2012, S. 451–456.

Bravo, Fabio: Appalti pubblici per la fornitura di bei e servizi nel settore «ICT» e appalti pubblici elettronici. (alla luce del d.lgs. 163/2006), Bologna 2006, <http://www.fabiobravo.it/ebook/ebook3.pdf> (Stand: 10.04.2015).

Breuer, Marten: Urteile mitgliedstaatlicher Gerichte als möglicher Gegenstand eines Vertragsverletzungsverfahrens gemäß Art. 226 EG?, EuZW 2004, S. 199–209.

Brown, Neville L./Kennedy, Tom: The Court of Justice of the European Communities, 4. Aufl., London 1994.

Buck, Imme: Die Vergabe sogenannter nachrangiger Dienstleistungsaufträge. Begriff, materielle Vorgaben, Verfahren, Rechtsschutz, Frankfurt am Main 2010.

Bulla, Simon/Schneider, Wolfgang: Rechtliche Probleme der kommunalen Außenwerbung, ZfBR 2011, S. 657–663.

Bultmann, Peter Friedrich: Beihilfenrecht und Vergaberecht. Beihilfen und öffentliche Aufträge als funktional äquivalente Instrumente der Wirtschaftslenkung - ein Leistungsvergleich, Tübingen 2004.

– Dienstleistungskonzession und Dienstleistungsvertrag - warum kompliziert, wenn es auch einfach geht?, NVwZ 2011, S. 72–76.

Burgi, Martin: Die Bedeutung der allgemeinen Vergabegrundsätze Wettbewerb, Transparenz und Gleichbehandlung, NZBau 2008, S. 29–34.

– Die Zukunft des Vergaberechts, NZBau 2009, S. 609–615.

Cacciari, Alessandro: Prime riflessioni sull'inefficacia del contratto a norma del D.Lgs. 20 marzo 2010, n. 53, GiustAmm.it 21.05.2010.

Calliess, Christian: Grundlagen, Grenzen und Perspektiven europäischen Richterrechts, NJW, S. 929–933.

Calliess, Christian/Ruffert, Matthias (Hrsg.): EUV/AEUV. Das Verfassungsrecht der Europäischen Union mit Europäischer Grundrechtecharta, Kommentar, 4. Aufl., München 2011.

Caponigro, Roberto: Annullamento dell' aggiudicazione ed effetti sul contratto, GiustAmm.it 15.12.2009.

– L'interesse legittimo strumentale nelle gare d'appalto, GiustAmm.it 24.09.2012.

Caranta, Roberto: Inesistenza (o nullità) del provvedimento amministrativo adottato in forza di norma nazionale contrastante con il diritto comunitario?, Giurisprudenza Italiana, S. 149–158.

Caringella, Francesco: Corso di diritto amministrativo. Profili sostanziali e processuali. Tomo II, 6. Aufl., Mailand 2011.

Carpentieri, Paolo: Sorte del contratto (nel nuovo rito sugli appalti), GiustAmm.it 08.03.2011.

Casati, Claus: Ökopunkte-Entscheidungen: Ist der Zuschlag selbst bekämpfbar?, ecolex, S. 449–451.

Casati, Claus/Holoubek, Michael: Bundesvergabegesetz 2006. Anregungen für die Praxis, Wien 2006.

Casetta, Elio: Manuale di diritto amministrativo, 13. Aufl., Mailand 2011.

Cassese, Sabino (Hrsg.): Istituzioni di diritto amministrativo, 4. Aufl., Mailand 2012.

Chieppa, Roberto: Provvedimenti di secondo grado (diritto amministrativo), in: *Cheli, Enzo/Grossi, Paolo/Falzea, Angelo* (Hrsg.), Enciclopedia del diritto. Annali, Tomo II, Mailand 2008, S. 910–942.

– Il processo amministrativo dopo il correttivo al codice, Mailand 2012.

Chieppa, Roberto/Giovagnoli, Roberto: Manuale di diritto amministrativo, Mailand 2011.

Chieppa, Roberto/Lopilato, Vincenzo (Hrsg.): Studi di diritto amministrativo, Mailand 2007.

– Giurisprudenza amministrativa 2009. Guida raggionata per la prova scritta dell'esame di avvocato e magistrato ordinario, Mailand 2009.

Chieppa, Roberto/Lopilato, Vincenzo/Tenca, Stefano (Hrsg.): Giurisprudenza amministrativa 2012. Guida raggionata per la prova scritta dell'esame di avvocato e magistrato ordinario, Mailand 2012.

Chiotellis, Aristide: Rechtsfolgenbestimmung bei Geschäftsgrundlagenstörungen in Schuldverträgen, München 1981.

Chiti, Mario P.: L'invalidità degli atti amministrativi per violazione di disposizioni comunitarie e il relativo regime processuale, Diritto amministrativo 2003, S. 687–706.

Cianflone, Antonio/Giovannini, Giorgio: L'appalto di opere pubbliche. Tomo I, 12. Aufl., Mailand 2012.

– L' appalto di opere pubbliche. Tomo II, 12. Aufl., Mailand 2012.

Cicero, Cristiano: Contratto pubblico e principi di diritto privato, Padova 2011.

Classen, Claus Dieter: Rechtsstaatlichkeit als Primärrechtsgebot in der Europäischen Union – Vertragsrechtliche Grundlagen und Rechtsprechung der Gemeinschaftsgerichte, in: *Müller-Graff, Peter-Christian/Scheuing, Dieter H.* (Hrsg.), Gemeinschaftsgerichtsbarkeit und Rechtsstaatlichkeit, EuR-Beiheft 3, Baden-Baden 2008, S. 7–22.

Conte, Giuseppe/Boss, Hans: Dizionario giuridico ed economico/Wörterbuch der Rechts- und Wirtschaftssprache. Italiano – tedesco/italienisch – deutsch, 5. Aufl., München 2001.

Contieri, Alfredo: Il riesame del provvedimento amministrativo, Neapel 1991.

Craig, Paul P./Búrca, Gráinne de: EU law: Text, Cases, and Materials, 5. Aufl., Oxford 2011.

Cremer, Hans-Joachim: Die Wirkungen verfassungsgerichtlicher Entscheidungen. Ein Vergleich zwischen der Rechtslage in der Bundesrepublik Deutschland und der Rechtslage in den Staaten Mittel- und Osteuropas, in: *Frowein, Jochen Abr/Marauhn, Thilo* (Hrsg.), Grundfragen der Verfassungsgerichtsbarkeit in Mittel- und Osteuropa, Berlin u.a. 1998, S. 237–359.

D'Angelo, Filippo: L'obbligo di risoluzione del contratto d'appalto „anticomunitario" nella giurisprudenza della Corte di giustizia, Foro Amministrativo: Consiglio di Stato 2007, S. 2702–2718.

Danwitz, Thomas von: Europäisches Verwaltungsrecht, Berlin, Heidelberg 2008.

– Thoughts on Proportionality and Coherence in the Jurisprudence of the Court of Justice, in: *Cardonnel, Pascal/Rosas, Allan/Wahl, Nils* (Hrsg.), Constitutionalising the EU judicial system: Essays in Honour of Pernilla Lindh, Oxford 2012, S. 367–382.

Dauner-Lieb, Barbara/Langen, Werner (Hrsg.): BGB Schuldrecht. Band 2/1: §§ 241–610, 2. Aufl., Baden-Baden 2012.

– BGB Schuldrecht. Band 2/2: §§ 611–853,2. Auflage, Baden-Baden 2012.

Dauses, Manfred A.: Das Vorabentscheidungsverfahren nach Artikel 177 EG-Vertrag, 2. Aufl., Luxemburg 1995.

– (Hrsg.): Handbuch des EU-Wirtschaftsrechts. Band 1, 35. Aufl., München 2014.

Dederer, Hans Georg: Zur Gewaltenteilung in der Union: Checks and Balances, institutionelles Gleichgewicht oder Konfusion?, in: *Hofmann, Klaus/ Naumann, Kolja* (Hrsg.), Europäische Demokratie in guter Verfassung? Tagungsband zum Kolloquium von Mehr Demokratie e.V. und der Demokratie-Stiftung an der Universität zu Köln, Baden-Baden 2010, S. 89–107.

Deling, Jasmin: Kriterien der „Binnenmarktrelevanz" und ihre Konsequenzen unterhalb der Schwellenwerte, NZBau 2012, S. 17–25.

Detterbeck, Steffen: Streitgegenstand und Entscheidungswirkungen im öffentlichen Recht. Grundlagen des Verfahrens vor den allgemeinen Verwaltungsgerichten und vor dem Bundesverfassungsgericht, Tübingen 1995.

Di Pirro, Massimiliano: Il processo amministrativo. Orientamenti, annotazioni processuali e formule per gli adempimenti dell'avvocato Aggiornato con il D.L.vo 14 settembre 2012, n. 160 (correttivo del Codice del processo amministrativo), Piacenza 2012.

Dieckmann, Martin: Nichtigkeit des Vertrages gemäß § 13 VgV bei unterlassener Ausschreibung?, NZBau 2001, S. 481–483.

Diehr, Matthias: „Vergabeprimärrecht" nach der An-Post-Rechtsprechung des EuGH, VergabeR 2009, S. 719–729.

Diemon-Wies, Ingeborg/Hesse, Katharina: Präzisierte Kriterien für die Abgrenzung von Dienstleistungsauftrag und Dienstleistungskonzession, NZBau 2012, S. 341–345.

Dobler, Philipp: Legitimation und Grenzen der Rechtsfortbildung durch den EuGH. Eine kritische Analyse richterlicher Rechtsschöpfung auf ausgewählten Rechtsgebieten, in: *Roth, Günter H./ Hilpold, Peter* (Hrsg.). Der EuGH und die Souveränität der Mitgliedstaaten. Eine kritische Analyse richterlicher Rechtsschöpfung auf ausgewählten Rechtsgebieten, Bern 2008, S. 509–559.

Dreher, Meinrad/Motzke, Gerd (Hrsg.): Beck'scher Vergaberechtskommentar. GWB 4. Teil, VgV, SektVO, VOB Teil A 2. Aufl., München 2013.

Dubischar, Roland: Theorie und Praxis in der Rechtswissenschaft, Freiburg im Breisgau, München 1978.

Eccher, Bernhard: Rechtliche Beurteilung von Finanzgeschäften der Provinz Pisa durch den italienischen Staatsrat, ÖBA 2013, S. 340–342.

Ehlers, Dirk: Die Einwirkungen des Rechts der Europäischen Gemeinschaften auf das Verwaltungsrecht, DVBl 1991, S. 605–613.

– (Hrsg.): Europäische Grundrechte und Grundfreiheiten, 3. Aufl., Berlin 2009.

Ehrenzweig, Armin/Ehrenzweig, Adolf/Mayrhofer, Heinrich: System des österreichischen allgemeinen Privatrechts. Das Recht der Schuldverhältnisse – Allgemeine Lehren, 3. Aufl., Wien 1986.

Ehricke, Ulrich: Die Bindungswirkung von Urteilen des EuGH im Vorabentscheidungsverfahren nach deutschem Zivilprozeßrecht und nach Gemeinschaftsrecht. Vortrag gehalten am 17. Dezember 1996, Saarbrücken 1997.

Eilmansberger, Thomas: Vergaberechtliche Schranken von Ausgliederungen und Privatisierungen, JBl 2001, S. 562–575.

Erdl, Cornelia: Anmerkungen zum Urteil des LG München I, Urteil vom 20. Dezember 2005 – 33 O 16465/04, VergabeR 2006, S. 277–278.

Erfurter Kommentar zum Arbeitsrecht, hrsg. v. *Müller-Glöge, Rudi/Preis, Ulrich/ Schmidt, Ingrid*, 14. Aufl., München 2014.

Ertl, Robert: Glosse zu BVA, Bescheid v. 06.07.2009 – F/0005-BVA/11/2008-24, RPA 2009, S. 258–260.

Everling, Ulrich: Das Europäische Gemeinschaftsrecht im Spannungsfeld von Politik und Wirtschaft, in: *Grewe, Wilhelm G./Rupp, Hans/Schneider, Hans* (Hrsg.), Europäische Gerichtsbarkeit und nationale Verfassungsgerichtsbarkeit, Festschrift zum 70. Geburtstag von Hans Kutscher, Baden-Baden 1981, S. 155–187 (zit.: *Everling*, in: FS Kutscher, 1981, S. 155 ff.).

– Sind die Mitgliedstaaten der Europäischen Gemeinschaft noch Herren der Verträge? Zum Verhältnis von Europäischem Gemeinschaftsrecht und Völkerrecht, in: *Bernhardt, Rudolf/Geck, Wilhelm Karl/Jaenicke, Günther/ Steinberger, Helmut* (Hrsg.), Völkerrecht als Rechtsordnung, Internationale Gerichtsbarkeit, Menschenrechte. Festschrift für Hermann Mosler, Berlin, Heidelberg, New York 1983, S. 173–191 (zit.: *Everling*, in: FS Mosler, 1983, S. 173 ff.).

– Rechtsanwendungs- und Auslegungsgrundsätze des Gerichtshofs der Europäischen Gemeinschaften, in: *Kruse, Heinrich Wilhelm* (Hrsg.), Zölle, Verbrauchsteuern, europäisches Marktordnungsrecht, Köln 1988, S. 51–73.

Fehling, Michael/Kastner, Berthold/Störmer, Rainer (Hrsg.): Verwaltungsrecht. VwVfG, VwGO, Nebengesetze, Handkommentar, 3. Aufl., Baden-Baden 2013.

Feldhahn, Peer: Die Störung der Geschäftsgrundlage im System des reformierten Schuldrechts, NJW 2005, S. 3381–3383.

Felice, Sergio de: Della nullità del provvedimento amministrativo, in: La Giustizia Amministrativa, <giustizia-amministrativa.it/cdsintra/wcm/idc/groups/public/documents/document/mdax/nze0/~edisp/intra_064032.htm> (Stand: 10.04.2015).

Ferrari, Paola: Annullamento in autotutela di provvedimenti contrastanti con il diritto comunitario, Giurisprudenza Italiana 2008, S. 1288–1292.

Follieri, Enrico: L'ingegneria processuale del Consiglio di Stato (Nota a sentenza: Consiglio di Stato, Sez. VI, 10 maggio 2011, n. 2755), Giurisprudenza Italiana 2012, S. 439–442.

Franco, Italo: Giurisdizione sulle controversie in materia di contratti pubblici: incidenza della direttiva ricorsi e del decreto di recepimento, Urbanistica e appalti 2010, S. 1391–1401.

Frank, Kirsten Michaela: Die Koordinierung der Vergabe öffentlicher Aufträge in der Europäischen Union, Berlin 2000.

Franz, Thorsten: Gewinnerzielung durch kommunale Daseinsvorsorge, Tübingen 2005.

Franzen, Martin: Privatrechtsangleichung durch die Europäische Gemeinschaft, Berlin 1999.

Frenz, Walter: Handbuch Europarecht. Band 3: Beihilfe- und Vergaberecht, Berlin, Heidelberg 2007.

– Handbuch Europarecht. Band 5: Wirkungen und Rechtsschutz, Berlin, Heidelberg 2010.

– Rechtsmitteländerungsrichtlinie und Folgen einer Vergaberechtswidrigkeit, VergabeR 2009, S. 1–6.

Fuchs, Claudia: Vergabewettbewerb als Instrument. Zur Renaissance politischer Instrumentalisierung des Vergaberechts, JRP 2012, S. 288–297.

Ganshof van der Meersch, M.: Conclusions sous Cour de Cassation, 27 mai 1971 (Formagerie Franco-Suisse Le Ski), Journal de Tribunaux 1971, S. 460–474.

Garofalo, Luigi: Annullamento dell'aggiudicazione e caducazione del contratto: innovazioni legislative e svolgimenti sistematici, Diritto Processuale Amministrativo 2008, S. 138–172.

Gast, Günther: Das öffentliche Vergabewesen in Österreich. Praxishandbuch zur Auftragsvergabe nach dem neuen Bundesvergabegesetz 2006, Heidelberg 2006.

Gayet, Marie-France/Simon, Denys (Hrsg.): Décisions commentées: Cour de justice, 13 juillet 1972, Cahiers de Droit Européen 1973, S. 298–324.

Geiger, Rudolf/Khan, Daniel-Erasmus/Kotzur, Markus (Hrsg.): EUV/AEUV. Vertrag über die Europäische Union und Vertrag über die Arbeitsweise der Europäischen Union; Kommentar, 5. Aufl., München 2010.

Geiger, Willi: Gesetz über das Bundesverfassungsgericht vom 12. März 1951. Kommentar, Berlin 1952.

Gentsch, Jessica: Staatliche Beschaffung und Korruptionsprävention. Mit einem Vorschlag für eine europäische Regelung zur Berücksichtigung von Compliance-Maßnahmen auf Bieterseite, Baden-Baden 2012.

Germelmann, Claas Friedrich: Die Rechtskraft von Gerichtsentscheidungen in der Europäischen Union. Eine Untersuchung vor dem Hintergrund der deutschen, französischen und englischen Rechtskraftlehren, Tübingen 2009.

Giovagnoli, Roberto: L'atto amministrativo in contrasto con il diritto comunitario: il regime giuridico e il problema dell'autotutela decisoria, Giustizia amministrativa 2004, S. 903–915.

Giovagnoli, Roberto/Fratini, Marco: Le nuove regole dell' azione amministrativa al vaglio della giurisprudenza. Tomo II, Invalidità e autotutela, Mailand 2007.

Glaser, Andreas: Die Entwicklung des Europäischen Verwaltungsrechts aus der Perspektive der Handlungsformenlehre, Tübingen 2013.

Goisis, Francesco: Ordinamento comunitario e sorte del contratto, una volta annullata l'aggiudicazione, Diritto Processuale Amministrativo 2009, S. 112–145.

Götzl, Philipp/Möller, Adelheid: Aktueller Stand der In-House-Vergabe – der Versuch einer Systematisierung, RPA 2008, S. 66–76.

Grabenwarter, Christoph/Holoubek, Michael (Hrsg.): Verfassungsrecht – Allgemeines Verwaltungsrecht, Wien 2009.

Grabitz, Eberhard/Hilf, Meinhard/Nettesheim, Martin (Hrsg.): Das Recht der Europäischen Union. Kommentar, München, Loseblatt, Stand: Mai 2014.

Graf, Georg: Übernahme unkalkulierbarer Risiken durch Ausschreibungsbedingungen. Die zivilrechtlichen Schutzmöglichkeiten des Auftragnehmers, RdW 2010, S. 3–9.

– Der Monopolist, sein Kündigungsrecht und der Kontrahierungszwang. Überlegungen aus Anlass der Entscheidung 1 Ob 143/10a, JBl 2011, S. 148–159.

Greco, Guido: Superprimato del diritto europeo: le direttive sui mezzi di ricorso vincolano tutti, ma non la Commissione e la Corte di giustizia, Rivista italiana di diritto pubblico comunitario 2009, S. 431–442.

– Illegittimo affidamento dell'appalto, sorte del contratto e sanzioni alternative nel d. lgs. 53/2010, Rivista italiana di diritto pubblico comunitario 2010, S. 729–757.

Griller, Stefan/Holoubek, Michael: Vorwort, in: *dies.* (Hrsg.), Grundfragen des Bundesvergabegesetzes 2002, Wien, New York 2004.

Groeben, Hans von der/Schwarze, Jürgen (Hrsg.): Kommentar zum Vertrag über die Europäische Union und zur Gründung der Europäischen Gemeinschaft, 6. Aufl., Baden-Baden 2003 (zit.: *Bearbeiter*, in: *v. d. Groeben/Schwarze*, EUV/EGV).

Gröschner, Rolf: Verhältnis zwischen Theorie und Praxis in einer dialogisch rekonstruierten Techne der Jurisprudenz, Rechtstheorie 2001, S. 213–225.

Groussot, Xavier/Minssen, Timo: Res Judicata in the Court of Justice Case-Law: Balancing Legal Certainty with Legality?, EuConst 2007, S. 385–417.

Gruber, Thomas: Das neue Bundesverwaltungsgericht, ZVB 2013, S. 181–188.

Gutsche, Martin: Die Bindungswirkung der Urteile des Europäischen Gerichtshofes, Göttingen 1967.

Häberle, Peter: Europäische Verfassungslehre, 7. Aufl., Baden-Baden 2011.

Habscheid, Walther J.: Der deutsche Richter und der Europäische Gerichtshof. Bemerkungen zur Dogmatik und Praxis des Vorlageverfahrens gem. Art. 177 EWG-Vertrag, in: *Kipp, Heinrich/Mayer, Franz/Armin, Steinkamm* (Hrsg.), Um Recht und Freiheit. Festschrift für Friedrich August Freiherr von der Heydte zur Vollendung des 70. Lebensjahres, Erster Halbband, Berlin 1977, S. 205–222 (zit.: *Habscheid*, in: FS v.d. Heydte, 1. Halbband, 1977, S. 205 ff.).

Hallstein, Walter: Die Europäische Gemeinschaft, 5. Aufl., Düsseldorf, Wien 1979.

– Europäische Reden, hrsg. v. *Oppermann, Thomas*, Stuttgart 1979.

Hanf, Dominik: Der Vertrauensschutz bei der Rücknahme rechtswidriger Verwaltungsakte als neuer Prüfstein für das „Kooperationsverhältnis“ zwischen EuGH und BVerfG, ZaöRV 1999, S. 51–92.

Härtel, Ines: Handbuch europäische Rechtsetzung, Berlin, Heidelberg 2006.

Hase, Karl von: Fristlose Kündigung und Abmahnung nach neuem Recht, NJW 2002, S. 2278–2283.

Hattig, Oliver/Ruhland, Bettina: Die Rechtsfigur der Dienstleistungskonzession, NZBau 2005, S. 626–630.

Hebeler, Timo: Ökonomisierung von Rechtsschutz, in: *Weiß, Norman* (Hrsg.), Rechtsschutz als Element von Rechtsstaatlichkeit, Baden-Baden 2011, S. 61–78.

Heid Schiefer Rechtsanwälte/Preslmayr Rechtsanwälte (Hrsg.): Handbuch Vergaberecht. Neu bearbeitet und erweitert unter Berücksichtigung der Novelle 2010, 3. Aufl., Wien 2010.

Heidig, Stefan: Die Verhängung von Zwangsgeldern und Pauschalbeträgen gegen die Mitgliedstaaten der EG, Baden-Baden 2001.

Heiermann, Wolfgang: Rückzahlungsverpflichtung bei gemeinschaftsrechtswidrig gewährten Beihilfen. Die Dimension des Problems, EWS 1994, S. 145–148.

Heinemann, Daniela: Die Erbringung sozialer Dienstleistungen durch Dritte nach deutschem und europäischem Vergaberecht, Baden-Baden 2009.

Henninger, Thomas: Europäisches Privatrecht und Methode. Entwurf einer rechtsvergleichend gewonnenen juristischen Methodenlehre, Tübingen 2009.

Herdegen, Matthias: Europarecht, 13. Aufl., München 2011.

Herdegen, Matthias/Richter, Stefan: Die Rechtslage in den Europäischen Gemeinschaften, in: *Frowein, Jochen Abr* (Hrsg.), Die Kontrolldichte bei der gerichtlichen Überprüfung von Handlungen der Verwaltung, Berlin u.a. 1993., S. 209–248.

Hertwig, Stefan: Ist der Zuschlag ohne Vergabeverfahren nichtig?, NZBau 2001, S. 241–242.

– Praxis der öffentlichen Auftragsvergabe. Systematik, Verfahren, Rechtsschutz, 5. Aufl., München 2014.

Heuvels, Klaus: Fortwirkender Richtlinienverstoß nach De-facto-Vergaben, NZBau 2005, S. 32–35.

– EG-Kommission will Lücken im europaweiten Primärrechtsschutz für Bieter schließen, NZBau 2006, S. 416–421.

Heuvels, Klaus/Kaiser, Christoph: Die Nichtigkeit des Zuschlags ohne Vergabeverfahren, NZBau 2001, S. 479–481.

Heuvels, Klaus/Höß, Stefan/Kuß, Matthias/Wagner, Volkmar (Hrsg.): Vergaberecht. Gesamtkommentar zum Recht der öffentlichen Auftragsvergabe (GWB - 4. Teil –, VgV, VOB/A, VOL/A, VOF, SektVO), Stuttgart 2013.

Hillgruber, Christian: Spielräume und Grenzen des EuGH, in: *Behrens, Peter/ Eger, Thomas/Schäfer, Hans-Bernd* (Hrsg.), Ökonomische Analyse des Europarechts. Beiträge zum XII. Travemünder Symposium zur ökonomischen Analyse des Rechts (24. bis 26 März 2010), Tübingen 2012, S. 1–26.

Hintersteininger, Margit: Fehlerhafte Anwendung des EG-Vergaberechts am Beispiel St. Pölten, ÖJZ 2000, S. 621–635.

Hirsch, Günter: Das Verhältnismäßigkeitsprinzip im Gemeinschaftsrecht. Referat im Rahmen der Vortragsreihe „Grundfragen der Europäischen Rechtsordnung“, Bonn, den 3. Februar 1997, Bonn 1997.

Hofmann, Rainer: Rechtsstaatlichkeit in Europa, in: *Hofmann, Rainer/Marko, Joseph/Merli, Franz/Wiederin, Ewald* (Hrsg.), Rechtsstaatlichkeit in Europa, Heidelberg 1996, S. 3–29.

Holoubek, Michael: Rechtsschutzpraxis in Vergabesachen, ecolex, S. 200 ff.

Holoubek, Michael/Fuchs, Claudia/Holzinger, Kerstin: Vergaberecht, 2. Aufl., Wien 2012.

Holoubek, Michael/Holzinger, Kerstin: Vergaberecht, in: *Herzig, Günter* (Hrsg.); Europarecht: Jahrbuch 2013, Wien 2013, S. 195–209.

Horn, Lutz: Verstoß gegen Ausschreibungspflichten: Festgestellte Gemeinschaftswidrigkeiten und Rechtsfolgen für die abgeschlossenen Verträge, VergabeR 2006, S. 667–679.

Hornbanger, Kathrin: Die klassischen Vergabeverfahren, in: *Griller, Stefan; Holoubek, Michael* (Hrsg.), Grundfragen des Bundesvergabegesetzes 2002, Wien, New York 2004, S. 111–136.

– Kann man dem BVergGgeber 2006 noch vergeben?, ecolex 2006, S. 95–98.

Hövelberndt, Andreas: Übernahme eines wirtschaftlichen Risikos als Voraussetzung einer Dienstleistungskonzession, NZBau 2010, S. 599–604.

Immenga, Ulrich/Mestmäcker, Ernst-Joachim (Hrsg.): Wettbewerbsrecht. Band 2: GWB Kommentar zum Deutschen Kartellrecht, 4. Aufl., München 2007.

Isaac, Guy/Blanquet, Marc: Droit communautaire général, 8. Aufl., Paris 2001.

Jacob, Marc: Precedents and Case-based Reasoning in the European Court of Justice. Unfinished Business, Cambridge 2014.

Jaeger, Thomas: Vertragsbeendigungspflicht bei Vergabeverstößen, ZVB 2007, S. 271–277.

Jaeger, Wolfgang: Vergaberechtsschutz bei der De-facto-Vergabe, ZWeR 2006, S. 366–387.

Jaestaedt, Matthias: Der Europäische Verfassungsverbund. Verfassungstheoretischer Charme und rechtstheoretische Insuffizienz einer Unschärferelation, in: *Calliess, Christian* (Hrsg.), Verfassungswandel im europäischen Staaten- und Verfassungsverbund, Tübingen 2007, S. 93–127.

Jarass, Hans D./Beljin, Saša (Hrsg.): Die Bedeutung von Vorrang und Durchführung des EG-Rechts für die nationale Rechtsetzung und Rechtsanwendung, NVwZ 2004, S. 1–11.

Jauernig, Othmar: Materielle Rechtskraft oder innerprozessuale Bindungswirkung eines Verwerfungsbeschlusses gem. § 519b Abs. 2 ZPO bei wiederholter Berufung?, MDR 1982, S. 286.

Jennert, Carsten/Räuchle, Robert: Beendigungspflicht für vergaberechtswidrige Verträge, NZBau 2007, S. 555–558.

Kaiser, Christoph: Die Nichtigkeit so genannter De-facto-Verträge oder: „In dubio pro submissione publica", NZBau 2005, S. 311–316.

Kalbe, Peter: Vergaberechtliche Vertragsverletzungsklage ist auch nach Abschluss der Verträge durch öffentlichen Auftraggeber zulässig, EWS 2003, S. 566–568.

Kallerhoff, Dieter: Zur Begründetheit von Rechtsschutzbegehren unterhalb der vergaberechtlichen Schwellenwerte, NZBau 2008, S. 97–103.

Kant, Immanuel: Über den Gemeinspruch: Das mag in der Theorie richtig sein, taugt aber nicht für die Praxis, in: *Kant, Immanuel/Gentz, Friedrich/Rehberg, August Wilhelm* (Hrsg.), Über Theorie und Praxis, Frankfurt am Main 1967, S. 39–88.

Katary, Roland: Allgemeine Geschäftsbedingungen: Geltungs- und Inhaltskontrolle im vergabespezifischen Rechtsschutz, RPA 2004, S. 217 ff.

Kennedy, Tom: Learning European law. A Primer and Vade-mecum, London 1998.

Kierulff, Johann Friedrich Martin: Theorie des Gemeinen Civilrechts, Altona 1839, S.

Kind, Martin: Gemeinderecht, Wien 2008.

Kirchhof, Paul: Richterliche Rechtsfindung, gebunden an „Gesetz und Recht", NJW 1986, S. 2275–2280.

Kirschner, Heinrich/Kluepfel, Karin (Hrsg.): Das Gericht erster Instanz der Europäischen Gemeinschaften. Aufbau, Zuständigkeiten, Verfahren, 2. Aufl., Köln u.a. 1998.

Klang, Heinrich (Hrsg.): Kommentar zum Allgemeinen bürgerlichen Gesetzbuch. Zweiter Band/Zweiter Halbband §§ 859 bis 1089, Wien 1934.

Klang, Heinrich/Gschnitzer, Franz (Hrsg.): Kommentar zum Allgemeinen bürgerlichen Gesetzbuch. Vierter Band, erster Halbband §§ 859–1044, Wien 1986.

Kleiser, Christoph: Unmittelbare Anwendung von EG-Richtlinien und Verstoßbeseitigung im Vertragsverletzungsverfahren St. Pölten. Bemerkungen aus Sicht der NÖ Landesverwaltung, ÖJZ 2001, S. 94–97.

Koenig, Christian/Kühling, Jürgen: Verfahrensvielfalt und Wahl des richtigen Vergabeverfahrens – Fallstricke bei der Ausschreibung von Infrastrukturaufträgen, NZBau 2003, S. 126–133.

Kokott, Juliane: Der Grundrechtsschutz im europäischen Gemeinschaftsrecht, AöR 121 (1996), S. 599–638.

Kokott, Juliane/Henze, Thomas/Sobotta, Christoph: Die Pflicht zur Vorlage an den Europäischen Gerichtshof und die Folgen ihrer Verletzung, JZ 2006, S. 633–641.

König, Wolfgang: Fehler bei der Ausschreibung und ihre Folgen für das Vertragsverhältnis zwischen Auftraggeber und Auftragnehmer, RdW 1996, S. 51–56.

Koopmans, T.: Stare Decisis in European Law, in: *O'Keeffe, David/Schermers, Henry G.* (Hrsg.), Essays in European Law and Integration, Deventer (Niederlande) 1982, S. 11–27.

Korinek, Karl/Holoubek, Michael (Hrsg.): Grundlagen staatlicher Privatwirtschaftsverwaltung. Verfassungsrechtliche und einfachgesetzliche Rahmenbedingungen nicht hoheitlicher Verwaltung, Graz 1993.

Koziol, Helmut: Zivilrechtliche Gedanken zum Verlagsvertrag III. Kündigungsrechte des Autors und Nichtigkeit bei überlanger Bindung, JBl 2008, S. 84–91.

Koziol, Helmut/Bydlinski, Peter/Bollenberger, Raimund (Hrsg.): Kurzkommentar zum ABGB, 3. Aufl., Wien 2010.

Krämer, Ludwig: Die Rechtsprechung des Gerichtshofs der Europäischen Gemeinschaften zum Umweltrecht 1992 bis 1994, EuGRZ 1995, S. 45–53.

Kraus, Marie-Sophie: Der vergaberechtliche Rechtsschutz. Rechtswidrig bekanntmachungslose Vergaben im Sanktionensystem des BVergG, Wien 2012.

Kremer, Carsten: Gemeinschaftsrechtliche Grenzen der Rechtskraft, EuR 2007, S. 470–493.

Kruis, Tobias: Der Anwendungsvorrang des EU-Rechts in Theorie und Praxis, Tübingen 2012.

Kühling, Jürgen/Huerkamp, Florian: Ausschreibungsverzicht und Europäische Grundfreiheiten – Das Vergaberecht in der (Wirtschafts-)Krise, NVwZ 2009, S. 557–562.

Kulartz, Hans-Peter/Kus, Alexander/Portz, Norbert (Hrsg.): Kommentar zum GWB-Vergaberecht, 3. Aufl., Neuwied 2014.

Kuschmann, Horst: Die materielle Rechtskraft der Gestaltungsurteile, Frankfurt am Main 1952.

Kutscher, Hans: Zum Grundsatz der Verhältnismäßigkeit im Recht der Europäischen Gemeinschaften, in: *Deutsche Sektion der Internationalen Juristen-Kommission* (Hrsg.), Der Grundsatz der Verhältnismäßigkeit in europäischen Rechtsordnungen, Heidelberg 1985, S. 89–97.

Lamberti, Laura: L'annullamento dell'aggiudicazione e la sorte del contratto nel codice del processo amministrativo, GiustAmm.it 18.02.2011.

Lasok, K. P. E.: The European Court of Justice. Practice and procedure, 2. Aufl., London, Dublin, Edingburgh 1994.

Lecheler, Helmut: Der Europäische Gerichtshof und die allgemeinen Rechtsgrundsätze, Berlin 1971.

Lechner, Hans/Zuck, Rüdiger: Bundesverfassungsgerichtsgesetz. Kommentar, 6. Aufl., München 2011.

Leinemann, Ralf: Die Vergabe öffentlicher Aufträge. VOB/A, VOL/A, VOF, RPW, SektVO, VgV, GWB, Erläuterung aller Vergabeordnungen, Nachprüfung von Vergabeverfahren, Vergabestrafrecht, Korruptionsprävention, 5. Aufl., Köln 2011.

Lengauer, Alina-Maria: Einstweiliger Rechtsschutz und Rechtsstaatlichkeit im Gemeinschaftsrecht, in: *Müller-Graff, Peter-Christian; Scheuing, Dieter H.* (Hrsg.), Gemeinschaftsgerichtsbarkeit und Rechtsstaatlichkeit, EuR-Beiheft 3, Baden-Baden 2008, S. 69–80.

Leupold, Andreas/Glossner, Silke (Hrsg.): Münchener Anwaltshandbuch IT-Recht, 2. Aufl., München 2011.

Liberati, Alessio: L' autotutela amministrativa, Mailand 2006.

Lieber, Dagmar: Über die Vorlagepflicht des Artikel 177 EWG-Vertrag und deren Missachtung, München 1986.

Liebman, Enrico Tullio: Fondamento del principio dispositivo, Rivista di diritto processuale 1960, S. 551–565.

Liguori, Fiorenzo: Appunti sulla tutela processuale e sui poteri del giudice nel decreto legislativo n. 53 del 2010, GiustAmm.it 07.06.2010.

Lipari, Marco: Il recepimento della „direttiva ricorsi": il nuovo processo superaccelerato in materia di appalti e l'inefficacia „flessibile" del contratto, GiustAmm.it 13.04.2010.

– La direttiva ricorsi nel codice del processo amministrativo: dal 16 settembre 2010 si cambia ancora?, GiustAmm.it 08.07.2010.

– L'annullamento dell'aggiudicazione e gli effetti sul contratto: poteri del giudice, GiustAmm.it 18.11.2010.

Lock, Tobias: Das Verhältnis zwischen dem EuGH und internationalen Gerichten, Tübingen 2010.

Loewenheim, Ulrich/Meessen, Karl M./Riesenkampff, Alexander (Hrsg.): Kartellrecht. Kommentar, 2. Aufl., München 2009.

Looschelders, Dirk: Schuldrecht. Allgemeiner Teil, 10. Aufl., München 2012.

Lopilato, Vincenzo: Categorie contrattuali, contratti pubblici e i nuovi rimedi previsti dal decreto legislativo n. 53 del 2010 di attuazione della direttiva ricorsi, GiustAmm.it 04.06.2010.

Losch, Alexandra: Anmerkung zu EuGH, Urteil vom 18. Juli 2007 – Rs. C-503/04, VergabeR 2007, S. 601–604.

– Die Konzession im Lichte der Rechtsprechung – ein stetiger Wandel, VergabeR 2010, S. 163–172.

Lotze, Andreas: Daseinsvorsorge oder Wettbewerb? Zu den vergaberechtlichen Konsequenzen der EuGH-Entscheidung „Stadt Halle" für die Ver- und Entsorgungswirtschaft, VergabeR 2005, S. 278–287.

Lüke, Gerhard: Die Bindungswirkung im Zivilprozess, JuS 2000, S. 1042–1046.

Mackenzie Stuart, Lord/Warner, J.P.: Judical Decision as a Source of Community Law, in: *Grewe, Wilhelm G.; Rupp, Hans; Schneider, Hans* (Hrsg.), Europäische Gerichtsbarkeit und nationale Verfassungsgerichtsbarkeit, Festschrift zum 70. Geburtstag von Hans Kutscher, Baden-Baden 1981, S. 273–281 (zit.: *Mackenzie Stuart/Warner*, in: FS Kutscher, 1981, S. 273 ff.).

Mangoldt, Hermann von/Klein, Friedrich/Starck, Christian (Hrsg.): Kommentar zum Grundgesetz in drei Bänden. Band 3: Art. 88–146, 6. Aufl., München 2010.

Mann, Clarence J.: The Function of Judical Decision in European Economic Integration, Den Haag 1972.

Marchetti, Barbara: Annulamento dell' aggiudicazione e sorte del contratto: esperienze europee a confronto, Diritto Processuale Amministrativo 2008, S. 95–137.

Marra, Alfredo: Il termine di decadenza nel processo amministrativo, Mailand 2012.

Martinico, Giuseppe: Le sentenze interpretative della Corte di giustizia come forme di produzione normativa, Rivista di diritto costituzionale 2004, S. 249–282.

Martlreiter, Julia Anna: Europäisierung des vergaberechtlichen Primärrechtsschutzes bei Unterschwellenaufträgen. Europarechtliche Einflüsse und Anforderungen, Verfassungsmäßigkeit, Rechtsschutzmöglichkeiten, Freiburg im Breisgau 2011.

Matthies, Heinrich, Die Bindungswirkung von Urteilen des Gerichtshofes der Europäischen Gemeinschaften, in: *Caemmerer, Ernst von/Schlochauer, Hans-Jürgen/Steindorff, Ernst* (Hrsg.), Probleme des europäischen Rechts, Festschrift für Walter Hallstein zu seinem 65. Geburtstag, Frankfurt am Main 1966., S. 304–321 (zit.: *Matthies*, in: FS Hallstein, 1966, S. 304 ff.).

Maunz, Theodor/Schmidt-Bleibtreu, Bruno/Klein, Franz/Bethge, Herbert (Hrsg.): Bundesverfassungsgerichtsgesetz. Kommentar, München, Loseblatt, Stand: Februar 2014.

Maurer, Hartmut: Staatsrecht I. Grundlagen, Verfassungsorgane, Staatsfunktionen, 6. Aufl., München 2010.

Mayer, C. Franz: Das Bundesverfassungsgericht und die Verpflichtung zur Vorlage an den Europäischen Gerichtshof. Zugleich Anmerkung zum Beschluss vom 22. November 2001 – 2 BvB 1-3/01 (NPD-Verbot), EuR 2002, S. 239–257.

– Europa als Rechtsgemeinschaft, in: *Schuppert, Gunnar Folke/Pernice, Ingolf/Haltern, Ulrich* (Hrsg.), Europawissenschaft, Baden-Baden 2005, S. 429–487.

– Multilevel Constitutional Jurisdiction, in: *Bogdandy, Armin von/Bast, Jürgen* (Hrsg.), Principles of European Constitutional Law, 2. Aufl., Oxford, München 2010, S. 399–439.

Mayer, Heinz/Stöger, Karl (Hrsg.): Kommentar zu EUV und AEUV. unter Berücksichtigung der österreichischen Judikatur und Literatur, Wien, Stand: Juli 2014 (rdb.at).

Mayrhofer, Heinrich: Abstehen vom Vertrag aus wichtigem Grund bei Dienstbarkeiten? Zugleich eine Besprechung der E des OGH 25.9.1973, 3 Ob 127/73, JBl 1974, S. 593–602.

Mazzarolli, Leopoldo: Sulla disciplina della nullità dei provvedimenti amministrativi (Art. 21-septies della l. n. 241 del 1990, introdotto con la l. n. 15 del 2005), Diritto Processuale Amministrativo 2006, S. 542–571.

Meier, Gert: Zur Einwirkung des Gemeinschaftsrechts auf nationales Verfahrensrecht im Falle höchstrichterlicher Vertragsverletzungen, EuZW 1991, S. 11–15.

Michels, Gabriele: Vertrauensschutz beim Vollzug von Gemeinschaftsrecht und bei der Rückforderung rechtswidriger Beihilfen, Frankfurt am Main u.a. 1997.

Milone, Alberta: Brevi note sull'esercizio di potere di riesame in materia di VIA (Nota a TAR Puglia n. 957/2011), Ambiente & Sviluppo 2012, S. 241–248.

Morbidelli, Giuseppe (Hrsg.): Codice della giustizia amministrativa, Mailand 2008.

Müller, Hermann: Die Aufhebung von Verwaltungsakten unter dem Einfluss des Europarechts, Berlin 2000.

Müller-Mitschke, Tobias: Konfliktfeld De-facto-Vergabe, hrsg. v. *Schröder, Rainer*, Berlin 2012.

Müller-Wrede, Malte/Kaelble, Hendrik: Primärrechtsschutz, Vorabinformation und die Rechtsfolgen einer De-facto-Vergabe, VergabeR 2002, S. 1–11.

Münchener Kommentar Bürgerliches Gesetzbuch, hrsg. v. *Säcker, Franz Jürgen/ Rixecker, Roland*, Band 1: Allgemeiner Teil §§ 1–240, ProstG, AGG, 6. Aufl., München 2012 (zit.: *Bearbeiter*, in: MünchKommBGB, Band 1).

- Band 2: Schuldrecht Allgemeiner Teil §§ 241–432, 6. Aufl., München 2012 (zit.: *Bearbeiter*, in: MünchKommBGB, Band 2).
- Band 4: Schuldrecht Besonderer Teil II §§ 611–704, EFGZ, TzBfG, KSchG, 6. Aufl., München 2012 (zit.: *Bearbeiter*, in: MünchKommBGB, Band 4).

Münchener Kommentar zur Zivilprozessordnung, hrsg. v. *Rauscher, Thomas/ Wax, Peter/Wenzel, Joachim*, Band 1: §§ 1–354, 4. Aufl., München 2013 (zit.: *Bearbeiter*, in: MünchKommZPO).

Musielak, Hans-Joachim (Hrsg.): Kommentar zur Zivilprozessordnung mit Gerichtsverfassungsgesetz, 11. Aufl., München 2014 (zit.: *Bearbeiter*, in: *Musielak*, ZPO).

Musuraca, Flora: Brevi riflessioni sulla tutela cautelare nel c.d. codice dei contratti pubblici, diritto.it 2007, <http://www.diritto.it/docs/23678-brevi-riflessioni-sulla-tutela-cautelare-nel-c-d-codice-dei-contratti-pubblici> (Stand: 10.04.2015).

Nettesheim, Martin: Verhältnis von Vertragsverletzungsverfahren und nationalen Möglichkeiten der Vertragsbeendigung und -rückabwicklung, in: *forum vergabe e.V.* (Hrsg.), Vierzehnte Badenweiler Gespräche, Dokumentation der Veranstaltung vom 6. bis 8. Oktober 2010, Köln 2011, S. 205–223.

Nettesheim, Martin: Normenhierarchien im EU-Recht, EuR 2006, S. 737–772.

Nickel, Matthias: Das Spannungsverhältnis zwischen Europäischem Gemeinschaftsrecht und den §§ 48–49a VwVfG, Hamburg 2000.

Nictolis, Rosanna de: Manuale dei contratti pubblici relativi a lavori, servizi e forniture. Secondo il codice e il nuovo regolamento generale (aggiornato al 31 agosto 2012), 2. Aufl., Rom 2012.

Nucera, Valeria: Sentenze pregiudiziali della Corte di giustizia e ordinamento tributario interno, Padova 2010.

Öhler, Matthias: Rechtsschutz bei der Vergabe öffentlicher Aufträge in der Europäischen Union. Zugleich ein Beitrag zur Durchsetzung des europäischen Gemeinschaftsrechts, Wien 1997.

Oppermann, Thomas: Europarecht. Ein Studienbuch, 3. Aufl., München 2005.

Ortlepp, Beate C.: Das Vertragsverletzungsverfahren als Instrument zur Sicherung der Legalität im europäischen Gemeinschaftsrecht, Baden-Baden 1987.

Pabel, Katharina: Verwaltungsgerichtsbarkeits-Nov 2012: Überblick über die mehrstufige Verwaltungsgerichtsbarkeit, ecolex 2013, S. 492–495.

Pache, Eckhard: Rechtsfragen der Aufhebung gemeinschaftsrechtswidriger nationaler Beihilfebescheide, NVwZ 1994, S. 318–326.

– Der Grundsatz der Verhältnismäßigkeit in der Rechtsprechung der Gerichte der Europäischen Gemeinschaften, NVwZ 1999, S. 1033–1040.

Palandt, Bürgerliches Gesetzbuch, 73. Aufl., München 2014.

Palliggiano, Gianmario/Zingales, Umberto G.: Il codice del nuovo processo amministrativo, Mailand 2012.

Papier, Hans Jürgen: Rechtsformen der Subventionierung und deren Bedeutung für die Rückabwicklung, ZHR 1988, S. 493–508.

Papier, Hans-Jürgen: Die Einwirkungen des europäischen Gemeinschaftsrechts auf das nationale Verwaltungs- und Verfahrensrecht, in: *Papier, Hans-Jürgen/Kloepfer, Michael/Merten, Detlef/Skouris, Wassilios* (Hrsg.), Die Bedeutung der Europäischen Gemeinschaften für das deutsche Recht und die deutsche Gerichtsbarkeit: Seminar zum 75. Geburtstag von Karl August Bettermann, Berlin 1989, S. 51–66.

Pencereci, Turgut/Schustereit, Torben: Neue Entwicklungen des Eilrechtsschutzes bei Vergaben im Unterschwellenbereich, KommJur 2011, S. 367–373.

Pescatore, Pierre: Introduction a la Science du Droit, Luxemburg 1960.

Pestalozza, Christian: Verfassungsprozeßrecht. Die Verfassungsgerichtsbarkeit des Bundes und der Länder; mit einem Anhang zum internationalen Rechtsschutz, 3. Aufl., München 1991.

Peters, Jan: Die Dogmatik der Kommunalwirtschaft zwischen national- und europäisch-normativer Konzeption, Baden-Baden 2012.

Pietzcker, Jost: Die Zweiteilung des Vergaberechts. Subjektive Rechte – Rechtsschutz – Reform, Baden-Baden 2001.

– Gerichtsschutz im Unterschwellenbereich und Tariftreueklauseln – zwei klärende Entscheidungen des Bundesverfassungsgerichts, ZfBR 2007, S. 131–137.

Pignatelli, Nicola: L'illegittimità „comunitaria" dell'atto amministrativo, Giurisprudenza costituzionale, S. 3635–3668.

Plouvier, Liliane: Les décisions de la Cour de justice des communautés européennes et leurs effets juridiques, Brüssel 1975.

Pock, Ralf D.: Die gemeinschaftsrechtliche (Un-)Zulässigkeit gesondert anfechtbarer Entscheidungen und Präklusionsfristen im BVergG, RPA 2003, S. 27–31.

Ponte, Davide: La nullità del provvedimento amministrativo. Profili sostanziali e processuali, Mailand 2007.

Portz, Norbert: Kein „pacta sunt servanda" bei vergaberechtswidrigen Verträgen. Anmerkung zu EuGH, Urt. v. 18.7.2007 – C-503/04 (Kommission/Deutschland), KommJur 2007, S. 335–339.

PriceWaterhouseCoopers AG WPG (Hrsg.): Entflechtung und Regulierung in der deutschen Energiewirtschaft. Praxishandbuch zum Energiewirtschaftsgesetz, 2. Aufl., München 2008.

Prieß, Hans-Joachim: Handbuch des europäischen Vergaberechts. Gesamtdarstellung der EU/EWR-Vergaberegeln mit Textausgabe, 2. Aufl., Köln 2001.

Prieß, Hans-Joachim/Gabriel, Marc: Beendigung des Dogmas durch Kündigung: Keine Bestandsgarantie für vergaberechtswidrige Verträge, NZBau 2006, S. 219–222.

Prieß, Hans-Joachim/Hölzl, Franz Josef: Auf Nummer sicher gehen! – Zum Rechtsschutz bei der Beschaffung von Sicherheitsdienstleistungen, LKV 2006, S. 481–528.

Prütting, Hanns/Gehrlein, Markus: ZPO Kommentar, 6. Aufl., Köln 2014.

Prütting, Hanns/Wegen, Gerhard/Weinreich, Gerd (Hrsg.): BGB Kommentar, 8. Aufl., Köln 2013.

Pünder, Hermann/Schellenberg, Martin (Hrsg.): Vergaberecht. GWB, VgV, SektVO, VOL/A, VOB/A, VOF, Haushaltsrecht, öffentliches Preisrecht, Handkommentar, Baden-Baden 2011.

Quadri, Rolando/Monaco, Riccardo/Trabucchi, Alberto (Hrsg.): Trattato Istitutivo della Comunità Economica Europea. Vol. III Art. 137–248, Mailand 1965 (zit.: *Bearbeiter*, in: *Quadri/Monaco/Trabucchi*, Commentario CEE).

Quaranta, Alfonso/Lopilato, Vincenzo (Hrsg.): Il processo amministrativo. Commentario al D.lgs. 104/2006, Mailand 2011.

Ragazzo, Massimo: L' autotutela amministrativa: principi operativi e ambiti applicativi, Mailand 2006.

Ragazzo, Massimo: Vincoli comunitari, discrezionalità nell'esercizio dei poteri di autotutela e conferenza di servizi (Nota a ordinanza: Consiglio di Stato, sez. VI, 3 marzo 2006, n. 1023), Urbanistica e appalti 2006, S. 698–706.

Ramajoli, Margherita: La Cassazione riafferma la giurisdizione ordinaria sul rapporto contrattuale tra amministrazione e aggiudicatario (Nota a sentenza: Corte di Cassazione, Sez. Un. civili, 28 dicembre 2007, n. 27169), Diritto Processuale Amministrativo 2008, S. 523–552.

Redeker, Konrad/Oertzen, Hans-Joachim von (begründet), *Redeker, Martin/Kothe, Peter/Nicolai, Helmuth von* (fortgeführt): Verwaltungsgerichtsordnung. Kommentar, 15. Aufl., Stuttgart 2008 (zit.: *Redeker/v. Oertzen*, VwGO).

Reggio d'Aci, Andrea: Le patologie negoziali derivanti da illegittimita' della procedura di gara: quali limiti alla valutazione incidentale postuma del g.o.? (Nota a ordinanza: Cassazione civile, sez. un., 5 aprile 2012, n. 5446), Urbanistica e appalti 2012, S. 880–885.

Reichelt, Gerte: Europarecht. Einführung und Grundsatzjudikatur, Wien, Bern 2002.

Reidt, Olaf/Stickler, Thomas/Glahs, Heike (Hrsg.): Vergaberecht. Kommentar, 3. Aufl., Köln 2011 (zit.: *Bearbeiter*, in: *Reidt/Stickler/Glahs*, Vergaberecht).

Reiling, Michael: Streitgegenstand und Einrede der „res iudicata" in Direktklageverfahren vor den Gemeinschaftsgerichten, EuZW 2002, S. 136–141.

Rengeling, Hans-Werner (Hrsg.): Handbuch zum europäischen und deutschen Umweltrecht. Eine systematische Darstellung des europäischen Umweltrechts mit seinen Auswirkungen auf das deutsche Recht und mit rechtspolitischen Perspektiven, Band 1 Allgemeines Umweltrecht, 2. Aufl., Köln 2003.

Rengeling, Hans-Werner/Middeke, Andreas/Gellermann, Martin (Hrsg.): Handbuch des Rechtsschutzes in der Europäischen Union, 3. Aufl., München 2014.

Ress, Georg: Der Grundsatz der Verhältnismäßigkeit im deutschen Recht, in: *Deutsche Sektion der Internationalen Juristen-Kommission* (Hrsg.), Der Grundsatz der Verhältnismäßigkeit in europäischen Rechtsordnungen, Heidelberg 1985, S. 5–51.

Richter, Thorsten S.: Rückforderung staatlicher Beihilfen nach §§ 48, 49 VwVfG bei Verstoß gegen Art. 92 ff. EGV, München 1995.

Rill, Heinz-Peter: Die neue Kompetenzordnung im Vergaberecht, in: *Griller, Stefan; Holoubek, Michael* (Hrsg.), Grundfragen des Bundesvergabegesetzes 2002, Wien, New York 2004, S. 5–42.

Rosenberg, Leo/Schwab, Karl Heinz/Gottwald, Peter: Zivilprozessrecht, 17. Aufl., München 2010.

Rottleuthner, Hubert: Rechtswissenschaft als Sozialwissenschaft, Frankfurt am Main 1973.

Rüber, Hans-Josef: Der Gerichtshof der Europäischen Gemeinschaften und die Konkretisierung allgemeiner Rechtsgrundsätze, Köln 1970.

Ruhland, Bettina: Die Dienstleistungskonzession. Begriff, Standort und Rechtsrahmen der Vergabe, Baden-Baden 2006.

Rummel, Peter: Zivilrechtliche Probleme des Vergaberechts, ÖZW 1999, S. 1–12.

– (Hrsg.): Kommentar zum Allgemeinen bürgerlichen Gesetzbuch. 1. Band: §§ 1 bis 1174 ABGB, 3. Aufl., Wien 2000.

Rummel, Peter/Lux, Dietmar: Österreichisches und europäisches Wirtschaftsprivatrecht. Teil 8/3: Vergaberecht, hrsg. v. *Koppensteiner, Hans-Georg*, Wien 2003.

Ruscica, Serafino: Il nuovo contenzioso in materia di appalti pubblici, Urbanistica e appalti 2010, S. 1266–1287.

– (Hrsg.): Inefficacia del contratto di appalto pubblico, Mailand 2011.

– (Hrsg.): La responsabilità civile della stazione appaltante, Mailand 2011.

Rüßmann, Helmut: Die Streitgegenstandslehre und die Rechtsprechung des EuGH – nationales Recht unter gemeineuropäischem Einfluss?, ZZP 1998, S. 399–427.

Russo, Carmine: La giurisdizione ed il rito degli appalti pubblici, Mailand 2012.

Ruthig, Josef: Der Umgang mit vergaberechtswidrig zustande gekommenen Verträgen, in: Tagungsband. 8. Düsseldorfer Vergaberechtstag, 1. Juni 2007, S. 69–83.

Ruthig, Josef/Zimmermann, Jochen: Dienstleistungskonzessionen im Rettungsdienstrecht?, NZBau 2009, S. 485–489.

Sachs, Michael: Öffentliche Auftragsvergabe – ein Fall für die Gerichte, Wirtschaftsblatt, RechtsBlatt 2013, <http://wirtschaftsblatt.at/archiv/printim port/1462989/Offentliche-Auftragsvergabe-ein-Fall-fur-die-Gerichte?from= suche. inter n.portal> (Stand: 15.08.2014).

Sack, Jörn: Verstoßverfahren und höchstrichterliche Vertragsverletzungen – eine Klarstellung, EuZW 1991, S. 246–247.

Saitta, Fabio: Contratti pubblici e riparto di giurisdizione: prime riflessioni sul decreto di recepimento della direttiva n. 2007/66/CE, GiustAmm.it 30.04.2010.

– L'autotutela decisoria della P.A. appaltante. Flessibilità e rigidità dei contratti pubblici: l'autotutela della stazione appaltante tra norme (poche) e prassi, LexItalia.it 17.03.2014.

Sandulli, Aldo (Hrsg.): Diritto Processuale Amministrativo, 2. Aufl., Mailand 2013.

Sandulli, Maria Alessandra (Hrsg.): Codice dell'azione amministrativa, Mailand 2010.

– Il nuovo processo amministrativo. Studi e contributi, Volume I, Mailand 2013.

Sandulli, Maria Alessandra/Nictolis, Rosanna de/Garofoli, Roberto (Hrsg.): Trattato sui contratti pubblici. III Le procedure di affidamento e l'aggiudicazione, Mailand 2008.

Savigny, Carl Friedrich von: System des heutigen Römischen Rechts, Band 1, Berlin 1840.

Scharen, Uwe: Vertragslaufzeit und Vertragsverlängerung als vergaberechtliche Herausforderung?, NZBau 2009, S. 679–684.

Schellhammer, Kurt: Schuldrecht nach Anspruchsgrundlagen. samt BGB Allgemeiner Teil, 8. Aufl., Heidelberg 2011.

Schermers, Henry G.: Non Bis In Idem, in: *Capotorti/Ehlermann/Frowein/ Jacobs/ Joliet/Koopmans/Kovar* (Hrsg.), De droit international au droit l'intégration, Liber Amicorum Pierre Pescatore, Baden-Baden 1987, S. 601–612 (zit.: *Schermers*, in: FS Pescatore, 1987, S. 601 ff.).

Schermers, Henry G./Waelbroeck, Denis F.: Judicial protection in the European Union, 6. Aufl., Den Haag, London, New York 2001.

Scheuner, Ulrich: Das Bundesverfassungsgericht und die Bindungskraft seiner Entscheidungen, DÖV, S. 641–647.

Schiller, Klaus-Volker: Der Verhältnismäßigkeitsgrundsatz im Europäischen Gemeinschaftsrecht nach der Rechtsprechung des EuGH, RIW 1983, S. 928–930.

Schilling, Theodor: Bestand und allgemeine Lehren der bürgerschützenden allgemeinen Rechtsgrundsätze des Gemeinschaftsrechts, EuGRZ 2000, S. 3–43.

Schimanek, Peter: Die Ausschreibungspflicht von Privatisierungen, NZBau 2005, S. 304–311.

Schlaich, Klaus/Korioth, Stefan (Hrsg.): Das Bundesverfassungsgericht. Stellung, Verfahren, Entscheidungen. Ein Studienbuch, 9. Aufl., München 2012.

Schleissing, Philipp: Möglichkeiten und Grenzen vergaberechtlicher In-House-Geschäfte. Unter Berücksichtigung der Ausgestaltungsmöglichkeiten kommunaler Konzernstrukturen, Baden-Baden 2012.

Schmidt-Aßmann, Eberhard: Das allgemeine Verwaltungsrecht als Ordnungsidee. Grundlagen und Aufgaben der verwaltungsrechtlichen Systembildung, 2. Aufl., Berlin, Heidelberg 2006.

Schmidt-Bleibtreu, Bruno/Hofmann, Hans/Henneke, Hans-Günter (Hrsg.): GG. Kommentar zum Grundgesetz, 13. Aufl., Köln 2014.

Schmitt, Carl: Gesetz und Urteil. Eine Untersuchung zum Problem der Rechtspraxis., Berlin 1912.

Schoch, Friedrich: Bindungswirkungen der Entscheidungen des Europäischen Gerichtshofs auf dem Gebiet des Abfallrechts, DVBl 2004, S. 69–79.

Schramm, Johannes/Aicher, Josef/Fruhmann, Michael/Thienel, Rudolf (Hrsg.): Bundesvergabegesetz 2002. Kommentar, Wien, New York 2005.

– Bundesvergabegesetz 2006. Kommentar, 2. Aufl., Wien, New York, Loseblatt, Stand: Oktober 2013.

Schröder, Meinhard: Die Vorlagepflicht zum EuGH aus europarechtlicher und nationaler Perspektive, EuR 2011, S. 808–827.

Schroeder, Daniela: Bindungswirkungen von Entscheidungen nach Art. 249 EG im Vergleich zu denen von Verwaltungsakten nach deutschem Recht, Berlin 2006.

Schulze, Reiner/Zuleeg, Manfred/Kadelbach, Stefan (Hrsg.): Europarecht. Handbuch für die deutsche Rechtspraxis, 2. Aufl., Baden-Baden 2010.

Schwartz, Walter (Hrsg.): Bundesvergabegesetz 2006. Kommentar, 2. Aufl., Wien 2006, Stand: März 2014 (rdb.at).

Schwarze, Jürgen: The Role of the European Court of Justice in the Interpretation of Uniform Law Among the Member States of the European Communities, Baden-Baden 1988.

Schwarze, Jürgen/Schmidt-Aßmann, Eberhard: Das Ausmaß der gerichtlichen Kontrolle im Wirtschaftsverwaltungs- und Umweltrecht. Vergleichende Studien zur Rechtslage in Deutschland, Frankreich, Griechenland und in der Europäischen Gemeinschaft, Baden-Baden 1992.

Schwarze, Jürgen/Becker, Ulrich/Hatje, Armin/Schoo, Johann (Hrsg.): EU-Kommentar, 3. Aufl., Baden-Baden, Wien, Basel 2012.

Schwimann, Michael (Hrsg.): ABGB Praxiskommentar. Band 4 §§ 859–1089 ABGB, WucherG, UN-Kaufrecht, 3. Aufl., Wien 2006.

– ABGB Praxiskommentar. Band 5 §§ 1090–1292 ABGB, KSchG, TNG, FernFinG, 3. Aufl., Wien 2006.

Scoca, Stefano Salvatore: Provvedimenti di autotutela e loro qualificazione: nuovo conflitto sulla giurisdizione?, Giurisprudenza Italiana 2012, S. 2398–2404.

Seiler, Christian: Der souveräne Verfassungsstaat zwischen demokratischer Rückbindung und überstaatlicher Einbindung, Tübingen 2005.

Seyr, Sibylle: Der *effet utile* in der Rechtsprechung des EuGH, Berlin 2008.

Siciliano, Francesco: La legalità amministrativa (comunitaria ed interna) e certezza del diritto: Riflessi sui rapporti amministrativi ed istituzionali, Mailand 2010.

Simon, Denys: Le système juridique communautaire, 3. Aufl., Paris 2001.

Simone, Silvia: Il contratto di appalto dopo l'annullamento dell'aggiudicazione (Nota a sentenza: Corte di Cassazione, sez. un., 28 dicembre 2007, n. 271669), Giornale di Diritto Amministrativo 2008, S. 1111–1118.

Slynn, Gordon: The Court of Justice of the European Communities, ICLQ 1984, S. 409–429.

Sobota, Katharina: Das Prinzip Rechtsstaat, Tübingen 1997.

Sodan, Helge/Ziekow, Jan (Hrsg.): Verwaltungsgerichtsordnung. Großkommentar, 3. Aufl., Baden-Baden 2010 (zit.: *Bearbeiter*, in: *Sodan/Ziekow*, VwGO).

Solenne, Diego/Verrilli, Antonio: Compendio di Diritto costituzionale, Santarcangelo di Romagna (Rimini) 2012.

Spitaleri, Fabio: L'incidenza del diritto comunitario sugli atti definitivi della Pubblica Amministrazione, in: *ders.* (Hrsg.), L'incidenza del diritto comunitario e della CEDU sugli atti nazionali definitivi, Mailand 2009, S. 7–34.

Stalzer, Johannes/Porsch, Anna: Die Rechtsmitteländerungsrichtlinie 2007/66/EG und deren Umsetzung (Teil I), ZVB 2009, S. 171–176.

Stalzer, Johannes/Porsch, Anna: Die Rechtsmitteländerungsrichtlinie 2007/66/EG und deren Umsetzung (Teil II), ZVB 2009, S. 203–207.

Stark, Sebastian C.: Der Abfallbegriff im europäischen und im deutschen Umweltrecht. Van de Walle überall?, Frankfurt am Main 2009.

Staudinger, Julius von, Kommentar zum Bürgerlichen Gesetzbuch. Buch 1 Allgemeiner Teil §§ 134–138, Anh zu § 138: ProstG, Allgemeiner Teil 4 a, Berlin 2011 (zit.: *Bearbeiter*, in: Staudinger, BGB).

Steindl, Andreas: Kommission stellt Vertragsverletzungsverfahren gegen Österreich ein, ZVB 2006, S. 325.

Steindorff, Ernst: Rückabwicklung unzulässiger Beihilfen nach Gemeinschaftsrecht, ZHR 1988, S. 474–492.

Steiner, Josephine/Woods, Lorna: EU law, 10. Aufl., Oxford 2009.

Steinhauer, Bettina M.: Die Auslegung, Kontrolle und Durchsetzung mitgliedstaatlicher Pflichten im Recht des Internationalen Währungsfonds und der Europäischen Gemeinschaft, Berlin 1997.

Stelkens, Ulrich: Primärrechtsschutz trotz Zuschlagserteilung? – oder: Warum nach wirksamer Zuschlagserteilung trotz § 114 II 1 GWB ein Nachprüfungsverfahren möglich sein kann, NZBau 2003, S. 654–661.

Stelkens, Paul/Bonk, Heinz Joachim/Sachs, Michael (Hrsg.): Verwaltungsverfahrensgesetz. Kommentar, 8. Aufl., München 2014 (zit.: *Bearbeiter*, in: *Stelkens/Bonk/Sachs*, VwVfG).

Storr, Stefan: Fehlerfolgenlehre im Vergaberecht, SächsVBl 2008, S. 60–67.

Strauch, Hans-Joachim: Theorie-Praxis-Bruch – Aber wo liegt das Problem?, Rechtstheorie 2001, S. 197–209.

Strazzari, Davide: Cooperazione giudiziaria nell'UE e principio del mutuo riconoscimento: quali riflessi sullo strumento del rinvio pregiudiziale?, in:

Toniatti, Roberto/Magrassi, Mattia (Hrsg.), Magistratura, giurisdizione ed equilibri istituzionali, Dinamiche e confronti europei e comparati, Padova 2011, S. 543–572.

Streinz, Rudolf (Hrsg.): EUV/AEUV. Vertrag über die Europäische Union und Vertrag über die Arbeitsweise der Europäischen Union, 2. Aufl., München 2012.

Stürner, Michael: Der Grundsatz der Verhältnismäßigkeit im Schuldvertragsrecht, Tübingen 2010.

Terhechte, Philipp Jörg (Hrsg.): Verwaltungsrecht der Europäischen Union, Baden-Baden 2011.

Teufel, Günther: Die Dienstleistungskonzession als Erleichterung für öffentliche Auftraggeber bei der Vergabe von Abfallsammlungen, KommJur 2012, S. 87–92.

Thewes, Christian: Bindung und Durchsetzung der gerichtlichen Entscheidungen in der EU, Hamburg 2003.

Thienel, Rudolf: Gesondert und verbunden anfechtbare Entscheidungen, in: *Griller, Stefan; Holoubek, Michael* (Hrsg.), Grundfragen des Bundesvergabegesetzes 2002, Wien, New York 2004, S. 335–430.

Thienel, Rudolf: Bundesvergaberecht und Zivilrechtswesen, ÖJZ 1993, S. 609–624.

Toth, A. G.: The Authority of Judgments of the European Court of Justice: Binding Force and Legal Effects, YEL 1984, S. 2–77.

Treumer, Steen: Towards an Obligation to Terminate Contracts Concluded in Breach of the EC Public Procurement Rules: the End of the Status of Concluded Public Contracts as Sacred Cows, P.P.L.R. 2007, S. 371–386.

Triantafyllou, Dimitris: Zur „Europäisierung" des Vertrauensschutzes (insbesondere § VWVFG § 48 VwVfG) – am Beispiel der Rückforderung staatlicher Beihilfen, NVwZ 1992, S. 436–442.

Troike-Strambaci, Hannelore/Helffrich Mariani, Elisabeth: Vocabolario del diritto e dell'economia/Wörterbuch für Recht und Wirtschaft. Band 2, italiano – tedesco, Mailand 1999.

Trstenjak, Verica/Beysen, Erwin: Das Prinzip der Verhältnismäßigkeit in der Unionsrechtsordnung, EuR 2012, S. 265–285.

Tsikrikas, Dimitrios: Die Wirkungen der Urteile des Europäischen Gerichthofs im Vertragsverletzungsverfahren (Art. 169 ff. EWGV), Berlin 1990.

Ukrow, Jörg: Richterliche Rechtsfortbildung durch den EuGH. Dargestellt am Beispiel der Erweiterung des Rechtsschutzes des Marktbürgers im Bereich des vorläufigen Rechtsschutzes und der Staatshaftung, Baden-Baden 1995.

Umbach, Dieter C./Clemens, Thomas/Dollinger, Franz-Wilhelm (Hrsg.): Bundesverfassungsgerichtsgesetz. Mitarbeiterkommentar und Handbuch, 2. Aufl., Heidelberg 2005 (zit.: *Bearbeiter*, in: *Umbach/Clemens/Dollinger*, BVerfGG).

Vandersanden, Georges/Barav, Ami: Contentieux communautaire, Brüssel 1977.

Varrone, Claudio: Nullità e annullabilità del provvedimento amministrativo, GiustAmm.it 2005.

Vinti, Stefano/Capotorto, Dario: L'azione di nullità nel processo amministrativo, Mailand 2008.

Violini, Lorenza: Die Umsetzung der Richtlinien über öffentliche Aufträge in Italien, in: *Schwarze, Jürgen/Müller-Graf, Peter-Christian* (Hrsg.), Das öffentliche Auftragswesen in der EG, EuR-Beiheft 1, Baden-Baden 1996, S. 47–58.

Wägenbaur, Bertrand: EuGH VerfO. Satzung und Verfahrensordnungen EuGH/EuG, Kommentar, München 2008.

Wagner, Christian-David: EuGH stellt 13 Jahre nach Vertragsschluss Vergaberechtswidrigkeit fest, Deutsches Vergabenetzwerk, Vergabeblog.de vom 07. Februar 2010, Nr. 4952, <vergabeblog.de/2010-02-07/eugh-stellt-13-jahre-nach-vertragsschluss-vergaberechtswidrigkeit-fest/> (Stand: 10.09.2014).

Walker, Wolf-Dietrich: Die Streitgegenstandslehre und die Rechtsprechung des EuGH – nationales Recht unter gemeineuropäischem Einfluss, ZZP 1998, S. 429–454.

Wall, Edward H.: The Court of Justice of the European Communities. Jurisdiction and Procedure, London 1966.

Weiß, Norman: (Individual-)Rechtsschutz gegen unionsrechtlich nichtdeterminierte und unionsrechtlich determinierte Umsetzungsgesetze, in: *ders.* (Hrsg.), Rechtsschutz als Element von Rechtsstaatlichkeit, Baden-Baden 2011, S. 9–46.

Welser, Rudolf: Grundriss des bürgerlichen Rechts. Band II: Schuldrecht Allgemeiner Teil, Schuldrecht Besonderer Teil, Erbrecht, 13. Aufl., Wien 2007.

Weyand, Rudolf: Praxiskommentar Vergaberecht. GWB, VgV, SektVO, VSVgV, VOB/A 2012, VOL/A, VOF, 4. Aufl., München 2013.

Wiedemann, Gerhard: Handbuch des Kartellrechts, 2. Aufl., München 2008.

Willenbruch, Klaus/Wieddekind, Kristina (Hrsg.): Kompaktkommentar Vergaberecht, 2. Aufl., Neuwied 2011.

Wolf, Ernst: Lehrbuch des Schuldrechts. Erster Band: Allgemeiner Teil, Köln u.a. 1978.

Wölker, Ulrich: Die Normenhierarchie im Unionsrecht in der Praxis, EuR, S. 32–56.

Wollenschläger, Ferdinand: Verteilungsverfahren. Die staatliche Verteilung knapper Güter: verfassungs- und unionsrechtlicher Rahmen, Verfahren im Fachrecht, bereichsspezifische verwaltungsrechtliche Typen- und Systembildung, Tübingen 2010.

Wollenschläger, Peter: Die Gemeinschaftsaufsicht über die Rechtsprechung der Mitgliedstaaten, Berlin 2006.

Wunderlich, Nina: Das Verhältnis von Union und Mitgliedstaaten am Beispiel des Vertragsverletzungsverfahrens, in: *Schwarze* (Hrsg.), Der Rechtsschutz vor dem Gerichtshof der EU nach dem Vertrag von Lissabon, EuR-Beiheft 1, Baden-Baden 2012, S. 49–61.

Ziekow, Jan/Völlink, Uwe-Carsten (Hrsg.): Vergaberecht. GWB, VgV, SektVO, VsVgV, VOB/A, VOL/A, VOF, VO(EG) 1370/2007. Kommentar, 2. Aufl., München 2013.

Zöller, Zivilprozessordnung, 30. Aufl., Köln 2014.

Zuleeg, Manfred: Die Europäische Gemeinschaft als Rechtsgemeinschaft, NJW 1994, S. 545–549.

Kölner Schriften zu Recht und Staat

Herausgegeben von
Hartmut Schiedermair und Bernhard Kempen

Band 1 Bernhard Kempen: Die deutsch-polnische Grenze nach der Friedensregelung des Zwei-plus-Vier-Vertrages. 1997.

Band 2 Hans-Georg Maaßen: Die Rechtsstellung des Asylbewerbers im Völkerrecht. Überlegungen zu den völkerrechtlichen Rahmenbedingungen einer europäischen Asylrechtsharmonisierung. 1997.

Band 3 Udo Fink: Kollektive Friedenssicherung. Kapitel VII UN-Charta in der Praxis des Sicherheitsrats der Vereinten Nationen. 1999.

Band 4 Stephan Grigolli: Sprachliche Minderheiten in Italien, insbesondere Südtirol, und in Europa. Der Gebrauch der Sprache vor Behörden und Gerichten und die Vergabe öffentlicher Stellen. 1997.

Band 5 Uta Stoy-Schnell: Das Bundesverfassungsgericht und die Corte costituzionale. Ein Vergleich der Verfassungsgerichtsbarkeiten in Deutschland und Italien. 1998.

Band 6 Christian Hillgruber: Die Aufnahme neuer Staaten in die Völkerrechtsgemeinschaft. Das völkerrechtliche Institut der Anerkennung von Neustaaten in der Praxis des 19. und 20. Jahrhunderts. 1998.

Band 7 Jochen Seitz: Planungshoheit und Grundeigentum. Die verfassungsrechtlichen Schranken der städtebaulichen Entwicklungsmaßnahmen. 1999.

Band 8 Jochen Herbst: Rechtskontrolle des UN-Sicherheitsrates. 1999.

Band 9 Kristin Möller: Die Beschaffung naturschutzrechtlicher Ausgleichsflächen im Baurecht. 1999.

Band 10 Klaus Löffelbein: Genehmigungsfreies Bauen und Nachbarrechtsschutz. Die baurechtlichen Anzeige- und Freistellungsverfahren der Länder aus nachbarlicher Sicht. 2000.

Band 11 Patrick Mittmann: Die Rechtsfortbildung durch den Gerichtshof der Europäischen Gemeinschaften und die Rechtsstellung der Mitgliedstaaten der Europäischen Union. 2000.

Band 12 Martin R. Albus: Zur Notwendigkeit eines Internationalen Umweltgerichtshofs. Zugleich eine Analyse der Staatenpraxis zum Internationalen Umwelthaftungsrecht und der Rechtsschutzmöglichkeiten bei grenzüberschreitenden Umweltbeeinträchtigungen. 2000.

Band 13 Irene Baur: Die Haftung der Europäischen Zentralbank. 2001.

Band 14 Tobias R. Ehlen: Zentralisierungsmöglichkeiten der deutschen Börsenaufsicht. 2003.

Band 15 Ulrich Steiner: Wertsicherungsklauseln. Zur Europarechtskonformität des neuen § 2 PaPkG. 2003.

Band 16 Stephanie Vogel: Der Prüfungsumfang des Bundesverfassungsgerichts bei Verfassungsbeschwerden am Beispiel der Kunstfreiheitsrechtsprechung. 2004.

Band 17 Thomas Schmidt: Deutsche Hochschulräte. Begriff, Darstellung und rechtliche Analyse. 2004.

Band 18 Kirsten Schmalenbach: Die Haftung Internationaler Organisationen im Rahmen von Militäreinsätzen und Territorialverwaltungen. 2004.

Band 19 Gunter Warg: Von Verteidigung zu kollektiver Sicherheit. Der Nato-Vertrag *auf Rädern*. 2004.

Band 20 Bernhard Kempen / Yvonne Dorf: Bodenreform 1945–1949. Eine verfassungsrechtliche Neubewertung. 2004.

Band 21 Jeanette Nolte: Die völkerrechtliche Vertragspraxis der EG und die Haftung der Mitgliedstaaten am Beispiel der Fischereipolitik. 2004.

Band 22 Rüdiger Schmid-Kühnhöfer: Die Staatlichkeit von Beihilfen. Mittel- und Transferzurechnung nach Art. 87 Abs. 1 EG-Vertrag. 2004.

Band 23 Florian Schöler: Die Reform des Europäischen Kartellverfahrensrechts durch die Verordnung (EG) Nr. 1/2003. 2004.

Band 24 Christina Maria Pelzer: Die Kompetenzen der EG im Bereich Forschung. Eine Analyse ihrer Reichweite und Grenzen vor dem Hintergrund des Art. 5 Abs. 3 GG. Dargestellt am Beispiel der Gentechnologie. 2004.

Band 25 Nikolaus Vieten: Die verfassungsrechtliche Zulässigkeit der Wiedereinführung einer Vermögensteuer. Zugleich eine Untersuchung des Halbteilungsbeschlusses des Bundesverfassungsgerichts. 2005.

Band 26 Bernhard Kempen (Hrsg.): Die rechtsstaatliche Bewältigung der demokratischen Bodenreform. 2005.

Band 27 Erik Hansalek: Die parlamentarische Kontrolle der Bundesregierung im Bereich der Nachrichtendienste. 2006.

Band 28 Thomas Günther: Zur Zulässigkeit der Errichtung privater Volksschulen als Bekenntnisschulen religiös-ethnischer Minderheiten nach Art. 7 Abs. 5 GG. Am Beispiel einer islamischen Grundschule. 2006.

Band 29 Christian Hoppe: Staatshaftung und Rechtsschutz bei Verletzung grundfreiheitlicher Schutzpflichten. 2006.

Band 30 Julia Schäfer: Die Entscheidung des ECOFIN-Rats über das Vorliegen eines übermäßigen Defizits. Eine Entscheidung zwischen Politik und Recht. 2007.

Band 31 Erika Elisabeth Orth: Ein Grundrecht auf Umweltschutz in Europa? Eine rechtsdogmatische Einordnung des Art. 37 GRC. 2007.

Band 32 Cécile Günther: Die Auslegung des Rechts auf Bildung in der europäischen Grundrechtsordnung. Eine Analyse von Schutzbereich und Reichweite – dargestellt am Beispiel des Art. 14 EU-GRCh (Art. II-74 EuVerf). 2007.

Band 33 Muna A. Yousif: Die extraterritoriale Geltung der Grundrechte bei der Ausübung deutscher Staatsgewalt im Ausland. 2007.

Band 34 Stefanie von Hoff: Die Rolle des US-Supreme Court im Prozess der Verfassungsänderung in den Vereinigten Staaten von Amerika. 2008.

Band 35 Alexander Metz: Das Recht Prominenter am eigenen Bild in Kollision mit Drittinteressen. Insbesondere vor dem Hintergrund des Falles Caroline von Hannover. 2008.

Band 36 Susanne Dyrchs: Das hybride Khmer Rouge-Tribunal. Entstehung, Entwicklung und rechtliche Grundlagen. 2008.

Band 37 Heiko F. Schmitz-Elvenich: Targeted Killing. Die völkerrechtliche Zulässigkeit der gezielten Tötung von Terroristen im Ausland. 2008.

Band 38 Stefania Slavu: Die Osterweiterung der Europäischen Union. Eine Analyse des EU-Beitritts Rumäniens. 2008.

Band 39 Thomas Krings: Der Grundrechtsberechtigte des Grundrechts aus Art. 13 GG. 2009.

Band 40 Zan He: The ICJ´s Practice on Provisional Measures. 2010.

Band 41 Anna Köhler: Private Sicherheits- und Militärunternehmen im bewaffneten Konflikt. Eine völkerrechtliche Bewertung. 2010.

Band 42 Jens Beynio: Die völkerrechtliche Zulässigkeit der Aufrüstung mit Kernwaffen. 2010.

Band 43 Johannes Maria Baumann: Die Rechtsprechung des EuGH zum Vorrang von Gemeinschaftsrecht vor mitgliedstaatlichen Verwaltungsakten und Gerichtsurteilen. 2010.

Band 44 Susanne Koch: Die grenzüberschreitende Wirkung von nationalen Genehmigungen für umweltbeeinträchtigende industrielle Anlagen. 2010.

Band 45 Sebastian Gerlach: Innere Konfliktregelungsmechanismen der Afrikanischen Union vor dem Hintergrund der entsprechenden Bestimmungen der Europäischen Union. 2010.

Band 46 Anne Rausch: *Responsibility to Protect.* Eine juristische Betrachtung. 2011.

Band 47 Bernhard Kempen / Kolja Naumann: Demokratie und Religion. Tagungsband zum Kolloquium der Wissenschaftlichen Arbeitsgruppe für weltkirchliche Aufgaben der Deutschen Bischofskonferenz und der Demokratie Stiftung an der Universität zu Köln am 23.11.2009 in Köln. 2011.

Band 48 Clemens David Comans: Ein „modernes" europäisches Datenschutzrecht. Bestandsaufnahme und Analyse praktischer Probleme des europäischen Datenschutzes unter besonderer Berücksichtigung der Richtlinie zur Vorratsdatenspeicherung. 2012.

Band 49 Christian Peter Kokew: Der Auslandsschutz deutscher Staatsangehöriger bei Entführungen. 2012.

Band 50 Julia Pullen: Die Immunität von Staatsunternehmen im zivilrechtlichen Erkenntnis- und Vollstreckungsverfahren. 2012.

Band 51 Leonard Koops: Seeräubereibekämpfung durch die Bundeswehr im Einklang mit dem Grundgesetz. Verfassungsrechtliche Anforderungen an einen Einsatz der Streitkräfte zur Bekämpfung der Seepiraterie außerhalb deutscher Seegebiete. 2013.

Band 52 Gesine Anna Eva Krohne: Die Ausbürgerung illoyaler Staatsangehöriger. Geltendes Verfassungsrecht, internationaler Rechtsvergleich und rechtspolitische Reformperspektiven. 2013.

Band 53 Vincent Brenner: Der privatrechtsgestaltende Verwaltungsakt im Regulierungsrecht. Zu den Möglichkeiten und Grenzen der Privatrechtsgestaltung mittels Verwaltungsakt am Beispiel des Eisenbahn- und Telekommunikationszugangsrechts. 2014.

Band 54 Elisabeth Rossa: Kinderrechte. Das Übereinkommen über die Rechte des Kindes im internationalen und nationalen Kontext. 2014.

Band 55 Lukas Preußler: *Question prioritaire de constitutionnalité.* Perspektiven konkreter Normenkontrolle in Frankreich. 2015.

Band 56 Anna Lageder: Die Bindungswirkung von Urteilen im Vertragsverletzungsverfahren. Das Beispiel der vergaberechtlichen Praxis in Deutschland, Österreich und Italien. 2015.

www.peterlang.com

www.ingramcontent.com/pod-product-compliance
Ingram Content Group UK Ltd.
Pitfield, Milton Keynes, MK11 3LW, UK
UKHW041826290926
8980IPUK00002B/93